No. 6

SOCIÉTÉ DE GÉOGRAPHIE DE L'AIN

# COMPTE RENDU

Sténographique

DU

# CONGRÈS NATIONAL

DES

SOCIÉTÉS FRANÇAISES DE GÉOGRAPHIE

Bourg — Août 1888

BOURG-EN-BRESSE
IMPRIMERIE VICTOR AUTHIER

1890

# CONGRÈS NATIONAL
### DES
# SOCIÉTÉS FRANÇAISES DE GÉOGRAPHIE

10ᵉ Session — Bourg — Août 1888

## COMMISSION DE TERMINOLOGIE ET PRONONCIATION GÉOGRAPHIQUES
### DE LA SOCIÉTÉ DE GÉOGRAPHIE COMMERCIALE DE BORDEAUX

## SECTION DE PRONONCIATION

### CANTAL

| | | |
|---|---|---|
| Anglards | se prononce | Anglar. |
| Auzers | » | Auzèr. |
| Ayrens | » | Érin. |
| Besseyre (La) | » | Bessèr' (La). |
| Capelle-Barrez (La) | » | Capelle-Barrèz' (La). |
| Cezens | » | Cezin. |
| Cheylade | » | Chélad'. |
| Coren | » | Corin. |
| Enchanet | » | Anchané. |
| Freix-Anglards | » | Frézanglar. |
| Jaleyrac | » | Jalérac. |
| Junhac | » | Ju-gnac. |
| Ladinhac | » | Ladi-gnac. |
| Leynhac | » | Lé-gnac. |
| Leyvaux | » | Lévô. |
| Marmanhac | » | Marma-gnac. |
| Mentières | » | Mantièr'. |
| Montgreleix | » | Mon-grelé. |
| Narnhac | » | Nar-gnac. |
| Pailherols | » | Pa-lle-rol (*ll* mouillées). |

| | | |
|---|---|---|
| Paulhac | se prononce | **Pau-llac** (*ll* mouillées). |
| Paulhenc | » | **Pau-llenk** (*ll* mouillées). |
| Polminhac | » | **Polmi-gnac.** |
| Raulhac | » | **Rau-llac** (*ll* mouillées). |
| Reilhac | » | **Ré-llac** (*ll* mouillées). |
| Rezentières | » | **Rezantièr'.** |
| Rougiers | » | **Roujié.** |
| Senilhes | » | **Senill'** (*ll* mouillées). |
| Sériers | » | **Sérié.** |
| Saint-Jacques-des-Blats | » | **Saint-Jacque-dè-Bla.** |
| Tiviers | » | **Tivié.** |

## ILLE-ET-VILAINE

| | | |
|---|---|---|
| Amanlis | se prononce | **Amanlis'.** |
| Bais | » | **Bè.** |
| Bois-Gervilly | » | **Boî-Gervil-li.** |
| Bouexière (La) | » | **Bouessièr' (La).** |
| Broons | » | **Br'on.** |
| Brutz | » | **Bru.** |
| Chasné | » | **Châné.** |
| Domloup | » | **Don-lou.** |
| Eancé | » | **É-an-cé.** |
| Epiniac | » | **Épi-ni-ac.** |
| Feins | » | **Finss.** |
| Fresnaye (La) | » | **Frênèe (La).** |
| Gahard | » | **Gahar.** |
| Gaël | » | **Ga-ell'.** |
| Gosné | » | **Gôné.** |
| Gouesnière (La) | » | **Gouênièr' (La).** |
| Goven | » | **Govin.** |
| Guichen | » | **Gui-chin.** |
| Iffendic | » | **If-fin-dic.** |
| Lanhelin | » | **La-ne-lin.** |
| Loutehel | » | **Lou-te-hel.** |
| Monterfil | » | **Mon-ter-fil'.** |
| Montreuil-le-Gast | » | **Mon-treuil-le-Gât.** |

| | | |
|---|---|---|
| Muël | se prononce | Mu-el'. |
| Noë-Blanche | » | Nô-Blanch'. |
| Plerguer | » | Pler-gué. |
| Pontréan | » | Pon-réan. |
| Rhetiers | » | Rẹ-ti-é. |
| Sens | » | Sans'. |
| Saint-Briac | » | Saint-Bri-ac. |
| Saint-Domineuc | » | Saint-Domi-neuc. |
| Saint-Ouen-la-Rouerie | » | Saint-Ouin-la-Roûrî. |
| Trans | » | Tran. |
| Trémeheuc | » | Tré-me-heuc. |
| Tresbœuf | » | Trê-bœuf. |
| Tréverien | » | Tré-ve-ri-in. |
| Vignoc | » | Vi-gnoc. |

## MANCHE

| | | |
|---|---|---|
| Beslon | se prononce | Bêlon. |
| Blosville | » | Blô-vil-l'. |
| Cametours | » | Cametour. |
| Carquebut | » | Carquebu. |
| Céaux | » | Céau. |
| Champrepus | » | Chanprepû. |
| Clitourps | » | Clitour. |
| Courtils | » | Courti. |
| Crasville | » | Crâ-vil-l'. |
| Genets | » | Genê. |
| Gourbesville | » | Gour-bê-vil-l'. |
| Gouvets | » | Gouvê. |
| Guislain (Le) | » | Guîlain (Le). |
| Hambye | » | Ambî. |
| Lescheris | » | Lêcherî. |
| Méautis | » | Méautî. |
| Monthuchon | » | Mon-huchon (h aspirée). |
| Moon | » | M'on. |
| Nay | » | Nè. |
| Nicorps | » | Nicor. |

| | | |
|---|---|---|
| ORBEHAYE (L') | se prononce | Orb'èe (L'). |
| PÉRIERS | » | Périé. |
| PETIT-CELLAND (LE) | » | Peti-Cel-lan (Le). |
| RONDEHAYE (LA) | » | Rond'èe (La). |
| SAULT-CHEVREUIL | » | Sau-Chevreuil. |
| SELSOUET | » | Selsouèt. |
| SOTTEVAST | » | Sottevâ. |
| SAINT-GERMAIN-SUR-AY | » | Saint-Germain-sur-É. |
| TROISGOTS | » | Troîgo. |
| VAINS | » | Vins'. |
| VERNIX | » | Vernî. |
| VESLY | » | Vêli. |
| VRASVILLE | » | Vrâ-vil-l'. |

## SEINE-ET-OISE

| | | |
|---|---|---|
| ABLIS | se prononce | Ablî. |
| ANGERVILLIERS | » | An-ger-vil-lié. |
| ARTHIES | » | Artî. |
| ATHIS-MONS | » | Atiss-Monss. |
| AUFFARGIS | » | Auf-far-gî. |
| AULNAY-SUR-MAULDRE | » | Au-nè-sur-Mau-dr'. |
| AULNAY-LES-BONDY | » | Au-nè-lè-Bondi. |
| AUVERS-SUR-GEORGES | » | Au-vèr-sur-Georges. |
| AUVERS-SUR-OISE | » | Au-vèr-sur-Oize. |
| BALLAINVILLIERS | » | Bal-lin-vil-lié. |
| BAULNE | » | Bône. |
| BEHOUST | » | Be-hoû (ou long). |
| BELLAY (LE) | » | Bel-lé (Le). |
| BEYNES | » | Bèn'. |
| BEZONS | » | B'zon. |
| BOINVILLIERS | » | Boin-vil-lié. |
| BOUTERVILLIERS | » | Bou-ter-vil-lié. |
| BRIIS-SOUS-FORGES | » | Brî-sou-Forj. |
| BRUEIL | » | Bru-eil. |
| BUHY | » | Bu-hi. |
| CHAMPCUEIL | » | Chan-queuil. |

| | | |
|---|---|---|
| CHAMPLAN | se prononce | Chan-lan. |
| CHAMPMOTTEUX | » | Chan-motteu (*eu* long). |
| CHAVILLE | » | Cha-vil-l'. |
| CHEPTAINVILLE | » | Chep-tin-vil-l'. |
| CHILLY-MAZARIN | » | Chi-lli-M. (*ll* mouillées). |
| COIGNIÈRES | » | Co-gnèr'. |
| COMMENY | » | Comm'ni. |
| COURGENT | » | Cour-jan. |
| CRESPIÈRES | » | Crê-pièr'. |
| CROSNES | » | Crô-ne. |
| ECQUEVILLY | » | Ecq'vi-lli (*ll* mouillées). |
| ESSONNES | » | Essô-ne. |
| ESTOUCHES | » | É-touch'. |
| ETIOLLES | » | É-ti-ol-l'. |
| GAILLON | » | Ga-llon (*ll* mouillées). |
| GOUPILLIÈRES | » | Gou-pil-lièr'. |
| GOUZANGREZ | » | Gouzangré. |
| GUIBEVILLE | » | Guib'vil-l'. |
| GUIGNEVILLE | » | Gui-gn'vil-l'. |
| GUILLERVAL | » | Guil-ler-val. |
| GUYANCOURT | » | Gui-iancour. |
| HARAVILLIERS | » | A-ra-vil-lié. |
| HAUTE-ISLE | » | Haut'-ile. |
| HEAULME (LE) | » | Haume (Le). |
| HODENT | » | Hodan. |
| HOUILLES | » | Houill' (*ll* mouillées). |
| ISLE-ADAM (L') | » | Ile-Adan. |
| JAMBVILLE | » | Jan-b'vil-l'. |
| JUZIERS | » | Ju-zié. |
| LEUDEVILLE | » | Leud'vil-l'. |
| LIMAY | » | Limé. |
| LIMETZ | » | Limess. |
| LIVILLIERS | » | Li-vil-lié. |
| LOMMOYE | » | Lomm-oie. |
| LONGJUMEAU | » | Lon-jumau. |
| LONGNES | » | Lon-gne. |
| LONGVILLIERS | » | Lon-vil-lié. |

| | | |
|---|---|---|
| MARCOUSSIS | se prononce | Marcoussî. |
| MAURECOURT | » | Mor'cour. |
| MAUREPAS | » | Mor'pâ. |
| MENNECY | » | Menn'ci. |
| MENUCOURT | » | M'nucour. |
| MESNIL-LE-ROI | » | Mênil-le-Roi. |
| MESNIL-SAINT-DENIS | » | Mênil-Saint-Denî. |
| MESNULS (LES) | » | Mênul (Les). |
| MESPUITS | » | Mêpuî. |
| MONDEVILLE | » | Mond'vil-l'. |
| MONTLHÉRY | » | Mon-léri. |
| MORSANG-SUR-ORGE | » | Mor-san-sur-Orj'. |
| MORSANG-SUR-SEINE | » | Mor-san-sur-Seine. |
| NEAUPHLE-LE-CHATEAU | » | Nôfle-le-Châtau. |
| NEAUPHLE-LE-VIEUX | » | Nôfle-le-Vieu. |
| NEAUPHLETTE | » | Nôflett'. |
| ORVILLIERS | » | Or-vil-lié. |
| OSMOY | » | O-moi. |
| OSNY | » | O-ni. |
| PORT-VILLEZ | » | Por-Vil-lé. |
| RIS-ORANGIS | » | Riss-Orangiss. |
| ROCHE-GUYON (LA) | » | Roche-Gui-ion. |
| ROINVILLIERS | » | Roin-vil-lié. |
| ROSNY-SUR-SEINE | » | Rôni-sur-Seine. |
| SACLAS | » | Saclâ. |
| SAILLY | » | Sailli (*ll* mouillées). |
| SANNOIS | » | Sann-oî. |
| SAULX-LES-CHARTREUX | » | Sô-lè-Chartreu. |
| SAULX-MARCHAIS | » | Sô-Marchè. |
| SAINT-GRATIEN | » | Saint-Gra-ci-in. |
| SAINT-ILLIERS-LA-VILLE | » | Saint-Il-lié-la-Vil-l'. |
| SAINT-ILLIERS-LE-BOIS | » | Saint-Il-lié-le-Boî. |
| SAINT-OUEN-L'AUMÔNE | » | Saint-Ou-in-l'Aumône. |
| SAINT-WITZ | » | Saint-Ouitz. |
| TACOIGNIÈRES | » | Ta-co-gnièr'. |
| VILLERS-EN-ARTHIES | » | Vil-lerr-an-Artî. |
| VILLETTE | » | Vil-lett'. |

| | | |
|---|---|---|
| Villiers-Adam | se prononce | Vil-lié-Adan. |
| Villiers-le-Bacle | » | Vil-lié-le-Bâcle. |
| Villiers-le-Mahieu | » | Vil-lié-le-Mahieu. |
| Villiers-le-Sec | » | Vil-lié-le-Sec. |
| Villiers-Saint-Frédéric | » | Vil-lié-S$^t$-Frédéric. |
| Villiers-sur-Marne | » | Vil-lié-sur-Marne. |
| Villiers-sur-Orge | » | Vil-lié-sur-Orj'. |
| Wy-Joli-Village | » | Ui-Joli-Village. |

## YONNE

| | | |
|---|---|---|
| Annoux | se prononce | Ann-ou. |
| Boeurs | » | Beurs'. |
| Brannay | » | Brann-è. |
| Champcenais | » | Chanc'nè. |
| Champlost | » | Chanlô. |
| Coulours | » | Coulour. |
| Domats | » | Domâ. |
| Esnon | » | Ênon. |
| Geaulges | » | Jôje. |
| Lévis | » | Lévî. |
| Ney | » | Né. |
| Noyers | » | Noyèr'. |
| Saint-Bris | » | Saint-Brî. |
| Vault (Le) | » | Vô (Le). |
| Villebougis | » | Vil-l'-bou-jis'. |

## COTE-D'OR

### ARRONDISSEMENT DE SEMUR

| | | |
|---|---|---|
| Aisy-sous-Thil | se prononce | Ézi-sou-Ti. |
| Alise-Sainte-Reine | » | Aliz'-Sainte-Reine. |
| Arnay-sous-Vitteaux | » | Arnè-sou-Vîttô. |
| Athie-sur-Moutiers-St-Jean | » | Ati-s.-Moutié-S$^t$-Jean. |
| Avosnes | » | Avône. |

| | | |
|---|---|---|
| BARD-LÈS-EPOISSES | se prononce | Bar-lez-Époiss'. |
| BLESSEY | » | Blessè. |
| BOUSSEY | » | Boussè. |
| BOUX-SOUS-SALMAISE | » | Bou-sou-Salmèz'. |
| BRAIN | » | Brin. |
| BRAUX | » | Brô. |
| CHAMP-D'OISEAU | » | Chan-d'Oisô. |
| CHAMPRENAULT | » | Chan-pre-nô. |
| CHANCEAUX | » | Chanssô. |
| CHARANCEY | » | Charancè. |
| CHARIGNY | » | Chari-gni. |
| CHASSEY | » | Chassè. |
| CHEVANNAY | » | Ch'vannè. |
| CLAMEREY | » | Clam'rè. |
| CORPOYER-LA-CHAPELLE | » | Corpoyé-la-Chapelle. |
| CORSAINT | » | Cor-sin. |
| COURCELLES-FRÉMOIS | » | Courssel'-Frémoî. |
| CRÉPAND | » | Cré-pan. |
| DARCEY | » | Darcè. |
| FAIN-LÈS-MONTBARD | » | Fin-lè-Monbar. |
| FAIN-LÈS-MOUTIERS | » | Fin-lè-Moutié. |
| FLAVIGNY | » | Flavi-gni. |
| FORLÉANS | » | Forléan. |
| FRESNES-LÈS-MONTBARD | » | Frèn'-lè-Monbar. |
| FROLOIS | » | Froloî. |
| GENAY | » | J'nè. |
| GISSEY-LE-VIEIL | » | Jissé-le-Vieil. |
| GISSEY-SOUS-FLAVIGNY | » | Jissé-sou-Flavi-gni. |
| GRÉSIGNY | » | Grési-gni. |
| JAILLY-LÈS-MOULINS | » | Ja-lli-lè-M. (*ll* mouillées). |
| JEUX-LÈS-BARD | » | Jeu-lè-Bar. |
| JUILLENAY | » | Jui-ll'nè (*ll* mouillées). |
| JUILLY | » | Jui-lli (*ll* mouillées). |
| LACOUR-D'ARCENAY | » | Lacour-d'Arss'né. |
| LAMOTTE-TERNANT | » | Lamott'-Ternan. |
| LANTILLY | » | Lanti-lli (*ll* mouillées). |
| LAROCHE-EN-BRENIL | » | Larochè-an-Breni. |

| | | |
|---|---|---|
| Lucenay-le-Duc | se prononce | Luss'nè-le-Duc. |
| Magny-la-Ville | » | Ma-gni-la-Vil-l'. |
| Marcelois | » | Marss'loî. |
| Marcigny-sous-Thil | » | Marci-gni-sou-Ti. |
| Marcilly-Dracy | » | Marci-lli-Draci (*ll* m.). |
| Marigny-le-Cahouet | » | Mari-gni-le-Kaouèt'. |
| Millery | » | Mi-lle-ri (*ll* mouillées). |
| Molphey | » | Molfè. |
| Montbard | » | Mon-bar. |
| Montbertault | » | Mon-bèrtô. |
| Montigny-sur-Armançon | » | Monti-gni-sur-Armanç. |
| Montigny-Montfort | » | Monti-gni-Mon-for. |
| Montigny-Saint-Barthélemy | » | Monti-gni-St-Barthél. |
| Montlay | » | Mon-lè. |
| Moutiers-Saint-Jean | » | Moutié-Saint-Jean. |
| Nan-sous-Thil | » | Nan-sou-Ti. |
| Nogent | » | Nojan. |
| Normier | » | Normié. |
| Précy-sous-Thil | » | Préci-sou-Ti. |
| Quincerot | » | Kinss'rô. |
| Rougemont | » | Roujemon. |
| Rouvray | » | Rouvrè. |
| Saint-Andeux | » | Saint-Andeu. |
| Saint-Didier | » | Saint-Didié. |
| Saint-Germain-lès-Senailly | » | St-G.-lè-S'na-lli (*ll* m.). |
| Saint-Hélier | » | Saint-Élié. |
| Saint-Léger-de-Fourches | » | Saint-Léjé-de-Fourc. |
| Saint-Mesmin | » | Saint-Mêmin. |
| Saint-Thibault | » | Saint-Tibô. |
| Salmaise | » | Salmèz'. |
| Seigny | » | Sé-gni. |
| Senailly | » | S'na-lli (*ll* mouillées). |
| Sincey-lès-Rouvray | » | Sincé-lè-Rouvrè. |
| Souhey | » | Souè. |
| Soussey | » | Soussè. |
| Thenissey | » | Ténissè. |
| Thorey-sous-Charny | » | Torè-sou-Charni. |

| | | |
|---|---|---|
| THOSTE | se prononce | Tôt'. |
| TORCY-ET-POULIGNY | » | Torci-é-Pouli-gni. |
| TOUILLON | » | Tou-llon (*ll* mouillées). |
| UNCEY-LE-FRANC | » | Uncè-l'-Fran. |
| VELOGNY | » | Velo-gni. |
| VENAREY | » | V'narè. |
| VERREY-SOUS-SALMAISE | » | Verrè-sou-Salmèz'. |
| VIC-DE-CHASSENAY | » | Vic-d'-Chass'nè. |
| VIC-SOUS-THIL | » | Vic-sou-Ti. |
| VILLAINES-LÈS-PRÉVOTTES | » | Vil-lèn'-lè-Prévott'. |
| VILLARGOIX | » | Vil-lar-goî. |
| VILLEBERNY | » | Vil-l'berni. |
| VILLEFERRY | » | Vil-l'ferri. |
| VILLENEUVE-SUR-CHARIGNY | » | Vil-l'neuve-sur-Char. |
| VILLY-EN-AUXOIS | » | Vi-lli-an-Aussoî (*ll* m.). |

# HAUTE-VIENNE

### ARRONDISSEMENT DE LIMOGES

| | | |
|---|---|---|
| AUGNE | se prononce | O-gne. |
| AUREIL | » | O-reill' (*ll* mouillées). |
| BEYNAC | » | Bénac. |
| BILLANGES (LES) | » | Bil-lanj' (Les). |
| BOSMIE | » | Bômî. |
| BURGNAC | » | Bur-gnac. |
| CHAMPNÉTERY | » | Chan-nét'ri. |
| CHAPTELAT | » | Chatelâ. |
| CHATENET (LE) | » | Châtenè (Le). |
| CONDAT | » | Conda. |
| COUZEIX | » | Couzè. |
| DOMPS | » | Donp's'. |
| EYBOULEUF | » | Ébouleuf'. |
| EYJEAUX | » | Éjô. |
| EYMOUTIERS | » | É-mou-ti-é. |
| FEYTIAT | » | Fé-ti-a. |

| | | |
|---|---|---|
| Geneytouse (La) | se prononce | Genétouz' (La). |
| Isle | » | Ile. |
| Jabreilles | » | Jabreill' (*ll* mouillées). |
| Jourgnac | » | Jour-gnac. |
| Linard | » | Linar. |
| Masléon | » | Mâléon. |
| Peyrat-le-Chateau | » | Péra-le-Châtau. |
| Peyrilhac | » | Péri-llac (*ll* mouillées). |
| Rilhac-Rançon | » | Ri-llac-R. (*ll* mouillées). |
| Roziers-Saint-Georges | » | Rozié-Saint-Georges. |
| Sauviat | » | Sauvia. |
| Séreilhac | » | Séré-llac (*ll* mouillées). |
| Solignac | » | Soli-gnac. |
| Surdoux | » | Surdou. |
| Sainte-Anne-Saint-Priest | » | S$^{te}$-Anne-Saint-Prié. |
| Saint-Bonnet-la-Rivière | » | S$^t$-Bonnè-la-Rivièr'. |
| Saint-Denis-des-Murs | » | Saint-Denî-dè-Mur. |
| Saint-Gence | » | Saint-Janss'. |
| Saint-Genest | » | Saint-Genè. |
| Saint-Gilles-les-Forêts | » | Saint-Gil-l'-lè-Forê. |
| Saint-Jouvent | » | Saint-Jouvan. |
| Saint-Just | » | Saint-Ju. |
| Saint-Léger-la-Montagne | » | S$^t$-Léjé-la-Montagne. |
| Saint-Léonard | » | Saint-Léonar. |
| Saint-Martin-Terressus | » | S$^t$-Martin-Terr'ssuss'. |
| Saint-Maurice-les-Brous | » | S$^t$-Maurice-lè-Brouss'. |
| Saint-Méard | » | Saint-Méar. |
| Saint-Priest-sous-Aixe | » | Saint-Prié-souzeks'. |
| Saint-Priest-Taurion | » | Saint-Prié-Torion. |
| Saint-Yrieix-sous-Aixe | » | Saint-Irié-souzeks'. |
| Vigen (Le) | » | Vijin (Le). |

## ARRONDISSEMENT DE BELLAC

| | | |
|---|---|---|
| Azat-le-Riz | se prononce | Aza-le-Ri. |
| Balledent | » | Ball'dan. |
| Buis (Le) | » | Buî (Le). |
| Chamborêt | » | Chanborè. |

| | | |
|---|---|---|
| DORAT (LE) | se prononce | Dora (Le). |
| DROUX | » | Droû. |
| FROMENTAL | » | Fromantal. |
| MAGNAC-LAVAL | » | Ma-gnac-Laval. |
| MAILHAC | » | Ma-llac (*ll* mouillées). |
| MONTROL-SÉNARD | » | Mon-trol-Sénar. |
| MORTEMART | » | Mortemar. |
| NANTIAT | » | Nan-ti-a. |
| ORADOUR-SAINT-GENEST | » | Oradour-Saint-Genè. |
| RAZÈS | » | Razè. |
| SAINT-AMAND-MAGNAZEIX | » | St-Aman-Ma-gnazé. |
| SAINT-BARBANT | » | Saint-Barban. |
| SAINT-BONNET | » | Saint-Bonnè. |
| SAINT-LÉGER-MAGNAZEIX | » | Saint-Léjé-Ma-gnazé. |
| SAINT-MARTIN-LE-MAULT | » | Saint-Martin-le-Molt'. |
| SAINT-OUEN | » | Saint-Ouan. |
| SAINT-PARDOUX | » | Saint-Pardoû. |
| SAINT-PRIEST-LE-BETOUX | » | Saint-Prié-le-Betoû. |
| THIAT | » | Ti-a. |
| VAULRY | » | Volri. |
| VERNEUIL-MOUSTIERS | » | Verneuil-Moûti-é. |
| VILLEFAVARD | » | Vil-l'favar. |

## ARRONDISSEMENT DE ROCHECHOUART

| | | |
|---|---|---|
| CHAMPAGNAC | se prononce | Chanpa-gnac. |
| CHAMPSAC | » | Chanp'sac. |
| CHAPELLE-MONBRANDEIX (LA) | » | Chapel-l'-Monbrandè. |
| COGNAC | » | Co-gnac. |
| JAVERDAT | » | Javerda. |
| MAISONNAIS | » | Maizonnè. |
| MILHAGUET | » | Mi-laguè. |
| ORADOUR-SUR-VAYRES | » | Oradour-sur-Vèr'. |
| PENSOL | » | Pansol. |
| SAINT-AUVENT | » | Saint-Ovan. |
| SAINTE-MARIE-DE-VAUX | » | Sainte-Marie-de-Vô. |
| VAYRES | » | Vèr'. |
| VIDEIX | » | Vidè. |

### ARRONDISSEMENT DE SAINT-YRIEIX

| | | |
|---|---|---|
| CARS (LES) | se prononce | Car (Les). |
| CHALARD (LE) | » | Chalar (Le). |
| CHALUS | » | Châlû. |
| CHATEAU-CHERVIX | » | Châtau-Chervi. |
| FLAVIGNAC | » | Flavi-gnac. |
| LADIGNAC | » | Ladi-gnac. |
| LAVIGNAC | » | Lavi-gnac. |
| MAGNAC-BOURG | » | Magnac-Bour. |
| MEILHAC | » | Mé-llac (*ll* mouillées). |
| MEYZE (LA) | » | Mèze (La). |
| PAGEAS | » | Paj'a. |
| RILHAC-LASTOURS | » | Ri-llac-Lâtour (*ll* m.). |
| SAINT-HILAIRE-LASTOURS | » | Saint-Hilaire-Lâtour. |
| SAINT-PRIEST-LIGOURE | » | Saint-Prié-Ligoure. |

# OISE

### ARRONDISSEMENT DE BEAUVAIS

#### Canton d'Auneuil.

| | | |
|---|---|---|
| NEUVILLE-GARNIER (LA) | se prononce | Ne-vil-l'-Garnié (La). |
| MESNIL-THÉRIBUS | » | Mênil-Téribuss. |
| RAINVILLERS | » | Rinvil-lé. |
| VILLERS-SAINT-BARTHÉLEMY | » | Vil-lèr-St-Barthélemy. |
| VILLOTRAN | » | Vil-lotran. |

#### Canton de Beauvais.

| | | |
|---|---|---|
| HERCHIES | se prononce | Herchî (*h* aspirée). |
| SAVIGNIES | » | Savi-gnî. |

#### Canton de Chaumont.

| | | |
|---|---|---|
| BACHIVILLERS | se prononce | Bachivil-lé. |
| BOUBIERS | » | Boubié. |

| | | |
|---|---|---|
| Bouconvillers | se prononce | Bouconvil-lé. |
| Chambors | » | Chanbor. |
| Fay-sous-Chaumont | » | Fa-ï-sou-Chaumon. |
| Fresnes-Léguillon | » | Frên'-Légui-llon (*ll* m.) |
| Hardivillers-en-Vexin | » | Hardivil-lé-an-Véccin (*h* a.) |
| Parnes | » | Parn'. |
| Reilly | » | Ré-lli (*ll* mouillées). |
| Senots | » | Ceno. |
| Serans | » | Ceran. |
| Thibivillers | » | Tibivil-lé. |
| Villers-sur-Trie | » | Vil-lèr-sur-Trî. |

### Canton de Coudray-Saint-Germer.

| | | |
|---|---|---|
| Hodenc-en-Bray | se prononce | O-dan-can-bré. |
| Talmontiers | » | Tal-mon-ti-é. |

### Canton de Formerie.

| | | |
|---|---|---|
| Blargies | se prononce | Blarjî. |
| Boutavent | » | Boutavan. |
| Canny-sur-Thérain | » | Cann-i-sur-Térin. |
| Escles | » | Écl'. |
| Fouilloy | » | Fou-lloi (*ll* mouillées). |
| Lannoy-Cuillère | » | Lann-oi-Cuillèr' (*ll* m.). |
| Romescamp | » | Romécan. |
| Saint-Arnoult | » | Saint-Arnou. |
| Villers-Vermont | » | Vil-lèr-Vermon. |

### Canton de Grandvilliers.

| | | |
|---|---|---|
| Briot | se prononce | Brio. |
| Dargies | » | Darjî. |
| Haubos | » | Haubô (*h* aspirée). |
| Mesnil-Conteville (Le) | » | Mênil-Cont'vil-l' (Le). |
| Offoy | » | Offoi. |
| Saint-Thibault | » | Saint-Tibau. |

### Canton de Marseille.

| | | |
|---|---|---|
| Neuville-Vault (La) | se prononce | Ne-vil-l'-Vau (La). |
| Villers-sur-Bonnières | » | Vil-lèr-sur-Bonn-ièr'. |

### Canton de Méru.

| | | |
|---|---|---|
| Esches | se prononce | Ê-ch'. |
| Fresneaux-Montchevreuil | » | Frênau-Monchevreuil. |
| Pouilly | » | Pou-lli (*ll* mouilléés). |

### Canton de Nivillers.

| | | |
|---|---|---|
| Bonlier | se prononce | Bonlié. |
| Bresles | » | Brêl'. |
| Fay-Saint-Quentin | » | Fa-ï-Saint-Kantin. |
| Haudivillers | » | Haudivil-lé (*h* aspirée). |
| Juvignies | » | Juvi-gnî. |
| Lafraye | » | Lafré. |
| Nivillers | » | Nivi-llé (*ll* mouillées). |
| Orvèr | » | Orvèr. |
| Tillé | » | Ti-llé (*ll* mouillées). |

### Canton de Noailles.

| | | |
|---|---|---|
| Coudray-Bellegueulle (Le) | se prononce | Coudré-Bel-l'-gueul-l'. |
| Hermes | » | Herm' (*h* aspirée). |
| Novillers | » | Novil-lé. |
| Silly | » | Si-lli (*ll* mouillées). |
| Villers-Saint-Sépulcre | » | Vil-lèr-St-Sépulcre. |
| Warluis | » | Ouar-lui. |

### Canton de Songeons.

| | | |
|---|---|---|
| Crillon | se prononce | Cri-llon (*ll* mouillées). |
| Escames | » | Ê-ca-m'. |
| Grémévillers | » | Grémévi-llé (*ll* mouill.). |
| Hannaches | » | Hann-ach' (*h* aspirée). |
| Hanvoile | » | Han-voil (*h* aspirée). |
| Morvillers | » | Morvi-llé (*ll* mouillées). |
| Saint-Deniscourt | » | Saint-Denîcour. |
| Sully | » | Su-lli (*ll* mouillées). |
| Ville-en-Bray | » | Vil-l'-an-Bré. |
| Wambez | » | Ouanbé. |

## ARRONDISSEMENT DE CLERMONT

### Canton de Breteuil.

| | | |
|---|---|---|
| BONVILLERS | se prononce | **Bonvil-lé.** |
| BROYES | » | **Broî.** |
| HÉRELLE (LA) | » | **Hérel-l' (La)** (*h* aspirée). |
| SÉRESVILLERS | » | **Sérévil-lé.** |

### Canton de Clermont.

| | | |
|---|---|---|
| FITZ-JAMES | se prononce | **Fit'-Ja-m'.** |
| LITZ | » | **Liss'.** |

### Canton de Froissy.

| | | |
|---|---|---|
| BUCAMP | se prononce | **Bucan.** |
| SAINT-ANDRÉ-FARIVILLERS | » | **S$^t$-André-Farivil-lé.** |

### Canton de Maignelay.

| | | |
|---|---|---|
| DOMFRONT | se prononce | **Donfron.** |
| DOMPIERRE | » | **Donpierr'.** |
| GODENVILLERS | » | **Godinvil-lé.** |
| LÉGLANTIERS | » | **Lé-glan-tié.** |
| MAIGNELAY | » | **Mai-gne-lé.** |
| MÉNÉVILLERS | » | **Ménévil-lé.** |
| ROYAUCOURT | » | **Roi-iau-cour.** |
| SAINS-MORENVILLERS | » | **Sin-Morinvil-lé.** |
| TRICOT | » | **Trico.** |

### Canton de Mouy.

| | | |
|---|---|---|
| HEILLES | se prononce | **Heill'** (*h* aspir. et *ll* m.). |
| HODAINVILLE | » | **Hodinvil-l'** (*h* aspirée). |

### Canton de Saint-Just-en-Chaussée.

| | | |
|---|---|---|
| ANGIVILLERS | se prononce | **Anjivil-lé.** |
| BRUNVILLERS-LAMOTTE | » | **Brunvil-lé-Lamotte.** |
| CATILLON | » | **Cati-llon** (*ll* mouillées). |

| | | |
|---|---|---|
| GANNES | se prononce | Gann'. |
| GRANDVILLERS | » | Granvil-lé-au-Boî. |
| LIEUVILLERS | » | Lieuvil-lé. |
| MESNIL-SUR-BULLES (LE) | » | Mênil-sur-Bul-l'. |
| MONTIERS | » | Mon-ti-êr. |
| ROUVILLERS | » | Rouvil-lé. |
| VALESCOURT | » | Valêcour. |
| WAVIGNIES | » | Ouavi-gnî. |

## ARRONDISSEMENT DE COMPIÈGNE

### Canton d'Attichy.

| | | |
|---|---|---|
| COURTIEUX | se prononce | Cour-ti-eu. |
| NAMPCEL | » | Nancel. |
| TROSLY-BREUIL | » | Trôli-Breuil. |

### Canton de Compiègne.

| | | |
|---|---|---|
| JAUX | se prononce | Jau. |

### Canton d'Estrées-Saint-Denis.

| | | |
|---|---|---|
| FAYEL | se prononce | Fa-iel. |
| GRANDFRESNOY | » | Gran-frê-noi. |
| HÉMÉVILLERS | » | Émévil-lé. |
| MEUX (LE) | » | Meu (Le). |
| MONTMARTIN | » | Monmartin. |
| MOYVILLERS | » | Moivil-lé. |

### Canton de Guiscard.

| | | |
|---|---|---|
| BEAUGIES | se prononce | Baujî. |
| FRESTOY-LE-CHATEAU | » | Frêtoi-le-Châtau. |
| GUISCARD | » | Gui-s' car. |
| PLESSIS-PATTE-D'OIE (LE) | » | Plessî-Patte-d'Oie (Le). |
| QUESMY | » | Quêmi. |

### Canton de Lassigni.

| | | |
|---|---|---|
| CANNY-SUR-MATZ | se prononce | Cann-i-sur-Mâ. |
| CRAPEAUMESNIL | » | Crapaumênil. |

| | | |
|---|---|---|
| Dives | se prononce | **Div'.** |
| Fresnières | » | **Frênièr'.** |
| Plessis-de-Roye | » | **Plessî-de-Roî.** |
| Roye-sur-Matz | » | **Roî-sur-Mâ.** |
| Thiescourt | » | **Ti-ê-cour.** |

## Canton de Noyon.

| | | |
|---|---|---|
| Apilly | se prononce | **Appi-lli** (*ll* mouillées). |
| Béhéricourt | » | **Bé-héricour** (*h* aspirée). |
| Caisne | » | **Caîne.** |
| Grandru | » | **Gran-ru.** |
| Larbroye | » | **Larbroî.** |
| Mondescourt | » | **Mondêcour.** |
| Pontlévêque | » | **Ponlévêk'.** |
| Varesnes | » | **Varên'.** |

## Canton de Ressons.

| | | |
|---|---|---|
| Biermont | se prononce | **Bièr-mon.** |
| Braisnes | » | **Braîne.** |
| Cuvilly | » | **Cuvi-lli** (*ll* mouillées). |
| Hainvillers | » | **Hinvil-lé** (*h* aspirée). |
| Mortemer | » | **Mortemèr.** |
| Neufvy | » | **Neu-vi.** |
| Orvillers-Sorel | » | **Orvil-lé-Sorel.** |
| Villers-sur-Condun | » | **Vil-lèr-sur-Condun.** |

## Canton de Ribécourt.

| | | |
|---|---|---|
| Bailly | se prononce | **Ba-lli** (*ll* mouillées). |
| Chiri-Ourscamps | » | **Chiri-Ours'can.** |
| Dreslincourt | » | **Drêlincour.** |
| Marest | » | **Marê.** |
| Montmacq | » | **Mon-mak.** |
| Pimprez | » | **Pinpré.** |
| Plessis-Brion (Le) | » | **Plessî-Brion (Le).** |

## ARRONDISSEMENT DE SENLIS

### Canton de Betz.

| | | |
|---|---|---|
| ACY-EN-MULTIEN | se prononce | Aci-an-Mul-ci-in. |
| ANTILLY | » | Anti-lli (*ll* mouillées). |
| BETZ | » | Bé. |
| BOULLARRE | » | Boul-larr'. |
| IVORS | » | Ivor. |
| LEVIGNEN | » | Levi-gnan. |
| NEUFCHELLES | » | Neu-chell'. |
| RÉEZ-FOSSE-MARTIN | » | Réé-Foss'-Martin. |
| ROSOY-EN-MULTIEN | » | Rozoi-an-Mul-ci-in. |
| VILLENEUVE-SOUS-THURY (LA) | » | Vil-l'neuv'-sou-Turi. |
| VILLERS-SAINT-GENEST | » | Vil-lèr-Saint-Genê. |

### Canton de Creil.

| | | |
|---|---|---|
| SAINT-VAAST-LES-MELLE | se prononce | Saint-Vâ-lè-Mel-l'. |
| VILLERS-SAINT-PAUL | » | Vil-lèr-Saint-Paul. |
| VILLERS-SOUS-SAINT-LEU | » | Vil-lèr-sou-Saint-Leu. |

### Canton de Crépy.

| | | |
|---|---|---|
| AUGER-SAINT-VINCENT | se prononce | Aujé-Saint-Vin-cent. |
| FRESNOY-LA-RIVIÈRE | » | Frênoi-la-Rivière. |
| MORIENVAL | » | Morianval. |
| ORMOY-VILLERS | » | Ormoi-Vil-lèr. |
| ORROUY | » | Orroui. |
| TRUMILLY | » | Tru-mi-lli (*ll* mouillées). |
| VANCIENNES | » | Vancièn'. |
| VEZ | » | Vé. |

### Canton de Nanteuil.

| | | |
|---|---|---|
| BOREST | se prononce | Borê. |
| BOISSY-FRESNOY | » | Boissi-Frênoi. |
| EVE | » | Èv'. |
| FRESNOY-LE-LUAT | » | Frênoi-le-Lua. |

| | | |
|---|---|---|
| Montlognon | se prononce | Mon-lognon. |
| Péroy-les-Gombries | » | Péroi-lè-Gombrî. |
| Plessis-Belleville (Le) | » | Plessî-Bel-l'vil-l' (Le). |
| Silly-le-Long | » | Si-lli-le-L. (*ll* mouillées). |
| Ver | » | Vèr. |

### Canton de Neuilly-en-Thelle.

| | | |
|---|---|---|
| Ercuis | se prononce | Ercuî. |
| Foulangues | » | Foulangue. |
| Fresnoy-en-Thelle | » | Frênoi-an-Tel-l'. |
| Mesnil-Saint-Denis (Le) | » | Mênil-Saint-Denî (L.). |
| Ully-Saint-Georges | » | Ul-li-Saint-Georges. |

### Canton de Pont-sur-Maxence.

| | | |
|---|---|---|
| Pontpoint | se prononce | Pon-poin. |
| Raray | » | Rarè. |
| Rully | » | Rul-li. |
| Saint-Vaast-de-Longmont | » | Saint-Vâ-de-Lonmon. |

### Canton de Senlis.

| | | |
|---|---|---|
| Montépilloy | se prononce | Monté-pil-loi. |
| Thiers | » | Tièr. |

*Le Secrétaire de la Commission,*

Albert MENGEOT,

Secrétaire de la Société.

Bordeaux. — Imp. G. GOUNOUILHOU, rue Guiraude, 11.

# CONGRÈS NATIONAL

DES

SOCIÉTÉS FRANÇAISES DE GÉOGRAPHIE

Xᵉ SESSION — BOURG — 1888

SOCIÉTÉ DE GÉOGRAPHIE DE L'AIN

# CONGRÈS NATIONAL

DES

## SOCIÉTÉS FRANÇAISES DE GÉOGRAPHIE

### X<sup>e</sup> SESSION — BOURG — 1888

Président : M. DE MAHY

Ancien Ministre, Député

## COMPTE RENDU STÉNOGRAPHIQUE

DES SÉANCES

BOURG
IMPRIMERIE VICTOR AUTHIER

1889

SOCIÉTÉ DE GÉOGRAPHIE DE L'AIN

# CONGRÈS NATIONAL

DES

## SOCIÉTÉS FRANÇAISES DE GÉOGRAPHIE

X<sup>e</sup> SESSION — BOURG — 1888

En publiant le compte-rendu sténographique du Congrès national de Géographie, tenu à Bourg, la Société de Géographie de l'Ain tient à remercier une fois de plus M. de Mahy, député de la Réunion, d'avoir bien voulu accepter la présidence de ce Congrès. C'est à son dévouement si absolu, à sa bienveillance si grande que le succès est dû. C'est un service nouveau que le défenseur si éloquent de la cause coloniale aura rendu à notre pays. La reconnaissance de tous les bons Français lui est acquise. Notre Société s'en fait ici le modeste interprète.

*Le Président,*
D<sup>r</sup> Goujon, Sénateur.

*Le Secrétaire général,*
G. Loiseau.

## Lundi 20 Août 1888

## SÉANCE SOLENNELLE D'OUVERTURE

Présidence de M. de Mahy

La séance commence à 5 heures, dans la grande salle de l'école Carriat. Toutes les notabilités du département de l'Ain avaient tenu à honneur de venir assister à cette première séance. Une foule nombreuse emplissait la grande salle.

M. le docteur Goujon, sénateur, président de la Société de Géographie de l'Ain, prend le premier la parole en ces termes :

Messieurs,

Ce n'est pas sans une émotion sincère que je me trouve à cette place, si légitimement due à notre éminent compatriote, M. Jarrin, fondateur de notre Société, auteur de tant d'admirables travaux sur l'histoire et la géographie de notre département.

Ce n'est qu'à son excessive modestie, croyez-le bien, que je dois l'insigne honneur de vous souhaiter la bienvenue, de vous assurer notre cordial accueil, de vous dire combien notre petite société est fière de donner l'hospitalité au X$^e$ Congrès national de géographie. C'est donc en leur nom que j'exprime notre très vive gratitude à MM. les Ministres, qui ont bien voulu se faire représenter ; à MM. les délégués venus, de toutes les parties de la France, nous apporter le fruit de leurs travaux et leur précieuse expérience.

Je remercie la Municipalité de Bourg, qui a toutes les initiatives généreuses quand il s'agit d'aider à un progrès quelconque : elle nous a donné le moyen de vous recevoir dignement, et mis à notre disposition son palais scolaire.

Mes excellents collègues au Conseil général, dont nous avons reçu déjà les marques d'intérêt et qui nous en donnent aujourd'hui une nouvelle preuve en nous honorant de leur présence.

Je ne puis oublier notre infatigable secrétaire général, M. Loiseau, véritablement l'âme de cette organisation : depuis plusieurs mois, il travaille sans trêve à assurer le succès du Congrès.

Enfin, Messieurs, j'ai bien la certitude d'exprimer le sentiment de tous ici présents, en remerciant d'une façon toute spéciale M. de Mahy, qui a bien voulu accepter de nous présider et se priver d'une partie de ses vacances si bien gagnées.

Est-il besoin de faire l'éloge de ce bon Français ?

Vous le connaissez tous ! Député depuis dix-huit ans, deux fois ministre, M. de Mahy, l'ardent défenseur de notre politique coloniale, a toujours sacrifié ses intérêts propres à ses convictions et aux intérêts sacrés de la Patrie ! M. de Mahy est un des hommes les plus justement estimés, et cette estime est fondée sur la sympathie qu'inspirent toujours dans notre chère France le courage, la droiture du caractère, l'inaltérable bienveillance et le talent mis au service de tous.

Soyez persuadés, Messieurs, que la Société de géographie de l'Ain mettra tout en œuvre pour vous donner le moyen d'occuper le plus utilement et le plus agréablement possible les quelques instants que vous voulez bien lui consacrer.

Des promenades ont été organisées pour vous montrer les parties les plus pittoresques de notre département, que nous avons à cœur de faire mieux connaître, car il ne cède en rien à la Suisse beaucoup plus connue d'un grand nombre de Français.

Vous visiterez successivement Bellegarde, première ville de France éclairée complètement par l'électricité et vraiment remarquable par sa grande force motrice ; Nantua, Oyonnax, Dortan, centres industriels importants, où l'on travaille avec une merveilleuse habileté le buis, la corne, l'ivoire et l'écaille, etc.

Puis le retour par Genève, en parcourant la délicieuse vallée de la Valserine, franchissant le col de la Faucille ; le passage à Gex, à Ferney, où Voltaire a passé les plus belles années de sa longue carrière ; années pendant lesquelles son génie a été vraiment dans toute sa force.

Notre Société de Géographie, qui ne compte que six années d'existence, a fait ce qu'elle a pu pour se mettre à la hauteur de ses sœurs aînées des autres départements. Elle a eu la bonne fortune de créer cette initiative, qui s'appelle la Géographie de l'Ain et qui en est à son 5e volume. Le succès de cette publication est complet, cet ouvrage fera bientôt partie de toutes nos bibliothèques scolaires.

Notre petite cité bressane n'offre assurément pas tout l'attrait des grandes villes comme Paris, Montpellier, Nancy, Toulouse, Lyon, Bordeaux, Nantes, Douai, Le Havre, où ont siégé les précédents congrès ; mais, la ville modeste n'en a pas moins droit à l'attention du monde savant, le goût de la science y a toujours régné et elle y compte toujours des admirateurs très dévoués.

La Bresse et le Bugey, deux antithèses par leur configuration et la variété des aspects, forment cependant un tout bien homogène, une Patrie chère à ses enfants justement fiers de la part de gloire qu'un certain nombre d'entre eux ont apportée à la France, la Patrie commune.

Ils se souviennent qu'un grand écrivain (Balzac), traversant notre pays pour se rendre en Suisse, nota sur son carnet cette réflexion : « Le département de l'Ain tient, entre tous les autres peut-être, la plus honorable place intellectuelle ».

Notre pays, en effet, a fourni des illustrations dans toutes les branches des connaissances humaines. Les lettres, les sciences y sont largement représentées, sans en excepter la Géographie scientifique et la Géographie commerciale. Ces derniers points peuvent justifier, en partie, l'honneur que vous avez bien voulu nous faire en acceptant Bourg comme lieu de réunion du Congrès.

Comme un hommage rendu à la mémoire d'hommes que nous ne devons pas laisser dans l'oubli, je vous demande de me permettre de citer rapidement quelques noms des voyageurs illustres de notre pays, qui ont contribué pour une large part au progrès de la science géographique.

Au siècle dernier, nous trouvons :

Dombey (Joseph), originaire de Pont-de-Veyle. Envoyé en mission par le gouvernement français, il parcourut avec soin le Chili, le Pérou, à la recherche des plantes susceptibles de s'acclimater en France. Il fit de nombreuses découvertes botaniques et minéralogiques qui enrichissent les collections du Muséum d'histoire naturelle.

*Commerson*, de Châtillon-sur-Chalaronne. Appelé, à Paris, par son compatriote Lalande qui avait reconnu chez lui l'esprit scientifique le plus remarquable, il fut désigné par le Roi pour faire partie de l'expédition de Bougainville qui devait faire le tour du monde.

Il se fixa à l'Ile de France, voulant en faire la description et l'histoire naturelle, d'une façon complète. La mort le surprit là, au milieu de ses nombreux travaux ; il succomba dans les bras de Bernardin de Saint-Pierre.

Ses dessins, ses collections, ses manuscrits ont été

déposés au Jardin des Plantes, d'où ils mériteraient de sortir pour être livrés à la publicité.

Nous devons à Commerson la découverte d'un grand nombre de plantes nouvelles, entre autres l'Hortensia, cette belle plante vivace qui orne aujourd'hui tous les jardins.

Son testament, fort curieux, publié par Lalande, nous montre à quel point Commerson était animé du désir ardent de servir utilement la science et l'humanité. Il donne son corps à l'amphithéâtre le plus voisin pour servir aux descriptions et études anatomiques.

Il fonde un prix de morale appelé par lui prix de vertu et qui devait se donner dans les conditions où se donnent aujourd'hui les prix de la fondation Monthyon. Il ne paraît pas invraisemblable que M. de Monthyon ne se soit inspiré du testament de Commerson pour ses admirables institutions philanthropiques.

Plus près de nous, nous voyons les docteurs Pernet de Bourg, Meynier de Nantua, qui vont mourir l'un à Kartoum, l'autre en Sibérie : tous deux victimes de leur dévouement à la science.

Se rattachant plus étroitement aux travaux du Congrès, par la géographie scientifique et la géographie commerciale, il me reste à vous dire un mot de deux hommes, que beaucoup d'entre vous ont pu connaître ; tous deux nés dans le même petit village de la Bresse, à quelques années d'intervalle, et dans deux maisons voisines, à Grièges, canton de Pont-de-Veyle.

Le premier, Gustave Lambert, tué par une stupide balle prussienne dans le parc de Buzenval, dans cette même fatale journée qui a enlevé à la France une autre de ses gloires, le jeune peintre Henri Regnault.

Vous vous souvenez avec quelle ardeur notre compatriote organisa cette expédition française pour aller à la recherche du pôle.

Cette mort glorieuse, au premier rang des combattants, nous dit assez ce que nous pouvions attendre de Gustave Lambert.

Le second, Joseph Bonnat, que j'ai eu pour camarade à l'école primaire de Pont-de-Veyle, était le fils d'un très honorable instituteur, mort jeune et qui a laissé les meilleurs souvenirs à Grièges.

Joseph était le plus jeune de 5 enfants. Resté frêle et délicat pendant longtemps, j'ai été bien surpris en lisant le récit vraiment extraordinaire de ses voyages, qui dénotent une énergie et une volonté indomptable. Mon petit camarade blond et timide est devenu un explorateur hardi de la Côte d'Or d'Afrique, le découvreur d'un pays inconnu des Européens.

Bonnat fut longtemps prisonnier des Achantis, il se rendit libre et vint en France où il se maria avec une jeune fille de Pont-de-Vaux.

Il songea bientôt à reprendre sa glorieuse entreprise, dont le but était d'enrichir notre pays en établissant des relations commerciales avec l'Afrique occidentale.

Il avait réussi à fonder une Société lorsque la mort vint le frapper dans son lit, après l'avoir épargné pendant les dix années qu'il a exploré des territoires complètement inconnus, au milieu des périls les plus grands.

Ces deux derniers noms méritent bien aussi leur inscription sur le livre d'or de notre département.

Je me hâte de terminer, Messieurs, en vous priant de m'excuser d'avoir un peu retardé le plaisir que vous aurez, à l'instant, d'entendre notre cher Président, qui vous dédommagera amplement, j'en ai la certitude, du moment d'ennui que j'ai pu vous causer.

J'ai cédé à une faiblesse qui nous est commune et que je crois excusable, bien qu'il s'y mêle un peu de vanité ; au plaisir de rappeler quelques noms illustres de l'Ain, qui ont contribué au progrès et tenu une place très honorable à cette avant-garde de l'humanité. (Vifs applaudissements.)

M. Verne, maire de Bourg, prononce ensuite les paroles de bienvenue suivantes :

Messieurs,

La ville de Bourg est heureuse d'avoir été choisie pour être le siège du Congrès national de géographie, pour l'année 1888. Avant de commencer vos travaux, vous me permettrez, Messieurs, au nom de notre vieille cité bressane, de souhaiter la bienvenue aux membres des sociétés de géographie qui ont bien voulu répondre à l'appel de la nôtre. Vous trouverez chez nous la cordialité la plus sincère. Nous serons des vôtres, et ferons tout ce qui dépendra de nous pour que vous ne trouviez pas trop long le séjour que vous ferez parmi nous. Au nom de la ville de Bourg, je vous salue, Messieurs ! (Applaudissements.)

M. de Mahy, président du Congrès, prenant à son tour la parole, s'exprime ainsi :

Mesdames, Messieurs,

Je ne saurais trouver de paroles trop chaleureuses et trop cordiales pour remercier mon honorable collègue au Parlement, mon confrère, M. Goujon, des paroles avec lesquelles il a bien voulu me présenter à cette assistance qui me fait aujourd'hui l'honneur de m'écouter. Oui, mon cher Monsieur Goujon, vous connaissez le proverbe : « Confrère, plus que frère ! » (Applaudissements.) C'est l'indulgence confraternelle qui a parlé par votre bouche !

Ce m'est un grand honneur d'avoir été appelé à la présidence de ce Congrès de géographie. En l'acceptant, je n'ai pas oublié que cet honneur aurait dû revenir à M. Goujon ; mais, avec une générosité extrême, il s'est souvenu de ma première visite et il a voulu que je revienne une seconde fois parmi vous. Je l'en remercie.

Je remercie également M. le Maire de s'être fait l'organe de la ville de Bourg pour nous souhaiter la bienvenue avec tant d'amabilité.

Mesdames et Messieurs, nous avons à causer aujourd'hui de géographie; je ne le ferai pas avec beaucoup de détails; je vous indiquerai seulement, en quelques traits rapides, la situation actuelle de notre France à la surface du globe.

Afin de ne pas risquer de manquer à ce que je dois à l'assemblée devant laquelle je parle je n'ai pas osé me fier à l'improvisation et j'ai écrit les choses que je désirais vous dire ; permettez-moi de vous les lire sans aucune espèce de prétention. (Très bien !)

Messieurs,

Parmi les études qui ont occupé vos derniers congrès, les questions de commerce, de marine, de colonies me paraissent avoir été l'objet d'une sorte de prédilection de votre part, et sans négliger d'autres questions du plus haut intérêt, vous leur avez encore réservé une large place dans les délibérations de ce dixième congrès des Sociétés françaises de Géographie, qui tient ses assises à Bourg.

Dans le chef-lieu de notre ancienne province de Bresse, en plein continent, à deux pas de notre frontière continentale de l'Est, comme au Havre et à Nantes, dans les deux grandes villes marchandes de notre frontière océanique, l'outillage et le bon entretien de nos ports de mer, — les communications de la France avec les pays lointains et de ces pays avec l'intérieur de notre territoire jusque dans les points les plus reculés, — la répartition des populations, — l'émigration de France à l'étranger et vers nos colonies, — l'introduction, l'immigration dans celles-ci de travailleurs recrutés en Afrique, en Chine, et dans l'Inde anglaise, — la révision ou la dénonciation du traité franco-anglais relatif à cette immigration, — le travail libre, — les tarifs douaniers, — la protection et le libre échange, — l'annexion et le protectorat, — l'assimilation et l'autonomie, — l'organisation commerciale, économique, administrative, militaire, politique, — en un mot, tout ce qui a trait aux rapports de la métropole avec ses possessions d'outre-mer, se trouve avoir été l'objet principal de vos préoccupations et de vos délibérations.

Dans les bulletins de nos diverses Sociétés de Géographie, d'excellents travaux sont publiés sur ces mêmes matières et ont pour effet de répandre en France des notions de plus en plus précises, des connaissances de plus en plus approfondies, avec lesquelles notre public a tant d'intérêt à se familiariser !

C'est par la force des choses, par la logique de votre institution que vous avez été conduits à embrasser tout cet ensemble.

Il n'était pas possible qu'en étudiant la surface du globe terrestre et en examinant la place impartie à notre nation, vous ne fussiez pas amenés à reconnaître que la France n'est pas contenue tout entière dans ce coin de l'Europe centrale si merveilleusement situé entre l'Océan et la Méditerranée, mais que justement, et grâce à cette situation riveraine des deux mers, elle a jeté des prolongements dans les autres parties du monde, en Afrique, en Asie, en Amérique et jusque dans l'Australasie, de telle sorte que la Patrie française ne se compose pas de la France européenne seule, mais qu'il existe aussi une France d'outre-mer, créée par la métropole et faisant avec la métropole partie intégrante de la nation. (Applaudissements.)

Il n'était pas possible non plus que vous ne fussiez pas frappés de ce fait, que les autres peuples, eux aussi, ne s'étaient pas tenus renfermés sur le point qui les avait vu naître, mais que tous, sauf une exception unique, facile à expliquer, et qui confirme pleinement la règle, — tous, — obéissant à un instinct irrésistible, à une inéluctable nécessité, ont essaimé ou essayé, sous peine de la vie, d'essaimer vers des espaces inoccupés ou faiblement occupés, de sorte que la colonisation s'en déduit comme une des grandes lois qui régissent le progrès, le développement, l'existence des nations.

Il était dès lors inévitable que les Sociétés de Géographie et principalement celles d'entre vous qui ont inscrit à leur frontispice le titre de Société de Géographie *commerciale*, instituées pour répandre parmi nos concitoyens le goût et la connaissance du monde en général et de la France en particulier, afin d'en divulguer les ressources et d'en tirer profit pour le pays, il était inévitable que les Sociétés de Géographie s'appliquassent avec le plus grand soin à la partie la moins connue de la Géographie de notre France, la partie *coloniale*.

Il était inévitable qu'en s'adonnant à cette étude, les Sociétés de Géographie reconnussent très vite la grande importance de nos possessions d'outre-mer et le grand intérêt qu'il y a pour la prospérité, pour l'honneur du pays, le haut intérêt que nous avons, sinon à accroître ces possessions, du moins à ne pas les laisser péricliter, à les conserver, à les développer, à les mettre toutes en valeur pour le plus grand bien de la Patrie française. (Applaudissements.)

Vous avez remarqué en même temps que la portion extra-européenne du territoire français, la France d'outre-mer n'a pas aujourd'hui la même étendue qu'elle eut jadis, que ses limites ont été déplacées, que des espaces considérables en ont été distraits, que d'autres y ont été plus récemment adjoints, mais que ces dernières n'équivalent pas à ce qui nous a été enlevé, à ce que nous avons perdu.

Vous avez encore remarqué que ce qui a été perdu pour nous ne l'a pas été pour d'autres. D'autres ont gagné ! et tandis que nous subissions des mutilations, ils ont grandi, tantôt en s'enrichissant purement et simplement de nos dépouilles, tantôt en nous devançant, en se taillant une plus large part et en s'emparant de ce qui aurait dû nous revenir dans le partage équitable des régions inoccupées, véritable réserve promise à tous les peuples civilisés, d'où nous nous sommes laissé exclure par de mieux avisés que nous.

Ces changements, préjudiciables à nous, avantageux aux autres, dans la distribution des diverses puissances à la surface du globe, sont attribuables en partie à notre ignorance de la Géographie, ignorance quasi inexplicable dans le pays des d'Anville, des Mentelle, des Vivien de Saint-Martin, des Cortambert, des Malte-Brun, des Barbié du Boccage, des Mac-Carthy, des Levasseur, des Reclus. — Que la Géographie n'ait pas été depuis longtemps une science universellement répandue en France, qu'elle ne soit pas devenue plus vite populaire dans le pays à qui ces hommes illustres ont donné tant de beaux ouvrages, c'est là un phénomène qui ne peut être un pur effet du hasard et dont l'explication serait curieuse à rechercher. Quoi qu'il en soit, cette ignorance est une des causes de notre amoindrissement ; elle n'est pas la seule.

« C'est le maître d'école qui a triomphé à Sedan. Les « Français ont été vaincus parce qu'ils ne savaient pas « la Géographie. » En vous rappelant ces mots bien souvent répétés, et sans contester ce qu'ils peuvent avoir de fondé, l'éminent géographe président de votre dernier

Congrès, M. Levasseur, dans le beau discours qu'il prononça au Havre, l'an dernier, vous disait que d'autres causes, beaucoup plus graves, ont engendré nos désastres et il ajoutait, avec une énergie de conviction qui lui fait honneur, que « *l'histoire n'aura jamais trop de sévérité « pour juger la politique extérieure qui nous a conduits « à l'abîme* ».

J'ose dire à mon tour : l'histoire n'aura jamais assez d'étonnement à constater l'état d'esprit qui nous a conduits à cette étrange conception de politique extérieure, et même intérieure, si féconde en désastres pour la France continentale et pour la France d'outre-mer. Elle consiste dans ces deux illusions, j'allais dire dans cette double aberration qui s'est substituée aux anciennes traditions de la politique française et de toute politique sensée : 1° de nous désintéresser des questions coloniales, de ne pas prendre garde au maintien de notre marché, à la conservation de nos débouchés et de nos possessions productives de matières premières ; — 2° de croire que notre intérêt, notre devoir était de favoriser à côté de nous, en Europe, la création d'énormes puissances territoriales.

Nous sommes, il faut l'espérer, guéris de cette dernière erreur. A quel prix, nous le savons ! L'inoubliable transformation de la carte d'Europe, notre démembrement, une multitude de Français arrachés du giron de la Patrie, notre frontière reculée du Rhin à la banlieue de Nancy !...

L'autre illusion, la plus ancienne, l'erreur anti-coloniale sévit encore chez bien des personnes en France, surtout parmi nos dirigeants.

Faudra-t-il pour les en détacher une éclatante catastrophe ? ou bien attendront-ils que l'on ait achevé de nous étouffer peu à peu ?

Vous travaillez à la dissiper, cette ignorance funeste.

C'est là votre but, Messieurs ; et votre gloire, le service que vous aurez rendu au pays sera de contribuer à l'arracher aux chimères et à le remettre dans sa voie, dans son traditionnel bon sens. (Applaudissements.)

Ce que nous avons perdu au-delà des mers ne nous a pas toujours été enlevé par la force des armes ou par la fortune adverse. Plus d'une fois, nous nous sommes laissés mutiler par persuasion. On a su nous persuader de négliger ce qui nous appartenait, ce que nous possédions, et de négliger également les acquisitions possibles, les occasions de nous agrandir. C'est beaucoup plus par l'habileté de sa propagande que par la force des armes que l'Angleterre nous a pris l'Empire de l'Inde, œuvre du génie d'un illustre Français, l'un des plus grands parmi nos hommes d'Etat. Rien n'est plus curieux et plus navrant à la fois que de voir la Compagnie anglaise des Indes s'ingérer de persuader à notre Compagnie française, à notre gouvernement, — et y réussissant, — que notre intérêt vrai était de tout lâcher... que ce Dupleix n'était qu'un fou dangereux, bon à destituer, un dépensier, un imprudent, capable de nous affubler de tout cet immense empire, fardeau inutile et beaucoup trop lourd pour nos épaules. Et l'on obtenait de nous le sacrifice de Dupleix et de l'Inde. Dupleix mourait de désespoir et de misère, et l'Inde, ce merveilleux marché, ce précieux débouché pour nos industries, cette inépuisable source de matières premières, passait à nos rivaux !

Après avoir perdu l'Inde, nous avons été en passe d'acquérir l'Indo-Chine, il y a de cela juste cent ans. Rien n'est plus douloureux ni plus instructif pour nous que d'apprendre, pièces officielles en main, comment nos rivaux surent nous amener à faire échouer, à détruire nous-mêmes l'œuvre accomplie par un grand missionnaire, Mgr Pigneau de Béhaine, évêque d'Adran. Un ancien fonctionnaire du ministère de la marine et des colonies, un savant homme, bon républicain, anti-clérical s'il en fut, M. Alexis Faure, nous a révélé ces faits dans un beau livre qui serait, avec quelques changements de noms et de dates, notre histoire d'hier et d'aujourd'hui, notre histoire de l'heure présente, tant nous nous sommes laissés accoutumer à une sorte de suicide, à l'immolation par nous-mêmes de nos propres intérêts et à l'édification de la fortune d'autrui. N'avons-nous pas vu de nos jours, au Congrès de Berlin, notre diplomatie participer à l'agrandissement colonial des Anglais dans la Méditerranée et se féliciter, elle, de revenir les mains vides ? Ne l'avons-nous pas vue, plus récemment encore, obliger nos soldats, tantôt à rester dans une inaction meurtrière à Madagascar, tantôt à démolir matériellement, de leurs mains, ou livrer à l'ennemi, ce que leur intelligent héroïsme, en dépit de notre diplomatie, leur avait fait édifier ? Je n'en cite qu'un exemple. Un de nos brillants officiers de vaisseau, le commandant Escande, admirablement secondé par le capitaine d'artillerie de marine Brun, à la tête d'une poignée d'hommes, délivre du joug des Hovas et pacifie la province de Vohémar, grande comme notre Bretagne et notre Normandie, fertile comme elles, et couverte de prairies où paissent d'innombrables troupeaux. Le commandant Escande est remplacé par le commandant Poudra, celui-ci par le commandant Prouteaux. Malgré ces brusques changements de chefs, et en dépit d'instructions contradictoires, sous l'administration de ces patriotes, à l'ombre du drapeau français, une ville française sort de terre et pousse avec vigueur, comme les nouvelles villes de l'Australie. Un courant d'immigration française se produit, de Bourbon, de Maurice, de France même. Déjà plusieurs familles sont arrivées. Je les ai vues à l'œuvre, moi qui vous parle aujourd'hui. La construction des maisons, la préparation des bois, extraits de la forêt voisine, la briqueterie, la forge, la douane, sont en pleine activité, les magasins sont pourvus. D'emblée, la civilisation s'empare du pays. Très vite, les naturels comprennent que le bien-être européen, la domination française valent mieux que la misère barbare, l'insécurité et la tyrannie hova. Les cases sakalaves se transforment ; au lieu de nattes étendues sur le sol, on se donne un vrai lit ; on a une table, un peu de vaisselle, des ustensiles de ménage, des chaises, des coffres, voire des fauteuils et même du linge. Nos produits fabriqués ont fait irruption dans l'existence de cette population et sont payés au moyen des denrées de crû : les bœufs, le cuir, les bois de construction et d'ébénisterie, notamment l'ébène, de qualités supérieures ; les étoffes de rabane, tissées avec les fibres d'un palmier, la gomme copale, la cire, l'écaille, le caoutchouc. Dans le port, cinq beaux trois-mâts de commerce français occupés à ces échanges fructueux. Dans les campagnes, les habitants adonnés à la surveillance et à l'élevage de leurs troupeaux. De tous côtés, l'ordre public assuré. La colonie était fondée et avait devant elle la perspective d'un brillant avenir. Nous avions là pour nos produits un débouché certain, pour notre industrie une précieuse source de matières premières (1). On a su persuader à notre Gouvernement de transmettre l'ordre au commandant Prouteaux de détruire ce que ses prédécesseurs et lui-même avaient édifié, et l'on a forcé nos soldats d'infanterie et d'artillerie de marine à démolir, de leurs mains, les constructions qu'ils avaient élevées de leurs mains : maison du gouverneur, hôpital, maison du médecin, casernements pour la troupe, forges, bâtiment de la douane, tout en un mot. Ils l'ont fait, les larmes aux yeux, le désespoir au cœur. Aujourd'hui, il n'y a plus rien à Vohémar, si ce n'est les soldats

---

(1) Extrait de la Préface de M. de Mahy au livre de M. Postel sur Madagascar.

hovas que nous y avons ramenés nous-mêmes sur nos navires. La colonie naissante est morte, Vohémar a été restitué à la barbarie, l'esclavage est rétabli, et l'on vient de porter le dernier coup à cette malheureuse ville en supprimant notre escale des messageries maritimes. Cet exemple n'est pas le seul ! Je pourrais vous dire ce qu'avaient fait, sur d'autres points du territoire, à Amboudimadirou, le commandant Pennequin, à Andalande cinq pionniers français, des héros !... Vous seriez trop attristés de la façon dont on les a sacrifiés.

On a su nous conduire à ce degré d'irréflexion de croire que la France n'a pas de colons, qu'elle en est absolument dépourvue, et d'en donner cependant chaque année plus de dix mille à un Etat de l'Amérique du Sud, sans compter la multitude de pauvres gens que nous laissons s'éparpiller, s'égarer de tous côtés en pure perte pour eux-mêmes et au grand détriment de la France, quand nous aurions tant d'avantage à les employer, soit à la colonisation intérieure de la France européenne, selon le vœu de la Société de Géographie de Tours, soit à les diriger vers nos terres inoccupées de la zone tropicale, ce qui, à mon avis, serait le plus immédiatement pratique et réalisable.

On a su nous persuader qu'en matière de colonisation, nous sommes à la fois impuissants et mauvais, que l'ombre de notre drapeau est délétère, que ce qu'il couvre de ses plis est voué à une déchéance fatale, et que pour le propre bonheur de nos possessions, pour leur vrai bien, dans l'intérêt de l'humanité, supérieur à l'intérêt national, il est bon que nous nous dessaisissions de ce qui nous appartient et que nous laissions à d'autres, meilleurs que nous, plus capables, plus moraux, plus forts, plus méritants, le soin, la peine, la gloire de coloniser et les profits de la colonisation. Comme si la France était hors la loi ! Comme si notre intérêt était moins que ceux des autres, conforme aux intérêts de l'humanité ! Comme si l'humanité n'était pas intéressée à la prospérité et à la grandeur de la France ! Quand donc et où notre nation, généreuse entre toutes, a-t-elle failli à son devoir, à son rôle de soldat du progrès, de la civilisation, de la liberté dans le monde ! N'a-t-elle pas fait profiter de sa prospérité le monde entier, elle qui a tant travaillé pour les autres, et n'a-t-elle pas le droit de songer enfin à elle-même ? Qui a été plus qu'elle prodigue de bienfaits ? Et puisque l'on a osé prétendre que l'intérêt et même le droit de la France doivent être subordonnés à je ne sais quel intérêt humain ou humanitaire, je demande que l'on me montre, dans le monde entier, des régions privilégiées mieux traitées par leur métropole, plus humainement, plus libéralement que ne le sont les colonies et possessions françaises. Et s'il existe une métropole qui ait inspiré à ses enfants d'outre-mer un attachement plus inviolable, un plus profond amour, je demande qu'on me la montre ! (Applaudissements.)

Malgré l'évidence des faits, malgré la protestation de toute notre histoire, nos rivaux, avec une audace imperturbable et un étrange succès, continuent de proclamer et de faire proclamer que la France n'est pas apte à la colonisation.

Ils nous le répètent depuis plus d'un siècle, et ils ont fini par le faire croire à beaucoup d'entre nous.

Une propagande plus que séculaire se poursuit contre l'expansion coloniale de la France, propagande active, continue, incessante, infatigable, qui a pris naissance aux bords de la Tamise, fortifiée par le temps, secondée par d'énormes capitaux et par une organisation dont le *fonds des reptiles* d'outre-Rhin n'a été que la copie et l'imitation. Avant de nous amener à l'état d'esprit qui a engendré la politique extérieure continentale si justement condamnée par M. Levasseur et qui nous a conduits aux désastres de l'Année Terrible, on avait su éteindre chez nous la flamme de la politique coloniale. De longue date, nos rivaux d'outre-Manche se sont faits nos éducateurs dans les questions de marine, de commerce, de tarifs, de colonisation, et ils ont trouvé chez nous des disciples, des auxiliaires de bonne foi et de bonne volonté pour la propagation de ces doctrines anti-françaises. Et tous, ceux du dehors avec une rare supériorité, les autres, ceux du dedans avec une candeur sans égale, mènent la campagne contre l'expansion coloniale de notre pays. On a fait de notre incapacité coloniale un véritable dogme, qui a ses dévots, ses commentateurs, son exégèse. Toute une littérature en est issue, inspirée par l'étranger, écho de ce que nos rivaux écrivent contre nous, et qui dépense des flots d'érudition à prouver que oui, oui, il est bien vrai que la France est destituée du génie de la colonisation et qu'elle ne peut pas coloniser, et ne doit pas même essayer de coloniser, — littérature influente, surtout auprès de nos dirigeants.

La France n'est pas colonisatrice, voilà la formule menteuse qu'à force de la répéter et de la faire répéter par les voix innombrables de leur propagande, ils ont réussi à faire accepter comme un axiome indiscutable, comme une de ces vérités élémentaires, si parfaitement établies que l'idée de les mettre en doute ne vient pas même à l'esprit et que les conséquences s'en déduisent toutes seules. On nous a si bien enveloppés, on a façonné si complètement notre cerveau à cet état mental, que bien des gens chez nous ne sont pas seulement résignés, mais contents, heureux d'être amoindris, s'y complaisant, — sincèrement fâchés quand nous obtenons un succès, travaillant de bon cœur à l'entraver, ayant horreur de toute pensée d'agrandissement, n'aspirant qu'à des mutilations définitives, désireux d'être irrémédiablement débarrassés de ce qui nous reste de nos possessions d'outre-mer, et s'en faisant un point d'honneur. Il est rigoureusement vrai de dire, à cet égard, que le maître d'école, le maître d'école étranger a triomphé de la France. — Je connais, en ce moment, de très braves gens, honnêtes, honorables, pleins d'esprit, que le succès de notre colonie de Diego-Suarez chagrine tout de bon, qui s'occupent à l'étouffer et sollicitent la disgrâce d'un gouverneur qui a pris au sérieux l'œuvre dont il a la charge, notre excellent collègue M. Froger.

Il s'est donc formé parmi nous une école d'hommes d'Etat, une doctrine politique, un système en opposition avec nos intérêts, nos instincts, notre esprit national, avec les traditions de notre histoire, avec la loi sociale du développement des nations. Nos hommes d'Etat de cette école déploient, à nous étouffer, beaucoup plus d'efforts qu'il n'en faudrait pour relever notre grandeur commerciale, coloniale et maritime, si au lieu de contrarier notre développement, ils lui permettaient de sortir son plein et naturel effet. De là, — de cette lutte entre ce système et le sentiment des vrais intérêts du pays, de ce conflit entre l'influence étrangère et l'instinct national, sont nées les tergiversations, les contradictions, les incohérences, la faiblesse de notre politique en matière de colonies, de marine, de commerce, de débouchés, de tarifs! De là aussi le malaise social dont nous souffrons et auquel il n'est que temps de prendre garde. (Applaudissements.)

Des hommes parfaitement sincères, parfois même de grands esprits, aveuglés en ceci, et trop imbus de l'éducation et des influences étrangères, ont versé dans ces erreurs.

Voltaire, au siècle dernier, Voltaire, ce merveilleux génie, ne voulait pas que l'on se mît en peine pour quelques arpents de neige, le Canada. Ses amis des bords de la Tamise, qui lui avaient inspiré ce mépris, ne dédaignaient pas de convoiter et de s'approprier ces mêmes arpents de neige. Aujourd'hui comme alors, la tactique est la même. Que la France fasse mine de revendiquer ses droits, d'exercer sa souveraineté sur une terre quelconque, tout de suite vous voyez des étrangers s'écrier, des Français répéter que cette terre ne vaut rien, que c'est un cimetière, un gouffre où l'on va engloutir les millions et les soldats français, sans que nous n'y ayons aucun droit, aucun intérêt, et qu'au surplus, y eussions-nous tous les droits imaginables et un intérêt national bien démontré, notre intérêt, notre droit, ne sauraient prévaloir en face d'un intérêt supérieur, l'intérêt humanitaire au gré duquel l'influence anglaise doit se substituer à la nôtre jusque dans nos possessions, et régner sans partage dans les régions sans maître où la civilisation n'a pas encore pénétré. On fait des quêtes en France, on y ramasse de l'argent, on y recrute d'admirables et héroïques pionniers qui apprennent la langue anglaise pour l'enseigner aux sauvages au lieu de leur enseigner la langue française, et qui s'en vont au loin catéchiser en faveur des Anglais, tandis que les Anglais, eux, nous combattent de toutes parts. La presse entière retentit en ce moment du prodigieux coup de filet jeté par l'Angleterre sur l'Afrique australe, — préparé par une Société de propagande... comment dirai-je... française ou anti-française ? — Pour ce travail de longue haleine, dont le couronnement s'épanouit en une si notable expansion de la nationalité anglaise, on avait récolté chez nous, à la date de 1865, une somme de plus de trois millions, plus que doublés depuis, et nous avons décoré l'an dernier l'un de ces pionniers français du Lessouto, récompensant en lui ses compagnons qui ont si bien travaillé pour notre rivale. Presque en même temps, nous décernions la croix d'officier de la Légion d'honneur à l'Anglais Digby-Willoughby, dont on ne saurait dire, sans dérision, qu'il a rendu de bons services à la France.

Entre temps, on fait chorus avec la presse anglaise. Un jour on provoque l'abandon des Nouvelles-Hébrides, une autre fois on empêche l'acceptation d'un pays du centre africain pour le laisser à la disposition de nos rivaux et l'on ne cesse de poursuivre l'abandon du Tonkin et de Madagascar, après avoir essayé de nous faire abandonner la Tunisie.

Quand il s'agit de l'étranger, on favorise le fonctionnement de la loi de progrès qui pousse les peuples à la colonisation ; quand il s'agit de la France, on contrarie cette loi sociale. Singulière logique et singulier patriotisme ! Pour nous, ils enfreignent la loi ; pour nos rivaux, ils la respectent et l'observent. Oh ! ils reconnaissent que l'Angleterre a besoin de colonies, et que ce qui fait sa force, la grandeur de son commerce et de son industrie, sa colossale richesse, c'est la possession de l'immense marché où elle *place, chez elle*, sous toutes les latitudes, les produits de son industrie, et où elle *prend, chez elle*, sous toutes les latitudes, les matières premières de son industrie, le fret pour sa marine marchande, les matériaux dont regorgent ses entrepôts et dont elle déverse chez nous le trop plein, les approvisionnements que nous sommes obligés d'aller chercher chez elle, grevés de lourdes charges, quand nous devrions, à son exemple, savoir les trouver chez nous dans nos possessions d'outre-mer que nous délaissons bénévolement.

Messieurs, vous avez pensé que ce qui était reconnu excellent pour d'autres, pouvait être bon pour nous aussi, et c'est par ce motif que vous avez abordé avec tant de soin et de résolution l'étude des questions coloniales.

Vous savez qu'on ne peut continuer à nous comprimer

ainsi dans nos limites continentales, sans risquer de tout faire sauter. C'est pour cela que vous avez protesté, l'an dernier, contre l'abandon des Nouvelles-Hébrides. C'est pour cela que vous avez réclamé non pas des conquêtes nouvelles, mais l'entier exercice de notre droit, la conservation et la mise en valeur de tout ce qui nous appartient. Vos efforts commencent à porter leurs fruits. C'est par nos rivaux que nous connaissions autrefois nos possessions d'outre-mer, nous les estimions d'après ce que nos rivaux et leurs associés voulaient bien nous en apprendre pour nous en dégoûter. Vous êtes intervenus, et grâce à votre loyale, saine et bonne propagande qui contrebat la leur, l'opinion publique se ressaisit, notre vieux bon sens reprend le dessus et le public français commence à apprécier sainement l'importance sans égale de notre ancien empire colonial et la valeur considérable encore de ce qui nous en est resté, amélioré par nos acquisitions récentes. Celles-ci, hélas! sont loin de compenser nos pertes.

Nous avons perdu au siècle dernier et au commencement de celui-ci :

Le Canada, grand à lui seul comme l'Europe entière et si puissamment imprégné du génie français, qu'un siècle de séparation sous la domination étrangère n'y a pas effacé notre profond sillon, et que l'on y parle encore la langue de Richelieu et de Louis XIV ;

L'Empire de l'Inde, œuvre du grand Dupleix, d'une importance presque égale au Canada comme surface, centuple comme population ;

L'Acadie, où s'était développée une si forte et si belle population française, entièrement détruite par notre abandon et par la conquête anglaise, — l'Acadie remplie aujourd'hui d'habitants anglo-saxons ;

Terre-Neuve, où nous n'avons plus que des droits de pêche sur un territoire dont nous avions la souveraineté ;

L'immense vallée du Mississipi découverte, parcourue d'un bout à l'autre, par Cavelier de la Salle : la Louisiane, avec son doux nom, sa riche capitale, la Nouvelle-Orléans, rappelant la douce France, par son langage et par ses mœurs ;

Saint-Domingue, cette reine, avec son cortège d'Iles françaises, semées dans le cercle d'or de la mer des Antilles ;

Dans la mer des Indes, Rodrigue, les Séchelles, ces délicieuses corbeilles de verdure émergées du fond des flots pour former au milieu de l'Océan indien, un admirable port naturel, escale obligée des paquebots sur la route de l'Australie ;

L'Ile de France, que l'on appelle aujourd'hui Maurice, illustrée par l'héroïsme de sa défense, l'excellence de sa position stratégique, la beauté de son sol, sa richesse, la courtoisie chevaleresque de ses habitants, demeurés français de cœur et de langage, malgré l'infiltration de l'élément anglo-indien devenu numériquement prépondérant ;

Quels débouchés perdus pour nous ! quelles sources de matières premières, quels marchés arrachés à la France et donnés à nos rivaux !

Plus anciennement, dès le début de l'ère des grands Voyages de découvertes, nous avions un moment possédé la Floride et nous avions même commencé la colonisation de la France Antarctique, devenue aujourd'hui le noble et florissant empire du Brésil. L'entreprise française, faite sous l'impulsion d'un grand personnage originaire par sa famille, du pays de Bresse, l'amiral de Coligny, échoua tragiquement dans les convulsions de nos guerres de religion.

On ne nous avait laissé, au règlement de 1814 et de 1815, que Pondichéry dans l'Inde, avec Chandernagor, Karikal, Yanaon, Mahé et quelques loges, glorieux débris, entourés de quelques hectares, enclaves modestes, noyées dans l'immensité de l'Empire anglais de l'Inde ; — Nos petites îles de la Martinique et de la Guadeloupe ; — nos petites îles de Saint-Pierre et Miquelon et certains droits relatifs à la pêche sur la côte de Terre-Neuve ; — notre Guyane française, dont la moitié, restée presque inconnue jusqu'aux explorations de notre vaillant Coudreau, nous est contestée par le Brésil ; — nos établissements du Sénégal ; — notre île Bourbon, semblable à sa sœur l'île de France par l'héroïsme de ses luttes, par le caractère éminemment français de sa population, mais moins importante au point de vue stratégique, moins riche que l'île sœur, quoique plus belle par ses sites grandioses, son volcan, ses hauts sommets et la variété, le charme incomparable de ses climats ; — (... applaudissements...) et enfin Madagascar et les îlots, ses satellites, Madagascar, que l'on nous avait persuadé de négliger et qui faillit nous être soufflé, permettez-moi cette expression, sans que nous nous en apercevions, et que l'on essaie, en ce moment, de nous reprendre en sous-œuvre, Madagascar la plus ancienne des possessions françaises de la mer des Indes, et la plus vaste de toutes, la plus belle, la plus féconde, la plus importante à tous égards, la plus facile à conserver, la plus nécessaire au développement de notre puissance maritime et commerciale, la seule où nous ne soyons gênés par aucun voisinage, celle en un mot où se trouvent accumulées, sur un territoire au moins égal à celui de la France européenne, toutes les conditions de prospérité qui font de cette France orientale le plus précieux domaine où puisse s'exercer l'activité de notre nation. (Applaudissements prolongés.)

Nous avons acquis, hors l'Europe, sous les rois Charles X et Louis-Philippe, l'Algérie, si longtemps contestée, si longtemps dénigrée, irrévocablement admise aujourd'hui comme partie intégrante de la France et comme l'une des plus précieuses provinces de notre domaine d'outre-mer.

Nous avons également acquis, sous Louis-Philippe, Tahiti, les Marquises, les îles de la Société, et nous avons consolidé nos droits sur les îles voisines de Madagascar et sur la grande terre elle-même ;

Sous le deuxième Empire, la Cochinchine, après un siècle de temps perdu ; la Nouvelle-Calédonie et ses dépendances, et, dans la mer Rouge, Cheick-Saïd, Zoula, la baie d'Adoulis ;

Sous la troisième République et à son éternel honneur nous avons presque reconstitué un empire colonial, la Tunisie, l'Indo-Chine, un territoire considérable au Congo et dans le Centre africain ; une extension non encore délimitée, au Sénégal, au Niger, à Porto-Novo ; — et sur la côte orientale d'Afrique, Obock. Nous avons affermi et mis à l'abri de toute contestation nos droits sur Madagascar et nous avons jeté les fondements d'une colonie et d'un arsenal à Diego-Suarez.

Ces territoires que je viens d'énumérer, vieilles colonies, possessions récentes, pays de protectorat, constituent notre domaine actuel d'outre-mer, moins considérable que celui d'autrefois. Raison de plus pour le garder jalousement, l'exploiter avec sagesse, en développer les ressources, en faire, à l'exemple des autres nations et surtout de l'Angleterre que l'on se plaît tant à nous offrir comme modèle, en faire *un marché réservé* où nous placerons nos produits, d'où nous tirerons nos matières premières, et que nous ne devrons plus laisser entamer. Il y va du relèvement de notre marine marchande et militaire, de la prospérité de notre commerce et de notre industrie, de l'apaisement de nos souffrances sociales, de la cessation de ce malaise économique, cause profonde de nos agitations politiques. Il y va de la sécurité du pays, du salut ou du naufrage de la Société française. Sans doute la colonisation n'est pas une panacée capable de résoudre toutes nos difficultés, mais elle est le remède à appliquer tout d'abord, celui qui produira la détente nécessaire, sans laquelle nous ne sortirons pas du trouble mortel qui va chaque jour grandissant et dont les redoutables symptômes se manifestent de toutes parts en France avec une intensité que seuls, les cœurs légers et les aveugles peuvent envisager sans angoisse. (Applaudissements.)

Messieurs, ces pensées, ces convictions que je viens d'exprimer sont les vôtres, et la tâche que vous avez assumée est de les répandre. C'est un apostolat! L'honnête homme, quand il est en la possession de la vérité, ne sait pas la garder pour lui : il s'efforce de faire partager aux autres les convictions dont son âme est embrasée. (Applaudissements.)

C'est parce que vous avez reconnu en moi l'un des vôtres, c'est parce que les circonstances, les hasards, si on le veut, de ma vie politique, ont montré en moi un serviteur fidèle de vos idées, que vous m'avez décerné la présidence de votre assemblée, honneur insigne, qui est, à mes yeux, la récompense de mon dévouement à une cause pour laquelle nous professons tous un égal amour, la cause de la France ! (Applaudissements.)

Je vous remercie de ce témoignage que vous m'avez accordé, je remercie la municipalité et la ville de Bourg, la Société de Géographie de Bourg et son président, mon honorable et savant confrère, M. le sénateur Goujon, et votre distingué secrétaire général M. Loiseau, dont je n'oublierai jamais l'exquise et courtoise bienveillance à mon égard.

Et maintenant, Messieurs, puisque nous recevons ici l'hospitalité du chef-lieu de notre département de l'Ain, vous m'approuverez de terminer par un hommage à la mémoire des hommes célèbres que cette partie du territoire a donnés à la patrie française : Lalande, le grand mathématicien et le grand astronome ; — Joubert, le soldat modèle, le général patriote ; — Commerson, le naturaliste voyageur, encore plus connu peut-être dans ma petite patrie créole que chez vous, car il a laissé dans nos îles de la mer des Indes un impérissable souvenir, que nous avons consacré en donnant son nom à l'un des sites les plus grandioses du volcan de l'île Bourbon ; — Brillat-Savarin, l'intègre et savant magistrat, connu surtout par son livre de la Physiologie du goût, si ingénieux et de tant d'esprit ; — Bichat, mort dans la fleur de sa jeunesse, l'un des plus beaux génies qui aient illustré, dans tous les temps, la science médicale et l'art du médecin ; — M. Sappey, mon premier maître, populaire parmi les étudiants de mon temps, par la noble indépendance de son caractère, M. Sappey, auteur d'une des plus importantes découvertes anatomiques de l'époque contemporaine, et d'un traité d'anatomie qui survivra ; — mon autre maître, M. Charles Robin, le créateur de l'histologie, le collaborateur de Littré, le chef du service de santé de la défense nationale, que la reconnaissance de ses concitoyens fit siéger dans la Chambre haute du Parlement républicain ; — le docteur Baudin, notre confrère, mon cher président Goujon, Baudin, l'héroïque député de l'Ain, mort pour la défense des lois, et à qui sa ville natale, Nantua, élève une statue ; — Edgar Quinet, ce vaste esprit, cet écrivain éminent, ce républicain si pur, ce politique si clairvoyant, ce patriote indomptable, ce penseur d'un caractère si élevé, d'une grandeur morale si haute, dont j'ai été le disciple et qui, je le dis avec fierté, m'honora de son amitié !...

Messieurs, il m'est doux de déclarer ouverte, sous l'invocation de ces grands noms, la dixième session du Congrès national de Géographie. (Applaudissements prolongés.)

Mesdames et Messieurs,

Pendant que les Sociétés de Géographie de toute la France, réunies patriotiquement à Bourg, aujourd'hui, ouvrent notre Congrès, ce même jour, 20 août 1888, et à ce même moment, dans notre chère voisine, la Suisse, les Sociétés de Géographie ouvrent aussi leur Congrès. Cette coïncidence a fait penser à votre bureau qu'il serait bon qu'à cette occasion la grande nation donnât un témoignage d'affection à la nation voisine qui nous fut toujours fidèle et à laquelle nous attachent tant de liens de toutes sortes. En conséquence, votre bureau demande d'envoyer au Congrès de Géographie de Suisse un télégramme rédigé par notre excellent secrétaire général, dans les termes suivants :

« Le Congrès des Sociétés françaises de Géographie, réuni aujourd'hui même à Bourg, envoie au Congrès suisse, réuni le même jour, le témoignage de toute sa sympathie et lui transmet ses vœux les plus sincères pour la réussite de ses travaux. » (Approbation générale.)

Votre approbation prouve que votre bureau a eu une pensée juste. Je vous en remercie : sans cette approbation, notre télégramme n'aurait eu qu'une bien petite partie de la valeur que vous lui donnez maintenant. (Applaudissements.)

M. LOISEAU, *secrétaire général*. — Le Secrétariat du Congrès rappelle que demain commenceront les séances du Congrès ; elles auront lieu, le matin, de 9 heures à midi, et le soir à partir de deux heures, pour se continuer jusqu'à épuisement de l'ordre du jour. Les séances seront publiques, et la Société de Géographie de l'Ain prie les habitants de Bourg qui s'intéressent à son œuvre, de vouloir bien assister aux séances du matin, où se traitent les matières sujettes à discussion. Les séances du soir sont plus spécialement réservées aux communications ne comportant pas de discussions.

Ce soir, à neuf heures, la Société de Géographie de Bourg offre un punch à M. de Mahy, président d'honneur du Congrès, ainsi qu'à toutes les personnes attachées à notre œuvre. Ce punch aura lieu à l'hôtel de France, et l'excellente musique du 23e, obligeamment mise à notre disposition par son colonel, jouera sur la place Bernard.

*M. le Président.* — La séance est levée.

(La séance est levée à 6 heures un quart.)

---

Le soir, à 8 heures 1/2, a eu lieu, à l'hôtel de France, le punch d'honneur offert par la Société de Géographie à M. de Mahy, président du Congrès, et aux délégués des Sociétés de Géographie. — Les invités étaient nombreux et la cordialité la plus grande n'a cessé de régner, durant que l'excellente musique du 23e de ligne charmait la foule massée sur la place Bernard, devant l'hôtel.

---

## Séance du Mardi matin 21 Août 1888

*Présidence de* M. GAUTHIOT
*Délégué de la Société de Géographie et de la Société de Géographie commerciale de Paris.*

La séance est ouverte à 9 heures.

M. GAUTHIOT, *président*. — Messieurs, la première séance du Congrès est ouverte. Votre bureau a appelé à siéger comme assesseurs, M. Crozier, délégué de M. le Ministre des Affaires étrangères, et M. le capitaine Peroz, délégué de M. le Ministre de la Marine et des Colonies.

Avant de donner la parole à quelqu'un sur les questions inscrites à l'ordre du jour, je dois vous faire part de la réception de trois lettres émanées d'hommes dont les noms sont certainement connus par quelques-uns d'entre vous : M. le capitaine Polliart me prie de l'excuser de ne pas assister aux séances du Congrès. C'est d'autant plus fâcheux que, chargé de conduire aux Nouvelles-Hébride les troupes françaises qui y avaient été appelées, il a dû faire sur place des études dont nous avions l'espoir d'avoir la primeur.

M. Georges Rolland, connu par ses travaux de l'Oued-Rihr' nous prie aussi d'excuser son absence. Il en est de même pour M. Verdier, armateur à La Rochelle, qui avait été invité à notre Congrès, et nous aurait donné des détails sur l'expédition qu'il a contribué à envoyer à la rencontre de notre collègue, M. le capitaine Binger, qu'on a cru mort pendant un certain temps, et qui doit être arrivé à Kong, après un voyage des plus remarquables.

C'est avec regret que nous constatons l'absence de ces éminents collègues qui auraient pu nous apporter des communications intéressantes, et je prie M. le Secrétaire de prendre note de ces sentiments de regret. Du reste, nous aurons, je pense, une compensation, et M. le capitaine Peroz voudra peut-être nous donner quelques renseignements sur M. Binger, dont il a suivi la marche, et nous dire où en est son voyage.

Je donne la parole à M. Barbier sur la première question à l'ordre du jour :

« De l'utilité d'introduire dans l'enseignement secondaire
« et dans les écoles normales des ouvrages de géophysique,
« traitant particulièrement de l'océanographie. »

M. BARBIER. — Il y a deux ans, il a été adressé à la Société de Géographie de l'Est un manuel anglais traitant de l'Océanographie, manuel qui fit l'objet d'un compte-rendu fait par un de nos vice-présidents, M. Millot, ancien lieutenant de vaisseau, très compétent sur cette question. Sur les données de ce compte-rendu très élogieux un instituteur du département de la Meuse, faisant partie de notre

Société, M. Gérardin, de Réchicourt, — et c'est avec plaisir que je cite son nom, parce qu'il est rare de voir un instituteur assez au courant de l'anglais pour traduire un ouvrage aussi technique, — M. Gérardin, dis-je, frappé de l'utilité que pourrait avoir la traduction du petit manuel dont il s'agit, traita de la question de l'utilité qu'il y aurait à le faire figurer dans les programmes de l'Enseignement primaire. Le Comité de notre Société n'a pas cru devoir mieux faire que de confier à M. Gérardin la rédaction de l'exposé des considérations à faire valoir pour l'introduction de cet ouvrage dans l'enseignement primaire, et c'est le rapport de M. Gérardin que je prends la liberté de vous lire :

### Note sur l'Océanographie

L'étude de l'océanographie ou de la géographie des Océans occupe, dans tout manuel de géographie physique et politique, une place bien peu en rapport avec son importance relative. Si j'ouvre, en effet, une géographie générale, de 250 pages de texte, j'y trouve jusqu'à seize pages consacrées à la « Description sommaire des mers » ; un autre ouvrage, s'occupant également des cinq parties du monde, sur 580 pages, en a destiné jusqu'à 13 au même objet ; une troisième géographie, purement physique cette fois, de 750 pages, en a compris jusqu'à 40 sous la rubrique : « Les Océans ». C'est vraiment trop peu pour la description d'une surface trois fois plus grande que celle de la terre sèche.

Si, en France, nous avons constaté le délaissement où les géographes placent le « monde des eaux », nous remarquons que, dans les écrits des autres pays, il n'en est pas de même ; ainsi, sur 300 pages de texte anglais relatives à la géo-physique, nous avons constaté que 80 pages — plus du quart — nous entretiennent des choses de la mer. La différence est considérable et montre en quel degré d'estime nos voisins, qui furent longtemps nos rivaux, tiennent l'Océan, d'ailleurs la source principale de leur richesse et de leur puissance.

Recherchant les causes de l'infériorité où se trouve l'étude de la surface de la mer, nous reconnaîtrons tout d'abord que la France n'est que partiellement maritime, et que plus des trois quarts de sa population n'ont jamais vu la mer, n'en parlent qu'accidentellement et n'ont aucune idée de ce puissant véhicule du commerce et de l'industrie.

Nous serons forcés d'avouer ensuite que, dans les collèges, écoles normales, écoles primaires supérieures, les programmes n'ayant touché qu'incidemment à cette question, elle reste par force au second plan, si même elle n'est complètement négligée. Et à qui proposerait de publier un livre d'un format commode, d'un prix abordable à tous, où le monde des eaux serait étudié à part et complètement, les éditeurs s'empresseront de répondre : « Cela est presque en dehors des programmes », et baseront leur verdict sur cet aphorisme.

La France compte cependant plus de 10,000 navires ; son commerce est pour plus d'un tiers essentiellement maritime ; elle tire nombre de produits divers des contrées baignées par la mer ; elle a des colonies sur nombre de points du globe ; elle s'est associée au percement des deux grandes voies interocéaniques de Suez et de Panama. Doit-on compter pour rien ces motifs d'acquérir une connaissance suffisante de l'Océan et de ses divers phénomènes ? Si quelqu'un hésite, nous lui dirons : l'Angleterre, l'Allemagne nous précèdent dans cette voie nouvelle ; elles donnent, dans des livres à la portée de toutes les intelligences, la description des mers et elles regardent cette étude comme nécessaire à un développement plus ample de leur commerce national ; nous ne devons pas rester indifférents à des questions qui touchent à nos intérêts matériels autant qu'à notre réputation ci-devant ébréchée sur nos connaissances géographiques.

L'enseignement de l'océanographie, tel qu'il est compris dans nos programmes actuels, est insuffisant :

1° Les quelques pages qui, dans les manuels de géographie, traitent de l'Océan, sont trop concises, renferment trop de choses sous une forme trop restreinte, pour ne pas se tenir dans des généralités ;

2° Il n'y est question ni des phénomènes physiques de la mer, tels que les vagues, les marées, les courants, ni du mouvement produit par la différence de température et de densité des eaux ;

3° Nous y voyons figurer des données générales sur la profondeur du fond de la mer ; mais nous n'y trouvons rien sur la vie marine, sur la faune et la flore océaniques, si remarquables pourtant ;

4° Ne nous rendant pas exactement compte de l'influence des courants torrides ou polaires sur les contrées qu'ils arrosent, ou qui se trouvent dans leur voisinage immédiat, nous sommes exposés à confondre les termes *latitude* et *climat*, et de cette manière à croire que la Laponie et le Labrador, l'Algérie et la Floride se trouvent sous la même latitude ;

5° Dans les cartes, comme dans les divisions ordinaires des ouvrages de géographie, les indications relatives aux océans, tels que détroits, canaux, golfes, mers, etc., ne sont placées là que comme dépendances des parties terrestres, par suite des rapports qu'elles ont avec la terre sèche ;

6° L'histoire des découvertes ne saurait être elle-même bien comprise, sans une étude de la géographie au point de vue maritime. Toutes les découvertes qui méritent bien réellement ce nom ont été le fruit d'explorations par mer : les Tyriens, les Carthaginois, les

Romains, dans les temps anciens ; les Vénitiens, au moyen-âge, et dans les temps modernes, les Espagnols, les Portugais, les Hollandais et les Anglais, qui doivent leur splendeur et leur richesse passées ou présentes au commerce maritime. La mer n'est-elle pas le mode de transport le plus facile, le plus prompt et le moins coûteux ? Les grandes villes industrielles et commerciales de chaque État ne sont-elles pas fondées le plus souvent au fond d'un golfe, ou sur l'estuaire d'un fleuve, à proximité de l'Océan ?

7° Nous devons conclure que les relations commerciales et industrielles doivent beaucoup à la navigation, et qu'elles sont par conséquent tributaires de l'Océan ;

8° Les ouvrages français traitant avec développement du « monde des eaux » sont édités en vue d'un public restreint, et reviennent à des prix inabordables au plus grand nombre. Ils semblent plutôt destinés à compléter les études supérieures, qu'à présenter, dans un ordre et d'une manière à la rendre accessible à tous, les éléments d'une science qui tend chaque jour davantage à s'imposer à tous les esprits.

L'étude de la géographie, de la cosmographie, de la physique, de la chimie et de l'histoire naturelle nous ont, il est vrai, donné différentes notions sur les Océans, sur leurs rivages, sur les fleuves qui y déversent leurs eaux, et sur les îles qu'ils renferment ; sur la production de la marée ; sur la composition de l'eau de mer et sur les mouvements exécutés par l'eau à mesure qu'elle s'échauffe (courants) ; sur les algues, varecks, comme sur les diverses espèces d'êtres vivants qui pullulent dans l'immense mer, depuis les grands cétacés jusqu'à l'insecte corallien infiniment petit qui prépare, sous les tropiques, les éléments de continents nouveaux. Mais ces données sont éparses, il faut les coordonner et en faire l'application.

Si nous prenons pour base de notre desideratum la manière dont est présentée en ce moment l'étude de la géographie, nous diviserons le plan d'un ouvrage sur les Océans en trois grandes parties, la première présentera tout d'abord la division du monde des eaux en cinq grands Océans, dont les limites, excepté au sud, sont bien déterminées ; elle s'occupera à grands traits des rivages de chacun d'eux, des détroits et des mers intérieures qui les font communiquer entre eux, et des fleuves principaux qui versent leurs eaux dans chaque Océan. Cette étude préliminaire, accompagnée de cartes ad hoc, est nécessaire pour bien comprendre la géographie particulière de chacun des Océans : c'est le coup d'œil d'ensemble avant de passer aux détails.

Ce que l'on peut appeler la géographie physique de l'Océan a son importance : c'est la seconde partie de l'océanographie. Elle traitera de la composition de l'eau de mer et de son uniformité de salure, des conséquences de la densité et de la température de l'Océan, dont les différences forment les *courants* ; de la couleur et de la phosphorescence de la mer. La profondeur de la mer, la forme générale de son lit, ainsi que la flore et la faune océaniques, ont droit à une étude particulière ; là sont mises à profit les expériences faites depuis vingt années pour sonder l'Océan ; ces études se continuent chaque jour, et, grâce à elles, on pourra connaître un jour le fond de toute mer, au moins sur les grandes lignes de navigation.

Les mouvements de l'Océan sont de trois sortes : les vagues, produites par le vent, les marées, conséquences de l'attraction solaire et lunaire, et les courants, formés par les différences de température et de densité de l'eau de mer aux différents points de sa surface, l'eau moins chargée de sel se tenant à la surface, tandis que les couches plus profondes ont une plus grande densité. D'un autre côté, les eaux échauffées par le soleil des tropiques se dirigent vers le Pôle, tandis que les eaux glacées du Pôle se déplacent vers l'Equateur. Il en résulte un double courant, et les contrées maritimes de l'Equateur, recevant les eaux relativement froides venant du Pôle, sont rafraîchies, et leur température diminue, tandis que le courant chaud des tropiques, se dirigeant vers le nord, y apporte de la chaleur et contribue à rendre les rivages qu'il baigne moins âpres et moins froids. Enfin, la mer, par ses vagues, ses marées et ses courants, arrache à certains endroits et pièce à pièce des cantons entiers, qu'elle transporte en exhaussant le fond sur lequel elle dépose ces débris, ou bien elle les rejette contre le rivage, où ils s'amoncellent et forment une terre nouvelle. Ce sont là les principaux phénomènes physiques de l'Océan, dont l'explication est nécessaire pour bien comprendre le rôle important de la masse océanique dans l'économie du monde que nous habitons.

De même que, après avoir étudié d'une manière générale les cinq parties du monde, on reprend chaque contrée pour en faire l'objet de leçons plus spéciales, ici nous revoyons, dans la troisième partie, chaque Océan en particulier, sous le point de vue de ses bornes et de sa surface, de ses îles, ses mers intérieures, ses golfes et ses détroits, de la forme de ses rivages ; des fleuves qui s'y jettent ; des courants qui le parcourent, de la profondeur et de la forme générale de son lit, de la navigation et du commerce maritimes dont il est le théâtre, des tableaux indiquent, pour chaque contrée, les principaux ports, les produits importés et exportés, et leur valeur. Enfin, des notes historiques rappellent les principales découvertes maritimes dont chaque Océan a été l'objet.

En terminant ce trop court exposé, nous demanderons que l'océanographie ne soit plus désormais l'apanage des candidats à Saint-Cyr, ou des élèves de mathématiques spéciales, mais qu'elle tienne une place plus large dans les classes des collèges et des écoles normales.

7 août 1888.

Voici maintenant le vœu proposé par la Société de Géographie de l'Est :

« Le Congrès national de géographie, réuni à Bourg, « émet le vœu : 1° que l'océanographie tienne une plus « large place que par le passé dans l'enseignement « secondaire et dans le programme d'études des écoles « normales primaires ;

« 2° Que dans le corps des ouvrages de géographie « élémentaire ou sous forme de petits manuels, l'océa- « nographie et la géophysique soient exposées méthodi- « quement, comme des parties distinctes, mais inté- » grantes de la géographie. »

M. LE PRÉSIDENT. — Il y a là deux vœux touchant : 1° l'utilité de l'enseignement océanographique ; 2° la possibilité d'introduire cet enseignement dans le programme des écoles normales primaires. Je suis prêt à donner la parole à qui la demandera sur l'une ou l'autre de ces deux parties de la question. N'oubliez pas que toute observation pratique, réellement pratique, peut avoir son importance : ne craignez donc pas d'insister sur les deux points signalés dans le rapport de M. Barbier. Est-il utile d'introduire l'océanographie dans l'enseignement des écoles normales primaires, et est-il possible d'introduire cette nouvelle matière dans les programmes, à un moment où, à tort ou à raison, on parle de surmenage ?

M. BARBIER. — Mes collègues sont d'autant plus à l'aise que la Société de Géographie que je représente ne cherche qu'à s'éclairer et ne demande pas mieux que de se prêter à toutes les modifications désirables dans la rédaction du vœu, pourvu que le principe en soit admis.

M. LE PRÉSIDENT. — Je serais d'avis que nos collègues nous donnassent leur avis à ce sujet dès à présent, et, je prierais, par exemple, M. Manès, qui est tout-à-fait au courant de ces questions d'enseignement, de vouloir bien nous dire s'il voit possibilité et utilité d'introduire l'océanographie dans le programme des écoles normales primaires.

M. MANÈS. — Je suis d'avis d'adopter le vœu de la Société de Géographie de l'Est. On ne fait jamais trop pour l'enseignement secondaire, ainsi que pour les écoles normales primaires.

M. LE PRÉSIDENT. — Mais croyez-vous que cela soit possible sans surcharger les programmes ?

M. MANÈS. — Je ne crois pas au surmenage intellectuel. Quand on donne du travail aux élèves, ils le font bien ou mal suivant la manière dont ce travail leur est distribué.

M. LE PRÉSIDENT. — Beaucoup de personnes pourraient partager votre avis sur ce point et dire que le surmenage provient de l'inégale distribution des matières à étudier ; mais on pourrait également combattre la première partie du vœu de M. Barbier, en soutenant qu'il serait mauvais d'ajouter encore quelque chose au programme, déjà si chargé, des écoles normales primaires. C'est pourquoi je me permets d'insister pour la continuation de la discussion. Nous avons l'habitude, dans ce congrès, de ne prendre de décision qu'après un examen sérieux des propositions, surtout dans des questions d'enseignement.

M. CHAMBEYRON. — J'aurais mauvaise grâce à m'élever contre l'introduction dans les écoles de nouvelles études ; cependant, en demandant que l'océanographie soit introduite dans les écoles, ne pourrait-on pas distinguer entre les écoles primaires des villes et celles des campagnes? Il me semble que ce serait surcharger les élèves des campagnes d'une étude dont ils n'auraient pas souvent à se servir; ceux des villes, au contraire, appelés à voyager davantage, pourraient sans doute trouver l'application de cette science.

Je serais donc pour cette innovation appliquée aux écoles de ville, mais je trouve qu'il serait stérile d'en augmenter le programme des écoles de campagne.

M. Barbier. — Il ne s'agit pas ici des écoles primaires, mais des écoles normales primaires. Je voudrais que l'instituteur pût donner à ses élèves un enseignement plus méthodique de cette partie de la géographie physique ; qu'il soit capable de leur donner une teinte, un aperçu de cette science qui touche de si près à la géographie économique. Je ne viens pas dire : Laissez la géographie et prenez l'océanographie, mais je viens dire qu'il y a certains ouvrages de géographie dans lesquels au moyen d'un peu plus de méthode on pourrait coordonner des données d'océanographie qui y sont jetées un peu au hasard. Je trouverais utile et intéressant de condenser ces données, de les présenter sous un aspect spécial, soit qu'elles fassent partie d'un ouvrage complet de géographie, soit qu'on les réunisse dans un petit livre spécial. Je comprends qu'on en fasse un livre en Angleterre, où tout ce qui touche l'Océan trouve sa place dans l'enseignement, et je pense que la question ne saurait non plus nous être indifférente. Je crois donc qu'il y a lieu d'appuyer le vœu de la Société de Géographie de l'Est. Qu'il se produise des amendements, soit ! Nous sommes prêts à accepter toutes les améliorations à la rédaction de ce vœu, pourvu que le principe en soit admis.

M. Deveau, *délégué de la Société de Géographie de Saint-Nazaire.* — Je dois faire observer que les matières dont on demande l'introduction dans l'enseignement des écoles normales y figurent déjà ; elles y sont, il est vrai, dispersées un peu partout ; mais on y traite de la phosphorescence de la mer ; en histoire naturelle, on étudie les éponges, les coraux qui construisent petit à petit dans l'Océan Pacifique les attolles qui embarrassent la navigation. Tout cela s'y trouve, c'est à l'instituteur d'adapter l'enseignement de toutes ces connaissances à l'intelligence de ses élèves.

M. le Président. — Je résume la discussion. L'observation de notre collègue porte sur le fond même de la question.

M. Barbier a répondu à l'objection de M. Chambeyron en disant qu'il ne s'agit pas d'introduire l'océanographie dans l'enseignement des écoles primaires, mais dans l'enseignement des écoles normales primaires. C'est donc aux futurs instituteurs que M. Barbier propose d'enseigner l'océanographie. Mais à cela, un homme bien en situation de répondre à M. Barbier, M. le délégué de la Société de Géographie de Saint-Nazaire, fait observer que l'océanographie est déjà enseignée en fait dans divers chapitres et diverses subdivisions du programme des écoles normales primaires. Alors la question se pose de savoir s'il y a utilité véritable à admettre la première partie du vœu de M. Barbier. En un mot, est-il nécessaire d'émettre un vœu pour demander l'introduction de l'océanographie dans l'enseignement des écoles normales primaires, cette science y figurant déjà en partie, d'après les déclarations de notre collègue de Saint-Nazaire ?

M. Barbier. — Sans doute, par-ci par-là on rencontre quelques lambeaux épars de cette science ; mais quel est donc le lien qui les réunit entre eux ? On traite par-ci par-là de la phosphorescence, de la formation des attolles ; mais ce manque de coordination de ces lambeaux ne fait que justifier mon vœu ; mon cher collègue de Saint-Nazaire a-t-il entre les mains un ouvrage équivalent à celui que je présente, ouvrage qui circule soit dans les écoles normales primaires, soit dans les lycées, à l'usage de l'enseignement secondaire et des classes spéciales ? S'il connaît un tel ouvrage, qu'il le dise, et nous serons heureux de l'apprécier et de dire alors : Oui, notre vœu est inutile puisque son objet existe déjà !

M. Deveau. — Ce livre n'existe peut-être pas, et même j'admets qu'il n'existe pas ; mais ce que je prétends, c'est que l'instituteur intelligent, qui a suivi ses cours de l'école normale avec application, peut trouver dans le programme de cette école des notions suffisantes de cette science pour ses élèves. Je suis moi-même un élève de l'école normale primaire, et je sais bien quelles sont les ressources que peut me donner ledit programme en ce qui touche le point en question.

M. Bayle. — La question est de savoir si l'on ne pourrait pas beaucoup mieux faire que ce dont les programmes se sont contentés jusqu'ici. On ne sépareraitpas l'enseignement océanographique de celui de la géographie ordinaire qui se fait au moyen de livres et de cartes qui vont se perfectionnant. Avec des cartes murales on est arrivé à d'excellents résultats et rien n'empêcherait de faire ainsi quelques cartes plus particulièrement destinées à l'enseignement de l'Océanographie.

A Anvers, j'ai vu, à la Bourse du commerce, une quantité notable de fresques dues au pinceau d'un officier de l'armée belge, le capitaine Ghesquière ; ces fresques représentent les océans, golfes, détroits principaux du globe ; presque chaque mer a sa carte spéciale, cet exemple est bon à citer, ce me semble, comme une preuve qu'il n'y a pas que les Anglais qui s'occupent de la science océanographique. Je crois donc que l'on peut et que l'on doit adopter le vœu de M. Barbier.

Quant au surmenage intellectuel, je pense comme M. Manès ; je n'y crois pas. En quelques leçons bien distribuées, on pourrait donner aux élèves une juste idée de l'importance des mers, et des études à faire pour les bien connaître comme voies commerciales intercontinentales, comme trésors inépuisables à exploiter. On pourrait le faire sans surcharger les cours de géographie dont l'océanographie ne serait qu'une partie, comme l'électricité ne serait qu'une partie des cours de physique.

On doit le tenter. Par conséquent, en ma qualité de délégué de la Société des Etudes coloniales et maritimes, et je crois me rencontrer en ce moment avec la plupart de mes collègues de toutes les Sociétés de géographie, qui s'occupent des questions coloniales et maritimes, je suis d'avis, à ce point de vue spécial, d'appuyer le vœu d'un enseignement de l'océanographie, non seulement dans les établissements d'enseignement secondaire et dans les écoles normales primaires, mais dans les écoles primaires elles-mêmes. Là, l'instituteur, avec une bonne carte, et au moyen d'une leçon ou deux de temps en temps, suffisamment bien préparée, n'aura pas grand surcroît de besogne à enseigner sommairement et si utilement l'océanographie à ses élèves sans en faire les victimes d'un surmenage quelconque.

M. LE PRÉSIDENT. — La discussion va aboutir. Tout d'abord s'est posée la question de l'utilité de l'enseignement réclamé, et vous savez les réserves qui ont été faites. En somme, il semble que l'observation de M. Chambeyron reste toujours un peu entière. M. Chambeyron a dit : Il est bon d'enseigner l'océanographie, mais je ne vois pas la nécessité de l'enseigner dans les campagnes. En effet, messieurs, à quoi bon enseigner cette science à un instituteur chargé d'instruire des élèves dans le Cantal ou dans la Corrèze? Il n'est pas probable que ces leçons soient bien écoutées et que l'élève en conserve quelque chose, ou qu'il ait l'occasion de s'en servir plus tard. »

Cette distinction faite, on a insisté sur la nécessité de recommander l'enseignement aux instituteurs futurs dans les écoles normales primaires. Puis on a fait valoir cette opinion que cet enseignement existait déjà, mais qu'il n'était pas distinct de l'enseignement de la géographie générale, ainsi que le demande le vœu de M. Barbier. Or, c'est le point sur lequel notre collègue désire fournir quelques explications. Je lui donne la parole à cet effet.

M. BARBIER. — Je désire confirmer ce que j'ai déjà dit, à savoir que le mémoire, que j'ai lu est l'œuvre d'un instituteur primaire qui se fait ici l'interprète de notre Société, parce qu'il a été plus à même qu'aucun autre de voir ce qui se fait à l'étranger.

Notre collègue de Saint-Nazaire a été peut-être dans une école normale d'un département maritime où l'on a reconnu l'utilité d'accentuer davantage les connaissances particulières attenant à la mer ; mais dans notre école normale primaire de l'Est, cela n'existe pas, et c'est une lacune tellement considérable qu'un instituteur primaire émet lui-même le desideratum que je viens de lire, et qu'un professeur de l'école normale de Nancy appuie le même vœu. Je veux bien croire qu'il peut être réalisé en partie suivant l'intelligence et le savoir de tel professeur d'une école normale déterminée, mais ceci est un cas particulier plutôt qu'une règle générale et tout ce que l'on vient de dire le prouve surabondamment.

M. Crozier, *délégué du Ministère des affaires étrangères*. — Je demande pardon à M. Barbier de ne pas partager son avis, mais il me semble que ce vœu d'introduire dans le programme des écoles normales primaires une série de questions que les instituteurs n'auront pas à enseigner, serait un vœu stérile. Ce vœu ne peut avoir d'effet que dans certaines écoles seulement. Il est évident que l'océanographie est peu utile aux habitants du centre ; mais il ne faut pas oublier que nous avons un grand développement de côtes et une population maritime très importante et pour laquelle l'étude de l'océanographie est aussi utile que pour nos rivaux les Anglais. En conséquence, votre vœu devrait se compléter ainsi : On tâchera d'introduire l'étude de l'océanographie, au moins dans ses simples éléments, dans toutes les écoles primaires dans la région des inscriptions maritimes ; sinon, je ne vois pas bien l'utilité de faire de toutes les connaissances océanographiques un corps de science que les instituteurs n'auront jamais à appliquer.

M. Barbier. — Puisqu'on s'est servi du mot *distinction*, je dis que l'océanographie est ici envisagée comme partie de la géographie physique. On ne fait pas de géographie physique sans faire d'Océanographie. En se plaçant au point de vue de la science pure, non pas au point de vue d'un simple corollaire de la géographie, ni au point de vue d'éléments puisés çà et là, l'océanographie doit être envisagée sous une forme plus concrète, et il n'y a qu'un mot qui puisse traduire ma pensée, sous un point de vue plus *méthodique*.

M. Gauthiot. — Je désirerais faire appel à quelque membre du corps enseignant de la ville de Bourg pour avoir son avis ; et il serait regrettable qu'il n'y en eût pas ici.

M. Bayle. — On verra, sans doute, se produire dans les sciences géographiques, ce qui s'est produit dans les sciences physiques. Ainsi l'électricité qui est une partie intégrante des sciences physiques, a pris un tel développement qu'on en est arrivé à avoir des sociétés, des écoles d'électricité. Eh bien, il est probable qu'avec le développement des études géographiques, on verra certaines parties de cette science prendre elles-mêmes une ampleur considérable et former pour ainsi dire de nouvelles sciences dérivées. Je crois que nous ne pouvons mieux faire que de suivre et favoriser un mouvement issu du progrès même de la science géographique en appuyant le vœu d'un enseignement océanographique qui, en somme, vaut bien la peine d'être soigné tout spécialement, puisqu'il concerne une portion du globe beaucoup plus vaste que celle qui est l'objet particulier de la géographie proprement dite.

M. de Mahy. — Si j'ai bien compris la discussion, ce que demande la Société de Géographie de l'Est, ce n'est pas que l'on bourre les élèves des écoles normales de tant de détails sur l'Océanographie, mais c'est qu'on donne, dans les écoles normales, un instrument au moyen duquel nous formerons des instituteurs primaires capables de mieux enseigner la géographie ; c'est pour cela que l'on présente un vœu. Dans ces conditions, je crois que nous autres, qui sommes une Société de propagande, nous ne devons pas hésiter à favoriser ce qui peut faire en France des instituteurs primaires plus capables de bien enseigner. Dans les écoles primaires vous n'enseignez pas les mathématiques très élevées, ni tout ce que vous faites apprendre à vos professeurs de mathématiques ; ceux-ci en savent plus long qu'ils n'en enseignent. Eh bien, pour donner dans les écoles primaires un enseignement géographique qui soit intéressant, il est nécessaire que l'Océanographie soit connue dans ses grandes lignes par les professeurs. C'est dans ce sens que la Société de géographie de l'Est formule un vœu ; c'est dans ce sens que je crois qu'on devrait l'appuyer, et c'est ainsi que, pour ma part, je l'appuie.

M. le Président. — De toutes ces explications, il semble résulter que l'on est à peu près d'accord sur la première partie du vœu en discussion. En conséquence, je mets aux voix cette partie du vœu ainsi conçue :

Que l'Océanographie tienne une plus large place que par le passé dans l'enseignement secondaire et dans le programme des écoles normales primaires.

Le vote a lieu.

M. le Président. — Messieurs, cette première partie du vœu est adoptée.

Voici le texte de la seconde partie :

« Que, dans le corps des ouvrages de géographie élé-
« mentaire, ou sous forme de petits manuels, elle soit
« exposée méthodiquement comme toute partie dis-
« tincte mais intégrante de la géographie :

« Ce qui veut dire que, dans toute géographie, il
« devra y avoir un chapitre distinct intitulé : Océanogra-
« phie, ou bien que l'on fasse un petit manuel nouveau
« qui vienne se joindre aux nombreux manuels qui sont
« mis entre les mains des élèves des écoles normales pri-
« maires. »

M. Bayle. — La cartographie des Océans existe déjà en fait. Le service hydrographique de la marine, tient à jour les cartes de navigation, contient tous les sondages connus et fait des cartes nouvelles à chaque occasion. Voilà, en France, notre cartographie océanographique ; c'est déjà un point de départ. Peut-être, y aurait-il lieu de demander au ministère de la marine, si l'on ne pourrait pas faire, pour les cartes du service hydrographique de la marine, ce qui a été fait avec succès par le ministère de la guerre, qui a mis dans le commerce, et à des prix très réduits, les cartes de l'Etat-major. Il y aurait moyen aussi d'avoir des réductions pour former un noyau de matériel océanographique à très bon marché, et j'appelle toute l'attention de M. le délégué du ministère de la marine et des colonies sur cette question.

M. Barbier. — C'est là une autre question que soulève M. Bayle, et je serais volontiers assez disposé à me rallier à la proposition qu'il énonce ainsi ; mais je ne crois pas qu'elle doive intervenir dans la seconde partie de notre vœu. Dans notre pensée, cette seconde partie, comme la première, constitue une question de mesure d'adaptation à l'emploi qu'on veut en faire d'ouvrages qui seraient mis en circulation.

M. de Mahy. — Il est certain que nous ne pouvons pas rédiger ici un livre d'océanographie ; mais la seconde partie du vœu est contenue dans la première. Nous avons décidé, tout à l'heure, qu'il y aurait un enseignement de l'océanographie pour les instituteurs ; cela entraîne nécessairement la confection soit d'un chapitre dans un volume déjà fait, soit d'un petit ouvrage élémentaire séparé ; cela va de soi, me semble-t-il !

M. le Président. — Le second paragraphe se confond en effet dans le premier ; j'en proposerai donc la suppression, et le vote du seul premier paragraphe qui a déjà été adopté. Quant aux moyens de l'appliquer, nous les laissons à la disposition des personnes qui voudront lui donner une suite. D'ailleurs, M. le capitaine Peroz me fait observer, en réponse à l'objection présentée par M. Bayle, que les cartes marines sont dans le commerce. . . .

M. Bayle. — Mais pas à un prix réduit !

M. le Capitaine Peroz. — Il y a des cartes qui sont divisées par fractions de l'Océan. Il y a celle de l'Atlantique nord, celle du sud, de l'est, de l'ouest, de l'océan Indien, etc., C'est ce qu'on appelle des cartes routières, et elles coûtent un franc ; ce n'est pas trop cher.

M. Barbier. — Puisque chacun de vous estime que la seconde partie du vœu est implicitement comprise dans la première, j'en accepte la suppression. Mais je suis de l'avis de M. Bayle ; en général, les cartes marines sont trop chères, et le Ministère de la marine devrait bien, à l'exemple du Ministère de la guerre, en faire des éditions à bas prix ; ce serait un moyen de vulgarisation, et la géographie maritime y gagnerait énormément.

M. le Capitaine Peroz. — Faites-en l'objet d'un vœu à adresser à M. le Ministre de la marine. Demandez, par exemple, que des cartes soient tirées sur un papier plus mince et moins coûteux.

M. Barbier. — Je laisse à M. Bayle l'initiative du vœu à proposer. C'est lui qui a le premier soulevé cette question.

M. le Président. — Je crois que le plus simple, étant donné que la Société de Géographie de l'Est renonce à la seconde partie de son vœu, c'est de laisser l'idée faire son chemin. Les modes d'application se trouveront sans avoir recours à un vœu et sans surcharger notre programme. Il n'y aura plus qu'à transmettre à qui de droit les moyens que chaque Société pourra trouver.

M. Bayle. — Après ce qui vient d'être dit par M. Barbier, j'ajouterai que je n'avais rien à présenter tout à l'heure, ni rien à retirer non plus, puisque je n'avais formulé aucun vœu (rires), mais je me rallierai aux propositions que M. Barbier formulerait lui-même en ce sens.

M. Barbier. — Eh bien, je prends la chose pour mon compte, et je demande que M. le Ministre de la marine veuille bien consentir, par les mêmes moyens que le Dépôt de la Guerre, à créer des cartes maritimes à bon marché.

M. le Président. — J'inviterais alors M. Barbier à émettre un nouveau vœu dans ce sens et qui viendra plus tard en discussion ; mais comme il n'est pas inscrit à l'ordre du jour, je demande que l'on en arrive à la seconde question de notre programme : *Concours pour l'obtention des bourses de voyage et de séjour entre les élèves des différentes Ecoles de Commerce et d'Industrie.* (Question proposée par la Société de Géographie commerciale de Bordeaux.) Je donne la parole à M. Manès, délégué de la Société de Géographie de Bordeaux.

M. Manès :

Messieurs,

La question des bourses de voyage intéresse trop la géographie commerciale pour qu'il y ait besoin de justifier sa mise à l'ordre du jour dans le programme de votre Congrès. Tous ceux qui s'occupent d'enseignement technique, sont d'accord sur l'utilité, je dirai même la nécessité, de cette institution qui est appelée à rendre de précieux services au Commerce et à l'Industrie ; mais quand il s'agit de déterminer dans quelles conditions des bourses de ce genre doivent être accordées aux jeunes gens qui ont terminé leur éducation professionnelle, et quelles garanties doivent être exigées d'eux pour qu'ils tirent le meilleur parti des sacrifices qui sont faits en leur faveur, des opinions diverses se manifestent, des hésitations se produisent et malgré tout ce qui a été fait depuis quelques années pour donner aux voyages d'études la place et l'importance qu'ils doivent avoir, on peut dire que ce ne sont encore que des essais qui attendent la sanction de l'expérience pour acquérir dans notre enseignement commercial et industriel leur droit de cité. C'est dans cette hypothèse que je me permets de vous apporter, Messieurs, ces quelques observations qui, j'ai hâte de le dire, n'atténuent en rien les sentiments de respect et de reconnaissance dont je suis pénétré envers M. le Ministre de la marine et des colonies, et M. le Ministre du commerce et de l'industrie, pour tout ce qu'ils ont bien voulu faire jusqu'à ce jour sous ce rapport.

Les bourses dont sont appelés à profiter quelques élèves des plus méritants des Ecoles supérieures de commerce et d'industrie peuvent être divisées en deux catégories :

1° Celles que les premiers élèves de chaque promotion reçoivent au sortir de l'Ecole, comme récompense de leur travail et qui leur permettent de compléter leur éducation, surtout au point de vue de la connaissance de la langue du pays qu'ils vont visiter ;

Et 2° Celles dont ils ne peuvent en général profiter que plusieurs années après leur sortie de l'Ecole, et qui ont pour principal but de créer, par leur moyen, à l'étranger un personnel commercial français apte à représenter les intérêts du commerce et de l'industrie dans les pays où se consomment et où pourraient se consommer des produits français.

Des premières bourses, je n'ai que peu de mots à dire; elles produisent des résultats utiles à la condition qu'on ne leur demande pas plus qu'elles ne peuvent donner et qu'on prenne les rapports que remettent à leur retour les boursiers qui en ont profité pour ce qu'ils sont réellement, c'est-à-dire pour *des travaux d'élèves*. A ce point de vue je n'ai, en ce qui concerne l'Ecole supérieure de commerce et d'industrie de Bordeaux, qu'à remercier ici notre Chambre de Commerce qui donne aux deux premiers élèves de chaque promotion des bourses de voyage de 1.500 ou de 2.500 fr., suivant que ces voyages, dont l'itinéraire est laissé au choix des boursiers, sont effectués en Europe ou en dehors de l'Europe.

Il y a plus à dire sur les bourses de la deuxième catégorie. S'adressant à d'anciens élèves diplômés qui ont pour la plupart fait deux ans et plus de stage dans des maisons de commerce ou des usines, on doit leur demander davantage. Il faut surtout que les jeunes gens qui en profitent acquièrent les connaissances nécessaires pour protéger nos intérêts commerciaux là où ils existent, pour les faire naître là où ils n'existent pas encore, que les boursiers deviennent enfin capables de surveiller pas à pas dans les pays où ils sont envoyés, les progrès de nos rivaux, de les apprécier à leur valeur et, par des renseignements précis, de mettre l'industrie et le commerce de la métropole à même de suivre ces progrès et de se maintenir à leur hauteur. Avant de se demander si quelques pas ont été faits vers ce résultat par les bourses de ce genre données jusqu'à ce jour, il y a lieu d'examiner dans quelles conditions elles sont délivrées et c'est ce que je vous demande la permission de faire aussi brièvement que possible.

Je laisserai d'ailleurs de côté les bourses coloniales de voyage créées en 1884, par M. le Ministre de la marine et des colonies et qui avaient pour objet de permettre chaque année à des jeunes gens ayant fait des études commerciales, de visiter *les colonies françaises*, de se rendre compte des ressources qu'elles présentent et des relations qu'il serait possible d'y établir au profit du commerce et de l'industrie de la métropole. Ces bourses n'ont été données qu'une seule année à trois élèves de l'Ecole des hautes Etudes commerciales ; l'année suivante elles devaient être augmentées en nombre et étendues aux élèves des autres Ecoles supérieures de commerce, mais M. le ministre de la marine et des colonies ayant eu la pensée de demander aux Chambres de commerce des villes qui possèdent ces écoles, l'engagement de contribuer pour moitié aux frais de la mission, chaque fois qu'un élève de l'Ecole patronnée par elles obtiendrait une des bourses coloniales, il en est résulté des difficultés qui n'ont pu être aplanies et le crédit a été momentanément retiré.

J'arrive aux bourses dites de séjour, créées par M. le

Ministre du commerce et de l'industrie. Ces bourses sont d'une valeur de 1.500 à 3.000 fr. et chaque année, depuis 1885, mises au concours entre les élèves des écoles de commerce ou d'industrie subventionnées ou reconnues.

Je ne parlerai d'abord que des *bourses commerciales*, qui peuvent être renouvelées jusqu'à concurrence de trois années sur l'avis de la commission chargée d'examiner les rapports et les travaux transmis chaque trimestre par les boursiers.

Voici pour ces bourses les conditions principales du concours :

« Art. 2 du règlement : Pour être admis à concourir,
« les candidats devront produire un certificat de bonnes
« vie et mœurs, un certificat médical, un certificat du
« maire de l'arrondissement ou de la commune établis-
« sant leur situation pécuniaire et celle de leurs parents,
« et justifier en outre :

« 1° Qu'ils sont Français et en règle avec l'autorité
« militaire ; 2° qu'ils auront 20 ans au moins et 30 ans
« au plus à l'époque du concours; 3° qu'ils sont munis du
« diplôme d'une des Ecoles de commerce ci-après dési-
« gnées : Ecole des hautes Etudes commerciales, Eco-
« les supérieures de commerce de Paris, Lyon, Marseille,
« Rouen, Le Havre et Bordeaux, Institut commercial de
« Paris, Ecole commerciale de l'avenue Trudaine de
« Paris et section commerciale de l'Ecole professionnelle
« de Reims ;

« Article 3 : Les épreuves écrites du concours auront
« lieu dans le courant du mois d'octobre au chef-lieu de
« chaque département, sous la surveillance d'une com-
« mission dont les membres seront désignés par le
« Préfet.

« Immédiatement après le concours, les compositions
« des candidats seront transmises au Ministère du com-

« merce et de l'industrie pour être soumises à un jury
« nommé par arrêté ministériel.

« Les candidats admissibles aux épreuves orales viendront subir ces épreuves à Paris.

« Art. 5 : L'examen écrit comprend :

« 1° Une question sur les opérations de commerce ou de banque ;

« 2° Une composition en langue étrangère (anglais, espagnol, allemand, portugais, italien, langues orientales vivantes) au choix du candidat ;

« 3° Une question sur la géographie commerciale du monde entier.

« L'examen oral porte :

« 1° Sur la comptabilité ;

« 2° Sur le droit commercial français, les éléments de procédure commerciale et la législation douanière ;

« 3° Sur une ou plusieurs langues étrangères au choix du candidat (mêmes langues que ci-dessus) ;

« 4° Sur la géographie commerciale du monde entier et l'étude des marchandises. »

Vous remarquerez, Messieurs, que pour subir ces épreuves, nos anciens élèves qui sont placés depuis un an ou deux dans le commerce, doivent, tout en ne négligeant pas le travail de la maison où ils sont employés, repasser les matières d'examen qu'ils ont perdues de vue depuis leur sortie de l'Ecole, et qu'ils sont obligés en outre, à un moment donné, d'abandonner leur travail pour aller à leurs frais subir à Paris les chances incertaines d'épreuves orales sérieuses, où ils se trouvent en concurrence avec les Elèves de l'Ecole des hautes Etudes commerciales ! Comment s'étonner qu'ils ne s'empressent pas de prendre part à ces concours, malgré tous les avantages qui leur sont offerts ? Il est vrai qu'à leur défaut, nous avons la ressource de faire concourir au moment où ils viennent d'achever leurs études, ceux de nos diplômés qui ont atteint l'âge exigé, mais il ne s'en présente que rarement dans ces conditions et de plus ils n'ont alors ni l'expérience ni la confiance en eux-mêmes nécessaires pour profiter comme il le faudrait d'un long séjour à l'étranger.

Ces inconvénients, Messieurs, et quelques autres, résultant du programme même du concours ont tellement frappé les membres de la section commerciale du Congrès de l'Enseignement technique tenu à Bordeaux en 1886, que cette section qui était présidée par l'honorable M. Jacques Siegfried, membre du Conseil supérieur de l'enseignement technique, a émis à l'unanimité, sur la proposition de M. Penot, directeur de l'Ecole supérieure de commerce et de tissage de Lyon, le vœu suivant :

Le Congrès,

Après lecture et discussion du règlement relatif aux bourses de séjour à l'étranger fondées par le Ministère du Commerce ;

Considérant que le concours à la suite duquel sont réparties ces bourses, — concours comprenant un examen écrit et un examen oral — ne fait pas suffisamment ressortir les qualités de connaissance pratique des affaires, d'énergie, de caractère, d'esprit de suite, de moralité, d'honorabilité et de santé indispensables aux titulaires pour remplir le but important qu'on a eu en vue en les envoyant séjourner à l'étranger ;

Considérant que les chambres de commerce qui patronnent ou dirigent les Ecoles supérieures de commerce, pour les diplômés desquels ces bourses sont créées, ont en mains tous les éléments nécessaires pour juger si les qualités requises sont réunies par un candidat ;

Tout en félicitant le Ministère du commerce de cette création, et en désirant voir augmenter le nombre de ces bourses ;

Emet le vœu :

Que la libre disposition de ces bourses soit laissée, par nombre proportionnel au nombre des écoles, à chacune des chambres de commerce qui patronnent ou dirigent une ou des écoles supérieures de commerce et d'industrie, pour qu'elle en fasse la répartition suivant qu'elle le jugera convenable entre des candidats, remplissant d'ailleurs les conditions énumérées à l'article 2 du règlement et ayant fait un stage dans une maison de commerce.

Les *Bourses industrielles* instituées plus récemment par M. le Ministre du commerce, sont d'une valeur de 1.500 à 3.000 fr. et peuvent être également renouvelées une ou deux fois au maximum. Voici les conditions dans lesquelles elles sont délivrées :

« Article 2. — Mêmes conditions que pour les bourses
« commerciales, sauf que les candidats doivent être munis
« du diplôme de fin d'études, d'une école publique ou libre,
« relevant du Ministère du commerce et de l'industrie,
« subventionnée ou reconnue par lui ; qu'ils doivent
« produire un état des travaux qu'ils ont accomplis depuis
« leur sortie de l'École, et indiquer dans leur demande
« les centres industriels qu'ils désirent visiter, l'admi-
« nistration se réservant d'ailleurs la faculté de modifier
« l'itinéraire proposé.

« Art. 3. — Les épreuves écrites porteront unique-
« ment sur l'anglais ou l'allemand, au choix du candi-
« dat ; elles comprendront une version, un thème et un
« rapport industriel, chaque candidat peut d'ailleurs
« subir les épreuves pour les deux langues ; les dites
« épreuves sont éliminatoires.

« Art. 4. — Immédiatement après les épreuves, les
« compositions des candidats seront transmises au Minis-
« tère du commerce et de l'industrie pour être soumises à
« un jury nommé par arrêté ministériel.

« Art. 5. — Les candidats admissibles subiront à Paris

« devant un jury, devant le jury nommé par le Ministre,
« un examen oral portant sur la langue anglaise ou
« allemande, sur leurs travaux antérieurs, sur les raisons
« d'ordre industriel qui ont déterminé le choix des cen-
« tres qu'ils désirent visiter et sur toutes les questions
« qui paraîtront de nature à éclairer le jury sur la valeur
« réelle des candidats. Les frais de déplacement des
« candidats sont à leur charge. »

Vous voyez, Messieurs, que les difficultés signalées à propos de bourses commerciales subsistent aussi pour les bourses industrielles ; mais ici nous n'avons plus la ressource de faire présenter nos diplômés de l'année, car l'enseignement industriel embrassant beaucoup plus de matières que l'enseignement commercial, la plupart des Ecoles d'industrie ont dû à regret renoncer à comprendre les langues vivantes dans leurs programmes.

J'aurais voulu, Messieurs, pouvoir vous dire, en terminant ces observations, quelques mots sur les résultats donnés jusqu'à présent par les bourses commerciales et industrielles du Ministère du commerce ; mais je ne suis pas en mesure de le faire, bien que l'Ecole supérieure de commerce et d'industrie de Bordeaux ait en ce moment deux de ses anciens élèves, l'un à Buenos-Ayres, titulaire d'une bourse commerciale, et l'autre à New-York, titulaire d'une bourse industrielle. Je me bornerai donc pour le moment, au nom de la Société de Géographie commerciale de Bordeaux, à vous proposer comme conclusion le vœu suivant :

Le Congrès national des Sociétés françaises réuni à Bourg, le 20 août 1888 ;

Tout en félicitant M. le Ministre du commerce et de l'industrie, de la création des bourses de séjour à l'étranger qu'il met chaque année au concours entre les anciens élèves des Ecoles supérieures de commerce et d'industrie, subventionnées ou reconnues par son département :

Émet le vœu :

Que pour l'attribution de ces bourses il soit tenu dans la mesure du possible compte du desideratum exprimé à Bordeaux en 1886, par le Congrès de l'enseignement technique.

(Et que dans le cas où les programmes actuels de ces concours seraient maintenus, il y soit introduit des dispositions nouvelles ayant pour but de faciliter plus que par le passé l'accès desdits concours aux élèves des écoles de province ; ) *Paragraphe supprimé après discussion.*

Le Congrès renouvelle en outre les vœux émis par le Congrès de Géographie de Lyon en 1881, et par celui de Bordeaux en 1882, pour que l'École des Hautes études commerciales fondée par la Chambre de commerce de Paris soit transformée ou complétée de manière à rendre aux Écoles supérieures de commerce actuellement existantes, les mêmes services que les Facultés rendent aux Lycées.

NOTA. — Après discussion, il a été ajouté un paragraphe demandant le rétablissement des bourses coloniales du Ministère de la marine et des colonies.

M. LE PRÉSIDENT. — Vous avez entendu la lecture de l'excellent rapport et des propositions qui en résultent, de M. Manès, et vous devez reconnaître la compétence avec laquelle il a exposé si nettement la situation des jeunes gens qui, se destinant au commerce et à l'industrie, concourent pour obtenir des bourses. Bien des départements sont intéressés aux questions traitées par M. Manès, et le Congrès serait heureux d'avoir l'avis de ses membres, et aussi quelques explications sur cette question. J'espère que M. Turquan, délégué de M. le Ministre du commerce, voudra bien nous présenter quelques observations en ce qui concerne la première partie du vœu de la Société de Géographie de Bordeaux, partie ainsi conçue :

« Que pour l'attribution des bourses, il soit tenu compte, dans la mesure du possible, des desiderata exprimés à Bordeaux en 1886, par le Congrès d'enseignement technique. »

Du reste, la discussion peut être aussi bien portée sur la seconde partie du vœu de M. Manès qui est la suivante :

« Que, dans le cas où le programme actuel du concours serait maintenu, il y soit introduit des dispositions facilitant l'accès desdits concours aux élèves des écoles de province. »

Les deux questions sont nettement posées, et la discussion peut porter sur l'une ou sur l'autre partie, ou sur les deux simultanément.

M. TURQUAN, *délégué de M. le Ministre du commerce.* — Dans la prévision de la discussion qui va s'engager au sujet des Bourses de séjour et des bourses de voyages industriels, je me suis muni des derniers règlements élaborés par l'Administration du commerce et de l'industrie, règlements concernant les dites bourses. Ces règlements vont me permettre de répondre aux deux parties du vœu qui vient d'être exprimé par M. le délégué de la Société de Géographie de Bordeaux.

Je commence par remercier M. Manès des bienveillantes paroles qu'il a prononcées, au nom de la Société de Géographie de Bordeaux, pour reconnaître les efforts que mon administration a faits depuis plusieurs années avec un certain succès, comme je le dirai tout à l'heure, relativement à ces bourses.

L'Administration se loue, en effet, des bourses qu'elle a créées, et si, jusqu'à présent, elle n'a pu encore publier quelques extraits pratiques des travaux de ses pensionnaires à l'étranger, elle va le faire très prochainement, et vous trouverez dans le Bulletin Officiel du commerce de ces extraits très pratiques et très intéressants des travaux, demandés tous les trois mois à ces jeunes gens. De ce côté, l'Administration ne peut que se féliciter des efforts que font ses pensionnaires pour lui venir en aide dans le but qu'elle se propose, c'est-à-dire pour créer des débouchés, et des relations entre certains pays et la Métropole.

Le premier desideratum est celui-ci : qu'il soit tenu, par le gouvernement, dans la mesure du possible, compte du vœu émis par le Congrès philomatique de Bordeaux, il y a deux ans. Eh bien, j'ai ici, sous les yeux les derniers règlements qui ont été faits par l'Administration. Je ne veux pas lire les cinq premiers articles que M. Mauès a lus ; mais je veux appeler votre attention sur cette phrase : « Le Ministre pourra demander aux établissements, d'où sortent les candidats, une note sur leurs aptitudes physiques. » Sur ce point, l'Administration, je puis vous l'affirmer, donne entière satisfaction au vœu du Congrès philomatique de Bordeaux, elle ne manque jamais de demander cette note sur les candidats, sur leurs aptitudes physiques et commerciales et sur leurs caractères.

En ce qui concerne l'examen on a prétendu que ses matières ne répondaient pas absolument aux connaissances techniques que s'était formées le candidat pendant les deux ou trois années qui se sont écoulées entre sa sortie de l'Ecole commerciale et le moment où il se présente à cet examen. Il me semble, cependant, que ce jeune homme ayant été dans les affaires pendant plusieurs années, les matières, que je viens d'énumérer, doivent lui être absolument familières. Il s'agit seulement de les approprier à tel ou tel genre de commerce.

L'étude des marchandises, c'est la technologie expérimentale, et je répète qu'un jeune homme, qui a passé deux ou trois ans dans une maison de commerce, doit être absolument à même, pour avoir brassé des affaires, de résoudre sur tous les points que j'ai rappelés plus haut.

En second lieu, on a demandé que la limite d'âge fût reculée de cinq ans. . . .

M. LE PRÉSIDENT. — Si M. le délégué du Ministre du commerce veut bien se reporter au vœu énoncé par M. Manès, il pourra y voir qu'il n'y est pas encore très nettement question de cette observation. Voici ce que demande

M. Manès : « Que pour l'attribution de ces bourses, il soit
« tenu compte, dans la mesure du possible, des desiderata
« exprimés à Bordeaux, en 1886, par le Congrès de l'En-
« seignement technique. »

Si j'ai bien compris M. Turquan, j'ai remarqué qu'il avait été tenu compte de ces desiderata dont l'un des derniers était que la limite d'âge fût reculée de cinq ans, à cause du service militaire. . . .

M. Turquan. — Je désirerais faire une observation à M. Manès. M. Manès a dit qu'après deux ou trois ans passés dans une maison de commerce, il serait difficile au candidat de se remettre à travailler des matières dont il aurait cessé de s'occuper pendant ce laps de temps, mais, mon cher collègue, si vous admettez que la limite d'âge soit reculée à vingt-cinq ans, le fait, dont vous vous plaignez sera encore bien plus accentué, et il y aura une certaine contradiction entre vos désirs et la manière de les satisfaire.....

M. Manès. — Le Congrès de l'Enseignement technique, en formulant ce désir, avait en vue la loi militaire actuelle qui force nos élèves à faire trois ans, tandis que d'après la nouvelle loi projetée, ils ne font qu'un an. Aussi j'abandonne complètement ce point, c'est un des *desiderata* que je laisse de côté.

M. Turquan. — En effet, assimilés à certains élèves de l'Ecole Normale supérieure, les candidats ne feront qu'un an de service au lieu de trois ; et c'était la réponse même que je voulais faire à votre observation.

Je voudrais faire encore une remarque sur le desideratum que vous avez ainsi formulé :

« Que, dans le cas où les programmes actuels de ces
« concours seraient maintenus, il y soit introduit des dis-
« positions nouvelles ayant pour but de faciliter, plus que
« par le passé, l'accès du concours aux élèves des Ecoles de
« province. »

M. GAUTHIOT. — Pour plus de clarté je proposerais de scinder la question et de nous en tenir d'abord à la première partie. M. Manès a proposé un vœu sur la première partie duquel M. le délégué de M. le Ministre du commerce vient de donner des explications. Il s'agirait de bien préciser la demande et la réponse pour savoir si nous avons quelque chose à ajouter ou non. Or, on demandait que, pour l'attribution des bourses, il fût tenu compte, dans la mesure du possible, des desiderata exprimés à Bordeaux, en 1886, par le Congrès de l'Enseignement technique. Ces desiderata portaient notamment que la libre disposition de ces bourses soit laissée, pour une quantité proportionnelle au nombre des Ecoles, à chacune des chambres de commerce qui patronne ou dirige une des Ecoles supérieures de commerce. Autant qu'il m'en souvient, M. Turquan n'a fait aucune observation sur ce desideratum.....

M. TURQUAN. — J'en ai à faire une qui est très importante, attendu que j'ai mission du Gouvernement de vous expliquer que le service de l'Enseignement technique n'a en aucune façon l'intention de se séparer de son contrôle sur les jeunes gens, et ne s'associe nullement à un vœu qui tendrait à annihiler complètement son action sur cette institution, car il ne s'agit rien moins que de donner une autonomie absolue aux chambres de commerce....

M. MANÈS. — Pas précisément ! Ce vœu a été rédigé et amendé par M. Siegfried, membre du Conseil supérieur de l'enseignement technique, et il n'a nullement eu l'intention d'enlever au Gouvernement l'autorité qu'il peut avoir sur ces jeunes gens ...

M. P. LOISEAU. — La Société de Géographie du Hâvre, a étudié cette question ; elle en a fait l'objet d'une brochure très étendue dont l'auteur est M. Louis Guitton, vice-président de la Société de Géographie du Hâvre. Dans cette brochure se trouve un passage qui répond à la proposition de M. Manès et qui concorde avec l'opinion de M. le délégué du Ministère du commerce, mais pour d'autres raisons que les siennes. Voici ce passage :

« Sans vouloir émettre aucune pensée offensante à l'égard
« des Chambres de commerce nous pensons qu'il y a une
« pente naturelle sur laquelle il est difficile de ne pas glisser.
« Outre que la prépondérance des grands centres se ferait
« lourdement sentir, croit-on que les Chambres de com-
« merce, avec les travaux autrement importants dont elles
« sont accablées, pourraient suivre sérieusement les études
« des élèves des écoles commerciales et le travail de ces
« élèves devenus employés dans les maisons de commerce?
« En résumé le choix serait laissé à une commission de
« trois ou quatre membres, qui se renseignerait sommaire-
« ment, en s'en reposant sur son président ou sur son rap-
« porteur. Le concours, malgré sa part d'aléa, due à la
« chance des questions qu'on possède plus ou moins, à la
« présence d'esprit ou à la timidité, nous paraît encore le
« moyen le plus à l'abri de la critique. »

En effet, il ne faut pas oublier qu'un employé dans une maison de commerce n'ira pas dire à son patron: Monsieur, je suis choisi par la Chambre de commerce pour l'obtention d'une bourse ; je veux me présenter à l'examen ! — Le patron lui répondrait aussitôt : Monsieur, si vous voulez obtenir une bourse, partez de chez moi ! — Il faut donc que cela se passe à l'insu du patron.

M. Manès. — Mais l'enquête doit toujours être faite, et le Ministère du commerce n'est pas mieux placé pour se renseigner que la Chambre de Commerce.

M. P. Loiseau. — Eh bien, laissez faire le concours.

M. le Président. — La conclusion de M. Loiseau serait que la libre disposition de ces bourses ne soit pas laissée aux Chambres de commerce ; c'est une conclusion absolument opposé à celle de M. Manès.

M. Turquan. — Le système actuel concilie bien les deux

idées contradictoires. En effet, on établit un concours entre jeunes gens sur le compte desquels on fait une enquête ; et l'on n'admet que des jeunes gens capables et présentant certaines aptitudes, par exemple, à voyager et à servir les intérêts français à l'étranger ; comme ce sont les plus méritants au concours qui arrivent, on a donc une garantie de ce côté.

M. LE PRÉSIDENT. — Puisque le vœu proposé par M. Manès s'inspire des desiderata du Congrès de l'enseignement technique, nous sommes obligés de les examiner les uns après les autres.

En ce qui concerne le premier desideratum, il y a, vous le voyez, un avis pour et un avis contre. Ces avis ont été discutés, et nous sommes en situation d'apprécier cette première partie du vœu....

M. F. CONVERT. — Il me semble qu'avant de voter sur les diverses parties du vœu, il serait bon de faire quelques observations d'ensemble sur la question en discussion. Selon moi on l'envisage d'une façon un peu restreinte. Aussi me permettrai-je de vous soumettre quelques remarques.

Ce n'est pas seulement le Ministère du commerce et de l'industrie qui s'est préoccupé des moyens de faciliter aux élèves de ses écoles les études hors de France.

Depuis longtemps, l'administration de l'Agriculture a créé également des bourses de voyage à l'étranger, et cette création a produit des résultats considérables. Les élèves des écoles d'agriculture et de l'institut agronomique envoyés en différents pays ont rapporté des travaux qu'il est facile de lire dans le *Bulletin* du Ministère de l'agriculture, et qui sont d'une très grande importance.

Il me semble, en conséquence, qu'un Congrès de géographes qui demande que l'institution des bourses de voyage soit perfectionnée, ne peut et ne doit oublier les élèves des écoles d'agriculture, à côté des élèves des écoles de commerce et d'industrie.

Sans doute, c'est une excellente chose que de donner des missions à des élèves ; mais les élèves sont des débutants, et il y a utilité aussi à confier des études à des personnes instruites, en état de nous donner des renseignements et des documents utiles. Tous les ministères ont remis des missions à des personnes que leur situation et leurs commissions indiquaient comme capables de les remplir avec fruit. Le Ministère de l'agriculture en particulier n'a pas failli à cette tradition, et, l'année dernière, il a chargé l'un de mes collègues de passer six mois en Amérique pour y étudier la culture de la vigne. Son rapport qui vient de paraître au *Journal officiel* a été un véritable événement pour le monde viticole. Si je parle de mon collègue, M. P. Viala, ce n'est pas pour faire de la réclame pour nos écoles, c'est parce que je ne puis parler que de ce que je connais. Je crois donc qu'à côté des élèves, il ne faut pas oublier de mentionner les professeurs de tous ordres en s'occupant des bourses de voyage à l'étranger.

M. LE PRÉSIDENT. — Si vous demandez qu'il soit question des élèves d'agriculture, alors, il faudra modifier la seconde partie du vœu proposé.

M. F. CONVERT. — Ce n'est pas tout ; vous savez que beaucoup d'étudiants étrangers viennent compléter leurs études dans nos universités ; ils nous arrivent d'Allemagne, d'Italie, de Turquie, d'Autriche, de Grèce, etc. Nos écoles d'agriculture en reçoivent en grand nombre. Eh bien, je suis d'avis que nous pourrions agir utilement en recommandant la même méthode à nos élèves, et en leur en facilitant l'application, je connais beaucoup de professeurs de l'enseignement supérieur qui partagent cette opinion. Or, nos programmes ne permettent pas de tenir compte d'une manière suffisante des études faites à l'étranger. Je ne sais pas si, pour l'enseignement primaire et secondaire, on pourrait arriver facilement à une réforme ; on n'éprouverait probablement pas les mêmes difficultés avec l'enseignement supérieur. Ainsi, je ne vois pas pourquoi les études médicales, faites à l'étranger, n'entreraient pas en ligne de compte dans les examens, au moins comme temps de stage, pour nos futurs docteurs en médecine. Ne serait-il pas possible de délivrer des inscriptions valables pour le temps passé à l'étranger ?

Pour conclure, je proposerais : 1° de mentionner les élèves des écoles d'agriculture à côté des élèves des écoles de commerce et d'industrie ;

2° D'émettre un vœu tendant à ce qu'il soit tenu compte, dans nos examens de toute nature des connaissances acquises à l'étranger ;

3° Comme la question me paraît complexe et même comme nous ne sommes pas d'accord sur les termes du vœu à exprimer, je demande que sa rédaction soit renvoyée à une commission spéciale qui nous remettra sa rédaction ultérieurement.

M. LE PRÉSIDENT. — Pour moi, comme je dirige les débats, je dois dire que cette proposition me paraît trop nouvelle pour entrer dans le cadre des propositions faites par M. Manès. Je crois qu'elles ne sauraient se fondre ensemble. M. Convert désirerait soumettre au Congrès une proposition particulière. Or, nous discutons une question toute spéciale, celle des bourses à accorder aux élèves des écoles de commerce et d'industrie dans des conditions parfaitement déterminées, tandis que la question que vous introduisez dans le débat, Monsieur et cher collègue, n'a peu ou point de conditions indiquées et bien déterminées.

M. F. CONVERT. — Je vous demande pardon ; j'aurais pu vous indiquer ces conditions ; mais il m'a semblé que ces détails ne pourraient pas être appréciées par une assemblée qui n'y est pas initiée, et c'est pourquoi j'ai demandé le renvoi, à une commission, de la rédaction du vœu à émettre à cet égard.

M. LE PRÉSIDENT. — Existe-t-il un règlement pour l'obtention de ces bourses à accorder aux élèves des écoles d'agriculture ?

M. F. Convert. — Oui, M. le Président, ces bourses sont données au concours, aux meilleurs élèves des écoles d'agriculture et de l'institut agronomique......

M. le Président. — Et dans votre esprit, il s'agirait d'arriver à la rédaction de règles générales de concours s'appliquant aussi bien au ministère du commerce et au ministère de l'agriculture ?

M. F. Convert. — Je trouve qu'en entrant dans ces détails le Congrès va un peu loin. J'aimerais mieux qu'il exprimât un vœu tendant à faciliter l'obtention des bourses pour les élèves des écoles d'agriculture, comme pour tous les autres, et qu'il renvoyât à une commission l'étude des détails et de la manière dont ces bourses devraient être données.

M. Manès. — Je crois que cela est tout à fait différent de ma proposition. Les écoles d'agriculture n'ont pas été oubliées à Bordeaux. Quand le Congrès de l'enseignement technique s'est réuni, il a jugé à propos de limiter sa sphère d'études, et il a pensé que ce serait une trop grosse affaire de compliquer les questions à l'étude de la question de l'agriculture, de telle façon qu'on ne s'en est pas beaucoup occupé.

M. le Président. — La question se pose donc nettement : Voulez-vous fondre les deux questions et émettre un vœu qui conserve les idées émises par M. Manès et qui admette celles émises par M. Convert, ou bien voulez-vous ne vous attacher qu'à la question posée par M. Manès, sauf à revenir ensuite à celle que vous propose M. Convert ?

Je mets d'abord aux voix la fusion des deux questions.

(Le vote a lieu.)

M. le Président. — La fusion des deux questions est repoussée, et nous en revenons à celle qui a été posée par M. Manès, sauf à prier M. Convert d'émettre sa proposition en délibération sous une autre forme.

M. Convert. — Je préférerais la retirer, parce que je crains que son retour ne lui soit pas favorable.

M. Gauthiot. — Je crois que vous feriez bien, au contraire, de nous la soumettre à nouveau quand l'occasion s'en représentera.

M. Barbier. — Mon vote n'a pas d'autre signification, c'est de voir reparaître la proposition de M. Convert.

M. le Président. — Bien entendu, je n'accepte pas du tout l'interprétation qu'il a donnée du vote qui vient d'avoir lieu.

Je mets, à présent, aux voix la première partie du vœu de M. Manès, dont je donne encore lecture :

« Que pour l'attribution de ces bourses, il soit tenu,
« dans la mesure du possible, compte des desiderata ».
« — Il faut dire : *desideratum* puisque l'un d'eux est
« abandonné — du desideratum exprimé à Bordeaux,
« en 1886, par le Congrès de l'enseignemen, technique. »

(Le vote a lieu.)

M. le Président. — La première partie du vœu de M. Manès est adoptée.

Je mets aux voix la seconde partie ainsi conçue :

« Que, dans le cas, où les programmes actuels de ces
« concours seraient maintenus, il y soit introduit des
« dispositions nouvelles ayant pour but de faciliter plus
« que par le passé l'accès desdits concours aux élèves
« des écoles de province. »

M. Turquan. — Je désirerais faire une observation au sujet de ce paragraphe pour dire qu'il me semble implicitement contenu dans le premier. Je ne crois pas que la province soit, en ce qui concerne ces concours, plus déshéritée que Paris, puisque c'est le plus méritant qui arrive ; c'est ce qui a lieu dans bien des enseignements. Je voudrais vous lire une disposition des règlements, relative aux bourses de voyages industriels, qui vous montrerait que les écoles de Paris sont absolument traitées comme celles de province, et réciproquement.

En deux mots, voici quelle est cette disposition :

« Les candidats devront être munis du diplôme de fin d'études d'une école publique ou libre, relevant du Ministère du commerce et de l'industrie, subventionnées ou reconnues par lui. »

Je ne crois pas que l'administration puisse aller plus loin ; en effet, lorsqu'il se fonde une école d'industrie ou de commerce, elle n'a rien de plus pressé que de se mettre sous la tutelle du Ministère du commerce, où il y a des subventions à gagner et des facilités à avoir. Ainsi donc, je crois la province absolument traitée comme Paris.

En ce qui concerne la question de savoir comment un candidat de province va être traité, et comment seront raités les candidats de Paris, voici l'article 5 qui dit :

### ART. 5.

Les demandes des candidats déclarés admissibles seront communiquées aux directeurs des établissements désignés à l'article 2, et, le conseil de l'école entendu, ceux-ci enverront au Ministre, avec les pièces communiquées, des propositions de classement. L'Administration s'entourera, d'autre part, de tous les renseignements complémentaires.

Vous voyez donc qu'il y a un droit absolument reconnu à ces établissements, et un droit presque de proposition. C'est là une grande garantie, et je crois que ces dispositions donnent satisfaction au vœu dont il vient d'être donné lecture.

M. MANÈS. — Mais, de quelle date est ce règlement ?

M. TURQUAN. — Août 1888 ! ( Exclamations ). Vous voyez que l'Administration était bien au courant des desiderata et s'efforçait de leur donner satisfaction. Je suis, du reste, chargé de vous dire que sa plus grande préoccupation est de s'inspirer des vœux du Congrès de Bordeaux ; seulement qu'elle est toujours empêchée de faire mieux par une question qui domine toutes les autres, la question d'argent. Vous parliez tout à l'heure des bourses agricoles ; il y a là aussi la difficulté de l'argent. La Chambre des Députés a réduit considérablement les crédits qu'avait M. le Ministre du commerce, et qui étaient affectés aux bourses de séjour commercial à l'étranger. Cependant elle a accordé une somme de 30.000 fr. destinée aux bourses de voyages industriels. C'est un fait tout nouveau que j'ai le plaisir de vous apprendre en vous donnant connaissance du nouveau règlement.

M. Manès. — Dans ces conditions, je retire la seconde partie de mon vœu, et je remercie M. Turquan de la communication qu'il vient de nous faire et qui m'inspire cette décision.

M. P. Loiseau.—Je voudrais vous montrer que les candidats de province sont cependant, sous un certain point de vue, moins favorisés que ceux de Paris, et même ne sont pas du tout privilégiés sous ce rapport-là. Je cite un passage du règlement qui oblige les candidats à subir les épreuves orales à Paris, et cette disposition est extrêmement préjudiciable aux candidats de province. Voici ce passage :

Les concours ont lieu régulièrement vers la même époque, en octobre ou novembre. Les épreuves écrites ont lieu au chef-lieu du département, les candidats admissibles aux épreuves orales vont subir ces épreuves à Paris, au Ministère du commerce et de l'industrie.

Il résulte de là que les frais de déplacement sont à la charge des candidats qui, évidemment sont, en général, peu fortunés. Beaucoup d'entre eux hésiteront ou reculeront devant les frais d'un voyage à Paris. C'est ainsi qu'au concours de décembre 1886, pour les bourses commerciales de séjour, il ne s'était présenté que 14 ou 15 candidats en tout, ce qui n'est guère pour les 6 bourses mises au concours.

Ne serait-il pas possible de faire une addition au vœu et de demander que les examens, écrit et oral, se fassent au chef-lieu du département, ou bien que le parcours gratuit soit accordé aux candidats de province?

M. le Président. — Je pense que ces candidats ne sont pas en bien grand nombre et qu'il vaudrait mieux demander qu'on leur fournisse des billets de passage à Paris, et je pense aussi que le délégué de M. le Ministre du commerce voudra bien prendre cette demande en considération.

M. Turquan. — Cette observation sera présentée à M. le Ministre. Je vois, en effet, que la meilleure solution à donner au desideratum qui vient d'être exprimé, c'est que, sur la demande de la Chambre de commerce du ressort, et sur l'apostille du Ministère, des laissez-passer soient délivrés aux candidats de province pour ne pas rendre leur voyage à Paris trop onéreux. Ce ne sera sans doute pas une bien lourde charge pour les compagnies de chemins de fer, puisque cette faveur ne serait accordée qu'aux admissibles, les autres ayant été éliminés au chef-lieu de leur département.

M. Manès. — Je crois que l'on pourrait formuler un vœu pour demander le rétablissement des bourses coloniales, à M. le Ministre de la marine.

M. le Capitaine Peroz. — C'est faute d'argent que ces bourses n'ont pas été maintenues ; mais on se baserait, au Ministère, sur les demandes que vous formulerez et sur les ressources qui pourront y être consacrées.

M. Turquan. — Pour ce qui est des bourses coloniales — qui ne sont pas de notre département —. je dois vous dire qu'il y a des bourses qui s'en rapprochent beaucoup ; ce sont les bourses de séjour à l'étranger, et dans les pays de protectorat. Si les candidats expriment le désir d'aller dans de tels pays, le Ministre du commerce leur délivre des lettres d'accréditation auprès des consuls de ces pays. Ces consuls sont chargés dans une certaine mesure de les surveiller, de les encourager et de leur donner toutes facilités auprès des maisons de commerce qui existent dans les colonies. Il y a donc là une garantie pour que ces jeunes gens travaillent de la façon la plus utile pour le but qu'on se propose.

M. LE PRÉSIDENT. — L'observation de M. Turquan, étant sans réplique, et la seconde partie de la proposition étant supprimée par son auteur, je mets aux voix la troisième partie du vœu présenté par la Société de Géographie de Bordeaux, ainsi conçue :

« Le Congrès renouvelle, en outre, les vœux émis par
« le Congrès géographique de Lyon en 1881, et par
« celui de Bordeaux en 1882, vœu portant que l'Ecole
« des hautes études commerciales, fondée par la Cham-
« bre de commerce de Paris, soit transformée et com-
« plétée, de manière à rendre aux écoles de commerce
« actuellement existantes, les mêmes services que les
« Facultés rendent aux lycées. »

Je donne la parole aux personnes qui auraient quelques observations à présenter à cette proposition.

M. MANÈS. — Par son titre, l'Ecole des hautes études commerciales doit être une école supérieure aux autres, et c'est là l'objet de notre vœu. Aujourd'hui, au contraire, elle est une école comme les autres, puisqu'elle, concourt au même titre aux bourses de voyage, et renferme une année préparatoire que n'ont pas plusieurs des autres écoles....

M. LE PRÉSIDENT. — Et vous demanderiez que ce soit une école supérieure par excellence, tandis qu'il y a à Paris trois écoles qui s'appellent supérieures.

Cette proposition, je vous le demande, tient-elle compte d'un intérêt général, ou ne touche-t-elle pas à des intérêts tout à fait particuliers, et notre Congrès fait-il bien ou non d'entrer dans la voix qui est indiquée par ce vœu ? Je me borne à appeler votre attention sur ce point.

M. Manès. — Deux fois déjà, des Congrès de Géographie l'ont adopté....

M. le Président. — Mais ces approbations n'annulent pas la portée de mon observation. Je demande si le Congrès peut bien souhaiter qu'une Ecole qui a été fondée auprès des commerçants parisiens au moyen, — M. Manès ne l'ignore pas — d'un impôt payé par eux, modifie son organisation et son enseignement, parce que les écoles, que j'appellerais volontiers rivales ou plutôt analogues, trouvent que l'enseignement, donné dans cet établissement, devrait être plus élevé qu'il ne l'est actuellement ?

Le Congrès peut-il, en réalité, demander à la Chambre de commerce de Paris, qui a la haute direction de cette école, de modifier l'enseignement qui y est donné, de telle façon qu'elle devienne une école absolument supérieure dépassant les autres écoles commerciales tant de Paris que des départements, dans la même proportion que les Facultés dépassent les lycées, par exemple ? Telle est, Messieurs, la question que je vous prie de bien vouloir examiner.

M. Bayle. — Si ce vœu était réalisé il arriverait qu'on ne donnerait plus du tout de bourses de voyage aux écoles de commerce de province : les bourses de voyage étant accordées aux meilleurs concours, et les meilleurs concours ayant lieu dans l'Ecole supérieure de Paris ainsi modifiée, tous les élèves voudraient passer à leur tour par cette Ecole très supérieure à toutes les autres, afin d'obtenir les bourses de voyage, qu'on ne pourrait plus obtenir qu'en y passant.

M. Barbier. — Ce vœu a déjà été renouvelé trois fois. L'année dernière au Hâvre, lorsqu'on a rappelé les anciens vœux à maintenir, il a été confirmé une troisième fois ; mais jusque-là, on n'a pas fait valoir du tout l'argument topique que vient de présenter M. Gauthiot, en disant que les commerçants parisiens étaient les maîtres de faire ce qu'ils voulaient d'une école entretenue à leurs frais. Je suis donc d'avis de maintenir ce vœu.

M. LE PRÉSIDENT. — Je n'oserais pas soutenir ici que nous ne pouvons pas, nous Congrès, demander à la Chambre de commerce de Paris qu'elle fasse quelque chose que nous croyons être utile à l'intérêt public. Je crois que nous pouvons nous adresser à elle, comme nous nous adressons à l'Etat, et aux ministres, mais en demandant seulement si la démarche, que nous pourrions faire en pareil cas, aurait des chances d'être suivie d'effet, et si en somme, l'énoncé du vœu serait bon à quelque chose.

M. BARBIER. — Le vœu a été maintenu sous une forme générale, et l'on demande que l'Ecole de Paris remplisse le rôle de Faculté....

M. LE PRÉSIDENT. — Non pas qu'elle remplisse le rôle de Faculté ! Il faudrait dire que les élèves des écoles existantes, devraient, s'ils veulent faire des études plus élevées, passer par l'Ecole des hautes études commerciales. M. Manès ne veut pas que l'enseignement soit parfaitement distinct, mais il n'entend pas superposer l'Ecole des hautes études commerciales aux autres écoles....

M. BARBIER. — En tant qu'elle remplirait le rôle de Faculté. Il s'agirait de savoir si cette école serait la pépinière des professeurs à fournir aux autres écoles. Est-ce là la pensée de M. Manès ?

M. MANÈS. — Nous n'avons fait que reprendre le vœu de la Société de Lyon. Je ne crois pas d'ailleurs que la transformation demandée puisse nuire en quoi que ce soit ni à l'École des hautes études commerciales, ni aux écoles supérieures de commerce. Elle permettra de former au contraire des jeunes gens plus instruits et plus aptes non seulement pour les carrières économiques, mais encore pour le professorat de l'enseignement commercial. Si la discussion n'aboutissait pas, je ne verrais pas d'inconvénient à retirer ce vœu, où à l'ajourner à un autre Congrès.

**M. Bayle.** — On peut toujours enregistrer les observations qui viennent d'être faites.

**M. le Président.** — Vous pouvez être assurés qu'elles le seront.

**M. Bayle.** — Je voulais dire qu'il serait bon que le Ministre du commerce restât *toujours maître de ne distribuer les bourses de commerce qu'aux plus capables.* Mais, en ce qui concerne le niveau d'études d'une école de commerce à élever au-dessus de toutes les autres, il y a toujours à considérer cette situation que si le brevet de sortie d'une Ecole de Paris est un brevet *supérieur* ; si les élèves qui l'ont obtenu sont réputés comme plus instruits, le Ministre du commerce décernera évidemment les bourses aux élèves possédant ce brevet, en laissant de côté les élèves qui n'auront que le brevet de sortie des Ecoles supérieures de province !

**M. le Président.** — Non, si les bourses sont décernées à la suite d'un concours ; à moins que vous ne donniez une plus grande valeur à un titre qu'à un autre, ce qui n'est pas demandé dans le vœu en question.

**M. Turquan.** — Cela pourrait arriver si les élèves étaient plus forts....

**M. le Président.** — Cela arrive dans tous les concours.

La proposition de M. Manès a une valeur très réelle et très sérieuse. Je désirerais faire une observation — c'est une observation toute personnelle dont je demande qu'il ne soit pas fait mention au compte-rendu — : Il se trouve dans l'Ecole des hautes études commerciales pas mal d'étrangers qui paient les mêmes prix que les élèves français, et le nombre de ces étrangers allant sans cesse en croissant d'une façon considérable, il arrivera un moment où cette Ecole instruira autant d'étrangers que de Français. Je crois qu'on pourrait remédier, d'une manière très simple : ce serait d'augmenter notablement le prix de pension payé par les étrangers, et que le surplus, ainsi payé par les étrangers, fût distribué en bourses aux élèves français. Cette idée a été abandonnée, mais elle pourrait être reprise.

Ceci dit, je mets aux voix la proposition de M. Manès ainsi conçue :

« Le Congrès renouvelle en outre les vœux émis par
« le Congrès de géographie de Lyon en 1881, et par
« celui de Bordeaux en 1882, pour que l'Ecole des
« hautes études commerciales, fondée par la Chambre
« de commerce de Paris, soit transformée ou complé-
« tée, de manière à rendre aux écoles supérieures de
« commerce actuellement existantes les mêmes servi-
« ces que les Facultés rendent aux lycées. »

(Le vote a lieu.)

M. LE PRÉSIDENT. — Cette proposition est adoptée.

Je mets aux voix une autre partie du vœu sur laquelle la discussion a éclairé suffisamment les membres du Congrès, et telle que M. Manès l'a rédigée.

Cette partie est la suivante :

« Que M. le Ministre de la marine rétablisse, dès
« qu'il le pourra, les bourses coloniales créées par
« son département en 1884. »

(Le vote a lieu.)

M. LE PRÉSIDENT. — Cette partie du vœu de M. Manès est adoptée.

Je vais lire, à présent, l'ensemble des trois paragraphes dans l'ordre qu'ils doivent avoir et je vous demanderai votre assentiment général :

« Le Congrès national des Sociétés françaises de
« géographie, réuni à Bourg, le 20 août 1888;

« Tout en félicitant M. le Ministre du commerce et
« de l'industrie, de la création des bourses de séjour à
« l'étranger, qu'il met chaque année au concours entre

« les anciens élèves des Ecoles supérieures de commerce
« et d'industrie, subventionnées ou reconnues par son
« département ;

« Emet le vœu :

« 1° Que, pour l'attribution de ces bourses, il soit
« tenu, dans la mesure du possible, compte du deside-
« ratum exprimé à Bordeaux en 1886, par le Congrès de
« l'enseignement technique. 2° Que M. le Ministre de la
« marine veuille bien.... »

M. DE MAHY. — Je désirerais, si le Congrès et si l'auteur
de ce paragraphe n'y voient pas d'inconvénients, que l'on
donnât à M. le Ministre son véritable titre de *Ministre de
la marine et des colonies...*

M. LE PRÉSIDENT. — « 2° Que M. le *Ministre de la
« marine et des colonies* veuille bien rétablir, dès qu'il
« le pourra, les bourses coloniales créées par son dépar-
« tement en 1884. »

« Le Congrès renouvelle, en outre, les vœux émis par
« le Congrès de géographie de Lyon en 1881, et par
« celui de Bordeaux en 1882, pour que l'Ecole des hau-
« tes Etudes commerciales, fondée par la Chambre de
« commerce de Paris, soit transformée ou complétée, de
« manière à rendre aux Ecoles supérieures de commerce
« actuellement existantes les mêmes services que les
« Facultés rendent aux Lycées. »

Je mets ce vœu dans son entier aux voix.
(Le vote a lieu.)

M. LE PRÉSIDENT. — Le vœu est adopté dans son entier.

L'heure étant trop avancée pour nous permettre de continuer la discussion sur la suite de l'ordre du jour, je lève la
séance.

(La séance est levée à 11 heures 20 minutes.)

## Séance du mardi soir, 21 août 1888

*Présidence de* M. CHAMBEYRON, *vice-président de la Société de Géographie de Lyon*

*Assesseurs :* MM. DE LANNOY, DE BISSY et TURQUAN.

La séance est ouverte à 2 heures.

M. CHAMBEYRON, *président.* — Messieurs, conformément à un usage consacré, d'après lequel la présidence des séances est conférée aux délégués suivant l'ordre d'ancienneté de la Société qu'ils représentent, je suis appelé à prendre la présidence après M. Gauthiot ; je vous prierai de vouloir bien me la rendre le moins pénible possible, grâce à votre bienveillance.

La première question à l'ordre du jour de ce soir est relative aux collisions maritimes, et je donne la parole à M. Manès qui doit nous faire une communication à cet égard, au nom de la Société de Géographie de Bordeaux, dont il est le délégué.

M. MANÈS.

Messieurs,

Le 25 avril 1887, M. le commandant Riondel, capitaine de frégate en retraite, faisait à Bordeaux, sous le patronage de la Chambre de commerce et de la Société de Géographie commerciale, une conférence publique sur « *Les collisions en mer et la révision des règlements internationaux maritimes* ». A la suite de cette conférence, notre Société prenait à l'unanimité une délibération appuyant les propositions qui lui étaient faites, obtenait pour cette délibération l'approbation complète de la Chambre de commerce de Bordeaux et de la Société de Géographie de Rochefort et la transmettait à M. de la Ferronnays, député de la Loire-Inférieure, qui avait bien voulu se charger de réunir, pour en saisir en temps opportun M. le Ministre de la marine et des colonies et la Chambre des Députés, tous les vœux formulés sur cette importante question par les Municipalités, les Chambres de commerce et les Sociétés de Géographie. Ces vœux n'ont pas été accueillis ; le 2 décembre 87, M. le Ministre de la marine et des colonies répondait à M. de la Ferronnays, la lettre suivante : (1)

« J'ai l'honneur de vous accuser réception de votre lettre
« du 17 juillet par laquelle vous avez bien voulu me trans-
« mettre un certain nombre de pétitions d'armateurs, ma-
« rins et habitants de divers ports, demandant la révision
« du règlement du 1er septembre 1884 sur les abordages et
« la création de tribunaux maritimes internationaux, char-
« gés de déterminer les responsabilités dans les cas de colli-
« sion.

« Depuis longtemps déjà le département de la marine a
« été saisi de requêtes analogues ; mais ce sont surtout les
« sinistres répétés survenus récemment dans la Manche et
« l'Atlantique qui ont provoqué le mouvement accentué d'opi-
« nion qui se manifeste en ce moment.

« Mes prédécesseurs justement préoccupés des réclama-
« tions parvenues de leur temps au département, avaient à
« plusieurs reprises déjà soumis à l'examen du Conseil
« d'amirauté différentes modifications proposées pour le
« règlement du 1er septembre 1884, et récemment encore, à
« la suite des tristes événements mentionnés plus haut, j'ai
« fait étudier par cette haute assemblée, un projet présenté
« par la compagnie générale transatlantique sur le même
« objet.

« Après discussion de ces différentes propositions, le
« Conseil d'amirauté a émis chaque fois l'avis qu'il ne voyait
« nulle nécessité à réviser les règles internationales qui
« régissent actuellement la navigation. D'un autre côté,
« j'ai fait pressentir tout dernièrement, par le capitaine de

---

(1) Cette lettre a été publiée par la Revue maritime dans son numéro du 2 décembre 1887.

« vaisseau attaché naval à Londres, les autorités britanni-
« ques sur la question ; cet officier supérieur vient de me
« faire savoir que l'amirauté anglaise et le Board et Trade
« ne sont nullement disposés à favoriser cette révision, qu'ils
« jugent inutile, et que le dernier de ces départements vient
« d'adresser une circulaire rappelant les armateurs et les
« capitaines à l'application stricte des dispositions du règle-
« ment du 1er septembre 1884.

« Les règles internationales appliquées actuellement
« paraissent donc, dans l'esprit des autorités maritimes com-
« pétentes de France et d'Angleterre, suffire complètement
« aux besoins de la navigation.

« Je partage absolument cette manière de voir et j'estime
« que la fréquence des abordages doit être entièrement
« attribuée à une mauvaise interprétation des différents
« articles du règlement. J'ai d'ailleurs l'intention, comme
« cela a été fait en Angleterre, d'inviter prochainement, par
« une circulaire, les navigateurs français à observer stricte-
« ment les prescriptions qui y sont contenues.

« Quant à la création de tribunaux maritimes interna-
« tionaux, cette question est du ressort des Ministres des
« affaires étrangères et de la justice et je vous laisse le soin,
« si vous le jugez convenable, de transmettre les pétitions
« que vous m'avez adressées et que je vous renvoie sous ce
« pli, à l'examen de M. Flourens et de M. Mazeau. »

Cette réponse n'a pas découragé M. le commandant Riondel, il a continué sa série de conférences et partout, à Rochefort, à La Rochelle, à Calais, à Dunkerque, à Abbeville,
à Rouen, à Dieppe, à Lorient et à St-Malo, les Chambres de
commerce, les Sociétés de Géographie et la plupart des
municipalités ont imité l'exemple de Bordeaux et celui des
autres villes (Paris, Marseille, Le Hâvre, St-Nazaire, Nantes, Cherbourg, Caen, Granville) déjà citées dans sa conférence d'avril 87 et ont donné l'adhésion la plus unanime à
ses projets. Cette unanimité pour indiquer au gouvernement l'existence d'un grand mal et la possibilité d'y porter
remède, suffirait à elle seule pour ouvrir les yeux sur une

question aussi importante, si de temps en temps elle ne se signalait d'elle-même à l'attention pas d'effroyables sinistres qui donnent raison à la persistance de M. le commandant Riondel et se chargent de montrer de la façon la plus évidente qu'il y a autre chose à faire que de s'en rapporter aux règlements existants, qui ne répondent plus aux conditions de rapidité de la navigation à vapeur telle qu'elle existe aujourd'hui.

Cette situation, Messieurs, a préoccupé les gouvernements étrangers et en février dernier les journaux annonçaient qu'une conférence ayant pour objet la révision des règles maritimes internationales devait se réunir à Washington le 1er octobre prochain, et qu'elle avait pour mission d'élaborer un règlement destiné à prévenir les collisions et qui serait soumis à la ratification des divers gouvernements.

Nous aurions préféré avec M. le commandant Riondel, que la France prît l'initiative de cette proposition, mais ce regret une fois exprimé, nous n'avons pu que nous féliciter avec lui de ce premier résultat et faire des vœux pour que la réunion de Washington ne se sépare pas sans avoir accompli la révision complète de la loi internationale du 4 novembre 1879, dont tant de collisions récentes ont démontré l'insuffisance et l'inefficacité.

Notre Société en serait peut-être resté là si quelque temps après une note de la Société de Géographie de Lisbonne n'avait appelé son attention sur le même sujet. Elle se décida alors à faire étudier par une commission spéciale ces questions si importantes et c'est le travail de cette commission, composée de MM. Hautreux, lieutenant de vaisseau en retraite, et Lanneluc, capitaine au long cours, tous deux Vice-Présidents de notre Société, travail terminé tout récemment et qui a reçu l'approbation unanime de notre Société, que j'ai l'honneur de présenter ce soir au Congrès.

## Les abordages en mer

Les règlements internationaux, destinés à prévenir les abordages en mer, ont été codifiés en 1862.

Depuis cette époque, des modifications importantes se sont produites dans les dimensions et les vitesses des navires, ainsi que dans leurs procédés d'éclairage ; des études ont été poursuivies afin d'augmenter la puissance et la portée des signaux phoniques.

Depuis vingt-cinq ans que ces règles sont appliquées, de nombreux sinistres ont démontré que le navire à voiles était un danger aussi considérable pour le navire à vapeur que ce dernier l'était pour ses semblables. L'éclairage du voilier est absolument insuffisant et son système *d'appareil phonique*, par temps de brume, a une portée beaucoup trop faible.

Avec les vitesses actuelles des bâtiments à vapeur, les feux de couleur, destinés à faire connaître la direction du navire, n'ont plus assez de portée pour donner la sécurité désirable : le vert ne se voit pas d'assez loin et le rouge, avec du brouillard, ne diffère pas assez des feux blancs.

Les règlements eux-mêmes ont une partie vicieuse en subordonnant la manœuvre du vapeur à celle du voilier et de plus à l'appréciation de l'allure de ce dernier (articles 14 et 17). On peut leur reprocher leur complication quand on sait qu'ils doivent être appliqués, non pas seulement par des capitaines, mais encore par des marins faisant fonction d'officiers, dont quelques-uns n'offrent que des garanties de pratique tout à fait insuffisantes ; le nombre de ces articles n'est pas moindre de dix. L'article 14 contient cinq paragraphes.

Il semble que ces règlements pourraient être modifiés de façon à faire intervenir de nouveaux éléments de sécurité et nous proposons les bases suivantes :

### Dispositions générales

Article premier. — Tous les bâtiments, soit à voiles, soit à vapeur, porteront, du coucher du soleil à son lever, un feu blanc en tête du mât de misaine et des feux de côté, vert à tribord et rouge à bâbord.

Les feux des navires à vapeur seront électriques.

Les navires à vapeur, dont la vitesse dépassera douze nœuds, auront leurs feux électriques scintillants.

Les navires à vapeur, dont la vitesse ne dépassera pas douze nœuds, auront leurs feux électriques fixes.

Les navires à voiles auront leur feu blanc placé aux barres de perroquet.

Les bateaux pêcheurs, non astreints à porter des feux permanents, seront tenus de montrer un fanal ou une torche avec occultations fréquentes.

Art. 2. — Les bâtiments à vapeur, en route, auront sur l'avant un second feu blanc électrique placé à 45° de la verticale du feu de tête de mât, qui pourra n'être éclairé qu'en cas de rencontre.

Art. 3. — Par temps de brouillard, les signaux phoniques, dont il sera fait usage, seront actionnés par l'air comprimé, et placés en tête de mât, avec réflecteurs paraboliques tournants.

Pour les distinguer des signaux phoniques établis à terre, les signaux de bord seront à son roulé.

Les bâtiments à vapeur se serviront des trompes les plus puissantes.

Les bâtiments à voiles se serviront de sifflets aigus.

Les bateaux pêcheurs se serviront de cornets à bouquin.

### Règles de route

ARTICLE PREMIER. — Tout navire qui en aperçoit un autre doit le relever immédiatement ; si le relèvement ne varie pas, il y a risque d'abordage.

ART. 2. — Lorsqu'un navire en relève un autre à moins de deux quarts de sa route, sur son avant de l'un ou l'autre bord, et s'il y a risque d'abordage, il vient sur *tribord*, jusqu'à ce que le danger soit écarté.

ART. 3. — Lorsqu'un navire en relève un autre à plus de deux quarts de son avant, et s'il y a risque d'abordage, celui des deux qui aperçoit l'autre par tribord est plus spécialement responsable de la manœuvre ; il doit céder le pas, modérer sa vitesse, s'arrêter ou changer de direction jusqu'à faire varier le relèvement sur son avant.

ART. 4. — Lorsqu'un navire en aperçoit un autre et qu'il doit manœuvrer pour l'éviter, il fait agir ses signaux phoniques et fait partir une bombe d'artifice pour indiquer qu'il manœuvre.

ART. 5. — Le navire stoppé ou empêché de manœuvrer pour une raison quelconque l'indiquera par des occultations fréquentes du feu de tête de mât.

ART. 6. — En temps de brouillard, les navires font entendre les signaux phoniques toutes les cinq minutes au moins, et plus souvent dans les parages fréquentés.

Si l'on perçoit un signal phonique extérieur, la modération de la vitesse et l'arrêt même sont obligatoires jusqu'à ce qu'on ait reconnu la situation du signal.

### Dispositions spéciales

ARTICLE PREMIER. — Pour la navigation à vapeur qui se fait le long des côtes, de cap en cap, les navires ayant la terre à tribord devront s'en tenir à une distance moindre de cinq milles ; les navires ayant la terre à bâbord devront s'en tenir à une distance supérieure à dix milles.

Art. 2. — Dans les chenaux étroits, pour les entrées des ports, des rades et des rivières, les navires devront toujours serrer la droite du chenal.

Art. 3. — Les navires au mouillage, dans des parages fréquentés, devront porter sur l'avant deux fanaux blancs très rapprochés, situés l'un au-dessous de l'autre.

Art. 4. — Sur tout navire embarquant des passagers, les chefs de quart devront être brevetés au long cours ou au cabotage.

Art. 5. — Sur tout navire faisant le long cours ou le cabotage, les chefs de quart devront posséder un brevet d'aptitude.

Art. 6. — Les litiges d'avaries, provenant d'abordages, entre nationaux et étrangers, seront jugés par un tribunal composé d'un magistrat local, assisté de deux consuls de carrière, autant que possible de nationalité autre que celle des sinistrés.

Les règlements proposés s'appuient sur les considérations suivantes :

### Dispositions générales

Article premier. — Il est évident que plus le navire sera aperçu de loin, moins il y aura de chances d'abordage ; il est donc nécessaire que le navire soit muni des feux les plus puissants et ayant la portée la plus grande, réalisable avec les ressources et les installations de chaque navire.

La lumière électrique, ayant une puissance d'éclairage et une portée plus grande que celle des lampes à essence, doit être préférée partout où elle peut être installée ; et elle peut l'être facilement sur tout navire muni de machines. On peut donc décider qu'elle sera obligatoire, pour les feux de tête de mât et pour les feux de direction, sur tous les navires à vapeur.

Les navires à passagers sont généralement doués de vitesses supérieures aux simples cargo-boats ; il paraît utile de différencier l'éclairage des uns et des autres par une installation mécanique de facile exécution.

Quant aux bâtiments à voiles, ils ne peuvent être éclairés que par des lampes à essence.

Pour que la lumière ait une grande portée, il faut qu'elle soit placée le plus haut possible ; pour qu'elle ait une grande puissance, il faut qu'elle soit blanche. Il est donc nécessaire que la lumière employée pour signaler le navire soit blanche et placée dans la mâture.

Les règlements actuels refusent au navire à voiles ce moyen de se signaler au loin ; il semble qu'on ait tenu beaucoup à différencier le navire à voiles du navire à vapeur. Il est certainement important de reconnaître la nature de l'obstacle que l'on peut rencontrer, mais il est surtout important de l'apercevoir du plus loin qu'il se peut ; et comme les navires à vapeur peuvent se différencier des navires à voiles par les feux électriques, il semble qu'on puisse actuellement augmenter la visibilité du voilier en exigeant un feu blanc en tête de son mât de misaine. Pour éviter que ce feu ne soit masqué par les focs, il pourrait être placé sous les barres de perroquet ; il ne gênerait pas le brassiage du hunier et ne pourrait être caché par le ralingue du perroquet.

Pour différencier des navires qui sont en pleine possession de tous leurs moyens pour manœuvrer les bateaux pêcheurs et tous autres navires dont la manœuvre n'est pas libre, il semble que le procédé des occultations fréquentes, facile à réaliser sur tout bateau, peut donner une indication précise de la situation.

Art. 2. — La direction que suit le navire aperçu est un élément d'appréciation très important ; les feux de côté vert et rouge, actuellement en usage, suffiraient à cet objet si l'on pouvait les reconnaître à assez grande distance ; malheureusement la coloration est un obstacle à la longue portée ; de plus, sur les voiliers, ces feux sont souvent placés à de faibles hauteurs, il arrive qu'ils sont fréquemment masqués par les embruns de la mer. Le vert et le rouge ne sont peut-être pas les meilleures couleurs à employer pour avoir de la portée.

Pour les navires à vapeur, et grâce aux facilités qu'offrent l'électricité, on pourrait reprendre l'idée de M. Prompt, lieutenant de vaisseau, commandant aux Messageries maritimes.

Cet officier proposait de placer un second feu blanc en avant du feu de tête de mât, formant avec la verticale de ce feu un angle de 45°. Ce feu ne serait allumé qu'en cas de rencontre ; il ne serait visible que sur l'avant du travers. On voit de suite que la position angulaire des deux feux avec la verticale constituerait une indication très précieuse sur la direction et visible de fort loin, puisque ce second feu serait électrique et blanc.

L'angle des feux serait maximum, c'est-à-dire de 45° lorsqu'on serait par le travers du navire ; il serait nul, les deux feux l'un au-dessous de l'autre, lorsque le navire aurait le cap sur vous. Le second feu sur la gauche du premier indiquerait qu'on voit le côté de bâbord du navire ; ce même feu sur la droite du feu de tête indiquerait qu'on voit le côté de tribord du navire aperçu. Quelques expériences feraient vite apprécier, avec une certaine approximation, l'angle de route des deux navires.

Un tel feu, réservé aux vapeurs et actionné par l'électricité, pourrait être placé sur un des étais de misaine, au-dessus du point de drisse des focs.

Art. 3. — Par temps de brouillard, les signaux phoniques seront actionnés par l'air comprimé.

Il n'est pas plus difficile, sur un vapeur, d'employer l'air comprimé que la vapeur ; l'usage de cette dernière a de grands inconvénients en raison de la condensation dans les tuyaux d'amenée, de l'engorgement des conduites et de la faiblesse du son à l'origine. Quant au voilier, le procédé actuel du cornet à bouquin actionné par le souffle de l'homme n'a aucune portée sérieuse ; il n'est pas difficile de faire comprimer l'air par une pompe à main à la portée de l'homme de veille au bossoir, et alors d'employer le sifflet des vapeurs à bord des voiliers, tandis que les vapeurs emploieraient des trompes puissantes.

Le cornet à bouquin resterait réservé aux bateaux pêcheurs.

Pour différencier, par temps de brume, les signaux des navires de ceux qui sont émis de terre, les premiers pourraient être toujours à son roulé.

Les expériences qui ont été faites, sur la propagation du son par temps de brume, ont montré qu'il y a tout avantage pour la portée à ce que l'instrument émetteur soit placé aussi haut que possible, et que le son soit projeté dans une direction déterminée, donnée par des réflecteurs.

Ces réflecteurs pourraient avoir un mécanisme de rotation et projeter le son successivement dans toutes les directions autour du navire.

Les variations d'intensité du son aideraient puissamment à reconnaître la vraie direction et peut-être aussi la distance du signal entendu.

### Règles de route

ARTICLE PREMIER. — L'obligation de relever tout navire aperçu et de porter le relèvement sur le livre de loch serait un élément important d'appréciation en cas de rencontre.

ART. 2. — Sans entrer dans une longue discussion des routes qui conduisent à l'abordage, il y a des directions croisées qui sont plus dangereuses les unes que les autres. Le relèvement, qui est le moyen de savoir s'il y a danger d'abordage, exige plusieurs observations successives et un certain intervalle entre chaque observation ; ce moyen est d'autant meilleur que l'espace entre les deux navires est plus grand et que les routes se croisent à angle plus ouvert.

Mais lorsque l'angle des routes est aigu, le procédé est d'autant moins bon que les vitesses de rencontre sont plus considérables, et que, les navires courant jusqu'à contre-bord, le temps laissé à l'appréciation du danger est plus limité.

Il semble que les dispositions édictées par l'article 15 du règlement actuel, au lieu d'être restreintes comme elles le sont par le décret de 1884, pourraient être étendues en un secteur de deux quarts, par exemple, d'un bord ou de l'autre.

Une construction géométrique très simple montre que pour des vitesses de rencontre égales, l'angle du relèvement est la moitié de l'angle du croisement des routes. Il y aurait ainsi un secteur de croisement de 90° qui rentrerait dans l'application de cet article.

Pour un navire à vapeur, l'espace nécessaire pour qu'il puisse changer de direction de deux quarts est, en général, égale à une fois et demie sa longueur, soit de 150 mètres pour un navire de 100 mètres dont le cercle d'évolution a 600 mètres de diamètre.

La règle indiquée de venir sur tribord ne saurait être dangereuse que si le navire aperçu se trouvait à deux quarts de l'avant sur tribord, et à une distance moindre que deux longueurs de navire. On conviendra qu'à cette distance, s'il y a danger de rencontre et s'il y a hésitation dans la manœuvre à faire, l'abordage ne saurait être évité.

Art. 3. — Lorsque l'angle de relèvement est de plus de deux quarts, l'angle de croisement des routes est moins aigu. S'il y a danger d'abordage, à distance de visibilité égale, le point de croisement est plus éloigné, l'espace et le temps pour manœuvrer sont plus considérables. Il semble qu'en établissant que l'un des deux navires, celui qui aperçoit l'autre par tribord, est plus particulièrement responsable de la manœuvre et doit en toute circonstance céder le pas, la manœuvre à faire est clairement indiquée aussi bien pour le voilier que pour le vapeur.

En effet, si c'est un voilier qui aperçoit un autre bâtiment par tribord et qu'il y ait chance d'abordage, s'il est, en outre, au plus près tribord amures, il fera une auloffée sur tribord, sa vitesse sera amortie immédiatement et l'autre navire le doublera sur son avant. — Que ce soit un vapeur dans la même situation, il modérera sa vitesse, stoppera au besoin si les distances sont rapprochées, et il obtiendra le même résultat.

Si le navire aperçu est sur bâbord, pour qu'il y ait chance d'abordage, il faut qu'il présente son côté de tribord ; c'est donc lui qui aura à manœuvrer, et s'il le fait mal, il sera responsable des accidents.

Art. 4. — Il semble tout à fait désirable que, lorsque deux navires sont en danger de se rencontrer, ils se fassent mutuellement des signaux d'appel et de reconnaissance ; les signaux phoniques d'abord, puis un signal détonant pour indiquer le commencement de la manœuvre, s'il y a lieu.

Art. 5. — On propose d'indiquer l'impossibilité de manœuvrer pour le navire en avaries, aussi bien que pour le bateau de pêche, par des occultations fréquentes du feu de tête de mât. Ce moyen, facile à exécuter, ne saurait être confondu avec aucun autre et serait perceptible à la portée du feu lui-même.

Art. 6. — S'explique de lui-même ; on espère qu'avec les variations de son produites par les réflecteurs paraboliques tournants, la situation du navire sera plus facilement appréciable.

### Dispositions générales

S'il était possible de déterminer, pour chaque voyage, une route pour aller et une autre pour le retour, les chances de rencontre seraient bien diminuées. Mais un tel projet, applicable seulement aux vapeurs, et qui ne supprime pas les croisements de route, a soulevé de telles objections qu'il paraît abandonné. Cependant, il est des parages, tels que ceux du banc de Terre-Neuve, par exemple, où se trouvent rassemblés un grand nombre de bateaux hors d'état de manœuvrer et pour lesquels il est désirable d'édicter des mesures conservatrices spéciales.

Article premier. — On pourrait l'adopter en partie pour la navigation à vapeur qui se fait le long des côtes, de cap en cap.

Art. 2. — Il en serait de même pour les entrées de ports, de rades et de rivières.

Art. 3. — Les dispositions des feux des navires au mouillage pourraient être modifiées par l'emploi de deux fanaux très rapprochés, placés sur l'avant, dont la séparation à la vue indiquerait la proximité, et qu'on ne pourrait confondre avec les becs de gaz ou autres feux à terre.

Art. 4. — Nous croyons qu'il y a lieu d'exiger de toute personne appelée, même momentanément, à diriger le navire, des garanties d'instruction technique qui puissent donner la sécurité qu'on est en droit d'exiger pour les personnes et pour les choses. Cette obligation a d'autant plus de raison d'être, lorsque le navire porte des passagers ou des émigrants ; c'est, en effet, par centaines que se comptent les êtres humains qui se confient dans la valeur technique de ceux qui ont charge du navire. — Les règles de route doivent faire partie du programme exigé des candidats aux brevets de long cours et de cabotage.

Art. 5. — Sur tous les navires armés soit pour le long cours, soit pour la grande pêche, soit pour le cabotage, pourvu que le capitaine soit breveté du long cours ou du cabotage, c'est tout ce que la loi exige.

Les fonctions d'officier de quart, de nuit comme de jour, sont remplies par des marins dont on n'exige aucune garantie légale. Ce sont certainement des hommes de mer attentifs, veillant bien ; mais on peut affirmer qu'un grand nombre d'entre eux ont une connaissance incomplète des règles de route établies pour éviter les abordages.

On exige bien, dans la marine militaire, un brevet pour remplir des fonctions de simple matelot, comme celles de gabier, timonier, fusilier, torpilleur, canonnier, etc... On ne voit aucune difficulté à exiger un brevet analogue de tout marin voulant embarquer comme chef de quart sur un navire de commerce.

Art. 6. — Il semble enfin que les tribunaux qui ont à juger des litiges d'avaries entre navires de nationalités différentes, doivent avoir, à un certain degré, le caractère international, tout en conservant la présidence au magistrat du territoire où l'action en dommages doit être poursuivie.

## ANNEXE

### Règles de route

Les règles de route que nous proposons se bornent aux deux articles suivants :

**A.** Lorsqu'un navire en relève un autre à moins de deux quarts de son avant, s'il y a risque d'abordage, il vient sur tribord jusqu'à ce que le danger soit écarté.

**B.** Lorsqu'un navire en relève un autre à plus de deux quarts de son avant, s'il y a risque d'abordage, celui des deux navires qui aperçoit l'autre par tribord est plus spécialement responsable de la manœuvre ; il doit céder le pas, modérer sa vitesse, s'arrêter ou changer de direction jusqu'à écarter le danger en faisant varier le relèvement sur son avant.

---

Lorsqu'un navire en aperçoit un autre, pour qu'il y ait risque d'abordage, il faut :

1° Que les routes de chacun d'eux se croisent sur l'avant de l'un et de l'autre, ou qu'elles soient directement opposées l'une à l'autre ;

2° Que les vitesses de l'un et de l'autre soient dans un certain rapport avec l'angle de croisement des routes.

La première condition peut être remplie lorsque par tribord on aperçoit le côté de bâbord de l'autre navire ; que par bâbord on aperçoit son côté de tribord ; ou bien lorsque, droit sur l'avant, on voit les mâts de l'autre navire l'un par l'autre.

La seconde condition est remplie lorsque l'angle de relèvement du navire aperçu ne varie pas.

On ne peut constater ces deux conditions que lorsque la visibilité est assez étendue pour qu'on puisse, avec certitude, reconnaître quelques détails du navire.

La visibilité est donc la première de toutes les conditions à remplir pour éviter les abordages.

Aussi, nous proposons que, pour la nuit, tous les navires, soit à voile, soit à vapeur, soient astreints à porter, dans un point élevé de la mâture, un ou plusieurs feux blancs de la plus grande puissance éclairante possible.

La visibilité étant acquise, l'angle de relèvement peut se prendre ; mais quelque sûreté d'appréciation que donne ce moyen, il faut plusieurs observations et un certain intervalle de temps pour en tirer profit.

Or, suivant la transparence de l'atmosphère, et lorsque l'angle de croisement des routes est aigu, ce procédé peut être infidèle ou du moins laisser place à l'indécision, ce qui est la plus dangereuse des choses en cas de rencontre de navires ; il est complété par la connaissance de la direction suivie par le bâtiment aperçu.

Ce renseignement est donné, pendant la nuit, par les feux de côté, vert ou rouge. Ces feux ont une faible portée, surtout le feu vert. C'est cependant le seul moyen que possède le voilier pour se signaler à distance.

C'est pourquoi nous proposons que le voilier ait un feu blanc en tête de mât, et que le vapeur en ait un second sur les étais de misaine. Cette disposition doublerait la distance de visibilité du voilier ; et, pour le vapeur, ferait connaître sa direction au double de la distance actuelle.

C'est surtout dans les croisements de route à angle aigu, les plus dangereux de tous, que ce second feu blanc des vapeurs aurait son utilité.

Car si par tribord, je suppose, à 10°, 15° ou 20° de la route, on aperçoit le feu blanc inférieur vers la droite du feu de tête de mât, il n'y a aucun danger de rencontre, et l'officier de quart est rassuré bien avant de voir le feu vert du vapeur ; mais si, par tribord encore, il voit le feu inférieur sur la gauche du feu de tête de mât, il sait immédiatement qu'il peut y avoir danger bien avant de voir le feu rouge, et si le relèvement confirme le danger, la règle lui impose le devoir de venir sur tribord.

Dans les conditions d'éclairage que nous demandons, il ne peut y avoir danger pour le navire de venir sur tribord, à moins que l'opacité de l'atmosphère ne fût telle que les feux blancs n'auraient pas été visibles à deux cents mètres de distance. Dans ce cas, c'est de la brume, et les signaux phoniques, qui sont perceptibles à mille mètres, auraient été mis en action et auraient prévenu les deux bâtiments du danger de collision.

Quant au voilier qui n'est signalé actuellement que par ses feux de couleur, nous savons qu'en fait l'apparition inopinée d'un feu vert par bâbord ou d'un feu rouge par tribord est une juste cause d'appréhension pour l'officier de quart, parce qu'on ne sait jamais quelle est l'opacité des verres colorés, et que, suivant le temps qu'il fait, la distance peut être si rapprochée que toute manœuvre devient inutile.

Il faut songer qu'un vapeur de 6,000 à 8,000 tonnes de déplacement, lancé à la vitesse de 16 ou 17 nœuds, ne peut être arrêté dans un court espace, et que même un simple changement de direction exige une certaine étendue.

C'est pourquoi nous demandons instamment, outre les feux de côté, vert et rouge, un feu blanc en tête du mât du voilier, et un second feu blanc, de direction, pour le vapeur.

Ces dispositions générales admises, nous devons appeler l'attention sur la complication de l'art. 14, qui ne contient pas moins de cinq paragraphes différents, et qui base la manœuvre à faire par le voilier sur la route et l'allure du voilier qu'il vient d'apercevoir, et en n'ayant que le feu de couleur comme moyen d'appréciation de cette allure.

Comment juger avec précision si ce navire court au plus près ou s'il court largue ? L'indécision la plus grande règne dans l'esprit de l'officier, qui ne possède pas toujours très bien ces cinq paragraphes.

Nous pensons qu'en généralisant l'article 16 et l'appliquant à tous les navires, soit à voiles, soit à vapeur, on édicte une règle simple qui ne sortira pas de la mémoire du *matelot*.

Pour les changements de vitesse et de direction, la facilité d'évolution est souvent plus grande à bord du voilier qu'à bord du vapeur ; il semble qu'aujourd'hui il n'y ait plus lieu d'accumuler toutes les responsabilités sur le vapeur, et que le voilier peut les partager.

On peut affirmer que le plus grand nombre des cas d'abordage provient de l'indécision dans la manœuvre de l'un ou de l'autre des navires et quelquefois des deux à la fois. Il nous semble qu'en spécifiant que, dans tous les cas, le navire qui en aperçoit un autre par tribord sera responsable de la manœuvre, cette seule responsabilité suffira pour indiquer au marin la manœuvre à faire, et nous pensons que, dans tous les cas douteux, il doit céder le pas.

Cette règle de la responsabilité attribuée à l'un des deux navires a, par elle seule, l'avantage de diminuer les chances d'indécision de moitié, car tous les navires qui sont vus par bâbord ou sont indifférents, parce que leur route ne peut conduire à l'abordage, ou si leur route offre ce danger, c'est qu'alors ils présentent le côté de tribord au premier navire ; ce sont eux alors qui sont responsables de la manœuvre et qui doivent céder le pas.

Il ne peut être question de dévier de sa route pour tous les navires que l'on aperçoit par tribord, mais seulement lorsqu'il y a risque d'abordage, et ce risque est reconnu par le relèvement.

Nous avons dit que le relèvement ne donne pas ce renseignement assez rapidement lorsque l'angle des routes est aigu. C'est pour cela que nous proposons d'étendre la disposition de l'article 15 du règlement actuel à un angle de 22° 30', ou de deux quarts, sur chaque bord, et que nous disons de venir sur tribord jusqu'à ce que le danger soit écarté. C'est surtout en cas de visibilité restreinte, alors que l'officier de quart est préoccupé du danger des rencontres, que nous croyons faire œuvre utile en lui donnant une règle absolue qui, combinée avec la responsabilité départie à l'un des navires, ne peut amener d'hésitation.

La règle que nous indiquons ne peut être dangereuse que si le risque d'abordage est reconnu à moins de deux cents mètres de distance. C'est qu'alors il y aurait de la brume, et, dans ce cas, les navires auraient dû faire agir leurs signaux phoniques et marcher avec prudence.

Mais si l'on n'a pas veillé, si l'on n'a pas agi avec prudence, toutes les règles possibles seront en défaut, et l'abordage aura lieu ou n'aura pas lieu, suivant que les routes y conduisent ou s'en écartent.

Nous espérons qu'avec l'adjonction d'un second feu blanc sur le vapeur et d'un feu blanc sur le voilier, les distances d'aperçu seront doublées, et en même temps sera doublé le temps dont on peut disposer pour la manœuvre.

La distance de visibilité serait donc portée au double de la distance actuelle pour le voilier, soit à quatre milles par temps clair, ou plus de sept kilomètres. Mais l'appréciation de la direction ne pourrait être connue qu'à deux milles, en raison de la faible visibilité des feux de couleur.

### Discussion des règles de route

Si dans le secteur de deux quarts à gauche de la route on aperçoit le feu rouge d'un autre navire, les routes divergent : il n'y a pas à manœuvrer.

Si dans le secteur de droite on aperçoit le feu vert d'un autre navire, les routes divergent : il n'y a pas à manœuvrer.

Mais si dans le secteur de gauche on voit le feu vert, ou si dans le secteur de droite on voit le feu rouge, les routes convergent et, si le relèvement ne change pas, il y a risque d'abordage.

Nous disons que les deux navires doivent venir sur tribord.

*Première hypothèse.* — Soit le navire A, qui aperçoit le feu vert du navire B par bâbord à moins de 22° 30' de sa route. Comme il a vu le feu blanc de B depuis quelque temps déjà, il l'a relevé et s'est assuré que la route est dangereuse et qu'il aura à venir sur tribord. De son côté le navire B voit nécessairement A par tribord, il sait donc qu'il est responsable de la manœuvre et que s'il y a risque d'abordage, il devra manœuvrer. Trois cas peuvent se présenter : A peut avoir une vitesse moindre, égale ou supérieure à B.

A ayant une vitesse moindre que B, une construction très simple montre que B relèvera A, sous un angle plus faible que A n'a relevé B. Par conséquent, la manœuvre de B est doublement indiquée, il voit par tribord dans le secteur dangereux, il viendra sur tribord.

A ayant une vitesse égale à celle de B, B relève A sous le même angle que l'a relevé A, par conséquent encore dans le secteur dangereux, il voit par tribord ; il viendra donc sur tribord.

A ayant une vitesse supérieure à B, B peut alors relever A sous un angle plus fort que les deux quarts du secteur dangereux. La première règle ne s'applique pas, mais la seconde règle lui ordonne de céder le pas et de se laisser doubler sur l'avant par A.

On voit que dans ces trois cas, il ne peut y avoir indécision ni pour A ni pour B, puisque B devra toujours manœuvrer pour laisser passer devant lui A, qu'il a vu par tribord.

*Deuxième hypothèse.* — Soit le navire A qui aperçoit par tribord le feu rouge du navire B, à moins de deux quarts de sa route ; ayant vu le feu blanc, il s'est assuré que la route est dangereuse et mène à l'abordage.

A viendra sans hésitation sur tribord, il passera sur l'arrière de B et l'abordage sera évité.

La vitesse que peut avoir B par rapport à A est ici indifférente puisque, en tous cas, c'est A qui est responsable et qui doit manœuvrer.

Mais A peut être un vapeur ou un voilier. Si A est un vapeur, il n'éprouvera aucune difficulté pour venir sur tribord, et pour le changement de direction extrême de 22° 30', il lui faudra au plus un espace libre devant lui de 200 mètres.

Si A est un voilier et qu'il soit au plus près du vent tribord amures, il ne pourra venir facilement sur tribord, mais en filant ses focs, en masquant une voile, il modifiera sa vitesse qui diminuera ; par conséquent B qui voit A par bâbord, verra le relèvement varier sur son arrière, il n'aura aucune préoccupation en venant sur tribord, ce qu'il pourra toujours faire même s'il est voilier, car dans le cas où A est au plus près tribord amures, B aurait le vent largue ou de l'arrière. Si B se trouvait au plus près tribord amures lorsqu'il a été aperçu par A, en venant sur tribord il diminuerait sa vitesse, mais dans ce cas A serait bâbord amures avec le vent de travers au moins, et comme il est responsable de la manœuvre, il laisserait porter suivant la règle et passerait à l'arrière de B.

Cette règle n'a donc aucune difficulté d'exécution dans aucun cas entre vapeurs, ni entre vapeurs et voiliers, ni entre voiliers ; mais son importance est majeure entre vapeurs animés de grandes vitesses. Pour des vitesses de dix-huit nœuds, les vitesses de rencontre sont telles qu'un kilomètre est franchi en moins d'une minute. C'est alors qu'il est nécessaire que l'officier ait une règle si précise qu'il n'y ait pas lieu pour lui à réflexion ni à perte de temps.

Enfin il y a encore le cas de calme absolu pour le voilier et de machine désemparée pour le vapeur, qui les rendent l'un et l'autre incapables de manœuvrer. C'est alors l'application de l'article 5 et cet état d'incapacité est signalé par l'occultation fréquente du feu blanc.

Nous pensons que le signal d'aperçu qui n'est pas obligatoire actuellement, doit le devenir et que ce signal phonique doit être fait dans la limite de visibilité des feux de couleur ; cette limite est en même temps celle de l'appréciation de la direction et de la nécessité de manœuvrer. C'est dans ce dernier cas, et au moment où l'on modifie sa route ou sa vitesse, que l'on doit prévenir le navire en vue par une bombe d'artifice.

Ci joint deux croquis explicatifs où les navires A et B sont supposés avoir des vitesses égales ou différentes.

En dehors du secteur de 22° 30', de chaque bord, que nous appelons le secteur dangereux, pour une même distance de visibilité, les distances de rencontre augmentent rapidement et par suite aussi le temps accordé à la réflexion et à la manœuvre ; de plus le croisement des routes étant à angle plus ouvert, les modifications dans le relèvement sont bien plus sensibles, et l'appréciation

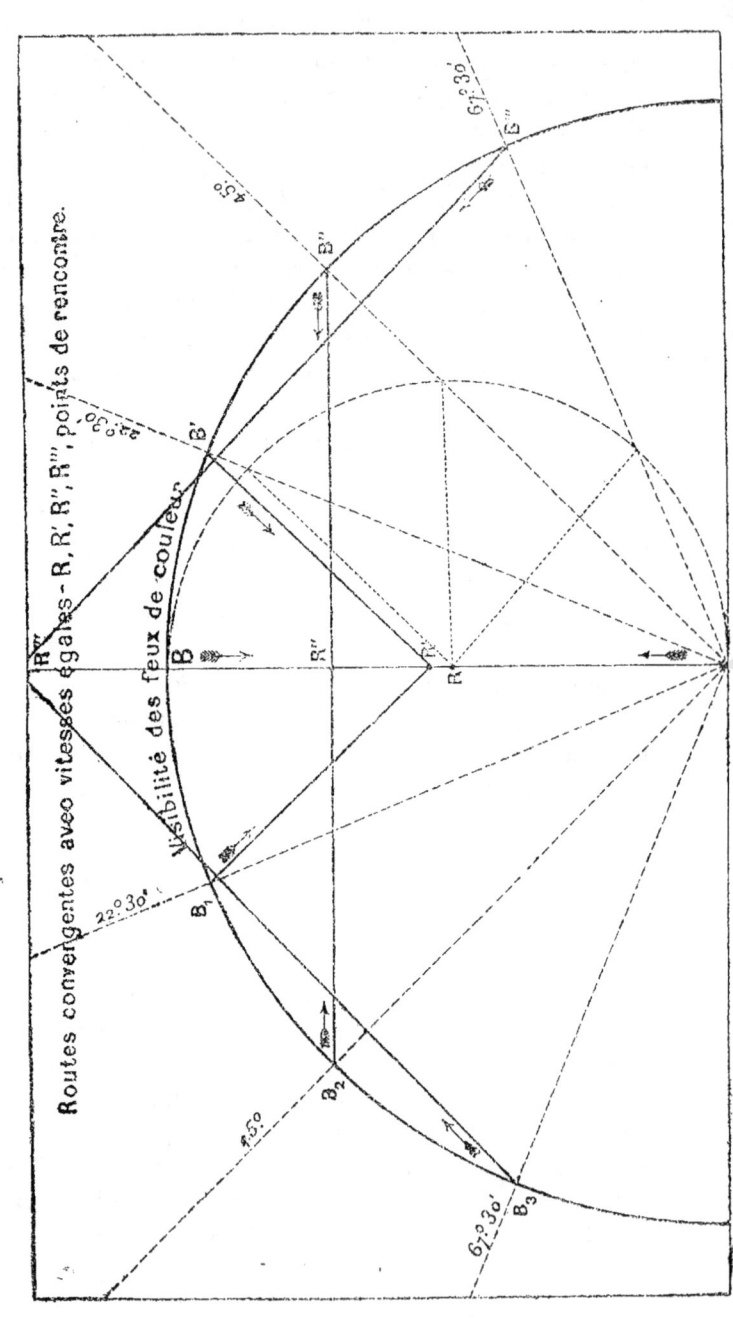

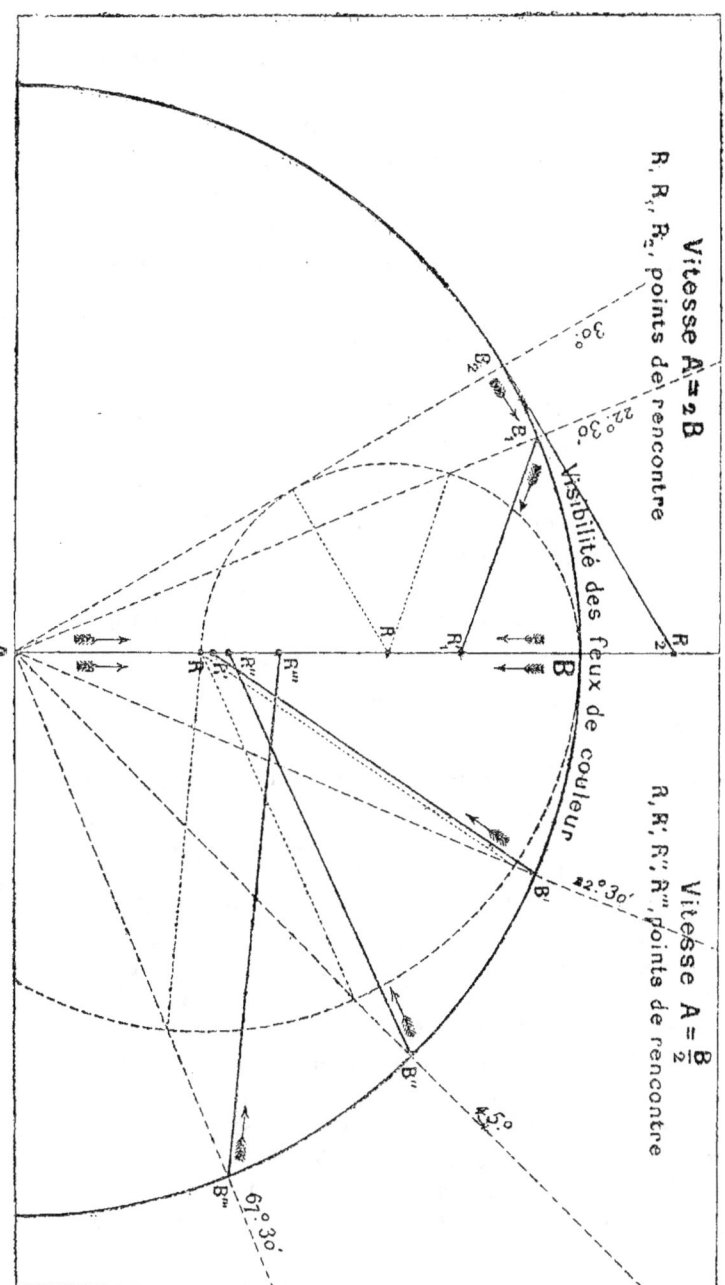

du danger de rencontre faite presque immédiatement. Nous pensons que pour des marins la clause de responsabilité attribuée à l'un des deux navires jointe à l'obligation de céder le pas suffit pour indiquer, en tous cas, la manœuvre à faire. Cette règle a une grande portée pratique et rend inutile la multiplication de règlements qui surchargent la mémoire et rendent l'hésitation plus grande.

C'est en vue de cette simplification que nous demandons que toute personne faisant fonction d'officier à bord, soit munie d'un brevet constatant sa connaissance parfaite des règles de route.

Dans ces notes que nous soumettons au congrès de Washington, nous n'avons pas la prétention de résoudre toutes les difficultés que soulèvent les questions d'abordage ; nous avons voulu appeler l'attention sur la nécessité de mieux signaler le bâtiment à voiles, de simplifier les règles de route et d'exiger un certificat d'aptitude de toute personne pouvant être chargée de la conduite du navire.

Je ne crois pas, Messieurs devoir entrer dans plus de détails, — la brochure renfermant le travail de M. Hautreux ayant été distribuée avant la séance à nos collègues. J'ajouterai que les propositions qu'elle renferme sont destinées par notre Société au Congrès international de Washington et que, dans cette intention, nous venons, après les avoir fait parvenir à M. le Ministre de la marine de les adresser à M. le Ministre des Etats-Unis, à Paris, et à M. le Consul des Etats-Unis à Bordeaux. En les envoyant dans quelques jours à la Commission d'organisation du Congrès de Washington, notre Société serait heureuse de pouvoir dire que son initiative a été approuvée par votre réunion et c'est cette approbation que je viens vous demander ce soir, en son nom, certain qu'elle donnerait au travail de nos collègues et de notre

Société plus d'autorité pour s'imposer au-delà de l'Atlantique à l'attention de tous ceux qui, comme nous, s'intéressent au progrès de la civilisation d'où qu'ils viennent, et plus particulièrement à l'attention des membres du Congrès international de Washington, qui sont appelés à accomplir en octobre prochain une grande et noble mission.

M. LE PRÉSIDENT. — Je suis l'interprète des membres du Congrès en remerciant, en leur nom, M. Manès de la communication très intéressante qu'il vient de nous faire.

La seconde question à l'ordre du jour est intitulée : *De la colonisation dans la France continentale.* — (Question proposée par la Société de Géographie de Tours.) — Je donne la parole à M. le délégué de la Société de Tours.

M. MARTINEAU, *délégué de la Société de Géographie de Tours.* — Je vous prie de m'excuser de ne pouvoir vous communiquer le rapport de la Société de Tours, et je viens vous demander, pour des motifs particuliers, de vouloir bien remettre cette question à demain matin.

M. LE PRÉSIDENT. — Sur la demande du délégué de la Société de Tours, la question, qu'il devait traiter, est remise à demain matin.

Troisième question à l'ordre du jour : *Lecture des rapports de MM. Hardouin et Rivière sur le travail pénal dans ses rapports avec la colonisation.*

Je donne la parole à la personne chargée de faire cette lecture.

M. GAUTHIOT. — Ces deux rapports doivent être aux mains de M. le Secrétaire général du Congrès ; je pense qu'il doit nous les communiquer et qu'il est allé les chercher.

M. G. LOISEAU. — Avant de donner cette lecture, je prie MM. les membres du Congrès, pour profiter de la présence parmi nous de M. Turquan, délégué de M. le Ministre du commerce, de me permettre de lui céder mon tour de parole ; il a un ouvrage de statistique complètement nouveau, dont il veut bien nous offrir la primeur, et je propose au Congrès de vouloir bien écouter les paroles qu'il désire prononcer à cet égard. Je donnerai ensuite communication du rapport de MM. Hardouin et Rivière.

M. LE PRÉSIDENT. — Si personne n'y voit d'inconvénient, je donnerai la parole à M. Turquan. (Approbation.)

M. TURQUAN :

Mesdames et Messieurs,

Je suis invité, à l'improviste, par votre bureau à vous faire une communication pour laquelle je me suis fait inscrire il y a quelques minutes à peine, aussi vous prierai-je d'user d'indulgence à mon égard.

Je suis chargé par M. le Ministre du commerce et de l'industrie, que j'ai l'honneur de représenter ici, de déposer, sur le bureau du Congrès de Géographie de Bourg, un volume concernant le dénombrement de 1886.

Vous vous demandez peut-être pourquoi l'administration me charge de déposer sur votre bureau un travail relatif au dénombrement de 1886, et cela en 1888 ? Il faut vous dire que, pour centraliser la quantité considérable de renseignements résultant du dénombrement de 38 millions d'habitants, une main-d'œuvre importante est nécessaire ; l'impression de tous ces documents a demandé beaucoup de temps.

Vous savez qu'au 30 mai 1886, le dénombrement de la France a été effectué non-seulement sur le territoire français, mais encore en Algérie, aux autres colonies et même à l'étranger. Chaque Français habitant l'étranger a dû fournir, à cette même date, un bulletin, et tous ces bulletins doivent servir à la confection d'un second volume d'un travail dont je vous présente seulement le premier volume, lequel est relatif à la France continentale seulement.

Ce livre offre un certain intérêt géographique, c'est pourquoi j'ai mission de vous le présenter, c'est en effet la première fois que le volume du dénombrement, dont mon ministère est chargé d'assurer la publication tous les cinq ans, contient des cartes de géographie.

Les travaux relatifs au dénombrement se divisent en deux parties : la première traite de l'accroissement de la population en France, et de son histoire depuis le commencement du siècle. La seconde partie est relative à l'état social actuel de la population répartie par départements, et considérée sous le rapport du domicile, du lieu de naissance, de la nationalité des habitants, de leur sexe, de leur état civil, de leur état de famille, du nombre des enfants par famille, du nombre de personnes par ménage, et enfin — renseignement précieux au point de vue de l'économie politique — cette seconde partie traite de la répartition de la population par professions.

Je commencerai par quelques détails sommaires sur l'historique de notre population depuis le commencement du siècle. Cette étude a été poussée à fond par le Ministère du commerce et de l'industrie, et le service, auquel j'ai l'honneur d'appartenir et que je dirige depuis deux ans, a recherché quelle était par arrondissement et par département, la variation de la population en France depuis l'année 1801, date à laquelle le premier dénombrement régulier a été fait dans notre pays. Avant cette époque, je citerai, pour mémoire, deux dénombrements qui ont été faits, le premier en 1706 par les soins des intendants, et le second en 1784 par M. Necker, intendant général du ministère des finances.

Dans ce volume, nous n'avons pu établir, faute de place et d'argent, les courbes figurant l'accroissement de la population en France pour tous les arrondissements. Mais ces courbes existent toutes à l'état manuscrit au ministère. Nous n'en avons publié que quelques-unes, mais elles sont typiques : en les examinant, on voit des arrondissements dont la population augmente sans cesse depuis cent ans et d'autres dont la population malheureusement diminue constamment. Une centaine d'entre eux ont passé par un maximum de population en 1860 et 1872, et sont maintenant en voie notoire de diminution. Cependant la règle générale, qui ressort de ces données particulières est que la population n'a pas cessé d'augmenter et qu'actuellement elle a dépassé de beaucoup les chiffres qu'elle avait en 1871, alors qu'elle avait été privée d'un million et demi d'habitants.

Je ne veux pas entrer ici dans des détails techniques sur les opérations qui nous ont conduits à établir la situation de la population en France par arrondissements, et je me contente de vous montrer une petite carte de notre pays représentant l'état actuel de sa population. Les parties rouges figurent les arrondissements qui ont augmenté depuis 1801, et les parties bleues les parties qui ont diminué. Il y a des parties qui ont quadruplé et même décuplé depuis 1801 ; il y en a d'autres qui, sur 1,000 habitants, sont descendues à 700, et ces parties peu privilégiées sont situées surtout en Normandie.

Les arrondissements, qui ont le plus augmenté, sont surtout les arrondissements du nord, de la frontière de l'est, de la Bretagne, de la Vendée, du centre, du bassin de la Loire. Il est certain que les arrondissements, qui renferment de grandes villes comme le Hâvre, Rouen, Nantes, Bordeaux, Marseille, etc., ont eu un accroissement exceptionnel.

Dans la prochaine discussion qui aura lieu ici sur la colonisation de la France, il y aura lieu de relever certains faits démographiques sur la dépopulation des campagnes et peut-être sur la manière de les repeupler. Mais ceci me paraît un sujet bien difficile à traiter et un problème encore plus difficile à résoudre, car on ne peut guère entraver un mouvement qui est séculaire. Voltaire lui-même se plaignait déjà, de son temps, dans un de ses ouvrages, de la dépopulation de certaines parties de la France, de la Normandie. En effet la Normandie n'a pas cessé de décroître.

Je passe rapidement sur ce sujet et j'arrive à une partie assez intéressante, le classement des communes de France par importance de population ; il y a là des faits que bien peu de personnes connaissent. Ainsi vous savez tous quelle est la plus grande commune de France et vous savez qu'elle absorbe plus du quinzième de la population générale du pays ; et bien, je dois vous signaler — et cela à quelques lieues de Paris — des communes qui ne comptent pas plus d'une vingtaine d'habitants ; il y en a même une dans Seine-et-Oise, qui a 18 habitants ; c'est à se demander comment on peut administrer une telle commune. Sur ses 18 habitants, il n'y en a pas la moitié d'hommes et pas le quart d'hommes faits. Tout le monde est du Conseil municipal — Rires — En effet, le minimum du nombre des conseillers municipaux étant de dix, il arrive que cette commune est encore obligée d'appeler des voisins pour siéger dans son conseil. Mais ceci est un hors-d'œuvre, et je ne le donne qu'à titre de curiosité.

Il y a en France 711 communes qui ont moins de 100 habitants et 79 qui en ont moins de 50. Il y a un certain nombre de détails de statistique dont je vous fais grâce en ce qui concerne la population moyenne des communes. Quant à leur superficie, cela intéresse davantage la Géographie, et voici le résultat de nos recherches à cet égard, résultat figuré par cette carte teintée. Plus un département est rouge, plus ses communes sont grandes ; plus un département est bleu, plus la superficie moyenne de ses communes est petite. Vous voyez que, dans le nord et dans l'est, les communes sont le plus restreintes en superficie, tandis qu'en Bretagne, dans le sud de la France et surtout du côté des Alpes et de la Méditerranée, les communes se distinguent par leur grande superficie moyenne.

Si on tient compte de la population des communes par rapport à leur superficie, on arrive à obtenir la densité de la population. Cette densité, dont je ne parlerai que pour mémoire, est intimement liée à l'accroissement de la population et à l'accroissement de notre activité commerciale et industrielle. Voici une carte de la densité de la population en 1801. Les parties roses sont celles où le territoire était le plus peuplé, où la population était le plus dense, les parties vertes, celles où il y avait le moins d'habitants par rapport à la superficie.

Actuellement la densité est figurée par arrondissements et nous la représentons sur ces cartes au moyen de courbes de niveau. Je dois entrer dans quelques explications pour ainsi dire topographiques. Nous avons considéré la densité de la population comme un phénomène susceptible de représentation graphique, c'est-à-dire comme un relief de terrain susceptible d'être représenté par des courbes de niveau. Ainsi, plus la densité d'un arrondissement sera importante, plus le terrain sera élevé et alors il se teindra en rouge ; plus la densité sera faible, moins le terrain sera élevé et il se teindra en vert, la teinte blanche étant réservée à la densité moyenne.

En regardant ces lignes d'assez près, vous pourrez voir quel est le progrès accompli depuis 1801 jusqu'à 1886. Les parties rouges ont fortement augmenté ; elles ont gagné du terrain, tandis qu'il y a certaines parties de la France qui ont fléchi. Ceci est une carte différentielle, c'est-à-dire qui représente la différence — qui est considérable — de la densité de la population entre 1801 et 1886.

Il y a une autre carte qui indique le mouvement kilométrique de la population en France au moyen de courbes de niveau. Les parties bleues indiquent une diminution, et plus cette teinte est intense, plus la diminution a été accentuée. Nous voyons que c'est en Normandie, en Bourgogne, dans le bassin de la Garonne, du côté des Alpes que cette diminution s'est fait le plus sentir. Mais c'est surtout en Normandie qu'elle est le plus accentuée. En effet, au commencement du siècle, quand on commença à faire le dénombrement de la France, la population était extrêmement dense dans cette province ; elle l'est encore, mais elle s'est beaucoup éclaircie, ce qui fait que la Normandie, sans avoir perdu beaucoup d'habitants par rapport à sa population au commencement du siècle, en a perdu beaucoup par rapport à la superficie qu'elle occupe.

Vous voyez que, dans les centres industriels et commerciaux, la population a augmenté. Du reste, cette carte est très semblable à la première que je vous ai montrée tout à l'heure.

Nous nous sommes occupés beaucoup de la population rurale. A cet effet, nous avons fait abstraction des communes qui ont plus de 2.000 habitants agglomérés, et nous avons recherché quelle était la densité des campagnes. Cette densité, qui est de 49 à 50 habitants par kilomètre carré, n'a pas varié depuis le commencement du siècle ; et, bien que la population générale ait augmenté de 40 p. cent, celle de la campagne n'a pas beaucoup changé. Ce sont surtout les villes qui ont contribué à l'accroissement du pays. Il y a là un enseignement bien curieux dont je ne peux pas vous montrer toute l'importance, faute de temps. Cet enseignement montre que le mouvement de la population dans les campagnes est inverse du mouvement de la population des villes : l'ensemble de la population des villes s'accroît, et l'ensemble de la population rurale diminue en sens inverse dans la même proportion. Ce mouvement est absolument uniforme, ce qui nous a permis d'estimer que dans 40 ou 42 ans, la population des campagnes sera exactement la même que la population des villes. Il y a 50 ans les villes comptaient le cinquième de la population ; elles en renferment à présent le tiers environ, et nous avons calculé que, dans 40 ans environ la population de la France, qui sera de 42 à 43 millions, sera partagée à raison de 21 millions dans les villes et de 21 millions dans les campagnes.

Le dénombrement a été fait au moyen de bulletins individuels. Chaque personne a été invitée à remplir un de ces bulletins, lesquels doivent relater l'âge des personnes, leur état civil, leur situation de famille. Mais, en dehors de ces bulletins, il y a ceux que les agents de l'administration ont dû dresser, ces agents étant chargés de récolter, pour ainsi dire, tous renseignements par ménage, par maison, par rue, par quartier, par bourg, etc.

A l'aide de ces données auxiliaires et indispensables au fonctionnement du dénombrement, nous avons pu connaître le nombre de maisons dans chaque département, mais non par arrondissements, ni par petites fractions. Nous avons rapporté ce nombre de maisons au territoire occupé, et voici une carte indiquant le nombre de maisons par kilomètre carré. Vous voyez que ce n'est pas tout à fait la même chose que la carte de la densité de la population, attendu que les maisons ne sont pas partout habitées de la même façon. Ainsi, il y a moins de maisons dans le Midi, mais en considérant le nombre de leurs étages, on se rendra compte qu'elles renferment beaucoup de monde. Ainsi donc, plus on va dans le Midi, plus les maisons se font rares. Le département, qui a le moins de maisons en France, est la Corse qui n'en compte pas plus de 4 par kilomètre carré ; mais ces maisons sont très élevées et renferment beaucoup de ménages. Mais la Corse est un des pays les plus féconds, et c'est là que les ménages sont le plus nombreux, comme en Bretagne, du reste. C'est dans le Nord, à Paris, ainsi qu'à Lyon, qu'on trouve le plus de maisons par kilomètre carré.

Il y a un certain nombre de renseignements purement statistiques sur lesquels je vais passer rapidement ; il s'agit de la population considérée sous le rapport de son agglomération plus ou moins grande. Il y a là des faits qui sont inhérents à la région que l'on examine, et qui, à chaque dénombrement, présentent les mêmes phénomènes. C'est ainsi que, dans l'Est, la population est surtout agglomérée, si on la prend en dehors des montagnes. En Bourgogne, par exemple, vous avez dû être frappés de ce phénomène, qu'un village commence brusquement et finit brusquement, les maisons y sont agglomérées, tandis qu'en Bretagne, en Vendée, dans certaines parties du Limousin, il y a beaucoup de hameaux qui constituent une commune, et la population y vit à l'état épars, ou très disséminé. Ainsi je puis vous citer la commune de Lembezellec dans le Finistère, qui, sur 15.000 habitants, en compte 500 réunis en une seule agglomération, et le reste de la population est réparti sur tout l'ensemble de la commune.

J'arrive à un renseignement très utile au point de vue démographique, économique et géographique, il s'agit de la population considérée sous le rapport des nationalités. Chaque personne ayant dû décliner sa nationalité dans les bulletins de dénombrement, il a été possible de classer la population par lieu d'origine, par nationalité. Parmi ces nationalités, nous distinguons les anglais, les allemands, les austro-hongrois, les belges, les hollandais, les luxembourgeois, les italiens, les espagnols, les suisses, les russes, les scandinaves, les américains, qui n'ont pas été distingués en américains du nord et en américains du sud, etc., et les autres nationalités qui forment à peu près 5 p. cent des nationalités que je viens d'énumérer.

C'est en 1851 qu'on a fait pour la première fois cette distinction de la population étrangère par nationalités. Il y a donc 35 ans que cette première statistique a été faite et c'est de cette époque que des tableaux comparatifs ont pû être dressés en ce qui concerne la nationalité des étrangers qui sont domiciliés en France. Voici quelques résultats de ces tableaux : en 1851, nous trouvons 380.000 étrangers ; en 1861, 497.000 ; en 1866, 625.000 ; en 1872, 748.000 ; en 1876, 801.000. La population étrangère en France dépasse le million en 1881, et, actuellement, elle est arrivée à 1.126.000 habitants.

Il est intéressant de diviser cette population étrangère par nationalités. La population anglaise n'a pas beaucoup changé ; c'est une population aisée, qui ne travaille pas et qui consomme beaucoup ; on la rencontre dans les grandes villes, dans les départements qui côtoient la Manche, le Pas-de-Calais, le Nord, la Seine-Inférieure, et surtout dans la Seine et dans Seine-et-Oise ; c'est à Paris qu'on en compte le plus.

Les américains bordent surtout l'Atlantique ; mais la plus grande partie habite Paris et le département de la Seine.

Les allemands méritent une mention particulière : en 1851, ils étaient 57.000 ; en 1861, 84.000 ; en 1866, 106.000; en 1872, y compris les austro-hongrois, ils arrivent à seulement 154.000. Il faut dire qu'en 1872, on dut ne pas compter malheureusement les pays annexés qui, à eux seuls, renfermaient une cinquante de mille d'habitants allemands. Mais en 1876, les allemands retombent à 59.000 ; en 1881, ils remontent à 80.000, et aujourd'hui, ils dépassent 100.000. Ces allemands sont répartis sur le territoire français en raison inverse de leur proximité de la frontière. En ce qui les concerne, la carte de géographie est d'autant plus foncée qu'ils sont en plus grand nombre; vous pouvez ainsi voir que les allemands sont en majorité dans la Meurthe-et-Moselle et dans les départements de l'Est.

Quelle que soit la nationalité étrangère considérée, il y a toujours une exception pour Paris...

M. Gauthiot. — J'ai bien entendu que, sous le terme de *allemands*, vous entendiez également les austro-hongrois ; est-ce que vous les englobez réellement tous dans la même désignation ?

M. Turquan. — Oui, mais seulement à une certaine époque.

M. Gauthiot. — Voudriez-vous préciser à partir de quelle époque vous entendez par *allemands* seulement les sujets de l'empire allemand ?

M. Turquan. — C'est à partir de 1872 que la distinction a été faite.

M. Gauthiot. — Cette distinction importe à cause des chiffres que vous avez donnés.

M. Turquan. — Il y a 100.000 allemands de l'empire d'Allemagne, et le reste les austro-hongrois constituent le surplus...

M. Gauthiot. — Je crois qu'il eût été important de signaler cette différence avant 1870...

M. Turquan. — Du reste, la nationalité allemande est en rapport avec la nationalité austro-hongroise comme 100 est à 10.

Les belges sont en France au nombre de 482.000 ; ils se répartissent de la manière suivante : la teinte de la carte est d'autant plus foncée, c'est-à-dire que les belges sont d'autant plus nombreux qu'on s'approche davantage du nord ; et cela est bien naturel : c'est par le nord que les belges entrent en France, et il y a un fait assez curieux c'est que 40 p. cent des belges qui habitent le département du Nord et les départements voisins, sont nés en France, de telle sorte que, si l'on édictait une loi en vertu de laquelle tout étranger né en France devrait être considéré comme Français, nous compterions bon nombre de Français de plus...

M. Gauthiot. — Oui, mais en revanche nous perdrions 30.000 Français qui naissent en pays étrangers.

M. Turquan. — Les italiens viennent forcément par la Méditerranée et par les Alpes. En conséquence, plus on s'approche de l'Italie, et plus on trouve d'italiens. Ils se trouvent arrêtés, en quelque sorte, par le Rhône et gardent la rive gauche du Rhône et de la Saône. Cependant, il faut dire qu'ils sont à Paris en nombre presque aussi considérable qu'à Marseille.

Quant aux suisses, on les trouve dans l'Ain, dans le Doubs et autour de Paris.

Les espagnols débordent de l'autre côté de la frontière ; ils se rencontrent dans les Pyrénées basses, hautes et orientales, dans l'Ariège, sur les côtes de la Méditerranée et aussi dans le bassin de la Garonne.

Je devrais passer sous silence certaines questions d'économie sociale et de statistique démographique qui ne sauraient vous intéresser beaucoup, puisqu'il s'agit de la répartition de la population par âge, par sexe et par état civil ; cependant, j'en dirai quelques mots.

Dans certaines parties de la France le sexe féminin domine ; dans d'autres le fait inverse a lieu. C'est surtout en Bretagne et en Normandie qu'on compte le plus de femmes, et c'est dans le Midi et dans les Alpes qu'on compte le plus d'hommes.

Je n'ai pas à rechercher les causes de ce phénomène, ni même à énoncer certaines considérations démographiques qui font que, quand on compte 100 naissances de filles, on en constate 105 ou 106 de garçons. Ce fait a lieu dans la même proportion à peu près sur tout le territoire ; seulement la mortalité du sexe masculin égalise les deux sexes de telle façon qu'à un certain âge de la vie, après cinquante ans, il y a plus de femmes que d'hommes, et que plus on va vers l'âge de cent ans, plus on compte de femmes et moins on trouve d'hommes.

Je ne voudrais dire qu'un mot de la statistique de la population par âge, en France, depuis 1851. Nous avons tracé des figures que nous appelons pyramides d'âges. Ces figures divisent la population en deux parties pour les deux sexes et pour l'âge en tranches d'âge, de cinq en cinq ans, depuis la naissance jusqu'à 100 ans. Si l'on considère ces tranches, on verra que la plus forte est la tranche de l'enfance. En effet, la mortalité a pour effet de réduire chaque génération de plus en plus jusqu'à ce que cette génération en arrive à néant, ce qui a lieu vers l'âge de 95 à 100 ans.

Voici l'état de la population française en 1851 ; vous pouvez y voir une certaine irrégularité dans la pyramide surtout du côté des âges parmi les hommes de 50 à 60 ans. Ces hommes appartiennent précisément aux générations qui ont souffert des guerres de la République et de l'empire. A cette époque il y eut des hécatombes, et un grand vide s'est produit dans la colonne des âges, vide que l'on peut voir figurer sur la carte. Ce vide se répare dans la figure suivante qui donne l'image de la population cinq ans après, et ce vide, on le voit dans la population de 20 à 25 ans. Mais il faut dire qu'en 1856, l'armée de Crimée n'a pas été comprise dans le recensement, ce qui produit un déficit de 125.000 hommes : et ce déficit est représenté par un vide dans la pyramide des âges.

Nous avons étudié ces pyramides à chaque dénombrement, et, en 1872, nous avons constaté un grand vide du côté des hommes, vide résultant des pertes éprouvées en 1870 et 1871.

Du côté du sexe féminin on constate un nombre trop grand de ces personnes entre l'âge de 20 et 25 ans. Cette particularité est très curieuse à observer ; elle a lieu cependant partout et elle s'explique très aisément. Il est très difficile à une jeune personne d'avouer son âge quand elle a dépassé 25 ans, et alors elle se cantonne dans les environs de 20 à 25 ; voilà pourquoi, de temps immémorial, en France, il y a plus de femmes de 20 et de 25 ans qu'il n'y en a d'un âge plus avancé (rires et applaudissements). C'est là une coquetterie du sexe dévoilée par la statistique.

Le même fait n'a pas absolument lieu du côté des hommes, mais, depuis quelques années, surtout depuis que les étrangers affluent en France, on peut apercevoir sur chaque pyramide d'âge, entre 20 et 25 ans, une plus-value de l'effectif des hommes et des femmes. Nous n'hésitons pas à attribuer cette plus-value à l'immigration étrangère. Il y a des personnes qui ne sont pas nées en France et qui y ont vécu momentanément, et, à chaque dénombrement, on trouve à ces personnes à peu près le même âge, c'est donc une population essentiellement flottante.

Voici une figure teinte gris-clair, qui appartient aux célibataires, le gris-foncé étant réservé aux personnes mariées ; le noir absolu désigne les veufs des deux sexes. Vous pouvez voir combien les veuves sont en plus grand nombre que les veufs ; cela tient à ce que les hommes sont affectés d'une mortalité plus grande que les femmes et qu'ensuite un veuf ne reste pas longtemps dans cet état ; il meurt ou il se remarie, ce qui fait qu'il y a deux fois moins de veufs que de veuves. Dans le Midi, il y a presque autant de veuves que de veufs ; cela a lieu surtout dans le sud-est de la France : à Nice les deux sexes sont, sous ce rapport, à égalité ; mais, plus on va au nord, plus la différence est grande. A Paris, il y a presque trois fois plus de veuves que de veufs. Le même fait a lieu dans le Calvados et en Bretagne, où il faut l'attribuer aux dangers constants qui menacent les hommes qui s'adonnent à la pêche.

Je glisserai rapidement sur les considérations démographiques relatives à certains départements. Vous avez pu voir les pyramides d'âges pour chaque département en général ; voici des pyramides d'âges que nous avons dressées pour certains d'entre eux spécialement. Il est bien certain que la France n'étant pas absolument homogène au point de vue de la démographie, il ne devait pas manquer de se produire une certaine différence entre certaines parties du pays. Ainsi, voici le département où il y a le moins de vieillards et où il y a le plus d'enfants, voyez comme la pyramide est large à sa base et pointue vers son sommet, c'est-à-dire vers ce qui figure la vieillesse. Ce département est le Finistère. Ce département est celui en effet où il y a le plus d'enfants et comme il s'y trouve de fortes garnisons, on y voit beaucoup d'hommes entre 20 et 25 ans, et on y voit également que ces hommes ne sont pas nés dans le département. Aussi, dans les départements voisins, trouve-t-on un creux à la place de la saillie qui se présente dans celui-là. Comme la pyramide générale de la France est très régulière dans son ensemble, il arrive en effet, que chaque fois que, dans une région, il y a une saillie pour un âge, il y a un creux dans une autre région.

Voici une série de départements où il se produit le plus d'émigrations. Je prends les Basses-Pyrénées d'où l'on émigre beaucoup pour La Plata : au lieu d'avoir une courbe absolument continue dans la pyramide des âges, on trouve un grand vide du côté des hommes et ce vide est également reproduit du côté des femmes. Mais la pyramide se continue néanmoins jusque vers l'âge de 100 ans, parce que dans les Basses-Pyrénées, il y a beaucoup de vieillards. C'est en effet dans ce département qu'on rencontre le plus de centenaires, comme cela résulte d'études particulières que j'ai faites à ce sujet.

J'appelle toute votre attention sur la pyramide des âges de la population de la Creuse. Quinze jours avant le dénombrement, 26.000 ouvriers étaient partis des campagnes pour aller exercer leur profession soit à Paris, soit dans les grandes villes. Ces personnes, en s'en allant, produisent un grand vide dans la population, et ce vide se traduit par un creux parmi les adultes, et il ne reste plus que les personnes d'un âge mûr et les enfants, dont la place est bien remplie dans la pyramide. De même, la pyramide n'est pas autant déprimée du côté des femmes, l'émigration des hommes étant plus considérable que celle des femmes.

Voici une autre pyramide assez curieuse, c'est celle du département de l'Eure, dont la base est relativement étroite ; c'est en effet le département qui a la plus faible natalité ; mais, en revanche, on y vit très bien, la mortalité est assez faible pour les âges assez avancés et la vie moyenne y est très longue.

A Paris, c'est le phénomène inverse qui a lieu. On y voit l'immigration de la France à droite et à gauche, du côté des hommes et du côté des femmes, il y a une plus-value très grande entre 20, 30 et 40 ans ; mais, à partir de ce dernier âge, la population diminue jusqu'à 100 ans d'une façon très sensible. Il y a aussi peu d'enfants, ce qui est constaté par la faiblesse de la base de la pyramide.

Il y a certains détails de statistique dont la place ne serait peut-être pas ici, mais dont je dirai cependant deux mots ; il s'agit de la fécondité des familles. Dans le dénombrement de la population, on a demandé à chaque recensé marié ou chef de famille, veuf ou divorcé, combien il avait d'enfants vivants. Les réponses données ont fourni des renseignements très intéressants. C'est ainsi que, sur 10 millions de familles qu'il y a en France, il y en a deux millions qui n'ont pas d'enfants. Il ne faut pas croire que ce sont 2 millions de familles stériles ; ce sont des familles qui n'ont pas d'enfants vivants, soit des tout jeunes ménages qui n'ont pas encore d'enfants, soit des ménages qui ont perdu leurs enfants. Il y a 2.500.000 familles qui ont un enfant ; 2.200.000 qui en ont 2 ; 1 million et demi qui en ont 3 ; 900.000 qui en ont 4 ; 500.000 qui en ont 5 ; 300.000 qui en ont 6 ; 232.000 qui en ont 7 et plus.

On a été très étonné du nombre de familles qui ont beaucoup d'enfants ; en effet, on ne s'attendait pas à cette particularité. Lorsque M. Javal, député, et d'autres membres du parlement, très soucieux de l'avenir de notre pays, ont voulu proposer des mesures législatives pour encourager le développement des grandes familles, entre autres cette mesure consistant à mettre à la charge de l'État le septième enfant des familles qui avaient atteint ce chiffre, on s'est trouvé, au ministère de l'Instruction publique, en présence de tant de demandes qu'on a dû renoncer à appliquer cette loi d'une façon générale. En effet, en comptant 1.000 fr. par enfant, il aurait fallu, par suite du dénombrement, imposer le pays d'une charge de 200 millions par an pour atteindre le résultat cherché. La loi est donc tombée d'elle-même et l'on a rapporté cette disposition qui était inscrite au budget de 1885.

Mais, quelle que soit la fécondité de certaines familles, il n'en est pas moins vrai que la natalité a diminué en France d'une façon bien sensible depuis quelques années, ainsi que les quelques observations, que j'ai faites sur la diminution de la population, ont pu vous le faire pressentir. Ce n'est pas les familles nombreuses qu'il faut encourager, ce sont les familles moyennes ; ce sont elles qui représentent la force vive de la nation.

Le service de la statistique générale a établi son calcul sur 100 familles dans chaque département, en prenant les chiffres généraux bien entendu, pour savoir combien il y avait de familles qui avaient zéro enfants, combien il y en avait ayant 1, 2, 3, 4 enfants, et ainsi de suite, et nous sommes arrivés à dresser des cartes intéressantes que nous avons eu le regret de ne pouvoir insérer dans cet ouvrage déjà assez volumineux. Néanmoins, nous avons pu établir la proportion des familles qui n'ont pas d'enfants en France et celle des familles qui en ont 7 et plus. Ce n'est pas toujours des termes qui se correspondent exactement, car un pays qui a beaucoup d'enfants n'est pas toujours celui qui a le plus de familles fécondes. Celui qui a le plus de familles fécondes est celui qui a le plus de familles ayant un nombre moyen d'enfants. C'est ainsi qu'en Normandie on trouve beaucoup de familles qui ont beaucoup d'enfants, et même qui en ont sept, et cependant la population y va sans cesse diminuant ; car c'est en Normandie aussi qu'on trouve le plus de familles qui n'ont pas d'enfants. En effet, dans ce pays, il y a 28 p. cent de familles qui n'ont pas d'enfants, 30 p. cent qui en ont un, 17 p. cent qui en ont deux, et 11 p. cent qui en ont trois. Le reste devient insignifiant.

Cependant, il y a un certain rapport entre la fécondité des familles, c'est-à-dire entre le nombre des familles qui ont 7 enfants et l'augmentation et la diminution de la population en France. En additionnant le nombre d'enfants des familles, nombre qui est très facile à relever d'après ce que je viens de dire, avec l'effectif des parents, on arrive à la composition moyenne des familles ayant des enfants. En France, on a généralement deux enfants vivant par famille. En réalité on en a trois par mariage, mais malheureusement, il y en a toujours un sur les trois qui meurt avant l'âge mûr, ce qui fait qu'une famille se soutient péniblement avec deux enfants. Il y a peut-être, pour être plus exact, 206 enfants par 100 familles. Vous voyez qu'avec cet effectif, il faut que l'hygiène fasse de grands progrès pour que la population se maintienne et ne diminue pas.

En combinant l'effectif des parents avec celui des enfants, on arrive à avoir l'effectif moyen d'une famille en France ; cet effectif est de quatre personnes, ou plus exactement de 432 personnes pour 100 familles ayant deux enfants. Si l'on comprend dans ce calcul des familles qui n'ont pas d'enfants, on arrive à 379 personnes pour 100 familles. Ce résultat n'est pas brillant, si on le compare à celui obtenu en Allemagne où l'on compte 5, 6, 7 et 8 personnes par famille. Seulement la mortalité y est plus grande.

Si vous compariez la carte de la mortalité de la France de la carte de sa natalité, vous trouveriez une grande ressemblance. En effet, la première colonne de l'âge des enfants donne toujours, dès la première année, dès la naissance, 15 ou 16 p. cent des décès, ce qui fait que, dans un pays, plus il y a d'enfants, plus il y a de décès. C'est vers l'âge d'homme que la France retrouve sa grande supériorité sur toutes les autres nations ; en effet, c'est en France qu'il y a le plus d'adultes à égalité de population.

J'en arrive à une statistique extrêmement curieuse au point de vue de la géographie commerciale, industrielle et économique ; il s'agit de la répartition de la population par professions. Les professions ont été relevées et distinguées par le dénombrement, puis on les a classées. Il y a une soixantaine de classes, que je n'énumérerai pas, distribuées en 6 ou 8 groupes fondamentaux sur lesquels je donnerai quelques explications.

Nous avons le groupe de l'agriculture, de l'industrie, des transports, du commerce, de la force publique, des administrations et des professions libérales, le huitième groupe étant réservé aux personnes qui ne rentrent dans aucun des groupes précédents, des personnes qui vivent exclusivement de leurs revenus, en un mot, des rentiers et pensionnaires de l'Etat.

Le Ministère du commerce et de l'industrie a mis en œuvre les documents considérables recueillis, et a pu dresser des cartes de géographie de la répartition de la population par professions.

La population agricole est figurée dans la première carte ; c'est dans le midi de la France, dans les montagnes du plateau central et dans le bassin de la Loire qu'elle trouve la plus grande proportion.

La population agricole et la population industrielle forment à elles deux les 75 p. cent, c'est-à-dire les trois quarts de la population totale. Il est bien entendu que je parle de la population vivant d'une profession et comprenant les femmes et les enfants.

La contre-partie de la population agricole se trouve être presque précisément la population industrielle qui est surtout cantonnée dans le nord, le nord-est et l'est de la France et aussi dans certains autres départements du sud et du centre, tels que les Bouches-du-Rhône et la Loire.

Quant à la population commerçante, elle habite surtout dans les endroits où il y a le plus de voies de transports et le plus de marine ; c'est pourquoi on la rencontre surtout à Paris, centre des affaires, et sur les rivages des mers. Puis viennent Lyon, Marseille, Nantes, etc.

La force publique comprend l'armée, la marine, la police, la gendarmerie. Elle se trouve surtout dans les départements de garnison et dans ceux qui renferment des ports militaires.

Les professions libérales, avocats, médecins, notaires, etc., se rencontrent surtout dans le Midi, le long de la Méditerranée, et à Paris principalement.

Les administrations publiques fleurissent surtout dans les départements peu peuplés. En effet, c'est surtout dans le sud-est qu'il y a des administrations publiques ; le cadre administratif est toujours là et souvent il n'y a que la population qui manque. C'est ainsi que, dans certaines colonies, toute l'administration composerait la population, si on complétait les cadres administratifs.

Quant aux personnes qui n'exercent aucune profession, qui vivent de leurs rentes, on les trouve beaucoup dans la Haute-Garonne, autour de Toulouse, autour de Paris, et dans le bassin de la Seine et dans Seine-et-Oise et aussi dans Seine-et-Marne. En effet les rentiers cherchent surtout la campagne à proximité de la capitale. On trouve également en Normandie et dans l'Est une assez forte proportion de personnes vivant de leurs rentes.

Il y a un chapitre assez curieux, mais tellement spécial que j'ose à peine vous en entretenir. Il s'agit du nombre des domestiques. Ils ont été recensés et ils ont leur colonne à part dans le dénombrement. Ils sont devenus, en quelque sorte, le critérium de l'aisance en France. A Paris, on a dressé des statistiques par quartiers du nombre des domestiques par 100 familles et par 100 ménages de plus de deux personnes. Nous avons fait le même travail pour la France entière, et nous sommes arrivés à des conclusions inverses. En effet, Paris étant un centre urbain par excellence, ne doit pas présenter les mêmes phénomènes économiques et sociaux que le reste du pays. Bien qu'on ait eu soin d'écarter exactement tous les domestiques agricoles qui sont considérés par le dénombrement comme de véritables ouvriers, plus il y a d'agriculteurs dans un département, plus on constate que les domestiques y sont nombreux. En effet, dans ces départements, on a besoin de beaucoup de bras et les domestiques servent auprès de leurs patrons à très bon compte ; c'est là qu'ils sont le moins chers à entretenir. C'est pour cela que le critérium de la richesse agricole d'un département coïncide absolument avec le coefficient de domestiques dans ce même département. Le département, qui compte le plus de domestiques pour 1.000 ménages, c'est la Lozère. C'est là que la vie est le meilleur marché et qu'on a, par suite, le plus de domestiques à sa disposition. C'est dans l'Est que l'on en compte le moins.

J'ai fini et il ne me reste plus qu'à vous remercier de votre bienveillante attention, d'autant plus que ce sujet est peut-être nouveau pour vous et qu'il est extrêmement aride ; mais si j'ai pris la parole à cet égard, c'est parce que la statistique a des rapports étroits avec la géographie. J'ai donc l'honneur de déposer sur le bureau du Congrès le volume de statistique que je vous ai cité. — Applaudissements.

M. LE PRÉSIDENT. — Les applaudissements de l'assemblée prouvent combien la communication de M. Turquan a été intéressante et combien elle renfermait de renseignements substantiels. Au nom du Congrès, je vous remercie, Monsieur, ainsi que M. le Ministre du commerce et de l'industrie, d'avoir bien voulu fournir au Congrès des documents aussi utiles pour la géographie.

M. TURQUAN. — Toutes les Sociétés de Géographie sont comprises dans la liste des personnes ou sociétés qui doivent recevoir ce volume.

M. LE PRÉSIDENT. — Nous vous remercions donc, Monsieur, au nom de toutes les Sociétés de Géographie.

M. BARBIER. — Je profite de l'occasion de m'associer aux remerciements adressés à M. Turquan pour lui demander quelques éclaircissements.

M. Turquan nous dit que la population de Paris dépasse le dixième de la population de la France...

M. TURQUAN. — J'ai parlé du département de la Seine qui atteint en effet le dixième de la population de la France.

M. BARBIER. — Je voudrais lui signaler un fait. Je crois qu'il serait bon de mettre le département des Vosges au nombre de ceux qui possèdent la plus grande quantité de communes les plus divisées en hameaux. Ainsi, dans une grande partie au moins de ce département, on trouve des communes divisées en 15 et 18 agglomérations différentes..

M. TURQUAN. — Mais ces chiffres sont loin de ceux qui sont fournis par le département de la Haute-Vienne, par exemple, dans lequel on trouve des communes divisées en 60 et 80 hameaux. Je n'ai cité que les départements qui présentaient le plus ce phénomène ; je ne pouvais pas entrer dans le détail de tous les autres sans abuser de votre patience et de votre temps...

M. BARBIER. — Mais, dans les Vosges, cela dépasse de beaucoup la moyenne. C'est une question qui a été soulevée au Congrès de la Sorbonne de cette année, et vous avez même fourni quelques éclaircissements à cet égard...

M. TURQUAN. — Parfaitement.

M. BARBIER. — Quand vous avez parlé de la répartition des familles, avez-vous entendu comprendre parmi les quatre personnes qui composent en moyenne la famille en France, les aïeuls ou aïeules ?

M. TURQUAN. — Il faut considérer que, chaque fois qu'on se marie, on fonde une famille indépendante. Il est évident qu'il y a des doubles emplois ; il y a des personnes qui appartiennent à deux familles à la fois ; ainsi la femme d'un chef de famille peut appartenir à la famille de ses parents et à la famille de son mari.

M. BARBIER. — Une autre question : il résulte des chiffres, fournis par M. Turquan, que la longévité moyenne est plus grande en France que dans les autres pays. Ainsi, dans certains pays, la moyenne est de 23 ans, tandis qu'en France elle est de 38 ans. Je demanderai si cette donnée résulte bien de la statistique fournie par M. Turquan ? Je crois que, comme élément d'appréciation de la population en France, il eût été bon de faire ressortir ce chiffre, attendu que M. Turquan constate lui aussi que la moyenne des adultes était supérieure en France à celle des autres pays.

Une dernière question : il nous est difficile, à nous autres géographes qui pourrions nous intéresser aux questions de statistique au point de vue de la population, de nous procurer le chiffre de cette population par hameaux dans chaque commune. Au congrès de la Sorbonne, quand il s'est agi de traiter cette question, je me suis trouvé désarmé. En effet, pour établir la densité de population d'une commune par rapport à sa superficie et par rapport au nombre de hameaux qui la composent, il n'existe pas de documents officiels à la portée du public. Pour avoir un tel renseignement, il faudrait avoir à sa disposition tout un personnel capable de s'adresser à toutes les préfectures et obtenir de chacune d'elles le détail des fractionnements des communes. M. Turquan pourrait-il nous dire s'il existe un moyen pratique de se procurer ce renseignement ?

M. TURQUAN. — Je vais répondre le plus brièvement possible : trop de développements nous entraîneraient au-delà des limites d'une séance du Congrès.

En ce qui concerne la moyenne des âges, je ne crois pas vous avoir donné de calculs à cet égard. J'ai parlé *grosso modo* des adultes, et c'est tout. La question des âges en France donne lieu à des observations démographiques et géographiques extrêmement intéressantes ; mais je crois que vous avez fait une petite confusion entre l'âge moyen d'une population et la vie moyenne de cette population ; c'est l'âge moyen des vivants, c'est-à-dire l'âge vécu par chacun additionné et divisé par le nombre des participants à la vie, tandis que la vie moyenne c'est l'âge des décédés additionné et divisé par le nombre des décédés. Il y a là une grande différence.

Mais vous parlez de la longévité : or, la longévité moyenne s'obtient bien facilement ; il n'y a qu'à diviser la population générale par le nombre des décès. On arrive alors à une moyenne de 38 à 40 ans comme longévité ordinaire. Mais cela ne constitue pas une notion scientifique ; il vaut mieux prendre les années vécues par chacun des décédés et les diviser par le nombre des décédés. Si l'on fait ce travail par départements, on obtient un résultat extrêmement différent. Ainsi pour l'Ain, la vie moyenne, au commencement du siècle, était de 22 à 23 ans, tandis qu'elle est à présent de 36 à 38 ans. Le défrichement des marais a été pour beaucoup dans ce résultat.

Mais il y a autre chose à considérer dans la longévité : chaque fois qu'il y a beaucoup d'enfants dans une population, il y a aussi malheureusement beaucoup d'enfants qui meurent. Or, ces enfants entrent en ligne de compte dans le calcul de la longévité et contribuent à affaiblir le résultat général. C'est ce qui fait que, dans le Finistère, il y a une faible moyenne de longévité ; il y a en effet beaucoup de naissances dans ce département, et, je le répète, plus il y a d'enfants, plus il en meurt. Au contraire, dans l'Orne, l'Eure, l'Aube, le Tarn et le Lot-et-Garonne, la longévité est remarquable, parce qu'il y a peu d'enfants. Vous voyez qu'il y a là un rapport de trois termes dont il faut dégager l'inconnue.

Vous avez parlé de la longévité et de régions plus ou moins privilégiées sous ce rapport...

M. BARBIER. — Je n'ai pas parlé de régions, mais de

pays étrangers et j'ai voulu constater que la France était supérieure au point de vue de la longévité aux pays circonvoisins...

M. Turquan. — En effet, la France est le pays qui a le plus d'adultes. On peut s'en féliciter ; mais on ne s'en félicitera pas longtemps parce que si elle a le plus d'adultes, c'est qu'elle a relativement peu de naissances ; et, dans 30 ans, quand le peu d'enfants que nous avons seront devenus adultes, il y aura un appauvrissement de population, ce qui fait que les départements qui ont le plus d'adultes, sont ceux qui diminuent le plus, parce que la base même de la population diminue aussi. C'est ainsi qu'à Paris, la pyramide d'âge pèche par la base, car cette base est étroite. La vie de Paris est une vie factice ; elle ne se soutient que par l'émigration des campagnes ; c'est dans les villes qu'on meurt le plus et c'est dans les campagnes qu'on naît le plus.

Vous avez parlé de la longévité, j'en voudrais dire deux mots. Dans le volume de dénombrement que je vous ai présenté, il y a une note sur les centenaires. Tous les cinq ans, des détails sont demandés aux populations sur leur âge. Les renseignements fournis à cet égard ont paru sujets à caution, en ce qui concerne le nombre de personnes ayant dépassé cent ans ; j'ai fait procéder à une enquête sur la vie intime, l'état civil, la manière de vivre des centenaires qui étaient accusés par les dénombrements. Tous les cinq ans, on trouve à peu près le même nombre de centenaires ; mais je n'avais pas une très grande confiance dans certaines données, et j'ai exigé les actes de l'état civil, et j'ai reconnu que, sur 15 centenaires, il y en avait bien 10 qui ne l'étaient pas. C'est surtout dans le Midi que les centenaires sont des pseudo-centenaires. Là les vieillards ont une forte tendance à majorer leur âge, surtout quand ils approchent de la centaine, et, comme souvent on ne les interroge pas, c'est la famille qui répond pour eux. Aussi, au premier examen sérieux, certains centenaires ont disparu ; d'autres ont fourni des actes plus ou moins probants, et nous n'avons fait figurer que les personnes qui ont justifié de leur acte de baptême, car il y a cent ans, il n'y avait pas d'actes de naissance purement civils. Nous avons constaté des faits qui nous ont amené à relever l'âge des décédés depuis le moment où l'on a commencé à faire cette statistique, c'est-à-dire depuis 1855, et on les a classés par départements. J'ai alors accusé le nombre des centenaires justifiés qui sont morts par département, et, les rapportant à la population ambiante, j'ai trouvé que, dans certaines régions de la France, il y avait eu une dizaine de centenaires par 1,000 habitants, tandis que, dans d'autres, il y en avait quatre. Plus on s'approche des Pyrénées, plus on trouve de centenaires. Bien que leurs noms me soient connus, je ne veux pas les citer.

Mais ces renseignements ne sont que des indices trop vagues de la longévité en France, car le gros de la population meurt à 70 et 75 ans, en tant qu'elle a pu résister à la crise du jeune âge. C'est même pour cela que la France est un pays remarquable à cause de la régularité du phénomène de la mortalité. Dans les autres pays, il y a des perturbations qui tiennent soit à l'organisation sociale, soit à la manière dont les renseignements sont relevés. Mais en France, je le répète, la courbe, qui figure ce phénomène, est extrêmement régulière et permet de donner, par certaines inflexions particulières, des renseignements très curieux par départements. Mais des détails à cet égard m'entraîneraient trop loin, et je demande à m'en tenir là pour ne pas fatiguer l'attention de l'assemblée.

M. LE PRÉSIDENT. — Du reste, tous les renseignements, demandés par M. Barbier, sont contenus dans le livre déposé sur le bureau par M. Turquan...

M. BARBIER. — Mais je suis heureux d'avoir fourni à M. Turquan l'occasion de nous donner tous ces renseignements qui seront, je l'espère, inscrits au procès-verbal.

M. TURQUAN. — Quant à la population des hameaux, il nous est difficile à Paris de nous la procurer ; les recensements se font aux chefs-lieux des départements et sont ensuite centralisés au ministère, et la population du hameau nous échappe. Pour l'avoir il faudrait fouiller dans les cartons des préfectures et non dans ceux du ministère.

Les hameaux sont surtout fréquents dans la Haute Auvergne, dans le Limousin, dans la Vendée et aussi, comme le disait M. Barbier, dans les Vosges ; voici ce que nous pouvons d're ; quant à entrer dans les détails, cela nous est impossible : il faut se rappeler que le travail de centralisation porte sur 36. 121 communes et qu'il y a 100.000 hameaux en France : il est difficile dans un travail d'ensemble d'entrer dans de tels détails. Les travailleurs ont à leur disposition les archives des préfectures où ils peuvent trouver la population par hameaux et la répartition de la population par hameaux dans chaque commune. Déjà, dans une note que j'ai présentée au Congrès de la Sorbonne, j'ai indiqué la densité de la population par commune ; mais il m'a été impossible de le faire par hameaux.

M. BAYLE. — Le rapprochement qui existe entre l'ouvrage de M. le délégué du Ministre du commerce et de l'industrie et un autre ouvrage que j'ai entre les mains me fournit l'occasion de déposer ce dernier sur le bureau du Congrès. Cela me procure, en même temps, le plaisir de dire une chose que M. Turquan a oublié de vous dire, c'est que c'est lui qui est l'auteur et de l'ouvrage qu'il nous a présenté et des cartes qui y sont insérées. Il regrette, nous a-t-il dit, d'avoir été obligé de donner à ces cartes de petites dimensions ; mais voici une carte (1) de lui qui est plus grande : c'est celle que M. Levasseur a présentée en épreuve l'an dernier, au Congrès du Hâvre. C'est à présent une œuvre terminée qui fait le plus grand honneur à M. Turquan, attendu que c'est le premier ouvrage cartographique de cette nature qui ait été fait en France et en Europe. Je le dépose sur le bureau du Congrès. — (Applaudissements.)

---

(1) Carte de la *Répartition géographique* ou *Densité* de la population en France.

Je vous présente également un nouvel ouvrage, encore inconnu du public et même de la presse, attendu que le service de presse n'a pas encore été fait. Cet ouvrage émane du bibliothécaire-archiviste du Ministère de la Marine et des Colonies, M. Guët, qui y a groupé des documents extrêmement intéressants sur les origines de l'île Bourbon et de notre colonisation à Madagascar, ainsi que sur l'origine même des Hovas... qui serait carthaginoise.

Maintenant voici les deux premiers volumes de la *Petite Bibliothèque populaire*. C'est le commencement d'une petite collection qui contiendra de nombreux ouvrages de géographie et aussi des ouvrages relatifs aux questions coloniales. L'édition en est très soignée, et j'ai pu arriver à l'établir à un prix extrêmement peu élevé : 70 centimes. — Je crois donc avoir répondu à un vœu plusieurs fois répété dans les Congrès précédents concernant la publication d'ouvrages coloniaux, historiques et géographiques à bon marché.

M. LE PRÉSIDENT. — Au nom du Congrès, je vous remercie de votre communication et des documents que vous voulez bien déposer sur le bureau.

M. de Mahy me communique une dépêche qu'il reçoit du Congrès de géographie suisse réuni en même temps que le nôtre. Vous savez qu'à cette occasion le Congrès de géographie, réuni à Bourg, avait adressé au Congrès suisse un télégramme de félicitations. C'est en réponse à ce dernier que le Président du Congrès suisse nous adresse la dépêche suivante : « Congrès des Sociétés suisses de géographie « remercie sincèrement de vos bons vœux et souhaite le « meilleur succès à tous vos travaux. » (Applaudissements.)

M. DE MAHY. — Je voudrais dire un mot sur le sujet traité par M. Turquan d'une manière si savante et si intéressante. Nous avons été très attentifs et nous étions, passez-moi ce vieux souvenir classique, comme les auditeurs d'Énée, *conticuere omnes, attentique ora tenebant*. Je voudrais donner au Congrès un renseignement sur la population de l'île de *la Réunion*. On a beaucoup dit en France — et, à la Chambre des députés, un de mes honorables collègues, très absolument anti-colonial, M. Yves Guyot, l'a répété — que le Français, lorsqu'il était transporté dans les régions équatoriales, perdait sa fécondité, et qu'au bout de deux ou trois générations les familles s'éteignaient. J'ai pu répondre à M. Yves Guyot par un fait tout à fait topique. J'arrivais de la colonie, peu de temps après les élections de 1885. A cette époque, on avait appris à l'île de la Réunion le vote de la loi relative au septième enfant. Eh bien, je dois le dire, dans ma tournée électorale, j'ai été constamment environné d'une prodigieuse quantité de papas et de mamans, véritables mères Gigognes (rires) qui me venaient de tous côtés avec sept, huit et même dix enfants. Tous m'apportaient des dossiers, afin qu'arrivé en France, je voulusse bien prier M. le Ministre de l'instruction publique de les faire bénéficier de la loi relative au septième enfant. Le Ministre fut épouvanté, et nous avons un peu contribué malheureusement, à cause de la très grande fécondité des habitants de la Réunion, à l'abandon de cette loi si bonne et si encourageante pour les nombreuses familles. Ceci pour vous dire que le Français conserve bien sa fécondité dans les Colonies et qu'en tous cas les familles qui ont sept enfants sont très nombreuses. C'est là un fait dont je vous garantis l'exactitude parfaite et que je vous prie de vouloir bien enregistrer en l'honneur de la fécondité française aux colonies. (Applaudissements.)

M. le délégué de M. le Ministre de la marine et des colonies me dit qu'il en est de même de la Martinique et de la Guadeloupe, et qu'on y trouve des familles — et ce sont les moyennes — ayant six et huit enfants.

M. G. LOISEAU. — L'ordre du jour appelle la lecture des rapports de MM. Hardouin et Rivière sur le travail pénal dans ses rapports avec la colonisation. L'heure avancée ne me permettant pas de les lire, je dois vous prévenir que vous les trouverez insérés dans les pièces annexées au compte rendu sténographique.

M. Hardouin est un ancien conseiller de la Cour d'appel de Paris (?), ancien délégué du Gouvernement français dans les principaux Congrès financiers de l'Europe, et M. Rivière est actuellement secrétaire général de la Société générale des prisons (?). Tous deux sont fort compétents en la matière et je voudrais vous signaler au moins leurs conclusions.

M. Hardouin, que sa santé a empêché de venir de Quimper, conclut en demandant une enquête. Il déclare que le système actuel est mauvais à tous égards, et surtout aux points de vue de l'amendement du récidiviste et des finances de l'État.

M. Rivière, au contraire, et pour les mêmes motifs, ne se borne pas à demander une enquête. Il veut que le récidiviste soit condamné au travail sur le territoire français européen.

Comme nous avons la bonne fortune d'avoir parmi nous un ancien délégué de la Nouvelle-Calédonie, M. Moncelon, je le prierais de nous donner quelques explications sur une question qu'il connaît si bien et qu'il a déjà traitée fort brillamment à Paris, soit auprès des ministères compétents, soit auprès de la Société de Géographie commerciale, et auprès d'autres Sociétés de Géographie de France. (Approbations.)

M. MONCELON. — La question, qui vient d'être soulevée, est très grave et je ne m'étonne pas qu'elle ait attiré l'attention d'hommes comme M. le conseiller Hardouin et comme M. Rivière. En effet, nous manquons de main-d'œuvre aux colonies, aussi bien à *la Réunion* dont vient de parler M. de Mahy qu'à la Martinique et à la Guadeloupe, colonies qui sont formées cependant depuis longtemps ; mais celles qui en manquent le plus, ce sont les nouvelles colonies de peuplement. On a employé tous les moyens possibles pour arriver à les doter de la main-d'œuvre nécessaire, mais les moyens ont échoué ou sont restés insuffisants ; il n'est donc pas étonnant que l'on se soit préoccupé d'utiliser cette armée d'individus que l'on voit aux colonies et que la loi du 30 mai 1854 a condamnés aux travaux publics, lesquels individus sont restés jusqu'à présent inutilisés. Il y a, à cet égard, bien des choses intéressantes que je devrais vous dire, mais le temps me manque.

Si les condamnés ne rendent pas à la Société les services que la loi du 30 mai 1854 donnait droit d'attendre d'eux, cela tient beaucoup au système actuel de l'Administration pénitentiaire, à la manière de les diriger et à l'emploi auquel on les destine.

La main-d'œuvre pénale est gaspillée d'une façon déplorable, mais il ne s'ensuit pas qu'on n'en puisse tirer un grand parti. Ce n'est pas un mal que l'attention du Congrès soit attirée sur cette question que je me proposais même d'aborder incidemment en parlant de la colonisation en général ; aussi ne suis-je pas fâché de l'occasion qui se présente de la traiter plus complètement.

MM. Hardouin et Rivière se sont surtout préoccupés de la façon dont on utilise la main-d'œuvre pénale en France ; mon but est de vous parler de la façon dont on l'utilise à la Nouvelle-Calédonie.

La loi du 30 mai 1854 dit dans son article 2, que les condamnés aux travaux forcés seront employés aux travaux les plus pénibles de la colonisation, et à tous autres travaux d'utilité publique. Cet article de loi est bien précis mais, par la suite, des règlements d'administration publique sont intervenus comme toujours ; des modifications s'en sont ensuivies ; puis la grande école humanitaire — qui, entre parenthèses, fait beaucoup de mal à l'humanité — est arrivée à son tour et a obtenu de nos Administrations des changements encore plus considérables dans l'application de la loi de 54. Il en résulte aujourd'hui, qu'au lieu d'employer les condamnés à leur destination, qui est celle des travaux publics, on en fait des domestiques et jusqu'à des bonnes d'enfants. En Nouvelle-Calédonie, on emploie les condamnés dans les bureaux, dans les fermes. Les condamnés en cours de peine, en grande partie, reçoivent des concessions de terres à titre gracieux, ce qui en fait des sortes de propriétaires qui ne travaillent pas beaucoup dans leurs propriétés, c'est vrai, mais qui y vivent sous le patronage de l'administration et de l'État auquel ils mangent beaucoup d'argent et auquel ils ne rendent absolument aucun service.

Selon moi, cette *mise en concession* des condamnés aux travaux forcés est immorale, parce qu'en fin de compte on détourne la loi du but auquel elle doit atteindre, et, par conséquent, c'est une tromperie. L'individu, qui, au lieu de faire sa peine, travaille, pour son propre compte, une petite propriété, n'est pas, en définitive, un forçat. C'est ainsi que la plus grande partie de la main-d'œuvre pénale est détournée des travaux publics dans les colonies.

De plus, c'est un mauvais exemple donné, car ces gens-là entretiennent des correspondances avec leurs amis de France ; ils leur dépeignent leur situation, et comme il se trouve beaucoup de personnes qui ne sont pas heureuses, qui ne sont pas non plus très scrupuleuses, ces personnes sont fatalement entraînées à commettre quelque crime qui leur permette d'avoir en Nouvelle-Calédonie une situation meilleure que celle dont elles jouissaient en France. Du reste, vous savez bien que les trois quarts des condamnés, qui se trouvent dans les maisons centrales, n'ont qu'un objectif : aller à *la Nouvelle* ; et ils y vont parce qu'ils y trouvent une véritable situation, parce qu'ils n'y font plus rien, qu'ils y vivent comme des propriétaires, à la charge de l'État, et qu'ils sont assurés de leur avenir.

Que faire en présence d'un tel état de choses ? Il faut d'abord signaler ces faits pour en frapper l'opinion publique, pour que l'opinion publique exerce à son tour une pression sur nos gouvernants eux-mêmes et pour que cette situation étant bien connue, on rende les condamnés aux travaux publics.

Parmi ces condamnés, nous avons une main-d'œuvre bien précieuse. On y rencontre des ouvriers d'art remarquables et des ouvriers appartenant aux métiers les plus divers. Aux colonies nous ne sommes pas outillés, et, comme je le dirai plus tard, notre territoire n'est pas préparé pour la colonisation. De là vient que nos émigrants s'en détournent ; ils n'y trouvent pas en effet des moyens d'exploitation suffisants. Eh bien, cet outillage, cette préparation du territoire colonial, nous pourrions, en grande partie, l'obtenir de la transportation, et ce faisant, nous resterions dans le but de la loi.

Croiriez-vous qu'à Nouméa, où nous possédons 12.000 ou 14.000 forçats et 800 récidivistes, nous soyons outillés ? Eh bien non : il y a peut-être une centaine de kilomètres de routes de terminés, et la colonie en comporte un réseau de près de 1.500 kilomètres. Il y a plus de 20 ans que la transportation pénale est faite en Nouvelle-Calédonie ; il y a donc bien des années, si cette main-d'œuvre énorme avait été employée dans le but de la loi, que nous serions outillés, que nous aurions des routes, que nous aurions un port complet, des quais auxquels pourraient aborder les paquebots, ce qu'ils ne peuvent pas faire ; que nous aurions des bassins de radoubs qui permettraient à notre marine de réparer les navires qui actuellement sont obligés, lorsqu'ils éprouvent de sérieuses avaries, d'aller en Australie, si les dites avaries leur permettent ce voyage, et où on les répare à prix d'or, et si leurs avaries ne permettent pas cette traversée, les navires sont totalement perdus !

Il faut donc modifier entièrement le système de l'administration pénitentiaire actuelle. Voilà où veulent en arriver MM. Hardouin et Rivière, et j'en suis heureux, parce que ce sont des esprits supérieurs mieux à même de traiter la question que moi.

Si nous arrivons à faire comprendre à l'Administration supérieure qu'elle aurait un avantage énorme et une véritable économie à réaliser, en employant la main-d'œuvre pénale peut-être se rendrait-elle à nos raisonnements ? mais jusqu'à présent, je n'ai pas pu les faire admettre par l'administration avec laquelle je me suis trouvé en rapport.

Et cependant, la situation est connue, puisque les rapports en arrivent mensuellement à la métropole, puisque l'administration centrale publie, tous les ans ou tous les deux ans, un livre bleu rempli de documents.

Elle est donc bien renseignée l'administration sur ce qui

se passe : eh bien, loin de vouloir modifier la situation, l'administration prêche, au contraire, pour que la colonie mette le plus possible de condamnés en cours de peine en concession de terres, c'est-à-dire qu'on les arrache, sous prétexte d'humanité, à la colonisation véritable qui est celle du travail, celle qui consiste à créer des routes, à creuser un port, à aménager des bassins de radoubs, etc., et ces travaux accomplis permettraient alors d'amener en Nouvelle-Calédonie la population libre ; l'administration prêche pour qu'autant que possible on fasse venir de France des ménages de condamnés et qu'on les dote de terrains.

J'ai vu les effets produits par cette bonté d'âme : rien de pitoyable comme la colonisation pénale : on trouve en Nouvelle-Calédonie d'immenses espaces peuplés par des familles de condamnés. D'abord, les terrains sont très peu ou ne sont pas du tout cultivés, ce qui fait que l'Administration est encore obligée de venir en aide aux condamnés, de leur fournir des vivres. Et cependant, les terrains qu'on leur donne sont les meilleurs de la colonie !

Résultat final : lorsque les condamnés en cours de peine arrivent à leur libération, ils quittent tous ou à peu près tous leur concession, de telle sorte que l'Administration en est pour sa peine et l'Etat pour son argent. On a retiré ces gens-là des travaux forcés, on les a occupés à ne rien faire ; on en a fait des propriétaires et, en fin de compte les travaux n'ont pas été exécutés : et voilà comment et pourquoi les colonies ne sont pas outillées.

Je prétends qu'avec la main-d'œuvre pénale on peut outiller, sommairement au moins, les colonies. Ainsi à Obok on pourrait creuser le port qui nous est nécessaire pour permettre aux transatlantiques d'accoster chez nous au lieu d'aller chez les Anglais pour se reposer ou pour se radouber. Nous avons une main-d'œuvre noire et une main-d'œuvre européenne ; par conséquent, dans ces climats trop chauds que ne supportent pas les Européens, nous pouvons utiliser les condamnés nègres et leur faire construire un petit quai où pourraient stationner nos navires, au lieu qu'ils aillent à Aden, ce qui les détourne de leur route.

En Guyane, qui est encore à l'état sauvage, nous le savons par les détails qui nous ont été fournis par M. Coudreau, nous nous trouvons voisins de la Guyane anglaise et de la Guyane hollandaise qui sont prospères. Et cependant leurs mères patries ne sont pas dans une meilleure situation que la France pour coloniser ; et même s'il y avait des avantages, ils seraient plutôt en faveur de la Guyane française qu'en faveur de ces deux colonies étrangères. Eh bien à côté de ces deux pays qui sont très peuplés et très commerçants nous avons notre pauvre Guyane qui est à l'état sauvage. Nous y avons cependant une très forte main-d'œuvre. Si, avec cette main-d'œuvre, nous avions créé des voies de pénétration pour aller de la ville aux montagnes de l'intérieur, il y a longtemps que l'on aurait exploité ce pays. Ces routes traverseraient des forêts immenses de bois précieux, bois que nous sommes aujourd'hui réduits à acheter à l'étranger, et qui s'ils avaient pu être transportés des forêts sur le rivage guyanais, aurait pu être apportés si facilement en France par nos navires : il ne s'agissait que de les mettre au bord de la mer. Si nous avions fait cela, à l'heure actuelle, la Guyane serait une belle colonie.

Au lieu de tous les avantages que nous aurions recueillis de l'utilisation de la main-d'œuvre pénale pour travaux publics, nous nous trouvons en présence de dépenses énormes. Rien qu'en Nouvelle-Calédonie, l'entretien d'un récidiviste nous revient à 5.000 fr. par an et par homme ! Si la France s'impose des dépenses pareilles, il faudrait, au moins qu'elle cherchât à en tirer parti ; il faudrait conserver ces hommes sur le territoire continental, employer vis-à-vis d'eux la cellule ; cela vaudrait mieux que de les envoyer promener autour du monde à un pareil taux. Du reste, ils sont placés aussi sur un territoire où il n'y a rien à faire, l'île des Pins, qui n'est qu'un pâté de coraux. Je l'ai parcourue ; il y a un petit rebord sur lequel on avait installé les prisonniers de la Commune ; ils n'y sont pas complètement morts de faim parce que l'Administration leur apportait des vivres ; mais ils ne sont pas même parvenus à y créer un petit jardin. C'est sur ce territoire qu'on installe les récidivistes où ils sont absolument inutiles. L'intention de l'Etat est, dit-on, de les employer dans des ateliers ; or, il n'y a pas de matières à travailler sur place ; il faudra les aller chercher très loin, et ces matières une fois transformées, elles ne représenteront pas même pour nous la valeur des matières premières.

Tout ce que je viens de vous dire n'est qu'un faible aperçu de l'état des choses ; mais il est instructif et peut donner une idée de l'importance du travail de MM. Hardouin et Rivière. (Applaudissements.)

M. DE MAHY. — Je voudrais donner une sorte d'explication sur cette espèce de résistance que font nos Administrations à employer les condamnés aux travaux auxquels la loi les destine : c'est par suite du préjugé extrêmement répandu, en vertu duquel on répète partout que les Européens ne peuvent pas travailler dans les pays chauds, et que si on y fait travailler les forçats, ceux que la loi a condamnés aux travaux forcés, on transforme leur peine des travaux forcés en la peine d'une mort plus ou moins rapide, moins rapide que la mort par l'échafaud, mais plus rapide que la mort naturelle. Je ne connais pas d'erreur plus grave. J'ai beaucoup voyagé, j'ai beaucoup vu, et je puis affirmer — et j'en donnerai des preuves — que, de toutes les races humaines, la race blanche est la plus forte, la mieux constituée pour résister à toutes les influences climatériques. On la rencontre aussi bien dans l'extrême nord que dans la zone torride.

M. Moncelon vous a dit que les idées humanitaires avaient fait que le forçat a été détourné de sa véritable destination légale. Eh bien, cette idée humanitaire ne tient pas un instant devant la réflexion et devant l'examen de ce qui se passe de tous côtés. Nous n'osons pas employer les forçats aux travaux publics de peur de les rendre malades, et nous n'hésitons pas un seul instant à employer à ces mêmes travaux publics nos soldats des garnisons coloniales. (Applaudissements.) Messieurs, je vous supplie de croire que je ne suis pas méchant et que je ne désire pas faire mourir les forçats : mais enfin nos soldats méritent au moins autant de sympathie que les forçats, et ce que nos soldats font sans trop en souffrir, les condamnés pourraient le faire également. J'ai vu, de mes yeux vu, à Diégo-Suarez, un quai qui avait été construit sous les ordres du capitaine de frégate, M. Caillet, par des matelots, par des volontaires de l'île de la Réunion, par des soldats de l'infanterie de marine. Ils faisaient des travaux de terrassement, portaient des pierres, bâtissaient des maisons, traçaient des routes. Je ne vois pas du tout pourquoi des forçats n'auraient pas pu en faire autant.

J'ai eu l'honneur, il y a quelques années, de faire partie d'une commission au Ministère de la marine, présidée par un général d'artillerie qui a laissé un grand nom dans la marine, le général Frébault. Cette commission était chargée de l'examen de la question de savoir si l'on pouvait appliquer le service militaire aux colonies françaises. Vous savez que, jusqu'à présent, les colonies françaises ne sont pas astreintes au service militaire, bien qu'elles le demandent constamment. Le ministre de la marine d'alors, l'amiral Pothuau, avait institué une commission chargée d'examiner si la jeunesse des colonies était apte au service militaire. Cette idée rencontrait beaucoup d'opposants dont l'un des principaux arguments était que l'on n'aurait pas d'instructeurs pour apprendre la manœuvre aux jeunes créoles. A quoi je répondais : mais nous avons toujours une garnison d'infanterie de marine dans les colonies ; ces soldats seront justement les instructeurs des troupes créoles. Nous avions également parmi nous, comme membre de notre commission, un autre général d'infanterie de marine, très distingué, le général Farron. Le général Frébault et lui établirent avec leur grande autorité que le travail dans les colonies françaises était une condition du maintien de la santé du soldat. Tous deux disaient : Nous emploierons parfaitement bien les sergents et les soldats qui dans les colonies instruisent les troupes créoles, et ce surcroît de travail leur apportera un surcroît de santé. C'est l'oisiveté surtout qui tue les hommes dans les colonies comme ailleurs ; le travail ne tue pas, il améliore la santé, c'est une condition d'hygiène.

Eh bien, puisque l'expérience démontre que le travail, qui est à faire aux Colonies, peut être exécuté par des soldats français qui ont édifié des villes entières, qui ont fait des routes, des ponts, qui, pendant la guerre, sont soumis aux travaux les plus pénibles, puisque même au Sénégal, même dans les climats les plus torrides et les plus malsains, on a réussi à faire travailler nos hommes, puisque ces hommes travaillent bien, sans rechigner, eux qui sont des hommes libres, des soldats, nos défenseurs, je me permets de porter ces faits à la connaissance du Congrès afin de dissiper cette erreur trop répandue que le blanc ne peut pas travailler dans les Colonies et que, dès lors on ne peut pas demander à un forçat d'exécuter les travaux publics parce que ce serait vouloir sa mort ! C'est une erreur contre laquelle je m'élève, me réservant de la réfuter à fond dans la discussion que cette question ramènera au Congrès de l'année prochaine.

M. LE PRÉSIDENT. — La question a déjà été examinée dans un autre Congrès, et j'ai toujours vu l'unanimité la plus complète se manifester en faveur des opinions qui viennent d'être émises. Et cependant les choses continuent toujours de la même façon : où est la résistance ? Tous les travaux faits sur ce sujet concluent de même, et je cite à cet égard l'ouvrage de M. de Lanessan sur la France coloniale. Je ne vois nulle part se produire de résistance et cependant rien ne se fait. Où est cette résistance, je le demande ?

M. DE MAHY. — Cherchez-la aux bords de la Tamise et aux bords de la Sprée. (Applaudissements.) — C'est là que sont les officines, les maisons mères, d'où partent les inspirations anti-françaises signalées dans mon discours d'ouverture de notre Congrès.

M. Moncelon. — Vous venez de dire, Monsieur le Président, que vous ne vous expliquiez pas cette résistance ; je crois connaître la clef de ce mystère : l'Administration pénitentiaire forme à peu près un état dans l'Etat. — Je parle de l'Administration pénitentiaire coloniale, je ne connais pas assez l'autre pour en dire quelque chose. — Eh bien, cette Administration a intérêt à maintenir sa situation, et cette sorte d'autonomie qui lui donne un grand pouvoir. Elle fait ses petites affaires elle-même ; elle a son budget particulier, et son plus vif désir est que personne ne s'immisce dans ses affaires. C'est une des raisons du maintien de la situation dont nous nous plaignons. Or, il y a, à la tête de l'administration pénitentiaire, des personnages très influents qui sont des puissances ; il y a des inspecteurs qui ne font que passer dans les colonies, et lorsqu'ils font leur rapport, ils ne peuvent dire au ministère que ce qu'on a bien voulu leur laisser voir. En conséquence, ce qu'ils ont vu est tout ce qu'il y a de mieux ! Mais nous qui avons passé douze ans, côte à côte avec les forçats, nous qui travaillions comme des nègres alors que nous voyions vivre les forçats à ne rien faire, nous connaissions la situation, et nous nous disions : comment se fait-il que la mère-patrie, que nous aimons tant — car aux colonies on ne pense qu'à la mère-patrie — nous laisse dans cette situation ? Nous sommes donc intéressés à faire connaître cet état de choses en France, et, je le répète, tant que nous ne pourrons pas voir clair dans le jeu de cette Administration, la situation restera la même !

M. de Mahy. — Je crains bien de vous paraître, comment dirai-je ? un partisan très servile des Administrations. Il y a du vrai dans ce que dit M. Moncelon, mais je ne partage pas tout-à-fait sa manière de voir : je pense que l'administration pénitentiaire, à laquelle on peut adresser beaucoup de reproches, ne les mérite pas tous cependant. Des discussions à ce sujet se sont produites souvent au Sénat, à la Chambre des députés et aussi dans la presse. Eh bien, n'est-il pas vrai que c'est l'opinion publique en France qui oblige les pouvoirs publics à être extrêmement doux vis-à-vis des forçats ? Je ne parle pas de l'opinion du grand public, mais de l'opinion qui s'exprime à la tribune du Sénat, de la Chambre des députés, dans les journaux, qui se donne pour la véritable opinion publique. Lorsqu'on a fait la loi concernant les récidivistes, vous avez vu plus d'un orateur venir nous dire : « Mais c'est une loi meurtrière : vous n'avez pas le droit d'envoyer ces malheureux mourir aux colonies, à faire des travaux forcés ; vous savez bien que les colonies sont des pays dont le climat ne permet pas aux Européens de travailler. » On répète ces choses à satiété ; l'Administration pénitentiaire subit la pression de ceux qui les professent. Lisez les débats des Chambres, lisez les journaux et vous verrez que le gouvernement a toutes les peines du monde à ne pas passer pour un gouvernement de cannibales toutes les fois qu'il essaye de faire appliquer le régime des travaux forcés à ceux qui y sont condamnés.

M. LE PRÉSIDENT. — Les communications de M. Moncelon et de M. de Mahy n'entraînant aucune discussion ni le vote d'aucun vœu, j'adresse à ces messieurs les remerciements du Congrès et je lève la séance.

(La séance est levée à 5 heures moins vingt.)

---

## Séance du mercredi matin, 22 août 1888

*Président :* M. MANÈS, *délégué de la Société de Géographie de Bordeaux*

*Assesseurs :* Prince ROLAND BONAPARTE, M. MONCELON.

La séance est ouverte à 9 heures.

M. MANÈS, *président*. — Je dois d'abord, Messieurs, vous communiquer la lettre suivante que le Congrès reçoit du Cercle du Commerce :

Bourg, le 21 août 1888.

Monsieur le Président du Congrès
de Géographie,

« La Commission du Cercle du Commerce de la ville de
« Bourg, désireuse de participer aux fêtes du Congrès et
« croyant être agréable à Messieurs les Délégués des Socié-
« tés de Géographie, a l'honneur de mettre à leur disposition
« les salons que le Cercle occupe rue Notre-Dame et vous
« prie, Monsieur le Président, de vouloir bien leur trans-
« mettre cette invitation.

« Veuillez agréer, Monsieur le Président, l'expression de
« nos sentiments respectueux et sympathiques.

« Pour le Président :
*Le Secrétaire,*
J. VILLARD.

Nous adressons tous nos remerciements au Cercle du Commerce.

L'ordre du jour appelle la question : *De la colonisation dans la France continentale.* (Question proposée par la Société de Géographie de Tours.) La parole est à M. Martineau, *délégué de la Société de Géographie de Tours.*

M. Martineau. — La Société de Géographie de Tours ayant, au Congrès du Hâvre, proposé aux autres Sociétés l'étude de la question de la colonisation dans la France continentale, elle m'a prié de venir présenter un travail sur cette question.

Voici mon rapport :

## PREMIÈRE PARTIE

### De la colonisation dans la France continentale

Depuis un grand nombre d'années un fatal courant entraîne nos populations rurales vers les villes ou les emporte dans les pays étrangers. Il en résulte le dépeuplement de nos campagnes, le manque de bras pour notre agriculture nationale, une diminution dans les produits de notre sol et l'affaiblissement de la force militaire de la France, car les habitants des champs possédant plus de vigueur sont plus aptes à soutenir les fatigues de la guerre et possèdent une force morale autrement puissante que celle dont sont doués les jeunes gens des villes, parce que le soleil et le grand air assurent le complet développement de l'organisme, tandis que le manque de ces éléments, dans les villes, étiole fatalement.

En outre, ce sont des bras irrémédiablement perdus que ceux des émigrants ; et, par la furie des armements dont est prise l'Europe, nous avons besoin de bras nombreux et vigoureux.

Si nous consultons l'histoire des premiers âges de notre pays, nous y découvrons que les Celtes, ou Gaulois, vivaient par familles fort attachées au sol qui les avait vu naître ; que l'établissement des Romains dans notre pays, ne troubla pas beaucoup cette manière de vivre ; que la prise de possession de la Gaule par diverses peuplades Germaines et, en dernier lieu, par les Francs, fit rétrograder les classes sociales Gallo-Romaines d'un échelon sans disloquer ce groupement des enfants autour des aïeuls, sans briser cet attachement pour le domaine et l'état paternels.

Ce genre de famille, aujourd'hui à peu près disparu de l'Europe, est la famille souche, type stable, telle qu'il la fallait pour marcher lentement à la conquête matérielle du sol.

Mais l'existence de cette famille primitive, qui éloignait presque toute intervention de la science ou plutôt des applications de la science aux industries et aux travaux indispensables pour l'existence humaine, n'est plus possible, car la lumière intellectuelle est devenue le plus puissant levier pour les nations modernes. Nous ne pouvons donc pas espérer la formation, sur le sol français, de cette famille souche. Il est vrai de reconnaître que ce serait demander le retour à l'état social d'une époque lointaine, c'est-à-dire l'impossible, car un peuple ne peut ainsi reculer dans sa manière d'être.

Peu à peu, l'intelligence dominant la matière, cette famille stable disparaissait pour céder la place à une autre famille, dont les membres ne sont pas attachés au sol dans le sens propre du mot, mais qui se consacrent à l'agriculture. C'est la famille actuelle, celle peuplant nos campagnes et dont la désertion des champs cause ce malaise général auquel nous voulons remédier.

Le but est donc de maintenir et de multiplier cette famille instable actuelle dans la proportion nécessaire à toute l'occupation de la terre, favorable au développement de la richesse du pays, car la famille, c'est le foyer du renouvellement de la population ; c'est le creuset des forces morales et physiques ; c'est la certitude de l'augmentation de la population ; c'est l'avenir de prospérité, de richesse et de grandeur pour la France.

Malheureusement, cette famille a été attaquée, désagrégée, disloquée, diminuée de bien des manières. Il nous semble logique d'étudier d'abord les causes de ruines pour leur opposer les remèdes que nous croyons utiles pour les combattre ; autrement les ennemis de la famille en continuant leurs ravages rendraient précaires tous nos efforts.

Les causes de dépeuplement de nos campagnes ne parurent pas d'abord redoutables et le courant d'émigration vers les villes n'était pas combattu ; mais, de même qu'une boule roulant sur une déclivité augmente rapidement de vitesse, le torrent entraînant les populations rurales vers les villes grossit à un tel point qu'il menace de devenir un désastre et qu'il cause déjà un grand malaise pour les travaux des champs.

Ces causes nous paraissent être :

1° Le manque d'extension dans l'étude de la géographie locale.

2° L'absence de l'enseignement de l'agriculture dans les écoles primaires.

3° L'inégale répartition de l'impôt en vue de favoriser la formation des familles.

4° Du fonctionnarisme.

5° Des appels de nombreuses sociétés pour favoriser l'émigration. Nous entendons l'établissement de bras français dans des contrées autres que dans nos colonies.

*Du manque d'extension dans la connaissance de la géographie locale*

Nous entendons dire assez souvent, que pour vivre au milieu des champs, il faut vraiment les aimer. Nous reconnaissons la justesse de ce dicton, et nous ajouterons que plus on connaît une chose plus on l'aime ; que développer la connaissance de la géographie locale c'est nourrir et activer l'amour du pays, du village, de la ferme dans le cœur des générations rurales et travailler à les retenir au milieu des champs.

L'enseignement de la géographie dans nos écoles primaires, comprend l'étude de la France, même du département. Malheureusement, cette étude est faite à la hâte ; on apprend vite le département, la France, ses colonies pour étudier ensuite le globe en entier. Les recueils de géographie consacrent des résumés relativement très développés faisant ressortir les beautés des contrées lointaines, la majesté de leurs fleuves avec leurs affluents, la grandeur de leurs forêts, l'immensité de leurs richesses, etc., etc. L'imagination de l'enfance est vive et portée à voir du merveilleux dans tout ce qui est étranger ; l'esprit de l'adolescence même partage beaucoup cette tendance de croire que tout est meilleur au dehors du sol natal. Il en résulte une impression profonde dans les esprits qu'on trouve, en émigrant, tout à foison ; que dans ces contrées éloignées, il n'y a qu'à se baisser pour ramasser la fortune ; tandis qu'en France, les fleuves, les rivières, les productions de la terre, etc., ne peuvent plus charmer les habitants, ni les récompenser de leurs travaux.

Nos fleuves ne manquent pas de grandeur, et sans nous éloigner d'ici, la Loire est un fleuve assez remarquable, ses coteaux surchargés de villas, de châteaux, de vignobles, ne sont-ils pas pittoresques ? les vallées de ses affluents n'ont-elles pas des beautés de toutes sortes que nous ne goûtons pas assez parce qu'elles sont à notre porte ?

Quant aux richesses renfermées dans le sol français, nous sommes persuadé que les terres de France sont loin d'être usées, qu'elles recèlent encore des trésors inépuisables pour l'agriculture, et qu'il ne manque que savoir les retirer de leur sein, comme nous l'indiquerons bientôt.

Pour étendre autant que possible la connaissance et par là l'amour du sol natal dans le cœur des enfants, nous sommes d'avis que les Sociétés de géographie mettent au concours, dans un temps assez rapproché, un petit ouvrage, ayant pour titre par exemple « A travers la Touraine » pour nous, et tout autre titre pour les autres départements, rédigé dans une forme assez élémentaire, en faisant ressortir néanmoins les beautés de la contrée dans ses vallées, ses coteaux, ses plaines, ses forêts, dans plusieurs directions du nord au sud et de l'est à l'ouest.

L'ouvrage comprendrait encore un aperçu des productions que l'on pourrait demander au sol, avec les voies de communication existantes et celles qu'il serait utile de voir s'établir pour faciliter l'accroissance de la prospérité agricole.

### De l'absence de l'enseignement de l'agriculture dans les écoles primaires

Une lacune incompréhensible existe encore dans le programme des écoles de nos campagnes au sujet de l'enseignement des notions de l'agriculture. Cet enseignement n'est pas officiellement reconnu utile pour l'instruction de la jeunesse de nos champs ; par conséquent, son étude est laissée à la discrétion des instituteurs.

C'est là une lacune regrettable, très regrettable, et qui contribue dans une large part au délaissement des travaux agricoles. Dans ces mêmes classes, l'enseignement du dessin y est obligatoire. Nous ne contestons pas l'utilité de cette branche de l'instruction, car le dessin est un aide pour bien des états, tels que ceux des menuisiers, charpentiers, etc., etc. Les enfants qui se destinent à ces métiers reçoivent, dès l'enfance, les notions les guidant, les aidant, plus tard, dans leurs travaux ; et pour la plus indispensable des professions, l'agriculture, on n'ose pas en préparer les voies. Cette anomalie n'est-elle pas une dérision, trop commune, hélas ! celle de négliger l'utilité pour la futilité ?

Quand un élève de la campagne abandonne l'école de son village, avec l'âge, s'il n'a aucune notion de la culture, n'est-il pas aux travaux des champs comme serait un aveugle au milieu d'un chemin qu'il ne connaît pas et sans un bâton pour se guider ? On nous objectera que les parents enseigneront à leurs fils ce qu'ils savent, avec l'expérience qu'ils ont acquise à leurs dépens. C'est vrai ; et nous répondrons à cela que le patron, le maître d'apprentissage, en fait autant dans les métiers, et que le peu de savoir concernant le dessin que possèdent les enfants leur aide beaucoup à devenir habiles ; que sans l'enseignement de l'agriculture dans les campagnes, les progrès seront très lents, presque nuls. Du reste, que voyons-nous dans les fermes du centre de la France ? La même ignorance pour la culture que celle régnant il y a un siècle ; une routine qui ne permet pas de lutter avantageusement contre la concurrence étrangère résultant de l'application de la science à l'agriculture et de la propagation des notions agricoles au sein des populations rurales.

Il ne s'agit pas, pour récolter avantageusement, de labourer avec une rectitude géométrique, de semer très régulièrement ; le problème est de faire produire beaucoup à moins de frais, c'est-à-dire, abaisser le prix de revient. En France, on ne sait, dans les fermes, ni fabriquer les engrais appropriés aux cultures locales et à la nature des sols, ni conserver la qualité des fumiers de la ferme. Ceux-ci sont déposés pêle-mêle dans une cour, exposés à toutes les intempéries, perdant la base de leurs richesses, le purin qui s'en va souiller les eaux des mares et des ruisseaux voisins. Ces fumiers se dessèchent, abandonnent à l'air la plus grande partie de leur ammoniaque, sous forme de vapeur. Et l'agriculteur s'étonne que ces restes, presque sans valeur, ne fournissent pas aux plantes la nourriture nécessaire pour une bonne récolte. Alors, il achète des engrais de diverses sortes, falsifiés de toutes les manières ; engrais qui donnent aux plantes naissantes une belle apparence ; mais qui ne possèdent pas les qualités solides permettant aux céréales et autres produits de trouver la nourriture suffisante au moment de la formation du grain. De là, une dépense très forte augmentant les frais généraux, une diminution notable dans les bénéfices, un malaise, une souffrance générale, l'abandon forcé de l'agriculture et le dépeuplement de nos campagnes.

La connaissance même élémentaire des qualités d'un sol, des engrais, des plantes fourragères et de leur culture, etc., etc , sont autant de questions intéressant l'agriculture et qui feront naître dans l'esprit de l'adolescence un attachement à la terre.

Nous proposons que l'enseignement de l'agriculture soit officiellement exigé dans nos écoles rurales et que l'on y fasse ajouter quelques notions, un petit cours pratique de la taille des arbres. Les maisons d'école, dans les villages, ont un jardin y attenant. Nous sommes persuadé que les instituteurs se feront un devoir de prêter leur concours pour le développement de tout ce qui peut retenir les populations au milieu des champs, et qu'il n'y a qu'à leur demander d'être les pionniers de ce bienfait à rendre au pays comme ils sont les pionniers de la science.

*De l'inégale répartition de l'impôt*

L'impôt est mal réparti en France sous le rapport de la favorisation de la famille.

Nous expliquons notre pensée.

Supposons deux ménages établis l'un près de l'autre, possédant chacun la même surface du sol, *imposée au même taux*, ou la faisant valoir par location. Le premier ménage a quatre enfants ; le second n'en a pas ou n'en a qu'un seul après un certain nombre d'années. Les chefs de ces deux familles paient une égale somme pour leurs impôts. Il y a là une injustice dont les effets sont déplorables au point de vue de l'équité et de l'augmentation de la population en France.

Le nombre moyen des enfants diminue considérablement dans la famille et une proportion très forte des jeunes hommes fuient le tracas et les soucis du ménage. Nous entendons répéter : c'est trop coûteux une famille ; nous avons assez d'un enfant ; et ainsi se dépeuple la France.

L'augmentation de la population d'un pays est la richesse fondamentale de ce pays, qui doit favoriser l'accroissement de la famille par tous les moyens que la légalité met en son pouvoir.

D'un autre côté, tous les habitants de ce même état doivent concourir à sa prospérité dans la même proportion. Le père de famille qui élève 3, 4, 5, 6 enfants, ne donne-t-il pas plus à sa patrie que celui qui n'en élève qu'un ou pas du tout, lorsqu'il paie la même quote proportionnelle d'impôts pour ce qu'il possède ? Et combien ne soutient-il pas davantage sa patrie que celui dont les calculs sont de croupir dans le célibat de peur de subvenir aux charges d'une famille, quand, surtout, il a les moyens pécuniaires d'en élever une ?

Il ne nous paraît donc pas juste de frapper de la même quote d'impôts les uns et les autres.

Nous émettons l'avis qu'il y aurait lieu de répartir l'impôt dans la proportion suivante :

La quote-part de tout célibataire au-dessus de 30 ans serait représentée par le chiffre . . . . . . . . . . . . . . . . .   5

Celle de tout ménage sans enfants ou n'ayant qu'un enfant. . . . . . . . . . . . . . . . . . . . . . . . . . . . . . . . . . . . . .   4

Celle de tout ménage n'ayant qu'un ou deux enfants. . . . . . . . . . . . . . . . . . . . . . . . . . . . . . . . . . . . . . . .   3

Celle de tout ménage ayant trois ou quatre enfants par . . . . . . . . . . . . . . . . . . . . . . . . . . . . . . . . . . . . . . .   2

Celle de tout ménage ayant cinq ou six enfants par 1

Tout ménage ayant sept enfants et au-dessus serait exempt d'impôt.... ..................... 0

Bien entendu en tenant compte de la fortune et de la profession.

Il nous semble qu'en basant ainsi l'assiette de l'impôt le gouvernement favoriserait la formation des familles et l'augmentation du nombre des enfants.

### *Du fonctionnarisme*

Il y a depuis un assez grand nombre d'années, dans les sphères gouvernementales, une sorte de mot d'ordre pour créer des emplois nouveaux. Trouvons des postes, nous sommes certains qu'ils ne resteront pas sans titulaires.

Cette création de places n'est pas sans déterminer un courant d'émigration vers les villes, attendu que ces emplois nouveaux y ont leur siège. Sans vouloir entrer dans une discussion sur le grand nombre de rouages administratifs, nous sommes persuadé qu'il y a beaucoup de cinquièmes roues aux carrosses.

Dans l'intérêt du repeuplement de nos campagnes, nous serions satisfait de voir le Gouvernement s'arrêter dans cette voie, en supprimant quantité d'emplois inutiles.

### *Des appels réitérés de nombreuses sociétés fondées pour la propagation de l'émigration en dehors de nos colonies*

Des sociétés diverses ayant des ramifications dans toute la France sollicitent la jeunesse à quitter le sol natal pour tenter la fortune dans les pays étrangers. Leurs prospectus-réclames font miroiter aux yeux des populations une fertilité extraordinaire des sols lointains ; des amas d'or et d'argent à fleur de terre ; des richesses inépuisables à la portée de tous ; une inconcevable facilité de les acquérir, il n'y a qu'à se baisser pour les ramasser. Leurs promesses trompeuses éblouissent cependant bien des gens, les entraînent et arrachent ainsi du sol de la France, des bras dont elle a le plus grand besoin pour sa prospérité et pour sa défense. Et ce courant s'augmente à mesure de l'intensité d'un malaise dont il est lui-même une des premières causes.

Nous ne voulons point mettre en doute que beaucoup de contrées sont plus fertiles que la France parce que les terres y sont plus neuves. Et cependant nous ne manquons pas, chez nous, de terrains qui n'ont encore rien produit. Par contre, que de dangers attendent les émigrants ! Un climat meurtrier, des ennemis nombreux dans les animaux qui peuplent ces contrées ; le manque de débouchés pour les produits, etc., etc. Tandis qu'en France, une culture bien entendue donne sûrement de bons résultats avec moins de dangers et de déboires. Nous sommes d'avis qu'il y a lieu d'inviter le gouvernement à ne pas tolérer ces appels à l'émigration, car enlever à la France les bras indispensables à sa culture et à sa défense est une œuvre des plus antipatriotiques.

Cependant, il y a dans nos villes trop d'individus pour la même profession ; d'où il résulte que la majorité végète dans un état voisin de la gêne. Nous serions satisfait de voir le Gouvernement prendre hardiment l'initiative pour favoriser l'établissement de ce trop-plein inoccupé des villes dans une colonie, dans l'Algérie surtout où ces bras feraient produire et contribueraient plus efficacement à la prospérité nationale.

Ainsi, par l'extension de l'étude de la géographie locale, faisant connaître davantage les beautés, les ressources du sol natal, et, par conséquent, donnant plus de vivacité à l'amour de la patrie, par l'enseignement officiel et progressif de l'agriculture, donnant aux générations rurales les moyens de faire produire à moins de frais, de diminuer le prix de revient et d'abattre la concurrence étrangère ; par une répartition de l'impôt frappant davantage ceux qui reculent devant les charges d'une famille ; par la diminution des fonctionnaires, atténuant le drainage des habitants des champs vers les villes ; par l'interdiction sur le sol français des sociétés d'émigration afin de retenir sur le sol natal le plus de bras, nous sommes persuadé que la population des champs s'augmentera, que le nombre des familles de laboureurs grandira, et que celles-ci marcheront de nouveau à la conquête agricole de la terre de France, en faisant sortir du sol le bien-être, la richesse et les forces nécessaires pour replacer notre patrie au premier rang des nations.

## DEUXIÈME PARTIE

### De la colonisation proprement dite

Après avoir reconstitué et donné l'impulsion à la multiplication de la famille, l'avoir réorganisée pour la conquête du sol, il faut lui préparer l'emplacement dont elle aura besoin. La terre de France n'est pas usée comme le prétendent quelques esprits qui répètent : « Notre vieille Europe est fatiguée de produire ; cherchons, au loin, des contrées nouvelles. » Nous répondrons à cela que le sol de la France n'est pas appauvri comme on le croit, et qu'il en reste encore de grandes étendues à conquérir pour l'agriculture.

Si nous considérons l'ensemble du sol de la France, nous y remarquons encore des landes, des marécages, des plaines sablonneuses et pierreuses, des coteaux stériles en assez grand nombre. — Il y aura là un vaste champ à l'activité agricole et de la place pour des milliers de familles lorsque les travaux nécessaires auront été exécutés. Si nous y ajoutons les terrains abandonnés depuis un demi-siècle, la population française peut se doubler et être encore à l'aise sur le sol de notre pays.

Nous savons que ce n'est pas une petite tâche que celle de défricher ces landes, de dessécher ces marécages, de fertiliser ces plaines ardentes, de recouvrir de terres végétales ces coteaux dénudés ; mais ces travaux sont-ils au-dessus des ressources de la France ? Non, mille fois non, seulement il faut le concours de deux forces, de deux initiatives : l'initiative gouvernementale et l'initiative privée.

## De l'initiative gouvernementale

Le gouvernement jette des millions pour aller conquérir certaines parties du globe à l'autre bout du monde, et pendant qu'il dépense ainsi témérairement des sommes énormes pour fonder des colonies nouvelles qui ne rapportent rien à la métropole, sinon des charges nouvelles, il laisse le sol de la mère-patrie se dépeupler ; il n'ose rien dépenser pour entreprendre des travaux vraiment utiles, travaux qui donneraient de bons résultats, sans verser sur ces terres étrangères un sang qu'il serait plus sage de conserver pour la prospérité de la patrie.

On nous objectera : 1° que si nous ne créons pas des colonies, notre industrie n'aura pas de débouchés ; 2° que nous ne pourrons pas soutenir la lutte industrielle. Si par des efforts bien combinés et soutenus l'on parvient à augmenter considérablement la population française, est-ce que cette population ne consommera pas autant dans le pays que celle actuelle augmentée des colons formant un total à peu près le même ? Et cet accroissement de population, doublant surtout dans les campagnes, ne sera-ce pas au profit de notre industrie nationale ?

A part quelques produits exotiques, que nous manque-t-il en France ? Des bois pour la construction et pour la fabrication du papier ; que l'on demande au sol de la France de produire des arbres, et nous en aurons à revendre. La paille des céréales est aussi bonne pour la fabrication du papier que le bois, et nous pouvons assurer un énorme approvisionnement de paille. Le cotonnier, ce roi de l'industrie, comme le surnomment les Américains, n'aurait-il pas une redoutable concurrence dans la toison d'innombrables troupeaux de moutons ?

Que le gouvernement n'hésite pas ; qu'il commence et qu'il marche résolument dans la voie de ces grands travaux d'une incontestable utilité.

Nous allons exposer quelques idées au sujet de ces travaux que le gouvernement pourrait, ou plutôt devrait entreprendre dans un but patriotique. Nous avons dit qu'il y avait des landes, des marécages et marais, d'immenses plaines pierreuses ou sablonneuses, des coteaux stériles. Chacun de ces terrains exigeant des travaux différents, nous les prenons les uns après les autres.

### 1° Landes

En France, où les grandes rivières coulent à quelques kilomètres les unes des autres, les landes couvrent généralement les surfaces situées en arrière-plan des coteaux bordant ces cours d'eau. Telles nous paraissent les landes de St-Martin, de Continvoir, du Ruchard, d'Ambillou, etc. Le sol de ces landes est une sorte de terre forte, ayant peu d'épaisseur et semée de rocailles. La terre forte mélangée d'une grande proportion de sable devient propre à la culture, et des amas considérables de sable, des grèves mouvantes embarrassent le lit des rivières ou des fleuves voisins. L'amélioration du sol des landes peut donc bien s'entreprendre par l'apport de sable, et l'entreprise aurait de plus l'avantage de nettoyer le lit de nos rivières. L'amendement est peu coûteux, il n'y a qu'à le prendre ; les frais les plus considérables proviendraient du transport. Mais avec la dépense qu'occasionne le transport d'un seul soldat de France au sud de l'Asie, par exemple, on paierait bien des mètres cubes de sable sortis de la Loire et rendus au milieu des landes de St-Martin, avec 10 kilomètres de parcours. Dans la Bretagne, la Vendée, les sables de l'Océan attendent le moment de fertiliser ces terrains incultes.

### 2° Marécages et marais

Les terrains marécageux doivent leur stérilité aux flaques d'eau disséminées sur leur surface, croupissant et répandant ces miasmes, germes des fièvres paludéennes. Telle est, près d'ici, la Brenne s'étendant entre les coteaux de l'Indre, de la Claise et de la Creuse.

Les eaux stagnantes, qu'elles soient en grande masse ou en petite étendue, le deviennent faute d'écoulement superficiel par la pente du sol ou par l'imperméabilité de celui-ci, qui ne leur permet pas de filtrer à travers lui-même pour gagner des couches intérieures et perméables. Cependant, l'ensemble de la Brenne présente certaines pentes dans quelques sens, dépressions au fond desquelles coulent plusieurs ruisseaux ou rivières. De nombreux petits canaux de dessèchement débouchant dans des canaux collecteurs et ceux-ci habilement creusés suivant la déclivité générale créeraient un écoulement artificiel, débarrassant ces terrains des amas d'eaux et les rendraient aux travaux agricoles.

### 3° *Plaines sablonneuses et pierreuses*

Ces plaines sablonneuses et pierreuses identiques à celles de la Sologne et de la Crau présentent encore plus d'aridité que les landes. A l'inverse de celles-ci, dont le sable est l'amendement par excellence, il leur manque de l'argile pour être favorables à la culture. Il serait très difficile ou fort dispendieux de se procurer des amas de terres végétales pour améliorer ces étendues sablonneuses. Un moyen qui nous paraîtrait devoir être adopté serait l'acquisition par le Gouvernement de ces surfaces stériles ; leur partage en lots d'une vingtaine d'hectares ou plus, les revendre à un prix excessivement bas ou les donner ; les efforts réunis des nouveaux propriétaires parviendraient à fertiliser ces champs de sable. Car dès le commencement, les hommes demandant à ces sols de produire des arbres croissant dans le sable, tels que le pin, le sapin, etc., fertiliseraient ensuite peu à peu une certaine quantité du sol par l'apport des engrais, et finiraient par conquérir à l'agriculture toute la surface. (1)

### 4° *Des coteaux dénudés et stériles*

Jadis les pentes de nos collines, de nos coteaux, des sommets des hauteurs formant le premier plan des Alpes et des Pyrénées nourrissaient des bois de toutes essences. Les bases de ces forêts maintenant la terre végétale dans laquelle s'enfonçaient leurs pieds, retenaient aussi le sol

---

(1) Pour d'autres terrains arides tels que ceux du bassin du Rhône, des canaux d'irrigation leur rendraient leur fertilité.

arable s'étendant au-dessus d'elles. Par des déboisements maladroits les possesseurs de ces pentes firent disparaître ces bois pour leur substituer d'autres récoltes. Qu'arriva-t-il ? Lors des pluies abondantes, l'eau roulant sur ces sols découverts entraîna la terre végétale jusque dans le fond des vallées ; et de nos jours ces coteaux ne présentent plus qu'une surface dénudée, rocheuse et impropre à la culture. Les habitants ont fui ces lieux qui ne pouvaient plus les nourrir et une contrée entière, l'ancien pays du Dévoluy, dans le bassin du Rhône, est complètement désert. Le mal n'a pas atteint tant de surfaces dans les Pyrénées, mais il y est redoutable cependant.

L'Etat a fait entreprendre, surtout dans les Pyrénées, le reboisement de ces premières pentes, de ces versants stériles ; et dès que ces bois seront assez forts pour retenir une terre arable, il devrait agir comme nous l'avons indiqué pour les terres sablonneuses : acquérir de grandes surfaces, les diviser en lots, les donner ou les revendre à bas prix et aider autant qu'il serait possible aux efforts des nouveaux possesseurs pour reconstituer un sol fertile.

A ces moyens généraux le gouvernement devrait y adjoindre ceux qu'il emploie pour favoriser la colonisation dans les contrées lointaines. Les colons, en arrivant, dans ces pays conquis, reçoivent des outils, des semences de toutes sortes et propres à la culture des terrains donnés ou vendus à vil prix. Les administrations prêtent leur concours dans toutes les occasions, soutiennent moralement les travailleurs comme ils l'ont fait matériellement.

Qu'il en soit de même sur le sol de la France et d'autant plus qu'il y règne la certitude que les dépenses faites ne nous seront pas enlevées du jour au lendemain comme nous ont échappé maintes colonies.

C'est ainsi que pourrait agir le gouvernement pour favoriser, dans une large mesure, le repeuplement de nos campagnes, le défrichement de terrains incultes, la fertilisation de versants dénudés et arides et faire naître l'émulation pour l'initiative privée.

## De l'initiative privée

L'initiative privée, quoique moins puissante en apparence que l'initiative gouvernementale, est appelée à rendre plus de services dans cette œuvre de repeuplement et de prospérité, parce que les efforts soutenus de plusieurs milliers d'individus sont plus tenaces et plus fécondants. Cependant, ces deux forces doivent se compléter l'une par l'autre.

Nous avons dit que l'enseignement de l'agriculture dans les classes rurales donnera aux agriculteurs les moyens de diminuer le prix de revient des produits et de lutter avantageusement contre la concurrence étrangère. Il existe un obstacle aux succès de la production française, c'est le grand morcellement de la propriété qui éloigne démesurément les morceaux de terre de leur centre de culture, de la ferme. Cet éloignement augmente considérablement le prix de revient par les pertes de temps. De plus, le travail des pièces de terre de grandes surfaces ou pour employer le mot « de grand rayage » exige un tiers de moins de temps que la même superficie divisée en deux champs de culture, à plus forte raison divisée en six ou huit. Si nous y ajoutons l'aller et le retour, ces heures de voyage font dans l'année, un grand nombre de journées perdues et grevant d'autant les frais généraux.

Il n'est pas rare de voir un cultivateur se rendre au travail à quelques kilomètres de sa ferme à la porte même d'un autre laboureur, quand celui-ci gagne, à son tour le voisinage de la maison du premier pour ses travaux. Que par des arrangements à l'amiable, les propriétaires échangent ces morceaux entrelacés, qu'ils rassemblent autour de leurs foyers la totalité de leurs terres, ils seront au milieu de leurs propriétés, rendus en quelques minutes sur le sol à travailler et ils diminueront leurs dépenses générales dans une large proportion. Cette mesure est à la portée de l'initiative personnelle et nous espérons que la généralité des propriétaires français en comprendra l'utilité.

Mais après avoir constitué une propriété autant que possible, d'un seul tenant, le père devra surtout aviser au moyen d'empêcher qu'un nouveau morcellement ne vienne briser ce qu'il a édifié, et user du droit que lui confère la loi de disposer de la plus grande partie des terres au bénéfice de celui de ses enfants dont il a reconnu les aptitudes aux travaux agricoles, en donnant aux autres héritiers une compensation en numéraire ou de toute autre manière. Si l'héritage le permet d'en composer autant de petits domaines qu'il a d'enfants et pour donner à chacun une vingtaine d'hectares de terrain, surface généralement suffisante pour assurer le bien-être à une famille. Il pourrait y joindre la recommandation formelle que ces domaines ainsi formés seraient indivis, que ses fils agiraient pareillement dans la suite.

On arriverait sûrement à reconstituer des propriétés d'un rapport très rémunérateur et à attacher au sol une population rurale forte, nombreuse et assurant à notre patrie, la richesse nécessaire à une grande nation.

Que par l'extension de la connaissance de la géographie locale, on développera dans les jeunes générations, l'amour de la patrie, du village, de la ferme ; que par l'enseignement officiel des notions de l'agriculture dans les classes rurales, on donnera aux futurs cultivateurs le moyen de faire produire davantage et à meilleur marché, leur permettant de retirer de leurs travaux un prix très rémunérateur, de lutter avantageusement contre la concurrence étrangère et qu'on développera, en même temps, les goûts et les aptitudes pour les travaux agricoles, qu'avec une plus juste répartition des impôts basée sur la fortune de chacun avec une proportion inverse selon le nombre des enfants, on favorisera les mariages et l'augmentation du nombre moyen des enfants pour chaque famille ; que par une diminution notable du fonctionnarisme on arrêtera dans une large part le drainage des jeunes gens des campagnes vers les villes ; que par l'interdiction de toute sollicitation à l'émigration, à moins que ce ne soit dans les colonies françaises, on forcera les bras à demander au sol de la patrie de produire davantage ; qu'après avoir reconstitué la famille et assuré sa multiplication, on la verra s'établir de nouveau au milieu de ces champs déserts, réoccuper ces fermes abandonnées faute de bras pour marcher ensuite à la conquête des landes défrichées, des marécages desséchés, des plaines sablonneuses et pierreuses rendues fertiles par des canaux d'irrigation, des versants appauvris, déboisés que l'on aura recouverts de terre arable, enfin de tous les terrains incultes devenus productifs grâce aux grands travaux entrepris par le Gouvernement ; que l'initiative individuelle achevant cette œuvre de colonisation constituera, pour notre pays, le gage d'une ère de richesse et de force.

Mais il faut prêcher, enseigner, lutter pour déterminer un courant favorable à cette grande œuvre de la régénérescence nationale. Et ce sera, pour les Sociétés géographiques le plus beau fleuron de leurs succès que celui d'avoir travaillé à enrayer la désertion des champs, le dépeuplement de nos campagnes, d'avoir cherché pour les répandre, ensuite à profusion, les moyens les plus pratiques de former et de maintenir sur le sol de la France une population compacte, riche, nombreuse, assurant dans l'avenir une ère de prospérité et de grandeur pour notre patrie.

M. Gauthiot. — J'ai écouté, aussi attentivement que possible, ce qui a été dit à propos d'une question, à mon avis, extrêmement intéressante, et sur laquelle notre estimé collègue M. le colonel Blanchot avait appelé notre attention l'année dernière. Je dois dire que j'ai trouvé des contradictions notables entre ce qui vient de nous être lu et ce qui avait été proposé par M. le colonel Blanchot, et je puis en conclure, ou que M. le colonel Blanchot a laissé aux personnes chargées de la confection de ce rapport la faculté d'émettre de nouvelles opinions, ou qu'il s'en est tenu aux principes qu'il avait exprimés et qu'il n'a pas collaboré à ce rapport.

Tout à l'heure, j'ai entendu émettre l'idée qu'il fallait interdire aux Sociétés de colonisation qui veulent favoriser l'émigration de solliciter les Français de quitter leur pays.

Or, je lis maintenant dans le rapport de l'année dernière ceci : « Partout où il est possible d'émigrer par le seul mouvement de l'expansion des races, il faut coloniser : ne pas forcer, mais laisser libre ! »

C'est M. Levasseur qui disait cela. Et M. le colonel Blanchot de répondre : « C'est ce que je demande ! Ce que je veux, c'est la liberté complète ! »

Voilà une première contradiction, et j'en conclus que le rapport, qui vient d'être lu, n'est tout simplement qu'une étude particulière d'une commission de la Société de Tours, ou de quelques-uns de nos collègues de cette Société, qui, sur la demande de M. le colonel Blanchot, ont procédé à une enquête privée et nous en apportent les résultats.

Nous nous trouvons donc, en ce moment, uniquement en face d'une des enquêtes que M. le Président du dernier Congrès, et que l'auteur de la proposition voulaient voir faire par chacune des Sociétés de Géographie de France.

En conséquence, je demanderai si, par une ou plusieurs de ces Sociétés il a été procédé à une enquête analogue. Ce n'est que lorsque chacune des Sociétés nous aura apporté son opinion particulière sur l'idée générale émise par M. le colonel Blanchot qu'il y aura lieu de passer à la discussion. Il me paraît difficile de discuter, isolément et successivement, des rapports qui portent sur des questions excessivement complexes, et dans lesquels une part considérable semble avoir été faite à l'idéal. Nous, qui nous tenons sur le terrain pratique, nous sommes en présence, dans ce Congrès, d'un certain nombre de questions qui, évidemment, ne peuvent être résolues aujourd'hui. On nous a invités à faire des enquêtes ; nous venons d'entendre la lecture d'une de ces enquêtes ; je demande que nous entendions la lecture de toutes celles qui ont pu être faites, afin de voir si nous pouvons nous prononcer en connaissance de cause, ou si nous devons remettre les résolutions à prendre relativement à ces enquêtes à un autre Congrès.

M. MARTINEAU. — Il était bien convenu que le rapport que je vous ai apporté, ne serait pas tout seul mis en discussion : nous avions compris que les autres Sociétés de Géographie traitant la question comme nous, on prendrait tel ou tel point de leurs rapports, le résultat final, si on le veut, des dits rapports, et qu'alors on aurait matière à discussion. Je regrette que M. le colonel Blanchot ne soit pas là pour lire et développer les conclusions de son rapport.

M. LE COMMANDANT QUÉVILLON, *délégué de la Société de Géographie de Toulouse.* — La Société de Géographie de Toulouse a considéré cette question de la colonisation de la France continentale comme tellement grave, et, ainsi que le disait M. Gauthiot, comme tellement complexe, qu'elle nécessitait une enquête très étendue, très réfléchie, et forcément très longue.

Le rapport que je présente, fait par M. Vincent, de Toulouse, n'est qu'en partie l'expression de ses sentiments, et il va sans dire qu'il y a certains points sur lesquels nous différons de sentiments avec lui. (Ces points sont signalés dans le corps du rapport, par des notes.)

## De la colonisation de la France continentale

Par C. VINCENT,

( Membre de la Société de Géographie de Toulouse. )

Cette question proposée par la Société de Géographie de Tours, pourrait étonner bien des personnes qui, ne connaissant de la France que ses plus riches contrées, pensent que notre sol est partout cultivé et en pleine activité de production. Elles seraient assurément bien surprises, si on leur disait qu'on peut trouver en France des terrains d'une très grande étendue qui, par leur aspect et par leur stérilité, ont une très grande analogie avec le désert du Sahara; c'est cependant l'exacte vérité. Aussi doit-on applaudir le Congrès de 1887, d'avoir mis de nouveau la question toute patriotique, *De la colonisation de la France continentale* », au nombre des travaux que doit étudier le Congrès de 1888.

Il existe sur bien des points de la France, des terrains incultes qui demanderaient à être colonisés. Je n'ai ni la prétention ni la possibilité de parler de chacun d'eux ; en outre, et pour me conformer aux indications contenues dans le questionnaire du Congrès qui va s'ouvrir, je ne m'occuperai que de ceux qui se trouvent dans notre région du Sud-Ouest, c'est-à-dire, des Landes de Gascogne.

Il y a 25 ans environ, un auteur très érudit a écrit, sur la Lande bordelaise et sur sa colonisation, un livre aussi agréable quant à la forme, que sérieux dans le fond. Je venais de passer quelques années dans les landes de Gascogne, lorsque parut le livre de M. Ed. About. Je fus frappé par les idées qu'il contenait et par les conseils qu'il donnait pour arriver à transformer ce pays sauvage, aride, ce désert insalubre, en un pays sain, agréable et productif. Malheureusement ses conseils s'adressaient à l'initiative individuelle ou aux communes. Or chacun sait qu'en France, l'initiative individuelle manque quelquefois de ressort et souvent de moyens, et que l'action propre des communes, est complètement absorbée et annihilée par celle de l'administration départementale ; de sorte que les sages conseils de l'apôtre de la colonisation Landaise n'ont pu encore porter tout leur fruit. Ils n'ont pas été cependant perdus en entier ; quelques riches propriétaires ont pu les mettre à profit. Une partie de ces landes a changé d'aspect et beaucoup de terrains, jadis incultes et marécageux dans la lande bordelaise, sont aujourd'hui productifs et relativement sains.

Il n'en est pas de même dans les landes de Gascogne ; telles je les ai vues il y a trente ans et telles elles sont encore aujourd'hui presque en entier, quelques essais d'amélioration de culture, des semis de pins, ont été faits dans certaines contrées et notamment dans la zone qui sépare les départements de Lot-et-Garonne et du Gers de celui des Landes ; mais quelque louables que soient ces essais, soit que les efforts n'aient pas été assez grands, soit que les moyens d'action de ceux qui les ont tentés n'aient pas été assez puissants, les résultats obtenus n'ont pas encore atteint ceux qu'on pouvait et qu'on est en droit d'espérer. Dans cette zone où se trouvent des forêts de pins et de chênes-liège, où on récolte le seigle, le maïs et le millet, il existe encore d'immenses terrains incultes où ne poussent que les ajoncs et la bruyère. Au delà de cette zone et jusqu'à l'Océan, à part quelques oasis, c'est presque le désert, malgré le chemin de fer qui va de Bordeaux à Bayonne et qui traverse ce pays.

Pourquoi cela ? Parce que ces contrées pauvres, arides et marécageuses, où règne à l'état permanent la fièvre paludéenne : sont dépeuplées et manquent de bras. Que de plus, les quelques habitants qui s'y trouvent sont tellement pauvres, qu'ils ne peuvent presque pas se nourrir et, par suite, n'ont pas la force nécessaire pour travailler. *L'émigration dans les villes ou dans les colonies n'entre pour rien* dans ce dépeuplement, la misère et les maladies en sont les seules causes. Les paysans landais n'émigrent pas ; ils meurent ! (1)

Cet état de choses s'explique d'autant moins à notre époque, que la transformation des terrains n'est plus un secret pour la chimie agricole et, que le dessèchement et l'assainissement des terrains marécageux, n'est plus qu'un jeu pour nos ingénieurs. Une grande partie du sol de la Hollande était dans les mêmes conditions que celui des landes bordelaises et des landes de Gascogne, et cependant les Hollandais l'ont rendu fertile et même agréable ; pourquoi

---

(1) La Société ne partage pas l'avis de son rapporteur en ce qui concerne l'émigration vers les villes ; en général elle est d'un avis contraire ; mais elle croit absolument, contrairement à l'avis du lieutenant-colonel Blanchot, que l'émigration dans les colonies ou en pays étrangers n'y est pour rien d'appréciable, et qu'il n'y a pas lieu d'arrêter ou d'enrayer le faible courant d'expansion française au dehors, mais bien plutôt de le favoriser.

les Français seraient-ils moins habiles que les Hollandais ? Il ne faut que deux choses pour obtenir ce résultat : de l'argent et une direction intelligente.

Nous sommes aujourd'hui tellement habitués à jouer avec les millions, que les questions d'argent sont, dans toutes les entreprises en projet, considérées comme résolues ; faisons de même pour celle qui nous occupe et admettons-la comme telle. Mais il n'en est pas de même pour la direction ; c'est la partie de la question la plus délicate, la plus importante pour mener l'œuvre à bonne fin et par conséquent, la plus difficile à créer. Cherchons et voyons si nous trouverons.

Les Landes pourraient être colonisées, c'est incontestable.

Quel serait le résultat de cette colonisation ? Ce serait l'assainissement et la mise en rapport de plus de 40.000 ou 50.000 hectares d'un terrain inculte et insalubre ;

Ce serait l'augmentation de la production territoriale et, par suite, de la richesse de la France ;

Ce serait le moyen de rendre à l'agriculture les bras imprévoyants qui ont quitté les champs dans plusieurs régions pour aller dans les villes, chercher un bien-être ou des satisfactions qu'il n'y ont pas trouvés, et où ils n'ont même pas le travail nécessaire pour leur assurer le pain quotidien.

Par qui la colonisation en question *pourrait-elle et devrait-elle* être faite ?

Elle *pourrait être* faite par :

L'Etat ;

Les communes ;

La propriété individuelle ;

La propriété collective, en Société agricole.

Nous avons indiqué les deux choses essentielles qu'il fallait pour coloniser les Landes ; l'Etat en a une, comme personne peut l'avoir, mais il n'a pas l'autre. L'Etat pourrait mieux que personne créer une direction savante et technique, mais il n'a pas d'argent ! De plus, il ne peut être spéculateur et, bien que la question soit essentiellement philanthropique et patriotique, une pareille entreprise ne peut réussir qu'à la condition d'assurer des bénéfices appréciables ; l'Etat ne peut pas escompter des bénéfices.

Nous avons dit comment et pourquoi les communes et l'initiative individuelle ne pouvaient mener cette œuvre à bonne fin. La colonisation ne doit, ou ne peut donc être faite, ni par l'Etat, ni par les communes, ni par la propriété individuelle. Reste la propriété collective en Société agricole.

Nous sommes à une époque où l'idée quelquefois la plus singulière, fait naître des Sociétés qui réussissent à trouver de l'argent, beaucoup d'argent même, pour exploiter cette idée qui, cependant ne donne pas toujours, bien loin de là, des résultats certains. On trouve même des millions pour faire des constructions fastueuses, absolument inutiles, et qui ne serviront jamais à autre chose qu'à rappeler le nom du constructeur, tant que durera la construction (1).

Pourquoi ne pourrait-il pas se créer alors une Société agricole avec un capital suffisant, fourni par des actionnaires ou des obligataires, qui seraient sûrs, non-seulement de faire œuvre patriotique, mais encore de faire produire à leur argent un intérêt élevé et certain ?

Cette Société constituerait un conseil d'administration composé de financiers, économistes, agriculteurs et ingénieurs. Ce conseil nommerait le personnel de la direction d'exploitation, qu'il choisirait dans les diverses branches du génie industriel et du génie agricole. Ce personnel supérieur recruterait de son côté le personnel secondaire de direction et les ouvriers d'exploitation. La Société achèterait tous les terrains incultes et tous les marécages des Landes, qui peuvent être certainement évalués à 50.000 hectares. Vu l'état actuel de ces terrains, elle les obtiendrait à des prix peu élevés ; elle les transformerait, les mettrait en culture, les boiserait et finalement, en retirerait de grands revenus.

En rémunérant suffisamment les ouvriers, chose qu'il est toujours facile de faire lorsqu'on a assez d'argent et que

---

(1) Tour Eiffel, sans doute !

l'on sait que la dépense doit être productive, les ouvriers pourraient bien se nourrir et résister à l'action pénible et délétère du travail dans ces contrées. En créant dans ces lieux d'exploitation, des centres d'habitation où ces mêmes ouvriers pourraient trouver les distractions qu'ils vont chercher dans les villes en quittant les campagnes, ou tout au moins quelques-unes de ces distractions, on les ramènerait à l'agriculture. Rendez les campagnes un peu plus agréables aux travailleurs et l'action des villes moins dissolvante, et le problème tant cherché sera résolu.

Les capitalistes qui engageraient leurs capitaux dans la Société agricole que je viens d'indiquer, y trouveraient aussi leur avantage, et cela sans avoir les appréhensions ou les mécomptes qu'éprouvent les agriculteurs en général. Ils n'auraient pas à craindre comme la plupart des propriétaires ruraux, la concurrence exotique ou étrangère pour les produits de leur colonie. En fait de céréales et de produits alimentaires, on ne demanderait à la colonie que ce qu'il faudrait pour nourrir le personnel employé ; les pâturages produiraient la viande et la laine, les forêts donneraient le liège, les essences, les goudrons, les brais et les bois ; les vignes, le vin et l'alcool, toutes choses qui défient la concurrence étrangère.

C'est donc une Société agricole qui pourrait et devrait faire la colonisation des landes de Gascogne.

---

Le temps assigné par le règlement pour la lecture des manuscrits, ne m'a permis d'indiquer qu'à grands traits les pensées qui m'ont été suggérées par l'étude de la question ; si mon travail n'a pas d'autre mérite, il a au moins celui de la sincérité.

Toulouse, le 30 juillet 1888.

**C. VINCENT.**

---

M. LE COMMANDANT QUÉVILLON. — La Société de Géographie de Toulouse n'a pas cru devoir formuler de vœu à la suite de ce travail dont le sujet lui a paru si grave et si complexe, et elle a pensé que chaque Société venant, ainsi qu'il avait été dit au Congrès du Hâvre, apporter les résultats des enquêtes qu'elle aurait faites, on pourrait ou procéder à un vœu ; ou renvoyer l'étude de la question au Congrès suivant, ainsi que cela s'était fait déjà l'année dernière.

M. Barbier. — Nous n'avons pas présenté de rapport, et pour cause. Nous pouvons dire que, malgré les doutes émis par notre Comité tant sur l'objet que sur le résultat de cette enquête, il a cependant fait figurer des questions de nature à répondre au programme proposé, dans le questionnaire que notre Société a adressé à tous les instituteurs.

Or, les résultats de cette enquête ne nous sont pas encore parvenus ; nous avons été obligés de laisser aux instituteurs tout le temps nécessaire pour recueillir les renseignements demandés ; ce n'est que le 1<sup>er</sup> octobre prochain que nous les recevrons et que notre Société pourra, s'ils sont suffisants, formuler une opinion sur le principe et sur son application.

M. Manès. — La Société de Géographie de Bordeaux se trouve dans des conditions analogues ; elle n'est pas prête, et ne peut présenter de rapport sur cette question, au moins pour cette session.

M. G. Loiseau. — La Société de Géographie de l'Ain a fait faire une étude par un de ses membres les plus zélés, sur le mouvement de la population depuis à peu près le commencement du siècle. Ce travail est inséré dans le bulletin qui est, en ce moment, sous presse, et qui en donnera la dernière partie. A cette partie est annexée une carte du département divisée par cantons dans lesquels figure, au moyen de diagrammes et de signes conventionnels, le mouvement de cette population par rapport précisément aux progrès de l'agriculture.

C'est ainsi qu'on peut remarquer que l'Ain, qui est divisé en deux parties bien distinctes, la Bresse, le pays plat, et le

Bugey le pays de montagnes, a vu, au fur et à mesure que le phylloxera, venant du sud, a exercé ses ravages, a vu, dis-je, sa population diminuer avec une progression absolument constante. Cette population quitte la montagne et va dans les villes, et j'ai le regret de dire que ceux qui partent, — non pas pour beaucoup de communes — partent sans esprit de retour. Dans d'autres parties, au contraire, le jeune paysan, qui a quelques économies, en laisse une partie, dans sa commune, à des parents auxquels il abandonne son petit bien, soit un champ, soit une maison, et il s'en va chercher fortune à Lyon *qui draine tout dans ses rues*, où à Paris ; mais rarement, il se rend en Algérie, et encore moins dans les autres colonies. C'est ce qui résulte des renseignements pris par notre Société de Géographie. Ce résultat est triste, et notre Société a pensé qu'il y avait beaucoup à faire pour utiliser ces bras qui ne trouvent plus d'occupation à la campagne et qui vont dans les grands centres chercher vainement du travail fort difficile à trouver même pour ceux qui les habitent.

M. Manès. — Si d'ici à la fin du Congrès, les Sociétés, qui n'ont pas encore préparé leur rapport, pouvaient en présenter un, on pourrait alors seulement discuter cette question ; mais, quant à présent, je crois que le Congrès n'a pas encore assez de renseignements.

M. Gauthiot. — Je n'ai pas de rapport tout prêt ; mais, plusieurs fois déjà, la Société de Géographie commerciale de Paris s'est occupée de la question posée par la Société de Géographie de Tours, et en rappelant mes souvenirs, je crois qu'il a déjà été fait, dans le sein de notre Société, une réponse suffisante à l'une des questions soulevées par la Société de Géographie de Tours.

C'est le premier point signalé dans le rapport qui paraît surtout, dans ce Congrès de Géographie, devoir appeler notre attention. Il est formulé de cette façon — d'après les notes que j'ai prises : — « Concours pour la rédaction d'un ouvrage qu'on pourrait appeler un voyage à travers le département de l'Ain. » On a pris sans doute le département de l'Ain comme exemple : mais je trouve que si l'on veut réfléchir à l'idée mère de cette proposition, on trouvera que cette idée est bonne, facilement applicable, et que son application fournirait une réponse à cette question : comment favoriser ce que j'appellerais volontiers l'émigration à l'intérieur ?

En effet, si vous voulez songer aux livres dans lesquels nous avons étudié la géographie du pays, et vous reporter aux ouvrages plus ou moins complets qui ont été faits sur cette géographie, vous trouverez que la réponse à cette question n'est facile ni dans les uns ni dans les autres.

J'ai sous les yeux le dernier ouvrage publié sur notre France, et je veux vous le signaler. Il est intitulé : « *En France* » par Onésime Reclus, publié chez Hachette, avec illustrations de façon à attirer les yeux et l'esprit. Je vous rappelle également le dernier volume d'un ouvrage de M. Levasseur, publié chez Delagrave : eh bien, cherchez dans ces livres des renseignements qui puissent servir, suggérer, autoriser des idées favorables en France à l'émigration de France, et vous en trouverez fort peu. On vous donnera des renseignements généraux, on vous dira que, dans telle partie de la France, le voyageur rencontrera un plateau absolument stérile ; dans telle autre, un sol complètement improductif et ce sera tout !

Mais, en somme, aujourd'hui qu'on parle d'immigration à l'intérieur, et de colonisation de la France, si l'on venait vous dire d'indiquer dans tel ou tel département les territoires bons pour la colonisation, ne seriez-vous pas embarrassé ou obligé de vous livrer à des recherches ?

Eh bien ! la lecture du rapport de la Société de Tours me suggère l'idée qu'il y aurait à rédiger un petit ouvrage, indiquant quels sont les terrains que l'on pourrait rendre productifs dans chaque département. On nous a fait hier une statistique excellente et charmante de la richesse de la France ; mais il me semble que l'on devrait, spécialement dresser la statistique de la pauvreté de certains de ses districts. Une fois cette statistique faite, on pourrait rechercher et dire comment, dans tel ou tel territoire pauvre, à côté d'une population riche, on pourrait attirer un certain nombre de bras capables de cultiver ce territoire ; on pourrait, au moyen d'études géologiques et agricoles, que notre Ministre actuel de l'Agriculture, avec l'activité dévorante qui le caractérise, seconderait très probablement, on pourrait, dis-je, rendre productifs des territoires improductifs.

Je me borne à signaler cette idée fort simple, et je la résume ainsi : Pourquoi ne pas demander à chacune de nos Sociétés de Géographie de charger un homme, un de leurs membres capable et dévoué — et l'on en trouverait facilement, j'en suis sûr — d'établir, pour la région dans laquelle elle a le plus de collaborateurs, une petite statistique des terrains de la dite région qui, totalement improductifs, ou peu productifs, sont capables de recevoir une certaine culture à un moment donné ? Du jour où nos Sociétés auraient fait cela, elles pourraient venir au Congrès avec un travail utile, et je connais des éditeurs, et M. Bayle ici présent est de ceux-là, qui s'empresseraient d'imprimer ces travaux. Oui, Messieurs, vous arriveriez l'année prochaine avec des statistiques de pauvreté du territoire de la France, et une indication des moyens d'y amener les bras nécessaires à la culture. C'est alors que les rapports, qui auraient été lus, pourraient être commentés, discutés et que l'on arriverait à une solution de la question posée par M. le colonel Blanchot.

M. BAYLE. — A l'appui de ce que vient de dire M. Gauthiot, je me permets de rappeler que les terrains peu productifs ont déjà été indiqués *grosso modo* par la carte de M. Turquan. Cette carte montre très clairement les terrains pauvres de la France, la région landaise, la Sologne, la Champagne pouilleuse, etc., terrains peu peuplés parce qu'ils ne sont pas riches, évidemment. C'est là déjà une première source de renseignements ; et, dans les travaux qui seraient faits par les Sociétés, on pourrait faire, en détail pour chaque département ce qui a été fait d'une façon générale pour la France.

Ces travaux pourraient être faits dans la forme des petits volumes à 70 centimes, dont j'ai annoncé hier la publication déjà commencée ; ils répondraient bien à la pensée de M. Gauthiot, et auraient certainement un excellent résultat du moment où ils paraîtraient sous le patronage des Sociétés de Géographie.

Quant à la carte de M. Turquan, les Sociétés de Géographie désireuses de la posséder n'auront qu'à la faire prendre à Paris, chez l'éditeur qui se fera un plaisir de la leur remettre gracieusement.

Il en sera de même pour l'ouvrage de M. Guët concernant les origines de l'île Bourbon et de Madagascar, ouvrage dédié à l'ancien Ministre de la marine et des colonies, notre sympathique Président actuel, et qui contient son portrait, Les Sociétés de Géographie n'auront seulement qu'à faire prendre ce volume à Paris.

M. TURQUAN. — J'ai été provoqué plusieurs fois à prendre la parole, et cela directement puisqu'on a parlé plusieurs fois ici de statistique, et que je représente la statistique française ; je demande donc la permission de donner quelques explications au sujet des paroles prononcées par mon collègue et ami M. Bayle. Ce qu'il vient de dire revient à ceci, que la carte que j'ai faite dans ces dernières années et qui est relative à la *répartition géographique ou densité de la population en France,* donne le critérium de la pauvreté ou de la richesse territoriale de la France. Ce n'est pas absolument exact, attendu que cette carte donne l'expression de la richesse et de la pauvreté en population, mais ne s'applique qu'accidentellement à la nature du terrain. En effet, je pourrais vous citer des pays qui sont pauvres en ce qui concerne la qualité du terrain et qui sont riches en population. Ainsi les Landes de Bretagne sont beaucoup plus peuplées que certaines régions à grande culture de Seine-et-Oise et de Seine-et-Marne. Vous voyez donc que, jusqu'à un certain point, la densité de la population n'est pas un critérium absolu de la richesse ou de la pauvreté du sol.

Je voudrais répondre à quelques observations faites tout à l'heure par M. Gauthiot. Il a exprimé le désir de voir dans l'avenir une statistique de la richesse et de la pauvreté des terrains de la France. Je lui répondrai que cette statistique existe, qu'il la reçoit tous les ans, et que beaucoup de personnes ont dans leur bibliothèque l'Annuaire statistique de la France qui, dans un de ses premiers tableaux, divise la France par nature de cultures, et les terrains d'après leur richesse, au courant de laquelle vous êtes tenus d'après les renseignements du cadastre. Sous ce rapport, on peut donc déjà dire que le désir de M. Gauthiot est satisfait.

Puisque je tiens la parole, j'en profiterai pour donner quelques chiffres......

M. GAUTHIOT. — Je prie M. Turquan de me permettre encore quelques mots. Il nous dit : La statistique de la pauvreté et de la richesse du territoire en France est faite ! Consiste-t-elle donc simplement à indiquer, comme le font les tableaux de l'*Annuaire statistique*, les produits du sol dans les divers départements ? Non certes ; aussi n'ai-je pas demandé que l'on indiquât seulement quel était le territoire improductif, mais aussi quel est l'usage que l'on pourrait tirer de ce territoire. Si vous venez me dire : Il y a tant d'hectares de terres improductives dans tel département ; cela n'aboutira à aucun résultat. Ce qu'il serait utile de savoir, ce que pourrait nous fournir maint homme instruit, ayant fait une étude particulière de la géologie, de la culture, et de tout ce qui se rapporte aux productions du sol, c'est l'indication des terrains improductifs et la manière de les utiliser. Ce qu'on devrait nous dire c'est qu'il y a ici tant d'hectares qui pourraient être employés de telle manière, et là tant qui pourraient être employés de telle autre, mais qui ne le sont pas parce que les bras manquent. Ces bras, il faudrait alors trouver et indiquer le moyen de les faire venir.

M. TURQUAN. — Je répondrai à M. Gauthiot que la statistique dont j'ai parlé, peut toujours servir de base à l'enquête que vous demandez, et même de base solide sur laquelle les Sociétés de Géographie pourront établir leur enquête régionale.

Laissez-moi, Messieurs, vous parler de la dépopulation des campagnes. A Paris on en a parlé et on s'en est plaint beaucoup. J'en ai touché deux mots hier, lorsque j'ai eu l'honneur de déposer, sur le bureau du Congrès, le volume du dénombrement au nom de M. le Ministre du commerce.

Depuis une quarantaine d'années, l'Administration surveille le mouvement de la population dans les villes et dans les campagnes. En 1846, il y avait 8 millions d'habitants des villes et 26 millions de la campagne ; aujourd'hui, les villes renferment 14 millions d'habitants, et les campagnes 24 millions et demi. Vous voyez donc que, depuis 40 ans, les campagnes ont perdu près de 2 millions d'habitants. Il est vrai de dire qu'en 1846, les habitants des campagnes en Alsace-Lorraine étaient compris dans ce chiffre de 26 millions, tandis qu'ils ne figurent pas dans les 24 millions et demi actuellement constatés, et en Alsace-Lorraine, il y avait bien 1 million d'habitants des campagnes.

On peut calculer la dépopulation des campagnes de deux manières différentes. On peut constater la population trouvée lors d'un dénombrement, puis rechercher le chiffre fourni par le dénombrement suivant et en faisant la différence entre les deux chiffres, en tirer la situation apparente. Mais, ce n'est pas la situation véritable de la population dans les campagnes ou dans les villes. En effet, elle ne donne pas les déplacements de la population, et je crois bien que ce dont nous nous occupons surtout en ce moment, c'est du déplacement de la population en France, de ce que M. Gauthiot a appelé l'émigration intérieure. Voici comment on peut la calculer. On prend le chiffre de la population urbaine et celui de la population rurale, en 1881, je suppose; on y ajoute, pour chacune de ces deux catégories de population, les naissances qui se sont produites pendant les cinq années qui ont séparé les deux derniers dénombrements ; on en retranche les décès, et on arrive à la *population calculée*;

c'est la population considérée comme si elle n'avait pas bougé et comme si elle avait vécu sur place.

Mais les résultats ainsi obtenus sont loin d'être les mêmes que ceux qui sont produits par le dénombrement qui représente alors la *population constatée*. Si on rapproche la *population calculée* de la *population constatée*, il en ressort une différence en plus ou en moins qui mesure d'une façon exacte l'excédent de l'immigration ou de l'émigration.

J'ai dit l'excédent, parce qu'on ne peut pas savoir la mesure exacte de l'émigration toute seule ; nous ne pouvons mettre en évidence qu'un excédent.

En 1881, la population urbaine, en France, comptait 13.100.000 habitants en chiffres ronds ; il y a eu 1.540.000 naissances et 1.500.000 décès. La population des villes, abandonnée à elle-même, serait restée stationnaire, puisqu'elle n'aurait augmenté que de 40.000 habitants.

Quant à la population rurale, qui était de 24 millions et demi d'habitants il y a cinq ans, elle est aujourd'hui de 24.450.000, et elle aurait dû s'augmenter de 450.000 par l'excédent des naissances sur les décès ; en effet, la natalité dans les campagnes est plus grande que dans les villes, et la mortalité y est plus faible.

Je n'ai pas à entrer dans des considérations économiques sur ce point qui peut être connu de tous ; mais il n'en est pas moins vrai qu'on aurait dû trouver dans les villes d'après les résultats du dénombrement 600.000 personnes de moins, et qu'on a rencontré dans les campagnes 450.000 personnes de moins. Il s'ensuit que le déplacement de la population en France se traduit par les chiffres suivants :

Les campagnes ont perdu 450.000 personnes qui ont été dans les villes, et les villes ont bénéficié d'un excédent d'émigration de 650.000 personnes.

Les chiffres ne s'équilibrent pas exactement. En effet il y a dans les émigrations de la France un facteur dont nous n'avons pas parlé jusqu'à présent, c'est l'émigration étrangère. Or, il s'est trouvé 150.000 étrangers de plus en 1886 qu'en 1881.

Voilà les quelques données statistiques que je voulais fournir au Congrès; elles sont très arides; mais elles étaient peut-être utiles à la discussion qui pourra s'engager sur ce point.

M. LE PRÉSIDENT. — Aucune Société n'ayant de rapport de prêt, je crois que le sujet est épuisé, et qu'il n'y a pas lieu à discussion.

M. VIBERT. — Je désirerais savoir, avant de répondre en deux mots à M. Martineau, si j'ai le droit d'entrer dans la discussion. M. le Président dit qu'il n'y a pas matière à discussion, et je voudrais être fixé tout d'abord.

M. LE PRÉSIDENT. — La question est épuisée. Aucune des Sociétés n'est prête et l'on ne peut discuter, ce me semble, sans avoir les rapports des Sociétés.

M. GAUTHIOT. — Jusqu'à présent, il n'y a pas eu, à vrai dire, de discussion ; il y a eu exposé d'idées par certains de nos collègues et par certaines des Sociétés représentées au Congrès. Je crois donc que M. Vibert pourrait exposer ses idées comme chacun de nous.

M. VIBERT. — Le rapport de M. Martineau m'a paru excessif sur certains points surtout quand il a affirmé que la France était représentée partout comme épuisée, tandis que d'autres pays étaient regardés comme très riches. Mais nous ne demandons pas mieux que l'on représente la France sous son véritable jour, c'est-à-dire comme un pays très riche, et si nous demandons des cartes et des ouvrages tendant à la vulgarisation de la géographie, sous toutes ses formes, c'est pour arriver à connaître exactement la France et les pays étrangers. Cependant, quand vous avez dit que l'on affirme que l'on gagne de l'argent comme on veut en pays étranger, j'aurais été très heureux que vous eussiez précisé, attendu que je vais vous parler de deux pays que je connais bien et avec lesquels je suis en rapport tous les jours et avec lesquels on ne fait pas toujours de bien bonnes affaires. En effet, ces deux pays qui sont le Canada et la République Argentine font beaucoup de propagande ; ils cherchent à créer des courants d'émigration en Europe, cela est vrai ; mais dans leurs journaux, dans leurs brochures, ils s'efforcent de dire ce que l'on peut faire dans ces contrées, comment on doit partir avec un petit pécule, comment on se risque à le perdre et à courir de grands déboires. Bref, ce sont des pays qui cherchent à nous dégoûter d'eux si nous ne sommes pas capables de faire de la bonne colonisation. En conséquence, si vous venez nous dire que l'on représente la France comme épuisée et les autres pays comme riches, il me semble que votre rapport peut être exagéré sous ce point de vue et qu'il faudrait l'atténuer. Ainsi que je vous le dis, on ne promet pas dans ces pays des alouettes toutes rôties.

Vous nous avez parlé des marais, des landes, des terres incultes que l'on devrait défricher et cultiver en France. Sur ce point, je suis d'accord avec vous, mais ce qui me paraît dangereux, c'est que suivant, dites-vous, l'idée de M. le Colonel Blanchot, vous avez posé cette question du défrichement des landes et des marais comme la contre-partie de la politique coloniale. Voilà ce qui me paraît excessif ! Je vous serais donc reconnaissant de vouloir bien nous donner l'étendue exacte des terrains que nous pouvons coloniser en France, ainsi qu'aux Colonies, et de nous dire ce que ces landes et ces colonies peuvent rapporter dans l'avenir. Une fois que nous aurons ces données, je me ferais fort, je l'espère bien, de vous démontrer qu'à côté de la question coloniale, votre prétention se réduit à peu de chose, et que nous nous trouvons en présence d'un paradoxe dangereux et qu'il serait antipatriotique de prendre à la lettre.

Il y a bien d'autres mesures économiques à prendre à l'heure actuelle. Vous ne nous avez pas parlé de la concurrence étrangère ; vous ne cessez de nous entretenir des marais et des landes qui ne sont pas mis en valeur et du grand malheur qu'il y a d'aller en pays étrangers. Mais nous sommes presque tous ici représentants de Sociétés commerciales et nous savons bien que maintenant que les isthmes sont percés et que le fret est réduit à un bon marché extraordinaire, il n'y a plus de pays lointains au point de vue commercial, et que, sous ce rapport, l'Amérique, par exemple, nous fait une terrible concurrence. Il faut chercher à lutter contre cette concurrence, et je vous le certifie, ce n'est pas en défrichant quelques hectares de landes ou de marais que nous arriverons au fret à bon marché et à combattre cette concurrence.

M. Martineau. — J'ai ajouté qu'il fallait surtout enseigner l'agriculture.

M. Vibert. — Nous sommes d'accord sur ce point ; mais vous tenez compte de cela toujours en opposant la transformation de l'agriculture au développement de nos colonies. J'ai eu le grand honneur personnellement d'appartenir, pendant quatorze mois, au Ministère de la marine et des colonies, pendant l'organisation de l'exposition d'Anvers, et d'avoir tenu, dans mes mains, tous les objets coloniaux, quels qu'ils soient, de production. Mais ces objets coloniaux, bois, asphalte, arachides, caoutchouc, nacre, matières nécessaires pour faire du papier, etc., sont la base première de la plupart des industries nationales. Si j'avais le temps de vous les détailler, vous pourriez les suivre pas à pas, et vous verriez qu'ils arrivent à faire vivre des milliers et même des millions d'êtres en France, et vous vous verriez obligés d'en tenir compte parallèlement aux produits de l'agriculture.

Il ne faut donc pas supprimer la mise en valeur des colonies françaises, ou alors nous serons obligés d'aller chercher ces matières premières, nécessaires à notre industrie, dans les pays étrangers.

Votre idée de supprimer les colonies extérieures et de ne faire que de la colonisation intérieure me paraît donc un paradoxe, et c'est précisément contre cette émigration intérieure que je m'élève. Nous avons des landes à défricher, dites-vous ; eh bien, cherchons les moyens de les mettre en valeur ; mais n'établissons pas de parallèle entre la colonisation qui est l'avenir de la France, et cette question de défrichement de quelques marais.

Vous demandez que l'on relève l'agriculture en donnant une instruction plus grande aux paysans. Nous sommes d'accord ; mais ce qu'il faut chercher à notre époque, ce sont des moyens qui soient à la hauteur des temps modernes. Il faut chercher à obtenir de bons engrais, des engrais qui ne soient pas falsifiés ; il faut faire comprendre aux paysans les avantages des machines, et ce que sont les syndicats, les participations et les avantages de la collectivité.

Vous demandez que l'on puisse céder sa terre aux aînés et que l'on donne en héritage aux autres et comme compensation, de l'argent au lieu de terres. Cela me paraît être une utopie.

En général, le paysan n'est pas riche, et quand il meurt il n'a pas toujours beaucoup de terre, et s'il a beaucoup de terre il n'a que de la terre, il n'a pas d'argent. Si l'on adoptait votre idée, on ferait un pas en arrière, ce serait le droit d'aînesse rétabli.

Veuillez donc bien nous donner des chiffres précis au moyen desquels vous puissiez nous convaincre que la mise en valeur des landes et des marais français est capable de compenser pour nous l'abandon de nos colonies et de leur mise en valeur.

Je demande que le Congrès veuille bien accepter mon volume sur la Concurrence étrangère, qui porte en exergue : « La France sera coloniale, ou elle ne sera pas ». — Applaudissements.

M. DE MAHY. — Je ne veux pas prolonger la discussion, je tiens seulement à faire une simple question, M. Vibert l'a déjà faite et je désire qu'elle soit bien retenue par le procès-verbal.

Il semblerait, d'après l'exposé qui a été lu tout à l'heure par le délégué de la Société de Tours, que la véritable question, posée au Congrès de Géographie, soit une option entre la colonisation, la conservation des colonies françaises, leur développement, et ce qu'on a appelé l'émigration à l'intérieur, la colonisation intérieure de la France. Il semble que c'est dans ces termes que la Société de Géographie de Tours a posé la question, quoique au cours de la lecture de l'honorable délégué, j'aie retenu, avec grand plaisir, un passage dans lequel il nous a dit qu'il ne s'opposait cependant pas à l'émigration des Français vers les colonies. Vous avez bien dit cela, n'est-ce pas ?...

M. Martineau. — Parfaitement.

M. de Mahy. — C'est une petite contradiction entre vos conclusions telles qu'elles ressortent de votre travail et cette indication que vous nous avez donnée ; mais c'est une contradiction que je suis loin de vous reprocher, et je vous en remercie, au contraire ; je vous en félicite même parce que c'est le patriotisme et le bon sens qui vous ont ainsi fait dévier de l'idée dans laquelle vous vous étiez placé.

Il ne faut pas croire que les partisans de la politique coloniale ne sont pas partisans du progrès de l'agriculture en France. Tous tant que nous sommes nous ne demandons pas mieux, que de voir défricher les marais et les landes, et nous avons applaudi aux travaux qui ont été entrepris dans ce but ; mais cela ne peut remplacer, pour l'avenir, la colonisation dans les terres tropicales parce que c'est là que nous trouverons, en même temps que des débouchés pour notre industrie, les sources de matières premières dont nous avons besoin ; là que se trouve répandue une population qui fait partie de la France, des Français auxquels nous ne pouvons pas dire : Vous n'êtes pas nôtres parce que vous êtes de l'autre côté des mers ; et, parce qu'il y a entre nous un fossé plus ou moins large rempli d'eau salée, nous ne voulons pas que l'on émigre de France chez vous ! Non, les colonies sont partie intégrante de la France ! Il faut les développer et en tirer tout le parti possible pour la nation en y favorisant la venue et l'établissement des Français d'Europe.

Je suis donc partisan absolu de la colonisation intertropicale ! Et cependant, cela ne m'empêche pas de travailler dans la mesure de mes forces à l'amélioration du sol de la France ; cela ne m'a pas empêché de contribuer, pour ma modeste part, au bien de la mère-patrie ! Pardonnez-moi de le dire, mais je le dis parce que l'exposé de la Société de Tours semblerait insinuer que les partisans ardents de la politique coloniale seraient indifférents à la prospérité de la France européenne, c'est moi pourtant qui ai fait terminer dans le Forez par exemple toute la série des travaux de canalisation commencés sous l'empire et complètement délaissés ensuite. Le Forez se dépeuplait ! La fièvre y faisait de nombreuses victimes ; le Forez était devenu une partie du globe plus malsaine que les colonies les plus malsaines. Aujourd'hui, le Forez est assaini, et c'est moi qui l'ai fait, ce qui démontrerait, contrairement au rapport de la Société de Tours, que l'on peut être un partisan convaincu de la colonisation lointaine, et, en même temps, un serviteur très dévoué des intérêts métropolitains les plus proches ! — (Applaudissements.)

Vous avez parlé du reboisement des montagnes ; eh bien, c'est encore votre collègue des colonies qui a fait aboutir la loi relative à la conservation et au reboisement des terrains en montagne ! Voyez ce qui se passe à l'heure actuelle dans les Pyrénées et dans les Alpes ! C'est, je le répète, un de vos collègues, celui que l'on représente comme un fou de colonisation qui a réussi à faire entendre au Parlement de France une chose qu'il n'avait pas entendue jusque-là, à savoir qu'il était temps que l'on trouvât dans nos finances les sommes nécessaires pour acquérir et garder comme propriétés de l'Etat les terrains menacés de ruine dans les Pyrénées et dans les Alpes, et dans le plateau central, et de planter ces terrains en bois de toute nature, de façon à préserver la plaine dont la prospérité dépend du bon état des montagnes !

Vous voyez donc, mon cher collègue, que vous avez peut-être tort lorsque vous croyez que cette question de la colonisation intérieure et de la prospérité du sol continental est contradictoire avec notre activité coloniale et avec le maintien de notre domaine d'outre-mer. Ce sont, au contraire, des choses qui s'accordent parfaitement bien. Nous pouvons très bien désirer que la France européenne soit de jour en jour plus prospère, plus complètement cultivée sans nous opposer pour cela à l'émigration dans nos colonies, soit même à l'étranger. Nous n'avons pas le droit de l'empêcher. Pour ma part, je désire beaucoup que l'on ne continue pas à aller au Canada (pays autrefois français), ni dans la République Argentine ; mais nous n'avons pas le moyen, ni le droit de l'empêcher. Ce que je désire ardemment, c'est qu'on aille dans les colonies françaises, que les noyaux de colonisation, qui se forment, se forment dans des pays français, parce qu'ils seront sous nos lois, sous notre coupe, sous notre souveraineté. C'est nous qui gouvernerons ces populations et elles seront soumises à toutes les lois, à toutes les conditions générales de l'existence de la France, puisqu'elles seront sous notre drapeau. C'est mon plus vif désir; c'est là que nous devons diriger nos efforts. Nous n'avons pas le droit, je le répète, de forcer les gens de France à aller dans un endroit plutôt que dans un autre, mais mon vœu, dans leur intérêt et dans l'intérêt de la patrie, est qu'on les aide à peupler des terres françaises et non pas des terres étrangères, et c'est cette simple constatation que je voulais faire. — Vifs applaudissements.

M. Moncelon. — M. de Mahy et M. Vibert ont dit en termes excellents ce que je voulais dire moi-même ; je n'y reviendrai pas ; seulement, ayant sous la main une page écrite par Paul Bert, pour l'*Atlas colonial* de Bayle, je ne puis m'empêcher de la citer, parce qu'elle répond à la question et aux objections qui ont été faites. Paul Bert était un économiste distingué en même temps qu'un colonisateur de premier ordre. Voici ce qu'il disait à propos de l'abaissement du chiffre de la natalité, en entrant dans les détails que comporte la question :

« Cette restriction dans la natalité a commencé dans les
« pays riches, à propriété morcelée. Les départements où il y
« a 177 propriétaires pour 1.000 habitants, donnent une

« natalité de 28 ; elle s'abaisse à 24 lorsqu'il y a 285 pro-
« priétaires. Mais le mouvement se généralise. Si l'on n'a
« pas voulu d'abord diminuer l'aisance acquise en la par-
« tageant, on ne veut pas augmenter la misère actuelle en
« multipliant ses charges. Et voici que, chez les ouvriers
« urbains, comme chez les propriétaires ruraux, la natalité
« diminue.

« Et avec elle, et partout, l'énergie mentale, l'esprit d'ini-
« tiative. Or il advient qu'à cette population qui se replie
« sur elle-même, essayant d'échapper à la lutte, et en tout
« cas ne s'y préparant ni par l'éducation privée ni par l'édu-
« cation publique, la lutte s'impose par le jeu des circons-
« tances extérieures. Elle n'augmente pas de nombre, et
« cependant chaque jour elle devient trop dense pour le sol
« qui la porte. L'exploitation de la terre met en jeu des
« machines qui diminuent les exigences en bras, et emploient
« de moins en moins d'hommes sur une surface donnée. En
« outre l'élevage du bétail se substitue de plus en plus à la
« production du blé, qui nécessite plus d'hommes. Dans l'ex-
« ploitation industrielle, le mouvement est bien plus marqué.
« Pour obtenir un certain travail, il faut aujourd'hui trois
« ou quatre fois moins d'ouvriers qu'il y a cent ans. Ou ces
« ouvriers ne font rien, ou ils produisent avec une abon-
« dance qui amène bientôt les engorgements et les crises
« commerciales ; dans les deux cas, chômage, misère.

« Ainsi la restriction ne nous sauve pas de l'encombre-
« ment, et celui-ci appelle la restriction plus parcimonieuse
« encore. Où s'arrêtera ce mouvement de recul, qui compro-
« met les destinées de la patrie ? Comment le combattre,
« alors que ni la morale, ni la religion n'en ont pu triom-
« pher ? Né de l'intérêt, c'est par l'intérêt qu'il faut l'en-
« rayer.

« Malthus a eu raison de dire : Quand naît un homme, un
« pain doit naître. Réciproquement, quand un pain demeure
« disponible, un homme peut naître. On a souvent cité
« l'exemple de la natalité, si extraordinaire qui a suivi les
« grandes destructions d'hommes du premier empire ; c'est

« qu'elles avaient laissé des pains vacants. Donc, créez des
« pains, et vous créerez des hommes : augmentez les riches-
« ses disponibles ou la possibilité de leur création, et vous
« verrez augmenter la population. Or, vous ne pouvez le faire
« sur le sol français. Sans doute il y a encore beaucoup de
« landes, de marais, qu'on pourrait défricher, dessécher ;
« mais le plus souvent, le prix de la mise en culture les
« amènerait à un taux où la récolte ne serait plus rémuné-
« ratrice... »

— Et vous êtes venu nous parler de mettre des paysans qui ne pouvaient plus vivre chez eux sur un hectare de sable ! Avez-vous bien réfléchi aux moyens de mettre cet hectare de sable en état de production ? Avez-vous songé à ce qu'il faudrait de patience, d'argent ? Et pendant que ce paysan cultivera ce bout de terre, en admettant qu'il y arrive, est-ce que l'Etat viendra à son secours ? Est-ce que ce sont nos pauvres Sociétés de Géographie qui pourront lui tendre la main ? Par conséquent, ce n'est pas pour peupler quelques méchants hectares de terrain qu'il faut faire de grands efforts ; ces efforts seraient presque stériles !

« C'est ici », continue Paul Bert, « qu'interviennent les
« colonies. Non-seulement elles offrent le placement immé-
« diat d'un excès de population, et des débouchés pour un
« excès de production, mais elles créent des ressources nou-
« velles pour le pays qui les possède, elles ouvrent des
« perspectives qui peuvent être indéfinies, et leur exploita-
« tion a des conséquences directes à la fois sur la richesse de
« la métropole, et sur son état moral, et aussi sur sa nata-
« lité. »

En lisant cette page si française je crois rendre à **Paul Bert** le plus bel hommage qu'un patriote puisse lui rendre ; je crois qu'il répond, dans cette page, à la plupart des objections soulevées par la Société de Géographie de Tours. — Applaudissements.

M. Barbier. — Je suis heureux que l'interpellation de M. Vibert ait provoqué sur cette question des explications de la part de M. de Mahy et de M. Moncelon, explications qui nous ont beaucoup éclairés sur ce point ; mais, il est temps de s'apercevoir que l'on vient de manquer au programme, attendu que la discussion devait être réservée jusqu'à ce que les autres Sociétés de Géographie aient remis leurs rapports. Néanmoins, je ne me plains pas que nous soyons entrés d'une manière aussi inattendue en plein terrain de la discussion, parce que cela nous a fourni l'occasion que nous n'aurions peut-être pas toujours d'être éclairés d'une manière aussi compétente et aussi patriotique par M. de Mahy.

M. DE MAHY. — Si j'avais cru déroger au règlement, je n'aurais pas pris la parole...

M. BARBIER. — Il ne s'agit pas d'une dérogation au règlement, mais d'une convention faite, en ce sens que la discussion sur la question était réservée à plus tard...

M. DE MAHY. — Je fais mon *meâ culpâ*, car plus spécialement chargé que tout autre de faire respecter les conventions, je les ai, paraît-il, violées sans m'en douter. (Rires et applaudissements).

M. LE CAPITAINE PEROZ. — Toutes les Sociétés de Géographie, cependant, sont intéressées à savoir si le rapport qui vient d'être lu est opposé à la colonisation ; pour moi l'impression qui m'est restée de cette lecture est qu'il ne faut plus de colonies au dehors, mais qu'il faut défricher les landes...

M. MARTINEAU. — L'idée de la Société de Géographie de Tours n'est pas de s'opposer aux colonies. L'auteur du rapport a eu surtout pour but le refoulement dans les campagnes des bras inutiles qui sont dans les villes, et non pas de s'opposer à la grandeur de nos colonies. Il est vrai que j'ai dit que le gouvernement, au lieu de dépenser inutilement des sommes considérables pour les colonies, devrait consacrer ces sommes à des travaux de nature à rendre la fertilité à certains terrains de France. C'est là, sans doute, ce qui a pu faire croire que j'étais opposé aux colonies. Mais ce n'était pas mon but ; mon but était de montrer que les campagnes se dépeuplent, et que les villes s'augmentant d'une population qui ne trouve pas d'occupation, il serait bon de rechercher les moyens de refouler les bras inoccupés des villes dans les campagnes. Du reste, cela ne ferait pas de tort à l'émigration, car d'habitude ce ne sont pas les gens des villes qui émigrent, mais bien les gens de la campagne.

M. Peroz. — Cette question regarde les Sociétés d'agriculture des départements. Ce sont ces Sociétés qui sont chargées de ces études ; leurs membres ont tout le poids et l'autorité nécessaires et les questions de reboisement, de desséchement, d'assolement sont de leur domaine exclusif.

M. Martineau. — Ce que nous demandons, c'est que les Sociétés d'agriculture s'occupent de ces questions.

M. Quévillon. — Je demande à souligner l'observation faite par M. Gauthiot qui demandait que l'on fît la statistique de la pauvreté de la France. La connaissons-nous cette statistique ? Nullement. Or, il n'y a que les Sociétés de Géographie qui, par une enquête locale, puissent établir l'état de cette pauvreté de la France dans leurs régions !

La carte, que l'on nous a montrée, découvre des indices ; mais y trouverez-vous l'explication de la pauvreté de la France ? Je vous demande la permission de vous citer un exemple que je puise dans mes observations personnelles. La Normandie, au dire de la plupart des écrivains, passe pour le pays le plus riche de la France. C'est vrai, d'une manière générale. Eh bien, il existe cependant, en Normandie des terrains qui sont dans un état pitoyable. Dans le pays de Bray en particulier, il y a des fermes qui ne peuvent ni se vendre, ni se louer, et il y a des terrains qui retombent en friche, et c'est ce qui me fait revenir sur l'indication donnée par M. Gauthiot. Il faut, avant tout, que nous soyons bien éclairés sur la question et que nous puissions ne pas formuler un vœu en quelque sorte général, attendu qu'à telle condition locale, il faut répondre par une demande qui soit absolument locale. Ce qui convient au sud-ouest ne convient sans doute pas au nord-est.

En conséquence j'insiste pour que les Sociétés de Géographie fournissent des statistiques de la pauvreté de la France, car c'est là le vrai point de la question. On ne peut être éclairé que par ces statistiques, et l'on ne peut formuler aucun vœu sans avoir cette base nécessaire.

M. DE MAHY. — En tout cas, il est bien entendu que la Société de Géographie de Tours ne pose pas l'alternative entre la question de la colonisation de la France intérieure et celle de la colonisation extérieure. Elle ne veut pas que l'on abandonne l'une pour l'autre.

M. VIBERT. — M. de Mahy vient d'exprimer ma propre pensée. J'ai cru à tort que nous nous trouvions en face d'une manœuvre stratégique tendant à faire croire au Congrès que nous voulions admettre le rapport de la Société de Tours. J'ai pensé que cela eût été dangereux. Il nous était réellement impossible d'accepter de telles conclusions. La chose étant constatée, je n'ai plus rien à ajouter.

M. MARTINEAU. — D'autant mieux que j'ai dit que, la discussion ne pourrait rouler que sur la généralité des rapports lorsqu'ils seront tous connus.

M. LE PRÉSIDENT. — Pour conclure, je propose d'engager les Sociétés qui n'ont pas donné leur rapport à le préparer pour le prochain Congrès, et de les inviter à faire la statistique, proposée par M. Gauthiot, des terrains non cultivés, avec indication des moyens de les utiliser.

M. DOBY. — J'estime que les Sociétés de Géographie n'ont pas à s'occuper d'agriculture ni de statistique agricole, et que, le faisant, elles enlèvent aux Sociétés d'agriculture la partie la plus active de leur rôle, et franchement, je ne sais pas si nous avons assez de lumières pour traiter avec autorité les questions de statistique agricole, qui sont même plutôt du domaine de l'Economie politique que du domaine de la Géographie. Je demanderais donc qu'elles ne fassent pas l'objet des études spéciales des Sociétés de Géographie qui, en s'en occupant, ne seraient plus dans leur rôle.

M. Gauthiot. — On n'entend pas forcer les Sociétés de Géographie à le faire ; on leur propose tout simplement, si elles le jugent bon et si elles comptent parmi leurs membres des hommes capables de ce travail, de faire cette statistique; mais toute liberté leur est laissée à cet égard.

M. le Président. — Du reste, les Sociétés de Géographie peuvent s'éclairer en demandant des renseignements aux Sociétés d'agriculture. Parmi les membres des Sociétés de Géographie, il en est qui font également partie des Sociétés d'agriculture.

M. Doby. — Du moment où vous demandez aux Sociétés de Géographie à s'éclairer pour discuter la question au prochain Congrès, c'est une sorte de mise en demeure afin d'obtenir d'elles un travail sur un sujet qui sort de leurs attributions.

M. le Président. — Je lis la proposition de M. Gauthiot et je la mettrai ensuite aux voix. Cette proposition consiste à prier les Sociétés françaises de Géographie, qui n'ont pas apporté leur rapport, de le préparer pour la prochaine session et de fournir une statistique des terrains improductifs de leur région, en désignant, autant que possible, l'emploi qui pourrait être fait de ces terrains.

M. Vibert. — Je voudrais faire une autre proposition, à savoir que l'on décidât que nous ne pouvons pas nous intéresser aux questions agricoles et que l'on passe à l'ordre du jour.

M. Gauthiot. — J'ai suggéré, après lecture et audition d'un rapport fait sur une question portée au programme du Congrès, l'idée de solliciter des Sociétés de Géographie des renseignements propres à éclairer la question, et je suis venu vous dire : Ne pourrions-nous pas engager les Sociétés de

Géographie à préparer telle ou telle matière, de façon que, quand la discussion serait arrivée, nous ayons sous la main les documents indispensables ! Quand on vient nous proposer d'envoyer des bras inoccupés, à l'intérieur du pays, là où ils peuvent trouver du travail, je demande que l'on commence par m'indiquer quels sont les endroits qui exigent ces bras. Est-ce juste ?

M. Vibert. — Mais ce que vous demandez est précisément l'admission des conclusions de M. Martineau, et c'est contre celà que nous nous élevons ; nous ne voulons pas que l'on donne une consécration quelconque au rapport de la Société de Géographie de Tours.

M. de Mahy. — Je ne partage pas complètement l'avis de M. Vibert, car nous avons entendu la lecture de deux rapports. D'après les réponses de la Société de Géographie de Tours, elle n'entend pas poser une alternative. Quant à la Société de Géographie de Toulouse, nous avons vu, par la lecture que nous en a faite M. le commandant Quévillon, que ce rapport répond, par avance, au desideratum exprimé par M. Gauthiot. Le rapport de M. Quévillon nous a décrit une région que les améliorations agricoles ont absolument transformée. La Société de Toulouse a cependant eu soin de nous faire connaître, par l'organe de son délégué et aussi parce que cela se trouve dans le travail de M. Vincent, que l'on n'entend pas le moins du monde substituer une question à une autre ; que la Société de Toulouse veut bien qu'on essaye d'améliorer le sol continental de la France, mais qu'en même temps elle tient beaucoup à la conservation et au développement de la politique coloniale...

M. Quévillon. — Essentiellement !

M. Perroud. — Bien que je ne sois arrivé qu'aujourd'hui, d'après ce que j'entends, je crois devoir dire que je ne serai jamais disposé à accepter les termes du rapport de la Société de Tours en ce qui concerne la colonisation de la France continentale, parce que ces termes me paraissent avoir un caractère épigrammatique inacceptable. Si j'avais un avis à émettre, je ne voterais pas la question préalable, mais la question telle que l'a posée M. Gauthiot, car c'est l'ajournement sous une forme correcte, et très courtoise.

Vous nous proposez de coloniser la France continentale ; commencez par nous dire où il faut coloniser, dans quelles conditions ! Invitons les Sociétés de Géographie de France à nous donner leur avis, et nous verrons ensuite.

J'ajouterais que le meilleur parti, que puissent prendre les Sociétés de Géographie locales et départementales, c'est d'étudier leurs régions. Je fais partie de la Société de Géographie de Paris ; j'ai fait partie de celle du Nord dont j'ai été secrétaire général ; je fais partie de celle de Toulouse et je me crois même membre de celle de Bourg : eh bien, dans ces Sociétés, les travaux les plus intéressants et les plus fructueux ont été ceux qui se rapportaient à la région de chacune d'elles. Quand je vois que, dans une Société, on se met à analyser les questions traitées déjà à Paris ou ailleurs, je pense de suite que l'on fait un travail inutile ; on ne fait généralement que répéter ce qui a été déjà dit.

Mais lorsqu'une Société consacre ses forces à étudier la région où elle se trouve, elle rend un véritable service au pays.

En conséquence, je me rallie à la proposition de M. Gauthiot, parce que c'est une façon de réduire à sa juste mesure la proposition de la Société de Tours ; ensuite parce que c'est engager les Sociétés de Géographie des départements à entrer dans la voie qui leur convient.

M. LE PRÉSIDENT. — Je vous lis donc la proposition de M. Gauthiot appuyée par M. Perroud :

« Comme clôture de la discussion sur le rapport pré-
« senté par la Société de Tours, M. Gauthiot, délégué des
« Sociétés de Paris, appuyé par M. Perroud, recteur de
« l'Académie de Toulouse, et membre de la Société de
« Géographie de cette ville, demande qu'en vue de la

« solution de la question, un travail de statistique soit
« préparé qui fournira la statistique des terrains impro-
« ductifs de la France, et par cela même les pays qui ont
« besoin d'être colonisés. »

Je mets cette proposition aux voix.
— Le vote a lieu.

M. le Président. — La proposition de M. Gauthiot est adoptée.

— La séance est levée à onze heures un quart.

## Séance du mercredi soir, 22 août 1888

*Président* : M. François CONVERT

*Assesseurs* : MM. Delestrac et Martineau.

— La séance est ouverte à deux heures.

M. le Président. — La séance est ouverte.

M. G. Loiseau. — Messieurs, vous avez pu voir quelles étaient les questions portées à l'ordre du jour général du Congrès, et que ces questions étaient assez nombreuses ; en ma qualité de cheville ouvrière, je tiens à vous rappeler qu'il nous reste peu de temps d'ici la fin du Congrès, et, par conséquent, je ne crois pas être indiscret en demandant qu'on fasse le possible pour que les discussions puissent se faire en quelques mots et ne comprennent que les questions à l'ordre du jour.

Aujourd'hui, nous ne pourrons certainement pas discuter tout au long l'ordre du jour qui a été imprimé hier, parce qu'il est assez complet, et le bureau, en présence de ce qui s'est passé ce matin où l'on n'a pu traiter qu'une question, s'est préoccupé de choisir pour ce soir les questions qu'il était absolument nécessaire de discuter. Grâce à l'amabilité de quelques collègues qui ont bien voulu céder leur tour de parole, il convient de modifier notre ordre du jour pour la séance de ce soir ; en conséquence, il comportera trois questions :

*1° De la répartition des noms géographiques dans l'est de la France, particulièrement dans le département de l'Ain et les départements voisins.* — (Communication de M. le docteur Magnin, membre de la Société de Géographie de l'Ain.)

*2° Des avantages qui résulteraient pour la France de l'établissement d'une voie d'eau sûre et commode entre le réseau de nos canaux et la Méditerranée.* Ce sera le prétexte d'une communication de M. Brettmayer qui connaît la question à fond et qui la traitera en son nom et aussi au nom de la Société de Géographie de l'Ain.

*3° Création d'une ligne de paquebots à vapeur sous pavillon français desservant la côte occidentale d'Afrique jusqu'au Congo.* — (Question proposée par la Société de Géographie de Marseille.) — M. Barbier, secrétaire général de la Société de Géographie de l'Est, déposera cette communication au nom de la Société de Géographie de Marseille. Cela vous donnera l'occasion, à laquelle vous applaudirez, d'entendre la parole très autorisée en la matière de M. le lieutenant Mizon.

M. Quévillon. — Malgré l'absence de MM. Hardouin et Rivière, nous avons entendu hier, avec le plus vif intérêt une remarquable discussion sur le travail pénal aux colonies. Je demanderais que cette discussion soit couronné, par un vœu que M. de Mahy ou M. Moncelon voudrait bien présenter au Congrès. Je crois être l'interprète de tous mes collègues en faisant la demande de ce vœu, afin que l'on puisse arriver à obtenir que le travail pénal soit appliqué comme le veut la loi.

M. de Mahy. — L'observation de notre collègue me paraît juste ; mais comme il n'est pas facile de faire la rédaction de ce vœu en séance, je serais d'avis que le Congrès en confiât le soin à une commission composée de deux ou trois membres, de telle sorte qu'elle pût être présentée au Congrès avant la fin de la session. De plus, j'espère que M. le Commandant Quévillon voudra bien faire partie de cette commission.

M. LE PRÉSIDENT. — On pourrait nommer comme membres de cette commission MM. De Mahy, Moncelon, Gauthiot et Quévillon. — Approbation générale. — En conséquence, cette commission se réunira après la séance pour procéder à la rédaction du vœu en question.

La parole est à M. le docteur Magnin professeur à la Faculté des sciences de Besançon, pour la communication qu'il doit nous faire.

M. LE DOCTEUR MAGNIN.

## De la répartition de certains noms géographiques dans le département de l'Ain et l'Est de la France, par le Docteur Antoine Magnin.

Lorsqu'on jette les yeux sur une carte un peu détaillée du département de l'Ain, on remarque (1) que plusieurs noms de localités, communes ou hameaux, se répètent au nord et au sud du département, leurs terminaisons seules subissant une modification toujours la même : c'est ainsi qu'on trouve *Viriat* au nord et *Virieu* au midi, Ceyzériat et Ceyzérieu, Polliat et Pollieu, Billiat et Billieu (2), Montagnat et Montagnieu, Peyriat et Peyrieu, Rignat et Rignieux, Bellignat et Béligneux, Mézériat et Misérieux, Jayat et Jailleux (3), Meyriat et Meyrieux (Savoie), Tossiat et Toussieu (Isère), etc.

---

(1) Ce fait m'avait frappé, il y a déjà bien longtemps, dès 1866, alors que je m'occupais de l'étude comparée des patois des environs de Montluel, Belley et St-Amour.

(2) Commune de Chazey-Bons, et Billieux sur la commune de St-André-de-Corcy.

(3) Territoire de Montluel.

En recherchant les causes de cette répétition de vocables et de cette différence dans les désinences, on arrive facilement à constater qu'en général le plus grand nombre des noms de lieux se termine en *iat* dans le nord du département et en *ieu* ou *ieux* dans sa partie méridionale (1).

La limite de ces deux régions, à terminaisons prédominantes si caractéristiques, peut être représentée par une ligne tracée de Thoissey à Pont-d'Ain et à Craz et passant exactement par les points suivants : Dompierre-sur-Chalaronne, Bissieux au nord de Châtillon, la Chapelle-du-Châtelard, au nord de Marlieux, à l'est du Plantay, entre Châtenay et Chalamont, entre Druillat et Varambon, à Pont-d'Ain, au nord de Jujurieux, entre Corlier et St-Jérôme, entre Brénod et l'Abergement et enfin près de Craz. (Voy. carte n° 1.)

Deux zones font exception, l'une à l'ouest, l'autre au nord-est du département, où les noms de lieux ne se terminent ni en *iat* ni en *ieu*.

---

(1) L'emploi des formes *ieu* et *ieux* paraît tout-à-fait arbitraire ; on pourrait croire, en consultant certaines cartes, que la terminaison *ieux* est propre aux noms de la plaine (arrondissement de Trévoux), tandis que *ieu* serait celle des noms de la partie montagneuse (arrondissement de Belley) : exemples : Mizérieux, Marlieux, Meximieux, Ambérieux, etc., et Torcieu, Ruffieu, Vieu, Virieu, Magnieu, etc. ; cependant on trouve sur les mêmes cartes, Fleurieu, Lissieu, Grézieu, Soucieu à côté de Sourcieux, Civrieux, Poleymieux (département du Rhône) ; Lagnieu à côté d'Ambérieux ; Peyrieux, Arbignieux, Colomieux, à côté de Peyzieu, Conzieu, Izieu, etc. ; mais ces dernières graphies avec $x$ sont fautives ; les mêmes noms dans l'Isère, s'écrivent généralement sans $x$ : Meyzieu, Crémieu, Romagnieu ; de l'autre côté du Rhône et du Guier (Savoie) réapparaît l'$x$ : Avressieux, Loisieux, Jongieux, Ruffieux, etc. ; l'adjonction de l'$x$ serait relativement récente (cf. JOLIBOIS, ouvrage cité plus bas, p. 203), de même que l'introduction semblable d'un $x$ dans les noms en *ex* du pays de Gex comme nous le verrons plus loin.

C'est d'abord un ilot situé sur la rive gauche de la Saône, entre Trévoux et Thoissey, où règnent exclusivement les terminaisons *eins* et *ans*, et plus rarement *y* : Mogneneins, Guéreins, Valeins, Baneins, Relevant, Sandrans, Moignans, Chaneins, Béreins, Amareins, Francheleins, Cesseins, Chambéreins, Chanteins, Agnereins, Chaleins, Fareins, Frans, Jassans et la rivière le Formans ; Lurcy et Messimy ; on peut y joindre Reneins de l'autre côté de la Saône ; ces terminaisons se retrouvent, il est vrai, aussi, mais isolées, soit plus au nord sur les bords de la Saône (Garnerans, Cormoranche, Replonges, Feillens), ou sur les bords du Rhône (Balan, Gourdans, Brens, Virignin, Cressin), soit dans l'intérieur (Vandeins, Lent, Crans, Faramans, Leyment, etc.), mais jamais groupées avec la même régularité et la même abondance que dans la région s'étendant de Mogneneins à Jassans.

L'autre exception est l'arrondissement de Gex où dominent les terminaisons *y* et *ex* : Cressy, Vesancy, Grilly, Cessy, Segny, Chevry, Pouilly, Sergy, Thoiry, Chézery, Pougny ; Gex, Echenevex, Fernex, Vesenex, Versonnex, Ornex, Lélex, Challex ; notez aussi les nazalisées Moens, Prevezin (avec Proveyzieu dans le midi du département), Lancrans, Montanges.

En résumé, on peut donc établir dans le département de l'Ain, quatre régions principales dont les désinences prédominantes sont :

*Iat*, dans le nord, au-dessus de la ligne Thoissey-Pont-d'Ain-Craz ;

*Ieu* et *ieux*, au sud de cette ligne ;

*Eins*, sur les bords de la Saône ;

*Ex* et *y*, dans l'arrondissement de Gex.

Un examen plus minutieux permettrait de signaler plusieurs particularités de moindre importance, soit dans le groupement d'autres terminaisons, comme l'îlot Dortan-Arbant-Bouvant, au nord du département, l'îlot Brénaz-Arandaz-Hostiaz-Ordonnas-Lompnas-Seillonnaz du Bugey (voy. les additions), soit dans la dispersion de ces curieuses finales muettes en *as* ou *oz*, en voie de disparition, telles que celles qu'on observe dans Niévroz (prononcez *Nièvre*), Servas (pr. *Serve*), Buellas (pr. *Buel*), Chanoz (pr. *Châne*), Contrevoz (pr. *Contrève*), Lompnas (pr. *Lone*), Culoz (qu'on prononçait *Cûle*), sur la prononciation desquelles on a tant discuté (1).

---

(1) Voy. JARRIN dans *Bulletin de la Société de Géographie de l'Ain*, 1882, p. 122. J'ajouterai que Culoz s'est toujours prononcé *Cule*, jusqu'à l'établissement du chemin de fer dont les employés ont contribué à déformer nombre de prononciations locales ; *Cule* n'est pas une prononciation patoise (contrairement à ce que pense M. le général Parmentier, dans *Bulletin de la Société de Géographie de Bordeaux*, 1886) ; ce nom de lieu est imprimé sous cette forme assez souvent, dans des ouvrages littéraires ou scientifiques, tels que l'*Itinéraire du Bugey*, par Hubert de St-Didier (voy. p. 83, 98, 195) ; quant à Nièvre, Contrève, etc., c'est la prononciation normale, la seule usitée, *même dans les salons*, pour nous servir de l'argument de M. Parmentier ; nulle part, on ne prononce *Niévroz* aussi bien à Lyon qu'à Montluel ; il n'est donc pas possible d'y voir des noms patois ; ces terminaisons muettes *oz*, *az*, se comportent de même dans beaucoup de noms géographiques de l'Isère et de la Savoie ; par ex. la Gérine (qu'on écrit Gérinaz), Dième (écrit Diémoz), la rivière du Sière, les gorges de la Diose (qu'on écrit Siéroz, Diosaz), Drumette-Servolex (qu'il n'est pas commode de prononcer Drumettaz-Servolex comme on l'écrit dans les cartes), etc., etc. Il en est de même des noms d'homme : jamais les *Billiémaz* (ou Billiémas) du Bugey et de la Savoie ne se sont appelés autrement que *Billième* ; c'est que dans ces noms les terminaisons *as*, *az*, *oz*, ne sont que des lettres parasites, des débris orthographiques, analogues à ces muettes d'origine étymologique, comme le *ps* de *Temps* (qu'on ne prononcera jamais *Tem-ps*, quoi qu'on dise), ou bien qui indiquent une particularité de la prononciation, comme le *t* des noms en *iat* qui signifie que l'*a* est très ouvert, mais qui ne se prononce pas ; beaucoup de consonnes

L'origine de ces terminaisons, *iat*, *ieu*, *y*, *ex*, est bien connue : elles proviennent de la transformation des désinences *iacum* et *acum*, les plus fréquentes de toutes les formatrices des noms de lieux dans la France entière ; ainsi que Quicherat et Jolibois l'avaient déjà observé (1), les terminaisons *iacum* et *acum* se reconnaissent très nettement dans les nombreux noms en *ac*, si répandus dans les provinces méridionales, particulièrement dans celles de langue d'oc ; on les retrouve encore sous les formes *as*, *at*, *a*, « qui se prononcent toutes également *à*, et qui ne sont pas autre chose que des *ac* assourdis

---

finales n'ont pas d'autre rôle : si donc on veut accomplir une réforme, elle ne doit pas consister à faire triompher les prononciations insolites *oz*, *az*, mais à supprimer ces syllabes inutiles ou à leur donner un aspect plus *français* en les transformant en *es* (comme dans Londres, Naples) et conserver ainsi la prononciation brève, harmonieuse, plus conforme au génie de la langue.

(1) Quicherat, De la formation française des anciens noms de lieux, Paris, 1867, p. 34-43 ; Jolibois, Dissertation sur l'origine des terminaisons des noms de lieux en *ac* et en *ens* si communes dans le midi et dans l'ouest de la France. (*Revue du Lyonnais* 1868, t. vi., p. 118-121.) — Ces deux mémoires ne m'étaient pas connus à l'époque de mes premières recherches ; bien qu'ils les confirment, je puis dire qu'ils ont laissé dans l'ombre plusieurs particularités signalées dans la présente note. — Quicherat distingue les deux terminaisons *iacum* et *acum* qui proviendraient de radicaux celtiques différents ; comme elles donnent toutes deux presque les mêmes équivalents français, *ac*, *at*, *as*, *a*, *ay*, *ey*, *é*, je les réunis dans ces considérations générales. Quicherat indique bien la répartition géographique de ces diverses désinences, mais assez brièvement et sans parler des localisations curieuses étudiées ici. — Quant à l'abbé Jolibois, il se borne à signaler les diverses transformations d'*acum*, « conservé pur (*ac*) dans les provinces du midi de la France...., dégénéré en *at* dans notre pays (Jayat, Viriat, etc.), changé aussi en *eux* dans beaucoup de lieux dans l'est de la France..., devenu *ay* dans quelques-uns (Genay etc.) et supprimé entièrement dans Messimy, Corcy, etc... »

par l'extinction du *c*, dans les anciens pays de Guyenne, Auvergne, Lyonnais, Bresse et Comté » (1).

Il faut compléter cette indication en observant que la terminaison *at* des noms bressans et jurassiens est presque toujours un *iat*, qui s'est maintenu avec une prononciation largement ouverte, comme l'indique la persistance du *t* final, lequel n'a pas d'autre signification et est absolument muet (2).

C'est encore *iacum* qui a produit les terminaisons de plus en plus assourdies, *io, ie, ieu* de la partie méridionale de l'Ain et des départements voisins ; on a la preuve de ces différents degrés de l'assourdissement par l'ancienne prononciation *o* des noms en *eu*, qu'un terrier de 1341 nous a conservée dans *Meissimo* pour Meximieux (3) ; l'affaiblissement se continue encore de nos jours par le changement de *eu* en *ù*, dans le patois *Messimiù*.

J'insiste d'une manière particulière sur la persistance dans ces noms en *iat* et en *ieu*, de l'*i* de l'*iacum*, qui leur donne une physionomie spéciale et qui n'a pas été signalée par les auteurs, notamment par Quicherat et Jolibois ; cette particularité est d'autant plus remarquable que, si *ac* est la transformation normale de *acum*, *iacum* peut lui-même donner, mais ordinairement dans d'autres parties de la France, des noms en *ac, as, at, a* (sans persistance de l'*i*), comme le montrent *Marsiacum* devenu *Marsas* dans la Gironde et Marsat dans le Puy-de-Dôme (4).

---

(1) Quicherat, *loc. cit.*

(2) Cf. Philipon dans *Revue des Patois*, I, p. 271. L'*at* bressan aurait succédé à un *ac* plus ancien, d'après Jolibois, *op. cit.*

(3) Voy. *Revue des Patois*, 1, p. 36. — La finale *eu* peut être très ancienne et avoir précédé même quelquefois *é* et *y* actuels. (Voyez les additions.)

(4) Cités par Quicherat lui-même ; du reste, l'*i* de *iacum* ne s'est pas toujours fait sentir ou a pas toujours été écrit dans

Nous trouvons encore dans l'étude des patois, notamment dans ceux des localités situées sur la ligne de séparation des *iat* et des *ieu*, une autre confirmation de la double transformation possible de *iacum* en *iat* et en *ieu* dans notre région : M. Philipon a constaté, en effet, que dans le patois de Jujurieux « la finale *acum* des « noms de lieux devient tantôt *eu*, tantôt *a* » (1). Or, Jujurieux se trouve précisément à la limite de nos deux zones principales.

Ailleurs, *acum* et *iacum* sont devenus *é*, *ay*, puis *y* ; *ay* a quelquefois succédé directement à *ac*, par exemple : Genay=*Joannacum*, Gehennac, Jehennay (2) ; *é* et *ay* actuels peuvent aussi provenir d'un *ia* plus ancien, comme le montrent Sancé et Laizé (Saône-et-Loire) qui se prononçaient autrefois *Sancia* et *Laizia* (3).

Les terminaisons *iat, ia, ié, ay, é, ey, y, eu*, etc., ne sont donc que des transformations locales des mêmes désinences issues de *iacum* et de *acum*, désinences qui se sont de plus en plus fermées ; on remarquera que cette modification suit, dans la France, une marche régulière depuis la Bresse où *iat* conserve tout son éclat, jusqu'à la Côte-d'Or, l'Yonne et la Seine où domine l'affaiblissement en *y*, en passant par le Beaujolais, le Jura et le

---

nos dérivés locaux : à *Meissimo* on peut ajouter, d'après d'anciens textes, *Parceu* pour Parcieux, *Maceu* pour Massieux, *Rayreu* pour Reyrieux, etc. (Voy. Debombourg, *Hist. du Franc-Lyonnais*, p. 14); je compare, plus loin, sa persistance au phénomène de l'yodisation qui caractérise précisément les dialectes du groupe franco-provençal. Voy. aussi les additions à la fin de cette note.

(1) *Ann. de la Soc. d'Emulat. de l'Ain*, 1884, p. 217.

(2) Debombourg, *l. c.* p. 7.

(3) *Revue des patois*, I, p. 52. — Il en est de même de la terminaison *y* qui, dans quelques contrées du moins, ne serait qu'une prononciation secondaire de noms de lieux prononcées autrefois *é*, changement survenu probablement sous l'influence de la prononciation parisienne : cf. Quicherat, *op. cit.*, p. 38.

Doubs où l'on observe plus souvent les formes intermédiaires *é* ou *ay*.

Ces terminaisons *é*, *ay*, *y* ne sont qu'accidentelles ou rares dans les zones où dominent *iat* et *ieu* ; ex. Coligny Boissey, Châtenay, etc., dans la zone, *iat* ; Priay, Rancé Mionnay, Ambronay, Chaley, Chazey, etc., dans la zone *ieu* ; encore faut-il remarquer que la prononciation patoise actuelle tend à uniformiser les finales d'une même région, puisque dans la zone *iat*, Coligny se prononce *Coulegnia !* Ces terminaisons *y*, *ay*, *é* deviennent prédominantes sur les confins du département, par exemple, dans l'arrondissement de Gex, dans la bordure occidentale du département de la Haute-Savoie où la plupart des noms de lieux se terminent en *y*, et dans le Beaujolais et le Lyonnais où abondent à la fois les finales *y*, *é* et *ay*.

La terminaison *ex*, spéciale au pays de Gex, et à la partie voisine du canton de Genève, n'est qu'une variante orthographique de *ai*, *ay*, *ey*, survenue vers le XIII<sup>e</sup> siècle ; Gex, Saconnex, Fernex (aussi Ferney), s'écrivaient auparavant Jais, Saconnai, Fernai (1) ; la prononciation locale ne fait, du reste, absolument pas entendre l'*x* ; c'est donc à tort que Quicherat explique l'*x* de notre région orientale, notamment Gex, (*Giacum* par syncope de *Gaciacum*) par une flexion de *ac* en *ex*, analogue à celle d'*ac* en *ec* de la région occidentale de la France, par ex. Ruffec de *Ruffiacum* (2).

Quant aux terminaisons *ans*, *ens*, *eins*, *ins* et *anges*, *inges*, elles proviennent des thèmes d'origine soit celtique comme *encum*, *incum*, soit germanique comme

---

(1) Voy. Gerlier dans *Ann. de la Soc. d'Emul. de l'Ain*, 1875, p. 84.

(2) Quicherat, *op. cit.* p. 36.

*ingus, angus* (germaniq. *ingen*) (1) ; il est fort remarquable que ces terminaisons soient souvent groupées en îlots nettement limités, par exemple, ceux d'*eins* entre Thoissey et Trévoux, et d'*an* vers Dortan, et celui des noms en *ange* sur les bords de la forêt de la Serre dans le Jura (2).

En recherchant avec plus de précision ce qui se passe dans les départements voisins et dans le reste de la France, on distingue plusieurs zones caractérisées par la fréquence de certaines désinences. C'est ainsi que dans le nord (3), si on laisse de côté les terminaisons propres à la Flandre ( kerque, berghe, brugse, ignies, chies, hain, etc.), on constate que la plupart des noms de lieux sont terminés en *court* (de *curtis*), notamment dans les départements de la Somme (sauf le littoral N.-W.), de l'Oise, de l'Aisne, des Ardennes, de la Marne, de la Meuse, des Vosges (à l'exception de la frontière orientale), la partie méridionale des départements du Pas-de-Calais, du Nord, et une bande au nord de ceux de la Seine-Inférieure,

---

(1) Jolibois parait les rattacher à la même origine germanique, à un thème *ing*, signifiant *champ*, conservé dans de nombreux noms de lieux en Allemagne, en Angleterre, etc., adouci en *inge* dans nos pays (Sévelinge, etc.), changé en *ange* en Franche-Comté et auquel se rapporteraient aussi les *ans, ens* de notre région. Quicherat sépare avec raison les terminaisons dérivées d'*ingus* (radical germanique *ingen* ), = *ange* et *inge*, de celles provenant d'*encum, incum* (d'un radical celtique) = *ens, ins, ans, eins*.

(2) A la suite de notre communication, M. Barbier a rappelé les recherches sur la répartition des noms géographiques, notamment des noms en *ange*, qu'il a entreprises dans l'Est de la France et la communication sur des sujets analogues faite par M. Amigues au Congrès des Sociétés savantes, à la Sorbonne, session de 1888 : ces diverses recherches nous étaient inconnues au moment de la rédaction de notre travail.

(3) Voy. pour tout ce qui va suivre la carte n° 2.

de Seine-et-Oise, de Seine-et-Marne, de l'Aube, de la Haute-Marne, de la Haute-Saône, du Doubs et du territoire de Belfort.

Dans une partie de cette région, principalement vers l'ouest, abondent aussi les noms terminés en *ville* ; ils sont surtout fréquents dans la plupart des départements de cette zone, sauf dans ses parties orientales et méridionales où ils se raréfient, puis règnent presque exclusivement dans les départements de la Seine-Inférieure, de l'Eure, de la Seine, et de Seine-et-Oise (moins leurs lisières nord-est), l'Eure-et-Loir, le Calvados, la plus grande partie du département de la Manche, la partie septentrionale de ceux du Loiret et du Loir-et-Cher.

Plus au sud, apparaissent, comme prédominantes, les finales dérivées de *acum* et *iacum*.

La région du centre et de l'ouest comprend les zones des *é* et des *y* : les noms de lieux terminés en *y, ie, ix* sont fréquents de Paris à Mâcon (départements de Seine-et-Marne, Aube, Yonne, Côte-d'Or, Nièvre, Cher, Saône-et-Loire, parties de ceux du Loiret, de l'Indre, de l'Allier, de la Loire et du Rhône), avec des îlots remarquables dans la Charente-Inférieure, la Savoie et la Haute-Savoie (1).

Les terminaisons en *è, ai, ay, ex*, caractérisent surtout l'ouest, les départements de l'Ille-et-Vilaine, de la Mayenne, de la Sarthe, du Maine-et-Loire, de l'Indre-et-Loire, de la Vendée, des Deux-Sèvres, de la Vienne, et parties de ceux de l'Orne, du Loir-et-Cher, de l'Indre, de la Loire-Inférieure ; elle reparaissent aussi dans quelques points de la Haute-Saône, du Doubs et du Jura, dans les

---

(1) Cf. Quicherat, *op. cit.*, p. 37 : l'accent de *iacum* porté sur *i* a produit les noms terminés en *i, y* qui dominent dans la partie centrale et au nord de l'ancienne Celtique.

parties méridionales de l'Aube et de la Nièvre, dans le Beaujolais et le pays de Gex (1).

Au sud de ces précédentes zones apparaissent les terminaisons propres aux dialectes méridionaux dont la limite septentrionale a été depuis longtemps l'objet des recherches des philologues : les finales *ac*, *ic*, *ols*, *etz*, etc., spéciales à ces régions, s'arrêtent à une ligne qui coïncide assez exactement avec la limite du dialecte d'oc, du moins à l'ouest et dans le centre.

Vers l'est, cette limite est, comme on le sait, difficile à tracer : on y rencontre des patois particuliers, dont les caractères linguistiques ont nécessité la création d'un groupe intermédiaire, les langues *franco-provençales* (2) ; or, c'est précisément dans cette région que se trouvent nos zones en *ieu* et en *iat* caractérisées par la présence constante d'un yod (3) et par l'assourdissement spécial *ieu* qu'on ne rencontre que bien rarement ailleurs.

Si l'on recherche, en effet, la dispersion des noms en *ieu* dans le reste de la France, on se convainc bientôt qu'ils n'existent, à l'état de groupement et d'abondance, que dans la zone comprenant les départements suivants : parties méridionales de l'Ain et du Rhône, parties septentrionales de la Loire, de l'Isère, de l'Ardèche et de la Drôme. Partout ailleurs, les noms en *ieu* manquent ou

---

(1) Cf. QUICHERAT, *op. cit.* p. 36 et 41 : *ay, ey, é*, de *acum* s'étendent à partir de la Saintonge jusqu'à nos frontières du nord et de l'est ; — *iacum* a donné les dérivés : *é* propres à la région occidentale, bien qu'on en retrouve quelques-uns qui s'avancent jusqu'à la Saône et la Meuse (cependant ils dépassent la Saône dans l'Ain !) ; *ey* et *ay*, communs aux régions de l'ouest et de l'est.

(2) Voy. ASCOLI, *Schizzi franco-provenzali*, 1874.

(3) Sur la présence du yod et son influence dans les langues franco-provençales, voy. ASCOLI, *op. cit.* et PHILIPON, dans *Soc. d'Emul. de l'Ain*, 1884, p. 217.

sont très rares (1) ; on n'en rencontre aucun dans le nord des départements de l'Ain (2) et du Rhône, aucun dans le sud de ceux de la Drôme et de l'Ardèche, absolument aucun dans les départements voisins, le Jura, la Savoie, la Saône-et-Loire, etc. (3) ; ils n'existent qu'à l'état sporadique (3 ou 4 en moyenne) dans beaucoup de départements, sauf cependant dans la Somme et dans l'Oise où ils sont plus fréquents ; mais il faut remarquer que ces noms en *eu*, sporadiques, ont ordinairement une autre origine, étant terminés par *lieu, dieu, rieu* (Ex. Beaulieu, Villedieu, Grandrieu) et d'autres finales ne

---

(1) QUICHERAT se borne à dire : « les *eux, eu* ne se trouvent qu'au sud-est dans les pays de l'ancienne domination bourguignonne » *op. cit.* p. 37. ; ce qui n'est pas très exact.

(2) Cependant *Nurieu* près Volognat, l'*Embossieu* (Jura), *Courtieux* commune de Montracol près Bourg, *Montieux* commune de Condeyssiat ; la ligne Thoissey-Chalamont-Pont-d'Ain-Bellegarde au nord de laquelle on ne rencontre plus de noms en *ieu* et au sud de laquelle les noms en *ial* sont presque nuls, est fort remarquable à d'autres points de vue ; elle correspond, en effet, à d'autres limites d'une signification, il est vrai, bien différente : c'est la ligne de séparation assignée par beaucoup de géographes aux Séquanes et aux Allobroges ; c'est enfin la limite septentrionale d'un certain nombre de plantes australes, dans le bassin du Rhône, comme le *Primula grandiflora*.

(3) Dans le département du Rhône on ne trouve pas de noms en *ieu* au nord de la ligne Anse-l'Arbresle-Virignieux ; cette limite septentrionale se relève dans le bassin tertiaire du Forez, vers Néronde, et atteint même la limite du département de la Loire à Charlieu. A l'est, la limite septentrionale des noms en *ieu* passe par Craz, St-Germain-sur-Rhône, Ruffieux et Chindrieux en Chautagne, le Mont-du-Chat et le Pont-de-Beauvoisin. — La limite méridionale de l'îlot se trouve dans l'Ardèche (ligne Satilleu-St-Péray-Valence), la Drôme (Valence-nord de Die) et la partie méridionale de l'Isère (ligne Lamure-Grenoble-Voiron-Pont-de-Beauvoisin-Novalaise.)

dérivant pas d'*iacum* ou *acum*, comme les noms de localités qui font l'objet de cette note (1).

De même les noms en *iat* ne se rencontrent que très rarement au sud de la ligne Thoissey-Pont-d'Ain (ex. Vanciat); ils se trouvent surtout dans la plaine bressane, le Revermont, le 1ᵉʳ et le 2ᵉ plateau du Jura et s'arrêtent dans le milieu du département du Jura, à une ligne passant par Lons-le-Saunier et Clairval.

En résumé la constatation par laquelle je commençai cette communication, l'existence de différentes zones partageant le département de l'Ain en régions dont les noms de lieux ont des terminaisons spéciales, n'est qu'un cas particulier d'un phénomène général qui se reproduit dans toute la France ; de ces terminaisons, les unes comme les *é*, *ay*, *y* du Beaujolais, du pays de Gex et de la Savoie, sont des prolongements des régions centrales et occidentales de la France où ces finales sont très fréquentes ; celle en *iat* de la partie septentrionale de l'Ain et de la partie méridionale du Jura se rattache plutôt aux terminaisons méridionales *ac*, *at*, mais avec la persistance constante de l'*i*, phénomène qu'on doit rapprocher de la iotisation caractéristique des dialectes franco-provençaux ; il en est de même de la finale *ieu* qui présente de plus un assourdissement particulier, pouvant se produire ailleurs, mais jamais avec la même fréquence, avec la même régularité, que dans le sud du département de l'Ain et les parties contiguës des départements voisins : c'est là un fait assez intéressant sur lequel j'ai cru devoir appeler l'attention des membres du Congrès national de Géographie.

Je ne m'abuse pas du reste sur le degré d'importance de ces observations ; il est facile de les poursuivre dans

---

(1) La finale *eu* peut provenir aussi des terminaisons *ium*, *avus*, *avum*, *ivus*, *orum* ; voy. Quicherat, *op. cit*, p. 44, 45, 60.

notre région et de les entreprendre dans d'autres parties de la France et peut-être ces recherches ont-elles été faites à mon insu ; même dans cette hypothèse, on me pardonnera de les avoir rappelées, le Congrès ne pouvant se désintéresser des questions de Géographie locale, dans les régions où il tient ses assises.

Beynost (Ain), août 1888.

## ADDITIONS

1° Les noms de lieux terminés en *as* et *az*, dont il est parlé à la page 202. — *as* et *az* non muets et non précédés d'un *i* (ordinairement), — forment une longue bande s'étendant du sud au nord de la région montagneuse, comme le montre la carte n° 1 : cette zone comprend les principaux noms suivants, en allant du sud au nord, et avec les numéros d'ordre portés sur la carte :

Ilot méridional : 1, Blanaz, la Condonaz, la Pavaz ; 2, Eblouaz ; 3, Hostiaz ; 4, Arandas (avec Charvieu dans le voisinage) ; 5, la Poyaz ; 6, Ordonnaz ; 7, Onglas ; 8, Seillonnaz ; 9, Lompnas, Chosaz, Vercras ; 10, Brenaz, la Carriaz.— Aux environs d'Hauteville : Esculaz, Regiaz, Eculaz, Ponciaz ; — De Brénod, Retord, à la frontière du Jura : Crevaz, Charnaz, Buyaz, la Culaz, la Ramaz, La Vallaz, Mothaz, Réaz, Groléas, Craz, Ochiaz, la Cuaz, le Poisat, etc.

2° Addition à la page 204 : — Comme exemple d'*eu* anciens, ayant précédé *é* ou *y* actuels, je relève dans le *Bibliotheca dumbensis*, tome II, supplément : Marzé, anciennement *Marzeu* (texte de 1176), p. 48 ; Morancé, *Moranceu* (1222), p. 83 ; Jourcé, *Juurceu* (1176), p. 45 ; Pouilly, *Poilleu* (1176), p. 45.

3° Addition à la page 205. — A propos des noms en *ieu*, écrits *eu* dans les anciens textes, on peut encore relever dans le *Bibliotheca dumbensis* tome II, supplément, outre *Maceu* (texte de 1228, p. 87), *Rayreu* (1231, p. 95), *Lisseu* pour Lissieux (1222, p. 83), *Quinceu* pour Quincieux (1231, p. 96), *Coceu* pour Cossieux (1247, p. 120), etc.

4° Noms de la zone EINS : 1, Guéreins ; 2, Valeins ; 3, Baneins ; 4, Béreins ; 5, Chaneins et Bassereins ; 6, Amareins ; 7, Francheleins ; 8, Cesseins et Chambeyreins (plus à l'est) ; 9, Agnereins et Sepeins (au nord-ouest); 10, Chateleins et Chanteins ; 11, Chaleins, Chevaleins ; 12, Fareins ; 13, Frans, Jassans ; 14, Relevant ; 15, Sandrans ; 16, Moignans ; 17, Lurcy, Messimy ; 18, Percieux, Montagnieux ; 19, Fournieux.

5° Noms en *ieu*, simplement numérotés, dans le Bugey, principalement les environs de Belley : 1, Egieu ; 2, Chaignieu ; 3, Proveyzieu ; 4, Chavillieu ; 5, Boissieu ; 6, Montbreyzieu; 7, Meyrieux, Essieux, Cessieux ; 8, Chemillieu, Lassignieu ; 9, Parissieu, Lézieu ; 10, Bossieu, Baraillieu, Sammissieu, Avrissieu ; 11, Morgnieu, Vollieu ; 12, Cressieu ; 13, Sillignieu. — Env. de Jujurieux : Bévieux, Cossieux.

M. BARBIER. — M. le Docteur Magnin est trop modeste en nous priant de l'excuser du peu d'importance du sujet qu'il vient de traiter. En effet, M. le docteur Hamy attache au contraire une très grande importance aux désinences géographiques, et il a déjà été présenté au Congrès de la Sorbonne un classement très intéressant de ces désinences pour le département ou pour les régions du Nord.

Notre Société elle-même a pour mission de s'occuper de cette question, et j'espère répondre, l'année prochaine, à la question que m'a adressée, sur un point particulier, M. le docteur Hamy. Il s'agit d'une désinence que l'on rencontre fréquemment dans les pays annexés. Cette désinence est *ange* représentée par les allemands en *ingen*.

Je me permettrai d'appeler l'attention de M. Magnin sur des désinences fréquentes dans notre région et qui pourraient l'intéresser, ce sont *gny* et *cy* comme *Sorcy*, *Pagny*. On les rencontre non pas d'une manière compacte, mais d'une façon sporadique. En effet, on en trouve jusqu'aux environs de Paris, le *Raincy*, par exemple.

M. LE DOCTEUR MAGNIN. — J'avoue humblement que j'ignorais la communication de M. le docteur Hamy et j'en ferai mon profit.

Quant à la terminaison en *y*, elle existe sous deux formes ; elle existe très nettement sous la forme de place — c'est-à-dire que ces noms sont très fréquents — dans la Côte-d'Or, dans l'Yonne et jusqu'à Paris ; dans d'autres cas, elle ne prédomine pas, au contraire, et elle se présente à l'état sporadique. Dans la région des terminaisons *court* et *ville*, on la retrouve, mais presque exceptionnellement.

Du reste, à propos des cartes de géographie, on pourrait convenir d'adopter les teintes plates pour les désinences les plus fréquentes qui caractérisent une zone et des figures particulières, croix, cercles ou lignes, pour les désinences qui ne se présentent que sporadiquement.

M. LE COMMANDANT QUÉVILLON. — Je demande à M. le docteur Magnin la permission d'appeler son attention sur un fait qui m'a beaucoup frappé et sur lequel il pourra sans doute me donner quelques explications.

Les noms de pays en Normandie se terminent la plupart du temps en *ville* et aussi très fréquemment en *court* ; le département de l'Eure notamment abonde en noms qui ont la terminaison *ville*. Ayant été envoyé en mission en Lorraine, j'ai été frappé d'y trouver ces terminaisons *ville* et *court*, et chose plus étonnante, j'y ai trouvé des noms entiers de pays qui se trouvent en Normandie également, tels que *Hérouville*, *Hébouville*, *Liouville*, etc. Il y a là un lien mystérieux entre la Normandie et la Lorraine qui m'échappe ; mes occupations professionnelles ne m'ont pas permis de l'étudier, mais si quelques-uns de mes collègues pouvaient me fournir des renseignements à cet égard, je serais heureux d'en faire l'objet d'une étude particulière.

M. LE DOCTEUR MAGNIN. — Ce que vous venez de dire concorde avec les dessins qui se trouvent sur la carte que je présente. Ainsi il y a une grande plage sans figure pour les régions où se trouvent les pays terminés en *ville* et en *court*.

M. LE PRÉSIDENT. — L'ordre du jour appelle une communication de M. Breittmayer, sur *les avantages qui résulteraient pour la France de l'établissement d'une voie d'eau sûre et commode entre le réseau de nos canaux et la Méditerranée.*

Je donne la parole à M. Breittmayer.

M. BREITTMAYER :

## De l'utilité du Rhône pour le Commerce français

Messieurs,

La Société de Géogràphie de Lyon a bien voulu me confier le soin de répondre à la 12° question de votre programme.

Elle a d'autant plus à cœur de vous en entretenir qu'elle en a fait, depuis sa création, le but constant de ses études, se rappelant que c'est le Rhône qui, à toutes les époques de l'histoire, a marqué par son cours quelle devait être la grande voie d'eau intérieure nécessaire à la France, pour relier ses côtes méditerranéennes à la Manche et aux pays d'Outre-Rhin. Se rappelant aussi que c'est à sa position sur ce fleuve que la ville de Lyon doit vingt siècles de prospérité.

Vingt siècles de prospérité, telle est en 4 mots l'histoire de notre ville cachée sous la devise de son blason :

> Avant, Avant
> Lion le melior
> Lyonnais
> Toujours

Tout est majestueux dans ce fleuve superbe. M. Desjardins a relevé que, du temps des Romains, le sommet où le Rhône prend naissance, était appelé par les habitants Colonna Solis, colonne du soleil.

Son berceau est au nord de cette barrière formidable édifiée par la nature, où l'on voit de distance en distance s'élever comme des tours colossales jusqu'à près de 5.000 mètres les montagnes les plus majestueuses de l'Europe déjà déprimées par une multitude de cols que dominent des géants de neige et de glace.

> Là haut, près la noble Genève
> Aux pieds des monts, il est d'azur ;
> Mais, chez nous, où son cours s'achève,
> C'est un fleuve de limon pur.

L'importance exceptionnelle du rôle que remplit le Rhône dans cette grande voie, jusqu'à un certain point navigable aujourd'hui d'un bout à l'autre, tient aussi à ce que c'est le seul des 4 fleuves français par lequel la Garonne se trouve en communication avec les autres, étant admis qu'il faut rouvrir à la navigation l'œuvre de Riquet tout au moins, si on ne se décide pas à la création du Canal projeté des deux mers.

Son importance est d'autant plus grande qu'il se trouve à la frontière terrestre de notre pays et conséquemment en communication avec l'Europe Centrale. Il pénètre en Suisse par son cours même ; on aurait pu le faire également par plusieurs projets aujourd'hui délaissés. Il atteint l'Allemagne par le Canal de la Saône au Rhin, ce grand fleuve qui dessert aussi la Belgique et la Hollande. Par la Seine il se trouve en communication avec la Meuse et l'Escaut. Et enfin par tous ces canaux, son trafic peut englober, à part le mouvement spécial de la Seine du côté du Nord, la presque totalité des marchandises qui circulent dans les deux sens à l'Est de la France.

A ce point de vue une voie d'eau continue s'est toujours imposée. Voici ce qu'on lit dans l'ouvrage de M. Dutens (Histoire de la navigation intérieure de la France, 1829) :

« La jonction de la Saône au Rhin, qui établit une
« ligne de navigation de la Méditerranée à la mer d'Alle-
« magne, sur près de 400 lieues de longueur, et qui,
« en parcourant des climats de plus en plus différents,
« fournit un moyen d'échange entre les productions les
« plus variées de la nature, était donc une pensée aussi
« simple que grande. »

« Lucius Vetus eut l'idée d'opérer cette jonction, en
« unissant la Saône à la Moselle ; et huit siècles après,
« Charlemagne, dont les vues s'étendaient comme sa
« puissance, voulant rattacher la navigation intérieure de
« l'Allemagne à celle de la France, eut le projet d'effec-
« tuer la double jonction du Danube au Rhin et du Rhin
« au Rhône, la seconde au moyen de la Saône et du
« Doubs. »

Cette jonction a été posée plus tard de diverses manières et notamment par la Suisse. En effet le tracé le plus court semble suivre le Rhône jusqu'à Genève, en l'améliorant entre cette dernière ville et Seyssel, suivant les vœux du Conseil général de l'Ain, les idées du comte de Sassenay qui avait formé pour cela une Cie en 1837, et les études de M. l'ingénieur Berthier. Je dois ajouter que cette partie du tracé a fait l'objet de nouvelles études et d'une délibération du même Conseil général de l'Ain en 1842.

De là le tracé aurait été continué sur les lacs de Genève et d'Yverdon dont la jonction fut entreprise il y a deux siècles et demi par la famille Duplessis. Une publication faite à Lausanne en 1838 dit que : « c'est en effet la « jonction naturelle du Rhône au Rhin. Cette traversée « de 6 lieues 1/2 environ, d'un sol peu élevé, est la seule « distance qui sépare les eaux navigables des deux ver- « sants de l'Europe ».

Le Rhône a surtout un avantage marqué sur les autres fleuves pour le transport des marchandises, disait Strabon, non seulement parce que ses eaux communiquent à plusieurs autres rivières, mais encore parce qu'il se jette dans la Méditerranée et qu'il traverse la plus riche contrée de la Gaule.

Comme le Rhin, le Rhône mérite bien le surnom d'héroïque par la vigueur d'allures avec laquelle il s'est frayé un chemin à travers tous les obstacles qui le gênaient. Ainsi que le dit Michelet c'est un taureau furieux descendu des Alpes et qui court à la mer.

C'est là ce qui fait au point de vue de la navigation l'infériorité du Rhône sur les fleuves allemands ; car ainsi que l'a indiqué M. Léger dans une de ses dernières conférences, l'altitude de 100 mètres se trouve sur le Rhône à 215 kilomètres seulement de ses embouchures, tandis que

    Sur le Weser elle est à 399 kil.
    Sur l'Oder           à 524
    Sur l'Elbe           à 662
    Sur le Rhin          à 621

Les améliorations faites au cours du Rhône ont aujourd'hui produit ce résultat que depuis 4 ans la navigation n'y a jamais été interrompue, sauf 17 jours par les grosses eaux. On peut donc dire que d'Arles jusqu'à l'entrée du canal de Bourgogne sur la Saône, la navigation est parfaitement assurée dans une limite satisfaisante, mais qui est encore loin de ce qu'elle peut être.

Il y a près de 4 siècles (sous François 1er), l'idée du canal de Bourgogne germait dans les esprits. Ce canal, ainsi que celui de la Saône au Rhin, dont nous avons vu Lucius Vetus en avoir le premier l'idée, complètent le réseau entier de la voie navigable traversant notre pays du sud au nord. Ils ne furent néanmoins terminés que depuis bien moins de temps ; et ce n'est qu'à la fin du règne de Charles X que l'on s'occupa d'un ensemble général de canaux, poussé sans doute dans cette voie par ce qui se pratiquait alors en Angleterre.

Cet ensemble était estimé au coût de 1 milliard 314 millions, et la rémunération de ce capital établissait, sur le mouvement alors existant et probable, un droit de navigation moyen de 0.03 centimes 8/10° par tonne kilométrique.

Ce droit n'existe plus comme vous le savez, la navigation y est libre.

Les canaux alors faits ou améliorés furent établis de façon à porter des bateaux de 140 tonnes, en donnant aux écluses une largeur de 5 m. 20 et une longueur de sas de 32 m. 50.

A notre époque le projet Freycinet avait prévu des écluses de 10 m. 50 sur 96 mètres pour des bateaux de 4 à 500 tonnes. Mais la loi de 1879 a réduit le tonnage des bateaux à 250/300 tonnes, a remis la largeur des écluses à 5 m. 20 et porté leur longueur de sas à 38 m. 50. Si l'on a été obligé de réduire les dimensions du projet Freycinet, ce qui est fâcheux au moment où en Allemagne les intéressés demandent une longueur de sas de 96 mètres avec une largeur de 10 mètres, ce n'est pas par simple motif d'économie ; mais on y a été forcé, ne pouvant trouver sur leur parcours la quantité d'eau suffisante pour alimenter des écluses aussi vastes.

En ce qui concerne notre navigation intérieure, chacun sait que la navigation de la Seine cesse à St-Mammès. Le canal du Loing (44 kil.) joint St-Mammès à Montargis.

De Montargis 2 canaux atteignent la Loire :

1° Le canal d'Orléans (73 kil.) ;

2° Le canal de Briare (55 kil.) ;

La navigation sur la Loire se fait jusqu'à Orléans et Briare, et les deux fleuves se trouvent ainsi en communication par les 3 canaux ci-dessus.

Quelle que soit l'activité que cherchent à développer dans toute cette vaste zone les transporteurs, les usines intéressées et toutes les industries qui s'y trouvent, il est facile de voir quel vaste champ est encore ouvert aux améliorations utiles et nécessaires. Cela est si vrai qu'à la fin de l'empire on proposa un canal des Houillères de la Loire. C'était un canal de St-Etienne à Roanne (122 kil., coût évalué 32 millions) avec une rigole navigable depuis Firminy, et la canalisation de la Loire de Balbigny à Roanne. Ce canal aurait été en communication d'eau directe avec Fourchambault, Paris, Blanzy, Chalon-sur-Saône, Montluçon et Bourges.

Les promoteurs de ce projet voulaient arriver à éloigner de la Loire les houilles anglaises, et les calculs à l'appui établissaient ( à raison de 2 centimes la tonne kilométrique pour droits de péage et de transport) que les houilles françaises pourraient être livrées

| A Nantes | à | 29.60 |
| A Tours | à | 25.66 |

les houilles anglaises se vendaient alors

| 30 | à | Nantes |
| 35 | à | Tours |

et encore aurait-on pu obtenir un prix plus bas avec le jeu des tarifs différentiels.

La voie d'eau parfaitement navigable aujourd'hui établie jusqu'au Rhin d'une part, jusqu'à Paris de l'autre, pour des bateaux de 300 tonnes environ, peut porter de cette capitale à la Manche des embarcations de mille tonneaux. Sur ce dernier parcours il est toujours question d'établir un canal maritime à grande section. L'idée fait chaque jour des progrès et l'importance de Paris comme port le justifie. Cette idée n'est pas nouvelle du reste ; elle remonte à près d'un siècle du reste, puisqu'en 1796 le vaisseau le *Saumon* remonta comme essai du Havre à Paris. Ce vaisseau (tel était le titre qu'on lui donnait alors) construit spécialement pour cette expérience avait les dimensions d'un lougre de 14 canons,

24 m. 35 de long,
5 m. 84 de large,
2 m. 60 de creux,

et tirait 2 m. 11 avec une charge de 300 milliers, mesure d'alors.

L'avantage de ce canal maritime se trouverait néanmoins contrebalancé en ce que, une fois fait, les houilles anglaises arriveraient à Paris au prix de 13 à 14 fr. la tonne, alors que les charbons français du Nord ne pourraient être livrés qu'à 16.50 ou 17 fr. si on ne crée pas une ligne navigable plus directe rejoignant le Pas-de-Calais. Cette ligne navigable coûterait 75 millions et passerait par Péronne, Noyon, Compiègne, Creil et Pontoise. C'est encore dans un travail récent de M. Léger que nous trouvons cette assertion.

Pour compléter d'une manière pratique cette ligne de navigation traversant la France du sud au nord et pouvant porter des embarcations de 300 tonneaux, il faut de toute nécessité prolonger le Rhône d'une manière factice puisque les deux ports considérables de Marseille et de Cette, qui l'alimentent forcément, se trouvent en dehors de son cours. En ce moment la navigation du Rhône n'aboutit à rien, et se trouve en face d'une mer intraitable qui a nécessité, comme vous le savez, la création de St-Louis-du-Rhône. Avec cette jonction elle atteint au contraire nos deux grands ports méditerranéens dont le développement ne fait que s'accroître, malgré même les prévisions de certaines personnes à l'ouverture du St-Gothard.

Du côté du Languedoc il faut faciliter le transport entre Cette et le Rhône non seulement à quelques rares sapines, mais encore à toute la batellerie du fleuve, à vapeur ou non. Il n'y aurait qu'à opérer quelques rectifications aux courbes des divers canaux existants, et les approfondir, dépense la plus forte mais non fort coûteuse, pour permettre aux bateaux du Rhône d'arriver jusque dans le port de Cette sans rompre charge.

Du côté de Marseille il s'agit d'une dépense beaucoup plus forte, mais nous n'avons pas à envisager ce côté de la question du moment que l'on est bien convaincu que cela est de toute nécessité pour le développement de notre trafic intérieur, de notre commerce et de notre industrie, et surtout au point de vue de l'activité nouvelle à imprimer à la navigation de notre beau fleuve.

C'est ce que j'ai démontré dans une conférence à la Société de Géographie de Lyon.

Les transporteurs actuels du Rhône peuvent peut-être se contenter de l'état actuel pour leur modeste trafic. Ils trouvent et espèrent trouver de plus en plus à St-Louis une partie suffisante d'aliment ; mais ils semblent oublier quelque peu l'importance exceptionnelle de Marseille et de Cette qui ne se laisseront pas absorber par ce nouveau port. La Chambre de commerce de Lyon ne voit pas non plus l'utilité actuelle de cette jonction par suite du capital à y engager, capital dont elle s'exagère, croyons-nous, l'importance. Mais il n'en est pas moins vrai que les transports doivent être mis à même de prendre la marchandise là où elle se trouve, et de temps immémorial elle est à Marseille dont le mouvement ne fait que s'accroître, malgré la concurrence que devait lui faire le St-Gothard, et compte pour une trop large part dans le tonnage général de notre pays pour être ainsi délaissé presqu'au seul caprice de la voie ferrée. Il ne s'agit pas non plus dans cette question d'établir une concurrence fâcheuse pour nos voies ferrées. Elles ont du reste, au point de vue du transport des voyageurs, un tel avantage que ce n'est que pour celui de la marchandise qu'elles doivent partager leur rôle avec la navigation. Si pendant un demi-siècle les chemins de fer ont trop attiré l'attention, l'heure est venue de mettre la concorde entre ces deux grandes voies de communication destinées dans l'avenir à vivre côte à côte sans esprit d'antagonisme et dans le même but. Aussi l'homologation de tarifs spéciaux pour les céréales que demande la Cie de la Méditerranée doit-elle être repoussée par nos corps délibérants, car elle ne vise qu'à faire disparaître définitivement la navigation à vapeur du Rhône.

L'utilité du Rhône pour le commerce français est trop notoirement établie pour que j'y insiste davantage, si ce n'est en vous rappelant que notre commerce spécial d'importation et d'exportation qui avait une valeur

de    212.961.000 en 1716<br>
de    596.120.000 en 1815<br>
de    942.100.000 en 1830<br>
était de 7. 534.600.000 en 1886

soit 8 fois ce qu'il était lors de la création de la batellerie à vapeur en France et lors des premières tentatives d'établissement des chemins de fer.

Tout pays a besoin de se débarrasser de son trop-plein de production comme d'attirer à lui ce qui lui manque.

La navigation maritime s'impose ainsi en auxiliaire indispensable du commerce. Elle apporte dans les ports maritimes les marchandises venant du dehors comme elle en emporte celles de l'intérieur.

La marchandise venant d'au-delà des mers aborde en France par nos ports fluviaux de la Seine et de la Loire, et de la Gironde. Pour le Rhône au contraire Arles et St-Louis, qui sont ses ports fluviaux, sont dépassés et de beaucoup par les deux ports de Marseille et de Cette, sur le littoral, ce qui constitue pour le Rhône une situation tout à fait à part, situation qui commande forcément la prolongation factice du fleuve, jusque dans ces deux derniers ports, dont nous avons parlé.

Les ports de mer et les embouchures des rivières sont des sortes de bouches, qui, si je puis m'exprimer ainsi, aspirent à elles ce qui vient de l'extérieur, comme elles rejettent au dehors le trop-plein du pays. La ramification des rivières, de leurs affluents et des canaux, s'étendant jusqu'au plus profond de l'intérieur du pays, permet ainsi, lorsqu'elles sont en état de navigabilité, la circulation par voie d'eau intérieure sur tout son territoire. Le bas prix de transport que ces voies pratiquent comparativement à ceux des chemins de fer les rend à la fois utiles et nécessaires et il semble, maintenant, qu'une sorte de mode appelle l'attention sur eux trop longtemps détournée. Cette jonction de la voie maritime avec la voie d'eau intérieure présente du reste cet autre avantage de pouvoir amener jusque dans le plus profond du pays la marchandise sans traverser de territoires étrangers, ce qui, en cas de guerre, offre une ressource précieuse.

Le véritable secret de la puissance industrielle de l'Angleterre est bien quelque peu dans sa configuration géographique. Elle est relativement étroite, ses côtes sont remplies de havres, de ports où aboutissent rivières et canaux. Des chemins de fer innombrables desservent aussi ses nombreux établissements industriels. Les chemins de fer, qui, en définitive, ne sont qu'une modification très ingénieuse, très remarquable des routes terrestres et du mode de véhicule à y employer, ne sont chez elle que les auxiliaires nécessaires de la navigation. C'est ce qu'il nous faut imiter en activant le plus possible la navigation à l'Est par la voie d'eau dont je parle, au sud par le Canal des 2 mers. Ces deux voies remplaceront chez nous la mer de nos voisins et feront de notre pays une sorte d'île pénétrable au commerce en tous points de ses côtes maritimes et fluviales.

Il n'est point nécessaire de démontrer les avantages économiques qui résulteraient de ce mouvement plus actif de transports. Il serait d'autant plus actif que cette voie serait plus sûre et plus commode, et elle le serait toujours davantage à mesure de perfectionnement et d'agrandissement, il est vrai, puisqu'alors ce pourrait devenir un canal maritime à grande section. Mais nous n'avons pas à envisager cette dernière réalisation au point de vue réellement pratique, car, à côté du capital énorme qui la fera toujours rejeter, il y a un manque d'eau absolu pour l'alimenter, et la difficulté d'améliorer le Rhône de façon à satisfaire les transports à ce dernier point de vue.

L'essentiel est de maintenir la voie actuelle libre de tous droits comme elle l'est actuellement, et de lui permettre de gagner nos ports méditerranéens. Il faut aussi continuer, ce qui a été si heureusement fait, l'amélioration du cours du Rhône.

Et l'une des choses qui y contribuerait le plus ce serait au dire de tous le reboisement de la vallée du Rhône.

Aussi serai-je heureux si le Congrès de Bourg voulait bien formuler un vœu chaleureux pour le reboisement de nos montagnes ; ce serait en même temps un hommage mérité rendu à notre digne Président qui, comme vous le savez, a fait sortir de l'oubli, où la laissait le gouvernement, une mesure aussi nécessaire.

Jadis la plus grande objection contre la navigation était dans l'irrégularité du délai de transport. La rapidité qui, au premier temps des chemins de fer, était un argument contre elle n'est plus une chose aussi nécessaire, aujourd'hui que, par suite des travaux exécutés sur tous les points, le commerce peut être assuré du jour où il recevra la marchandise. C'est la seule chose qui lui importe.

Vous le voyez, Messieurs, la voie d'eau que vous désirez est en bonne voie de réalisation. Il est de toute nécessité de l'achever au plus tôt dans la limite où elle a été commencée, sans se laisser leurrer davantage par des intérêts particuliers et spéciaux, et sans se laisser entraîner dans des conceptions trop vastes absolument inutiles quant à présent du moins. Elle procurerait des avantages économiques considérables au commerce dont l'effet naturel, comme l'a écrit Montesquieu, est de porter à la paix. Il ajoute même : L'effet du commerce sont les richesses, la suite des richesses le luxe, celle du luxe la perfection des arts. En 1467 déjà les Etats-Généraux de Tours, ainsi que l'a cité M. Félix Faure dans son rapport sur le Ministère du Commerce, en indiquaient toute l'importance dans la phrase suivante :

« Le commerce est cause et moyen de faire venir
« richement abondance de tous biens en tous royaumes,
« et sans lui la chose publique ne se peut bonnement
« entretenir. »

Je reviendrai un instant sur nos ports maritimes et sur nos côtes, puisque c'est là qu'abordent les produits étrangers et de là que ceux de l'intérieur quittent le sol du pays. Vous savez tous, Messieurs, les dépenses énormes qui se font actuellement pour mettre les ports de mer en état de lutter les uns contre les autres, c'est là une nécessité actuelle et si j'en parle ici ce n'est que pour appeler votre attention sur notre parcimonie relative. En effet, tandis que le Havre et Rouen par exemple vont absorber une somme de 96 millions, dont 72 fournis par l'Etat, Anvers coûtera 166 millions, et Rotterdam avec Amsterdam 260 (1). Quant à Hambourg l'état de ce nom y affecte 120 millions et l'empire d'Allemagne 50, total 170 millions.

Cela montre à quel point on apprécie à l'étranger le développement du Commerce. Si nous sommes assez bien favorisés dans la Méditerranée à cet égard, nous sommes loin de l'être sur l'Océan en face du Nouveau-Monde et surtout de l'extension forcée que va procurer à l'Atlantique l'ouverture de Panama. En effet, comme l'a fait remarquer M. Léger dans une de ses savantes conférences, le littoral du Havre à Bayonne présente une longueur côtière de plus de 1,200 kilomètres et il n'y existe que deux voies de pénétration dans les terres, la Loire et la Garonne et encore, ajoute-t-il, ces deux voies sont dans la situation la plus précaire. Remarquez, de plus, que 13 départements (2), (presque un sixième du territoire fran-

---

(1) A Anvers l'Etat contribue pour 90 millions, et à Rotterdam-Amsterdam pour 160.
(Session extraordinaire de 1887. Annexe 2087, p. 242.)

(2) La Mayenne, la Sarthe, Eure-et-Loir, Orne, les Deux-Sèvres, la Charente, la Haute-Vienne, la Creuse, la Haute-Loire, le Calvados, la Manche, la Vendée et la Charente-Inférieure.

çais) sont complètement privés de voies d'eau intérieures et ne peuvent avoir de communication que par les chemins de fer.

Il y a une autre considération qu'il ne faut pas perdre de vue et sur laquelle M. Léger a également appelé l'attention du public. C'est la position exceptionnelle de Lyon, le rôle qu'il doit jouer dans le transit européen au point de vue français. Jadis, il y a déjà longtemps, une malle-poste partait chaque jour de Lyon pour Bordeaux et vice-versa. Aujourd'hui vous connaissez tous le long et curieux itinéraire que les chemins de fer ont créé entre ces deux villes. Le trafic de Bordeaux a pris naturellement la direction de Paris, cet aboutissant de nos lignes ferrées. Mais aujourd'hui que la concurrence allemande nous force à trouver un moyen de pénétrer en Autriche et au Danube, sans passer sur son territoire nous ne pouvons arriver à Vienne que par la Suisse et l'Alberg. Cette ligne centrale européenne passe ainsi forcément par Lyon qui, déjà grand centre du trafic du sud au nord, est appelé à jouer ce rôle de l'occident à l'orient et à justifier plus encore son titre de grande ville de transit.

Pour que les ports maritimes se développent, pour que le commerce d'un pays soit cause et moyen de faire venir richesse et abondance, comme je le citais tout à l'heure, il faut que ce pays s'affranchisse le plus possible du tribut étranger ; il faut pour cela de toute nécessité au commerce un nouvel auxiliaire. Ce sont les colonies.

Le but de l'établissement d'une colonie c'est, comme le dit aussi l'auteur de l'Esprit des lois, l'extension du commerce et non la fondation d'une ville ou d'un nouvel empire. Il faut, ajoute-t-il, que la métropole seule puisse négocier dans la colonie. C'est son trop-plein qu'elle doit tâcher d'y porter comme elle doit en rapporter ce qui lui est nécessaire. Transports et colonies sont donc les auxiliaires forcés du commerce. Le commerce n'est donc pas, soit dit en passant comme certains affectent de le croire, la simple exploitation d'une soif de gain ; sa mission est beaucoup plus élevée, il fait entrer petit à petit les peuples dans le cercle de la civilisation, non pas en les asservissant, comme certaine politique maladroite, ou en y portant un fonctionnarisme outré, mais en trafiquant journellement avec eux, en ayant bien soin de respecter le plus possible leurs mœurs et leurs coutumes, sans blesser leurs croyances.

Les colonies sont tellement utiles à une nation, que voyez ce qui s'est passé au lendemain de nos désastres. M. de Bismarck, avec nos sous et deniers, a créé la flotte allemande qui n'existait pas et qui aujourd'hui est déjà au 3e rang. De plus sur tous les points du globe les colonies allemandes ont surgi. Un archipel entier, l'archipel Bismarck, est sous le drapeau allemand. Un vaste territoire en Afrique a été déclaré placé sous la garde de l'empereur d'Allemagne. Tout récemment encore M. de Bismarck n'a-t-il pas décrété pays sous le protectorat de l'Allemagne tous ceux qui en Afrique ne le sont pas sous celui de l'Angleterre? Que l'empire d'Allemagne tel qu'il est disparaisse, qu'il retourne de la couronne de Prusse à celle de l'Autriche, il n'en est pas moins vrai que la nationalité allemande possédera ainsi de nombreuses colonies protégées par une flotte allemande puissante, et que quels que soient les revers qu'elle puisse éprouver elle aura, si nous n'y prenons pas garde, l'avantage sur nous d'un commerce prospère et étendu qu'il nous sera difficile pour ne pas dire impossible de ressaisir.

Je suis d'autant plus heureux d'insister sur ce point que je ne crains point d'être contredit par notre Président l'ancien ministre éclairé qu'une vieille routine trop enracinée chez nous a éloigné momentanément, je l'espère, d'une direction à laquelle il eût imprimé cette impulsion dont elle a besoin.

Nous avons donc, vous le voyez, Messieurs, à porter tout notre intérêt sur la question si vaste, si importante, que la Société de Bourg a fait inscrire au programme de ce Congrès. J'ai tâché d'attirer sur quelques-uns des points essentiels votre attention, n'ayant qu'un but, comme je l'ai dit dans toutes mes communications sur ce sujet, démontrer l'absolue nécessité qui s'impose, en complétant notre outillage naval beaucoup trop restreint, de l'unir plus étroitement à l'intérieur du pays pour contribuer au développement et à la prospérité de son commerce.

M. G. LOISEAU. — M. Jules Convert, notre vice-président, gros négociant en blés, a fait, depuis quelque temps, de cette question de l'amélioration du cours du Rhône et de celui de la Saône l'objet de ses études constantes. Il vient même d'effectuer dans le Midi un voyage spécial afin de communiquer au Congrès les remarques qu'il a faites à cet égard. Je regrette que les nécessités de son commerce ne lui aient pas permis d'assister à notre réunion et je vais essayer de vous dire, en quelques mots, et, très imparfaitement sans doute, ce qu'il vous aurait bien mieux exposé que moi, grâce à sa grande expérience.

La Société de Géographie de l'Ain a mis à l'ordre du jour la question de l'amélioration du cours du Rhône, parce que c'est une question à peu près vitale pour notre région, le Rhône dessert le bassin du Rhône et, par là, j'entends la vallée du Rhône et la vallée de la Saône. A l'heure actuelle, les grands négociants de Lyon et de l'Est de la France sont à la merci des compagnies de chemins de fer, et il serait fortement à désirer, ne serait-ce que pour établir une concurrence, que l'on pût utiliser facilement le cours des fleuves qui sont des routes qui marchent, et qui, par suite, devraient pouvoir transporter les marchandises à bon marché. Il n'en est rien malheureusement, et les compagnies de chemins de fer continuent à exploiter les commerçants français,

Vous savez jusqu'à quel point elles le font ; vous savez par exemple, que la compagnie du Midi est propriétaire à la fois du réseau du Midi et du seul élément qui pourrait lui faire concurrence, c'est-à-dire du canal du Midi, et ceux qui ont vu ce canal ont pu voir que ses eaux étaient recouvertes d'un épais tapis de mousse, ce qui prouve qu'il ne sert à rien. C'est un élément de concurrence qui a disparu complètement et c'est un de ceux dont le commerce français aurait pu user pour faire abaisser certains tarifs de pénétration.

Le Rhône, par la largeur de son cours, par la profondeur de son lit, pourrait servir à créer cette concurrence, et il est à remarquer que les ingénieurs français et le gouvernement ont cherché à atteindre ce but. Mais le nécessaire a-t-il été fait? Voilà la question qu'il faut poser, et l'on peut dire que, malgré les immenses efforts et les millions dépensés, tout n'est pas fait ; par exemple les blés, qni arrivent d'Egypte, d'Australie, etc., les blés de Marseille ne peuvent pas aller, sur le Rhône, au-delà de Lyon, et pour les transporter dans les grandes minoteries de l'Est, soit de Vaise-Lyon, soit de Tournus, de Mâcon, de Dôle, de Gray, on est obligé, vu le peu de profondeur du Rhône à Lyon, d'opérer des déchargements très coûteux qui empêchent les négociants français d'utiliser ce moyen de transport. en sorte qu'un négociant de Gray, par exemple, a plus d'avantages, à cause des frais de transbordement, à faire venir des marchandises par le chemin de fer directement. Ainsi donc, de ce côté, le Rhône ne rend pas tous les services qu'il devrait rendre et qu'il rendrait certainement, puisque le gouvernement est entré dans ses vues, et qu'il veut faire du Rhône un élément de concurrence pour les chemins de fer.

La question se présente sous un autre aspect encore : si

l'on pouvait se servir du Rhône comme on le devrait, il se produirait une extension commerciale très grande au point de vue de la concurrence étrangère. L'année dernière, j'ai eu l'occasion de visiter avec notre collègue, M. Gauthiot, les grands ports de mer du nord de la France, depuis le Hâvre jusqu'à Dunkerque, et ensuite les grands ports belges d'Anvers et de Rotterdam. J'ai été frappé de deux choses. La première c'est qu'en France on oublie de s'assurer des moyens propres à transporter les marchandises arrivant dans les ports dans l'intérieur du pays, là où ces marchandises font besoin. Ainsi tout le monde sait que le grand port du Hâvre n'est relié à l'intérieur de la France que par une seule ligne de chemin de fer, de telle sorte que si un éboulement par exemple survenait — et cela peut arriver — tous les commerçants d'Elbeuf et du Nord, ceux du port même, se trouveraient privés des marchandises qu'ils attendent. Ce défaut existe pour la majorité des ports français.

Si, au contraire, vous allez à Anvers, vous remarquerez sur les quais six lignes de chemins de fer qui emmènent directement les marchandises arrivant en Belgique sur six réseaux et dans six régions différentes. A côté de ces chemins de fer, il y a de nombreux canaux qui transportent soit de Rotterdam pour la Hollande, soit d'Anvers pour la Belgique, des chalands qui viennent chercher les marchandises bord à bord des transatlantiques et les drainent à l'intérieur du pays à peu de frais. C'est ce qui permet à l'Allemagne d'établir cette vaste concurrence qu'elle nous fait depuis 1870.

Si le cours du Rhône était amélioré et mis en communication avec les canaux intérieurs, on pourrait déplacer les marchés commerciaux qui remonteraient plus loin dans le pays, ce qui empêcherait de vendre à Lyon des charbons de *Sarrebruck* quand on en a à *Saint-Etienne*, à 75 kilomètres de Lyon. Si cet état de chose ne change pas, toute notre région de l'Est va être envahie par les produits allemands. C'est pourquoi je propose au Congrès de vouloir bien adopter le vœu suivant :

« Que les travaux entrepris par le gouvernement dans le
« bassin du Rhône et de la Saône tendent, par une voie
« d'eau sûre et commode à relier les réseaux des canaux de
« l'intérieur avec la Méditerranée. » (Applaudissements.)

M. Véveau. — Je ne pensais pas avoir l'occasion de prendre la parole au sujet de la question traitée par M. Breittmayer, mais je crois avoir compris que le gouvernement se chargeait des travaux relatifs à la navigation du Rhône, et je voudrais demander que le gouvernement fît preuve de la même sollicitude vis-à-vis de ma région. Le port de Saint-Nazaire, sans être bien facile pour les bateaux d'un moyen tonnage, n'est cependant pas très accessible pour les grands transatlantiques. Tant qu'ils n'arrivent pas à marée haute, ils sont obligés d'attendre à 8 kilomètres des bassins.

La chambre de commerce de Saint-Nazaire, qui est très dévouée aux intérêts de la ville, a prévu des travaux dont l'ensemble doit coûter environ 3 millions. Elle y a mis beaucoup de bonne volonté et a offert 1,800,000 fr. au gouvernement. Si elle n'avait rien offert, les travaux auraient pu être exécutés par l'Etat, mais cette somme ayant été offerte, on s'est dit sans doute : puisque la chambre de commerce est assez bien inspirée pour offrir 1,800,000 fr., elle pourra bien avaler toute la pilule, et ira jusqu'aux 3 millions. Si bien que les travaux sont restés en suspens et que le commerce de Saint-Nazaire ne se développe pas comme il le devrait, étant donné que les bassins ne sont pas occupés par les navires qui ne manqueraient pas d'y venir si l'entrée en était plus accessible, si c'était une compensation je pourrais dire que l'on s'est montré beaucoup plus libéral pour Nantes, on est en train de creuser un canal entre Nantes et le Miquelon, mais ce n'est pas une compensation, car ce canal aura un inconvénient très grave : les bateaux ne pourront pas y entrer.

Ce que je viens de dire ne comporte aucune conclusion, ce sont de simples observations qui m'ont été suggérées par les réflexions de M. Loiseau.

M. Le Président. — On défend les intérêts de la canalisation du Rhône, et je me rallie à cette défense, parce que je suis du pays et que j'y ai des intérêts personnels qui ne me permettent pas de nier l'importance de cette question. Je suis donc tout disposé à appuyer toutes les mesures qui peuvent être prises en vue de l'amélioration de la navigation du Rhône.

Cependant, je désire faire une observation. Si les discussions, qui ont eu lieu ici et dont j'approuve les conclusions, avaient eu lieu dans une autre ville, à Montpellier, par exemple, elles auraient éveillé beaucoup de susceptibilités qui n'auraient pas manqué de se manifester. En effet, les eaux du Rhône peuvent servir d'autres intérêts que ceux de la navigation, et ces intérêts sont considérables. Il s'agit des irrigations du Rhône dans les terrains cultivés, et si le Rhône était canalisé, on ne pourrait plus obtenir ces irrigations.

Si mes souvenirs sont exacts, j'ai entendu M. de Mahy, quand il était ministre, promettre aux représentants de l'agriculture méridionale de s'occuper de cette question des irrigations avec beaucoup de sollicitude. Malheureusement, M. de Mahy n'est pas resté assez longtemps au ministère. Mais cette question n'a pas été complètement abandonnée par ses successeurs, et, peut-être, sans attendre trop longtemps, arrivera-t-on enfin à la solution désirée.

A Montpellier et dans le Midi en général, on s'imagine que les intérêts de l'agriculture et du commerce sont difficilement conciliables et l'on se demande si le Rhône a été fait plutôt pour les Lyonnais que pour les Méridionaux. Je crois que la question est mal posée et que le Rhône est, si je ne me trompe, assez riche pour que ses eaux puissent suffire aux besoins de la navigation et à ceux de l'agriculture. Aussi, comme notre congrès est un congrès national et qu'il n'est pas permis ici d'oublier des pays dont les intérêts méritent d'être défendus, je demanderais au Congrès de nous autoriser à nous entendre avec MM. Breittmayer et Loiseau et avec mon frère, M. Jules Convert, pour introduire dans le vœu qui vient de vous être exprimé un amendement qui nous évite toutes les récriminations qui pourraient nous venir des habitants du Midi ; en conséquence je proposerai au Congrès le vœu modifié suivant :

« Le Congrès émet le vœu que les travaux entrepris
« par le gouvernement dans les bassins du Rhône et de
« la Saône soient complétés sans porter atteinte aux
« intérêts de l'agriculture, en vue de relier par une voie
« d'eau sûre et commode, le réseau de nos canaux de
« l'intérieur avec la Méditerranée. »

M. Breittmayer. — Je voudrais ajouter un mot pour appuyer l'amendement de M. le Président. Cette idée de concurrence entre les intérêts de la navigation et ceux de l'agriculture, qui se trouve dans l'esprit du public, provient de deux grands courants de l'opinion que j'ai rencontrés partout. On s'est demandé si les rivières doivent servir à la navigation, ou bien si elles ont été créées et mises au monde uniquement pour servir à l'agriculture.

Mais comme le dit très bien notre président, il y a dans le Rhône de l'eau en quantité suffisante pour satisfaire tous les besoins, et la preuve que je ne suis pas hostile à l'agriculture, bien que j'aie pratiqué la navigation, c'est que j'ai employé mon temps et mon argent personnellement à faire étudier un canal de dérivation du Rhône à Beaucaire destiné à la plaine d'Aigues-Mortes et de la Camargue.

Cependant je crois que l'on peut prendre des dérivations beaucoup moins haut que Lyon, attendu que la masse d'eau, qui se trouve à Beaucaire, est plus grande encore que celle qu'on trouve à Lyon, au pont Morand. En effet, à Beaucaire, le Rhône a l'eau de ses affluents, tels que l'Isère et la Durance et il me semble que, si l'on veut prendre une dérivation, ces endroits seront bien choisis, car la quantité d'eau permettra, en même temps, de conserver le chenal nécessaire à la navigation.

C'est pour cela que je me range à l'amendement proposé par notre président.

M. VIBERT. — Après avoir entendu le rapport remarquable de M. Brettmayer et la déclaration de M. le Président, je crois bon de vous dire quelques mots de la question du canal des Deux-Mers et de vous mettre au courant de cette question au point de vue pratique.

Il y a très longtemps que nous luttons pour obtenir ce canal, et je crois pouvoir vous déclarer, sans exagération, que, depuis un an, nous avons fait beaucoup de chemin, et que nous allons obtenir enfin la mise à l'étude du projet.

Je n'ai pas besoin de vous dire quel serait pour nous l'intérêt d'un tel canal au point de vue du déplacement des marchés. Vous savez que, dans la question de la possession de l'Alsace-Lorraine, il y a non seulement une question de politique et de conquête, mais aussi une question de commerce, et que l'Alsace est l'axe commercial de l'Allemagne le plus formidable que l'on puisse imaginer pour lutter contre la France. La simple inspection d'une carte de la France suffit pour le montrer. Eh bien, la création du canal pourrait, je le crois, déplacer cet axe et également détourner de leur route en notre faveur les marchandises qui passent par Anvers.

Pour l'établissement de ce canal, nous avons, à l'heure actuelle, un budget de 600 millions(?). Eh bien, alors même qu'ils seront dépensés, ils le seront en France et ils serviront à entretenir le travail français qui se meurt en ce moment, et le canal français, d'abord de Suez et qui est maintenant un canal anglais, redeviendra un canal français puisque le canal des Deux-Mers ne sera que la continuation du canal de Suez.

A Bordeaux, nous nous sommes heurtés à des objections diverses qui se sont manifestées dans plusieurs réunions assez orageuses. On nous a dit : Mais en faisant le canal des Deux-Mers débouchant à Bordeaux, vous allez nous enlever tout notre commerce et vous anéantirez notre port? — Nous avons répondu en donnant le résultat d'études poussées aussi loin que possible et avec les statistiques les plus complètes et les plus exactes. Nous nous sommes donné la peine de compter le nombre de navires qui étaient à Bordeaux ce jour-là ; il y en avait quatorze, et nous n'avons pas tardé à convaincre les Bordelais que, si nous leur enlevions quelques navires sur ce chiffre nous en leur rendrions des centaines tous les jours. La réponse leur a paru si péremptoire qu'ils ont renoncé à leur objection.

Mais ils en ont fait une autre et nous ont dit : Mais vous allez couper la ville en deux et, en conséquence, nous ne pouvons admettre que la tête de la ligne soit à Bordeaux. Cette objection nous ayant paru sérieuse, nous avons remis le projet à l'étude des ingénieurs. Puis nous sommes revenus à Bordeaux avec un projet modifié. Nous avons convoqué des réunions considérables. Nous avons montré que nous allions créer une autre voie à côté de la route déjà existante à Bordeaux, et que ces deux routes seraient réunies par ce qu'on appelle, dans le projet, le canal des deux routes. Nous avons obtenu sur ce point l'assentiment général des Bordelais. Je prends à témoin le délégué de la Société de Bordeaux pour dire que je fais l'historique exact de ce qui s'est passé à Bordeaux depuis trois mois.

On nous a fait d'autres objections. On nous a dit qu'il y aurait encore une difficulté venant du col de Neurouze. Or, cette difficulté est résolue, et nous tenons les mémoires relatifs à cette affaire à la disposition des personnes qui voudront les consulter.

On nous a dit encore : Mais vous allez couper des centaines de routes et de lignes de chemin de fer, que nous allions couper la France en deux ! L'objection paraissait bizarre en présence d'un canal qui ne serait pas très large. Il y a des fleuves qui sont plus larges que ne le sera le canal et qui cependant ne coupent pas la France ! On prétendait que le nombre des écluses au col de Neurouze étant considérable il faudrait intercepter toutes communications par les ponts de ces écluses pendant qu'on les ouvrirait et qu'on les fermerait, et, de cette façon, la circulation serait interrompue.

Nous avons résolu cette difficulté, et il a été décidé que toutes les routes d'une certaine importance, qui traverseraient le canal, passeraient en dessus ou en dessous de son niveau.

On nous a fait une dernière objection, on a dit qu'une flotte de guerre qui s'engagerait dans le canal, serait prisonnière, parce qu'elle pourrait être bloquée par une flotte ennemie aux deux extrémités du canal. Mais il me semble qu'il ne sera pas plus difficile de défendre les deux entrées du canal qu'il ne l'est de défendre l'entrée d'un port de mer ordinaire.

Vous voyez donc que, sans entrer dans de grands détails, nous sommes à la veille d'obtenir la mise à l'enquête. Nous avons tout prêt le capital nécessaire. Nous sommes une entreprise privée ; nous ne demandons de l'argent à qui que ce soit, et nous ne recourons à aucune espèce de subvention. Nous demandons seulement, au nom du commerce français qu'on nous accorde cette enquête et le droit de marcher, et le jour où notre demande sera accordée, ce jour-là le canal des deux mers ne tardera pas à être fait. — Applaudissements.

M. Manès. — Je n'ai qu'un mot à répondre à M. Vibert, c'est que, depuis deux ans, la Société de Géographie de Bordeaux a demandé à la Société d'études de faire une conférence à Bordeaux sur l'état de la question du canal des deux mers et que nous n'avons pas obtenu une seule visite !

M. le Président. — Si la question est épuisée, comme je le pense, je donne la parole à M. Barbier, qui doit nous présenter, au nom de la Société de Marseille, un rapport sur la question qui est à la suite de l'ordre du jour, à savoir : *La création d'une ligne de paquebots à vapeur sous pavillon français desservant la côte occidentale d'Afrique jusqu'au Congo.*

M. Barbier a la parole.

M. Barbier. — Je suis l'organe de la Société de Géographie de Marseille, et en les priant d'excuser mon insuffisance j'espère que mes collègues voudront bien m'aider à éclaircir cette question.

**Rapport présenté au nom de la « Société de Géographie de Marseille » sur la nécessité de créer une ligne régulière de paquebots à vapeur entre la France et la côte occidentale d'Afrique.**

*Indication sommaire des pays africains à relier avec la France*

La ligne projetée est destinée à desservir toute la portion de l'Afrique occidentale comprise entre le Sénégal et la province d'Angola, et dont voici les principales subdivisions :

La Sénégambie,
La République de Libéria,
La Côte d'Or,
La Côte de Guinée,
Les Rivières d'huile (baie de Biafra),
Le Gabon,
Le Congo,
L'Angola.

Les possessions de la France dans cette partie de l'Afrique sont nombreuses et importantes ; elles comprennent :

Le Sénégal et ses dépendances (rivières du sud),
Grand Bassam et Assinie (Côte d'Or),
Agoué, Grand Popo, Cotonou et le riche district de Porto-Novo, le Gabon (Côte de Guinée).
Le Congo français.

Les Anglais possèdent la Gambie, Sierra-Léone, une grande portion de la Côte d'Or et de la Côte de Guinée ; ils viennent d'annexer les rivières d'huile, y compris tous les pays situés aux embouchures et le long du cours inférieur du Niger.

Les Allemands ont à la Côte de Guinée, le territoire de Togo et dans la baie de Biafra, la colonie de Cameroun.

Les Portugais possèdent dans la Sénégambie : l'archipel des Bissagos, Boulam et Bissao ; au nord du Congo l'enclave de Landano — Cabinda, la rive sud du Congo et la province d'Angola avec les ports principaux de St-Paul-de-Loanda, Benguela et Mossamédès.

L'Espagne possède les îles de Fernando-Po, Corisco, Elobey et élève des prétentions sur une partie de la zone littorale située au nord du Gabon.

La République de Libéria est indépendante.

En dehors des territoires énumérés ci-dessus, il ne reste que quelques lambeaux de Côte qui aient conservé leur indépendance sous l'autorité de rois ou chefs indigènes.

*Communications actuelles entre l'Europe et la Côte occidentale d'Afrique*

Malgré le nombre et l'importance des possessions françaises à la Côte d'Afrique aucun service régulier de navigation ne les relie à la France, à l'exception toutefois de notre ancienne colonie du Sénégal.

Cette colonie est desservie deux fois par mois par les paquebots des Messageries maritimes qui touchent au port de Dakar ; de plus un certain nombre de vapeurs du commerce français, mettent cette colonie en communications à peu près régulières avec les ports de Bordeaux et de Marseille.

Mais toutes nos autres possessions à la Côte-d'Or, à la Côte de Guinée, au Gabon, au Congo, sont privées de ces communications régulières avec la France ; aussi le commerce y est-il en très grande partie aux mains des négociants étrangers, principalement allemands et anglais, qui jouissent d'avantages considérables par suite des lignes régulières qu'ils ont su créer et faire prospérer.

Trois compagnies principales, deux anglaises et une allemande, desservent régulièrement la Côte occidentale d'Afrique touchant à tous les ports où se présente un tonnage suffisant, ce sont :

L'*Africain Steam ship Company*, de Liverpool.
La *Bristish and African steam Navigation Cie*, de Liverpool.
La *Compagnie Woermann*, de Hambourg.

Cinq vapeurs anglais partent régulièrement chaque mois de Liverpool ; trois vapeurs, deux allemands et un anglais, partent de Hambourg, ces derniers touchant parfois à Rotterdam, Anvers et au Hâvre.

Il existe encore deux autres lignes subventionnées desservant régulièrement la Côte occidentale d'Afrique ; une, portugaise, partant de Lisbonne, une, espagnole, partant de Barcelone.

On voit, par cet exposé, que, de toutes les puissances ayant des intérêts à la Côte d'Afrique, la France est la seule qui n'ait pas de service maritime régulier avec les colonies qu'elle possède dans ces contrées, au sud du Sénégal.

### *Liverpool. — Hambourg. — Entrepôts de commerce de l'Afrique occidentale et équatoriale*

Par suite des grands avantages résultant de la multiplicité et de la régularité des services maritimes, les ports de Liverpool, de Hambourg (celui-ci depuis quelques années seulement) tendent à devenir de plus en plus les entrepôts principaux du commerce africain, aussi bien pour les marchandises d'exportation destinées à la Côte, que pour les produits en provenant.

Une grande partie de ces produits, notamment les graines oléagineuses : Arachides, sésames, palmistes, se consommaient, naguère, presque exclusivement en France, à Marseille, Bordeaux, Nantes et Dunkerque, mais depuis quelques années, d'importantes fabriques d'huiles ont été créées en Angleterre, en Allemagne, en Belgique et en Hollande, *enlevant ainsi aux fabriques françaises une très grande partie de leurs débouchés à l'extérieur et menaçant sérieusement cette industrie autrefois si prospère.* D'un autre côté notre commerce d'exportation avec ces pays est resté à peu près stationnaire depuis fort longtemps, tandis que celui de nos concurrents, les Allemands surtout, s'est développé et augmenté dans des proportions considérables.

Il est certain que CETTE SITUATION SI DÉSAVANTAGEUSE IRA EN S'AGGRAVANT SI L'ON NE FAIT RIEN POUR OUVRIR AU COMMERCE FRANÇAIS NON SEULEMENT NOS PROPRES COLONIES, MAIS LES COLONIES ÉTRANGÈRES DE LA COTE D'AFRIQUE, ET CE RÉSULTAT NE PEUT ÊTRE OBTENU QUE PAR L'ÉTABLISSEMENT D'UNE LIGNE RÉGULIÈRE DE PAQUEBOTS ALLANT DE FRANCE DIRECTEMENT EN AFRIQUE.

*Extension du commerce français à la Côte occidentale d'Afrique*

Il est bien évident, en effet, qu'il n'y a pas longtemps place pour un commerçant français dans une colonie, même française, lorsque, par la force des choses, cette colonie n'a de facilités de transport qu'avec l'Angleterre ou l'Allemagne.

Aussi le commerce français n'est-il plus représenté à la Côte d'Afrique (toujours à l'exclusion du Sénégal proprement dit) que par trois à quatre maisons importantes fondées depuis de longues années et qui luttent péniblement contre la concurrence étrangère de plus en plus active.

Il est très probable que cette situation deviendrait tout autre si le Gouvernement français se décidait à créer la ligne proposée.

Dans ce cas, l'on peut prévoir qu'un certain nombre de négociants français, certains de pouvoir traiter la plupart de leurs affaires directement avec leur propre pays et pouvant ne disposer que d'un capital modéré, n'hésiteraient pas à cause des facilités d'approvisionnements et de remises à créer des comptoirs en Afrique, principalement dans nos colonies, mais aussi dans les possessions étrangères, et à prendre ainsi part, au grand profit de l'industrie française, à la lutte commerciale dont ces pays sont le théâtre.

L'on évalue à cent millions environ, la valeur des marchandises d'Europe consommées annuellement par les divers pays que la ligne projetée est appelée à desservir. (Ce chiffre ne comprend pas les importations au Sénégal.)

C'est à peine si dans l'état actuel des choses, il entre dans ce chiffre pour quatre à cinq millions de marchandises françaises.

Or, il est permis, d'après l'expérience, d'évaluer en moyenne à 25 0/0 la part qui peut revenir aux importations françaises sur les points de la Côte où le commerce français est suffisamment représenté.

C'est donc un nouveau débouché d'une vingtaine de millions au moins de marchandises qu'il s'agit d'assurer à nos industriels.

Nous dirons à ce propos qu'en dehors des tissus l'on exporte en Afrique principalement des liquides, des provisions, du sel, des armes et de la poudre, des matériaux de construction, de la quincaillerie, de la faïence, de la parfumerie, du savon, etc., toutes choses que la

France peut produire à peu près aux mêmes prix que les pays rivaux, l'Angleterre et l'Allemagne.

Quant aux produits d'importation, graines oléagineuses, huile de palme, caoutchouc, cuirs, cire, etc., que nos commerçants achèteront en Afrique, ils trouveront assez facilement à les réaliser directement en France puisque nos industriels, par suite des circonstances présentes, sont obligés d'acheter à l'étranger une partie de leurs approvisionnements de ces denrées.

*Avantages pour le Gouvernement français*

A l'appui de la création de cette ligne, il convient encore de signaler les grands avantages et les économies notables qu'en retirerait le gouvernement pour le transport du personnel et du matériel destinés à nos possessions de la Guinée, du Gabon et du Congo.

Actuellement les gouverneurs, commandants, fonctionnaires de ces colonies, sont obligés de se rendre à leur poste par les paquebots anglais, allemands ou portugais.

Les mouvements de troupes et le transport du matériel à destination de ces colonies s'effectuent à grands frais, et seulement à de rares intervalles par des bâtiments de l'Etat.

La création d'une ligne française permettrait au gouvernement d'effectuer tous ces transports beaucoup plus régulièrement et économiquement, et n'obligerait pas nos fonctionnaires coloniaux à se rendre à leur poste par paquebots étrangers.

Il est de plus incontestable que notre prestige national aurait tout à gagner vis-à-vis des indigènes et des étrangers si notre pavillon commercial s'y trouvait plus fréquemment représenté.

Ajoutons enfin, que, de toutes nos colonies, le Gabon

et le Congo sont aujourd'hui les seules qui ne soient pas en communications directes avec la Métropole par des paquebots subventionnés.

### *Nécessité de la subvention*

Il est actuellement à peu près impossible à une entreprise particulière, d'organiser un pareil service sans subvention, sans secours d'aucune sorte.

Tard venue, ne pouvant de longtemps compter que faiblement sur le concours de l'élément français qui malheureusement est trop clairsemé dans ces contrées, ayant à lutter avec des concurrents puissants et solidement appuyés par leurs nationaux, une pareille entreprise rencontrerait dans ses débuts de grandes difficultés et subirait sans doute de lourdes pertes qui en arrêteraient bientôt l'exploitation.

Il est donc indispensable que l'Etat, qui retirera de cette ligne des avantages de toute nature, en favorise la création au moyen d'une subvention suffisante ; il est à présumer que l'argent ainsi employé, sera infiniment plus profitable à l'ensemble des intérêts français que bien d'autres dépenses coloniales d'utilité douteuse. Nous ne citerons que les millions dépensés sans résultats appréciables dans le Haut-Niger.

Avec quelques bribes de ces millions la France pourrait certainement créer et organiser le service de paquebots commerciaux et postaux dont nous nous occupons aujourd'hui.

Ce service devrait être mensuel dans le début et la plus grande liberté devrait être donnée à la Compagnie concessionnaire pour tracer son itinéraire et notamment pour toucher à toutes les escales présentant un aliment suffisant de fret.

*Port d'attache*

Le port de Marseille paraît tout naturellement désigné pour servir de port d'attache à la ligne projetée : la plupart des maisons françaises trafiquant avec les colonies françaises et étrangères au sud du Sénégal, y ont leur siège commercial ; les marchandises exportées de France en Afrique proviennent, en très grande partie, de la région du Midi : liquides, provisions, huile, savon, sel, matériaux de construction, parfumerie, enfin Marseille est le grand centre d'importation des produits de l'Afrique équatoriale, amandes et huiles de palme, sésames, cire, etc.

Dans ces derniers temps cependant, le port du Hâvre s'est mis sur les rangs. Le Hâvre est actuellement dans une bien meilleure situation que Marseille, en ce qui concerne les communications avec l'Afrique occidentale et équatoriale, puisque les services anglais et allemands, qui desservent ces contrées, touchent fréquemment au Hâvre, tandis que Marseille est absolument sevrée de toutes communications régulières par vapeur, avec ces pays.

Quoi qu'il en soit, il y a place en Afrique pour les négociants et industriels du Nord et du Midi de la France, et si le Gouvernement accepte le principe de la création de cette ligne subventionnée, c'est lui qui aura à examiner en dernier ressort si ce service doit avoir son port d'attache à Marseille seulement ou s'il convient de le scinder en deux, en attribuant un certain nombre de départs à chacun des ports rivaux, et en leur traçant des itinéraires quelque peu différents suivant les intérêts de chaque région.

Nous pensons que les explications et renseignements qui précèdent, vous paraîtront de nature à justifier absolument le principe de la création, aussi prochaine que possible, d'une ligne subventionnée de paquebots à vapeur commerciaux et postaux entre la France et l'Afrique occidentale et équatoriale ; il nous reste maintenant à faire adopter ces vues par le Gouvernement, le Parlement et l'opinion publique et c'est dans ce but que nous prions le Congrès d'adhérer au vœu formulé par notre Société.

*Le Président,*
JULES-CH. ROUX.

*Le Secrétaire général,*
PAUL ARMAND.

A la suite de cette lecture, j'ai l'honneur de déposer, sur le Bureau du Congrès, au nom de la Société de Géographie de Marseille, le vœu suivant :

« Conformément aux conclusions du rapport de la « Société de Géographie de Marseille, le Congrès des « Sociétés françaises de Géographie, réuni à Bourg, émet « le vœu :

« Que, aussitôt que possible, une ligne subventionnée « de paquebots à vapeur commerciaux et postaux soit « établie entre la France et l'Afrique occidentale et équa- « toriale. »

M. MANÈS. — Je demande la parole.

M. LE PRÉSIDENT. — M. Manès a la parole.

M. MANÈS. — La Société de Géographie de Bordeaux s'est occupée de ces questions, et, le 30 avril 1884, la Chambre de commerce de Bordeaux a signalé aux pouvoirs publics la lacune qui existait à cet égard. En 1886, beaucoup de maisons bordelaises avaient exprimé un vœu analogue dans une pétition adressée au ministère des postes et télégraphes ; seulement le vœu qui a été formulé, est plus étendu que celui dont M. Barbier vient de donner lecture dans son rapport. Voici le vœu de la Chambre de commerce de Bordeaux :

« Considérant que les principales nations maritimes de « l'Europe possèdent des lignes de paquebots à vapeur « régulières qui les mettent en rapports suivis avec les « divers comptoirs de la côte occidentale de l'Afrique ;

« Considérant que la France seule, malgré l'acquisi-« tion récente d'un vaste territoire au Congo et la pos-« session de comptoirs importants dans ces parages, n'a « pas établi encore des communications régulières avec « l'ouest africain ;

« Considérant que la Chambre de commerce de Bordeaux « a signalé cette lacune aux pouvoirs publics le 30 avril « 1884 et le 27 octobre 1886 ;

« Que, d'autre part, un grand nombre de maisons appar-« tenant au commerce bordelais ont exprimé un vœu ana-« logue dans une pétition adressée le 24 novembre 1886 « à M. le Ministre des postes et télégraphes, la Chambre « de commerce demande expressément la création de navi-« res à vapeur mensuels, partant alternativement du Hâvre, « de Bordeaux et de Marseille, avec escales en Sénégam-« bie, sur la côte de Guinée, au Gabon et au Congo, jusque « et y compris le cap de Bonne-Espérance. »

A la pétition adressée il a été répondu que le ministre prenait en considération notre demande et qu'il en tiendrait compte dans la mesure du possible.

Ainsi que vous le voyez, notre vœu apporte une petite modification au vœu présenté par M. Barbier. Notre société après avoir lu le questionnaire du Congrès de Bourg, m'a donné mission de défendre la proposition de la Chambre de commerce de Bordeaux et c'est pourquoi j'ai pris la parole.

M. BARBIER. — Il y a une telle concordance entre ces deux vœux que je crois pouvoir prendre sur moi de m'as-socier de suite, au nom de la Société de Géographie de

Marseille, à l'extension de son propre vœu, telle qu'elle vient d'être exprimée par M. Manès.

M. DE MAHY. — Je voudrais faire remarquer à M. Barbier que, dans la note remarquable qu'il vient de nous lire, il s'est glissé un petit oubli que je crois cependant devoir vous signaler : c'est que la colonie du Gabon n'est pas la seule qui ne soit pas reliée à la métropole et qu'il y a aussi dans ce cas Taïhti et les îles Sous-le-Vent qui ont le plus vif désir d'être reliées avec la métropole par une ligne régulière de paquebots à vapeur.

M. LE PRÉSIDENT. — La parole est à M. le lieutenant Mizon qui doit nous lire un rapport sur cette question.

M. LE LIEUTENANT MIZON :

Une subvention annuelle de 700.000 francs pour une ligne de paquebots entre la France et le Gabon, subvention à laquelle il faut ajouter la prime à la navigation, soit environ 120.000 francs, représente au taux actuel de la rente française l'immobilisation d'une somme de 22 millions et demi. En admettant que la France fût dans une position à faire un pareil sacrifice pour une colonie de 3ᵉ ordre, qui n'est en réalité qu'un comptoir faisant quelques millions d'affaires, il y aurait encore lieu de se préoccuper si un pareil sacrifice serait profitable à ses intérêts, et, s'il servirait au développement de la colonie.

J'affirme qu'une ligne de paquebots entre la France et le Gabon ne pourrait vivre ni dans le présent, ni dans un avenir assez rapproché pour que l'on puisse rien baser sur cet avenir. Le commerce du Congo français est très faible et le peu de ce mouvement commercial, qui y existe, est, et restera encore longtemps dans des mains étrangères. Ce commerce ne fournirait pas de fret à la ligne française, qui ne peut pas compter sur les escales qu'elle ferait entre la Métropole et le Gabon.

Et d'abord, quelle est la valeur réelle du mouvement commercial du Gabon et du Congo français ? Ce mouvement suit-il une progression croissante, et peut-on espérer dans l'avenir un accroissement qui justifie le sacrifice que l'on demande à la Métropole ?

Il y a quelques mois M. de Brazza citait 14 millions comme le chiffre des affaires de la colonie ; les relevés officiels de l'administration de la colonie donnent 8.560.000. M. de Brazza a ajouté que ce commerce s'élèverait prochainement à 40 millions. Ce dernier chiffre est de fantaisie, et rien ne peut le faire prévoir ; et ce chiffre fût-il exact, que, pour des raisons que j'exposerai tout à l'heure une dépense de 22 millions et demi ne serait pas justifiée. Mais le commerce du Congo français est loin de s'élever à 14 millions, et si l'on va au fond des choses et que l'on discute, à un point de vue commercial sérieux, le mouvement actuel, l'on s'aperçoit que ce mouvement loin de tendre vers 40,000.000 est en décroissance et ne saurait augmenter avec le système actuel de fermeture des fleuves et de mystères sur le pays.

Je dis que le commerce du Congo français a diminué et que la légère augmentation, constatée dans les statistiques coloniales, n'est qu'apparente, qu'à l'augmentation du chiffre officiel correspond une diminution effective des affaires.

Avant 1870, notre colonie du Gabon ne comprenait que la baie de ce nom et le delta de l'Ogooué jusqu'au cap Ste-Catherine. Le commerce consistait en bois de teinture et d'ébène, en ivoire et en caoutchouc qui commençait à arriver à la côte. C'était le seul que pût enregistrer l'Administration.

Le commerce de l'Ogooué déjà assez important et représenté par des factoreries établies à son embouchure et dans la lagune du Fernand-Vaz et celui des rivières, qui débouchent dans la baie de Corisco, étaient entreposés dans l'ile d'Elobey alors occupée par les Espagnols et échappaient ainsi à notre contrôle. Encore une partie de l'ivoire et du caoutchouc provenant du fond de l'estuaire du Gabon, sortait-elle en contrebande par l'estuaire et la rivière Moundah.

Pour remédier à cet état de choses, en 1870, l'amiral gouverneur du Gabon établit des postes de douane dans la rivière Moundah, et aux deux principales embouchures de l'Ogooué, le Nazaré et le Fernand-Vaz. De ce fait, il y eut une brusque augmentation du chiffre officiel des affaires, sans que les affaires eussent augmenté. Encore le chiffre constaté dans les années qui suivirent, était-il très inférieur au chiffre réel, deux bouches de l'Ogooué étant seulement gardées par des douaniers indigènes fort corruptibles. Grâce aux voyages des explorateurs français les officiers Serval, Albigot, Genoyer, Aymes, Griffon du Bellay, de MM. Marche et de Compiègne, et des négociants Schulze et Walker qui nous avaient fait connaître les 2 tiers de l'Ogooué, le commerce de l'ivoire et du caoutchouc avait triplé dans l'Ogooué et le Fernand-Vaz ; mais, en même temps, le commerce du bois de teinture avait considérablement diminué. Tous les arbres situés près des cours d'eau ou des lacs, seules voies de communication possibles, avaient été coupés et ceux qui restaient dans l'intérieur étaient trop éloignés de l'eau pour être exploités. L'on avait tué la poule aux œufs d'or.

Il y a donc lieu de dire que le commerce total de la région n'avait pas progressé, quoique le chiffre officiel des affaires eût augmenté en apparence.

De 1873 à 1882, le chiffre officiel s'accroit de 4 à 9 millions pour deux causes : la production de l'ivoire et du caoutchouc augmente. L'on a trouvé une nouvelle poule. Les factoreries de l'embouchure de l'Ogooué et du Fernand-Vaz sont remontées à Lambaréné dans l'Ogooué, grâce à la protection des canonnières de la colonie, se rapprochant ainsi de 250 kilomètres des centres de productions de l'ivoire et du caoutchouc. Des vapeurs allemands et anglais de 150 tonnes mettent ces factoreries en communication avec le Gabon ; ils remontent ce fleuve jusqu'à Ndjolé à 330 kilomètres de la mer et son grand affluent le Ngoumée jusqu'aux chutes de Samba. La 2ᵉ cause tient toujours à la différence des chifres officiel et réel des affaires. Le service des douanes à Moundah, au Gabon et dans l'Ogooué est fait, non plus dans les pires conditions, par quelques noirs avec une pirogue mal armée, mais par un contrôleur et par des douaniers européens avec un côtre à voile du modèle de ceux qui surveillent les côtes de France. Les nombreuses amendes, qui frappent les maisons de commerce, leur enlèvent bientôt l'idée de frauder le fisc, en même temps qu'elles démontrent combien la contrebande était importante. En 1882, le chiffre officiel des affaires atteint presque 9 millions, représentant un mouvement de 12 à 14.000 tonnes, c'est-à-dire le chargement de 8 vapeurs moyens. J'ai pu vérifier moi-même ces chiffres sur les registres de la douane.

La colonie du Gabon qui, jusqu'en 1883, ne comprenait que 55 lieues de côtes entre la rivière Moundah et le cap Ste-Catherine prend, en 1884, une extension considérable. Ses limites sont le parallèle de 2°30 au N, et celui de 5° au S, soit 160 lieues de côtes. Les factoreries autrefois libres du Sché Cama, de la rivière Nyanga, des lagunes du Banga et du bassin du fleuve Konelon entrent dans le mouvement commercial du Gabon, qui, grâce à cet appoint, passe de 9 millions à 8.400.000 fr. d'après le rapport officiel et à 14 millions d'après M. de Brazza.

En admettant même ce dernier chiffre, l'adjonction à la colonie d'une trentaine de factoreries indépendantes n'expliquerait-elle pas cette différence de 5 millions entre 1882 et 1883 ?

D'ailleurs, cette augmentation fût-elle réelle, et elle ne l'est pas, qu'il ne faudrait pas perdre de vue les deux points suivants :

Une augmentation de 3 à 4 millions dans le mouvement commercial d'un pays dont l'exploitation commence, n'est pas une preuve de prospérité lorsqu'elle correspond à une période de plusieurs années. Pendant cette période les prix d'échanges et la location du travail ont augmenté sans jamais diminuer, soit par la volonté des noirs qui deviennent chaque jour plus exigeants, soit à cause de la concurrence que se font entre elles les maisons de commerce, et tandis qu'autrefois un commerce de 9 millions représentait l'échange de 2 millions de produits européens contre 7 de produits indigènes, aujourd'hui un commerce de 11 millions représente l'échange de 6 millions de marchandises européennes contre le même chiffre de 7 millions de produits indigènes. — Et pour me servir du cliché commun que nous avons tant entendu citer à propos de nos colonies, si la pléthore de nos produits manufacturés a un peu diminué, les bénéfices ont diminué bien plus rapidement et les frais généraux sont restés les mêmes !

Le second point de vue, sur lequel je veux attirer votre attention, a une certaine importance quand il s'agit d'une augmentation de 4 à 5 millions, si l'on admet le chiffre de 14 millions que cite M. de Brazza. Autrefois la colonie du Gabon avait un budget de 715.000 fr. y compris le service de la flottille et la subvention de la métropole. Les 2/3 de cette somme représentaient la solde du personnel colonial et de la garnison, ainsi que la main-d'œuvre des travaux et des constructions. C'était donc une augmentation de 500.000 fr. dans le chiffre des importations : cette somme étant presque entièrement dépensée dans la colonie en menus objets d'entretien et surtout en alcool pour les marins et les soldats. L'année dernière, le budget du Gabon s'élevait à plus de 800.000 f. et celui du Congo à 1.600.000 f. soit près de deux millions et demi, auquel nous pouvons appliquer le raisonnement précédent. C'est donc le budget de la Métropole, qui fait en grande partie les frais de l'augmentation du chiffre des affaires.

Je résumerai le passé commercial du Congo français en disant que, depuis 1870 à 1888, le chiffre réel des affaires, sur la côte, entre les parallèles 2° 30 N. et 5° S., a à peine augmenté ; que cette faible augmentation correspond à une diminution de bénéfices et a lieu en partie aux dépens du trésor métropolitain.

Pouvons-nous espérer en l'avenir ? Le commerce augmentera-t-il plus tard de façon à pouvoir alimenter une ligne de vapeurs français ? Si l'on ne s'appuie que sur des considérations théoriques, l'on n'hésitera pas à répondre oui. Le Congo français, d'une superficie double de celle de la France, est très boisé. Les forêts contiennent pour plusieurs milliards de bois, une fois transportés sur le marché d'Europe. Dans le pays déboisé, l'on planterait les hauts plateaux de maïs, d'arachides et de sésame et les vallées de café, de cacao et de vanille. Le produit annuel serait de plusieurs milliards et notre flotte commerciale serait à peine suffisante pour apporter sur notre marché les produits du Congo français. Voilà la théorie.

Mais combien la pratique est différente. Dans ce vaste pays, il n'existe aucune voie de pénétration. L'Ogooué est innavigable, ce n'est pas une rivière, mais un immense torrent que peuvent seules remonter les pirogues dites de rapides ; encore doit-on souvent les traîner par terre; le Setté, la Nyanga et le Konison dans le Sud de nos possessions, le Benito dans le nord sont bornés à quelques milles de leur embouchure par des chutes ou des rapides infranchissables. Le transport d'une tonne de marchandises de la mer à l'Alima par la voie de l'Ogooué coûte 1.000 francs et les frais par la voie de Koulou-Njari ne sont pas moindres si l'on en juge par les hésitations de M. de Brazza qui, après avoir préconisé la valeur de cette dernière voie aux dépens de celle de l'Ogooué, a continué à faire passer la plus grande partie de ses marchandises par ce dernier fleuve, puis est revenu dernièrement à la route du Koulou. L'Etat seul peut se permettre le luxe de transporter des marchandises dans l'intérieur au prix de 1.000 francs la tonne, mais les négociants ne pourraient l'imiter sous peine d'être obligés de déposer leur bilan. Et ce prix de 1.000 francs ne représenterait pour eux que le fret à l'aller et il leur faudrait encore payer pour le retour à la côte des produits indigènes obtenus en échange de leurs marchandises. D'ailleurs, ce prix de 1.000 francs, que peut supporter l'ivoire, et peut-être le caoutchouc, est un prix minimum et augmentera quand les commerçants entreront en concurrence avec l'Etat, car il est le produit d'un monopole: M. de Brazza a fermé l'Ogooué au commerce afin de se réserver le monopole des transports par ce fleuve. Il a pu ainsi se procurer des pagayeurs et des porteurs à bon marché et en grand nombre parmi les indigènes qui ne pouvaient plus se procurer les marchandises européennes par le commerce d'échanges avec les factoreries. Il a pu en même temps accaparer toutes les pirogues à flot et couper tous les arbres qui, par leurs dimensions et leur proximité d'un cours d'eau, pouvaient servir à en construire de nouvelles. Ainsi pour un mouvement de 2 à 300 tonnes à échelonner dans le fleuve de Ndjolé à Franceville, il était nécessaire d'avoir en main tous les moyens de transport, tant au point de vue du matériel qu'à celui du personnel.

Aujourd'hui, la flottille de pirogues que j'avais laissées à M. de Brazza est usée par cinq années de service ; il n'y a plus d'arbres à proximité des rivières et l'essai de pirogues en fer de construction européenne, coûtant 3.500 fr. l'une, n'a pas réussi. Il n'est même plus possible de réaliser aujourd'hui ce mouvement de 200 tonnes. Est-ce par cette voie, en supposant qu'elle fût ouverte au commerce, que doivent descendre les milliers de tonnes nécessaires pour alimenter une ligne mensuelle de vapeurs ?

Les produits, que l'on peut espérer récolter sur le littoral et dans les rivières jusqu'au point où l'on peut les remonter sont : l'ivoire et le caoutchouc que je ne cite que pour mémoire, car en supposant 150 tonnes d'ivoire et 1,000 tonnes de caoutchouc, c'est-à-dire le double de la production actuelle, l'on n'aurait que le demi-chargement d'un vapeur ; l'huile de palme dont le prix est tombé de 850 fr. la tonne à 400, et ne peut supporter le fret élevé des vapeurs ; le bois rouge et l'ébène dont on peut espérer que le commerce va renaître pendant quelques années si l'on exploite les rivières nouvellement annexées au Gabon. Le bois de teinture qui valait l'année dernière à cause de sa rareté 130 fr. la tonne, reprendrait son ancien prix de 60 fr., si la production augmentait et continuerait à être le lest des voiliers qui apportent au Gabon du charbon et des matériaux de construction. Il en est de même des arachides, qui cultivées au Sénégal, à 10 jours de France, constituent un commerce si peu rémunérateur qu'il n'est possible que pour les maisons faisant leurs transports avec leurs propres navires.

Dans l'état actuel de notre colonie le commerce est insuffisant pour alimenter une ligne de vapeurs et ce n'est que dans un avenir très éloigné, et avec un changement radical des procédés d'administration employés jusqu'à ce jour, que l'on peut espérer pouvoir fournir un fret suffisant à 12 grands vapeurs par an.

Mais le Congo français eût-il un commerce suffisant pour alimenter une ligne de vapeurs qu'il ne serait pas utile d'en établir une nouvelle qui ne peut même pas compter sur la 10ᵉ partie du fret, car les maisons de commerce du Gabon, quelle que soit leur nationalité, reçoivent d'Angleterre et d'Allemagne les marchandises d'échange et envoient leur caoutchouc et leur ivoire à Londres, Liverpool et Hambourg, seuls marchés existant en Europe pour ces matières premières.

Le commerce du Congo français est dans les mains de quelques maisons étrangères, allemandes, anglaises et hollandaises de 1ᵉʳ ordre, et d'une seule maison française de 2ᵉ ordre. Le petit commerce de détail est fait par quelques Français et Portugais.

Le commerce de détail est insignifiant et est, comme je l'ai dit, alimenté par quelques cent mille francs que donne le trésor métropolitain sous forme de solde aux employés, aux ouvriers et à la garnison. Il est donc dépendant du nombre des fonctionnaires, c'est-à-dire assez prospère en ce moment.

Le grand commerce, presque en entier, est entre les mains de deux maisons, Hatton et Cockson, de Liverpool et Wœrman, de Hambourg. La première paie 150,000 fr. à la douane ; la seconde 85.000 fr., soit 230,000 fr. sur une recette totale de 350,000 fr. Les maisons de 2ᵉ ordre Otto-Stein de Brême, Holt et Cⁱᵉ, de Liverpool, sont à peu près maîtresses de ce qui reste. Lorsqu'en 1882, M. de Brazza fit appel au commerce français, quelques négociants entreprenants, séduits par les récits merveilleux qu'il leur faisait sur l'avenir commercial au Gabon, installèrent des maisons à Libreville. La première ne faisant pas d'affaires a abandonné le pays cédant à l'administration de l'Ouest-Africain les bâtiments qu'elle avait fait construire et le terrain qui les portait. La seule affaire sérieuse qu'elle ait faite a donc été comme toujours avec le Trésor. La seconde, établie par un négociant qui avait abandonné ses importantes factoreries des bouches du Congo pour en fonder de nouvelles au Gabon et dans l'Ogooué n'a pas mieux réussi. Elle a dû liquider à perte et céder à une nouvelle raison sociale qui jouit d'une prospérité relative, car elle a la fourniture du Congo français, lui procure des marchandises, des porteurs et fait passer ses chaloupes à vapeur sur le Congo. C'est encore l'exploitation, non du pays, mais du Trésor.

La maison Hatton et Cookson est en communication directe avec Liverpool par des vapeurs, lui appartenant et ne prenant pas de fret, qui desservent ses factoreries tout le long de la côte et correspondent avec ses petits vapeurs qui explorent les rivières au point de vue commercial. Il ne faut donc pas compter sur elle pour alimenter la future ligne française.

La maison Wœrman possède la ligne régulière sesquimensuelle connue sous le nom de Messageries des Côtes Occidentales d'Afrique. De nombreux petits vapeurs drainent pour la grande ligne les produits de l'intérieur.

La maison Otto Stein a un vapeur qui suffit à ses besoins.

La maison Holt Nolise a des navires à voiles et donne son supplément de fret aux paquebots anglais.

Les deux lignes de paquebots anglais qui desservent la côte d'Afrique chaque semaine et ont pour tête de ligne Boumy et l'embouchure du Niger, poussent une fois par mois jusqu'au Gabon et y apportent les marchandises anglaises à presque toutes les petites factoreries françaises et portugaises et à la maison Holt. — Boumy n'est qu'à 100 lieues du Gabon et si le fret augmentait, la Compagnie anglaise pourrait donner ordre à ses vapeurs de pousser jusqu'au Gabon tous les quinze jours et même toutes les semaines. Si le commerce pouvait augmenter sérieusement, le Gabon aurait donc 7 vapeurs par mois auxquels il faut ajouter les vapeurs belges qui ont relâché pendant un certain temps au Gabon, mais ont renoncé à cette escale qui ne leur rapportait rien, et la ligne portugaise de Saint-Thomé qui passe à 45 lieues de Libreville et refuse de perdre quelques heures pour y relâcher sans se laisser tenter par la subvention relativement importante de 65,000 fr. Ce n'est d'ailleurs pas le Congo français qui fait vivre les Messageries allemandes et les Compagnies anglaises. Ces navires desservent Madère, les Canaries, Dakar, puis longent la côte d'Afrique de Sierra-Leone au Congo faisant escale à nos comptoirs de Grand-Bassam, d'Assinie et de Porto-Novo, dont le commerce ne s'élève qu'à 7 millions, s'arrêtant à chaque factorerie qui leur signale un fret de 5 tonnes, faisant leur voyage de retour tantôt en 30 jours, ordinairement en 45 et quelquefois en 2 mois, ce que ne pourrait faire la ligne française qui, ayant la poste à bord, serait astreinte à des jours fixes de départ et d'arrivée. Ces compagnies se font une concurrence acharnée et quoiqu'elles aient fixé le prix très bas, de 30 shellings la tonne, elles traitent de gré à gré, quelquefois pour 12 shellings, prix du fret du Hâvre à Liverpool. Le principal de leur chargement sont les produits que leur donnent leurs propres factoreries échelonnées de Mourona au Congo. D'ailleurs, devant une ligne française, il est probable que les compagnies anglaises et allemandes se réuniraient pour faire face à la compagnie française, comme elles l'ont déjà fait pour leurs factoreries de la côte et de l'Ogooué quand des factoreries rivales ont voulu s'y établir.

La nouvelle ligne française ne peut compter ni sur le Gabon, ni sur les escales qu'elle pourrait faire entre la France et Libreville. Madère est aux mains des Portugais, et des Anglais. Les Canaries, outre les lignes allemandes, anglaises, espagnoles, sont desservies par la société des Transports maritimes de Marseille, les Chargeurs réunis du Hâvre, la Cie Paquet de Marseille, par des vapeurs et des voiliers français d'occasion.

Dakar a la Cie subventionnée des Messageries, les Transports maritimes ; et toutes les grandes maisons de commerce, qui est presque exclusivement français au Sénégal, ont leurs vapeurs particuliers et ne donnent pas de fret. En outre, les Compagnies anglaises, allemandes et belges qui vont au Congo y relâchent, sans trouver de fret il est vrai ; et dans l'avenir les lignes anglaises du Cap et de l'Amérique du Sud, qui relâchent à St-Vincent du Cap-Vert, moins pour leur avantage que par un sot amour-propre, pourront venir à Dakar.

Il ne restera à la ligne française que le transport des troupes et du matériel de l'Etat pour Assinie, Porto-Novo et le Congo français ; mais elle ne doit pas compter sur du fret. Elle n'aura donc aucune influence sur le développement commercial du Congo français, mais en ajoutera au fret fourni par le Gouvernement.

Ce qui ajouté à la subvention que l'on demande et à la prime à la navigation, la société concessionnaire pourra, d'après le calcul que j'ai fait, servir à ses actionnaires 8 à 10 0/0. Enfin une Société commerciale prospérera au Congo français ; mais comme il fallait s'y attendre, c'est encore le Trésor qui fera les frais de cette prospérité.

Pour qu'elle se développe d'une façon progressive, il faut la peupler de négociants et non de fonctionnaires.

Il faut étudier ses ressources, les voies de pénétration à l'intérieur et, fort de ces études, l'on pourra faire des plans d'avenir, et, lorsqu'il le faudra, la Métropole ne refusera pas à la jeune colonie de l'aider à faire des lignes de paquebots, des chemins de fer et des canaux.

M. BARBIER. — Le document véritablement monumental, et je dirai même écrasant au point de vue des chiffres, que l'on vient de nous lire, me trouve complètement désarmé et me prend, ainsi que la Société de Géographie de Bordeaux, je le pense du moins, tout à fait au dépourvu. Les considérations d'ordre général que fait valoir le rapport de la Société de Géographie de Marseille ne sont pas du tout à comparer avec les détails techniques et les chiffres que vient de nous citer M. le lieutenant Mizon. Dans ces conditions, je crois que la Société de Géographie de Marseille gagnera à avoir connaissance du rapport de M. Mizon, et, jusqu'à plus ample informé, je demande la suspension, c'est-à-dire la remise du vœu que j'ai présenté, au Congrès de l'année prochaine.

M. MANÈS. — Je me rallie à la proposition de M. Barbier.

M. BAYLE. — En ma qualité de délégué de la Société des études coloniales et maritimes, je ne puis pas admettre que la France, quitte à faire un sacrifice, se refuse à satisfaire à un desideratum commun à tous ceux qui s'occupent de commerce extérieur, c'est-à-dire à établir des relations directes entre ses colonies et elle.

On fait bien des sacrifices lorsqu'on vote des dépenses considérables pour créer l'outillage commercial et maritime de la France, et ces sacrifices sont faits, cela est certain, en vue d'un résultat important, en vue de l'avenir; lorsqu'on prend la résolution d'agrandir un port, par exemple, lorsqu'on le prépare à pouvoir recevoir certains bateaux à un moment donné, on escompte l'avenir parce qu'on espère que ces bateaux viendront dans le port, et l'on fait bravement la dépense. Voyez les étrangers, ils n'hésitent pas à faire de telles dépenses. Est-ce que, lorsqu'on a créé les grands ports de Liverpool et d'Anvers, il s'y traitait alors les affaires qui s'y traitent actuellement ? C'est la création même de ces ports qui y a attiré ces affaires. — Si nous ne voulons pas établir de nouvelles lignes pour le moment, il me paraîtrait sage au moins d'accorder une subvention à une ligne française particulière déjà existante, pour qu'elle fasse un meilleur service, la France ayant tout à gagner à se servir d'une ligne nationale au lieu d'avoir recours à des lignes étrangères pour se relier à ses colonies.

M. BARBIER. — Je crois qu'il y a là de trop grands intérêts engagés. M. Mizon nous a mis en présence de chiffres dont la Société de Géographie de Marseille pourra faire son profit et qui la mettront sans doute à même de présenter son vœu avec plus de chance de succès à une époque ultérieure, ou qui la décideront à le retirer si les documents de M. Mizon sont assez probants pour lui inspirer cette résolution.

Je crois donc qu'il convient mieux, faute de pouvoir répondre péremptoirement au rapport qui vient d'être lu, de déférer le vœu au Congrès prochain. Du reste, la Société de Marseille qui aura connaissance de ce rapport, par le compte rendu, pourra y répondre au moyen de son bulletin, et nous pourrons faire notre profit de sa réponse bien avant même le Congrès prochain.

M. BAYLE. — M. Mizon n'envisage que les relations entre la France et le Congo, mais entre ces deux points, il y a aussi le Sénégal, les côtes de Guinée, toutes les escales dont le service peut devenir avantageux.

Je n'attaque pas les chiffres fournis et ne prétends pas qu'il conviendrait de demander à l'État de subventionner telle ou telle compagnie spéciale de paquebots ; mais je dois dire que ces demandes ont déjà été adressées même par des particuliers en vue d'obtenir la concession de lignes qui relieraient convenablement la France avec la côte occidentale d'Afrique, je puis même citer des noms, et j'ai l'assurance que les demandes de concession des lignes en question étaient basées sur la connaissance des conditions nécessaires à l'existence de ces lignes. Si donc quelques personnes ont fait et font encore de telles demandes, il ne faut pas les décourager, et il est bon que l'on sache que les Sociétés de Géographie sont en principe favorables à toute création de lignes de paquebots ayant pour effet de rattacher étroitement sous pavillon national les établissements français à leur mère-patrie.

M. le Président. — M. Barbier et M. Manès retirant leurs vœux, je crois qu'il n'y a pas lieu d'insister et que la discussion peut être close.

Je vous rappelle que le vœu émis par M. Loiseau à la suite de la discussion que nous avons eue sur l'établissement d'une voie d'eau entre nos canaux et la Méditerranée, n'a pas été voté. Ce vœu est ainsi conçu :

« Le Congrès émet le vœu que les travaux, entrepris
« par le Gouvernement dans le bassin du Rhône et de la
« Saône, soient complétés, sans porter atteinte aux inté-
« rêts de l'agriculture, en vue de relier, par une voie
« d'eau sûre et commode, le réseau de nos canaux de
« l'intérieur avec la Méditerranée. »

Je mets ce vœu aux voix.

— Le vote a lieu.

M. le Président. — Le vœu est adopté.

Le prince Roland Bonaparte me demande la parole pour nous faire une communication. J'en profite pour lui adresser, au nom du Congrès, tous nos remerciements pour l'amabilité avec laquelle il nous a offert de nous photographier tous, et je lui donne la parole.

M. LE PRINCE ROLAND BONAPARTE. — J'ai l'honneur d'offrir au Congrès une série de photographies anthropologiques qui sont des documents d'une assez grande valeur au point de vue des études ethnographiques. Elle fait partie d'une collection de photographies que j'ai fait exécuter ou que j'ai exécutées, et que j'ai eu l'honneur d'offrir à différentes Sociétés de Géographie de France et en particulier à la Société de Géographie de l'Ain.

La série, que je vous offre aujourd'hui, est relative aux Hottentots qui sont, en ce moment, au Jardin d'acclimatation de Paris. C'est une race très curieuse à étudier, surtout à la suite des discussions qui ont eu lieu en ce qui concerne les relations qui existent entre les différents groupes de populations du sud de l'Afrique.

Ces Hottentots ont été photographiés suivant la méthode anthropologique inaugurée par Broca, c'est-à-dire systématiquement de face et de profil, de telle sorte que ces documents étant tous faits sur le même plan peuvent être comparés entre eux. Ce sujet offre d'autant plus d'intérêt qu'après la magnifique monographie de Cuvier que vous connaissez tous sur la *Vénus hottentote*, il devenait extrêmement intéressant d'étudier sur le vif les objets étudiés depuis si longtemps dans le cabinet.

Malgré tout, ce sont des savants français qui, les premiers ont déterminé les caractères de ces races, lors de la grande expédition que le premier consul fit faire au commencement du siècle sous les ordres de Baudin, Péron et Freycinet, qui ont eu l'occasion d'étudier au Cap plusieurs de ces indigènes qui ont été dessinés par le peintre Lesueur. Plusieurs aquarelles inédites de cet artiste ont été retrouvées récemment au Hâvre et ont été publiées dans le *Bulletin de la Société zoologique de Paris*.

Il était donc intéressant de relever ces photographies et d'étudier ces races qui n'ont pas entre elles des relations bien déterminées, car si nous savons quelle est la situation du Bochiman, la discussion est encore ouverte en ce qui concerne le Hottentot.

M. LE PRÉSIDENT. — Je propose au Congrès de vouloir bien voter des remerciments au prince Roland Bonaparte. (Approbation unanime.)

L'ordre du jour étant épuisé, la séance est levée.

— La séance est levée à 4 heures dix minutes.

---

## Séance du jeudi matin, 23 août 1888

*Président :* M. BARBIER.

*Assesseurs :* MM. FAURE ET PIQUET.

La séance est ouverte à 9 heures.

---

M. LE PRÉSIDENT. — Messieurs, la séance est ouverte.

Messieurs,

Dès l'ouverture de notre Congrès, lundi dernier, Monsieur de Mahy, président d'honneur, adressait, en votre nom, un salut cordial au Congrès des Sociétés suisses de Géographie qui s'inaugurait le même jour.

Mais non content de répondre le lendemain par le télégramme dont il vous a été donné lecture, le Congrès suisse a délégué près de nous l'honorable Monsieur Faure.

Je suis heureux, Monsieur, que le tour des présidences de nos séances me vaille l'insigne honneur de lui souhaiter en votre nom la bienvenue.

Dans une réunion toute intime, Monsieur de Mahy vous a dit hier, mon cher collègue, — et je puis d'autant plus vous donner ce titre que comme mon ami M. Gauthiot, moi aussi j'ai l'honneur d'être membre correspondant de deux Sociétés suisses de Géographie, — Monsieur de Mahy vous a dit, plus et mieux que je ne saurais le faire, combien nous sommes profondément touchés et honorés tout à la fois de la démarche que vous faites près de nous.

On a dit que la science n'avait point de frontières. Certes, si le mot est vrai, c'est surtout entre la France et la Suisse cette nation amie, cette nation sœur par excellence.

Vous vous rappelez tous en effet, Messieurs, qu'aux jours de revers, la Suisse a été pour nous la nation hospitalière et sympathique ; ses sentiments ni les nôtres n'ont point changé depuis lors : elle nous en donne une nouvelle preuve aujourd'hui.

Hier encore, mon cher et honoré collègue, vous nous avez rappelé, dans une chaude improvisation, avec quelle attention, quelle bienveillance soutenues les sociétés suisses suivaient les travaux des Sociétés françaises de Géographie ; nous aussi nous suivons les vôtres. Vous nous avez dit en outre combien, malgré leur diversité, résultant de la différence des milieux, vous constatiez qu'elles marchaient toutes vers un but commun. Vous constaterez sans doute aujourd'hui que, malgré la diversité des questions posées à notre Congrès, lui aussi n'a qu'un but : le progrès patient mais incessant, le relèvement, trop lent peut-être au gré de quelques-uns, mais certain, d'un pays échappé, comme par miracle et grâce à son énergie vitale, à la plus épouvantable des catastrophes, d'un pays qui, pareil au phénix, a surgi de ses cendres !

Oh ! mon cher collègue, si ce pays a été cruellement éprouvé, s'il a eu ses défaillances plus apparentes que réelles, croyez-le bien, en tous cas passagères, il est resté le pays de Jeanne d'Arc la Lorraine ; comme le pays de Guillaume Tell, il est resté le pays de l'honneur et du patriotisme ; je tiens à vous dire qu'il est aussi le pays de la reconnaissance et je salue en vous la Suisse hospitalière!...

Soyez le bienvenu, Monsieur !

(Nombreux applaudissements.)

Puisque l'occasion s'en présente, nous constatons également la présence, parmi nous, de M. Piquet, qui est assis à mes côtés, lieutenant gouverneur de la Cochinchine, ancien gouverneur général de l'Indo-Chine.

Je constate encore la présence, parmi nous, en les invitant à prendre place à côté du Président à la séance de ce soir, de MM. Isaac, sénateur de la Guadeloupe, et de M. Sabatier, député d'Oran.

La parole est à M. Faure.

M. Faure. — Sans doute, Messieurs et chers collègues, puisqu'on veut bien me donner ce titre, je vous le renvoie — vous attendez avec une grande impatience le plaisir d'entendre la parole de M. Piquet ; mais je ne suivrais pas l'impulsion de mon cœur si je ne répondais pas, au nom de la Société de Géographie de Genève et au nom des Sociétés de Géographie suisses qui ont bien voulu me déléguer auprès de vous, par des remerciements bien sentis aux paroles extrêmement bienveillantes que vous venez d'adresser à mon pays et aux Sociétés de Géographie en particulier.

M. le Président a bien voulu rappeler ce que la Suisse a été heureuse de faire pour vous dans votre grande épreuve ; nous n'avons fait que notre devoir et nous le ferions encore dans de semblables circonstances, mais plaise à Dieu que nous n'ayons jamais à vous rendre encore les services que la Suisse vous a rendus !

Mais, en ce qui concerne les Sociétés suisses de Géographie, je dois vous faire part du regret que nous avons éprouvé de la coïncidence de nos deux Congrès des deux côtés du Jura, coïncidence qui nous a empêchés de nous trouver aux deux Congrès : devant être à *Aarau* (?) nous ne pouvions pas être à Bourg.

J'ai bien regretté de ne pas assister à votre séance d'ouverture et de ne pas avoir entendu le discours de M. de

Mahy, ni celui de M. Goujon, président de la Société de Géographie de l'Ain. N'étant arrivé hier que dans l'après-midi, le peu de séance auquel j'ai assisté m'a également fait regretter de ne pas m'être trouvé à Bourg lundi dernier et hier matin.

J'ai trouvé dans votre ordre du jour des questions qui se posent pour nous comme pour vous, parce que, dans l'enseignement, ces questions reviennent toujours à l'étude.

On a parlé d'une frontière, mais comme votre président vient de le dire, la Géographie n'a pas de frontières ; et, de l'autre côté du Jura comme de ce côté, nous nous retrouvons sur le même terrain.

Après vous avoir remerciés de tout mon cœur pour Genève et pour la Suisse de votre bienveillant accueil, de la sympathie que vous nous témoignez et de l'intérêt avec lequel vous voulez bien nous dire que vous suivez nos modestes travaux — car nous sommes des petites sociétés comparées aux grandes Sociétés de France — Laissez-moi vous dire, Messieurs et chers collègues, que c'est vous qui nous fournissez la matière des travaux modestes auxquels nous nous livrons, et auxquels vous voulez bien prendre un léger intérêt ; ce sont vos exemples que nous suivons ; nous profitons de vos renseignements sur l'Extrême-Orient et sur l'Occident lointain. Nous suivons vos explorateurs avec intérêt et quand l'un d'eux succombe, nous le pleurons avec vous, parce que nous sentons que la science a fait une perte irréparable bien souvent.

Laissez-moi vous dire encore avec quel bonheur j'ai entendu plusieurs d'entre vous hier dans une réunion intime et le bonheur encore avec lequel je me promets de suivre tous les travaux qui sont à votre ordre du jour pour emmagasiner beaucoup, mais non pas pour les garder pour moi tout seul, les résultats précieux de vos études, les communications que vous nous ferez, et tous ces trésors que vous distribuez à pleine main et que la France sème jusqu'aux extrémités du monde. Oui, si j'en profite aujourd'hui, ce sera pour reporter aux Sociétés qui ont bien voulu me déléguer aujourd'hui auprès de vous tout ce que j'aurai acquis de vous. C'est nous, messieurs, qui vous devons une grande reconnaissance pour avoir contribué à augmenter nos trésors intellectuels, non-seulement intellectuels mais moraux, car dans l'étude des sciences géographiques, les questions morales se retrouvent. Nous ne faisons pas que de la science pure, et, dans les questions étudiées hier, il s'en trouvait d'une application pratique, humaine, patriotique : relèvement d'une partie du pays, mise en communication de deux mers, communications relatives à des populations qui ont souffert, questions morales enfin dont j'enrichirai mon trésor au milieu de vous pour le soumettre à la Société de Genève et aux Sociétés suisses.

Puisque l'occasion s'en présente, permettez-moi, après avoir remercié la Société de Géographie de Paris, de l'invitation qu'elle a adressée aux Sociétés suisses de vouloir bien assister à la réunion du grand Congrès de l'année prochaine, de vous inviter aussi de la part des Sociétés suisses pour la prochaine session de son Congrès qui se tiendra en 1890 au sein de la Société la plus rapprochée de votre frontière, l'active et jeune Société de Neuchâtel.

C'est à peine si j'ose prononcer ce nom, car dans la vallée qui conduit de la Carjoux à Neuchâtel, vous avez laissé des souvenirs qu'il est presque cruel de rappeler !

Mais, Messieurs, Dieu a commencé à panser vos blessures, et, en regardant dix-huit ans en arrière, vous pouvez remarquer le chemin du relèvement que vous avez parcouru ; et s'il plaît à Dieu, il en est parmi vous qui viendront nous honorer de leur présence à notre Congrès, dussent-ils passer par le pied du Carjoux, par les Verrières françaises et les Verrières suisses et descendre par le val de Travers qui nous rappelle des souvenirs si pénibles. Ils voudront bien se rappeler avec quel bonheur la Suisse les a reçus, et a cherché à calmer leurs souffrances, à leur faire oublier quelque chose de l'amertume qu'ils ont éprouvée ; ils voudront bien se dire qu'à l'heure actuelle nous sommes avec eux pour travailler aussi par notre sympathie, par nos vœux, à leur relèvement jusqu'à ce qu'il plaise à Dieu de leur accorder de reprendre la place que, momentanément peut-être, ils ont perdue.

Mais nous savons que les caractères mûrissent dans l'épreuve et que l'adversité leur fait produire des fruits que peut-être ils n'auraient jamais portés dans la prospérité. Il est possible que la grande expansion coloniale qui vous est accordée maintenant, provienne justement des épreuves passées et qu'après avoir été obligés de vous replier sur vous-mêmes, vous allez maintenant étendre les ailes et que l'influence française, qui a été si souvent bénie, le sera encore jusqu'aux extrémités du monde !

(Vifs applaudissements.)

Merci encore de l'accueil que vous faites, dans mon humble personne, à la Société de Genève et aux Sociétés suisses, mais permettez-moi d'espérer qu'en 1890 nous pourrons vous témoigner notre reconnaissance pour la participation et les encouragements que vous voudrez bien nous accorder à la réunion du Congrès de Neuchâtel. (Nouveaux et nombreux applaudissements.)

M. LE PRÉSIDENT donne lecture d'une lettre de remerciements adressée au Bureau du Congrès par le Colonel commandant le 23ᵉ de ligne, au sujet du souvenir adressé par les membres du Congrès aux musiciens de ce régiment.

L'ordre du jour appelle la question : *De l'utilité des bureaux nautiques dans nos grands ports de commerce.* = Question proposée par la Société de Géographie commerciale de Bordeaux.

La parole est à M. Manès.

M. MANÈS :

## De l'utilité des Bureaux nautiques dans nos grands ports de commerce

Question présentée par la Société de Géographie commerciale de Bordeaux, séance du mercredi 22 août 1888.

Messieurs,

Le Congrès national de Géographie réuni à Bordeaux en 1882, et le Congrès régional de Géographie réuni à Bergerac en 1885, ont émis, sur la proposition de notre Société, le vœu : que *des bureaux nautiques fussent installés dans les principaux ports de commerce*. Je viens aujourd'hui vous demander le renouvellement de ce vœu.

Le rôle des Bureaux nautiques, tel qu'il a été défini par la Commission spéciale (1), chargée par notre Société de cette étude, doit être de fournir au commerce maritime tous les moyens de venir en aide, aux moindres frais possible, à la navigation et entre autres :

1° Régler les chronomètres ;

2° Régler les compas ;

3° Comparer les baromètres et thermomètres avec des instruments types ;

4° Communiquer aux intéressés les instructions nautiques, les cartes, les annales hydrographiques, l'état des phares et des balises et tous autres documents relatifs à la navigation ;

---

(1) Cette commission était composée de notre Président, M. Marc Maurel, membre de la Chambre de Commerce, de deux de nos Vice-Présidents : MM. Lanneluc et Hautreux, et de notre collègue M. Rayet, professeur à la Faculté des sciences, directeur de l'Observatoire de Bordeaux.

5° Traduire chaque jour sur un tableau les dépêches météorologiques et de prévision du temps générales et spéciales à la région ;

6° En échange de ces services engager les capitaines à déposer au Bureau nautique tous les renseignements pouvant intéresser le commerce et la navigation.

I. *Régulation des chronomètres.* — L'utilité de maintenir à l'heure exacte les horloges d'une ville, de pouvoir régler exactement les chronomètres des navires longs courriers qui fréquentent les grands ports de commerce ne saurait être contestée un seul instant. La marche rapide des vapeurs qui effectuent aujourd'hui le transport des marchandises et des dépêches, et qui doivent être en mesure d'atterrir à toute heure du jour et de la nuit, a créé, pour tous ces bateaux, l'obligation de naviguer d'une manière savante par des déterminations exactes de leur position géographique. Les horlogers sont aujourd'hui en mesure de fournir des chronomètres d'une marche régulière ; entre des mains habiles, le sextant peut devenir un instrument précis. Les seuls points qui constituent encore une difficulté sérieuse sont le réglage du chronomètre au point de départ et la détermination de sa marche, du degré de son avance ou de son retard diurne en raison de la température à laquelle il se trouve soumis.

La détermination facile de l'état absolu du chronomètre au moment du départ est, depuis plusieurs années, assurée dans la plupart des ports non français. En Angleterre, en Amérique, en Allemagne, en Portugal, au Brésil, dans les colonies anglaises, les grands ports sont tous pourvus d'un signal du temps ; une boule placée sur un point élevé tombe à l'instant exact du midi moyen et permet ainsi à tous les bateaux entrés en rade de déterminer la quantité de l'avance ou du retard de leur chronomètre.

Un time-ball existe à Londres, Greenwich, Liverpool, Glascow, Boston, New-York, Hambourg, Kiel, Ste-Hélène, Sidney, Melbourne, Rio de Janeiro et sans aucun doute dans un très grand nombre d'autres ports.

En France un signal de midi n'existe que dans les ports militaires de Cherbourg, Brest, Rochefort et Toulon, et encore d'après le témoignage même des officiers chargés de ce service, les résultats obtenus d'installations parfois primitives ne sont pas très satisfaisants.

A l'étranger au contraire, où les installations sont faites dans des conditions convenables et où les mécanismes sont soigneusement entretenus, les résultats sont excellents ; M. Rumcker, directeur de l'Observatoire de Hambourg, a autrefois affirmé à M. Rayet qu'il n'y avait jamais sur la chute de la boule une erreur supérieure à cinq dixièmes de seconde.

Si l'installation d'un time-ball peut donner aux marins la satisfaction d'une détermination facile, faite du bord même, de l'état absolu de leur chronomètre, il faut cependant reconnaître que cette détermination aura toujours une précision notablement inférieure à celle d'une comparaison directe avec une pendule exactement réglée.

Dans les principaux ports de commerce étrangers, il existe un établissement spécial placé sous la surveillance du Directeur de l'Observatoire astronomique et dans lequel peuvent se faire ces comparaisons directes du chronomètre à la pendule, comparaisons qui font connaître la marche diurne du chronomètre. Une installation spéciale de réfrigérants et d'étuves permet d'ailleurs d'étudier la marche des chronomètres à la température de zéro degré, à la température ordinaire, et à la température de 30° environ ; ces éléments sont communiqués aux capitaines qui en font la demande et qui sont assez soigneux pour savoir les utiliser.

Il serait donc à désirer que le port de Bordeaux et les autres ports de commerce, dont les relations avec les pays situés au-delà de l'équateur sont nombreuses, fussent pourvus d'un établissement ou bureau nautique dans lequel les marins pourraient venir prendre heure au moment de leur départ et dans lequel ils pourraient faire éprouver leurs chronomètres au point de vue des changements que les variations de température introduisent dans leur marche.

L'Observatoire nautique de Hambourg que M. Rayet a eu l'occasion de visiter en 1878 pourrait être pris pour type d'une organisation de ce genre. L'établissement dirigé par un jeune astronome se composait : 1° d'un sous-sol où était placée une boite en plomb, à double paroi, entourée de glace et disposée de manière à pouvoir renfermer une douzaine de chronomètres qui marchaient ainsi à la température de zéro ; 2° d'une salle au rez-de-chaussée renfermant la pendule-type, réglée chaque semaine par l'Observatoire astronomique, et le dépôt des chronomètres ; 3° d'une autre salle au milieu de laquelle était disposée l'étuve à gaz destinée à porter et à maintenir les chronomètres à une température voisine de 30 à 35°.

L'installation de bureaux analogues dans les principaux ports de commerce serait donc des plus simples, la seule complication résulterait de la nécessité d'établir une jonction télégraphique (destinée au réglage de la pendule) entre l'observatoire le plus voisin et le Bureau nautique ; mais si une pareille organisation était réalisée, ce serait au grand profit de la marine et du commerce et dans ce cas l'établissement d'un time-ball deviendrait moins utile.

II. *Régulation des compas.* — Dans tous les ports où il existe des ateliers de construction pour navires en fer, il est indispensable que ces bâtiments, après leur achèvement, puissent opérer la régulation de leur compas sans avoir besoin pour ces opérations indispensables de se rendre dans d'autres ports possédant l'installation nécessaire.

III. *Comparaison des baromètres et thermomètres avec des instruments types.* — Cette comparaison est réclamée à juste titre par tous les savants qui s'occupent de recherches météorologiques. Des troubles atmosphériques considérables sont produits par des différences thermales et barométriques souvent très faibles. Pour obtenir des vues d'ensemble exactes sur l'état de l'atmosphère, permettant de donner aux marins des avertissements précieux, il est indispensable que toutes les observations soient ramenées au même étalon par la comparaison des instruments d'observation avec des types déterminés ; l'achat de ces types ne constituerait pas une dépense importante.

IV. *Dépôt et communication des instructions nautiques, cartes,* annales *hydrographiques, état des phares et balises, documents de toute espèce intéressant la navigation.* — Une partie de ces documents existent dans les bibliothèques des chambres de commerce, mais ils ont besoin d'être complétés, revisés, constamment tenus à jour ; il faut que toutes les modifications signalées par le Bureau des cartes et plans soient portées à la connaissance des intéressés dans le local où ils viendront chercher les autres données nécessaires pour la navigation.

Le Bureau des cartes et plans de la marine entretient dans tous les ports de guerre un dépôt de ce genre ; les corrections sont faites sur les cartes, au fur et à mesure des renseignements envoyés et, quand les éditions sont refondues, les types sont échangés. Il n'y a pas de semaines où il ne soit publié des avis aux navigateurs qui perdent toute leur utilité parce qu'ils ne peuvent être consultés avec fruit par les intéressés ;

Il est probable qu'à la demande des chambres de commerce, M. le Ministre de la marine et des colonies consentirait à faire le dépôt de ces diverses publications sans frais, car l'éditeur gagnerait à faire connaître ces documents que nos capitaines vont souvent demander à l'étranger, parce qu'ils ne connaissent pas les ressources que peut fournir l'hydrographie française.

V. *Traduction quotidienne sur un tableau facile à lire des dépêches météorologiques et de prévision du temps, générales et spéciales à la région.* — Ces dépêches si intéressantes pour tous les armateurs et pour tous les capitaines, voire même pour l'agriculture, sont envoyées sous une forme qui n'est pas commode à lire pour le public ; quelques-unes sont chiffrées, ce sont celles de la direction et de la force des vents, de l'état du ciel et de la mer sur toutes nos côtes et sur celle de la Grande-Bretagne. Il faut les traduire en langue vulgaire et les lire avec une grande attention pour en tirer profit.

Les autres dépêches indiquent les pressions barométriques dans toute l'Europe à 8 h. du matin ; elles permettraient de tracer à la craie sur un tableau noir les courbes isobares, à peu près telles qu'elles sont indiquées dans les bulletins internationaux reçus et affichés chaque jour à la Bourse et dont le public apprend de plus en plus à se servir ; mais les cartes du temps que l'on affiche sont de la veille ou de l'avant-veille, elles n'ont qu'un intérêt rétrospectif très utile encore pour ceux qui savent les lire, tandis que les dépêches du jour même, si on les traduisait d'une façon compréhensible pour tous, auraient une bien autre importance. Elles montreraient l'état réel du temps au moment même et indiqueraient presque certainement le degré de confiance et de probabilité qu'on pourrait accorder aux prévisions indiquées pour le lendemain.

Il y aurait donc une grande utilité à charger les Bureaux nautiques du soin de traduire ces dépêches et de les retracer sur un tableau qui pourrait être lu et compris par tout le monde.

VI. *Invitation aux capitaines à fournir des renseignements, et dépôt de ces renseignements.* — En échange des services qui viennent d'être énumérés, on engagerait les capitaines de navires à déposer au Bureau nautique toutes les observations pouvant intéresser le commerce et la navigation.

Que deviennent en effet tous ces journaux de mer que tout navire doit tenir ? Quelle masse de renseignements est ainsi perdue à tout jamais, et pourtant il serait si facile de recueillir ces renseignements et de les transmettre aux savants laborieux qui continuent perpétuellement la revision des lois générales formulées par Maury ! Ces documents montrent que partout la loi générale subit des modifications locales ou régionales qu'il est du plus grand intérêt de connaître.

Telles sont, Messieurs, les considérations principales exposées par M. Rayet dans son rapport et qui ont engagé la Société de Géographie commerciale de Bordeaux à demander la création de Bureaux nautiques dans nos grands ports de commerce. Son vœu de 1882, qui a obtenu l'adhésion la plus complète du Conseil général de la Gironde, a eu la bonne fortune de rencontrer au Congrès de Bordeaux un précieux appui auprès du délégué de M. le Ministre de la marine, le regretté lieutenant de vaissceau M. Brault; notre Société serait heureuse de trouver aujourd'hui pour le renouvellement de son vœu au Congrès de Bourg le même accueil de M. le délégué du Ministre de la marine et des colonies.

## BUREAUX NAUTIQUES

### Texte du vœu proposé

Le Congrès, soucieux des intérêts de la marine marchande, exprime le vœu qu'il soit créé dans chacun de nos grands ports de commerce un Bureau nautique où les capitaines au long cours et les marins en général trouveraient gratuitement tous les renseignements qui leur seraient utiles, tels que : les cartes du bureau des plans de la marine, les instructions nautiques, des ouvrages de marine, les levés des ponts et chaussées, etc..., ainsi que les moyens de faire régler facilement leurs compas et leurs chronomètres.

M. LE PRÉSIDENT. — Voici le texte du vœu tel que la Société de Bordeaux demande qu'il soit adopté :

« Le Congrès, soucieux des intérêts de la marine mar« chande, exprime le vœu qu'il soit créé, dans chacun de
« nos grands ports de commerce, un bureau nautique où
« les capitaines au long cours et les marins en général
« trouveraient gratuitement tous les renseignements qui
« leur seraient utiles, tels que : les cartes du bureau des
« plans de la marine, des instructions nautiques, des
« ouvrages de marine, les levés des ponts et chaussées,
« etc..., ainsi que les moyens de faire régler facilement
« leurs compas et leurs chronomètres. »

M. P. Loiseau. — La Société de Géographie du Hâvre, que je représente, ne peut que s'associer au vœu de M. Manès et m'a chargé de l'appuyer.

Toutes les considérations, exposées dans le rapport de M. Manès, ont été développées au sein de notre Société ; nous avons fait tout notre possible pour attirer les capitaines au long cours à la Société de Géographie du Hâvre, et dans ce but nous avons publié des cartes marines, et nous nous efforçons de les mettre à leur disposition.

Je dois vous signaler ce qui se fait à Washington, et il est intéressant de mentionner la carte de géographie que publie le bureau nautique de cette ville. Cette carte est remise aux navires qui entrent à New-York en même temps qu'un questionnaire à remplir leur est adressé. On se sert ensuite des renseignements qu'ils veulent bien y consigner pour aider à la confection de petites cartes publiées périodiquement.

Je demande si en France on ne pourrait pas appliquer le même système.

Je voudrais savoir aussi si M. Manès entend que la création des bureaux nautiques soit due à l'initiative privée ou à l'initiative de l'Etat. A Washington, on s'était d'abord adressé à l'initiative privée pour la création d'un bureau nautique ; cela n'a pas réussi, l'initiative privée n'ayant pu réunir les fonds nécessaires à cette création.

M. Manès. — Dans l'esprit de la Société de Bordeaux, la création d'un bureau nautique devait se faire avec le concours de la municipalité et de la Chambre de commerce sans demander celui du Gouvernement ; mais il faudrait évidemment avoir son appui pour encourager les municipalités et les chambres de commerce.

M. le Président. — Il résulte de ces observations que M. Loiseau confirme le vœu tel que l'a exprimé M. Manès, personne ne demandant plus la parole sur ce sujet, je mets ce vœu aux voix :

— Le vote a lieu.

M. LE PRÉSIDENT. — Le vœu est adopté, c'est-à-dire qu'il est rappelé dans les termes mêmes dans lesquels il avait été proposé dans les précédents congrès.

L'ordre du jour appelle la question suivante :

*Trouver le meilleur système administratif et politique à appliquer à chacun de nos établissements d'outre-mer, suivant le climat, l'état social, politique et religieux des races qui habitent le pays ; il serait tenu compte de la nature de l'établissement d'outre-mer, soit comme station militaire, soit comme colonie d'exploitation.* (Question proposée par la Société Bretonne de Géographie à Lorient.)

Nous avons le regret très profond d'apprendre, au dernier moment, que les membres de la Société de Géographie bretonne, tous marins, appelés par leur service, se sont embarqués. Néanmoins, pour leur donner une marque de sympathie, nous avons cru devoir maintenir la question à l'ordre du jour ; cela va nous permettre d'entendre, sinon sur la question elle-même, du moins sur un des côtés particuliers de la question elle-même plusieurs de nos collègues qui sont certainement en mesure de nous donner des éclaircissements très utiles et très instructifs. Je donne la parole à M. Piquet qui a un travail à vous présenter à cet égard (1).

M. LE PRÉSIDENT. — Nous remercions M. Piquet des renseignements qu'il a bien voulu nous donner et qu'il était mieux en mesure de nous fournir que qui que ce soit.

M. DE MAHY. — J'ai écouté avec soin la communication de M. Piquet et sans vouloir entrer dans le fond du débat, je tiens à faire les plus expresses réserves sur le système politique colonial préconisé par lui et auquel je ne puis, pour ma part, me rallier.

---

(1) M. Piquet nommé Gouverneur général de l'Indo-Chine n'a pu faire parvenir son travail au Secrétariat du Congrès, qui se trouve ainsi privé du plaisir de le publier.

M. Gauthiot. — Il ne faudrait pas que les paroles, qui viennent d'être prononcées par M. Piquet à propos des communications qui peuvent s'établir sur le grand fleuve de l'Indo-Chine, restassent sans être complétées par quelques mots que je voudrais dire du voyage fait par M. Gauthier (deux mille et quelques centaines de kilomètres qu'il a faits sur le Meï-Kong).

Vous voyez que ce simple négociant — qui n'est pas même un explorateur — vient de descendre pour la première fois dans certaines de ses parties le grand fleuve qui pourrait drainer à notre profit tout le commerce de la presqu'île indo-chinoise.

M. le Président. — Nous remercions M. Gauthiot des paroles qu'il a bien voulu ajouter à la suite de la communication si intéressante de M. Piquet, et je donne la parole à M. Moncelon...

M. Moncelon. — Il y a ici un représentant de nos colonies, M. Isaac, qui possède bien mieux la question que moi; mon devoir est de lui céder mon tour de parole...

M. Isaac. — Vous êtes trop aimable, mon cher collègue; permettez-moi de vous prier de commencer votre communication.

M. Moncelon. — Vous venez d'entendre M. Piquet qui vous a dit des choses très remarquables et surtout très pratiques sur les colonies ; c'est sur ce terrain que j'essaierai de me placer, autant que possible, en ce qui me concerne.

Il y a trente ans environ que j'étudie cette grande question coloniale et que j'entrai dans la marine du commerce d'où je voyais défiler successivement sous nos yeux chacune de nos belles, riches, mais malheureuses colonies ; aujourd'hui s'occuper d'émigration, d'administration coloniale, c'est faire de la Géographie commerciale par excellence, comme vous le disait notre honoré président, M. de Mahy, avec le talent que vous lui connaissez, avec sa voix vibrante d'éloquence et de patriotisme, coloniser c'est travailler à l'agrandissement et au relèvement de la patrie ; coloniser c'est prendre chez nous la partie de la population qui ne produit pas, qui émigre — malheureusement à l'étranger — et de l'établir sur le territoire encore désert de nos colonies, la transformer en une population qui produise les matières premières qui sont si nécessaires à notre commerce et à notre industrie métropolitaine, laquelle va chercher ces matières à l'étranger, les paie fort cher et favorise ainsi la concurrence contre elle-même. Coloniser c'est transporter sur un sol encore désert une population inutile à la France, dans de telles conditions qu'elle devienne consommatrice et épuise les marchandises produites par la métropole. C'est enfin établir une population dans des pays nouveaux dans de telles conditions qu'elle s'y rajeunisse, qu'elle se revivifie, qu'elle y reproduise la race d'où elle est issue de façon à nous aider, nous métropole, à relever le chiffre de notre natalité qui s'abaisse, ou du moins qui reste dans des limites telles que nous avons calculé qu'il faudrait à la France près de deux cents ans pour doubler sa population, tandis qu'il faut 60 ans à l'Allemagne, 30 à l'Angleterre, 20 aux États-Unis pour remplir le même but.

Pour ne pas perdre le temps de ceux de nos collègues qui doivent prendre la parole sur cette question, je me suis tracé un programme. Je divise la question en trois parties.

Pour coloniser, il faut d'abord avoir un territoire propre à la colonisation ; il faut avoir une émigration ; il faut avoir une administration capable de diriger le mouvement.

La première partie s'applique donc à l'appropriation du sol à coloniser. Il vous est arrivé à tous de vous promener sur le bord d'une grande forêt ; vous étiez désireux, s'il faisait grand soleil, de pénétrer sous les arceaux du bois. Mais, de loin en loin seulement, vous aperceviez une voie propre à la pénétration ; partout des broussailles vous arrêtaient. Voilà l'image de la plupart des colonies, moins les voies de pénétration. Pourquoi les émigrants s'en détournent-ils ? C'est parce qu'ils ne reconnaissent pas des moyens d'exploitation suffisants ; et partout ils ne rencontrent que des broussailles. Par conséquent le premier devoir pour la nation consisterait à mettre son territoire colonial encore désert et libre dans un état tel que l'émigration puisse s'y diriger.

La seconde partie concerne l'émigration. Nous ne demandons pas à envoyer hors de France les gens qui ont encore un petit intérêt quelconque à y rester. Notre but est de proposer une colonisation toute spéciale, toute nouvelle à des malheureux qui n'ont plus ici les moyens de pourvoir à leur subsistance, ni à celle de leur famille, à des gens qui ne produisent plus, qui ne consomment plus, qui ne reproduisent plus la race, de telle façon que ces gens-là, qui sont devenus inutiles ici, deviennent là-bas consommateurs, producteurs et reproducteurs.

Nous avons examiné la question sous toutes ses faces, et ce travail est long et pénible. Hier, vous avez entendu des débats sur une question spéciale, les colonisations à l'intérieur de la France ; on vous a parlé de dépeuplement et de repeuplement. Eh bien, nous avons des exemples qui prouvent que la race peut se reproduire. Il y a le Canada ; mais il y en a d'autres ; j'ai vu des colonies où des gens qui n'avaient plus de famille ici, avaient tout à coup de nombreux et beaux enfants. C'est là la grande question ; car, en fin de compte, la grande victoire sera une victoire commerciale. Toujours la victoire des champs de bataille a donné de mauvais résultats aux deux partis ; vainqueurs comme vaincus s'anéantissent peu à peu et les millions des nations y passent sans profit pour personne ; mais la victoire commerciale peut nous ramener au premier rang.

C'est au point de vue surtout de cette belle reproduction de la race dans les colonies que je me placerai, non que je veuille combattre les économistes qui ont traité de la question et qui y étaient autorisés comme M. Yves Guyot. Ce n'est pas sur ce terrain que je me placerai, mais je vous ferai part de mes observations personnelles, observations de douze années passées aux colonies.

Je vous parlerai de la préparation du territoire à coloniser par la main-d'œuvre pénale ; à ce propos, j'ai comparé l'état de nos colonies à celui d'une forêt vierge dans laquelle il n'est pas possible de pénétrer. Pourquoi les émigrants ne vont-ils pas dans les colonies ? C'est parce qu'ils ne sont pas outillés. Pour détourner l'émigration dans nos colonies l'émigration qui va à l'étranger, il faudrait mettre celles-ci en état d'exploitation. Je parle des colonies de peuplement.

Que trouve-t-on sur ce sol ? Quel est l'attrait qui peut attirer sur un sol colonial ? C'est une richesse inépuisable qui ne demande qu'à être exploitée. Les colonies comportent une masse d'éléments que nous allons chercher à l'étranger et que nous pouvons exploiter nous-mêmes, que nous pouvons produire dans d'excellentes conditions sur notre sol national. En le faisant, nous anéantissons en partie cette concurrence qui nous est si funeste. Il y a de tout dans les colonies, des métaux, du sucre, du café, du coton. toutes espèces d'essences de bois que l'étranger nous fournit au poids de l'or et qu'il ne s'agit que d'exploiter.

Les moyens d'action pour la mise en exploitation des colonies de peuplement, voilà une autre grave question. Vous me direz : Il est facile d'émettre des théories et de faire des discours, mais lorsqu'on en arrive à la pratique il faut trouver la main-d'œuvre, et l'argent pour la mettre en activité. En effet, c'est là que commence la difficulté. Eh bien, j'ai déjà eu l'honneur de vous parler de la main-d'œuvre pénale ; là nous trouvons un levier puissant, une force énorme. J'ai entendu dans la réunion s'élever des objections : On aura beau faire, disait-on, on ne tirera jamais parti de la main-d'œuvre pénale d'une façon utile : je crois le contraire. J'ai habité pendant une dizaine d'années avec les forçats, et j'ai pu les juger. Ils sont généralement assez vigoureux. Il s'agirait de savoir les utiliser et de leur faire sentir de temps en temps la main de la loi d'une façon plus effective. Nous sommes autorisés à nous servir de leur travail ; ils ont lésé leur patrie ; ils ont une dette à payer : voilà le principe :

or si l'on n'en fait rien pour l'instant, ce n'est pas une raison pour que, par la suite, nous n'en fassions pas quelque chose ; nous en avons les moyens. En Nouvelle-Calédonie, nous ne tirons rien des forçats parce que nous leur faisons une situation trop douce ; j'en ai déjà parlé, je n'y reviendrai pas. Mais il me semble qu'avec un moyen bien simple, la cellule, nous arriverions à faire exécuter les travaux publics. Chaque forçat ne donnera jamais une grande somme de travail, car lorsqu'on travaille forcé, on travaille mal, mais si peu que l'on obtiendrait de chaque homme, nous arriverions à un résultat considérable parce que nous avons 14 ou 15.000 hommes que nous pouvons faire travailler dans les colonies.

Je propose donc la cellule que plusieurs économistes ont proposée à la Chambre et au Sénat. Ce moyen d'action n'est pas contraire à l'humanité : en effet, au bout de très peu de temps, le forçat demande lui-même à sortir de la cellule et à prendre la pioche pour fuir le silence et la solitude qui le tuent, qui le mettent constamment en présence de son crime et le démoralisent complètement.

Il y a un autre moyen, la privation de la nourriture, mais il est inhumain, et je ne le proposerai que dans des cas extrêmes. Je crois que lorsque le forçat sain, bien portant refuse de travailler, la Société doit exiger son travail par ce moyen. Ainsi donc on peut obtenir des forçats une certaine somme de travail.

La loi du 30 mai 1855 sur la transportation est une loi humanitaire par excellence. Elle a décidé, après l'accomplissement de la peine, de donner au forçat une récompense et de lui faire un avenir en lui accordant une concession sur un terrain de bonne qualité. Aujourd'hui on gracie les forçats alors qu'ils sont en cours de peine, et on leur accorde alors des concessions de terre, et cette mesure détourne de la main d'œuvre pénale les meilleurs et les plus solides ouvriers. Actuellement, nous avons, en Nouvelle-Calédonie, 1,500 transportés auxquels on a accordé une concession. Sur ces 1,500, un millier était en cours de peine, et cette grâce leur a été accordée, si je ne me trompe, pendant que M. Pallu de la Barrière était gouverneur.

Selon moi, on a commis une faute grave, et c'est un mauvais chemin dont il faudrait se détourner. Un administrateur y est autorisé par la loi, c'est vrai ; mais il pourrait considérablement restreindre le nombre de cas dans lesquels on accorde ainsi des concessions à des forçats en cours de peine. Quant à moi, je ne réserverais une telle faveur qu'au forçat qui s'en serait rendu digne d'une façon absolue ; mais je considère comme immoral qu'un homme, condamné aux travaux forcés à perpétuité, puisse obtenir ce que, chez nous, ni un paysan, ni un ouvrier honorable ne peuvent avoir, une propriété.

Ainsi donc, nous pourrions nous servir de cette main-d'œuvre pour outiller nos colonies. Et, somme toute, qu'y a-t-il à faire ? D'abord un port de débarquement où puissent accoster nos paquebots, où la marine de commerce puisse en pleine sécurité prendre ses marchandises et débarquer celles qui viennent de la Métropole ; un port dans lequel les navires trouveraient des docks, des bassins de radoubs en cas d'avarie. Ces installations sont absolument indispensables aussi bien aux navires de l'État qu'à ceux du commerce. Or, tout cela manque à la Nouvelle-Calédonie : qu'un navire de l'Etat s'y présente avec une avarie grave, il est perdu s'il n'a pas le temps d'aller se faire radouber à Sydney. Cela coûte cher et les Anglais sont les premiers à en rire et à en profiter. Nous sommes obligés de les prier de vouloir bien nous permettre de nous radouber chez eux, et le jour où ils ne le voudront plus, nous perdrons nos vaisseaux, faute d'un abri que nous pouvons avoir sous la main au moyen de cette main-d'œuvre dont nous pouvons nous servir.

On pourrait peut-être me dire : Mais les matières nécessaires à ces constructions, il faut les aller chercher au loin et elles reviendraient fort cher : c'est une erreur, toutes ces matières, nous les avons sur place. En Nouvelle-Calédonie, nous avons du fer en grande quantité, du charbon pour le fondre ; et du bois, il n'en manque pas non plus.

Et la Guyane ? la Guyane est un pays riche par excellence. On y trouve de l'or et du bois précieux en quantité ; elle possède des pâturages dont nous ne savons pas nous servir. Les objets dont elle manque peuvent surgir de son sol si on le veut. Pourquoi donc la Guyane est-elle restée déserte, pendant que ses voisines anglaise et hollandaise prospèrent ? C'est parce qu'elle manque d'outillage et de deux ou trois voies de pénétration ! Construisez un port, reliez-le aux montagnes de l'intérieur, tout d'abord par une petite voie ferrée économique ; établissez une route parallèlement à cette voie, qu'arrivera-t-il ? immédiatement la colonisation s'y créera parce qu'elle aura des moyens d'exploitation, parce que la Guyane est à deux pas de la France, parce qu'elle a des richesses naturelles incomparables, parce qu'elle a des forêts que l'on pourrait exploiter de suite et dont on pourrait tirer des revenus immenses, pendant que notre commerce va chercher des bois à l'étranger et les paie au kilog ! Un entrepreneur ne ferait certes pas une mauvaise affaire en perçant une voie ferrée des rives de la Guyane au centre du pays, si l'administration voulait lui concéder des terres, l'autoriser à construire et à exploiter les bois dont je parle. Et tout en travaillant pour lui il travaillerait aussi pour la patrie, puisqu'il ouvrirait un chemin à l'émigration française.

Il y aurait donc quelque chose à faire, d'autant plus que nous aurions là la main-d'œuvre pénale que nous pourrions mettre à titre gratuit au service de l'entreprise.

Pour faire le chemin de fer on trouverait des matériaux sur place ; du reste, je pense qu'il y aurait intérêt à faire une voie suspendue comme cela existe dans certains pays. Il n'y a pas de nivellement du sol à opérer. Il suffit d'avoir tout bonnement quelques rails placés sur des pièces de bois disposées d'une certaine façon. La richesse en bois de la Guyane est prodigieuse ; la dépense serait donc minime de ce chef, le bois étant la matière première la plus nécessaire.

J'arrive à la seconde partie de mon travail, il s'agit de l'établissement du service d'émigration et de colonisation. La question devient plus délicate, parce qu'il faut un peu plus d'argent pour arriver à faciliter l'évacuation sur nos colonies de la partie de la population qui ne veut plus ou qui ne peut plus rester en France.

Mon éminent maître et ami M. de Mahy vous a dit ce que valait aujourd'hui la colonisation. Je n'y reviendrai pas. J'ai dit qu'elle favorise le mouvement de la population nationale ; elle atténue la misère et les effets des crises ouvrières. Cela se comprend. En Europe, il y a une quantité de gens qui jettent le manche après la cognée, parce que, disent-ils, ils travaillent beaucoup et ont de la peine néanmoins à nourrir et encore très mal eux et leur famille, et qu'après cette existence de labeur, que trouveront-ils ? La misère, l'hôpital pour couronner leur existence !

Eh bien, l'émigration, si elle est bien comprise, offre à ces gens-là une propriété sur un bon terrain, propriété sur laquelle ils pourront aisément se nourrir sans un grand travail. Qu'une telle offre soit faite à un homme ! immédiatement l'homme se reprend, se ranime ; il se dit : Mais c'est vrai ; je reprends courage parce que je peux me faire un avenir et qui mieux est, je puis me créer une famille, chose à laquelle beaucoup parmi nous n'osent pas songer, parce que lorsqu'on crée une famille, il faut aussi penser à la nourrir.

L'émigration élève donc le niveau moral du prolétariat ; elle prévient le crime auquel entraîne la misère. A Paris surtout nous voyons une foule de déclassés, qui se trouvant sur le pavé et ne sachant que devenir, s'abandonnent aux mauvais conseils de la misère, et cherchent à gagner leur existence par des moyens que la loi réprouve. Du reste, ils n'ont pas le courage, comme je le disais, de travailler à cause du peu que cela rapporte. Dernièrement, 720 mendiants, ou vagabonds, interrogés les uns après les autres ont parfaitement établi leur situation ; ils pouvaient tous travailler. On leur a demandé quels étaient leurs moyens d'existence et ils n'ont pas pu en justifier, et cela s'explique.

Eh bien, on leur a proposé un travail rémunérateur : Nous allons vous donner tant par jour, leur a-t-on dit, voici les chantiers : sur ces 720 vagabonds, 18 ont accepté ! Donc ces gens-là vivent de vols, de rapines, d'une mendicité absolument démoralisante, puisqu'elle est feinte.

Ne croyez-vous pas qu'en offrant à chacun de ces malheureux, une propriété, les moyens de les y transporter dans de bonnes conditions, en leur donnant des vivres jusqu'à ce qu'ils puissent se nourrir des produits du sol, ne croyez-vous pas, dis-je, qu'on ferait œuvre morale ?

Mais m'objectera-t-on, si ces gens-là ne veulent pas travailler ? et cela peut arriver, car enfin vous transportez de France des gens qui ne veulent pas y travailler ; il va de soi qu'ils ne travailleront pas davantage sous un climat plus chaud que celui de leur pays : c'est en effet la thèse que j'ai combattue dans différentes conférences que j'ai faites sous le patronage de M. de Mahy. A quoi je répondrai : mais le prétexte à la mendicité n'existera plus et la nation sera en droit de se débarrasser quand même de ces gens là, parce qu'elle leur aura donné des moyens d'existence. La grande école humanitaire ne pourra rien dire, puisque le prétexte de ne rien faire n'existera plus.

L'émigration permet à l'état de venir en aide à tous les déshérités forcés de passer à l'étranger. N'est-ce pas une grande douleur de voir de braves compatriotes, bons ouvriers, sachant exercer un excellent métier, quelquefois, possédant des procédés français tout spéciaux, de les voir, dis-je, passer à l'étranger, y porter le secret de leur industrie, secret qui a fait pendant bien longtemps notre supériorité, et créer dans l'Amérique du Sud par exemple, de véritables puissances en concurrence avec nous ? Pourquoi la nation ne ferait-elle pas un effort et il n'en faudrait pas un bien grand pour transporter sur nos propres territoires, dans de bonnes conditions, ces braves gens, afin de conserver pour la mère-patrie tout le bénéfice de leurs travaux ? Je ne crois pas que cela soit impossible.

Pourquoi les colonies ne produisent-elles rien ? C'est

parce que nous ne leur avons pas donné, comme un père ou une mère à son enfant, les moyens de se suffire et de produire. Quiconque a été aux colonies sait pourquoi elles ne produisent pas et pourquoi elles absorbent, et sait comment certains fonctionnaires considèrent les colonies comme des sangsues suçant le sang et le budget de la France. En donnant un outillage aux colonies, en leur envoyant une population qui produira, en donnant à cette population les moyens d'exploiter le sol, la France pourra rentrer dans les avances qu'elle aura faites. Elle pourra, par la suite, car pour le moment il n'y faudrait pas songer, taxer les émigrants d'impôts, recouvrer l'argent avancé, et, en même temps, elle se créera des succursales puissantes sur toutes les parties du monde.

Pour atteindre ce but, il y a des moyens à prendre. Que s'est-il passé jusqu'à présent ? J'ai fait moi-même un voyage d'émigrant. Lorsque je suis allé en Nouvelle-Calédonie, il y a une quinzaine d'années, j'ai dû demander comme les autres mon passage sur un navire de l'État. Si j'avais été riche, très certainement je serais resté en France. Je croyais qu'en s'adressant à l'Etat on pouvait obtenir des moyens peu onéreux de passer dans les colonies. J'ai fait une quantité de démarches auprès du Ministère, il m'a fallu beaucoup écrire et recevoir nombre de communications. Enfin on me promit mon passage pour une certaine époque, et, plus heureux que bien d'autres, j'ai pu monter sur le navire qui m'avait été désigné. En effet, il arrive souvent que l'on dit à un émigrant : Trouvez-vous à telle date, dans tel port. L'émigrant arrive ; le navire est bondé et le malheureux est obligé de retourner chez lui ; et chez lui, hélas ! il n'y a souvent plus rien ni pour se nourrir, ni pour se mettre à l'abri. Devant partir bientôt, il a vendu ses effets et il a acheté une pacotille : que faire de cette pacotille ?

Donc, plus heureux que d'autres, je pris mon passage sur la *Loire*. Elle était dirigée par un excellent marin, le commandant Lapierre (?) qui la conduisit rapidement en Nouvelle-Calédonie. Mais quelles souffrances morales : combien il faut d'énergie et surtout de santé pour résister au traitement que nous avons enduré sur ce bateau : c'est la discipline militaire, je le veux bien ; mais enfin vous prenez un brave cultivateur déjà bien éprouvé chez lui ; vous le conduisez sur un navire où on le bouscule, où il ne trouve pas de place qui soit à lui. Lorsqu'il en a trouvé une sur le pont, on l'envoie dans l'entrepont ; qu'il pleuve, qu'il vente, qu'il fasse grand soleil, il faut qu'il se case n'importe où, qu'il s'efface !... C'est un intrus à bord : et il n'y a aucune place à bord pour les colons. Il y avait là 1,500 personnes environ, la population d'un gros village de France. On y rencontrait des soldats pour le Sénégal et la Nouvelle-Calédonie, des administrateurs, 90 familles de passagers civils et près de 500 forçats ; ceux-là ne risquaient rien ; ils étaient logés : à l'état-major, on avait accueilli certains passagers faisant partie de l'administration ; ils étaient très bien ; mais quant aux soldats et aux passagers civils, il n'y avait plus de place pour eux. Débrouillez-vous : tel fut, en termes de marin, notre accueil.

Je me suis débrouillé. Heureusement que j'avais des lettres de recommandation auprès du commandant Lapierre et auprès du Gouverneur de la colonie, et ces lettres produisirent leur effet. On me donna une petite salle de bain, mais seulement lorsque les dames et les autres personnes qui voulurent se baigner, n'en eurent plus besoin. Alors le commandant me dit : Vous avez une bonne tenue, vous avez été dans la marine ; vous avez de la chance : je vous installe dans une salle de bain ! — De cette façon je pus me sortir de la multitude malheureuse. Mais, mes compatriotes, savez-vous à quoi ils furent réduits ? Il y avait à bord environ 500 forçats, tous les travaux manuels du bord eussent dû être faits par eux, n'est-il pas vrai ? Il n'en a pas été ainsi. Il y avait des pompes d'alimentation de la machine pour la distillerie ; ces pompes étaient extrêmement pénibles à manœuvrer ; elles étaient adossées au foyer même de la cuisine, foyer immense, puisqu'il s'y élaborait la nourriture de 1,500 personnes, et peut-être même 1,700. Eh bien, les passagers civils étaient condamnés à faire un quart-d'heure de pompe successivement tous les jours et une fois leur nombre épuisé ils étaient obligés de recommencer à tour de rôle. Il y avait parmi nous des vieillards et des gens qui n'avaient pas la force nécessaire pour faire ce travail et il arrivait parfois que, trempés de sueur, on les envoyait sous la grande voile, où ils étaient surpris par le froid... Plusieurs sont arrivés mourants à Nouméa : quant à moi, moyennant 25 francs que je donnai à un compatriote, je me débarrassai de cette corvée.

Mais la gamelle : il fallait s'accroupir autour pour avoir la portion congrue, et femmes et enfants avaient bien de la peine à y arriver. Nous nous plaindrons, disions-nous, quand nous arriverons à terre ; il n'est pas possible qu'on traite des Français comme on nous traite sur ce navire ? Des pétitions furent écrites. Pour moi, j'étais un peu jalousé par mes compatriotes qui me laissaient de côté et disaient. C'est un favorisé, il n'y a pas à lui demander son concours. Et vous voyez qu'aujourd'hui je fais mon possible pour les aider d'une façon plus efficace ! — (Vifs applaudissements.)

En arrivant en Nouvelle-Calédonie, la vue des coteaux verdoyants nous fit oublier nos misères. Il y avait à terre de l'eau en quantité et l'on put étancher sa soif. J'ai oublié de vous dire, que, pendant la traversée, nous souffrîmes beaucoup sous ce rapport, et je signale hautement cet abus, afin que, s'il existe encore, on arrive à le faire cesser. Pendant toute la traversée, les passagers hommes n'eurent pas un verre d'eau à leur disposition, les femmes en avaient quelques litres. Quant à nous nous avions la pipette commune. Ceux qui ont voyagé sur mer connaissent ce hideux récipient qu'on se passe de bouche en bouche, et nous étions 1,500 passagers, 1,500 personnes qui faisions tous nos efforts pour attraper un moment cette pipette. Quelquefois, quand 500 personnes avaient passé avant vous dans la journée, la pipette était vide ! Alors on nous remettait au lendemain. Ce sont là des souffrances inouïes que l'on devrait bien épargner aux colons si l'on veut rendre l'émigration possible. Du reste, je dois reconnaître que depuis mon voyage en 1873, de nombreuses améliorations ont été apportées ; des navires spéciaux ont été frétés pour l'émigration ; seulement, dans ces navires, on n'admet les émigrants que lorsque le personnel civil et militaire de l'Etat est déjà casé, de telle sorte que, dans chaque navire, les émigrants ne peuvent obtenir qu'un certain nombre de places bien insuffisant.

Je crois qu'il faudrait admettre en principe la gratuité complète du voyage ; que, comme dans les autres nations, l'émigrant fût pris à la station la plus voisine de son habitation et transporté gratuitement tant par terre que par mer jusqu'à l'endroit où une concession lui est accordée. Pourquoi ne ferions-nous pas pour nos émigrants ce que les autres nations font pour les leurs ?

Les terres doivent aussi être cédées à titre absolument gratuit. Avec un peu d'énergie et d'activité, il est facile de se nourrir aux colonies avec peu de travail cependant, étant donné la grande fertilité du sol.

Il faut pour installer les émigrants un directeur parfaitement bien choisi qui ne s'occupe absolument que de l'émigration, qui recevra et classera les demandes et qui y répondra dans le plus bref délai possible. Il faut qu'il possède des cartes et plans des territoires propres à la colonisation. — Qu'aujourd'hui, je demande à l'administration de m'indiquer un territoire sur lequel je puisse me diriger, l'administration se trouvera dans l'impossibilité de me renseigner ! on connaît bien *grosso modo* quels sont les pays de peuplement, les colonies où l'on pourrait envoyer les émigrants, mais il est absolument impossible au Français, qui quitte sa patrie, d'avoir un renseignement précis. Moi-même, en arrivant à la Nouvelle-Calédonie, je n'ai pas pu me renseigner. M. Gauthier de la Richerie, le gouverneur, qui a cependant été très bon pour moi, me dit : il y a beaucoup de terrains occupés, dans les environs de Nouméa, il faut aller plus loin, mais il ne savait pas, le digne homme, où je devais me rendre. Je me suis adressé à un lieutenant de vaisseau qui me dit : J'ai une propriété sur la côte *Est* et dans ces parages il y a encore de bons terrains de libres allez voir. Cet endroit se trouvait à 70 lieues de Nouméa ! Je n'avais pas le moyen de m'y rendre par mer, il aurait fallu attendre plus d'un mois. Je me mis en route à pied avec des Canaques qui portaient mon petit bagage, et qui, du reste, m'ont bien guidé. Je suis ainsi parti à l'aventure, cherchant une situation et une terre ! A force d'errer, je suis arrivé à 75 lieues de Nouméa, dans un vallon solitaire. Le site me plut, je connaissais un peu de géologie, et je vis que je pouvais faire un peu d'agriculture, du café par exemple. Je m'y installai donc. Mais mes compatriotes, qui n'avaient pas comme moi quelques sous dans leurs poches, et qui ne possédaient aucune connaissance spéciale, ni l'assurance et l'énergie que donne toujours un peu d'instruction, restèrent à Nouméa, attendant que l'on voulût bien s'occuper d'eux. Au bout de quelques jours, on les casa dans un endroit qui était sans route et sur une terre d'où ils ne pouvaient rien tirer. Une dizaine d'années après, je repassai dans ces parages, je vis que tous ces malheureux avaient fui leurs cases en y mettant le feu pour que personne fût tenté de s'y installer plus tard. Ils avaient ensuite regagné Nouméa et étaient venus demander à l'administration de leur donner du pain ou de les rapatrier !

Voilà pourquoi l'émigration, faite dans de telles conditions, n'a jamais rien produit de bon.

Il faut qu'en dehors des cartes et plans qu'il puisse distribuer aux émigrants, le directeur leur fournisse aussi des notices sur le territoire à coloniser, leur disant, par exemple, que tel terrain ne produit pas de blé mais des patates, manioc, etc....... et leur donnant enfin tous les détails qui peuvent être utiles à de futurs colons.

L'émigrant doit toujours être reçu à son arrivée au port d'embarquement. En effet, arrivé à Marseille, je suppose, l'émigrant qui est généralement un ouvrier ou un paysan, ne sait pas où se diriger, traînant son bagage qu'il ne sait où mettre, et ayant avec lui quelquefois sa famille qu'il ne sait où loger. Il faut que cet homme et sa famille soient reçus convenablement par un agent tout spécial qui le dirigera soit dans un hôtel disposé *ad hoc*, soit sur un ponton comme la marine en possède dans nos ports et où il devra trouver un logement et une nourriture suffisante. Alors cet homme qui quitte son village se sentant protégé, prendra confiance et abandonnera son pays avec moins d'amertume.

A terre, il doit avoir la ration du soldat, et en mer celle du marin et un litre d'eau doit être donné à chaque homme, et deux à chaque femme.

Les navires de fort tonnage doivent être aménagés pour l'émigration. Cela doit être demandé à l'industrie privée. Il y a des armateurs qui ont de beaux navires bien aménagés dans ce but. Mais il y a dans les arsenaux de l'Etat des amas de navires de tous genres, à voile, à vapeur, mixtes, en bois, en fer, qui pourrissent dans les ports ! Avec la main d'œuvre des soldats et des marins, de l'état-major de la marine — qui mérite tous les éloges des Français — est-ce que l'Etat ne pourrait pas, sans beaucoup de dépenses, tirer des bassins quelques-uns de ces navires et les utiliser pour le transport des émigrants ?

Un commissaire spécial responsable doit protéger et diriger les émigrants jusqu'à destination. A bord l'émigrant doit être protégé aussi. Du reste, cette institution d'un commissaire spécial, placé à bord pour protéger les émigrants, existe dans beaucoup de pays d'émigration. En France même les navires qui quittent Bordeaux et vont dans les colonies ont un commissaire spécial ; mais il a tant d'attributions qu'il lui est impossible de s'occuper spécialement de l'article émigration. Il faut que cet agent connaisse très bien son affaire, il faut qu'il sache quelles sont les souffrances de l'homme qui s'arrache à sa patrie pour s'en aller à 6.000 lieues de là dans des conditions exceptionnellement pénibles.

A la colonie un agent spécial doit protéger et guider l'émigrant dans son installation. Quand un émigrant arrive dans une colonie, le Gouverneur a bien autre chose à faire que de le guider sur son territoire ; il a une administration à diriger, une responsabilité énorme, et n'ayant pas d'instructions spéciales à cet égard, je comprends qu'il ne prenne pas à cœur de surveiller l'émigration sur le territoire de la colonie. Donc, l'intervention d'un homme connaissant l'agriculture locale est absolument nécessaire pour guider les émigrants jusqu'au lieu de leur installation.

Des outils, des semences, des animaux de trait doivent être mis à la disposition de l'émigrant. Cela se fait dans tous les pays du monde. Il y a des émigrants qui emportent avec eux leur outillage et se mettent à l'œuvre en arrivant, mais il y en a beaucoup qui n'ont pas les moyens de s'acheter même ce faible outillage qui, du reste, est peu de chose : mais encore faut-il que ce premier outillage puisse lui être avancé sur place.

Il faut aussi qu'à partir du moment où on l'installe dans la case provisoire édifiée pour abriter sa famille et son petit mobilier, il puisse avoir sous la main une certaine quantité de vivres selon le climat où il se trouve. On peut vivre pendant quelque temps avec quelques kilogs de riz, de maïs, de farine, de racine de manioc, de bananes. Si c'est un Français colonisateur, s'il a de l'énergie, il peut se contenter de ces quelques provisions. Moi-même, je l'ai fait dès le début de mon installation.

Les concessions doivent être proportionnées à la valeur intrinsèque du terrain, à sa situation, etc... cela n'a pas besoin d'explication. Dans certains pays, ce sont les pâturages qui procurent les moyens d'existence ; dans d'autres c'est la culture ; dans d'autres c'est l'élevage. Il faut donc que l'agent, qui préside à la distribution des terres, sache ce qu'il peut donner à tel ou tel émigrant, de la bonne terre à un cultivateur, du pâturage à un éleveur, etc.

Les concessions doivent être livrées sur des plans exacts, avec notice des circonstances locales. Lorsque l'émigrant arrive, il s'installe comme il le peut et où il veut. Souvent il ne sait pas si le terrain qu'il adopte, n'appartient pas déjà à quelqu'un. Rien n'est fait sous le rapport du cadastre. Il faudrait pourtant que, comme en Australie, l'émigrant sache où est situé son terrain, et où il peut espérer le rencontrer. Dans ce but, il faut donc qu'il y ait des plans qui puissent parfaitement le renseigner.

Les émigrants-colons doivent être exempts de taxes, redevances, impôts, etc., pendant 10 années au moins. Lorsqu'un émigrant arrive dans une colonie, s'il a une dette à payer, il s'en inquiète, et ne voit pas trop souvent comment il pourra faire pour tirer parti de sa concession, s'il croit que ses bénéfices seront consacrés à payer sa dette à l'administration. Il faut donc lui enlever cette préoccupation. En Nouvelle-Calédonie, le budget de ce chef est fort peu considérable et même nous y avons de gros propriétaires qui peuvent passer pour riches, qui en sont encore à payer leur terrain et auxquels on ne réclame leurs redevances que de loin en loin, et l'on n'exige pas souvent qu'ils la payent très exactement. Je reconnais que cela est vrai ; mais je voudrais néanmoins qu'il fût bien entendu que tout nouvel émigrant n'aurait rien à payer pendant les dix premières années de son exploitation.

Les émigrants, qui s'engagent à se fixer à la colonie, doivent être exempts du service militaire en France. C'est là une grande question assurément : il faut bien se rappeler que les trois quarts des colons actuels demandent à venir faire leur service militaire en France, mais ce sont des colons qui sont déjà installés, qui ont déjà leurs familles bien installées également et des moyens d'existence. Ils aiment tant la patrie qu'ils veulent venir la voir, la servir et qu'ils ne comprennent pas pourquoi on les laisse en dehors de cette dette du sang ; mais il ne faut pas laisser à l'émigrant qui s'installe cette préoccupation que, du jour au lendemain, il peut être appelé à faire son service militaire sous les drapeaux de la métropole. Si l'on crée des milices coloniales spéciales, s'il y a un service militaire quelconque dans les colonies, j'admets que l'émigrant fasse son service sur place. J'ai moi-même reconnu, mon cher Monsieur Isaac, la nécessité, dans certains cas, d'avoir une milice sur place. En 1878, la race indigène, en Nouvelle-Calédonie, race excellente cependant, fut poussée à bout par certaines exactions, et les Canaques se mirent à nous assommer derrière les buissons ; si à ce moment, nous avions eu des fusils, si une milice avait été créée, l'insurrection aurait été réprimée en très peu de jours. En effet, dans un pays plus accidenté peut-être que la Suisse, où il n'y a, en fait de voies de communication, que des sentiers de Canaques, pires que des sentiers de chèvres, comment voulez-vous que des soldats, arrivant de France, puissent poursuivre des indigènes plus adroits que des singes ? Quant à nous, nous connaissions leurs repaires, et, de plus, nous avions avec certains d'entre eux des relations qui nous permettaient de rétablir l'ordre. Eh bien, on nous a tenus à l'écart et cette expédition a coûté 300 Français. M. le colonel Gally-Passeboc, qui était un brave et à la mémoire duquel nous sommes heureux de rendre hommage, y a laissé la vie. Tout cela prouve que nous sommes intéressés à avoir une milice locale, et je prie ardemment les membres du Parlement ici présents de vouloir bien faire en sorte, dans les discussions qui ont lieu à cet égard à la Chambre des députés et au Sénat, qu'une colonie puisse avoir le droit de lever dans certains cas une milice locale.

Les ouvriers d'état et manouvriers reçoivent trois mois la ration du soldat et une indemnité particulière. Si nous donnons un terrain à un particulier capable de le cultiver, il est bien juste que l'ouvrier qui veut apporter son industrie dans une colonie puisse avoir devant lui une petite somme d'argent ou un moyen quelconque qui lui permette tout au moins de prendre l'air du pays. Je propose donc de donner à chaque ouvrier manouvrier une somme de 400 francs qui lui sera distribuée par mois et dans de certaines conditions. En effet, il arrive que quelques-uns de nos compatriotes apportent avec eux quelquefois des mauvaises habitudes prises de loin et qu'en débarquant, trouvant une pareille somme, ils se livrent à l'ivresse. Ce serait un abus de donner de l'argent à un homme qui irait le porter au cabaret. Il y aurait donc là une certaine réglementation à faire intervenir, et il serait bien entendu que tout individu, pris en état d'ivresse, perdrait complètement tout droit à l'indemnité.

Un service mensuel de paquebots-poste doit relier chaque colonie à la métropole. Il faut lorsqu'on est loin de la patrie, qu'on sente un lien qui vous y rattache. Ce lien, c'est le navire qui porte les couleurs nationales, et qui, à un moment donné, peut vous assurer le retour dans la patrie. Presque toutes les colonies sont aujourd'hui reliées à la métropole par un service de paquebots plus ou moins bien installé ; mais il y en a encore qui ne le sont pas, entre autres, une des plus charmantes, le groupe des îles Tahïti qui se trouve complètement à l'écart. Ce merveilleux pays est complètement isolé du reste du monde. Je sais bien que l'on nous a dit que des lignes installées dans ces conditions ne feraient pas d'affaires. *Cela ne paiera pas !* comme on dit encore dans la marine, donc il est inutile de s'en préoccuper. Cette question a été discutée hier en prenant comme objectif la côte d'Afrique. Mais quant à moi je suis un peu de l'avis de mon ami, M. Bayle, je crois que si cela ne produit pas, cela peut produire. Mais en tous cas, ce lien, que je cherche entre ma patrie et la métropole, ma France que j'aime tant, c'est le paquebot qui vient, chaque mois, m'apporter des nouvelles de ma mère, de ma famille, de mes amis, de mes compatriotes, et qui m'apprend ce qui se passe dans mon pays. Voyez-vous l'état d'un Français qui est à 6.000 lieues de son pays, et qui ne sait pas ce qui s'y passe ! Et cependant, ce serait absolument là le cas, pour certaines colonies, si l'étranger plus avisé que nous ne nous apportait pas ces nouvelles au moyen d'un petit service de paquebots qui fonctionne assez mal du reste.

Plus j'avance dans mon sujet, et plus il me devient difficile de le traiter ; et, cependant, il faut bien que je vous parle de l'administration coloniale, car tout ce service de colonisation, de l'appropriation du sol à la colonisation ne se fait pas tout seul. Il faut des hommes et des hommes tout spéciaux pour exécuter ce service d'abord, et M. Picquet l'a dit en termes excellents, il y a une disproportion étrange entre le nombre des administrateurs et celui des administrés ; de là résultent des entraves, des retards, des complications, des conflits de toutes sortes occasionnés par la multiplicité de ces administrateurs. J'ai fait l'addition de tous les administrateurs qui sont chargés de diriger la Nouvelle-Calédonie et voici le résultat de mes recherches. Il y a une population de 3,461 colons administrée par 759 administrateurs, soit un administrateur pour moins de 6 colons, soit 23 pour cent d'administrateurs !...

M. Sabatier. — Et les déportés sont comptés dans ces chiffres ?

M. Moncelon. — Non, les déportés ont pour eux 228 administrateurs. Je tiens à la disposition de mes collègues les documents relatifs à cet égard. Il est vrai que je compte les conseillers généraux qui sont au nombre de 16, mais qui ne sont pas payés. Je les retranche donc, ce qui est peu de chose sur une pareille masse. En moyenne, nous avons un administrateur pour moins de 5 colons, pour 4,54 colons :

M. Sabatier. — Et les officiers de marine ?

M. Moncelon. — Je ne les compte pas. Seulement je compte certains officiers de terre parce qu'ils ont une part dans l'administration locale. Nous avons un commandant militaire...

M. Sabatier. — Oui, mais il ne dirige que nos soldats.

M. Moncelon. — Pardon, lorsque le Gouverneur vient à disparaître, le commandant militaire prend la direction de la colonie.

Les fonctionnaires coloniaux doivent posséder des aptitudes et des connaissances toutes spéciales. Ceci est de toute évidence : un fonctionnaire pris dans une préfecture ou une sous-préfecture française, ne peut pas avoir les connaissances nécessaires pour diriger une population coloniale dont les mœurs, les habitudes, le climat, les productions, les coutumes locales sont tout à fait différentes de ce qui se passe dans les départements en France. Il y a des colonies qui peuvent être assimilées immédiatement, telles que la Guadeloupe et la Martinique, ainsi que l'île de la Réunion, parce que ces colonies sont constituées comme nos départements français ; mais il n'en est pas de même de toutes les colonies, à quelques-unes desquelles le régime de l'autonomie pourrait peut-être mieux convenir. Quant aux colonies situées sous les climats les plus divers, qui ont des populations indigènes ne ressemblant en rien les unes aux autres et qui ont des mœurs diverses, il leur faut des administrateurs spéciaux qui les aient étudiées sur place et qui aient, entre autres qualités, une expérience suffisante. Un administrateur pris dans une préfecture, un député étranger à la colonie ne possédant pas les connaissances spéciales à cette colonie, se trouvent souvent empêchés. Des abus se produisent aussitôt malgré leur bonne volonté et leur énergie ; des conflits s'élèvent à chaque instant, et le Gouverneur est souvent rappelé pour fournir des explications au ministère. D'où des pertes de temps et d'argent. Nous avons des administrateurs qui ont voyagé pendant des mois entiers, et qui ont coûté jusqu'à 50,000 ou 60,000 francs pour voyager ainsi, eux et leur famille, sans rien produire pour l'Etat ; et, pendant l'absence du Gouverneur, un administrateur provisoire le remplace ; administrateur qui connaît encore moins les affaires et la situation coloniale que son prédécesseur. Voilà une des raisons pour lesquelles nos colonies ne prospèrent pas.

Un haut fonctionnaire, un gouverneur doit rester à son poste autant qu'il est utile à la colonie. Est-il possible qu'un gouverneur, qui ne passera au maximum que trois années dans la colonie, puisse prendre les mesures nécessaires pour assurer l'avenir de cette colonie ! Non, j'ai été témoin de cette situation. Des gouverneurs m'ont dit : Mais que voulez-vous que nous fassions ! Peut-être dans six, dans huit mois, nous serons obligés de retourner en France ! si j'attaque cette grande question, je ne réussirai pas, mon successeur aura des idées nouvelles ; il détruira ce que j'aurai édifié ; ce sera de l'argent dépensé ; peut-être au ministère sera-t-on mécontent.

M. DE MAHY. — C'est un peu l'histoire des préfets que l'on change si souvent...

M. MONCELON. — Pourquoi ne pas laisser dans un pays un homme qui rend des services, qui connaît les populations ? Lorsqu'il est attaché à ce pays il s'y plaît et c'est un point d'honneur pour lui, en même temps qu'un bonheur de savoir ce que deviendra ce pays. Il y aurait donc un grand intérêt à ce que les promotions puissent se faire sur place et à ce que les administrateurs restassent à poste fixe.

Chaque colonie doit, pour faire connaître ses besoins, avoir un représentant au Parlement. Nous avons certaines colonies très importantes qui ont plus d'électeurs que certaines autres qui, cependant, ont un député. Ces premières colonies ont ce qu'on appelle un délégué au conseil supérieur des colonies. Délégué est un titre qui pourrait avoir l'importance de celui de député si, au conseil supérieur des colonies, on pouvait discuter les affaires coloniales. Mais ce conseil est une assemblée toute spéciale, consultative seulement, à laquelle le ministère de la marine...

M. ISAAC. — Elle est morte cette assemblée !...

M. MONCELON. — Elle est morte actuellement, je le reconnais, mon cher collègue ; mais enfin, c'est une assemblée à laquelle le ministère de la marine et des colonies soumet tout simplement les matières qu'il lui plaît de lui soumettre et demande avis sur telle ou telle question ; mais le ministre n'est pas tenu de faire cas de l'avis émis par ce conseil supérieur des colonies. C'est donc une assemblée si inutile que, comme l'a dit M. Isaac, elle est morte ; on ne la réunit plus.

Ainsi donc voilà des colonies qui sont représentées à une assemblée qui ne se réunit plus ; et j'ai touché, pour ma part, 15.000 fr. de ma colonie pour faire ce service difficile.

Et cependant, ces 15.000 fr. m'étaient nécessaires parce qu'à Paris j'avais des relations à entretenir avec beaucoup de monde, relations qui m'entrainaient à beaucoup de dépenses, dont il fallait naturellement que je fusse indemnisé. J'ai rendu à ma colonie tous les services possibles. J'ai eu la bonne fortune de trouver sur mon passage des députés et des sénateurs qui m'ont tendu la main d'une façon cordiale, me voyant complètement embourbé, malgré ma bonne volonté d'agir. J'ai été puissamment aidé dans mes efforts, et, en fin de compte, n'ayant pas l'influence que donne le titre de député, je n'avais aucune importance aux yeux du ministre de la marine et des colonies, et on me laissait dire et faire sans tenir aucun compte de mes plaintes et de mes observations. Eh bien, c'est ainsi que sont représentées cinq de nos colonies !

L'Inde, la Cochinchine ont moins d'électeurs français que la Nouvelle-Calédonie ; pourquoi ne nous donne-t-on pas le droit d'avoir un député ? Ah ! c'est qu'un député est un homme qui crie, qui se remue, qui a de l'influence, qui peut forcer un ministère à l'écouter : c'est un homme gênant : par conséquent, l'administration se trouve bien de nous refuser le droit d'élire un représentant au Parlement !

Lorsque les députés des colonies ont voulu prendre la chose à cœur, cependant, on leur a dit : C'est bien ! le principe va être mis en discussion, et nous allons si bien faire que nous allons finir par nous débarrasser de vous : il faut bien pourtant que je le rappelle. Quand on a proclamé *la République*, ce fut avec une voix de majorité. Ce jour-là tous les députés des colonies ont voté comme un seul homme pour la République. Admettez un seul instant que la députation coloniale n'eût pas existé : il n'y avait pas de République en France.

Le Conseil supérieur des colonies doit connaître et discuter toutes les mesures relatives aux colonies. Si cette clause existait, je n'aurais jamais demandé de député au Parlement, parce que, dans ce conseil, on n'eût rien discuté que les questions coloniales et l'on n'eût pas fait de politique ; et si nous avions été débarrassés des questions politiques, je crois que nous eussions fait de la bonne besogne ; car, au conseil supérieur des colonies, il y avait des hommes très compétents. Il s'y trouvait également des directeurs de différentes administrations qui pouvaient nous aider. C'était une assemblée bien constituée pour faire les affaires coloniales de la France et relever les colonies de cette situation pitoyable dans laquelle elles se trouvent. Mais que peut faire une assemblée consultative ? Rien ; par conséquent, il faut qu'aujourd'hui le conseil supérieur des colonies ait voix délibérative si l'on veut le ressusciter ; si non, il faut absolument que nous ayons entrée au Parlement.

Chaque colonie doit avoir un agent commercial accrédité auprès du Gouvernement métropolitain. Nous avons un intérêt direct à avoir, auprès de la métropole, un agent qui puisse nous renseigner sur le mouvement commercial, qui puisse nous donner des chiffres précis, officiels, et qui puisse recevoir les avis directs de la chambre de commerce de la colonie, et faire connaître à la métropole les besoins de cette colonie. Lorsqu'il y a une mine bonne à exploiter aux colonies, le sait-on bien en France ? On ne le sait pas du tout. Et nous avons des mines à exploiter dans nos colonies ! Quand elles le sont, c'est par des étrangers, parce qu'en France on ne sait pas officiellement la valeur de ces mines et l'intérêt qu'il y aurait à créer des Sociétés pour les exploiter. Cet agent restant à Paris et étant obligé de dire la vérité, il serait très précieux pour la métropole au point de vue commercial. Et je le dis surtout parce que j'appartiens à la Société de Géographie commerciale de Paris.

Je crois avoir fait l'exposé de cette grande question au point de vue pratique, il y a bien assez longtemps que nous faisons de la théorie et des discours. Les personnes, qui ne font que de la théorie et des discours, ne manquent pas ; mais, au point de vue pratique, la question est plus délicate. En effet, il s'agit là de heurter l'administration et le Gouvernement, et il faudrait faire des propositions tellement pratiques, tellement faciles à mettre à exécution qu'il ne fût pas possible au Gouvernement et à l'administration de reculer, parce qu'alors l'opinion publique serait saisie de la question. Et même, dès maintenant, on se demande comment il se fait que l'administration recule devant l'emploi des moyens si simples et si peu coûteux qu'on lui propose. La question est présentée d'une façon pratique, pourquoi ne pas l'étudier de près et ne pas la mettre en action ?

En conséquence, puisque nous n'avons pas le pouvoir de nous adresser directement à l'administration, je soumets au Congrès les propositions suivantes :

### PREMIÈRE PROPOSITION
#### Préparation du sol à coloniser

Le dixième Congrès de Géographie :

Reconnaissant que nos colonies dites de peuplement, c'est-à-dire pouvant encore recevoir une émigration plus ou moins considérable, ne sont ni outillées ni aménagées dans des conditions suffisantes pour fixer la colonisation en lui assurant un avenir, que l'émigration s'en détourne parce qu'elle n'y entrevoit pas les facilités d'exploitation et d'écoulement qui lui sont indispensables et qu'elle rencontre ailleurs ;

Qu'il y a, dans cette situation regrettable, l'une des causes capitales de la stagnation de la plupart de nos colonies ;

Reconnaissant que nos colonies renferment en réalité tous les éléments de richesses naturelles susceptibles d'assurer l'avenir de l'émigration et de donner à notre commerce national un essor considérable, mais que tous ces éléments de fortune restent improductifs faute de moyens convenables d'exploitation ;

Considérant qu'il importe à la France, aujourd'hui plus que jamais, en présence de la situation faite à notre commerce par la production, l'imitation et la concurrence étrangère, d'utiliser son territoire colonial :

1° A l'effet d'y établir une population agricole capable de produire les matières premières que nos industries tirent de l'étranger à hauts prix ;

2° A l'effet d'y créer des centres d'importation pour les matières ouvrées dans la métropole ;

3° A l'effet de provoquer, par la régénération d'une partie de la population, le relèvement du chiffre décadent de notre natalité ;

4° A l'effet de doter la France de points stratégiques et de dépôts de combustible lui permettant d'ores et déjà de prendre position en vue des événements futurs à prévoir ;

Considérant le texte et l'esprit de la loi du 30 mai 1854 sur la transportation et l'article 2 de cette loi :

ART. 2. — *Les condamnés seront employés aux travaux les plus pénibles de la colonisation et à tous autres travaux d'utilité publique*. — Reconnaissant la nécessité absolue d'employer exclusivement, sous l'autorité de l'article précité, la main-d'œuvre de la transportation à l'outillage, à l'aménagement, à la mise en état d'exploitation du territoire colonial en vue de l'émigration et de la colonisation;

Estimant abusif le système d'administration actuel de la transportation, système qui consiste — dans des considérations humanitaires dont l'exagération constitue un danger — à détourner, sous maints prétextes difficiles à justifier, les condamnés des travaux publics les plus indispensables au développement des colonies, à les transformer en valets de chambre, en garçons de bureaux, en dessinateurs et écrivains, etc., etc., système qui, jusqu'à ce jour a donné des résultats tout opposés à ceux que prévoyaient les législateurs auteurs de la loi de 1854 ;

Demande instamment au Parlement, au Gouvernement, à l'administration des colonies.

1° Que toutes les forces de la transportation soient, à partir de ce jour, exclusivement utilisées en vue de la mise rapide en exploitation du territoire colonial propre à la colonisation ; Que la main-d'œuvre pénale soit exclusivement consacrée, tout d'abord, à la création de quais suffisants pour permettre l'accès des navires de tout tonnage, dans les principaux ports des colonies à peupler, à la création de bassins de radoub avec ateliers spéciaux, à la construction de voies de communication de tous genres pénétrant le pays et mettant en rapport les ports, têtes de lignes, avec les points à coloniser et à exploiter ;

2° Que, entre autres mesures à prendre le plus promptement possible, la mise en concession de terre prévue par l'article 11, paragraphe 2, de la loi du 30 mai 1854 soit désormais une faveur spéciale réservée aux condamnés méritants *arrivés à la libération* et à ceux qui, par une bonne conduite et un labeur assidu, auront obtenu la remise du reste de leur peine ; et que jamais, sous aucun prétexte, un condamné aux travaux forcés *en cours de peine* ne puisse être, comme cela est pratiqué actuellement, détourné des travaux publics et placé, comme un fermier, sur une excellente propriété dont il a la libre jouissance ;

3° Que l'application de l'article 11, paragraphe 1, de la loi du 30 mai 1854, permettant aux condamnés aux travaux forcés de travailler, aux conditions déterminées par l'Administration, soit pour les habitants de la colonie, soit pour les administrations locales, ne soit faite désormais qu'avec la plus grande réserve et jusqu'au moment où les travaux d'intérêt général seraient assez avancés pour assurer à la population locale des moyens suffisants d'exploitation du sol et d'écoulement des produits ;

4° Que de larges et avantageuses conditions, à réaliser par l'exploitation pendant un certain nombre d'années des produits naturels du sol, mines, forêts, etc., par des concessions de territoire, par la cession d'une certaine main-d'œuvre pénale, etc., soient offertes à l'industrie privée, aux entreprises particulières, pour la construction et l'établissement de voies ferrées économiques de tous modèles, de ponts en tôle de fer, etc., etc ;

5° Que les matières premières nécessaires à l'outillage du sol colonial soient extraites de ce sol même lorsqu'il les possède en quantité suffisante, et lorsque leur extraction et leur préparation sur place n'occasionnent pas des frais supérieurs à ceux de leur importation ; certaines colonies, la Nouvelle-Calédonie par exemple, sont très riches en métaux de tous genres, cette colonie abonde en minerais de fer très purs répandus en quantités énormes à la surface même du sol et sur le bord de mer ; le fer chromé propre à la fabrication de l'acier abonde également ; de vastes forêts et un sol plantureux, des gisements de houille excellente, offrent de tous côtés le combustible nécessaire à la fusion et à la préparation, la main-d'œuvre pénale des transportés et des récidivistes existe sur les lieux pour opérer la transformation ; la transformation de cette colonie, entre autres, peut donc s'opérer, si on le veut, dans des conditions excellentes au point de vue de l'économie, tout en occasionnant un mouvement très favorable chez la population existante.

## DEUXIÈME PROPOSITION

### Organisation d'un service émigration

Le dixième Congrès de Géographie :

Reconnaissant la nécessité absolue de favoriser l'établissement sur le territoire national colonial encore inoccupé d'une population suffisante pour mettre ce territoire en exploitation ;

Reconnaissant qu'une émigration périodique favorisée par l'Etat est indispensable à une grande nation ;

Que, loin de porter atteinte au développement de la population nationale elle le favorise, ainsi que le prouve surabondamment l'accroissement rapide du chiffre de la natalité dans les colonies d'origine française et particulièrement au Canada ;

Que l'émigration contribue à atténuer dans de fortes proportions la misère et les crises ouvrières en occupant les bras inutilisés ;

Qu'elle élève le niveau moral du prolétariat en ouvrant à beaucoup de désespérés un avenir nouveau, l'accès facile de la propriété et du bien-être que ces désespérés ne pouvaient penser atteindre sur le territoire de la métropole, dont le sol est totalement occupé ;

Qu'elle prévient le vice et le crime auxquels beaucoup sont entraînés par les mauvais conseils de la misère, et qu'elle est ainsi une véritable soupape de sécurité pour le reste de la population ;

Qu'elle permet de retirer aux vagabonds de profession dont la paresse est la seule infirmité, tout prétexte à l'impossibilité de gagner honorablement leur existence, et qu'elle supprime ainsi radicalement le vagabondage dans la métropole ; en effet, tout Français valide étant tenu de justifier de ses moyens d'existence, le mendiant valide auquel on offrirait, aux colonies, une propriété sur laquelle il pourrait vivre très facilement en travaillant très peu, serait bien obligé d'accepter et d'émigrer, sinon il serait réduit à encourir l'application sévère des lois existantes sur la matière et des lois spéciales que permettraient d'édicter les facilités d'existence accordées par la nation à tous ses citoyens éprouvés par la misère ;

Qu'elle permet à la nation de venir très largement et très effectivement au secours de tous les travailleurs qui, pour diverses raisons et causes qu'il ne dépend pas d'eux de faire cesser, ne trouvent plus sur le territoire métropolitain l'occasion d'employer leurs bras ou leur intelligence, et qu'elle permet à l'État de fixer sur ses colonies encore insuffisamment peuplées toute une catégorie de citoyens qui, actuellement, et faute de facilités d'émigration, vont forcément porter à l'étranger le secret de nos industries spéciales et l'aide précieuse d'une main-d'œuvre renommée ;

Qu'elle ouvre des débouchés nouveaux, précieux à notre époque de crises commerciales, aux produits manufacturés de la métropole, en créant des centres de consommation intéressés à se fournir de marchandises nationales, et qu'elle favorise la production des matières premières exotiques nécessaires aux industries métropolitaines qui vont les acheter à hauts prix à l'étranger ;

Qu'elle fournit à l'Etat le meilleur comme le plus patriotique moyen de mettre en rapport son riche territoire colonial encore improductif et désert, et qu'elle est appelée, par la suite, alors que le sol produira au-delà des besoins locaux, à contribuer, à l'aide de taxes sagement réparties, au remboursement des avances faites par la Métropole et à l'exonération pour celle-ci de dépenses subséquentes ;

Pour ces motifs, et considérant :

Que, jusqu'à ce jour, les procédés d'émigration suivis par l'Etat sont complètement insuffisants sous tous les rapports et que, loin d'engager les intéressés à se rendre aux colonies françaises, ils les en détournent pour la plupart.

Que, dès la fin de 1886, plus de vingt-six mille Français ont adressé des demandes d'émigration à la Société française de colonisation, demandes appuyées par les municipalités, par des villes importantes comme Limoges et autres grandes villes manufacturières, et que, par suite du défaut d'organisation d'un service de l'émigration, trente-sept familles seulement ont pu recevoir satisfaction, tandis que le reste passait à la Plata et ailleurs.

Que les mesures les plus larges et les plus effectives doivent être prises par l'Etat pour éviter à l'avenir de telles déconvenues, qui sont de véritables catastrophes pour le pays.

Que l'émigration doit être favorisée tout spécialement par une gratuité absolue, par l'offre d'une propriété concédée gratuitement à tous ceux qui veulent travailler la terre, par l'offre d'une indemnité pécuniaire à ceux qui veulent aller exercer un état, un métier, une profession aux colonies, qu'il doit être accordé une grande facilité dans les démarches, que les émigrants doivent recevoir un accueil sympathique et prévenant de la part du personnel, lequel doit supprimer toute complication administrative dont les lenteurs inutiles démoralisent et rebutent les postulants.

Que l'émigrant doit toujours être sûr de pouvoir partir à l'époque qui lui a été fixée pour son embarquement; qu'il doit être convenablement logé, nourri et traité à bord du navire sur lequel il a obtenu son passage, celui de sa famille, de ses provisions, bagage et outillage.

Que le poids du matériel d'un émigrant à bord ne saurait équitablement être limité, comme il l'a été jusqu'à présent, à une quantité maximum de cent ou deux cents kilogrammes, attendu qu'il n'est pas admissible que cette quantité puisse suffire à un homme qui va s'établir à des milliers de lieues de centres producteurs, dans des pays où tout produit manufacturé atteint des prix élevés et est, souvent, difficile à se procurer.

Demande instamment au Gouvernement, au Parlement et aux administrations de la marine et des colonies :

1° Qu'un service de l'émigration soit organisé pour entrer en fonction dans le plus bref délai possible, et que ce service soit confié à un Directeur responsable ayant sous ses ordres directs un agent spécial dans les ports d'embarquement.

2° Que le Directeur du service émigration soit chargé de recevoir, classer les demandes d'émigration et de répondre à ces demandes dans le plus bref délai.

3° Que le Directeur du service émigration ait à sa disposition des plans et cartes de chaque colonie française, ces plans et cartes portant un état aussi approximatif que possible des territoires encore libres propres à recevoir l'émigration, avec teintes diverses indiquant l'état et la nature des terrains, etc.

4° Que le Directeur du service émigration ait à sa disposition des notices spéciales, rédigées par des hommes notoirement reconnus compétents, sur les colonies possédant des territoires à coloniser ; que ces notices relatent exactement et sincèrement toutes les particularités locales, les ressources comme les empêchements et inconvénients, l'état du climat, ses agréments comme ses dangers, les productions naturelles indigènes et celles que l'on peut importer et acclimater, les époques favorables aux exploitations des bois, etc., aux cultures, aux semailles et aux récoltes, le mode de culture propre à chaque plante vivrière ou d'exportation, etc., que ces notices soient répandues le plus possible et expédiées aux émigrants dès qu'ils adressent une demande d'émigration au Directeur du service, afin qu'ils n'agissent qu'en parfaite connaissance de cause, soient parfaitement renseignés sur les ressources et sur l'état de la colonie où ils veulent se rendre et sur toutes les démarches qui leur restent à faire pour obtenir les passages, concession de terrain, et enfin sur les époques et jours de départ des navires de l'émigration.

5° Que l'émigrant : — lui, sa famille, hommes, femmes, vieillards, enfants, — soit transporté gratuitement de la station de chemin de fer désignée par lui au lieu même où il doit s'établir dans la colonie.

6° Que, en France, à son arrivée au port d'embarquement, l'émigrant soit reçu par l'agent spécial du Directeur du service émigration, et dirigé, lui et son matériel, soit directement vers le navire qui doit l'emporter, soit à l'établissement — hôtel, ponton ou bâtiment spécial — destiné à recevoir les émigrants et où ils peuvent attendre, sans frais et sans inquiétude, le jour du départ ou l'ordre d'embarquement.

7° Que l'émigrant, depuis le moment de son arrivée au port d'embarquement, soit logé et nourri aux frais de la nation ; qu'il touche les vivres et la ration du soldat à terre, du matelot à bord ; que les femmes et les petits enfants soient l'objet d'égards particuliers pendant la traversée ; que l'eau potable surtout soit abondante à bord et qu'il en soit distribué, par jour, un minimum de un litre par homme et par enfant, de deux litres par femme.

8° Que des navires à vapeur d'un fort tonnage et de vitesse moyenne, aménagés tout particulièrement en vue du transport des émigrants et de leur matériel, soient tout spécialement affectés à un service régulier d'émigration. L'Etat pourrait parfaitement faire adapter à cette destination, sans trop de frais, quelques-uns de ses anciens bâtiments réformés et dont il n'a plus l'emploi, bâtiments qui croupissent dans les arsenaux, sans aucune destination.

9° Qu'un commissaire spécial, pourvu d'instructions précises et parfaitement définies, soit attaché à chaque navire d'émigrants ; il veille à l'embarquement du personnel passager et des bagages et sait où se trouve, à bord, ce qui appartient à chacun ; il s'assure que chaque émigrant est convenablement logé, traité et pourvu ; il reçoit les observations, demandes et réclamations du personnel émigrant pour y faire droit dans la mesure de ses instructions ; il assiste au débarquement à la colonie et prend toute mesure pour que les intérêts de chacun soient sauvegardés, notamment en ce qui concerne la mise à l'abri, en sécurité, du matériel et des bagages, le logement provisoire des émigrants et leur nourriture, leur transport au lieu des concessions, la mise en possession des terrains désignés, enfin, le commissaire spécial, chargé des émigrants à leur départ de France, ne quitte ceux dont les intérêts lui ont été confiés que lorsque chaque émigrant a été pourvu et installé, et cela de manière à ce que, à sa rentrée en France, il puisse faire au Directeur du service émigration un compte-rendu exact, complet et satisfaisant de sa mission.

10° Que, sur place, à la colonie, un agent organisateur et compétent soit spécialement chargé de la livraison des concessions de terre aux émigrants, et de donner aux nouveaux venus tous les renseignements qui peuvent leur être utiles, sans toutefois entraver en quoi que ce soit l'initiative de chacun ; l'agent se borne à donner des conseils en les appuyant de la citation de faits antérieurs;

il veille à ce que les émigrants trouvent, à leur arrivée à destination, des abris provisoires pour les personnes et les bagages, en attendant que chacun ait édifié son habitation définitive ; il s'efforce de tenir à la disposition des émigrants, en quantité convenable, les germes et semences nécessaires à une première emblavure ; il veille à ce que les émigrants dépourvus des outils les plus indispensables en soient fournis le plus promptement possible, et à ce que une ou deux charrues d'un bon modèle, avec les animaux de traits que l'on peut se procurer à la colonie pour les mouvoir, soient alternativement mises à la disposition des émigrants de chaque groupe pour les premières cultures ; il demande, le cas échéant, au gouverneur de la colonie, une escouade de condamnés sous la conduite de surveillants militaires, pour les premiers travaux de voirie et d'installation.

11° Que des vivres (ration de soldat d'infanterie ou d'artillerie de marine à terre) soient accordés aux émigrants à titre gratuit, pendant un an à dater de leur arrivée sur la concession de terre, laps de temps nécessaire pour atteindre et préparer la première récolte.

12° Que les concessions de terrain soient faites à titre perpétuel absolument gratuit, que la contenance des concessions soit proportionnée à la valeur intrinsèque du terrain, à sa situation, à sa destination et qu'elle comporte autant que possible des parties propres à la culture, du bois pour les usages du colon, et du pâturage pour son bétail ; que, dans tous les cas, les concessions éloignées des centres ne soient jamais inférieures à vingt-cinq hectares, dont cinq au moins de terre propre à la culture et un lot de réserve au chef-lieu même de la commune en formation.

13° Que les concessions de terrain soient faites sur des plans parfaitement établis, clairs, précis, portant indication des principales dispositions naturelles, vallées, cours d'eau et marais, montagnes et bois, sources, etc., terres à culture, à pâturage, chemins..., limites de la propriété et des propriétés limitrophes, proximité des routes, des chemins de fer, des voies navigables, de la mer... particularités climatologiques propres à la localité, ressources spéciales à la localité, moments les plus favorables aux semences et aux récoltes dans la localité, effet du débordement des cours d'eaux dans la localité et mesures préservatrices convenant à l'endroit, etc.

14° Que les émigrants-colons soient absolument exempts d'impôts, de taxes ou redevances quelconques pendant les dix premières années de leur installation sur le sol colonial.

15° Que toutes les concessions soient situées à proximité d'une voie praticable donnant accès à la propriété, permettant son exploitation et l'écoulement facile de ses produits jusqu'au port ou lieu d'embarquement le plus rapproché, ou jusqu'au centre de consommation et d'échange le plus voisin ; que les concessions forcément situées en dehors des voies principales de communication et de pénétration y soient rattachées par des tronçons de route, aussitôt leur occupation.

16° Que tout émigrant prenant l'engagement ferme de se fixer pendant dix ans consécutifs dans une colonie française soit exempt de droit du service militaire dans la métropole, et ne soit soumis qu'aux mesures militaires prises ou à prendre en vue de la garde et de la défense de la colonie.

17° Que tout ouvrier d'état ou manouvrier, ne bénéficiant pas d'une concession de terre, reçoive la ration de vivres du soldat pendant les trois mois qui suivront son débarquement à la colonie, et une indemnité pécuniaire de quatre cents francs, incessible et insaisissable, délivrée en huit termes mensuels égaux, indemnité destinée à permettre à l'émigrant de se retourner pendant qu'il cherche un établissement personnel ou à travailler chez les autres. L'état d'ivresse manifeste doit occasionner la suspension du paiement de la prime et son retrait complet en cas de récidive.

18° Que les émigrants ne soient admis à la faveur du rapatriement aux frais de l'Etat qu'après un séjour de trois années révolues à la colonie et après constatation, par un comité médical spécial, d'un état de santé ne permettant plus un travail utile dans la colonie.

19° Que, pour assurer la régularité et la facilité des voyages, rapports et transactions, chaque colonie française, sans oublier le groupe considérable de Tahiti — aujourd'hui complètement isolé — soit reliée à la métropole par un service mensuel de paquebots à vapeur.

## TROISIÈME PROPOSITION
### Administration coloniale

Le dixième Congrès de Géographie :

Reconnaissant la nécessité absolue pour la métropole de recourir à tous les moyens propres à mettre en rapport son territoire colonial, jusqu'à ce jour improductif et dispendieux en dépit des richesses naturelles qu'il renferme et des efforts de la population qui y réside, et qu'il importe de supprimer toutes les causes reconnues pour contribuer à cette situation.

Considérant que l'une des causes de cette situation regrettable est, sans contredit, la disproportion étrange qui existe entre le nombre des administrateurs et employés et le nombre des administrés, ainsi que le manque d'aptitudes spéciales de beaucoup des administrateurs et fonctionnaires coloniaux pour les fonctions auxquelles ils sont appelés par le pouvoir central.

Estimant abusif et ruineux pour la nation l'entretien d'une armée exagérée de fonctionnaires, d'employés et de soldats sur certaines colonies que l'on maintient dans l'impuissance absolue de produire et d'être utiles au pays en les laissant privées de moyens suffisants d'exploitation et que, si cette situation était maintenue, l'abandon de ces colonies pourrait être considéré comme préférable au maintien du « statu quo ».

Considérant que, dans certaines colonies, on peut compter jusqu'à un administrateur par moins de cinq colons civils.

Estimant que le territoire colonial ne doit pas exclusivement être considéré comme un champ favorable réservé aux mouvements hiérarchiques de l'administration et de l'armée.

Considérant que la surabondance des administrateurs, fonctionnaires et employés entrave, retarde et complique la marche et l'expédition des affaires, engendre les conflits, grève le budget de charges inutiles, colossales, ruineuses.

Considérant que la plupart des administrateurs et fonctionnaires coloniaux, pour remplir utilement leurs fonctions, doivent posséder des connaissances spéciales relatives aux populations, aux productions, aux mœurs, au climat, aux conditions locales des colonies dont ils sont appelés à diriger les destinées, et que, sans ces connaissances spéciales, ils doivent forcément se livrer à des essais, à des tâtonnements, tomber dans des erreurs funestes aux colons et à la prospérité coloniale.

Considérant que, actuellement, le recrutement du haut personnel colonial se fait d'une façon très arbitraire et, pour partie, parmi des notabilités politiques absolument étrangères aux choses coloniales.

Estimant que : un membre du Parlement, un préfet, un

sous-préfet, un bureaucrate, un journaliste, un avocat, quelle que soit, du reste, leur valeur dans les fonctions respectives auxquelles les ont appelés leurs talents et leurs aptitudes personnels, ne sauraient être, sans danger pour la bonne marche des affaires coloniales, *improvisés* administrateurs coloniaux, gouverneurs, directeurs de l'intérieur, résidents, etc., dans des pays qu'ils ignorent complètement et qui, sous beaucoup de rapports, n'ont rien de commun avec la métropole.

Considérant, d'autre part, que le système actuel de promotion du personnel colonial oblige les fonctionnaires à des déplacements incessants, déplacements laissant constamment des postes inoccupés ou entre les mains de fonctionnaires subalternes et souvent étrangers aux fonctions qu'ils sont forcés de remplir par intérim, déplacements ruineux, fatigants pour les fonctionnaires et occasionnant pour l'Etat des dépenses exagérées ; c'est, en effet, par suite de ce système que nombre de fonctionnaires ont passé leur existence administrative, eux et leur famille, à voyager d'une colonie en France et de France à une autre colonie, sans rester à poste fixe plus d'une année ou deux et souvent moins, dans chaque colonie.

Considérant qu'un gouverneur, par exemple, ne saurait suffisamment s'attacher à une colonie dans laquelle il est simplement de passage et où il sait, en arrivant, devoir résider deux ou trois années au maximum.

Estimant qu'il importe qu'un haut fonctionnaire, un gouverneur, lorsqu'il a pris une décision importante, puisse constater par lui-même les effets produits par cette décision, de sorte que, restant responsable en face de la population locale, il soit conduit à apporter le plus grand tact et la plus grande circonspection dans la gérance du poste qui lui est confié et dans le choix et l'adoption des mesures qu'il croit devoir édicter.

Considérant les malheurs et les abus qui n'ont eu d'autre cause que le choix de fonctionnaires inexpérimentés et mal préparés aux fonctions coloniales qui leur étaient trop légèrement confiées.

Considérant que la distance qui sépare les colonies de la métropole et soustrait les fonctionnaires coloniaux au contrôle direct et rapide de l'administration centrale nécessite et motive un choix plus judicieux dans le personnel colonial.

Considérant que, pour diriger la mise en état d'exploitation du territoire colonial destiné à recevoir l'émigration, pour surveiller et conduire son appropriation, son aménagement, son outillage, il importe, avant toute considération, de mettre à la tête des colonies des hommes d'action, organisateurs, ayant beaucoup et longtemps pratiqué les colonies, ayant fait leurs preuves, dont le passé colonial offre des garanties sérieuses de compétence et de dévouement et auxquels on puisse, sans aucune appréhension ni arrière-pensée, laisser beaucoup d'initiative.

Estimant également qu'il est indispensable que chaque colonie puisse faire directement connaître au pays ses vœux et ses besoins.

Considérant que plusieurs de nos colonies, avec un chiffre de plus de mille à douze cents électeurs français, ne sont pas représentées au Parlement, alors que certaines autres colonies, avec un nombre d'électeurs français plus restreint, nomment sénateur et député.

Considérant la constitution actuelle du Conseil supérieur des colonies, et l'intérêt qu'aurait la nation à instituer une assemblée coloniale composée d'hommes compétents appelés à contrôler et à discuter les décisions du pouvoir central, à exposer au Ministre compétent les besoins des colonies et à lui proposer les mesures favorables au développement de ces colonies.

Considérant, que jusqu'à ce jour, toutes les mesures, décrets et décisions, relatives aux colonies, ont été prises par les Ministres de la marine, leurs sous-secrétaires d'Etat et leurs bureaux, sans que, la plupart du temps, les colonies intéressées et leurs gouverneurs aient été consultés sur l'opportunité de ces mesures, sur la possibilité de les appliquer, sur leurs résultats probables, et qu'il est souvent résulté de cette méthode des conflits regrettables et des erreurs qui ont causé un préjudice considérable aux colonies.

Considérant qu'il importe, en attendant que l'assimilation complète de certaines colonies aux départements métropolitains soit reconnue avantageuse et devenue un fait accompli, en attendant que l'autonomie de certaines autres soit admise, de laisser à toutes une grande liberté d'allures et une part d'initiative dans le règlement de leurs affaires intérieures, règlement qui doit se conformer aux us et coûtumes, aux exigences locales, etc., toutes choses bien difficiles à apprécier pour des bureaucrates et pour des ministres siégeant à Paris, et plus ou moins exactement renseignés par des inspecteurs toujours de passage rapide dans chaque colonie et qui ne peuvent juger que d'après leurs impressions particulières.

Demande instamment au Parlement, au Gouvernement et à l'Administration centrale des colonies :

1° Que, dans chaque colonie, le nombre des administrateurs, fonctionnaires et employés soit successivement réduit, jusqu'à ce qu'il reste en rapport normal avec le chiffre de la population et l'importance des affaires locales.

2° Que les fonctionnaires et employés coloniaux de tout ordre puissent désormais prendre leurs grades sur place et demeurer ainsi dans une colonie aussi longtemps que leurs services y sont effectifs et estimés ; qu'ils puissent désormais y acquérir, y posséder, s'y créer des intérêts personnels qui les attachent au pays et les sollicitent à travailler à la prospérité générale ; le système qui consiste à interdire aux hauts fonctionnaires d'une colonie tout intérêt matériel dans cette colonie paraît peu logique et, en tout cas, manque de dignité, car il accuse de la part de l'administration centrale une sorte de parti-pris de suspicion de vénalité peu favorable à la dignité des fonctionnaires et employés qui en sont l'objet.

3° Que les fonctions de gouverneur, lieutenant-gouverneur, résident, vice-résident, administrateur principal, directeur de l'intérieur, secrétaire général, chefs de districts ou d'arrondissement, commandant territorial, etc., ne puissent être occupées à l'avenir que par des personnes ayant pratiqué les colonies, connaissant les mœurs, les usages, les besoins des colonies pour avoir habité et fréquenté les colonies.

4° Que chaque colonie ayant au moins mille électeurs français soit appelée à élire un représentant au Parlement. Dans une colonie, le chiffre de mille électeurs nationaux représente des intérêts considérables et annonce une population indigène et cosmopolite nombreuse.

5° Que chaque colonie française ait auprès du gouvernement de la Métropole un représentant commercial accrédité, siégeant à Paris, et tenant à la disposition du commerce métropolitain tous échantillons, prix courants et renseignements commerciaux de toute nature pouvant intéresser le mouvement d'affaires entre la colonie qu'il représente et la Métropole. Cet agent reçoit directement les avis de la Chambre de commerce de la colonie et lui transmet de même les avis qui peuvent intéresser le commerce local.

6° Que les attributions du Conseil supérieur des colonies, assemblée purement consultative, et qui n'est en effet consultée que fort rarement et sur les seules matières que le ministre juge à propos de lui soumettre, soient modifiées dans un sens plus conforme à l'importance que doit avoir une pareille institution ; que ce Conseil ait voix délibérative ; qu'il soit convoqué une fois chaque mois pour examiner et discuter toutes les questions, sans exception, intéressant les colonies ; Que le Ministre ou le Sous-Secrétaire d'Etat de la marine et des colonies ne puissent prendre aucune décision concernant l'administration et la marche des affaires coloniales sans soumettre cette décision à l'examen et à l'approbation du Conseil, sauf les cas d'urgence et où une mesure immédiate serait sollicitée télégraphiquement par la colonie intéressée : avec ses attributions actuelles, le Conseil supérieur ne peut rendre que de faibles services ; aussi ses séances sont-elles de plus en plus rares et il n'a pour ainsi dire plus sa raison d'être ; les cinq délégués élus par les colonies de la Nouvelle-Calédonie, Tahiti, St-Pierre-Miquelon, Mayotte et Nossi-Bé sont restés des années entières à Paris, aux frais de leurs colonies respectives, sans que les pouvoirs restreints du Conseil supérieur des Colonies leur aient permis d'obtenir quelque réforme sérieuse pour leurs mandataires, et même sans que le Conseil supérieur des Colonies ait été convoqué.

En un mot, je crois que le congrès pourrait adopter le résumé des mesures que je viens de vous soumettre, et ce résumé le voici :

Nous n'avons pas, comme je l'ai dit tout à l'heure, de moyens effectifs assez puissants auprès de l'administration. Cependant, nous avons, à notre tête, des administrateurs qui, d'une façon générale, demandent à être renseignés. Eh bien, tout au moins, le Congrès aura fait son devoir en portant les renseignements que je viens de vous analyser, d'abord devant le public qui est notre souverain juge à tous ; ensuite, sous les yeux de l'administration. Le public, par la manifestation de son opinion, peut influer sur la décision de l'administration, et l'administration agir sous cette pression. Si le Congrès admet ma manière de voir, on pourra publier le travail que je viens de vous soumettre, de manière qu'il soit assez répandu pour que l'administration supérieure ne puisse pas ignorer qu'il existe, et en même temps, pour que l'opinion publique puisse se manifester de façon, je le répète, à exercer une certaine pression sur nos gouvernants.

Voilà mon but. J'espère avoir été assez pratique, c'est toute ma prétention !

M. LE PRÉSIDENT. — Tout en remerciant M. Moncelon de l'intéressante communication qu'il nous a faite, je crois que son but sera parfaitement rempli. Non-seulement, en effet, tous les renseignements, qu'il nous a donnés, seront insérés dans le compte-rendu du Congrès ; mais encore, il paraîtra dans la plupart de nos bulletins des articles qui seront l'écho sinon de la lettre, du moins de l'esprit des propositions de M. Moncelon.

20.000 lecteurs, au moins, de ce chef, connaîtront ces propositions.

Sans compter ceux qui trouvent nos bulletins dans les bibliothèques auxquelles ils sont adressés.

M. BAYLE. — M. Moncelon et M. le Président paraissent croire que la publicité du compte-rendu du Congrès et des bulletins de Sociétés de Géographie renseignera suffisamment l'administration supérieure ; mais il me semble, qu'en dehors de cette publicité, on a toujours le droit de mettre le résumé de ces travaux sous les yeux des ministres compétents ou du Gouvernement de la République, et je crois que c'est là ce qui doit se faire. Puisque le désir du Congrès, celui même de M. le Président, est qu'il soit donné suite aux vœux de M. Moncelon, ces vœux doivent être présentés, dans la forme qui convient, aux autorités compétentes. Il y a là une publicité bien plus complète que celle des bulletins et du compte-rendu, puisqu'il y a une démarche faite spécialement et officiellement pour faire adopter ces vœux.

M. Barbier. — L'heure avancée ne nous permet pas d'entendre M. Isaac qui devait prendre la parole à la suite de M. Moncelon et qui doit nous apporter beaucoup de renseignements sur une question dont M. Moncelon n'a traité qu'un des côtés. Je crois donc que nous pourrons entendre M. Isaac dans la séance de cette après-midi.

Le Président de cette séance sera M. Quévillon, délégué de la Société de Géographie de Toulouse, et MM. Isaac et Sabatier voudront bien être ses assesseurs.

Ce soir, à huit heures et demie précises, dans la présente salle, nous aurons une conférence de M. Sabatier. Nous vous invitons tous y à venir et à faire à M. Sabatier l'accueil dont il est digne.

M. de Mahy. — Quel est le titre de la conférence de M. Sabatier ?

M. Sabatier. — Je ne le sais pas moi-même (rires). Je viens d'être avisé par vous et par un de nos collègues que j'avais à faire une conférence ce soir. Je ne puis pas refuser de payer la traite qu'on a tirée sur moi, puisque ce sont des collègues qui l'ont tirée ; mais laissez-moi un quart d'heure pour chercher mon titre...

M. G. Loiseau. — Ce titre, vous le lirez vous-même sur les murs de la ville où il est déjà affiché. — Rires et applaudissements.

M. Gauthiot. — Je ne sais pas si tout le monde est aussi enrhumé que moi et entend aussi peu ce qui se dit ici ; c'est pourquoi je demande si la continuation de la discussion, soulevée par M. Moncelon, aura lieu cette après-midi ?

M. le Président. — Sans doute, puisque M. Moncelon prévoit que des modifications peuvent résulter des éclaircissements que M. Isaac voudra bien apporter. La discussion reste donc ouverte.

M. Gauthiot. — Seconde question : M. Moncelon nous a exposé un système complet, un travail étendu ; est-ce que le résumé de ce travail doit être présenté à l'approbation du Congrès, ou bien M. Moncelon, en communiquant son œuvre au Congrès, n'a-t-il eu qu'un but, celui de la répandre et de la faire connaître ? Cette question est intéressante, parce que, sur certains points, il y a des membres du Congrès qui ne sont pas tout à fait d'accord avec M. Moncelon, et qui demanderaient la parole pour exposer leurs idées sur ces points-là.

M. Moncelon. — Je répondrai à M. Gauthiot que mon but n'est pas d'imposer mon travail au Congrès, et qu'au contraire je serais très heureux que la discussion soit le plus large possible. Je ne demanderais même pas au Congrès de prendre immédiatement une résolution ferme sur un travail qui demande à être épluché, analysé, disséqué. J'ai exposé ce sujet à mon point de vue de vieux colon, et avec mon expérience de vieux colon ; mais j'ai des collègues qui ont habité d'autres colonies que la mienne, et qui peuvent avoir des idées toutes particulières s'appliquant à leurs propres colonies. Il est donc bon que l'on poursuive la discussion en remettant à une époque ultérieure la prise d'une décision ferme.

M. le Président. — La séance est levée.

La séance est levée à onze heures trente-cinq minutes.

## Séance du jeudi soir, 23 août 1888

*Président :* M. le Commandant QUÉVILLON.

*Assesseurs :* M. Isaac, sénateur de la Martinique et de la Guadeloupe. — M. Sabatier, député d'Oran.

La séance est ouverte à deux heures et demie.

M. le Président. — La séance est ouverte.

M. Augerd. — Je suis chargé par la section de l'Ain du Club Alpin, de vous offrir deux exemplaires du Bulletin que cette Société a fait paraître il y a deux ans et qui vous intéresse, parce qu'il y a quelques pages consacrées à la vallée de la Valserine que vous allez visiter dimanche. — Applaudissements.

M. le Président. — Je me fais l'interprète du Congrès en remerciant M. Augerd de l'offre qu'il veut bien nous faire si gracieusement.

M. Augerd. — Je reporte ces remerciements au Club Alpin qui a fait cette offre au Congrès.

M. le Président. — La première question à l'ordre du jour de ce soir est celle-ci :

*Trouver le meilleur système administratif et politique à appliquer à chacun de nos établissements d'outre-mer, suivant le climat, l'état social, politique et religieux des races qui habitent le pays ; il serait tenu compte de la nature de l'établissement d'outre-mer, soit comme station militaire, soit comme colonie d'exploitation.* (Question proposée par la Société Bretonne de Géographie à Lorient.)

Vous avez entendu, ce matin, MM. Piquet et Moncelon traiter cette question. La discussion a été interrompue à cause de l'heure avancée ; nous la reprenons ce soir et je donne la parole à M. Sabatier, député d'Oran, pour la continuer.

M. Sabatier, député d'Oran. — Mesdames, Messieurs. Lorsque les Sociétés de Géographie s'efforcent de recueillir sur les pays dont la France a accepté la tutelle la plus grande somme d'informations possible, elles sont absolument dans leur rôle, et il n'est assurément personne qui ne sache pas gré aux pionniers vaillants qui vont à la recherche de ces informations et à ceux-là surtout qui viennent faire profiter la science du fruit de leur expérience personnelle. Aussi, est-ce, en ce qui me concerne, avec le plus grand plaisir que j'ai entendu la conférence de M. Moncelon.

Mais, faut-il, comme le demande M. Moncelon, ajouter à notre étude l'émission d'un vœu touchant la meilleure organisation à donner aux colonies et au service pénitentiaire ? Que M. Moncelon me pardonne de me séparer de lui sur ce point ; je crois qu'il me sollicite d'entrer sur un terrain qui n'est pas le nôtre. Rappelons-nous que nous sommes un Congrès scientifique, que nous avons qualité pour élaborer des programmes d'ordre scientifique et économique, mais que, si nous entrons dans le domaine politique, il faut nous attendre à nous trouver en face de difficultés que nous n'avons pas prévues, contre lesquelles nous ne sommes ni armés par nos statuts, ni certainement accrédités auprès de l'opinion publique.

Il est certain, en effet, que si une Société scientifique quelconque se hasarde à prendre une attitude militante sur un point de politique ou sur un autre, non-seulement, elle soulèvera contre elle tel ou tel personnage, mais encore le parti politique tout entier dont elle blessera le programme; et le lendemain du jour où ce phénomène se sera produit, il s'en produira un autre. L'un contestait la compétence de tel autre sur le terrain politique ; l'autre contestera la compétence du premier sur le terrain scientifique même. Nous aurons diminué notre valeur ; et c'est pourquoi je supplie le Congrès de vouloir bien ne pas suivre jusqu'au bout M. Moncelon sur le terrain où il nous a appelés.

Je pense que ma pensée a été comprise. Certes, je ne veux

pas que la discussion, si intéressante, que M. Moncelon a portée à votre tribune, soit écartée ; mais j'estime qu'il ne faut pas, par l'émission d'un vœu, compromettre l'autorité du Congrès. Le rôle d'une Assemblée de propagande, de diffusion de choses saines et sûres, ou, en tous cas, ayant une apparence scientifique sérieuse, doit être de les soumettre à la discussion et au contrôle de tous ; mais nous ne saurions nous transformer en une assemblée ayant un mot d'ordre politique quelconque, et essayer d'agir sur le Gouvernement autrement que par la propagande des faits et informations pour l'inviter à se prononcer dans un sens ou dans l'autre.

Qu'il me soit permis de donner une autre raison à l'appui de ma thèse ! J'ai l'honneur de compter, au nombre de mes auditeurs, M. Isaac du Sénat, et M. de Mahy de la Chambre des Députés. Eux, ainsi que moi, faisons partie de la Commission du Budget. Croyez-vous que, si l'un ou l'autre de nous trois venait vous proposer d'accéder à un programme de politique générale ou personnelle, il ne commettrait pas une véritable imprudence ! Ne serait-ce pas le moyen de faire discréditer ce programme politique le jour où une question du même ordre surgirait à la Chambre ou au Sénat ? Cette réserve, qui nous empêcherait de soumettre à votre sentiment un point de politique que nous voulons garder dans sa virginité première pour ne pas effleurer tous les arguments à donner à la Chambre ou au Sénat, cette réserve fera que nous ne pourrions pas vous suivre sur une autre question que nous serions cependant bien aises de porter dans une discussion de simple information, et qui aurait gardé un caractère platonique et correct au point de vue parlementaire et gouvernemental. Si vous voulez qu'une discussion soit bien entièrement justifiée, elle ne doit pas avoir une sanction d'apparence politique qui s'appelle le *Vœu* ! Restez dans les statuts mêmes qui s'imposent à un Congrès scientifique ; restez dans votre mandat naturel, c'est-à-dire dans le mandat scientifique qui vous est donné par ceux qui ont adhéré au but de votre Congrès ! Dans ces conditions, nous sommes prêts à vous suivre sur le terrain de la discussion inaugurée par M. Moncelon ; si sur ce terrain, il devait y avoir un vœu comme sanction, je me sentirais dans l'impossibilité de prendre part à ce débat, et vous comprenez par suite de quel sentiment de correction parlementaire j'agis ainsi.

Permettez-moi donc, pour la pratique ultérieure de nos travaux, d'adopter comme principe, que nous n'émettrons pas de vœu sur des questions qui ne seront pas purement scientifiques, et que, pour les questions qui auront un caractère mixte et scientifique, nous nous bornerons à la discussion des faits et des informations.

Tel est le rôle dont un Congrès scientifique ne doit pas se départir.

C'est sous le bénéfice de cette observation et avec cette réserve en ce qui concerne la nature du débat soulevé par M. Moncelon que je prie le Congrès de vouloir bien m'excuser d'avoir pris la parole à cette tribune ! — Applaudissements.

M. DE MAHY. — Je n'ai que de très courtes observations à vous présenter ; mais il me paraît indispensable qu'elles vous soient présentées.

M. Sabatier semble croire que le Congrès est sorti de ses attributions. — Je ne le pense pas. J'avoue que je n'ai peut-être pas fait une étude très approfondie des règlements, mais j'en ai fait une très approfondie des usages des Congrès de Géographie. Je me suis procuré tous les documents qu'il m'a été possible de trouver sur les Congrès antérieurs au nôtre, auxquels j'ai eu le chagrin de ne pas pouvoir assister personnellement ; et, avant de venir à Bourg et d'accepter la présidence du présent Congrès, j'ai cru devoir relire les comptes-rendus *in extenso*, complets, officiels des précédentes réunions, qui nous ont été distribués.

Eh bien, que s'est-il passé, notamment à Nantes et au Hâvre ? Exactement ce que vous avez vu faire depuis l'ouverture de ce Congrès, et la discussion, que M. Moncelon a continuée ce matin, n'est pas une discussion qui soit née spontanément dans son esprit. Il y a été convié ; ce n'est pas lui qui a porté la question sur le terrain où elle est engagée ; c'est notre programme ; c'est l'ordre du jour dont nous sommes saisis. Que voyons-nous, en effet, sur cet ordre du jour ? Est-ce une question que le Congrès ait inventée, ou que nous ayons entrepris de traiter de notre autorité privée ? Non, c'est la continuation d'une discussion qui a été transmise par les deux Congrès précédents ? Et quelle est cette question ? La voici :

Trouver le meilleur système administratif et politique à appliquer à chacun de nos Etablissements d'outre-mer, suivant le climat, l'état social, politique et religieux des races qui habitent le pays ; il serait tenu compte de la nature de l'établissement d'outre-mer, soit comme station militaire, soit comme Colonie d'exploitation.

Il me semble donc que M. Moncelon, en entrant dans le débat dont il s'agit, n'est pas sorti de nos usages, ni de nos règlements.

De plus la conclusion pratique de nos Congrès se traduit par l'émission de vœux que nous tâchons de faire adopter au Gouvernement. Que, dans certains cas, et notamment dans l'espèce dont nous sommes saisis, il n'y ait pas lieu d'émettre un vœu, j'y consens ; mais, ce à quoi je ne puis consentir comme Président du Congrès, c'est que l'on nous rogne les ailes, c'est que l'on diminue nos attributions en soutenant que nous n'avons pas le droit d'émettre des vœux sur des questions dont nous sommes régulièrement saisis de par notre ordre du jour et de par les Congrès précédents ! — Vifs applaudissements.

Dans l'espèce, je le répète, je ne dis pas que je solliciterai du Congrès l'émission d'un vœu ; je crois que ce vœu serait très difficile à rédiger, M. Moncelon lui-même le reconnaît à cause de la grande complexité du sujet. C'est un monde entier qui a été soulevé, et il est probable que nous n'arriverons pas à l'émission de ce vœu ; mais ne venez pas contester le droit que le Congrès de Géographie possède d'émettre des vœux ; et, laissez-moi vous le dire, mon cher Sabatier, n'essayons pas de faire de ces distinctions subtiles entre ce qui appartient et ce qui n'appartient pas à la politique ! Qu'est-ce qui est politique, et qu'est-ce qui ne l'est pas ? Vous êtes certainement un des esprits les plus originaux, les plus déliés et les plus clairvoyants que je connaisse ; eh bien, si vous réussissez à me déterminer la limite entre ce qui est politique et ce qui ne l'est pas, je consens à déclarer que, pour mon compte, je n'ai jamais su ce qui était de la politique. Sous l'Empire, à l'époque des luttes que beaucoup d'entre nous avaient entreprises, il arrivait quelquefois que l'Administration nous disait : Vous n'avez pas le droit de vous occuper de cette chose parce que c'est de la politique, et un homme des plus distingués, aujourd'hui membre de l'Académie Française, répondait, dans un article du *Journal de Paris* qui fit quelque sensation à l'époque : La politique ? Mais c'est notre ménage ! C'est notre pain quotidien ! C'est notre vie de tous les jours !

Tout est politique et rien ne l'est, et avec ce mot-là : *pas de politique*, vous fermerez la bouche à tout le monde toutes les fois qu'il vous plaira.

Dans l'espèce, soyons prudents ! Tâchons de ne pas donner prise contre nous à ceux qui peuvent être nos adversaires, mais ne limitez pas par ces espèces de restrictions l'action légitime que les Congrès de Géographie exercent sur le pays ! — Nombreux et vifs applaudissements.

M. SABATIER. — Il y a si peu d'écart entre nous, d'après ce que vient de dire M. de Mahy, que je tiens à rassurer mon cher Collègue et aussi le Congrès. Je ne sais pas si je me suis insuffisamment expliqué ; mais je n'ai pas eu, un seul instant, la pensée que l'on devait limiter le Congrès, et, soyez-en persuadés, si un représentant quelconque du pouvoir central, avait eu ici, en cette qualité, la prétention de limiter votre action, j'aurais été le premier à m'indigner, car je ne suis pas ici un représentant du pouvoir central, je suis un simple congressiste, ami de la science, plus platonique malheureusement que je ne le voudrais, lequel congressiste vient vous prier, au nom des intérêts scientifiques qui nous sont chers et communs, de prendre garde à nous pour ne pas compromettre notre considération scientifique dans les luttes actuelles, toujours injustes des partis. Je vous demande à avoir quoi ? Ce tact que notre cher Monsieur de Mahy nous priait d'avoir tout à l'heure. Alors, c'est comme membre du Congrès que je vous disais : Imposons-nous à nous-mêmes cette règle volontaire, libre, qui ne vaudra, d'ailleurs, que suivant les circonstances, qui sera pour nous un principe, en quelque sorte, de morale plutôt qu'un article des statuts et du règlement ! Evitons de compromettre l'autorité du Congrès dans des questions — et là, je réponds à la dernière partie de l'argumentation de mon collègue — qui ne sont pas seulement des questions de partis, mais encore, actuellement, des questions de politique, irritante dans une certaine mesure, trop actuelles en tous cas pour ne pas soulever immédiatement les passions.

Si je parlais ainsi, c'est parce que, étant assis tout à l'heure en face de l'orateur, j'étais obligé moi-même de me rappeler que j'étais ici purement et simplement comme congressiste, et de faire taire en moi certains mouvements qui procédaient plutôt de la conscience politique que de la conscience scientifique. J'ai le profond souci des devoirs que je dois au Congrès et il me faudra certainement quelques efforts pour faire taire les petites émotions de l'homme politique. Etes-vous bien sûrs, mes chers collègues, de rencontrer, parmi les hommes politiques, des hommes parfaitement maîtres de leurs nerfs ?

Et en abordant des questions de politique trop actuelles, non pas seulement comme information, mais avec la sanction du vœu, êtes-vous bien sûrs de ne pas vous exposer à voir cette paisible enceinte de la science se transformer en une arène politique, en une assemblée livrée non plus aux intéressantes discussions scientifiques, mais aux âpres et dures discussions des partis ! M. de Mahy avait raison : la politique est partout ; elle est dans notre ménage ; nous en sommes trop sensiblement pénétrés, et il n'est pas actuellement une seule critique tombant de la bouche d'hommes impassibles, justes et autorisés qui ne se traîne sur la voie publique, prête à être ramassée par les haines des partis ; il n'est pas une seule observation juste ou injuste, qui ne soit immédiatement surprise, confisquée pour servir désormais dans les luttes de coteries !

Je ne demande pas que l'on fasse un article de règlement pour limiter votre action : Il est des œuvres où la science doit avoir ses audaces... elle est descendue quelquefois sur la place publique, et l'on en cite des exemples dans l'Histoire. Mais, à notre époque, il faut se garder de laisser entrer cette pratique dans nos habitudes. Je sais que la Société Bretonne de Géographie vous a invités à chercher le meilleur système administratif et politique à appliquer aux colonies ; mais elle ne vous a pas dit de formuler des vœux sur cette question, et j'estime, que, dans l'espèce actuelle, et en thèse générale, sans appliquer de règlements, toutes les fois qu'il s'agit non-seulement de questions de politique générale, mais de politique actuelle et irritante, les Sociétés scientifiques doivent avoir la plus grande réserve dans la formule d'un verdict !

C'est dans ces conditions que je vous dirai : continuons cette discussion d'informations utiles qui apporte à chacun de nous des éléments nouveaux et qui y ajoute cette valeur inestimable qui s'appelle l'affirmation de consciences droites et de personnalités respectables. De cette façon, nous recueillerons non-seulement des faits, mais encore toute la valeur d'un témoignage moral de premier ordre ! Continuons cette discussion ; seulement, laissez-moi vous demander si nous ne sommes pas dans une de ces circonstances où il faut qu'un Congrès ait le tact auquel M. de Mahy vous invitait tout à l'heure ! — Nombreux applaudissements.

M. GAUTHIOT. — Après ces exposés de leurs sentiments faits par des collègues aussi éminents, aussi convaincus, aussi impartiaux et Français avant tout, des hommes comme MM. de Mahy et Sabatier, auxquels il faut sans hésiter rendre hommage, il faut avoir la volonté bien arrêtée de fixer certains points douteux et de dire quelque chose de vrai, pour venir, après eux, vous fatiguer les oreilles de cette voix enrouée. — Rires. — Aussi ne prononcerai-je que quelques mots !

Oui, M. Sabatier a eu raison de nous mettre en garde contre un obstacle, un écueil, un péril, un danger, qu'il croyait pouvoir nuire au succès de notre Congrès de Géographie ! Oui, M. de Mahy a eu raison de lui répondre : J'ai étudié ce qui pouvait plaire ou déplaire, je sais ce qui s'est fait et je ne crains pas ce danger que vous signalez ; nous sommes sur un bon terrain !

J'ai applaudi aux paroles de M. de Mahy, et quelque respect que j'aie pour M. Sabatier et pour son éloquence convaincante, je me suis dit : M. Sabatier a vu un danger où je n'en vois pas.

Au Congrès de Nantes, dont j'ai le procès-verbal sous les yeux, diverses résolutions ont été arrêtées, dont je ne citerai que deux ou trois, et vous verrez quel rapport direct elles ont avec les propositions qui nous ont été faites ce matin par M. Moncelon.

L'une de ces résolutions est la suivante :

« Que le Parlement actuel, saisi d'un projet de loi sur le service militaire, veuille bien porter remède à la situation fâcheuse pour le développement colonial que fait la loi actuelle aux hommes astreints au service militaire se trouvant dans les colonies ; qu'il leur facilite, dans la plus large mesure possible, l'accomplissement de leurs devoirs envers la mère-patrie et la colonie. »

Ce vœu a été reconnu si patriotique que, transmis à la Commission parlementaire chargée précisément d'élaborer la loi militaire, il a été adopté et inséré dans les articles du projet de loi. Il y a plus, le commandant de nos forces militaires au Tonkin l'a mis en application, et, depuis cette époque, un autre commandant l'a appliqué à une autre colonie.

Et cependant, voilà un vœu que l'on pouvait considérer comme politique au dernier chef, mais qui, néanmoins, touchait de très près à ce que nous appelons la Géographie, car, pour nous, la Géographie, c'est, dans l'extension la plus large et la plus claire du mot, l'étude de tout ce qui tend à la prospérité de la France d'abord et des autres pays ensuite.

Voici une autre résolution adoptée au Congrès de Nantes :

« Que chaque colonie nomme à Paris ou sur tel point de la province qu'elle jugera bon, un agent particulier qui, sous la direction de sa Chambre de commerce, ou à défaut, du corps élu de la colonie, remplira en France le même rôle que les agents des colonies anglaises en Angleterre. »

Ce vœu, qu'a-t-il de politique ? N'avons-nous pas évité le danger que nous signalait M. Sabatier ? On pouvait nous dire : Vous aller créer un représentant des colonies ; on ne saurait le permettre. Le meilleur représentant des colonies, c'est le Gouvernement Français : personne mieux que lui ne peut les défendre. Néanmoins le vœu a été voté, et a été examiné par le Ministre auquel il avait été transmis !

J'ai la plus profonde estime pour M. Sabatier ; je sais ce qu'il a fait pour l'Algérie, et lui en suis personnellement reconnaissant, mais je veux montrer que le Congrès, dans son bon sens, sait parfaitement se tenir sur la limite, extrême peut-être, mais sur la limite de ce qu'il ne doit pas toucher et de ce qu'il ne doit pas dépasser. Il dit : Ici est l'intérêt de la France ; jusque-là, nous pouvons aller ; au-delà, non !

Troisième résolution adoptée à Nantes :

« Que les Sociétés de Géographie des régions où se trouvent des ports en relations fréquentes avec les colonies françaises, se chargent de rédiger un court manuel de l'émigrant dans les colonies, sur le modèle de ceux que distribuent les agents des pays étrangers. »

Je n'ai pas besoin d'insister ; il n'y a rien là de politique.

« Que ces mêmes Sociétés, individuellement ou collectivement, avisent à constituer un fonds de réserve où elles puiseront pour aider, matériellement, à se rendre dans la colonie choisie par eux ceux des Français de leur région que les bureaux respectifs de ces Sociétés jugeraient avoir les qualités physiques et intellectuelles pour vivre et prospérer dans ces colonies. »

Donc, le premier de ces vœux peut passer pour politique parce qu'il est adressé au Parlement ; mais cela ne prouve pas qu'il ait quelque chose de politique en lui-même. Aussi, je conclus simplement par ceci : Que nous devons accepter avec reconnaissance l'avis que nous a donné M. Sabatier de rester sur notre terrain, de ne pas en dépasser les limites. Mais, en ce qui concerne ce terrain, nous devons tâcher de faire connaître à tous les gens qui s'intéressent à la prospérité de notre pays tout ce qui peut lui être avantageux. Or, je pense que tout ce que vous avez entendu dire par M. Moncelon est véritablement marqué au coin du bon sens et de l'intérêt du pays. Que M. Moncelon ait énoncé dans son exposé certaines idées particulières, et par cela même, sujettes à la critique et aux observations de ses collègues du Congrès, il le sait bien ; moi-même, j'en combattrai quelques-unes. Mais aussi que son travail soit un travail absolument inspiré par l'amour du pays, que ce travail ne dépasse pas les bornes des discussions du Congrès, c'est ce dont je suis profondément convaincu. J'ai voulu vous en donner un exemple en vous énumérant les résolutions du Congrès de Nantes, et je m'arrête là et vous dis : Nous n'avons pas outrepassé notre droit ! Continuons dans la voie que nous avons ouverte, et demandons à M. Sabatier de nous soutenir dans la voie dans laquelle nous allons nous engager ! — *Vifs applaudissements.*

M. DE MAHY. — M. Gauthiot a dit exactement ce que je voulais dire moi-même : il a rappelé les précédents Congrès et c'était mon intention, et ce que M. Gauthiot nous demande de continuer, c'est précisément ce que nous avons fait jusqu'à présent.

Je n'ajoute qu'un seul mot : Dans la pratique, cette manière de faire n'a jamais produit d'inconvénients. Les Congrès précédents ont émis des vœux politiques ; tous les vœux, dont M. Gauthiot a donné lecture, sont, quoi qu'il en dise, politiques et essentiellement politiques : ils touchent à l'organisation de l'Etat, à nos relations avec les colonies et avec les pays étrangers ; ils touchent à la question sociale dans ce qu'elle a de plus vibrant.

Jamais, je le répète, il n'en est résulté d'inconvénients dans la pratique ; et celui qui pourrait peut-être nous reprocher de faire de la politique, le Gouvernement, ne nous l'a jamais reproché ; il ne trouve pas mauvais que nos vœux lui soient transmis, et bien que le Gouvernement ait parfaitement vu des questions politiques inscrites à l'ordre du jour de ce dixième Congrès, ainsi qu'à l'ordre du jour des Congrès antérieurs, il nous a fait le grand honneur d'accréditer auprès de nous ses représentants. Si nous sortons de nos limites, le Gouvernement saura bien nous le dire. Et puis nos vœux, ce ne sont, après tout, que des vœux qui sont transmis au Gouvernement.

Je demande donc que le Congrès ne sorte pas de cette attitude et que nous continuions ce qui a été pratiqué sans danger pour nous jusqu'à présent. — Applaudissements.

M. LE COMMANDANT QUÉVILLON, président. — Après la discussion que vous venez d'entendre entre MM. Sabatier, de Mahy et Gauthiot, je me permets de prendre la parole pour vous signaler un terrain de conciliation. On vient de vous rappeler que la question, dont la discussion, commencée ce matin, se continue ce soir, a déjà été traitée dans deux précédents Congrès ; cela indique suffisamment combien elle est grave, difficile, complexe.

Cette question de nos colonies est plus que jamais à l'ordre du jour, et bien certainement, elle rentre dans le domaine géographique. Ce n'est qu'une affaire de mesure pour empêcher la discussion de devenir trop passionnée, mais je crois que, dans nos Congrès, la juste mesure ne sera jamais dépassée.

Les règlements du Congrès n'exigent pas obligatoirement l'émission d'un vœu après chaque discussion d'une question à l'ordre du jour. Si l'on juge que la question n'est pas suffisamment mûre et que de nouveaux éléments d'information sont indispensables, cette question est renvoyée au Congrès suivant, et c'est le cas de celle qui nous occupe actuellement. Du reste, nous avons des précédents : cette même question, mise à l'ordre du jour du Congrès du Hàvre, a dû être renvoyée à ce Congrès de Bourg.

Si donc, après les remarquables communications qui vous ont été faites ce matin par MM. Piquet et Moncelon ; si, après les non moins remarquables communications que nous attendons du sénateur et du député que nous avons l'honneur et le plaisir de compter ce soir parmi nous et qui sont si compétents en la matière ; si, dis-je, après toutes ces communications, la question était jugée encore insuffisamment éclairée, il n'y aurait pas d'émission de vœu. Mais, soit ! qu'il n'y ait pas d'émission de vœu, ne sera-ce pas, néanmoins, un immense service qu'aura rendu ce Congrès en augmentant considérablement, par les voix les plus autorisées que nous puissions entendre, les éléments d'information que réclame l'opinion publique ?

Je crois que ce service est assez considérable pour que nous puissions y applaudir tous, et pour que je supplie MM. Isaac et Sabatier de vouloir bien nous fournir ces éléments d'information que nous attendons tous avec la plus vive impatience et que nous écouterons avec la plus grande attention ! — Applaudissements.

M. ISAAC, *sénateur de la Guadeloupe*.

Mesdames et Messieurs,

Après avoir entendu, ce matin, l'exposé, si complet qui vous a été fait par M. Moncelon, j'avoue que j'ai regretté de ne pas avoir accepté la proposition qu'il m'avait faite de me céder la parole. Il m'a semblé qu'il m'aurait été plus facile de parler avant lui qu'il ne me le sera de lui succéder à cette tribune. Néanmoins, comme la question coloniale est extrêmement variée, qu'elle est sans limites, qu'il y reste toujours place pour un orateur, je me propose de vous en dire quelques mots, mais non pas au point de vue tout-à-fait particulier de la Nouvelle-Calédonie auquel s'en est tenu M. Moncelon, et j'espère ne pas fatiguer trop longtemps votre attention.

Messieurs, cette question de l'organisation coloniale, que vous avez inscrite dans votre ordre du jour, avait sa place naturelle dans les délibérations d'un Congrès comme le vôtre. Mais une autre association, qui n'est pas sans rapport avec celle-ci, a cru qu'il était de son devoir de s'en préoccuper aussi, et de vous présenter au moins des éléments d'études, quelques-uns de ces éléments d'information dont M. le Président parlait tout-à-l'heure, c'est la Société des études coloniales et maritimes dont j'ai l'honneur de faire partie.

Cette société, dans l'attente de vos réunions, a mis préalablement à l'étude cette importante question que vous vous êtes proposé de traiter ; elle a adopté une formule qu'elle désire vous présenter, et dont vous ferez l'usage qui vous conviendra, soit que vous vouliez en faire l'objet d'un vœu, soit qu'il vous convienne plutôt de l'accueillir à titre de renseignement utile. Cette formule, Messieurs, j'ai accepté la responsabilité de la défendre devant vous.

Je n'entreprendrai pas, vous le sentez bien, de développer ici tout un système d'organisation et de politique coloniales. Un si considérable exposé irait au-delà des limites que vous pourriez accorder à une pareille discussion. Tel n'a pas été, d'ailleurs, le but que s'est proposé la Société des études coloniales et maritimes ; son attention s'est portée sur un seul point qui, à la vérité, résume la question coloniale toute entière ; si on l'envisage non pas au point de vue de la formation à venir d'un empire colonial, mais à celui de l'utilisation aussi satisfaisante, aussi rationnelle que possible, d'un domaine existant.

Les institutions d'un pays étant les organes de sa vie, les instruments nécessaires de son développement, quelles sont les institutions qui conviennent le mieux aux colonies, quelles sont celles qui leur seront le plus utilement appliquées ! C'est à l'examen de cette question, qui entre assez directement, si je ne me trompe, dans votre propre cadre, que la société des études coloniales et maritmies a voulu apporter sa part de collaboration.

Nous devons partir de cette idée que tout ce qui pourra contribuer à l'augmentation de la prospérité des colonies sera également profitable à la Métropole. Il faut donc admettre qu'il ne peut jamais y avoir, à proprement parler, antagonisme entre l'intérêt métropolitain et l'intérêt colonial. (Très bien !)

A l'époque de la Révolution Française, cette idée a été exprimée par une formule qu'il m'a été agréable de retrouver dans la bouche de M. de Mahy :

« Les colonies, — avaient dit des décrets de la Consti-
« tuante et de la Convention, — sont des parties intégrantes
« du territoire national. »

Il y a cependant quelques distinctions à établir ; car enfin, toutes les colonies ne sont pas nées à la même date, sous la même latitude, avec les mêmes populations et les mêmes besoins. Il y a entre elles des diversités de situation qui doivent nécessairement entraîner des différences dans les règles de gouvernement à appliquer soit aux unes, soit aux autres ; vouloir les faire passer toutes, d'une manière uniforme, sous le même niveau, ce serait tenter une chose absurde, et je tiens d'autant plus, quant à moi, à exprimer très nettement cette réserve, que j'attache une certaine importance à ce qu'il ne s'élève, à cet égard, aucun doute sur ma manière de voir.

Il faut d'abord faire une place particulière à une catégorie d'établissements qui n'existait pas autrefois, et à l'égard de laquelle nous ne pouvons trouver aucun point de repère dans le passé. Je veux parler des protectorats. Ces établissements ne sont pas véritablement des colonies ; ce ne sont pas des parties intégrantes du territoire français, ce sont des pays qui ont conservé leur individualité nationale, et dont les relations avec la France ont été déterminées par des traités qu'il convient de respecter. Ils sont seulement soumis envers la métropole à certains devoirs : celle-ci leur apporte sa protection, les bienfaits d'une civilisation plus avancée en échange de quoi elle leur demande, pour elle et pour ses nationaux, des avantages politiques et commerciaux. Vouloir imposer à ces établissements le mode de gouvernement applicable aux colonies, ce serait d'abord méconnaître les traités ; ce serait, en outre, accepter des responsabilités coûteuses qui ne seraient pas suffisamment compensées par les avantages que nous pourrions tirer du système de la gestion directe.

Le régime du protectorat peut être, suivant les cas, un état transitoire ou définitif. Il peut être le commencement d'une prise de possession effective, à la condition que la transformation ultérieure soit, autant que possible, le résultat d'un accord volontaire, profitable à la fois au peuple protégé et à la nation colonisatrice. Il peut être aussi un état d'alliance définitive, qui garantit au peuple protégé le maintien de son gouvernement propre et de ses institutions locales.

J'incline à croire, quant à moi, étant donnée la situation des pays sur lesquels s'étend aujourd'hui le protectorat de la France, que nous devons considérer cet état comme définitif, sauf à tâcher d'en tirer le meilleur parti possible, en encourageant, par exemple, l'émigration française vers ces pays.

Ce n'est pas à dire pour cela que les protectorats, tels qu'ils existent à l'heure qu'il est, soient excellents de tous points, et qu'il n'y ait rien à faire pour les améliorer, dans le sens d'une acceptation de plus en plus complète de l'influence française ; nous n'avons donc pas à nous préoccuper, ici, de la recherche d'un système de gouvernement ; les règles à suivre doivent résulter suffisamment des traités, qu'il s'agit seulement d'interpréter et d'appliquer.

Il y a tout autre chose à faire, en ce qui concerne les véritables colonies. Là, la France n'a pas seulement des intérêts, mais aussi des responsabilités, et, mieux encore, des affections qui tiennent à la communauté d'origine, ou à une longue communauté d'existence. Les habitants de ces pays ne sont pas des étrangers ; ce sont des nationaux, des compatriotes, des citoyens français, ou bien des populations indigènes qui, bien que n'étant pas encore admises au rang de citoyen, ne reconnaissent cependant pas d'autre nationalité que la France, et à l'égard desquelles par conséquent, la France à des devoirs de direction, de tutelle à remplir.

De là, vous le voyez, une nouvelle source de distinctions : les colonies qui ne sont habitées que par des citoyens français seront aptes naturellement à supporter toutes les institutions françaises, et elles mettront d'autant plus d'ardeur à les revendiquer, qu'elles attacheront un certain orgueil à ce que leurs citoyens ne soient pas confondus avec les sujets, nouvellement conquis, des autres possessions. Là où la population comprendra un élément indigène non francisé, il sera nécessaire d'appliquer, pendant plus ou moins longtemps, un régime mixte qui, tout en faisant la part des garanties dues à la partie française de cette population, facilite cependant l'éducation du peuple indigène, par une initiative progressive aux choses de la vie publique.

Je ne comprends pas qu'on puisse adopter, pour le classement des différents pays qui forment notre domaine colonial, une autre division que celle que je viens d'indiquer : le terme *colonies d'exploitation*, qu'on applique encore aux établissements où domine l'élément indigène, me paraît une locution barbare, et je m'en défie, quant à moi, parce qu'il peut impliquer, dans certains esprits, je ne sais quelle idée d'appropriation des individus. Je suis d'avis qu'il ne faut exploiter personne, et qu'il n'y a de légitimement exploitable que les richesses naturelles d'un pays. Cette exploitation doit se faire aussi bien dans l'intérêt de la population indigène que dans celui du peuple colonisateur ; toute autre politique coloniale dégénérerait facilement en politique de spoliation, et ne serait pas digne de la République française.

Eh bien ! Messieurs, il paraît évident que la recherche et la mise en pratique des règles de gouvernement qui conviennent à ces différents établissements, considérés dans leur ensemble ou dans leur fractionnement par groupes, constituent une science sérieuse qui implique l'adoption de certains principes, lesquels, malgré la variété des circonstances locales, seront, dans une certaine mesure, communs à toutes les colonies, parce que toutes les colonies se trouvent placées, au point de vue des attaches politiques avec la mère-patrie, dans une situation identique.

Je ne suis pas bien sûr qu'à l'heure où nous sommes, ceux-là mêmes qui ont le plus directement chargé des affaires coloniales se soient fait des opinions bien arrêtées sur ces questions. Les sous-secrétaires d'Etat se succèdent assez rapidement au ministère de la marine ; chacun apporte à ce poste ses projets, son besoin d'action, sa bonne volonté, je n'en doute pas ; mais tout cela ne constitue pas une politique bien définie. On agit quelquefois pour agir, sauf à défaire le lendemain ce qu'on a fait la veille. L'année dernière, on désorganisait l'Indo-Chine, par une série de décrets qui sont maintenant déjà complètement abandonnés, et que personne ne semble plus guère disposé à défendre ; on établissait, sans aucune consultation préalable, ces droits de douane dont parlait ce matin M. Piquet. — M. Piquet est fonctionnaire ; il a dû observer une certaine réserve ; mais il n'a pas pu s'empêcher de vous dire que ces droits ruinent la Cochinchine.

L'autre jour encore, on tirait des coups de canon aux îles Sous-le-Vent, pour je ne sais quel malentendu. Avant cela, c'était le Cambodge qu'on annexait, bien inutilement, à ce qu'il paraît, puisque, quelque temps après, on s'efforçait, avec le concours patriotique de quelqu'un que nous avons la fortune d'avoir en ce moment au milieu de nous, d'atténuer, autant que possible, les effets de cette annexion.

Toutes ces mesures, et d'autres encore, ont produit dans l'esprit public une certaine lassitude. Beaucoup de personnes qui ne s'intéressent pas particulièrement comme nous aux questions coloniales en sont arrivées à se dire que la politique coloniale est décidément très coûteuse et peu productive, et c'est ainsi que s'est établi contre toutes les colonies, anciennes ou nouvelles, un courant de réaction, dont nous apercevons chaque jour les effets.

Je pense, messieurs, qu'il serait temps qu'on s'occupât enfin de la véritable question coloniale, c'est-à-dire qu'on songeât à fonder quelque chose de stable aux colonies, à organiser ces pays de la manière qui convient le mieux à leur état actuel et à leur destination. Le premier point à examiner serait, il me semble, celui-ci : Les colonies doivent-elles être considérées, suivant l'expression consacrée par les actes de la première Révolution, comme des prolongements du territoire national, comme des fragments de l'unité française ; ou bien comme des annexes, des individualités extérieures, susceptibles de vivre de leur vie propre, sans autres attaches avec la métropole que celle de la subordination ?

Suivant que l'on adoptera l'une ou l'autre de ces conceptions, on devra régler dans un sens ou dans un autre le fonctionnement des institutions coloniales. Il y a là deux tendances bien distinctes : l'une qui consiste, pour la métropole, à attirer à elle, de plus en plus, les fractions éloignées du territoire, jusqu'à leur fusion dans l'individualité nationale, l'autre qui se manifeste, au contraire, par un relâchement progressif des liens de vassalité, jusqu'à ce que les pays annexes, ayant atteint un degré suffisant de développement extérieur, se détachent de la nation colonisatrice, pour former des États indépendants. La première tendance s'exprime par des actes d'assimilation ; la seconde conduit à l'application du principe d'autonomie, laquelle vaut le mieux ?

Il y a là, je crois, en premier lieu, une question de tempérament national. L'Angleterre et la France, qui n'ont pas le même caractère, les mêmes besoins ni le même passé, n'ont pas non plus les mêmes dispositions en matière de colonisation ; il existe entre elles, à cet égard, les mêmes différences qui existaient autrefois entre la Grèce et Rome. La France est unitaire et intensive, elle absorbe et conserve ; l'Angleterre est fédéraliste et extensive : elle conquiert, utilise, mais n'absorbe pas, témoin l'Irlande. Chacun des deux peuples accomplit les actes de colonisation suivant son aptitude propre.

Mais d'autres raisons peuvent aussi concourir à déterminer la préférence à donner à l'un ou à l'autre système. Toutes les colonies, de même que des provinces conquises, ont dû être, dans le début, tenues dans un certain état de sujétion. Quand elles sont arrivées à un état suffisant de développement, quand les anciennes défiances ou les anciennes hostilités y ont été effacées, il faut songer à leur donner des libertés, une certaine égalité par rapport à la mère-patrie. C'est alors qu'intervient la nécessité d'appliquer l'un ou l'autre des deux systèmes. Une métropole qui aura de nombreuses colonies sera portée à adopter le régime de l'autonomie, parce que la solution contraire suppose des actes d'administration directe qui deviendraient, eu égard à la multiplicité des intérêts épars dans toutes les possessions, une cause de difficultés sérieuses.

L'autonomie pourra convenir à de grands établissements, qui ont des ressources assez développées, pour qu'il leur soit possible de vivre de leur vie propre ; elle serait souvent, pour les colonies de moindre importance, une cause d'abandon et d'appauvrissement. Ce qui serait avantageux pour le Canada, — sinon pour l'Angleterre, — pourrait bien être funeste pour une petite île.

Il faut encore tenir compte des éléments de population qui existent dans la colonie. Là où l'uniformité des mœurs sera complète, où l'esprit de la métropole aura entièrement pénétré, et où d'ailleurs les différences de races ne se manifesteront plus par des antagonismes locaux, l'autonomie pourra être appliquée sans dangers. Il n'en serait peut-être pas ainsi dans les pays, où cette fusion ne serait pas achevée.

Enfin, il ne sera pas indifférent que la colonie à administrer soit très éloignée, ou relativement voisine de la métropole : dans le premier cas, l'autonomie pourra être pratiquée avec plus de succès que dans le second.

C'est sous toutes ces réserves que l'Angleterre a appliqué la politique de l'autonomie qui est sa politique propre, celles de ses possessions qui n'ont pas répondu à quelqu'une des conditions dont je viens de parler, elle les a maintenues sous le simple régime de la sujétion, qui n'a, bien entendu, rien de commun avec ce que nous appelons l'assimilation.

Dans le système de l'autonomie, la fin de la colonisation, c'est la séparation, après laquelle la colonie ne conservera plus avec la métropole que des liens d'affection, de parenté, et peut-être une communauté plus ou moins grande d'intérêts commerciaux. Les hommes d'Etat anglais, théoriquement au moins, acceptent sans répugnance cette éventualité, et en fait, la colonie autonome prépare sa future indépendance par la mise en pratique d'institutions qui, sous la seule réserve d'un contrôle souvent plus nominal que réel, sont absolument distinctes de celles de la métropole. Elle a ses assemblées législatives, son pouvoir judiciaire, son pouvoir exécutif spécial ; et quand un conflit s'élève avec la métropole, sur des questions se rapportant à l'intérêt colonial, c'est toujours celle-ci qui est portée à céder. La colonie fait et applique elle-même sa loi. Aussi n'a-t-elle pas de représentation directe dans les assemblées parlementaires de la métropole ; elle a seulement des agents qui sont chargés de poursuivre soit auprès du gouvernement central, soit auprès de tous ceux avec lesquels la colonie peut avoir à contracter, l'exécution des décisions de la législature locale. Un fait récent a montré jusqu'où s'étend l'autorité attachée aux actes des pouvoirs coloniaux : lorsque Riel, le métis d'origine française, a été pour des causes politiques, condamné à mort par une cour du Canada, la reine d'Angleterre, malgré de très instantes supplications, n'a pas admis qu'elle eût le droit de lui faire grâce de la vie.

Le même système devrait-il être appliqué à la gestion des intérêts coloniaux de la France ? Je crois qu'il y a beaucoup de raisons pour qu'il n'en soit pas ainsi. D'abord la France n'est pas l'Angleterre, et ce serait commettre une singulière erreur que d'affirmer que ce qui convient à celle-ci doive nécessairement lui convenir à elle. Et puis, si l'on excepte la Cochinchine dont le régime n'est pas encore nettement défini, et où la population française est en très petite minorité, nos colonies ne sont pas assez vastes, pour qu'elles puissent trouver en elles-mêmes les éléments d'une existence autonome. Elles n'ont d'ailleurs aucun goût pour un détachement à venir, parce qu'elles aiment la France, qui les a faites ce qu'elles sont, et aussi parce qu'elles se rendent bien compte que petites comme elles le sont, elles se trouveraient exposées, le jour où la France s'éloignerait d'elles, à devenir la proie de quelques puissants voisins pour lesquels elles ne se sentent aucune attraction.

Enfin, l'autonomie ne leur convient pas, parce qu'elle est contraire à la tradition française et à tous les actes qui ont été accomplis à leur égard depuis leur origine. Je ne voudrais pas faire ici un historique ; mais en pareilles matières, il est difficile de négliger complètement ce qui s'est fait dans le passé. On ne bâtit pas tout d'une pièce le système d'organisation d'un pays quel qu'il soit, pas plus qu'une métropole ne fonde une colonie d'après des principes contraires à ses propres inclinations. Les actes antérieurs ont formé, dès le début, une individualité qu'on doit améliorer sans cesse, qu'on ne peut pas supprimer ; ils sont comme le cadre où viendront prendre place, au fur et à mesure, toutes les transformations intérieures que le temps aura rendues possibles.

Si l'on consulte l'histoire des anciennes colonies, particulièrement de celles des Antilles et de l'Océan Indien, on voit que la tendance à l'assimilation se retrouve, en ce qui les concerne, dans les institutions même de la vieille monarchie. Les formes du gouvernement étaient les mêmes pour elles que pour les provinces du Royaume ; elles étaient administrées, comme ces provinces, par des gouverneurs et des intendants, à côté desquels fonctionnaient de petits parlements locaux. D'après différents édits des époques de Louis XIII et de Louis XIV, les tribunaux devaient y appliquer les lois et ordonnances du Royaume, en se conformant aux coutumes de la prévôté de Paris. Un de ces édits portait que les Français établis dans les îles, et même les sauvages convertis à la foi chrétienne et en faisant profession, jouiraient de tous les droits attachés à la qualité de régnicoles, de la même manière que s'ils demeuraient en France. Les colonies auxquelles s'appliquaient ces dispositions étaient dès lors considérées comme des fragments du territoire national.

La Révolution, — ceci est caractéristique — ne fit que reconnaître ce principe, et qu'en déduire les conséquences, dans son application aux nouvelles institutions politiques. C'est en vertu du droit inauguré longtemps auparavant par Louis XIV, que la Constituante admit dans son sein des représentants des colonies françaises. Ce premier acte impliquait déjà la mise en pratique du régime d'assimilation, tel que nous le comprenons. Et en effet, les lois des colonies représentées à l'assemblée nationale, durent être faites par le pouvoir législatif métropolitain, de la même manière que celles des départements. Le régime des décrets, contre lequel il s'est élevé, et s'élève encore tant de protestations, n'existait pas à cette époque.

La convention fit un pas de plus : Elle déclara formellement que celles des colonies où le pavillon français avait continué à flotter, au milieu des vicissitudes de la guerre, seraient organisées comme des départements : et sa décision fut exécutée.

Mais sous l'Empire, toutes les institutions créées par la Révolution furent renversées, et pour ce qui concerne les colonies, le régime des règlements émanant du gouvernement seul fut substitué au régime des lois.

La Restauration apporta quelques améliorations à ce système, améliorations très insuffisantes, car le gouvernement de l'époque croyait avoir bien autre chose à faire que d'appliquer aux colonies des théories libérales.

Il fit cependant deux grandes ordonnances, celles du 21 août 1825 et du 9 février 1827, qui fixèrent les règles du gouvernement colonial, pour la Réunion et les Antilles. Jamais on n'a rien fait de mieux étudié et de plus complet, en matière coloniale. Ces actes étaient admirablement appropriés à ce qu'on appelait les nécessités de l'époque. Leur tendance était encore d'assimiler, dans une certaine mesure, les institutions coloniales à celles de la métropole, on pouvait seulement leur reprocher d'avoir été accomplis en dehors de toute intervention, législative, et de ne pas tenir assez compte de ce principe en vertu duquel les populations doivent être appelées à concourir à la gestion de leurs propres affaires ; les conseils coloniaux étaient, en effet, dépourvus de pouvoirs délibérants, et n'avaient que des attributions consultatives.

La monarchie de 1830 inaugura un autre système, qui ne fut pas autre chose qu'un essai d'autonomie mitigée par la loi du 24 avril 1833, les colonies des Antilles et de la Réunion étaient dotées d'institutions représentatives locales ; leurs conseils coloniaux obtenaient dans une certaine mesure, des pouvoirs législatifs ; la décision, sur les matières les plus importantes, était réservée au Parlement métropolitain. Le régime des simples règlements avait cessé d'exister. Mais ici apparaissait, précisément, le principal vice du système : le pouvoir métropolitain retenait à son profit, le droit de faire les lois coloniales, et cependant il ne rétablissait pas la représentation coloniale, il ne donnait pas aux colonies la faculté de concourir à la confection de ces lois.

Cette situation anormale provoqua de très vives réclamations; et vers la fin du règne de Louis-Philippe, on prit le parti de la faire cesser. Une grande commission constituée à cette époque pour l'étude des réformes à introduire dans l'organisation coloniale, proposait le rétablissement de la Représentation parlementaire, et le retour pur et simple au principe d'assimilation.

Tout cela était encore à l'état de projets, lorsque éclata la Révolution de 1848, qui rétablit immédiatement la Représentation coloniale, fit entrer dans un grand nombre de faits le principe, si souvent proclamé, de l'assimilation, et annonça, par un article spécial de sa constitution du 4 novembre une loi qui devait en régler l'application.

Le coup d'État de 1851 arriva avant cette loi. Toutes les promesses de la République de 1848 furent dès lors oubliées, la représentation coloniale fut supprimée, emportant avec elle le régime des lois, qui paraissait pourtant définitivement assuré aux trois principales colonies, et quand la constitution du 14 janvier 1852, établit les fondements de l'ordre nouveau, elle décida que les colonies auraient une constitution particulière, laquelle serait réglée par un sénatus-consulte.

C'est de là qu'est sorti le sénatus-consulte du 3 mai 1854. d'après lequel la plupart des pouvoirs législatifs étaient attribués au gouvernement métropolitain qui statuait, soit par voie de décrets simples, soit par voie de décrets rendus dans la forme des règlements d'administration publique. Quelques questions importantes devaient être réglées par des sénatus-consultes ; les matières commerciales étaient seules laissées aux législateurs ordinaires.

Les assemblées locales n'avaient plus les pouvoirs étendus qui leur avaient été accordés par la législation de 1833 ; les conseils généraux redevenaient, à peu de chose près, des assemblées simplement consultatives ; et, pour leur formation, ils dépendaient du gouvernement qui les nommait pour moitié ; l'autre moitié étant choisie par les conseils municipaux, qui, eux-mêmes, étaient nommés par le gouvernement. Il n'y avait dans cette organisation ni assimilation, ni autonomie ; c'était la concentration à outrance ; c'était la dictature prolongée.

Mais du moins la détermination de règles inscrites dans un acte ayant le caractère constitutionnel, le recours, dans certains cas, aux sénatus-consultes ou à la loi constituait une sorte de garantie. Cette garantie n'était accordée qu'à la Guadeloupe, à la Martinique et à la Réunion. Quant aux autres colonies elles étaient maintenues sous le régime exclusif des décrets ; le gouvernement se réservait la faculté de disposer d'elles par des actes de simple volonté.

En 1866, le sénatus-consulte du 4 juillet applicable toujours aux trois colonies, modifia cet état de choses, mais seulement dans le sens d'une augmentation des attributions des conseils généraux. Ces assemblées eurent désormais le droit de statuer ou de délibérer, en certaines matières de finances, sous des réserves d'ailleurs assez nombreuses : elles obtinrent en outre le droit d'initiative, relativement à la fixation des tarifs de douane. Sur tous les autres points, sur ce qui concernait, notamment, le mode de formation des assemblées, et la distribution des pouvoirs législatifs, le sénatus-consulte de 1854 restait en vigueur.

Le sénatus-consulte de 1866 réalisait-il, comme on l'a dit quelquefois, l'autonomie des colonies françaises ? Assurément non. Il donne bien aux conseils généraux le pouvoir, limité d'ailleurs, de voter les budgets locaux, mais il ne leur laissait pas la liberté de disposer de ces budgets, puisque, d'une part, il leur imposait un grand nombre de dépenses obligatoires, et d'autre part, ne leur reconnaissait aucune attribution en matière de législation ou de réglementation, c'est-à-dire d'utilisation des ressources locales. Il ne faisait que relâcher un peu, à leur profit, et seulement en matière économique, les liens de l'ancienne centralisation.

En 1870, le suffrage universel fut rétabli et aussi la représentation parlementaire des colonies. Ces mesures impliquaient nécessairement le retour à la politique d'assimilation, et c'est par là que j'arrive à la constatation finale du fait que j'ai énoncé, savoir : que cette politique a toujours été dans la tendance française.

Mais le rétablissement de la Représentation coloniale aurait dû avoir pour conséquence un remaniement profond des institutions créées, par l'Empire, en 1854 et 1866.

On ne comprend pas, en effet, que des représentants coloniaux, qui font partie des chambres françaises, et qui en leur qualité de représentants de la nation, discutent et votent les lois des départements, ne prennent point part, cependant, à l'élaboration des propres lois de leurs électeurs. Il est absolument illogique et intolérable que le régime des décrets, qui avait été créé pour un état de choses où la représentation coloniale n'existait pas, soit maintenu à côté de cette institution. Si le gouvernement a conservé le droit de faire seul la loi coloniale, à quoi serviront donc députés et sénateurs des colonies ? Certes, il s'en trouvera qui se mêleront avec éclat aux affaires générales et nous en avons ici le plus remarquable exemple ; mais pour les pays qui les ont élus, que feront-ils ? Ils en seront réduits à surveiller des intérêts de personnes. Est-ce bien là le rôle d'une représentation nationale ?

Il y a telles colonies, qui ont cependant des députés et des sénateurs, et pour lesquelles le gouvernement pourra, quand il le voudra, refaire, par exemple, la législation civile et criminelle tout entière, changer les bases de la propriété, modifier l'état des personnes, sans qu'il ait besoin de prendre, en aucune façon, l'avis de ces représentants. Est-ce qu'une pareille situation peut raisonnablement se concevoir ?

Si les colonies ont des mandataires dans les assemblées législatives de France, c'est, évidemment, que les lois qui les concernent doivent être débattues dans ces assemblées, ce qui implique la suppression du régime des décrets. C'est cela qui constitue la première condition de l'assimilation, et c'est en ce sens qu'on peut dire que toutes les colonies admises à la représentation parlementaire ont droit, par cela même, à une certaine part d'assimilation ; cette part sera plus ou moins grande, suivant l'état d'avancement de chaque colonie. Pour les anciennes possessions, qui peuvent être considérées comme aptes à la transformation finale, elle comprendra encore, entre autres réformes, l'application de la loi militaire, des réformes administratives, des réformes financières.

Dans l'ordre administratif, il convient tout d'abord de faire cesser la cause des conflits qui naissent inévitablement entre les gouverneurs et les directeurs de l'Intérieur. Ces fonctions ne sont plus aujourd'hui ce qu'elles étaient à l'époque de leur création ; elles ne répondent plus à l'esprit des institutions générales. Quand il s'agit de colonies où les questions administratives ne sont pas autres que celles qui s'élèvent tous les jours dans la vie départementale, il n'y a aucune raison de ne pas fixer les attributions du pouvoir exécutif de la même manière que dans un département, sous réserve seulement de quelques mesures de décentralisation.

Au lieu donc de laisser en présence l'un de l'autre deux fonctionnaires dont l'action et la responsabilité se combattent, il y aurait lieu, je crois, de remettre toute l'action, et par conséquent toute la responsabilité, dans la limite des attributions de l'administration départementale, entre les mains d'un préfet qui aurait pour collaborateur, comme en France, un secrétaire général.

Par cela seulement que les colonies seraient soumises au régime de la loi, les pouvoirs des conseils généraux devraient être modifiés. Les services d'intérêt général devraient être placés sous la direction plus immédiate des pouvoirs de l'État. Il en résulterait nécessairement des changements dans le mode d'établissement des budgets. L'État prenant charge de ces services, aurait à pourvoir à leurs dépenses ; mais par contre, il s'attribuerait une part correspondante des revenus locaux. Cela aurait pour avantage de mettre les pouvoirs métropolitains plus en mesure de se rendre compte de la situation réelle de chaque colonie, de fortifier leurs moyens de contrôle, et en même temps de faire entrer davantage les colonies dans le courant de la vie nationale. Au nombre des services qui seraient compris dans ce nouveau classement, on doit citer : l'Instruction publique, les ports, les postes, les douanes. Il n'est pas possible que l'État continue à rester étranger à de pareils services, en ce qui concerne au moins les colonies déjà complètement organisées : il y a là une foule d'intérêts qui ne sont pas seulement des intérêts locaux.

Enfin ce nouveau partage des attributions aurait un autre effet, celui de fortifier la situation des représentants du pouvoir central dans la colonie : les gouverneurs, actuellement, ne sont plus ce qu'ils étaient à l'époque du sénatus-consulte de 1866 : ils ne peuvent rien sans les conseils généraux ; ils sont par là trop souvent amenés, pour se ménager des majorités, à prendre parti dans les querelles locales ; et comme, d'un autre côté, la représentation coloniale ne peut guère manifester son action que dans des questions d'influence personnelle, il arrive trop souvent aussi que les gouverneurs deviennent, plus qu'ils ne conviendrait, les agents de celui des représentants dont ils ont obtenu la protection. Il y a là une véritable cause d'anarchie, qui disparaîtrait, dans un régime mieux pondéré.

Les deux colonies de la Guadeloupe et de la Martinique, qui sont habitées exclusivement par des citoyens français, demandent avec instance une organisation semblable à celle des départements, c'est-à-dire toute l'assimilation possible. J'ai dit tout-à-l'heure que le fait seul de l'existence d'une représentation coloniale entraînait nécessairement pour toutes les colonies représentées une certaine quantité d'assimilation, à défaut de laquelle cette institution ne serait qu'une vaine formule.

Mais il y a des colonies qui ont été, jusqu'ici, privées de toutes garanties. Ce sont celles qui n'ont pas de représentation parlementaire. Il y a quelques années, on avait institué, principalement pour elles, un conseil supérieur, dont les avis devaient aider l'administration centrale dans l'élaboration de ses actes les plus importants. Cette assemblée n'était que consultative, et l'administration avait la faculté de la consulter quand il lui convenait. Mais enfin, telle qu'elle était, elle constituait un instrument de discussion. Elle comptait dans son sein de nombreuses notabilités provenant soit du commerce et de l'industrie, soit des différents corps de l'Etat : elle comprenait en outre des délégués élus, au suffrage universel, par les colonies non représentées au Parlement. Ce conseil supérieur a en fait cessé d'exister, puisqu'on ne le réunit plus ; il ne prend plus aucune part aux affaires coloniales ; et cependant les délégués existent toujours ; ils reçoivent encore un traitement : M. Moncelon vous disait ce matin que ce traitement, pour la Nouvelle Calédonie, a été de quinze mille francs ; il nous arrive encore quelquefois d'apprendre que le suffrage universel a été mis en mouvement, qu'une nouvelle élection a été faite : et le conseil supérieur n'en vivra pas davantage. Cet état de choses ne peut pas se prolonger. Il ne peut pas se faire que le gouvernement conserve la faculté de statuer, de sa seule autorité, et sans aucune consultation, sur tous les intérêts des colonies non représentées au Parlement. Le conseil supérieur est pour ces colonies un minimum, mais il faut que ce minimum soit une vérité ; et puisqu'il ne s'agit que d'un avis à fournir, il serait nécessaire au moins que cet avis fût obligatoire.

En résumé, messieurs, il est temps que l'on prenne un parti et qu'on se décide pour l'un ou l'autre des deux systèmes de l'assimilation et de l'autonomie. Il faut que l'on sache quel est celui de ces deux principes qui formera la base du régime colonial de la France. Si c'est l'autonomie il sera nécessaire que l'on donne aux colonies, à celles du moins qui sont arrivées à un certain état de développement, des institutions autonomes ; elles disposeront librement de leurs ressources ; l'Etat interviendra moins dans leurs affaires, soit pour décider, soit pour subventionner, elles auront, dans une grande mesure, la faculté de faire elles-mêmes leurs lois, et par conséquent, il sera peut-être inutile de leur conserver une représentation parlementaire : elles auront, comme les colonies anglaises, de simples agents.

Si l'on considère, au contraire, que le principe d'assimilation doit être maintenu, il faut que l'on songe à appliquer sérieusement ce principe, c'est-à-dire à faire plus de fusion entre les institutions et les intérêts de la métropole et des colonies. De toute façon, les sénatus-consultes de 1854 et de 1866, qui sont restés en vigueur, et qui sont en contradiction flagrante avec l'ensemble de nos institutions actuelles, doivent être revisés.

L'absence complète de principes s'est manifestée, ces temps derniers, d'une manière très fâcheuse, dans la direction imprimée aux affaires coloniales, mais nulle part plus qu'en Indo-Chine. Une administration résidant à Paris et dirigée par des hommes peu au courant des questions coloniales, a admis qu'elle pouvait, sans consulter personne, sans recourir ni au conseil supérieur, ni au Parlement, ni à qui que ce soit, remanier de fond en comble les institutions de ce pays. Vous savez ce qu'a été ce remaniement, et quels effets il a produits. On a créé toute une série de fonctions nouvelles, qui ont été supprimées quelque temps après, et depuis lors, nous avons eu tant de décrets, qu'il doit être aujourd'hui très difficile de savoir quels sont ceux qui sont restés en vigueur, quels sont ceux qu'on doit considérer comme abrogés. Au milieu de tout cela, il a été impossible de reconnaître les attributions des principaux fonctionnaires, de sorte que c'eût été miracle que des conflits ne fussent pas survenus. Il est d'ailleurs prudent de prévoir toujours le décret du lendemain.

Eh bien ! il serait temps qu'on donnât un peu de stabilité à ce pays, un peu de sécurité aux intérêts qui y sont engagés, et pour cela, il n'y a qu'un moyen, c'est de fixer par une loi les principales conditions de l'organisation de l'Indo-Chine.

Voilà, messieurs, les observations que j'avais à vous présenter au, nom de la société des études coloniales et maritimes. La formule de vœu qui vous est transmise par la société a été rédigée dans le sens de ces observations. M. le Président pourra en donner lecture tout-à-l'heure, et le congrès appréciera quelle suite il lui conviendra d'y donner.

M. SABATIER, *député d'Oran*. — Je vais répondre, en quelques mots, au discours de M. Isaac. Je tiens d'abord, à en faire un éloge : j'ai rarement lu une argumentation plus logique. Mais en même temps que je rends cette justice à M. Isaac, je lui en fais un reproche : Il est plus logique que les faits ! C'est la seule et réelle critique que j'ai à faire de cette argumentation, et voici dans quelle mesure je voudrais atténuer les conséquences qu'il tire dans son discours.

Il a dit : Il y a deux théories : d'un côté, l'assimilation ; de l'autre : l'autonomie.

Le premier système procède de la pensée par la métropole d'anéantir dans un tout national, dans l'avenir le plus prochain, la colonie qui vient de naître. Il s'exerce par l'habitude à prendre par la colonie de participer à la vie nationale, et cette habitude est sollicitée par la nomination d'un député ;

elle s'affirme par l'application progressive de toutes les lois métropolitaines à l'ensemble de la colonie, et elle doit aboutir, en définitive, à l'anéantissement de la colonie dans la Métropole.

Le second système semble avoir un but tout différent, c'est celui de provoquer, à un moment donné, par une loi volontaire de la métropole, l'émancipation de la colonie et sa séparation réelle et effective. Dans ces conditions, l'habitude, que l'on tendra à donner à la Colonie nouvelle sera d'avoir de plus en plus le sentiment de sa responsabilité propre. On ne concevra plus la représentation de cette colonie dans la métroploe, mais l'affirmation d'une représentation propre, particulière peu à peu, devenant un véritable parlement, jusqu'au jour où un acte de la métropole consacrera les faits accomplis et constatera la séparation déjà acquise dans les faits.

Tels sont les deux systèmes ! Eh bien, j'en demande pardon à M. Isaac, mais, je crains bien que, dans l'histoire, il n'y ait pas un seul exemple, soit de l'un, soit de l'autre de ces deux systèmes ainsi absolument présentés. Je ne connais pas, quant à moi, de colonie à qui la métropole ait accordé, de bonne volonté, sa majorité civique sans que la colonie l'ait prise les armes à la main. Je ne connais pas, d'autre part, de colonie peuplée d'abord d'éléments autres que ceux venus de la métropole qui, combinés avec les mœurs de la métropole, soit arrivée à perdre son individualité pour s'anéantir dans le tout national, et je saurais gré à M. Isaac de vouloir bien me citer un seul cas dans l'histoire du monde, où les faits se soient passés avec cette rigoureuse logique.

En effet, les faits n'ont pas de logique comme on l'a souvent prétendu, ou du moins, ils n'en ont pas autant qu'on veut bien leur en attribuer. Il est de ces entités qui naissent simplement des vues de l'esprit humain, mais qui ne sont pas acceptées par les faits ou les événements.

Jusqu'ici, j'ai entendu parler M. Isaac et M. Moncelon. M. Isaac a toujours précisé ; M. Moncelon pas autant peut-être. M. Moncelon nous a parlé de la Nouvelle-Calédonie,

M. Isaac de la Guadeloupe et de la Martinique. Pour moi, je considère que, toutes les fois que vous aurez, en matière de colonisation politique, une formule générale, vous pourrez dire qu'elle est fausse et vraie en même temps.

Les questions de politique coloniale sont des questions d'espèces ; elles varient suivant les colonies que l'on a en vue. Ce qui est bon pour l'une peut être mauvais pour l'autre et vous allez constater qu'il n'en peut pas être autrement.

Je suis représentant de l'Algérie. L'Algérie est-elle une colonie ? Ou est-ce la continuation du sol métropolitain ? Il y a quinze ans, le courant, l'unanimité même de l'opinion publique considérait l'Algérie comme une colonie. A cette époque un mot a été prononcé : l'Algérie est le prolongement du territoire national, et on en est arrivé au régime de l'assimilation.

Tous aujourd'hui, représentants algériens, nous sommes d'accord — et dans une représentation qui ne compterait que deux membres, un accord semblable est difficile à obtenir en thèse générale — pour reconnaître combien a été fâcheux ce régime de l'assimilation à outrance qui a été inauguré par suite d'une théorie, et combien a été funeste à la prospérité de l'Algérie, et conséquemment de la France, le système des rattachements.

Je vous demande la permission de vous parler comme un député de colonie, et j'en ai honte, on se trouve dans une situation très fausse lorsqu'on a l'air de vouloir chercher à amoindrir les liens qui semblent nous rattacher à la mère-patrie. On est obligé de faire violence à son sentiment personnel. Mais devant la manifestation des vœux que nous avons entendus, on arrive à se demander si véritablement on est aussi absolument identifié avec la métropole que veulent bien le dire quelques personnes.

Comment se passera généralement l'entrée et l'installation d'un peuple au sein d'un autre peuple ; comment se passera cette petite genèse d'une colonie quelconque à ses débuts ? — J'entends une colonie peuplée où l'élément métropolitain commence à être noyé dans l'élément indigène.

Le peuple conquérant arrive, (c'est le peuple civilisateur, c'est entendu !) mais il arrive le fer à la main, en force ; il tue ! Et c'est fatal : Il lui faut s'installer sur un sol occupé par d'autres ! Il expulse, il spolie ! C'est la page noire du début. Il n'y a pas de peuple qui ait pu échapper à cette fatalité de spoliation déguisée sous le nom de conquête.

Lorsque le fait s'est produit, il aura des conséquences ; il y aura des rancunes, des haines produites autour de lui ; et voici le problème qui va se poser. Lorsque le vaincu aura fait sa soumission, le vainqueur, si c'est un peuple civilisé, si c'est la France, se verra se poser ce problème : Quel est mon devoir ? se dira ce peuple. N'ai-je point en entrant dans ce pays, dans cette nation, endossé une responsabilité lourde, cruelle même pour moi ? N'ai-je point accepté une tutelle qu'il faut que je remplisse ? Pour moi, j'estime que le devoir suprême du vainqueur, lorsqu'il s'agit de questions coloniales, c'est de savoir de quelle manière sera traité le peuple dont on a accepté la tutelle, et de quelle manière on se conduira, vis-à-vis de l'indigène, qu'on est venu civiliser les armes à la main ! De quelle façon le peuple éducateur va-t-il se poser le problème ?

Lorsque le vaincu est en fuite, que le désordre est partout, que le sang coule dans les sentiers, on ne voit pas ce qu'est cette agglomération d'individus éparse, ni quelle est la matière que l'on a à travailler ; on voit un chaos !

Mais la paix se fait ; on a un peu moins peur dans ces races-là. Je supplie le peuple éducateur de commencer par être prudent et de laisser le peuple à éduquer, par sa cristallisation recueillie, lui indiquer lui-même quelle est sa constitution propre, quelles sont ses institutions, ses mœurs, et de quelle manière il devra être persuadé.

Nous avons la prétention qu'avaient les Grecs et les Romains de traiter de barbare tout ce qui n'est pas nous, et nous oublions que, dans certains de ces peuples, que nous avons accepté le devoir d'élever, il y a une civilisation peut-être différente de la nôtre, une évolution peut-être très diverse, mais une civilisation qui a ses institutions, ses traditions, ses lois, qui a tout un passé ! Et vous savez quels intimes liens unissent toujours, chez un peuple, le passé et l'avenir, les traditions et l'espérance, les institutions d'hier à celles de demain ! ( Applaudissements.)

Aurons-nous alors la prétention de vouloir imposer notre formule ? A ce peuple qui avait conçu la vie économique et la vie morale suivant un type déterminé, aurons-nous la prétention, nous, de venir lui imposer une mission politique différente ? Mais si nous étions si convaincus de la supériorité de tous les articles de notre morale évangélique, de notre organisation politique et personnelle, nous devrions avoir souci de l'œuvre que nous avons à accomplir et nous bien garder de faire au peuple conquis une démonstration avant que lui-même ne se trouve dans une situation de quiétude morale, de repos d'esprit suffisant pour être accessible à la valeur de notre démonstration. Non, nous ne devons pas avoir la prétention, au moment où, chez ce peuple, les blessures ne sont pas pansées, où la cicatrice est encore ouverte, de venir lui faire affirmer la beauté de nos lois !

Ce qu'il nous faut respecter, ce sont les institutions de ce peuple ! Une institution ! Avez-vous réfléchi quelquefois à ce qu'il y a de glorieux et de douloureux, à ce qu'il y a de souvenirs et d'espérances dans une institution d'un peuple ? Combien de larmes, combien de sang, combien de secousses révolutionnaires chez les peuples même les plus infimes, combien d'efforts individuels, de martyrs politiques a coûtés cette institution ? Et... si vous échouez en face de ces institutions !... Et vous allez, chez ce peuple que vous avez eu la fière audace de conquérir, avec la prétention de détruire ce travail sacré des siècles, avec la prétention de mettre la main sur ces institutions qui lui tiennent tant au cœur !... Et par quoi respirera-t-il donc au moral ?

N'est-ce pas le cœur qui bat chez lui, n'est-ce pas sa conscience, sa manière d'affirmer son sens du bien, du vrai, du beau, ses institutions ! Ah ! ne touchez pas aux institutions ! Chaque siècle leur a apporté une consécration nouvelle chez le peuple conquis, de la même façon que la vague, qui passe, apporte un atome à la berge ! Sauriez-vous endiguer un courant ?

Mais, est-ce que ces institutions ne sont pas, entre vos mains, un agent pour agir sur le peuple conquis ! Examinez les institutions fondamentales de tous les peuples ! Ce sont des groupements de familles constitués d'un façon différente suivant les climats. — Mais ils y tiennent ! — Soit ! ces groupements d'un ordre secondaire, est-ce que vous n'avez pas intérêt à les conserver pour classifier les peuples que vous aurez à éduquer ?

Lorsque vous êtes arrivés, vous avez trouvé une masse élastique. Peu à peu, ils se sont eux-mêmes remis dans le cadre où ils étaient placés. Peu à peu, les anciennes tribus se sont reconstituées, et au sein des tribus, les anciennes familles.

Lorsque vous avez ce cadre tout prêt, savez-vous ce que vous avez en face de vous ? Vous avez non plus un peuple ayant 10 millions d'âmes ; vous avez à peine 200 personnages spéciaux qu'il vous suffira de conquérir pour conquérir le tout !

C'est là l'idée capitale sur laquelle j'appelle toute votre attention : Au sein d'un peuple quelconque, cherchez ! N'y a-t-il pas comme une tête, comme un chef de groupe ? Dans un peuple très avancé, ne naît-il pas, à un moment donné, certains personnages, et chez les peuples aristocratiques, certaines familles, dont les idées bonnes ou mauvaises, dont les qualités et même les défauts deviennent, en quelque sorte, le but de l'imitation nationale, au point qu'ils influent sur le tempérament national tout entier ? Ici, il y a un pôle positif, ce sont les qualités que l'on imitera ; ici, pôle négatif, ce sont celles que l'on évitera, en sorte que, suivant le jeu des personnages en présence, vous pouvez agir sur le groupe tout entier ! Un homme amènera un village, une tribu ; ailleurs, ce sera une famille. Vous aurez presque toujours dans le même centre, dans la même tribu, deux hommes en présence, deux partis.

Que faire alors ? Quand, grâce à ce classement naturel obtenu par le fait des peuples conquis, vous reconnaîtrez ces diverses influences, quand vous aurez constaté que, non seulement, il existe dans chaque groupe un ou deux individus qui ont une action plus ou moins grande, pour quelque cause que ce soit, religion ou noblesse, vous n'aurez fait que la moitié de la besogne, et vous pourrez constater aussi que les groupements, vis-à-vis les uns des autres, ont encore des forces attractives avec lesquelles il faut compter.

Est-ce que Paris n'exerce pas une attraction sur la France toute entière ? Est-ce que certaines localités n'ont pas eu ce pouvoir chez différents peuples ? Il en est ainsi, grâce à cette cristallisation tranquille, sur place, que vous avez laissée faire par une politique qui, au début, a été une politique d'inaction.

Quand ceci est produit, vais-je vous engager à épouser, dans chaque village, la cause d'un tel contre un tel ? à vous immiscer dans ces luttes entre tribus ? — Jamais : il faudra seulement ne décourager aucun parti et laisser à chacun sa responsabilité.

J'ai dit : *Il faudra*. J'ai eu tort. Je serais désolé que vous puissiez croire que je formule d'une façon générale et dogmatique. Je suis, par-dessus tout, de l'école si française de Montaigne qui disait qu'on devait « faire dans le monde pour le mieux et comme on peut ». C'est une indication d'orientation que je donne.

J'en ai fait l'expérience personnelle : lorsque j'ai eu la tâche d'agir sur les populations indigènes, je me suis bien trouvé de laisser leur volonté se substituer à mon action personnelle, moins encore par respect pour l'électeur indigène que pour moi, et afin d'avoir des renseignements sur ce qu'il pensait. Je les ai laissés, par une libre élection, choisir, en face l'un de l'autre, les deux chefs qui personnifiaient chaque parti.

Entre ces deux chefs, il était facile de créer une émulation pour le progrès et la civilisation et voici comment. Entre eux auparavant, c'était la raison du plus fort qui l'emportait, et c'est la seule que nous n'admettions pas. Lorsque le peuple éducateur se présente, de quelle façon vient-il régler le conflit ? — Par arbitrage ! Très bien ! Applaudissez ! Il arrivera, à un moment donné, où, sur un point délicat, les deux partis n'entendront point parler d'arbitrage, et où un des deux cherchera une alliance possible. Eh bien, cette alliance, c'est celle du peuple éducateur. Un acte de lui déterminera entre les deux partis en balance la supériorité de l'un ou de l'autre ; et ce sera le cas, si l'on voit dans certaines circonstances, au profit de l'un ou de l'autre une certaine supériorité, de faire comprendre qu'on ne peut intervenir que pour celui qui manifeste très réellement une marche en avant dans le sens du progrès et de la civilisation. Vous créerez un intérêt inavoué de la part des deux ennemis à entrer dans les bonnes grâces du peuple éducateur en faisant un pas de plus en plus marqué vers le progrès. L'émulation du bien ! voilà le moyen ! Avec cet outil-là, on pourrait profondément labourer le sol indigène.

Voilà de quelle façon on doit agir sur les indigènes ; c'est par le respect de leur cadre social et de leurs institutions.

— Mais qu'appelez-vous institutions ? Est-ce l'esclavage, par exemple ? — Non, de telles institutions, sont des crimes, et non des institutions. Lorsqu'une aberration morale, chez un peuple, porte atteinte à la liberté de l'être humain, et au libre jeu de ses forces et de ses facultés, il est clair qu'il y a dans tous les pays, lorsqu'on procède de la raison et non d'une idée métaphysique plus ou moins féroce, il y a ceci d'écrit : Vous devez l'interdire ! Mais c'est à cette limite que s'arrête l'action du peuple civilisateur, et lorsqu'un fait, qui paraît à un peuple élevé de nature à porter atteinte au bien de l'humanité, ne revêt cependant pas un caractère de crime contre les personnes, il sera toujours prudent pour le peuple civilisateur de rester en deçà de son pouvoir, et la prudence lui conseille de n'aller au-delà que si c'est absolument nécessaire ; et c'est pour cela que je ne saurais faire grief à la France de n'avoir pas interdit la polygamie en Algérie.

— Faites cadrer ces idées avec un régime quelconque : l'autonomie ou l'assimilation ! — Nous voici chez le peuple indigène, nous considérant comme des tuteurs. S'il en est ainsi les autres ne peuvent être regardés que comme des enfants recevant une impulsion, des conseils, exerçant leur rôle en dehors du peuple éducateur. S'ils ont des lois plus ou moins puériles ; s'ils les font et les défont, ou si le peuple a intérêt à les conserver, il sera absolument inadmissible que le peuple éducateur vienne les bouleverser et légiférer contre leurs mœurs à eux. Il serait idiot, par exemple, de discuter dans quel cas, chez eux, les femmes pourraient se mettre en insurrection, ce qui est un droit chez elles ! Nous serions, du reste, plus incompétents que le premier illettré indigène venu.

Mais voici, qu'à côté du peuple français il devra plus que garder son autonomie ; il devra garder une véritable action sur lui-même, action que nous ne devrons gêner que lorsqu'elle portera atteinte à la souveraineté nationale, ou bien au progrès, c'est-à-dire dans des circonstances rares ; et quand le conseil sera impuissant, il faudra l'arrêter par le *jussum*, l'ordre.

Et puis, à côté des indigènes, nous aurons des Français libres, n'entendant pas subir, du chef de l'expatriation, une *deminutio capitis*, un abaissement de leurs pouvoirs civils ou civiques. Il est juste que celui qui s'en va loin de la Patrie porter le nom et le souci des intérêts français, la langue du pays dans une autre contrée, et aider notre expansion au dehors, ne subisse pas, de ce fait, une atteinte morale dans son caractère, et ne tombe pas du rang d'électeur au degré de sujet.

Ainsi, à côté des indigènes condamnés au *jussum*, il va y avoir des hommes investis du régime de la loi. Nous allons trouver les deux principes en contradiction dans un même pays. Ce n'est ni vous, ni moi qui le voulons ; ce sont les faits qui ont ainsi parlé !

Vous me direz : Nous allons sacrifier l'un à l'autre ! — Alors quoi ? La formule indigène à la Française? Mais alors, vous manquerez à votre devoir d'éducateurs ; alors, vous prendrez ces millions d'indigènes et vous irez soumettre leur organisation, eux non consultés, aux discussions des Chambres ? Mais, tout-à-l'heure, M. Isaac vous disait combien, lorsqu'il s'agit de colonisation, une Chambre française serait incompétente !...

M. ISAAC. — Je n'ai pas dit cela du tout ! J'ai demandé au contraire le régime des lois, au moins pour les colonies déjà complètement formées.

M. SABATIER. — Je croyais l'avoir entendu ! Mais cela aurait été véritable, si vous l'eussiez dit ! (rires.)

Il est absolument incontestable que, pour légiférer sur un peuple, il faut le connaître, et le connaître non pas à la façon dont on connaît un pays lorsqu'on y va en chemin de fer, ou en caravane parlementaire... (nouveaux rires)... il faut aussi l'avoir connu pour avoir vécu de sa vie, avoir subi ses situations, partagé ses joies, ses douleurs, ses préjugés, ses prétentions, ses haines et ses affections ! Et ce n'est que comme cela que l'on peut se rendre compte de l'action qu'une loi pourra avoir sur un peuple !

Il n'est peut-être pas de nation comme la France qui ait la conscience civile, morale, politique plus unique, plus identique à elle-même sur tous les points du territoire : eh bien, sommes-nous certains, lorsque nous faisons une loi, qu'elle est bonne, et qu'elle aura de bons résultats pour notre propre pays ? La preuve que nous ne le savons presque pas, c'est qu'il y a toujours une imposante minorité sur n'importe quelle loi.

Dans ces conditions, alors que nous arrivons si difficilement à créer une formule s'appliquant au peuple au milieu duquel nous sommes nés, auquel nous appartenons, qui a mille manières d'affirmer sa volonté, qui a la liberté de la presse et l'instruction largement développée, comment pouvons-nous prétendre d'être des législateurs si peu clairvoyants que ce soit pour des masses d'indigènes que nous ne connaissons qu'à peine ?

Poser le problème, c'est indiquer la solution fatale.

Nous avons à l'ordre du jour de la Chambre des députés. 64 questions, et nous n'aurons pas le temps d'en traiter 15 avant la séparation des Chambres ; voyez-vous un député apporter une soixantaine de propositions de lois touchant l'Algérie ? Il y aurait un *tolle* général, et l'on se demanderait certainement si c'est bien à la Chambre des députés qu'il devrait siéger ! (rires). Et cependant, je puis vous assurer qu'il y a bien plus de 60 questions qui sont en suspens en Algérie, questions particulièrement graves, questions relatives aux indigènes ! Et non seulement nous avons l'incompétence, mais, encore, *ratione materiæ*, l'impuissance matérielle de faire entrer dans la série de nos préoccupations des questions qui, cependant, intéressent l'évolution, la vie sociale d'un million d'indigènes qui vous sont confiés. Nous voyez-vous, du fait du régime des lois, dans l'impossibilité absolue, de faire, en quoi que ce soit, marcher la besogne législative vis-à-vis des indigènes ? Nous ne le pouvons pas !

Mais alors, sacrifierons-nous la formule française à la formule indigène ? L'Angleterre a été jusque-là, dans les Indes. Dans bien des circonstances, c'est la formule indigène qui a primé la formule anglaise.

Sans doute, il y avait fort peu d'intérêts de colonisation relativement à la masse des indigènes. Ce qu'il y a dans les Indes, ce sont surtout des intérêts militaires et commerciaux, des intérêts d'exploitation. Nous ne sommes pas dans la même situation. Et puis, est-ce que notre tempérament national s'accommoderait d'être désormais obligés de nous naturaliser Arabes ou Kabyles, sous prétexte que nous ne pouvons pas les naturaliser Français ?

Voici une des grosses questions soulevées par l'incompétence universelle.

Il faudrait, d'abord, pour qu'on ait la prétention de naturaliser les Kabyles et les Arabes, leur demander, me semble-t-il, ce qu'ils en pensent. Posez-leur cette question d'un peu trop près, vous les verrez aussitôt prendre la mouche, et la réponse pourra bien vous arriver d'une façon trop frappante !

Il y a là une question préalable que des républicains et des Français doivent accepter comme topique ; mais il en est bien d'autres et d'autres sortes.

Je chercherais vainement dans les partis français celui qui, dans ses principes, dans ses traditions, dans ses mœurs, se trouverait qualifié pour formuler une proposition semblable. Est-ce l'évêque d'Angers ? — Je le cite parce qu'il fait partie de la Chambre des députés — chef autorisé, représentant de l'église catholique, qui viendrait nous demander d'accorder la qualité de citoyens français à de simples bigames, qui vendent leurs filles et qui ont une moralité flétrie par la religion catholique, et dont l'acte le plus innocent est quelquefois un peu criminel ? Nous voyez-vous, dans la théorie catholique, discuter des questions de morale antibigamiques ? M. Freppel serait rapidement excommunié par le pape !

Sera-ce des républicains qui viendront dire à un homme : Je vais t'imposer une étiquette qui mentira à ta conscience ! Je vais te forcer à faire profession de doctrines que moi je ne considère que comme politiques, mais que ton Coran traite de religieuses ! Je veux que tu abjures et que tu sois renégat ! — Nous supprimerions la torture ; mais l'inquisition n'a pas fait autre chose. Pourquoi ? Mais par la raison qu'il ne pourra pas échapper à la loi !

Supposez-vous, au point de vue religieux, des sentiments positifs ou négatifs ? Quel que soit le sentiment personnel de chacun de vous, ne vous sentiriez-vous pas absolument outragés et dans votre personne et dans celle de vos enfants, si, du fait d'une action gouvernementale étrangère, on venait vous imposer une étiquette qui ne serait pas la vôtre ? Seriez-vous catholiques, recevriez-vous même cette étiquette des mains mêmes de l'Allemand ? Il n'y a rien de plus délicat, et de plus sensible, et sous toutes les latitudes et dans toutes les races, et c'est l'insigne honneur de l'homme, que cette voix de la conscience, que ce sentiment personnel de l'individualité morale de l'homme ! Vous commettriez une erreur morale telle que les siècles futurs vous en demanderaient raison. On ne fait pas des Français par force, et, en matière religieuse, on ne force pas des peuples à rejeter leurs croyances ! (Applaudissements.)

Et je ne saisis pas au nom de quelle morale on agirait ainsi, et encore moins les avantages, les résultats qu'on en tirerait. Le lendemain du jour où ce phénomène se serait produit vous auriez enrégimenté des soldats ; ils auraient un fusil ! mais vous ne leur laisseriez qu'un pays flétri par votre outrage contre lequel leur conscience protesterait ! Vous auriez amené dans nos assemblées des hommes investis d'un mandat ; de quelle façon se serviraient-ils de ce mandat ?

J'admets que je me trompe en affirmant la pensée des indigènes sur la naturalisation et sur les conséquences qui en résulteraient ; mais je me trouve en face d'une impossibilité d'un autre ordre suffisante à coup sûr, pour arrêter tous les honnêtes gens. Qu'est-ce que nous faisons ? Nous sommes en présence, chez les Arabes, d'un état féodal épouvantable, fortement atténué grâce au contact français. Mais, dans certaines régions où le colon n'a pas pénétré, dans l'arrondissement de Tlemcen, par exemple, tout y est servitude, servitude de l'enfant, de la femme, du *homès* le travailleur de la terre, se transmettant de patron en patron, ce dernier ayant hypothèque sur sa peau ! Servitude de l'ouvrier, lui aussi ! Anathème à celui qui moud le grain, et en tire profit, à celui qui tisse les étoffes et qui gagne des figues (?). Anathème à toute espèce de travail qui peut émanciper le pauvre, le prolétaire et le faire sortir des fers de cette féodalité que le Coran a organisée de toutes pièces ! Nous avons entrepris le relèvement ; il marche tout seul. Tandis que le travail de régénération se produit lentement et s'affirme par un excédent de natalité, chez ce même peuple qui, naguère, était décimé par une mortalité formidable, tandis que nous accomplissons cette œuvre de progrès merveilleux, nous irions abdiquer cette œuvre pour donner à ces hommes un droit dont ils se serviront, de quelle façon ? Prenez cette masse de *homès* (?) — Ils étaient les 2/3 de la population ; ils en forment encore un tiers ; prenez tous les fils de famille (?) qui, au nombre de 250 environ subissent la direction d'un *pater familiâs*, vieillard à barbe blanche, lequel a un chef allié plus puissant; alors vous aurez 10,000 voix qui seront remises entre les mains de 40 chefs de groupe, lesquels seront concentrés entre les mains d'un seul, le grand seigneur féodal de la région, qui arrive quelquefois en France avec des burnous bleus ou rouges, des croix et des étoiles sur la poitrine et les mains bien blanches ! Nous savons ce qu'ils valent ! En Algérie, nous avons quelqu'un à plaindre ; là, comme partout, plaignez le pauvre !

Voici le suffrage universel que nous leur donnons ; et voici un grand électeur qui a 10,000 individus à son service. Qu'arrivera-t-il ? Remontez à l'époque des ducs de Bourgogne, supposez que ce duc ait accordé le suffrage universel à tous ses serfs ! Quel aurait été le résultat ? Il aurait mis un masque d'hypocrisie sur sa face féodale ; il aurait eu le bénéfice d'un semblant d'égalité et de justice au profit de son despotisme ; et vous auriez ainsi rivé plus que jamais la chaîne à laquelle le peuple français était cloué à cette époque-là ! Vous auriez reculé la démocratie française sous prétexte de faire de la démocratie tout de suite ! L'attribution du suffrage universel aux indigènes, ce serait la consécration du pouvoir dont sont investis 40 ou 50 chefs de groupe !...

M. Isaac. — Je n'ai pas demandé cela... personne ne demande le suffrage universel pour les indigènes algériens !... On désire seulement qu'ils ne soient pas exclus de toute représentation.

M. Bayle. — On n'a jamais demandé de faire la naturalisation des indigènes en bloc !...

M. Sabatier. — Mais nous avons aujourd'hui une proposition de M. Michelin qui demande la naturalisation en bloc sans se soucier des difficultés de l'exécution.

Vous voyez pour quels motifs je suis opposé à la naturalisation des indigènes. Mais si nous ne pouvons pas les naturaliser, si nous sommes obligés de maintenir le régime du *jussum* d'un côté, et de la loi de l'autre, il s'ensuit que nous ne pouvons pas conclure et avoir une formule d'autonomie ou d'assimilation. De quelle façon organiserons-nous un parallélisme des deux états existant fatalement ? C'est une question d'espèce. Il sera possible, dans un département colonial, de réunir les deux éléments sur un pied d'égalité. En Algérie, il faudrait deux assemblées locales, l'une française, l'autre indigène, et cette dernière coupée en deux : Kabyle et Arabe ; c'est encore possible ; je n'ose rien affirmer, parce que ces questions sont très délicates.

Mais, en tous cas, pour Dieu ! ne nous imposez pas le régime de la loi ! Le régime des décrets nous a exposés, c'est vrai, à bien des mécomptes ; mais le régime de la loi serait bien plus embarrassant. Si l'on calcule la durée que doit avoir une loi à celle que demande son enfantement, il faut reconnaître que cette durée doit être longue. Lorsqu'une loi est faite, il est difficile d'y toucher. C'est une grosse machine ; il faut d'énormes masses de forces sociales à mettre en mouvement pour faire une loi et lorsqu'il s'agit de la défaire, un peuple, qui se respecte, ne peut pas y consentir du jour au lendemain sans se condamner au travail ingrat de Pénélope. Lorsque vous aurez fait une loi, elle durera, qu'elle soit bonne ou mauvaise, et lorsqu'il s'agit de lois intéressant les indigènes, vous savez qu'on a la spécialité de les faire mauvaises...

M. Isaac. — Alors, supprimez la représentation !...

M. Sabatier. — J'y consens ; cependant, ce n'est pas encore une conséquence logique. Du moment que nous sommes incompétents, — et nous, députés nés en Algérie, qui y avons vécu, nous sommes d'une incompétence individuelle complète — comment voulez-vous que 585 incompétences réunies constituent une compétence ?

Dispensez-nous donc d'instruments qui seront forcément

mauvais au début et qui auront la prétention d'être éternels ! Rappelez-vous que, dans un pays nouveau, les solutions doivent être rapides comme les enseignements que donnent les faits, et songez qu'il faut que l'instrument législatif soit prêt à saisir toutes les évolutions du peuple indigène pour en tirer parti, et que toutes les fois que vous ferez une erreur, il faudra que vous puissiez la réparer. L'expérience seule consacre la bonne loi, même en France ; à plus forte raison dans des pays que l'on connaît peu, où les questions sociales se compliquent de nécessités de races qui n'ont pas une conscience nette de leur personnalité civile. Songez qu'il faut tenir compte des faits.

Eh bien, en ce qui concerne l'Algérie, la solution, vers laquelle j'inclinerais, ce serait d'organiser un état législatif, tel qu'il ne soit consacré que quand le progrès l'aurait reconnu utile.

Personne ne doute de la grande puissance de la France, de son poids dans le monde, dans la civilisation et dans l'humanité ; mais nous savons que la France subit parfois des heures bien dures, qu'elle a ses moments d'angoisse, et que nous sommes précisément dans un de ces moments où nous regardons de près du côté des frontières. Voulez-vous que, dans ces moments-là, nous embarrassions la Patrie du souci absorbant des affaires coloniales ? Croyez-vous qu'il y a véritablement intérêt de la distraire par de graves préoccupations, de la préoccupation plus grave encore qui l'obsède ?

Et puis, son crédit étant engagé comme il l'est aujourd'hui : sa responsabilité pécuniaire étant déjà si lourde et son budget aussi vide qu'il l'est, que ferez-vous ?

Viendrez-vous, comme M. Moncelon, demander des réformes qui entraîneraient des demandes considérables de crédits ? Lui demanderez-vous de l'argent lorsqu'elle a besoin du moindre de ses deniers pour entretenir ses soldats à la frontière ?

Et cependant, les ressources pécuniaires sont nécessaires aux Colonies. Il leur faut un capital. Si la métropole ne peut le donner, les colonies pourront-elles l'emprunter, n'ayant pas de personnalité civile ? Auront-elles le crédit nécessaire ? Mais dans un pays qui débute, on vit sur le crédit ; on n'a pas de capital ! Pourront-elles emprunter les sommes nécessaires pour constituer leur outillage économique, ou se créer leur vie financière ?

Ah ! il y a là un côté très intéressant : supposez que l'Algérie puisse signer : Algérie ; et que le lendemain du jour où cette personnalité financière lui serait donnée, elle emprunte 300 millions. Il y aurait une telle éclosion de ports et de chemins qu'au lieu d'un demi-milliard d'exportation et d'importation qui constitue son commerce elle en aurait 2 ou 3 milliards, et la fille aînée aidant la mère, elle apporterait plus que son travail de tous les jours, elle apporterait une fortune obtenue uniquement par son audace et par sa confiance dans l'avenir ! (Applaudissements.)

M. Isaac. — J'ai écouté avec plaisir les éloquentes paroles que vous venez d'entendre ; mais je n'ai pas à les réfuter parce que le discours de M. Sabatier ne s'applique pas à mes observations.

J'ai essayé d'indiquer comment je concevais la marche et le but de la colonisation française ; je me suis efforcé de dégager des principes ; et, en cela, je n'ai pas eu en vue seulement la Martinique et la Guadeloupe, mais l'ensemble de notre système colonial. Toutefois, je me suis abstenu de dire un seul mot de l'Algérie, parce que je sais que ce grand pays est dans une situation toute spéciale, et d'autre part, parce que je voyais au milieu de nous un représentant de l'Algérie, qui était mieux en état que personne d'exprimer une opinion sur les besoins de sa colonie.

J'ai parlé de tendances générales, et j'ai dit qu'il fallait choisir entre le système de l'autonomie et celui de l'assimilation. Cela est inévitable, par la raison que c'est dans la nature des choses, et je ne concevrais pas que même en ce qui concerne les indigènes algériens, on voulût se soustraire à cette option. Il faut bien, en effet, que la question indigène ait une solution. Comment la concevez-vous ? Quel état définitif envisagez-vous pour les Algériens?

Voulez-vous leur appliquer l'autonomie, mais l'autonomie réelle, avec ses charges et ses libertés? Alors attendez-vous, étant données les diversités de races, les différences de mœurs, que ce régime n'atténuera pas, à ce que l'Algérie ne reste pas longtemps ce qu'on appelle, aujourd'hui, une seconde France.

Avez-vous l'intention de n'incliner jamais ni vers l'autonomie ni vers l'assimilation ? Ce sera, dans ce cas, la sujétion sans fin ; et ne voyez-vous pas que de cette manière de gouverner, sortiraient, tôt ou tard, de très grands périls ?

Ou il faut appeler ces peuples à vous, et les absorber le plus possible, ou il faut vous mêler à eux; sinon vous n'aurez jamais qu'un moyen de les contenir, la force ; il faudra être toujours prêt à les écraser.

Je ne désire pas plus que M. Sabatier que l'on fasse violence à leurs mœurs, et qu'on les blesse dans leurs institutions. Il y a des institutions qui méritent d'être toujours respectées ; il y en a qu'il faut s'efforcer de modifier. Ce qui importe, c'est de savoir où l'on va, et quel but on poursuit. L'Algérie est déjà, si je ne me trompe, largement assimilée, puisqu'elle est divisée en départements français. La question qui se pose est celle de savoir si ce principe d'assimilation ne doit pas être, aussi, étendu à la population indigène. Je le pense, quant à moi, tout en reconnaissant qu'il y a là une affaire de mesure, et que bien des précautions sont nécessaires.

J'ajoute que toutes les réserves qu'on doit faire quand il s'agit de l'Algérie seraient sans objet à l'égard des colonies telles que la Guadeloupe et la Martinique, par exemple, qui sont françaises depuis des siècles, et où tous les habitants sont, au même titre, citoyens français.

Enfin, je tiens à donner satisfaction à M. Sabatier sur un point de son argumentation. Il m'a mis au défi de citer un seul cas où une colonie se soit spontanément détachée de la métropole, ou s'y soit au contraire incorporée par le moyen de cette assimilation dont nous avons parlé. Comme exemple de séparation, celui des Etats-Unis est assez présent à tous les esprits. Il est vrai que ce détachement n'a pas été fait sans violence ; mais n'est-il pas évident qu'une organisation qui, comme celle de l'autonomie, rendra de moins en moins étroits les liens entre la métropole et sa colonie aura pour conséquence de faciliter singulièrement la séparation de cette dernière ? Qu'un événement survienne alors, qui sous un autre régime aurait été sans importance, et cette séparation deviendra un fait accompli. Sait-on combien de temps le Canada restera sous la domination anglaise ?

Quant aux exemples d'assimilation spontanée, je les trouve dans l'histoire des colonies françaises : les colonies des Antilles, la Guadeloupe notamment, furent, sous la Révolution, par des actes très volontaires du pouvoir métropolitain, déclarées départements français, et organisées comme telles.

M. SABATIER. — Dès le début, j'ai déclaré que tout ce que M. Isaac disait de la Martinique et de la Guadeloupe, il le disait avec raison. Mais j'ai voulu mettre le Congrès en garde contre une tendance à la généralisation, afin que l'on n'en arrivât pas à conclure que ce qui est bon pour la Martinique et la Guadeloupe l'est également pour toute autre colonie.

C'est une question d'espèce.

M. MONCELON. — Je constate que la discussion ne fait que commencer au moment où elle doit finir, et le temps nous manquera peut-être ; mais cette question est tellement importante que nous ne pouvons nous dispenser de répondre d'une façon positive à la Société bretonne de Géographie, et je propose de déposer demain sur le bureau une formule de vœu ; je pense que le Congrès voudra bien m'y autoriser.

Je reviens pour une minute à ce que j'ai dit ce matin.

Malgré les développements que j'ai cru devoir donner à

ma communication, il est bien certain que je ne suis entré qu'incidemment dans la question. Le véritable problème, nous l'avons sous les yeux, et la Société bretonne de Géographie a eu en vue le système d'administration qu'il convenait de donner à telle ou à telle colonie, et pas autre chose ; mais j'ai voulu profiter de l'occasion unique qui s'offrait à moi de faire ma communication devant des hommes compétents.

Si j'ai été un peu long je prie mes collègues de vouloir bien m'excuser.

M. Isaac. — Il y a des parties communes entre le vœu de la Société des études maritimes et coloniales et le vœu de M. Moncelon. Il serait peut-être bon de fondre les parties qui peuvent être fondues.

M. Quévillon, *président*. — La proposition d'émettre un vœu éveille des scrupules et des susceptibilités. Tout le monde n'est pas d'accord sur ce point. D'abord, la Société bretonne de Géographie, qui a posé la question, n'est pas là pour nous faire connaître son Rapport qui aurait été de nature à limiter la discussion...

M. Bayle. — Elle a déjà déposé son Rapport l'année dernière.

M. Quévillon, *président*. — Il eût été utile, néanmoins, qu'elle l'eût déposé de nouveau cette année. Tout le monde n'a pas présent à l'esprit les rapports présentés l'année dernière ; si la Société bretonne avait été ici, on aurait évité certainement beaucoup de digressions. Du reste, comme c'est elle qui a posé la question, ce serait à elle à formuler un vœu, et je crois que l'on peut tirer de son absence la conséquence qu'il n'y a pas de vœu à émettre.

Du reste, on pourrait concilier tous les scrupules et toutes les susceptibilités sur un terrain neutre : ce serait de prier MM. Isaac et Moncelon d'émettre leur vœu demain matin, l'heure étant trop avancée pour le faire ce soir.

M. de Mahy. — Je serais d'avis que le Congrès fût consulté pour savoir s'il se juge assez éclairé par la discussion qui vient d'avoir lieu pour avoir une tendance ou pour l'assimilation ou pour l'autonomie des colonies ? L'autonomie, c'est la liberté complète pour les colonies de s'administrer elles-mêmes, liberté qui, à un moment donné, aboutit à la séparation de la colonie d'avec la métropole. Si j'ai bien entendu M. Sabatier, ce qu'il veut, c'est l'autonomie, c'est-à-dire l'abandon de l'Algérie !...

M. Sabatier. — Jamais !...

M. de Mahy. — Que ressort-il donc de votre exposé ? Quel est donc le système que vous voudriez appliquer à la population autochtone de l'Algérie, et à quel régime voudriez-vous soumettre les Français qui l'habitent ?

Votre tendance est-elle que le Gouvernement conserve sa suprématie, sa souveraineté complète, entière sur les Français et sur les Arabes, ou bien entendez-vous gouverner vous-mêmes les Arabes en dehors de la souveraineté absolue de la métropole ? Voilà la question en ce qui vous concerne.

Mais en ce qui concerne le Congrès, je pense qu'il lui serait peut-être possible, sauf à revenir, demain matin, à une brève discussion, de dire s'il a une tendance à l'assimilation, ou une tendance à l'autonomie, c'est-à-dire à la séparation.

M. le Président. — En effet, si j'ai bien compris M. Sabatier, il avait l'intention de ne fournir ses éléments d'information qu'à la condition expresse qu'il ne serait pas formulé de vœu ?...

M. Sabatier. — Telle était mon intention...

M. le Président. — De plus, M. Isaac a fait cette réserve gracieuse à l'endroit de M. Sabatier que le vœu de la Société des études coloniales et maritimes fût présenté de manière à le faire connaître, sans qu'un vote ait lieu à son sujet, mais qu'il fût inséré au compte-rendu de la séance !

M. Isaac. — Mon intention est de laisser le Congrès libre de faire ce qu'il voudra.

M. Sabatier. — Que M. de Mahy me pardonne de répondre un mot à un autre mot qui m'a effrayé et peiné, c'est celui de séparation ! Mais jamais un Algérien n'a eu une telle pensée, et s'il y a sur le globe un homme qui puisse considérer une telle éventualité comme l'éventualité la plus douloureuse qui pourrait surgir dans les complications des choses humaines, c'est incontestablement le représentant de l'Algérie qui est devant vous ! Je vous l'ai dit : je suis de ceux qui pensent qu'il faut faire pour le mieux, à l'abri de tout système excessif, et en dehors de toute formule ferme.

Pour terminer cette séance — et ceci répondra à vos craintes de séparation — je vais vous raconter une petite anecdote.

C'était à la suite d'un Congrès scientifique à Alger ; des excursions avaient été organisées, et j'avais eu la bonne fortune d'avoir à ma table M. Henri Martin, M. Frédéric Passy et un publiciste parisien certainement connu de M. de Mahy, fort amoureux du paradoxe et le maniant avec une verve adorable. Ce publiciste nous développait avec beaucoup d'humour la thèse suivante :

Il faut laisser l'Algérie diminuer, car dès qu'elle serait maîtresse d'une grande quantité de forces, elle voudra se gouverner et se séparer ! Je protestai contre cette tendance à l'anémie qui n'entre pas dans le programme de M. Isaac, et contre cette éventualité de séparation.

Henri Martin se taisait, mais manifestait un certain agacement des conclusions du publiciste. A un moment, il intervint et dit : Je suis, au contraire, partisan de laisser à l'Algérie une large part de contrôle, de conseils et d'action sur sa propre destinée, avec la conscience profonde qu'elle saura mieux comprendre ses intérêts que nous-mêmes, et qu'elle deviendra grande, prospère et forte ! Elle se séparera, dites-vous. Voulez-vous me permettre de vous poser une question : Etant donnée la longueur de ses côtes et sa population de 3 millions d'indigènes, de 180.000 Français et la quantité considérable d'étrangers qui dépasse presque celle des Français ; étant donnée la nécessité où se trouve un Etat quand il s'émancipe, d'organiser une armée, une marine, de s'assurer une force suffisante pour résister non-seulement aux ennemis de l'intérieur, mais aussi aux nations étrangères qui convoiteraient cette proie abandonnée ; étant donné tout cela, dans quel délai pensez-vous qu'arrive la séparation, en dotant l'Algérie d'un régime tonique au dernier chef ?

Notre hôte hésita un instant et puis répondit : dix générations !

— Ce n'est pas assez précis, dit Henri Martin avec ce bon regard, cette voix si bienveillante et si pleine de douceur que ceux qui l'ont entendue n'oublieront jamais. Je serais bien aise que vous me donniez un peu plus de précision et que vous me disiez ce que vous entendez par une génération !

— Eh bien 20 ans, soit en tout 200 ans !

— 200 ans ! Je crois ce délai invraisemblable, étant donné les énormes difficultés pour ce pays de vivre seul. Mais j'accepte ce chiffre. M'accordez-vous quelque compétence en histoire ?

Je n'ai pas besoin de dire que l'interlocuteur répondit oui.

— S'il en est ainsi, je vous en remercie. Eh bien, laissez-moi vous dire que, dans l'histoire, j'ai vu souvent des hommes politiques avoir la prétention non pas de rechercher les lois de l'évolution fatale, ces lois nous les connaîtrons un jour, mais chercher à formuler plutôt les lois sociologiques et les établir assez bien ; mais je n'ai jamais vu dans l'histoire de peuple ayant l'intention de pouvoir agir par lui-même sur des événements de l'ordre de demain. Agir sur le jour, c'est la somme moyenne des politiques ; pour le lendemain, on dit que trois ou quatre ont eu la prétention d'agir sur le lendemain, peut-être Richelieu, et encore !

Eh bien, je vous assure que le surlendemain de Richelieu, le but suprême de sa politique, ne portait pas à 200 ans de date !

Ne redoutez donc pas la solution que vous semblez craindre ; elle sera si elle doit être dans l'évolution sociologique fatale, et craignez-la d'autant moins qu'il y aura eu de la part de la France vis-à-vis de l'Algérie une somme plus considérable de bienfaits, une direction plus intelligente, plus véritablement féconde ! (Applaudissements.)

M. DE MAHY. — Je me félicite d'avoir provoqué cette répartie charmante. Mais comparaison n'est pas raison. Je crois, quant à moi, que si les colonies ne sont pas tenues dans la main de la France, si, en un mot, nous rendons au peuple arabe toute sa liberté et si nous disons aux Français, nos compatriotes : Vous vous gouvernerez vous-mêmes, la métropole se dessaisit de son droit de contrôle ; je crois qu'il y aura séparation...

M. SABATIER. — J'ai dit que j'étais de l'école de Montaigne. Ma profession de foi est « de faire pour le mieux et comme on peut », et je ne voudrais pas que la France s'interdît ses droits de souveraineté...

M. DE MAHY. — Je suis d'accord ! Je suis content ! (Applaudissements.)

M. GAUTHIOT. — J'ai écouté avec attention tout ce qui a été dit et je déclare que si l'on me mettait en demeure de me prononcer pour l'un ou l'autre des principes absolus défendus ici, je ne pourrais, devant les arguments présentés, prendre une décision.

Je suppose qu'il y a beaucoup de membres du Congrès dans la même situation que moi et, étant admis que ma supposition est vraie, je demanderai, complétant ce qui a été dit par M. le Président, que si la Société bretonne de géographie — et c'est le cas — n'a pas présenté de vœu, si la Société des études coloniales et maritimes n'en a pas proposé non plus avant la réunion du Congrès, mais en dépose un aujourd'hui ; si tel ou tel de nos collègues, tout aux éloquentes paroles que vous venez d'entendre, n'a pas eu le temps d'exprimer ses propres idées ni de présenter de vœu ; je demanderais, dis-je, de faire le plus grand profit possible de ce qui nous a été dit, de le méditer, de l'examiner avec soin et d'attendre pour nous prononcer que nous ayons une opinion arrêtée sur les divers côtés de la question, qui est des plus élevées et des plus complexes. N'obtînt-il que ce résultat, le Congrès aurait déjà rendu service. Donc, il m'est avis que nous ferions bien de laisser la discussion où elle est, les membres du Congrès se chargeant d'en tirer tout le profit intellectuel et moral, et d'attendre, pour nous prononcer sur un problème si ardu, que nous soyons plus éclairés.

M. LE PRÉSIDENT. — Déférant au désir exprimé par M. Isaac, je vais vous donner lecture du vœu de la Société des études coloniales et maritimes :

## Vœu présenté par la Société des Etudes coloniales et maritimes au Congrès de géographie, de Bourg.

La *Société des Etudes coloniales et maritimes* :

Considérant que de l'organisation administrative des Colonies dépend leur développement social et économique, et que ce développement a une influence directe sur la puissance et la richesse de la Métropole ;

Considérant que si l'application du principe de décentralisation doit donner de bons résultats en France, à plus forte raison ce principe doit-il être considéré comme bienfaisant pour des parties éloignées du territoire qui peuvent différer des départements continentaux par des dissemblances de mœurs, de besoins, de populations, etc. ;

Considérant dès lors que, bien que le but à poursuivre soit l'identification aussi complète que possible des Colonies avec la Métropole, il faut néanmoins reconnaître qu'il y aurait souvent de graves inconvénients à soumettre les Colonies à toutes celles de nos lois qui n'ont d'autre raison d'être qu'une population très dense dont les intérêts, à cause de cette densité même, se heurtent plus fréquemment ;

Considérant d'ailleurs que le suffrage universel étant la base de nos institutions politiques, il importe en toutes circonstances, dans les mesures à prendre à l'égard des Colonies, de tenir compte des vœux des populations en ce qu'ils ont de compatible avec les intérêts de la Métropole ;

Considérant enfin qu'il y a un intérêt majeur à ce que la *Politique coloniale* soit fixe et tende toujours vers un même but ;

**Emet le vœu** que le Gouvernement de la République adopte pour les Colonies françaises les Résolutions suivantes :

1° — Seront communes aux *Départements français* et aux *Colonies de la Guadeloupe et de la Martinique*, sous réserves des modifications et restrictions qui peuvent y être insérées, *les Lois* concernant les droits politiques, — la législation civile, commerciale et criminelle en général, — l'exercice des cultes, — l'instruction publique, — la presse et les réunions, — l'organisation municipale, — le recrutement des armées de terre et de mer.

Seront réglés par *des Lois spéciales* : le régime commercial et les relations des Colonies avec la Métropole et les pays étrangers, — la détermination des pouvoirs de l'autorité exécutive relativement aux mesures de haute police et de sûreté générale, — l'organisation judiciaire, — les tarifs, — le mode d'assiette et les règles de perception des impôts établis au profit de l'Etat, — les matières domaniales en ce qui concerne l'acquisition, l'aliénation ou l'échange des biens immobiliers pour le compte de l'Etat.

2° — *Des Lois spéciales* statueront, pour ce qui concerne les habitants citoyens français des *Colonies de la Guyane, de l'Inde, de la Cochinchine et du Sénégal*, sur l'exercice des droits politiques, — la législation civile, commerciale et criminelle en général, — la presse et les réunions, — le recrutement des armées de terre et de mer, — le régime commercial et les relations des Colonies avec la Métropole et les pays étrangers, — le mode d'assiette et les règles de perception des impôts établis au profit de l'Etat, — les matières domaniales en ce qui concerne l'acquisition, l'aliénation ou l'échange des biens immobiliers pour le compte de l'Etat.

Sur toutes autres matières législatives dépassant les pouvoirs concédés aux Conseils généraux, il pourra être statué par *des Décrets* rendus dans la forme des règlements d'administration publique, avec la faculté pour le Gouvernement de consulter soit les Conseils locaux, soit le Conseil supérieur des Colonies.

3° — De simples décrets pourront, sur la demande des Conseils généraux ou du Conseil supérieur des Colonies, ordonner la promulgation dans une Colonie des lois de la Métropole.

4° — *Toutes les Colonies autres* que celles représentées au Parlement continueront à être régies par *des Décrets* rendus après consultation facultative des Conseils coloniaux ou du Conseil supérieur des Colonies.

5° — *Le Conseil supérieur des Colonies et Protectorats* sera réorganisé sur les bases suivantes :

Ce Conseil comprendra :

Les Sénateurs et Députés des Colonies, — un délégué de chacune des colonies ou chacun des protectorats non représentés au Parlement — un membre du Conseil d'Etat (section de la législation), — un délégué de la Chambre de commerce de Paris et des Chambres de commerce des quatre principaux ports de commerce (Marseille, Bordeaux, Le Hâvre, Nantes).

Chaque fois qu'une question intéressant un Ministère sera traitée par le Conseil supérieur des Colonies, le Ministre compétent déléguera un de ses employés.

Le Représentant des Colonies aura droit à toutes les séances.

Les Délégués au Conseil supérieur des Colonies seront élus pour une période de quatre années.

Le Conseil supérieur pourra exprimer des *Vœux* sur tout ce qui intéresse les colonies ou les protectorats. Il fera parvenir ces vœux par l'intermédiaire de son président, soit au Gouvernement, soit aux Chambres.

Nous examinerons demain l'opportunité de formuler ce vœu et de l'adopter, s'il y a lieu.

Je suis l'interprète du Congrès en remerciant vivement en son nom les orateurs éminents qui ont pris la parole aujourd'hui et qui nous ont certainement apporté des éléments d'information de la plus haute compétence (Applaudissements). Au début de la séance de demain, la question que nous n'avons pas pu terminer ce soir sera reprise.

La séance est levée.

— La séance est levée à 5 heures.

## Séance du vendredi matin, 24 août 1888

*Président :* M. DOBY

*Assesseurs :* MM. Trochon et Veveau

La séance est ouverte à neuf heures.

M. le Président. — La séance est ouverte.

L'ordre du jour appelle la continuation de la discussion de la question proposée par la Société bretonne de Géographie, question qui a été discutée hier avec tant de talent et d'autorité par les divers orateurs que nous avons eu le plaisir d'entendre. Nous devons d'autant plus regretter l'absence du rapporteur de la Société bretonne qu'il n'a pas déterminé d'une manière assez précise les points en question. Les orateurs, que vous avez entendus hier, l'ont traitée chacun au point de vue particulier de la colonie qui l'intéresse. M. Piquet a parlé surtout du système à appliquer en Cochinchine ; M. Moncelon a traité de la Nouvelle-Calédonie ; M. Isaac de la Martinique et de la Guadeloupe, et M. Sabatier de l'Algérie, de telle sorte que la question a été, pour ainsi dire, traitée sous toutes ses faces. Mais aucune résolution n'ayant été prise, la discussion doit continuer ce matin...

M. Moncelon. — M. Isaac, qui doit prendre la parole sur ce sujet, n'étant pas encore arrivé, je prierais le Congrès de vouloir bien l'attendre quelques instants...

M. le Président. — Alors nous allons passer à la question suivante inscrite à l'ordre du jour, qui est celle-ci :

*De la création d'un institut géographique.* — (Question proposée par la Société de géographie de l'Est.)

M. Barbier a la parole.

M. Barbier. — J'ai l'honneur de déposer sur le bureau du Congrès quelques spécimens d'une troisième série de l'album de la société de l'Est. Ce sont des dessins coloriés et copiés d'après des originaux. Comme les frais d'établissement de cette publication seraient trop coûteux pour que notre société puisse les supporter, elle a provoqué et j'ai mission de provoquer parmi les autres sociétés de géographie une souscription dont la liste vous sera remise afin que vous puissiez la faire passer parmi les membres de vos sociétés. L'ouvrage est assez complet pour motiver une souscription de 20 fr.

Je profite de la circonstance pour déposer une brochure extraite du compte-rendu du Congrès pour l'avancement des sciences de 1887, brochure qui est relative à une communication que M. Lannois de Bissy a faite au Congrès pendant mon absence. Je fais ce dépôt précisément en vue de ce que j'aurai à dire sur l'orthographe des noms géographiques.

M. LE PRÉSIDENT. — Nous remercions M. Barbier de son dépôt et nous le prions de prendre la parole pour la discussion de la question relative à la création d'un institut géographique.

M. BARBIER :

## De la création d'un institut géographique français.

A diverses reprises et sous diverses formes, il a déjà été question de la création en France d'un établissement chargé de produire et publier les travaux géographiques français, dans des conditions de garantie et de facilité de vulgarisation, de nature à placer ces travaux à la hauteur sinon au-dessus des similaires de l'étranger.

Il est un fait indéniable : réserve faite de la valeur de quelques publications particulières spéciales et isolées, nous n'avons rien en France qui équivale ou qu'on puisse substituer aux *Mitteilungen*, aux *Ergänzungheft* ni à l'*Atlas de Stieler* de Gotha, rien surtout qui se rapproche, même de loin, de la nouvelle édition de l'*Atlas de Géographie physique de Berghaus*. Et l'infériorité constatée sur les publications les plus importantes pèse, à des degrés divers, sur les publications imprimées ou cartographiques de toutes catégories.

C'est contre cet état de choses que notre comité, organe ici plus particulièrement des professeurs de la Faculté de Nancy qui enseignent la géographie, voudrait réagir, et il en appelle au Congrès des sociétés françaises de géographie pour étudier le remède qu'il croit possible.

Son rapporteur doit dire tout de suite 1° que le comité de la société de géographie de l'Est rend justice à celles des publications spéciales de France où sont réalisés de réels progrès scientifiques et pédagogiques ; 2° que, dans la création qu'il préconise, il ne veut rien d'officiel en aucune manière ; 3° qu'enfin elle n'a, dans sa pensée, aucun rapport, ni de près, ni de loin, avec une école quelconque de géographie.

De la constatation du fait précité, et de ce que rien dans le mode actuel de publication des travaux géographiques ne fait prévoir, de longue date, une amélioration sérieuse à l'état tributaire où nous sommes : de ce qu'en outre notre infériorité ne semble nullement tenir ni à l'insuffisance de nos géographes, ni à la bonne volonté du public, mais au défaut d'appropriation des publications françaises aux besoins de l'époque, à leur chèreté, et surtout à la dispersion des efforts, disons plus, aux rivalités personnelles des auteurs, de tout cela notre comité a conclu qu'il y avait quelque chose à faire.

Donc, il s'agit exclusivement d'un établissement privé, et comme, dans toute création de cet ordre, il entre deux éléments dans celle-ci : l'élément scientifique d'abord, l'élément financier ensuite. Pour le moment nous

nous en tiendrons au premier ; le second en résultera tout naturellement, car en ce bon pays de France, quoique les exceptions abondent, les idées justes et pratiques trouvent des gens de bonne volonté pour les appuyer et les soutenir de leurs deniers.

Il y a, en France, des éditeurs assez puissants, des hommes de science assez influents, pour obtenir à coup d'argent ou par leurs relations personnelles des documents dispendieux ou qui ne se trouvent pas dans le commerce. Il faut des efforts prodigieux, des démarches multiples, pas souvent fructueuses, de la part de nos sociétés de géographie pour obtenir à titre gratuit ce que leurs ressources ne leur permettent pas d'acquérir ; nos ministères, de leur côté, reçoivent en quantité, par suite de leurs relations avec l'étranger, des documents précieux et importants, d'ordre purement statistique ou géographique, qu'ils ne publient pas, notez bien, parce qu'ils n'ont pas de crédits disponibles et qu'ils s'interdisent de communiquer au public, aux auteurs d'initiative, aux sociétés de géographie : je crois bien qu'ils ne se les communiquent même entre eux que rarement et difficilement.

De la sorte, les sources sont captées au bénéfice de quelques intérêts particuliers ou sont enterrées dans les bureaux ou magasins du Ministère. Certes, nos sociétés font les plus louables efforts pour organiser et outiller leurs bibliothèques, et cependant malgré la libéralité, l'immense centralisation dont bénéficient les sociétés de géographie de Paris, je doute fort qu'on y trouve de quoi alimenter une revue française de l'ordre et de l'importance des Mitteilungen ou un atlas comme celui de Berghaus. Bien certainement, elles n'ont pas la collection complète des documents officiels de toutes les nations où il s'en publie et dont, après deux ans d'efforts, la nôtre n'a pu recueillir qu'une partie, je viens de le dire, à force de démarches, de demandes réitérées, souvent restées sans réponse.

Supposez un instant qu'une société organisée, ayant des capitaux, payant patente, se mette en rapport avec tous les agents français à l'étranger ou se crée des correspondants attitrés, leur fournisse les moyens et, s'il le faut, les honoraires nécessaires pour qu'ils lui procurent et, au besoin, lui acquièrent les documents qu'elle jugerait utiles ; que cette société se fasse un devoir, moyennant un abonnement quelconque, soit de la communiquer, soit d'en extraire et d'en publier ce qui peut être nécessaire à tous les géographes, aux professeurs, aux sociétés même de géographie. Voilà les sources assurées ; un comité de rédaction composé de spécialistes peut en répandre les trésors, soit en analysant les ouvrages, soit en en publiant les extraits, soit en se bornant à une courte note bibliographique ; il peut agir sur l'opinion publique en l'éclairant sur le discernement à faire dans les manuels d'enseignement au sujet desquels, entre nous soit dit, il y a tant de choses, de bonnes choses à faire. De ce chef même, grâce à des collaborations compétentes, l'association, l'Institut géographique, si l'on veut bien lui donner ce nom, peut publier ou patronner simplement, sauf contrôle de sa direction, des manuels répondant mieux aux besoins de l'époque que ne le peuvent faire les œuvres d'auteurs isolés, qui ont avant tout à compter avec les exigences intéressées, l'omnipotence souvent irrésistible de leurs éditeurs. Et ces œuvres même, ainsi placées sous le patronage de l'Institut géographique, se recommanderaient plus directement au public enseignant, car il va de soi que la commission qui agirait en son nom serait recrutée au moins en majorité dans l'Université. Et il va de soi aussi que ce patronage n'exclut pas l'indépendance des auteurs, car l'Institut n'est pas forcément ni exclusivement éditeur, encore moins imprimeur; il peut même servir d'intermédiaire, j'allais presque dire de protecteur, aux géographes auprès des éditeurs proprement dits.

Ainsi donc déjà, vous le voyez, Messieurs, il ne s'agit point de créer, à priori, une concurrence directe aux éditeurs, ni d'absorber les auteurs, encore moins des sociétés de géographie. Le but essentiel est d'apporter chez nous un élément du progrès géographique dû avant tout à l'union des efforts d'auteurs qui, divisés, font bien plus les affaires des autres que la leur propre, sans que leur concurrence produise un progrès appréciable, ou accuse d'autres succès que celui d'une réclame plus effective pour les uns que pour les autres.

Nous avons dit cependant que notre Institut publierait lui-même un ou plusieurs recueils géographiques d'ordres divers dont le fond et la forme restent à étudier ; mais il aurait aussi pour objet les publications cartographiques, qui chez nous sont ou trop tardives ou trop dispendieuses et, pour bon nombre, assez négligées ou peu tenues à jour. On a fait le procès, au dernier Congrès du Havre, aux publications françaises. Tout en approuvant le point de départ, nous avons fait nos réserves contre l'engouement dont sont l'objet, souvent sans contrôle, les publications étrangères ; ce n'est pas une excuse pour les publications françaises, mais une preuve que l'on peut faire aussi bien, qu'on peut faire mieux chez nous qu'au dehors. Un bureau cartographique serait donc l'un des rouages essentiels de l'Institut dont nous souhaitons la création.

Je ne me flatte pas, dans un exposé aussi succinct, d'avoir envisagé d'un premier jet tout le parti à tirer d'une telle institution. Si elle est financière par un côté, elle ne saurait être une pure spéculation et il lui suffirait, de par son fonctionnement autant que de par ses statuts, d'assurer aux bailleurs de fonds un intérêt raisonnable de leurs capitaux. Et si son personnel essentiel doit avoir une juste rémunération de son temps et de son travail, il faut admettre que bien des collaborations gracieuses s'offriront, ne fût-ce que pour bénéficier de la publicité dont disposerait l'Institut et de la sanction que sa composition et son objet scientifiques donneront à toutes ses publications. C'est tout ce que je veux dire de l'élément financier afin de montrer seulement sous quel aspect il se présente. Quand le monde saura qu'il y a là une mine scientifique qui, loin d'être fermée, d'être séquestrée, sera accessible à tous dans des conditions à déterminer ; qui s'emploiera avant tout à grouper un personnel, à constituer un matériel géographique capable de lutter contre toute concurrence étrangère ; qui, enfin, sera, grâce à ses ressources, un puissant vulgarisateur, et, par essence, non un concurrent mais un aide sérieux aux sociétés de géographie ; quand le monde saura cela, certes tout ce qu'il y a de bonne volonté dans le public, dans les auteurs et dans les capitalistes nous apportera son concours.

Et, quand nous nous servons de ce gros mot de capitalistes, cela ne veut pas dire que nous n'attendions de la bonne volonté que du côté des millionnaires : sur ce point les organisateurs auront à rendre la participation facile à tous.

Mais je m'arrête, ceci n'étant plus affaire du Congrès. Ce qu'il importe, c'est qu'en acceptant le principe, après telle discussion que nous souhaitons voir se produire, il émette un vœu en faveur de la création proposée, qu'il charge son comité d'examiner lui-même ou de nommer une commission spéciale chargée d'examiner les conditions dans lesquelles il lui paraîtra souhaitable que l'entreprise se réalise, et qu'il sollicite la publicité de toutes les sociétés de géographie pour, en dehors de toute responsabilité financière, faire connaître aux intéressés le but de l'Institut, et, en temps utile, les noms des membres du comité d'organisation.

Conformément aux considérations de ce rapport, voici le vœu proposé par le comité de la Société de géographie de l'Est :

« 1. — Le Congrès reconnaît l'utilité de la création
« d'un Institut géographique absolument exempt de tou-
« te attache officielle.

« 2. — Il invite le comité du Congrès, ou tel comité
« que celui-ci croira devoir nommer, à examiner les con-
« ditions dans lesquelles il serait souhaitable que l'entre-
« prise se réalisât.

« 3. — En dehors de toute responsabilité financière, il
« invite les sociétés de géographie à user de toutes la pu-
« blicité dont elles disposent en faveur de la propagande
« concernant le but et l'établissement du dit Institut. »

M. P. LOISEAU. — Je dois vous rappeler que cette question avait été portée à l'ordre du jour du Congrès de Nantes par la Société de géographie du Hâvre ; et, par suite de je ne sais quelle erreur, on s'est imaginé que nous voulions faire appel à l'initiative gouvernementale. Jamais cela n'a été notre pensée ; nous avons toujours eu l'intention de ne faire appel qu'à l'initiative privée, et le projet, tel qu'il avait été conçu par la Société de géographie du Hâvre, se trouve être le même que celui qui vient d'être exposé au nom de la Société de géographie de l'Est, par M. Barbier.

Dans le rapport que la Société du Hâvre m'a chargé de vous lire, elle est entrée plus que la Société de l'Est dans la partie financière du projet. Peut-être a-t-elle eu tort? Peut-être la discussion financière ne rentre-t-elle pas dans les attributions du Congrès ? Quoi qu'il en soit, je vous demande la permission de vous faire cette lecture :

Je tiens tout d'abord à revendiquer pour la Société que j'ai l'honneur de représenter devant vous la priorité pour la position de cette question. En 1886, au Congrès de Nantes, notre Société avait chargé M. Denis Guillot, son délégué, de soumettre à vos délibérations la question suivante :

« *Création en France d'un établissement géographique* « *ayant pour but la centralisation, l'unification et la pu-* « *blication de tous documents, cartes, etc., intéressant* « *la science géographique.* »

Dans la pensée des auteurs de cette proposition il s'agissait de la création d'un Institut géographique analogue à celui de Gotha. Notre Société a toujours entendu s'adresser pour cette création à l'initiative privée. En lisant le compte-rendu de la séance du Congrès de Nantes, où cette question a été discutée, je m'aperçois que les intentions de notre Société ont été nullement comprises et que la discussion a été déviée dès le commencement. On nous a reproché de vouloir faire appel au gouvernement et de demander la création d'un établissement officiel, tandis qu'au contraire, comme l'a très bien fait remarquer notre rapporteur, la question n'impliquait nullement le patronage de l'Etat, mais simplement la création d'un Institut du même genre que celui de Gotha et dû à l'initiative privée.

Malgré l'insuccès rencontré par sa proposition au Congrès de Nantes, notre Société n'a pas abandonné un seul moment son idée et s'est appliquée, au contraire, à étudier les voies et moyens propres à amener sa réalisation. C'est vous dire qu'elle se proposait de reporter la question devant un autre Congrès. Aussi ne fut-elle pas peu surprise, et je puis dire qu'elle en fut heureuse, de voir la question reprise par la Société de l'Est et proposée aux délibérations de la présente session. Elle a tenu cependant à faire constater son initiative et m'avait chargé tout spécialement de vous rappeler sa proposition antérieure.

Dans une question relative à l'enseignement comparé de la géographie en Angleterre, aux Etats-Unis, en Allemagne et en France, qui a été discutée au Congrès du Hâvre, les conclusions de notre Société, faisant ressortir la supériorité de l'Allemagne au point de vue géographique, ont été vivement attaquées. On nous a reproché de faire l'Allemagne plus grande qu'elle n'est. L'opinion de notre Société est faite sur ce point; elle ne pense pas et ne pensera jamais qu'il ne soit pas conforme au vrai patriotisme de montrer à quel degré les Allemands nous sont encore supérieurs sur certains points en matière géographique, malgré les immenses progrès réalisés en France depuis 1870.

En ce qui concerne l'Institut géographique de Justus Perthes, nous croyons que tout le monde sera de notre avis et qu'il ne peut y avoir aucune controverse à ce sujet. Il faut bien reconnaitre que nous n'avons en France aucun établissement comparable, même de loin, à cet établissement. C'est cette lacune que nous voudrions voir comblée.

Je ne prétends pas vous faire l'historique complet de ce magnifique établissement, où se publient tant d'importants travaux, qui concentre tous les documents, tous les renseignements relatifs aux découvertes, au fur et à mesure qu'elles se produisent, et où tous les voyageurs sont certains de trouver pour leurs travaux la publicité qui leur est nécessaire. Je vous demande toutefois la permission de lire quelques passages de la notice publiée dans le bulletin de notre Société par M. Guitton au sujet de cet Institut et de la dynastie des Perthes (1).

C'est donc un établissement de ce genre qu'il s'agirait de créer en France. Notre Société ne se dissimule pas les difficultés que doit rencontrer une pareille création, mais elle maintient qu'elle doit être une des principales préoccupations

---

(1) Bulletin n° 5, Septembre-Octobre 1885. Page 262.

de nos Congrès et sera pour les Sociétés de Géographie françaises un titre de gloire si elles parviennent à la réaliser.

Il serait inutile de chercher à vous démontrer l'utilité de créer un Institut géographique, surtout après le remarquable rapport de la Société de Géographie de l'Est que vous venez d'entendre et qui résume parfaitement tous les arguments en faveur de la question. Préoccupée surtout des moyens de le faire aboutir, notre Société a considéré le projet au point de vue financier et pratique. Il faut l'avouer la question d'argent sera une des plus difficiles à résoudre, et c'est principalement de ce côté que notre attention s'est portée.

La Société du Hâvre pense qu'il faudrait faire une émission d'obligations remboursables par tirages ; imiter, par exemple, la Société de Géographie de Paris lorsqu'elle a voulu construire son bel hôtel du boulevard Saint-Germain. Nous sommes persuadés qu'il ne manquerait pas dans les Sociétés de Géographie de Paris et de province, ainsi que parmi tous ceux qui s'intéressent à cette science et à son développement, des souscripteurs en nombre suffisant pour réunir le capital nécessaire à la fondation de cette entreprise. Notre Société serait la première, j'en suis sûr, à consacrer une partie des sommes qu'elle consolide chaque année à l'achat de ces obligations. Il faut prévoir que la rémunération du capital souscrit se fera attendre longtemps, si même ce capital doit produire, mais vous admettrez bien avec moi que l'idée de spéculation doit être étrangère à l'entreprise et qu'elle implique, jusqu'à un certain point, un sacrifice possible et volontairement consenti.

Une autre difficulté, et non la moindre, à notre avis, est le choix de ceux à qui sera confiée la direction de cet Institut. Nous aurions voulu voir la Société de Paris prendre cette affaire en main avec la coopération des Sociétés de province. C'eût été là un bel exemple de la solidarité qui doit nous unir dans l'œuvre commune que nous poursuivons et une consécration magnifique de nos efforts respectifs. La Société de Paris, par sa situation, par l'influence même qu'elle exerce, nous paraît être des plus aptes à faire réussir l'entreprise.

A défaut de la Société de Paris, ne pourrait-on pas provoquer une entente des principaux éditeurs de Paris ? Sans doute, cette entente ne serait pas commode à établir. Il y a là une question de concurrence, de jalousie commerciale, dont il nous paraît difficile de triompher. Cependant une tentative pourrait être faite en ce sens.

Reste une autre solution. Ce serait de choisir un directeur sur lequel le conseil d'administration des actionnaires exercerait un contrôle purement financier, car, en ce qui regarde les travaux publiés par l'Institut, nous ne saurions admettre l'ingérence des Sociétés de Géographie, sous peine de voir l'œuvre sombrer en peu de temps. Il faut que l'établissement une fois fondé, la ligne générale des travaux arrêtée, la direction reste complètement libre.

Si on adoptait cette dernière solution, nous ne serions pas éloignés de l'idée de voir cet Institut établi autre part qu'à Paris, où il aurait à lutter plus directement contre la concurrence des grands éditeurs, qui ne tarderaient pas à ouvrir une campagne contre cette fondation et chercheraient très probablement à la faire avorter par tous les moyens en leur pouvoir. On pourrait peut-être s'entendre avec un grand éditeur de la province, M. Mame, de Tours, par exemple, qui nous paraît en mesure de pouvoir soutenir la lutte, ou tout autre éditeur d'une de nos grandes villes. Qu'on ne dise pas que cet établissement, par son éloignement, se trouvera privé des documents et des facilités de publication qui se trouvent dans la capitale. Cet essai de décentralisation ne serait pas pour nous effrayer, et nous sommes convaincu, pour notre part, que l'Institut verrait les renseignements affluer vers lui et que nos voyageurs et nos savants se disputeraient les avantages que pourrait offrir sa publicité.

Telles sont les principales lignes du projet que notre Société étudie depuis plusieurs années déjà, et qu'elle est heureuse de soumettre aujourd'hui à votre approbation. Sans doute, bien des points restent encore à étudier, bien des difficultés à prévoir, mais en réunissant nos efforts nous réussirons à les surmonter. Il faut examiner la question surtout au point de vue pratique, car elle ne me paraît pas susceptible d'un simple vœu qui risquerait de rester purement platonique, tandis qu'à notre avis cette idée n'existe que par la réalisation qu'elle comporte. Si donc le Congrès partage l'opinion de notre Société, je lui propose de nommer une commission chargée d'étudier les voies et moyens que nous indiquons, et de soumettre le résultat de ses discussions et de ses démarches à toutes les Sociétés, qui, de leur côté, devront s'engager à donner au projet toute la publicité dont elles disposent.

M. Barbier. — Mon collègue a tellement abondé dans mon sens qu'en vérité, je crois que nos deux projets sont absolument similaires. Le Congrès reste libre de son appréciation en ce qui concerne la question financière ; ce ne serait peut-être pas l'heure de l'approfondir, et peut-être même, n'avons-nous pas qualité pour la discuter ; mais il est bon que mon collègue l'ait traitée à ce point de vue, parce que cela peut servir d'indication pour des comités d'organisation qui pourraient être créés à la suite d'un vote favorable.

Mais j'ai à rectifier quelques assertions du compte-rendu du Congrès du Hâvre. A la vérité, j'ai dit qu'il ne fallait pas s'exagérer outre mesure la supériorité des ouvrages allemands ; mais je tiens à affirmer que je n'ai pas voulu faire du chauvinisme contre les Allemands. J'ai cité aussi les ouvrages anglais. De ce côté, je reconnais qu'ils sont supérieurs aux nôtres, mais d'une façon relative. Il ne faut pas prendre pour argent comptant tout ce qui se fait en Allemagne. Je pourrais citer un grand ouvrage allemand, le *Ritter's Geographisches Lexikon* ; tout le premier je l'avais accepté d'emblée comme une autorité incontestable ; mais, à le dépouiller de très près, j'ai reconnu qu'il fourmille d'erreurs, et, c'est pour quoi je maintiens ce que j'ai dit au Hâvre, à savoir que cette supériorité existait, mais qu'il ne fallait pas que la reconnaissance de cette supériorité dégénérât en un engouement absolu.

Du côté des Anglais, j'ai dit qu'en thèse générale, leurs publications cartographiques pèchent par manque de relief dans le dessin ; et c'est le défaut principal de l'atlas de *Johnston*.

Telle est la rectification que je veux faire au compte-rendu du Congrès du Hâvre, et, de cette façon, j'indique la nature de ma déclaration de l'année dernière.

M. C. FAURE. — Je demanderais au Congrès la permission de dire deux mots au sujet des observations qui viennent d'être présentées. Il y a quelque trente ans, on avait eu l'idée à Bruxelles de fonder un institut géographique pour les pays de langue française. Cet institut, qui avait une publication, a vécu un certain nombre d'années, et il avait déjà dix ans d'existence quand Madromel (?) commença à poursuivre les travaux commencés par cet institut. Il existe encore aujourd'hui, sous le nom d'institut national de géographie, quelque chose qui est peut-être la suite de l'œuvre de Madromel. Le directeur du journal publié l'est aussi de l'Institut. Il serait peut-être bon, pour la France, avant de se lancer dans la création d'une telle œuvre, de savoir pourquoi l'institut de Bruxelles n'a pas réussi ; peut-être verrait-on les obstacles qui peuvent s'opposer à la réussite de cette institution. L'Allemagne a également fondé des instituts de géographie ; il y a celui de Weimar qui n'est pas à la hauteur de celui de Gotha. Vagner en fonda un sous les auspices de Perthes qui n'a pas d'autorité pour nous. J'apprécie beaucoup les travaux de l'institut créé pour la Suisse romande et pour Genève, travaux qui sont pour moi tels que la France pût en publier, et il faudrait que ces travaux fussent faits sous la direction d'un homme comme Petermann, qui est entouré d'un petit état-major de savants et de spécialistes. On peut suivre la transformation qui s'est opérée de Behm à Petermann et, de ce dernier, à Soupan (?) Je regrette que Hitalom n'ait pas suivi les traces de ce dernier, qui donne de bons renseignements sur la géographie, pas aussi étendus cependant que le comporterait le journal de l'institut français qui se créerait.

Aussitôt que l'institut de Gotha apprend qu'une exploration a été faite, il entre en rapport avec le voyageur et lance le premier le récit du voyage dans la publicité. Malheureusement tous ces renseignements sont en allemand, langue que beaucoup de mes compatriotes ignorent, et il serait intéressant pour nous, et pour la France entière, que l'on fît une chose semblable en français. En conséquence, j'appuie de toutes mes forces le vœu qui a été émis à cet égard par la Société de géographie de l'Est.

M. Manès. — Il suit de ce que vient de dire M. Faure que la question n'est pas suffisamment étudiée. En voyant cette question à notre programme, ma Société s'est demandée dans quels termes son adhésion était demandée à un tel projet, et elle m'a donné mission de présenter ses réserves. En conséquence, j'aimerais mieux, en présence des observations de M. le délégué suisse, que la question fût reportée au prochain Congrès pour savoir comment opère l'institut Belge dont on nous a parlé.

M. Barbier. — L'observation de M. Faure ne va pas à l'encontre de notre vœu ; ce vœu n'est qu'un désideratum en faveur de la création d'un Institut de géographie. Institut est un nom de baptême quelconque ; on peut en donner un autre ; ce que nous demandons, c'est la nomination d'une commission d'enquête chargée d'étudier les voies et moyens d'aboutir, puis nous demandons que ces voies et moyens étudiés, analysés, condensés, fassent l'objet d'un rapport aux Sociétés de Géographie qui le feront connaître au moyen de la publicité dont elles disposent. M. Manès peut faire ses réserves, mais je ne crois pas que la Société de Bordeaux soit compromise s'il dit : Oui, il est désirable qu'un Institut de géographie soit créé ! La commission d'enquête donnera à la Société de Bordeaux les moyens d'apprécier, et vous serez libres ensuite, suivant votre appréciation, de nous prêter la publicité que nous demandons.

M. Manès. — Dans ces conditions, nous sommes d'accord avec vous.

M. Faure. — Ce que j'en ai dit, c'est afin que votre commission puisse s'enquérir des causes de succès de l'institut Belge et puissent s'entourer de tous les renseignements qui émanent des précédents qui existent déjà.

M. Bayle. — Il me semble que lorsqu'une idée est aussi bonne que celle-là, quand même elle ne serait pas absolument et complètement étudiée, du moment que son principe est bon, et pour faire un pas en avant, il faut voter cette idée qui n'engage à rien...

M. le Président. — Dans quel but voter une chose qui n'engage à rien ?

M. Bayle. — Dans le but de faire un pas en avant !

M. le Président. — Alors, il n'est pas besoin de la voter : il n'y a qu'à la renvoyer au prochain Congrès.

M. Bayle. — Le Congrès peut toujours émettre un vœu en faveur de la création, en France, d'un Institut géographique et cartographique dans le genre de ceux qui existent à l'étranger. Il peut même, suivant l'idée de M. Loiseau et de M. Barbier, charger une commission de réunir des documents de façon à aborder la question au prochain Congrès avec des renseignements suffisants pour la résoudre.

M. Gauthiot. — Je crois peu à l'action de la commission que l'on propose de nommer et ne pense pas qu'il soit possible, de quelque façon qu'on s'y prenne, d'arriver au résultat demandé par M. Barbier. Je préférerais de beaucoup que le Congrès chargeât M. Barbier lui-même de faire l'enquête qu'il demande. Il est plus à même que qui que ce soit de la faire convenablement et d'arriver au prochain Congrès avec un rapport, nous disant : J'ai examiné ce qu'on fait en Allemagne, en Suisse, en Belgique et partout où il existe de ces institutions ; voici ce que les unes sont devenues, et dans quel état se trouvent les autres. — Puis, M. Barbier nous dira, car il est en mesure de nous le dire, pourquoi les grands établissements que nous avons en France, à Paris ou ailleurs, ne se sont pas chargés jusqu'à ce jour de publications géographiques ; comment ils étaient et sont outillés ; comment, ayant à leur disposition un état-major très bien composé, ils n'ont pu arriver, car ils en ont l'intention depuis douze ans, à créer l'Institut demandé. Alors, avec les renseignements contenus dans le rapport de M. Barbier, nous pourrons voir s'il y a chance de réussir quand nous demanderons à l'initiative privée la création d'un Institut de géographie.

M. Barbier. — Je veux bien me charger de ce travail, mais avec cette réserve, ou plutôt avec cette requête, c'est que je pourrai compter, (et je désire que les Sociétés de géographie en prennent l'engagement moral), sur tout leur concours, matériel au besoin, concours aussi effectif que possible, pour me fournir, sans que j'aie à courir aux quatre coins de l'Europe, ni à m'adresser à l'aventure à des correspondants que je ne connaîtrais pas suffisamment, tous les renseignements désirables et pour me guider dans les recherches qu'il y aura lieu de faire.

M. Gauthiot. — Nous sommes prêts !

M. Barbier. — Alors, cette partie de vœu ne m'appartient plus ; c'est à M. Gauthiot, qui l'a proposée, à la rédiger....

M. P. Loiseau. — Mon collègue de Nancy peut être assuré qu'il trouvera dans la Société du Hâvre tout le concours dont il pourra avoir besoin.

M. le Président. — Alors, je mets d'abord aux voix le vœu de la Société de géographie de l'Est, au moins le premier paragraphe...

M. Gauthiot. — Ce que je demande, c'est que le Congrès formule simplement son désir et qu'il dise qu'après lecture du rapport de M. Barbier, il a décidé de le prier de vouloir bien se charger de préparer un rapport fait dans les conditions que je viens d'indiquer. Je crois que c'est ce qu'il y a de mieux à faire.

M. Barbier. — Comme délégué de la Société de l'Est, je suis trop engagé pour retirer le vœu que j'ai présenté en son nom, et, d'autre part, je ne puis appuyer la proposition de M. Gauthiot, si elle va à l'encontre du vœu de ma Société...

M. le Président. — Alors, que M. Gauthiot rédige son vœu ?...

M. Barbier. — ... Si la rédaction, présentée par M. Gauthiot comporte l'admission du vœu de la Société de géographie de l'Est, alors, je voterai pour elle, et j'accepterai de me charger du travail que l'on veut me confier ; mais, je le répète, je ne puis m'engager à retirer le vœu que je suis chargé de présenter au Congrès de la part de la Société dont je suis le délégué.

M. le Président. — En attendant que la modification du vœu de M. Barbier nous soit présentée, nous allons continuer la discussion de la question proposée par la Société bretonne de géographie, discussion commencée hier et relative à l'objet suivant :

*Trouver le meilleur système administratif et politique à appliquer à chacun de nos Etablissements d'outre-mer, suivant le climat, l'état social, politique et religieux des races qui habitent le pays ; il serait tenu compte de la nature de l'Etablissement d'outre-mer, soit comme station militaire, soit comme colonie d'exploitation.*

La parole est à M. Moncelon, qui doit nous parler du système à appliquer aux colonies : autonomie ou assimilation.

M. Moncelon. — Vous avez pu remarquer hier, dans la communication que j'ai été appelé à faire au Congrès, combien je voudrais que l'on cherchât à resserrer les liens qui existent déjà entre les colonies et la métropole ; en conséquence, je désire, d'ores et déjà, ne pas passer pour vouloir l'adoption du système de l'autonomie. J'ai habité les colonies et je sais combien elles tendent à se rapprocher de la métropole. Plus on s'éloigne de la métropole, plus on l'aime et plus on cherche les liens qui peuvent nous y rattacher. Les Français des colonies sont tout au moins aussi patriotes que les Français de France. Vous les avez bien vus aller verser leur sang pour la Mère-Patrie ; et tous, ils ont saisi la moindre occasion pour le faire. Vous avez vu les habitants de Bourbon, les volontaires de Madagascar se battre pour nous ; en conséquence, la question de patriotisme n'est pas à débattre, et ce que nous devons nous attacher à considérer, ce sont les intérêts de nos colonies.

Entre temps, vous avez entendu la parole de M. Isaac et celle de M. Sabatier ; l'un vous a parlé de la Guadeloupe et de la Martinique, l'autre de l'Algérie : moi-même, je vous ai entretenu de la Guyane et de la Nouvelle-Calédonie ; vous avez dû être frappés d'un point : c'est que ces pays, en dehors du patriotisme et des grandes lignes administratives, qui sont les mêmes pour eux, offrent de grandes différences au point de vue de leurs intérêts, particulièrement en ce qui concerne certaines colonies. Pour ma part, je n'admettrai pas un système complet d'assimilation ; cela n'est pas possible ; quant à l'autonomie, je ne crois pas que nous y arrivions : les colonies, je le crois du moins, seraient les premières à la repousser.

Mais, croyez-vous que la question soit suffisamment éclairée ? Croyez-vous que nous soyons bien autorisés à nous prononcer dès aujourd'hui sur le système de l'assimilation complète ou sur le système de l'autonomie ? J'avouerai qu'en ce qui me concerne j'ai un scrupule, et, ne pouvant pas tergiverser avec ma pensée, je crois devoir vous dire franchement qu'il m'est impossible de me prononcer en faveur d'un système plutôt que d'un autre.

Certes, à ne consulter que mes tendances, elles sont acquises à l'assimilation ; mais, si ce principe était adopté, si, par suite de cette adoption, on assimilait les colonies à des départements français, n'en résulterait-il pas de grands inconvénients ? M. Isaac a dit : Nous faisons des réserves pour nos colonies. Eh bien, chaque colonie a aussi des réserves particulières à elle à faire. Ainsi que vous le voyez, il y a encore bien des choses à étudier.

D'autre part, M. Isaac a présenté au Sénat un travail fort remarquable sur les colonies et sur leur organisation complète. Ce beau travail a toute mon approbation et ses conclusions seraient les miennes... Néanmoins, je demande encore à être mieux éclairé et surtout je demande que le public le soit encore davantage, et l'opinion publique ne le sera que lorsqu'elle connaîtra le travail de M. Isaac. En attendant encore une année avant de nous prononcer, cela permettrait à tout le monde et surtout aux colonies de connaître le travail de M. Isaac et les idées de M. Sabatier, ainsi que les débats qui s'élèveront sur cette question au sein de nos Assemblées politiques, et la question arriverait toute éclairée et toute prête à être résolue au Congrès de Géographie de l'année prochaine.

En conséquence, voici ce que je viens vous proposer d'adopter, du moins quant à présent :

« Le Congrès national des Sociétés françaises de Géogra-
« phie, saisi par la Société bretonne de Géographie de la
« question suivante :

« Trouver le meilleur système administratif et politique à
« appliquer à chacun de nos Établissements d'outre-mer, sui-
« vant le climat, l'état social, politique et religieux des races
« qui habitent le pays ; il serait tenu compte de la nature de
« l'Établissement d'outre-mer, soit comme station militaire,
« soit comme colonie d'exploitation.

« Après avoir entendu la discussion qui s'est élevée dans
« son sein, et notamment les discours de MM. Isaac, de
« Mahy, Sabatier et Moncelon ;

« Attendu, de plus, que le Sénat est saisi d'un projet com-
« plet d'organisation législative et administrative des colo-
« nies, rédigé par M. Isaac, projet basé sur l'assimilation
« successive des colonies à la métropole ;

« Ne se jugeant pas encore suffisamment éclairé sur l'ap-
« plication successive et dûment justifiée par les desiderata
« des colonies et de l'opinion publique du principe de l'assi-
« milation ou du principe de l'autonomie ;

« Exprime le désir que la publicité la plus grande soit
« donnée à la discussion qui a eu lieu à ce sujet dans son
« sein et que cette publicité provoque l'envoi au prochain
« Congrès de Géographie de travaux propres à l'éclairer
« complètement. »

M. Isaac. — L'adoption de ce vœu pourrait avoir pour résultat d'ajourner indéfiniement une question qui se discute depuis longtemps et sur laquelle le Congrès de Géographie devrait être en mesure d'exprimer un avis autrement motivé que celui qui est contenu dans le vœu de M. Moncelon. La question n'est pas nouvelle ; elle était inscrite dans l'ordre du jour de vos délibérations de cette session ; elle a été abordée dans les discussions du Congrès de l'année dernière et, dans maintes circonstances, elle a été discutée dans la presse, dans les assemblées, dans les livres mêmes ; par conséquent, on peut se demander si le Congrès ne pourrait pas adopter une décision qui impliquerait une orientation à donner à la politique française dans les colonies. Or, je crois que nous sommes en mesure de le faire.

D'autre part, il y a des questions d'une nature particulière qu'il ne faudrait pas laisser à l'écart et qui sont comprises dans les propositions faites hier, notamment dans le vœu de la Société des études coloniales et maritimes. Le texte même de ce vœu est, comme toutes les propositions, susceptible d'amendement. Nous allons le discuter, si vous le voulez ; ce que je tiens à sauvegarder, c'est l'idée qui y est contenue.

La question qui se pose est celle de savoir s'il est bon de maintenir purement et simplement une situation qui, sous certains rapports, est pleine d'inconvénients. Je pense, quant à moi, qu'il serait bon que de cette discussion sortît au moins une indication ; je voudrais que le gouvernement n'ignorât pas que le Congrès de Géographie estime qu'il y a quelque chose à faire.

Ainsi, pour ce qui concerne l'Indo-Chine, il ne peut pas être inutile que vous fassiez connaître votre sentiment sur la nécessité de donner à ce pays une organisation définitive. Si vous pensez que les tarifs de douane tels qu'ils sont appliqués à l'Indo-Chine ne sont pas une bonne chose, si vous croyez que tous ces décrets qui se succèdent et se contredisent ne peuvent pas exercer une heureuse influence sur la prospérité de notre établissement, pourquoi ne le diriez-vous pas ? Il y a peut-être une certaine urgence à ce que vous vous prononciez sur ce point.

Il y a encore la question très importante de la situation légale des colonies qui ne sont pas représentées au Parlement. Les colonies représentées ont du moins un moyen de défense. Celles qui ne le sont pas ne peuvent même plus compter sur l'action de leurs délégués au Conseil supérieur. Il n'y a plus de Conseil supérieur, et les délégués élus sont réduits à une complète inaction. Or, est-il utile qu'il y ait, à côté du gouvernement, des hommes investis de la confiance des populations, et qui aient mission de dire, au besoin, ce qui convient le mieux aux intérêts de ces populations ? Si vous le pensez, est-ce que vous n'êtes pas dès à présent en mesure d'exprimer l'avis que l'état actuel des choses a besoin, sur ce point, d'être modifié ?

On dit que vous pouvez, sans inconvénient, renvoyer tout cela à la session de l'année prochaine. Je ne partage pas cette opinion. J'ai l'espérance qu'avant une année révolue, quelques actes auront été accomplis. M. Moncelon vous disait tout à l'heure que le Parlement est saisi. Votre vœu sera peut-être pour lui un élément d'information ; si vous voulez qu'il en soit ainsi, il faut vous prononcer tout de suite, car autrement vous vous exposeriez à vous prononcer inutilement.

Voilà pourquoi, Messieurs, je suis d'avis que vous n'adoptiez pas un ordre du jour ayant pour objet de renvoyer à une autre session la décision à prendre. Votez tout de suite le vœu qui vous paraîtra bon, et votez-le nettement ; ou bien abstenez-vous de tout vote, et bornez-vous à consigner dans vos procès-verbaux les observations qui vous ont été présentées. De cette manière, on ne pourra pas dire que les raisons qui vous ont été apportées vous ont paru insuffisantes.

M. MONCELON. — Je crains d'être en contradiction avec M. Isaac; mais faire des exceptions en faveur de certaines colonies serait encore plus dangereux que d'ajourner une décision ferme à une certaine époque. Si vous laissiez certaines colonies en dehors de la décision que vous pourriez prendre maintenant, immédiatement, vous verriez les plaintes pleuvoir de toutes parts : — Comment, on nous laisse de côté ! Pourquoi cette partialité ? Voilà ce que vous entendriez dire. Au fond, je ne nie pas que M. Isaac n'ait raison en ce qui concerne la Cochinchine, mais je maintiens qu'il y aurait péril à adopter un système partiel. En conséquence, j'en reviens à mon vœu, et je prie mes collègues de vouloir bien l'adopter, de façon que, mieux éclairé, le premier Congrès qui se réunira puisse se prononcer définitivement sur l'objet important qui nous préoccupe.

M. DE MAHY. — Je suis confus de prendre si souvent la parole ; mais, dans une question comme celle-là, il me semble que je dois quelques éclaircissements au Congrès.

On a beaucoup parlé hier et aujourd'hui de l'orientation à donner à la politique coloniale de la France ; on a parlé d'*autonomie* et d'*assimilation* et l'on s'est demandé quel était le meilleur système à appliquer.

M. Isaac vous a dit hier que la tradition française est que le principe appliqué par la France dans l'administration de ses colonies depuis Louis XIII et Richelieu jusqu'à l'heure actuelle, sans aucune espèce de déviation sous l'ancien régime aussi bien que sous la Révolution française, principe absolument en vigueur, principe qui consiste à fortifier de plus en plus les liens qui rattachent les possessions de la France, anciennes ou nouvelles, à la métropole, ce principe est celui que l'on a baptisé du nom d'*assimilation*. En effet, le génie français, génie unitaire, tend, autant que possible, à rapprocher du type de la civilisation française la civilisation des pays que la France couvre de son drapeau.

Telle est la tradition de notre pays, la tradition nationale ! Qu'a-t-elle produit ? Elle a produit, dans tous les temps, cette magnifique efflorescence coloniale qui a fait la gloire du génie français. Nous avons parlé ces jours-ci du Canada et des anciennes possessions françaises... Mais la France les a constamment marquées à son image ; elle y a toujours fait de l'assimilation ; c'est là sa politique et sa tendance ; en un mot, aussi bien sous le régime de l'ancienne monarchie que sous la grande révolution française, que sous la restauration, sous Louis-Philippe et sous les deux empires, toujours l'idéal français a été de rendre, autant que possible, de plus en plus semblables à la France même, les territoires qu'elle a conquis, ou qu'elle a acquis de toute autre manière, et qu'elle couvre de son drapeau unitaire. Ce système n'a pas produit de mal, et, voyez donc ce qu'il produit, en ce qui concerne l'une de nos plus récentes acquisitions coloniales, l'Algérie qui date de 58 ans ? Ce qu'elle a produit, vous l'avez entendu hier soir dans la magnifique conférence de notre ami M. Sabatier ; et, quoique M. Sabatier semble préconiser, non pas dans sa conférence d'hier soir, mais dans sa discussion de l'après-midi, l'adoption d'un principe différent, l'*autonomie*, sur laquelle je m'expliquerai tout à l'heure, ce qu'il vous a dit de l'état actuel de l'Algérie prouve que cette situation, ces prospérités, ces splendeurs, sont le produit de quoi ? De la politique traditionnelle, qui est dans le génie français, l'assimilation !

Mais il y a un témoignage plus probant encore que celui de M. Sabatier et que le mien, c'est celui d'un étranger. Je vous demande la permission de vous lire un extrait d'un journal anglais que M. Barbier a bien voulu me confier :

« *Le Français colonisateur*. — Les Français, dit-on
« communément, écrit la *Contemporary revew*, sont mau-
« vais colonisateurs. C'est vrai, si l'on entend par ces mots
« que la France n'est pas une mère féconde en fait de co-
« lons. Il n'y a pas d'excès de population en France et les

« essaims n'émigrent que lorsqu'il n'y a plus de place dans
« la ruche ; mais tout ce qui manque aux Français est la
« moitié de l'émigration ; pour ce qui est de l'énergie, de la
« perfection et de la capacité de l'organisation, on ne sau-
« rait trouver dans les colonies anglaises rien de pareil à
« ce qui se voit en Algérie. Si l'on compare le pays à dix
« milles d'Alger avec les environs de Montréal ou de To-
« ronto, la comparaison n'est réellement pas flatteuse pour
« nos intelligences de colonisateurs anglais si infatuées d'el-
« les-mêmes. Là, nous sommes purement et simplement en
« Europe ; car pas de tromperie, ni de maquillage, cela a
« la solidité et la perfection de l'Europe. Les vignobles
« rappellent ceux de la Côte-d'Or ou de la Gironde ; les
« voies de communication sont les magnifiques routes de
« France. Les murs et les ponts, les maisons et les ouvrages
« d'art ont toute la netteté et la perfection de la main-
« d'œuvre française. Aucune ville de colonie anglaise que je
« connaisse, ne se rapproche de la moitié autant d'une
« ville de la métropole qu'Alger, avec ses larges boulevards
« et ses magnifiques magasins, ne ressemble à Marseille ou à
« Lyon. Au point de vue pratique, l'Algérie peut véritable-
« ment être considérée comme trois départements de France
« accidentellement détachés du reste de la République par
« la Méditerranée ; et la Tunisie prend rapidement le même
« caractère. Or, les Français n'ont pas eu seulement à lutter
« contre une terre rude et sans route, bien différente des
« plaines sans fin du Canada, mais contre une race hostile,
« une religion ennemie, une civilisation inférieure, un or-
« dre social rudimentaire ; et, en dépit de tout aujourd'hui,
« à Alger, entre les palmiers et les aloès, les mosquées et
« les cactus, les villages sordides et les bandits musulmans,
« on oublie constamment, dans le calme et le confortable de
« la vie de tous les jours, que l'on n'est pas en France même ;
« il faut faire un effort pour se persuader qu'on est en
« Afrique.

« Ce que dit la *Contemporary revew* de l'Algérie et de la
« Tunisie, d'autres revues anglaises l'ont dit de Saïgon et

« même de Madagascar, que la France vient à peine de
« prendre sous son égide et sous son protectorat ».

Je me demande si, abandonnant la tradition nationale qui a produit de tels résultats en Algérie et dans les autres colonies françaises, cette tradition de la République actuelle, de celle de 1848, de l'Empire de Napoléon III, de la Royauté de Louis-Philippe, de celle de la Restauration, du premier Empire, de la Révolution française, et, avant tout, de ces grands génies qui ont fondé la colonisation française, Richelieu, Louis XIII, Louis XIV, Colbert... Je me demande si, abandonnant cette tradition, le Congrès de Géographie va dire aujourd'hui : Nous ne savons pas, nous Congrès de Géographie, si la France doit observer, vis-à-vis de ses colonies, une politique tendant à maintenir dans toute sa force, le lien qui attache à la métropole toutes les possessions de la France dans l'univers entier, ou bien s'il est bon, s'il est heureux et opportun de mettre à l'étude des systèmes tendant au relâchement de ce lien ?

Nous sommes d'excellents Français, et je crois qu'aux colonies nous le sommes autant que vous ; mais les institutions portent leurs conséquences. Si vous instituez un état politique qui fasse que vos possessions extérieures ne soient pas fortement reliées à la métropole, mais qu'au contraire, elles en soient indépendantes, qu'arrivera-t-il ? Malgré l'attachement inviolable des colons à la métropole, et, si persuadés que vous soyez que ces colons n'abuseraient pas de l'indépendance que vous leur accorderiez, n'est-il pas évident que des intérêts différents peuvent se créer et que, dans une ou deux générations, vous aurez formé, à vos dépens, des États nouveaux que vous ne pourrez peut-être pas retenir dans votre giron ; vous aurez travaillé pour les autres ?

Je crois donc indispensable que nous restions dans notre tradition, et je supplie le Congrès de ne pas accepter les vœux qui tendent à faire supposer que les Sociétés de Géographie sont si peu préoccupées de ces questions qu'elles n'ont pas d'opinion sur le point de savoir si la France doit être maîtresse dans ses possessions, ou bien si elle doit y introduire des germes de séparation et d'indépendance, comme cela arrive pour les colonies d'autres nations.

On a en effet remarqué que, jusqu'à présent, aucune colonie française n'a demandé à se séparer de la mère-patrie ; la fidélité des colonies françaises à la métropole est proverbiale. Pourquoi ? C'est parce que nous sommes reliés à vous par toutes espèces de liens politiques et sociaux ; c'est parce que nous avons la même organisation : la famille, la propriété, les lois de succession, le code civil, le code pénal, les droits du citoyen, tout cela est pareil... Mais, si vous en faites des pays libres de s'administrer sur tous ces points, qu'arrivera-t-il ? Vous fonderez des Etats nouveaux qui auront des intérêts divers et, à un moment donné, il se produira pour nos colonies ce qui se produit pour les colonies anglaises, c'est-à-dire la tendance à la séparation.

On nous parle beaucoup du libéralisme des Anglais pour certains pays, pour l'Australie, par exemple, pour le Canada ; mais ce sont des pays qui ont été assez grands et assez forts pour imposer à l'Angleterre un système politique que nous appelons l'autonomie, et l'Angleterre ne les retient sous sa souveraineté que par des liens presque fictifs. Cette autonomie n'a pas été acceptée par l'Angleterre, elle y a été amenée par la force des choses. Oui, les colonies anglaises ont des tendances à la séparation, et déjà le Canada est sur le point de former un Etat nouveau. A chaque instant, vous voyez l'Australie influer sur la politique anglaise et quelquefois faire reculer le gouvernement métropolitain dans des questions même internationales, et vous avez vu ce grand pays menacer l'Angleterre presque de séparation, si l'Angleterre n'imposait pas à la France l'abandon des Nouvelles-Hébrides et de la Nouvelle-Calédonie, comme lieux de transportation ! Eh bien, je vous le demande,... voulez-vous mettre nos colonies dans une situation analogue à notre égard ?...

M. GAUTHIOT. — Et l'Angleterre a exigé que l'Australie contribuât, pour une somme considérable, à la construction des navires destinés à la défense de l'Australie ; c'est un point très important...

M. DE MAHY. — Sans doute, c'est un point très important ; mais il y a un fait positif, historique, c'est que : *La tradition française, c'est l'assimilation de ses colonies à la mère-patrie* ; cette tradition veut que les colonies soient de plus en plus ressemblantes à la mère-patrie, elle veut qu'elles soient retenues à la mère-patrie par le lien qui relie entre elles toutes les parties constituantes de la patrie.

La tradition anglaise, au contraire, depuis la guerre d'Amérique, c'est l'autonomie pour certaines colonies et le despotisme absolu pour certaines autres... Il ne faut pas croire que toutes les colonies anglaises soient autonomes, tant s'en faut, et il y a des colonies anglaises sur lesquelles pèse un joug de fer. Il ne faut, pour les nôtres, ni ce despotisme, ni cet excès d'indépendance.

Donc, si le Congrès n'a pas d'opinion sur la nécessité de maintenir notre tradition française qui a produit les effets que vous connaissez, tout au moins que le Congrès ne donne pas prétexte à faire supposer qu'il a, ou qu'il est disposé à accepter une opinion contraire. J'aimerais mieux qu'il n'y ait pas de vote du tout que de voir adopter le projet de M. Moncelon, qui pose l'alternative entre l'abandon de la tradition nationale et l'adoption de la tradition anglaise pour l'administration des colonies françaises.

M. MONCELON. — Je me suis sans doute bien mal exprimé, et ce qui le prouve, ce sont les conclusions de M. de Mahy. Je n'ai jamais demandé, ni pensé à demander la séparation des colonies d'avec la métropole. Les colonies, comme je l'ai dit, ne recherchent qu'à resserrer les liens qui les unissent à la mère-patrie. Voici quelle est mon opinion : je ne voudrais pas que le Congrès adoptât aujourd'hui un principe définitif. En effet, si l'on adopte dès aujourd'hui le principe de l'autonomie, il faudra doter les colonies du système complet qui régit nos départements. Or, comme je vous l'ai dit, les colonies ont des intérêts, des climats, des populations indigènes, des mœurs différentes de celles de la mère-patrie. Chaque colonie aurait certainement sa voix au grand conseil, mais ce serait une voix bien différente de celle de la métropole. Je me garderais donc bien de demander aujourd'hui au gouvernement de nous doter d'un système définitif, de l'assimilation par exemple. Mais je n'ai jamais demandé que l'on appliquât l'autonomie ; je n'ai pas plus demandé ce système pour une colonie que je n'ai demandé l'assimilation pour une autre. Du reste, le même système, par la raison que je disais tout à l'heure, différence des populations, des mœurs, etc., ne pourrait peut-être pas convenir à toutes les colonies, et M. de Mahy, lui-même, a fait une distinction entre l'Algérie et les autres colonies ; la question n'est vraiment pas mûre et elle est trop grave pour vouloir la trancher ainsi d'un seul coup.

M. de Mahy vous a dit que je demandais dans mon système que les colonies fussent indépendantes de la métropole...

M. DE MAHY. — Je n'ai pas dit cela, et je sais même que vous demandez si peu l'indépendance des colonies qu'hier vous demandiez l'assimilation de la Nouvelle-Calédonie. Eh bien, ce que vous demandiez hier pour la Nouvelle-Calédonie, nous le demandons aujourd'hui pour nos autres colonies. Seulement, ce que je souhaite, c'est que le Congrès ne mette pas en question la tradition nationale de la France en venant mettre en jeu cette fameuse formule de l'autonomie.

Je ne dis pas que, dans certaines colonies, il n'y ait pas certaines modifications à apporter, et vous avez vu combien la France sait ménager toutes les populations, tenir compte du climat, des aptitudes, etc...

M. MONCELON. — Examinons bien la situation des colonies actuelles : il y en a qui se rapprochent le plus possible de la métropole ; il y en a d'autres qui subissent certaines modifications à notre administration générale sous l'influence de certains sénatus-consultes ; mais la grande ligne des institutions françaises existe en général aux colonies et nous ne demandons pas que ces institutions soient supprimées ou modifiées d'une manière trop radicale, et je ne connais pas de colonies qui aient de telles aspirations. Cependant, si vous suivez les débats des conseils généraux, vous pouvez voir qu'à chaque instant des vœux sont émis, qui tendent à modifier nos institutions dans leurs grandes lignes ; je pourrais vous en donner des exemples probants.

J'en conclus que les colonies ne sont pas disposées à subir un système plutôt qu'un autre ; peut-être en est-il qui sont prêtes à un nouvel état de choses : M. Isaac le croit en ce qui concerne la Guadeloupe et la Martinique, et M. de Mahy en dira autant de la Réunion ; mais n'oublions pas que ces pays sont de vieilles colonies qui sont toutes formées et qu'il y en a d'autres qui ne sont point arrivées au même point de formation ; je vous avoue que je ne crois pas qu'en adoptant un système général pour ces colonies de formation récente, on puisse arriver à un bon résultat, et, tout mauvais qu'il soit, je préférerais de beaucoup conserver le système actuel. Nous avons, par exemple, des colonies qui sont encore soumises au régime des décrets. Avec ce système, l'autorité peut faire ce qu'elle veut, et, aujourd'hui que le Conseil supérieur des colonies n'exécute plus, le ministre peut exercer absolument son libre arbitre et dicter ses conditions dans ces pays-là : Eh bien, je préférerais encore pour ces pays ce mauvais système à celui que l'on viendrait nous imposer tout fait et calqué sur le système d'après lequel sont régis les départements français.

Ainsi, en ce qui concerne la Nouvelle-Calédonie, je n'admets pas qu'on lui impose les institutions qui régissent un département français ; nous ne nous trouvons pas dans les conditions d'un département, et vous nous étoufferiez en voulant nous être utiles.

Si je m'élève avec autant d'énergie contre les idées de mon honorable maître et ami, M. de Mahy, il faut que j'aie des convictions bien profondes pour le faire, car j'ai la plus grande sympathie pour ses principes, auxquels je me rallie du fond du cœur.

Néanmoins, comme j'ai été appelé à défendre des pays qui se trouvent dans des situations particulières et qui ont des intérêts tout spéciaux, je dis qu'il faut tenir compte de ces intérêts et je demande que la question soit plus étudiée et que ces colonies aient le temps, après nos débats, de manifester leurs opinions, de les faire sentir ; c'est alors qu'en connaissance de cause, nous pourrons nous prononcer ; mais il est bien grave, je le répète, d'imposer à un pays une administration qui, selon moi, pourra lui nuire à un moment donné, et même l'étouffer et paralyser son essor.

Est-ce que nous en sommes moins Français ? Est-ce que la question de patriotisme peut être mise en jeu ? Mais jamais une colonie ne demandera son détachement de la France ; elle ne demandera, au contraire, qu'à resserrer les liens qui l'attachent à la métropole : en Nouvelle-Calédonie, j'aurais donné tout mon sang pour que les institutions de la colonie fussent plus en rapport avec celles de la métropole ; mais, en présence des difficultés qui peuvent en résulter, je viens vous dire avec mon expérience de vieux colon : Réfléchissez sérieusement avant de vous décider d'une façon définitive !

M. ISAAC. — M. Moncelon s'alarme, je crois, plus que ne le comporte la proposition soumise au Congrès. Il ne s'agit pas de transformer la Nouvelle-Calédonie en département français. Un jour peut-être cette question se posera ; c'est qu'alors beaucoup de progrès auront été réalisés, que nous ne pouvons actuellement que préparer. M. Moncelon accepte d'ailleurs lui-même, il me semble, l'éventualité de cette transformation, puisqu'il demande pour la Nouvelle-Calédonie une représentation parlementaire. L'établissement de cette représentation ne serait pas autre chose qu'un premier acte d'assimilation. Nous n'y sommes certainement pas contraires, mais nous demandons qu'on fasse plus pour des colonies comme la Guadeloupe et la Martinique, qui sont habitées par des citoyens français, qui ont parcouru déjà toutes les phases de leur évolution en tant que colonies, et qui ne peuvent pas être autre chose aujourd'hui que de véritables départements. Elles ont maintes fois exprimé des vœux dans ce sens : je dis qu'il serait bon que ces vœux fussent entendus.

Quant aux autres colonies, qui ne sont pas encore arrivées au même état de développement, mais où cependant il s'est formé déjà une certaine agglomération d'intérêts français et de population française, nous n'allons pas jusqu'à demander qu'elles soient placées sur le même pied que les départements français, ni organisées de la même manière que la Martinique et la Guadeloupe ; la question, telle que nous l'avons posée, est celle de savoir si les habitants de ces colonies n'ont pas droit aussi à certaines garanties, et si la politique d'assimilation, qui est la plus libérale que je puisse imaginer, ne peut pas aussi, en ce qui les concerne, trouver des applications. Il est impossible que cela ne soit pas conforme aux vœux des populations.

Il demeure d'ailleurs bien entendu, et je ne puis, à cet égard, que renouveler nos précédentes déclarations, que nous ne poursuivons pas l'assimilation à outrance. Nous admettons, avec tous les hommes de bon sens, qu'il doit être tenu compte des nécessités spéciales à chaque milieu. Nous disons seulement qu'il y a un certain état, de certains droits qui doivent appartenir à tous les citoyens français habitant des pays français, et dont nous trouvons la plus sûre garantie dans la politique d'assimilation.

Je supplie le Congrès de ne pas adopter un vœu qui impliquerait un doute sur la nécessité du maintien de cette politique traditionnelle de la France. (Applaudissements.)

M. Trochon. — J'estime qu'en ce qui touche les grands intérêts coloniaux dont vous ont entretenus hier et aujourd'hui les hommes distingués que vous avez entendus, la règle à suivre est celle-ci : Faire le mieux possible *étant donnés les choses et les temps.*

M. Isaac a traité une question, celle de l'Indo-Chine, sur laquelle je vous dirai deux mots qui vous prouveront la justesse du principe que je viens de poser.

L'année dernière, au Congrès du Hâvre, la question du gouverneur général de l'Indo-Chine s'est posée : tout le monde paraissait être d'accord sur la question de l'Union indo-chinoise. Sans m'opposer au vœu qui venait d'être émis sur le principe, je demandai la permission de formuler quelques réserves et je dis : Vous voulez nommer un gouverneur général, soit : mais ce gouverneur général sera-t-il dans la même situation que les gouverneurs de la Martinique, de la Guadeloupe et de la Réunion ? Dominera-t-il un pays dans lequel l'administration est absolument identique, dans lequel il n'y a pas de différences en ce qui concerne les subordonnés ? Pas le moins du monde ! Le gouverneur général de l'Indo-Chine aura sous sa direction supérieure la Cochinchine, qui est une colonie française que nous cherchons tous les jours à assimiler et qui arrive peu à peu à l'assimilation ; il aura ensuite sous ses ordres le Cambodge, pays de protectorat, puis l'Annam et le Tonkin, pays de protectorat également, mais non encore pacifiés ! Quelle sera donc la situation du gouverneur général de l'Indo-Chine à l'égard de ses sous-ordres, qui auront chacun une part importante d'autorité, notamment le gouverneur de la Cochinchine ?

On me répondit que le décret et les instructions, qui pourvoieraient à l'organisation de l'unité indo-chinoise, arrondiraient les angles et finalement que tout marcherait le mieux du monde dans la meilleure des colonies indo-chinoises possible !

Certes, ce n'est pas là ce qui s'est produit, et je demande, comme M. Isaac, quelle est la situation actuelle de la Cochinchine, en ce qui concerne la direction supérieure ? On avait d'abord institué, à la place du gouverneur de la Cochinchine, un lieutenant-gouverneur qui a paru lui-même inutile... Pour quelle cause ? Je n'en sais rien ! Et ce lieutenant-gouverneur est devenu directeur du service local ! Ainsi, voilà une des colonies qui arrivent le plus vite à l'assimilation réduite au rang de colonie qui n'a pour chef suprême qu'un directeur du service local : c'est peut-être lui faire trop peu d'honneur.

Cette question de la dénomination des gouverneurs de la Cochinchine française indique bien que cette idée de l'unité indo-chinoise, qui paraissait si simple, au premier abord, est en réalité très difficile à résoudre au point de vue des réformes à introduire, et il n'en est pas de la Cochinchine, de l'Indo-Chine françaises comme de la Martinique et de la Guadeloupe, qui sont absolument assimilées.

Tout ce que j'en dis, c'est pour répéter qu'en matière coloniale, il faut faire pour le mieux, sans adopter des systèmes préconçus.

Mais, ces réserves faites, j'estime moi aussi que la tradition française de l'assimilation coloniale, qui est propre au génie français, n'a jamais été oubliée, ni abandonnée, et l'on vous a cité des exemples qui vous ont montré qu'à toute époque, sous la Monarchie, sous la République, sous l'Empire, le système de l'assimilation, avec certaines modifications, a toujours été l'objectif définitif vers lequel les gouvernements successifs ont cru devoir se diriger.

Que l'on ne vienne pas comparer la France avec l'Angleterre ; ces comparaisons entre peuples, qui ont des génies différents et des aptitudes diverses, qui ont une manière de vivre sociale, et intime particulière, ne peuvent pas être bien sérieuses ; et, du reste, les colonies anglaises sont traitées diversement par le Gouvernement métropolitain suivant la situation qu'elles occupent, suivant les races qui les habitent, et suivant le génie même de chacune de ces colonies.

Revenons donc à l'ancienne tradition française qui est la bonne et la seule que l'on doive suivre, en y apportant tous les tempéraments et toutes les réserves possibles. En conséquence, voici le vœu que j'ai l'honneur de proposer au Congrès, vœu qui selon moi doit être voté, car il me paraît impossible qu'après les discussions qui ont eu lieu au Congrès de Nantes, à celui du Hâvre, et les discussions non moins élevées qui se sont produites hier et aujourd'hui dans le Congrès actuel de Bourg, la question se trouve résolue par un simple passage à l'ordre du jour, sans qu'il en reste quelque chose :

« Le Congrès national des Sociétés françaises de géogra-
« phie, sur la question proposée par la Société bretonne de
« géographie qui consiste à trouver le meilleur système ad-
« ministratif et politique à appliquer à chacun de nos éta-
« blissements d'outre-mer, suivant le climat, l'état social,
« politique et religieux des races qui habitent le pays (il
« serait tenu compte de la nature de l'établissement d'outre-
« mer, soit comme station militaire, soit comme colonie
« d'exploitation), estime qu'il n'y a pas lieu, en ce qui con-
« cerne le système administratif et politique à appliquer à
« chacun de nos établissements d'outre-mer, d'abandonner,
« sur cette matière, les bases de la politique traditionnelle de
« la France, et passe à l'ordre du jour. » (Très bien ! très
bien !)

M. DE MAHY. — Je me rallie à ce vœu.

M. MONCELON. — Je m'y rallie moi-même, parce que ce vœu ne précise pas un système plutôt qu'un autre, et qu'au fond, c'est là ce que je demande, c'est-à-dire qu'il ne soit pas pris de décision ferme ; c'est là un terrain sur lequel nous pouvons nous rallier ; il ne s'agit là que de pur patriotisme, et j'en suis ! et nous Français nous en sommes ! J'aurais donc mauvaise grâce à combattre le vœu émis par M. Trochon ; mais je maintiens que nous ne devons pas engager l'avenir, ni nous prononcer pour un système !

M. ISAAC. — Quant à moi, je serais bien aise que M. Trochon voulût bien au moins préciser par un mot ce qu'il entend par *les bases de la politique traditionnelle de la France*. Cette formule me paraît un peu trop vague, et je craindrais qu'après l'avoir votée nous ne fussions pas beaucoup plus avancés qu'auparavant ; chacun, en effet, pourra interpréter le vœu suivant ses propres idées. L'autonomiste dira : Je soutiens que la *base de la politique traditionnelle de la France*, c'est l'*autonomie*, et nous sommes d'accord ; et l'assimilateur en dira autant de son côté.

Cette rédaction ne me satisfait pas, je l'avoue, parce que

je n'y trouve pas l'indication d'une ligne de conduite. C'est une variante de la parole de Montaigne. « Il faut faire pour le mieux, et comme on peut ». Sur cela, évidemment, nous sommes d'accord : il faut faire pour le mieux ; mais ce n'est pas une solution. Quel est ce mieux, je voudrais qu'on le dit. Si M. Trochon ajoute un mot qui indique que cette politique traditionnelle de la France, est celle de l'assimilation, je me rallierai immédiatement à sa proposition...

M. Trochon. — Ce mot, c'est exprès que je ne l'ai pas mis (rires), et voici pourquoi : si je l'avais écrit, je n'aurais pas été conséquent avec ce que je venais de dire. J'ai dit que la base traditionnelle de la politique française était l'assimilation, mais qu'il fallait tenir compte des temps, des lieux et des circonstances. Vous comprenez que, si j'avais mis dans mon vœu que le Congrès de Géographie devrait passer à l'ordre du jour en recommandant l'assimilation formelle des colonies à la métropole, je n'aurais pas été conséquent avec moi-même ; maintenant, il serait possible de mettre le mot : assimilation, en y ajoutant : en tenant compte des temps, des lieux et des circonstances...

M. de Mahy. — J'appuie les observations de M. Isaac ; et, pour rassurer le Congrès, je puis dire qu'il n'y a réellement pas de pays sur la terre qui soient plus libéralement administrés, d'une manière générale, que les colonies françaises, surtout si on les compare aux colonies des autres pays. En tenant compte des catégories de colonies vous verrez que même nos colonies nouvelles sont dans une situation meilleure que les types correspondants à l'étranger ; et, quant aux anciennes, quant à celles qui sont le plus rapprochées de la France par leur constitution, vous apprendrez avec plaisir, Messieurs, que la Martinique, la Guadeloupe et la Réunion jouissent de plus de liberté que n'en a la métropole. Nous possédons tout ce que vous possédez, et nous sommes plus libres que vous, en ce sens que nous pouvons nous occuper tout seuls de nos questions d'intérêt local, tandis que vous, métropolitains, vous êtes obligés, pour les moindres choses, de recourir à l'autorité centrale.

M. Trochon. — Je veux bien que l'on ajoute à mon vœu : les bases de la politique traditionnelle de la France, ces mots : *en tenant compte des temps, des lieux et des circonstances*.

M. de Mahy. — Il faut mettre assimilatrice !

M. Isaac. — Quoi qu'on fasse, il faut appeler un chat un chat, ou bien il ne faut rien dire du tout. Je préfère ne rien dire que de dire quelque chose qui ne soit pas précis...

M. Gauthiot. — Et cela vaut beaucoup mieux que si tout le monde constate qu'il y a une politique traditionnelle en France. A quoi bon le constater?...

M. de Mahy. — Il ne s'agit pas seulement de la constater; il s'agit de la maintenir...

M. Isaac. — Si toute cette discussion a un but, ce but doit tendre à faciliter une solution. Dans ce cas, il y a quelque chose à faire, mais si nous ne devons exprimer des vœux que sur des objets non précisés, ces vœux ne serviront à rien, et alors mieux vaudrait ne pas les émettre.

M. Trochon. — Je désire ajouter le mot : *assimilatrice*, avec les réserves que j'ai mises à la fin...

M. Gauthiot. — M. Isaac vient de dire que si l'on se borne à faire une déclaration sans qu'elle ait un résultat pratique, il est inutile de faire cette déclaration. Il a raison ; et, pour ma part, je ne voterai ni l'une ni l'autre des déclarations qui ont été lues ; mais si l'on me propose d'adopter un vœu ayant pour but de demander au gouvernement que l'Indo-Chine soit administrée autrement, je voterai des deux mains...

M. de Mahy. — L'un n'exclut pas l'autre ; cela peut venir après...

M. Isaac. — Il faut préciser. Si vous le permettez, Messieurs, je vais vous soumettre, à titre de renseignement, une formule qui aurait, je le crois du moins, à défaut d'autres mérites, celui de dire, assez nettement, ce qu'elle veut dire ; la voici :

« Le Congrès national des Sociétés françaises de géogra-
« phie émet le vœu :

« Que l'organisation des deux colonies de la Guadeloupe
« et de la Martinique, qui sollicitent leur assimilation aux
« départements français et qui sont, d'ailleurs, exclusive-
« ment habitées par des citoyens français, soit achevée dans
« le sens de cette assimilation, sans préjudice de toutes les
« mesures nécessaires de décentralisation »...

Cette partie est absolument conforme au vœu maintes fois répété des deux colonies ; elle n'est que l'affirmation de cette politique d'assimilation que nous avons appelée la politique traditionnelle de la France. Je ne vois pas ce qu'on peut y opposer.

« Que le principe de l'assimilation, en tant qu'il implique
« la participation à l'usage des grandes institutions natio-
« nales et à l'exercice des droits garantis par la Constitution,
« soit également étendu de plus en plus, suivant les besoins
« et les aptitudes de chaque établissement, à toutes les co-
« lonies, et particulièrement à celles qui sont représentées
« au Parlement français »...

On ne peut vraiment pas trouver excessif que des Français demandent à jouir des droits garantis par la Constitution, quand ils sont représentés au Parlement français.

« ... Que, pour garantir, dans la métropole, une équitable
« représentation des intérêts des possessions qui n'ont pas
« encore de mandataires dans les Chambres, autant que
« pour fournir au gouvernement un moyen utile d'élabora-
« tion des principales mesures se rapportant aux colonies,
« il soit institué à Paris un Conseil supérieur, composé,
« d'une part, de mandataires élus par les populations colo-
« niales, d'autre part, de représentants des intérêts métro-
« politains, et qui serait appelé à formuler son avis sur tous
« les actes d'un caractère législatif que le gouvernement
« aurait à accomplir par voie de décrets »...

Il n'est pas admissible que, sans aucune consultation, le

gouvernement, sur la seule proposition de ses bureaux, puisse prendre des décrets qui auraient pour objet de renverser complètement les conditions d'existence d'une population. Il est raisonnable qu'il existe une institution qui assure au moins aux intérêts coloniaux, non soumis au Parlement, le bénéfice d'une certaine discussion. C'est le conseil supérieur des colonies ; et je ne demande même pas pour ce conseil des pouvoirs de décision, mais un droit d'avis ; c'est le minimum du libéralisme que nous puissions attendre de la République française.

« ... Que les conditions essentielles du fonctionnement
« des pouvoirs publics en Indo-Chine soient, eu égard à
« l'importance et à la spécialité des intérêts en cause dans
« ces pays, le plus promptement possible fixées par une
« loi »...

Ceci, afin que nous puissions avoir la certitude que des décrets à venir ne viendront pas renverser, tous les trimestres, ce qui aura été fait le trimestre d'avant.

M. Trochon. — Je relis mon vœu afin que l'on sache bien quel en est le principe. Le vœu de M. Isaac peut être voté, mais le mien doit l'être tout d'abord :

« Le Congrès estime qu'il n'y a pas lieu, en ce qui con-
« cerne le système administratif et politique à appliquer à
« chacun de nos établissements d'outre-mer, d'abandonner,
« en cette matière, les bases de la politique traditionnelle de
« la France, qui est l'assimilation, tout en tenant compte
« des faits, des lieux et des circonstances, et passe à l'ordre
« du jour »...

M. Moncelon. — Je voudrais faire remarquer une particularité : M. Isaac a dit : Certaines colonies sont représentées au Parlement ; certaines autres ne le sont pas ; vous avez dit qu'en adoptant un système nouveau, ces colonies auraient le droit d'être représentées au Parlement...

M. de Mahy. — Ce n'est pas un système nouveau, puisque, dans la tradition française, les colonies sont représentées ; malheureusement ce principe n'est pas encore appliqué à toutes les colonies, et le vœu, que M. Trochon a rédigé implique l'application progressive de la représentation coloniale à toutes les colonies, lorsque cela sera possible...

M. Moncelon. — Il n'est pas nécessaire que le système de l'adoption de la représentation soit définitif pour que les colonies aient toutes des représentants, puisque l'assimilation n'est prononcée pour aucune des colonies. Nous avons des colonies représentées au Parlement ; par conséquent, cette situation pourrait ne pas favoriser également les colonies qui ne sont pas représentées au Parlement. Voilà mon observation.

M. Gauthiot. — Ces termes du vœu : « Le Congrès estime qu'il n'y a pas lieu d'abandonner les bases de la politique traditionnelle de la France »... paraissent impliquer que le Congrès était disposé à abandonner ces bases. Il faudrait modifier la rédaction, de façon à ne pas laisser supposer que les adversaires du vœu étaient aussi nombreux que ses partisans et que le passage à l'ordre du jour, signifie que le Congrès n'attache aucune importance aux opinions pour ou contre l'adoption de cette politique traditionnelle...

M. de Mahy. — On peut supprimer les mots : « passe à l'ordre du jour »... Du reste, au lieu de dire : « Le Congrès estime qu'il n'y a pas lieu d'abandonner », on pourrait dire : « Le Congrès estime qu'il y a lieu de maintenir ». De cette façon nous aurions un vœu qui serait acceptable par tout le monde.

M. Trochon. — Je vais donner lecture du vœu que j'ai présenté avec les modifications ainsi apportées :

« Le Congrès national des Sociétés françaises de géo-
« graphie, saisi de la question proposée par la Société
« bretonne de géographie, à Lorient, qui consiste à trou-
« ver le meilleur système administratif et politique à
« appliquer à chacun de nos établissements d'outre-mer,
« suivant le climat, l'état social, politique et religieux

« des races qui habitent le pays (il serait tenu compte
« de la nature de l'Etablissement d'outre-mer, soit comme
« station militaire, soit comme colonie d'exploitation),
« estime qu'il y a lieu, en ce qui concerne le système
« administratif et politique à appliquer à chacun de
« nos établissements d'outre-mer, de maintenir, en cette
« matière, les bases de la politique traditionnelle de la
« France, qui est l'assimilation progressive des colonies
« à la métropole, tout en tenant compte des faits, lieux
« et circonstances, et passe à l'ordre du jour ».

M. LE PRÉSIDENT. — Je mets ce vœu aux voix.

Le vote a lieu.

M. LE PRÉSIDENT. — Le vœu est adopté.

M. ISAAC. — Nous venons de rendre hommage à un principe, mais il me semble que nous n'avons pas fait assez, comme le disait M. Gauthiot, ce principe n'était pas menacé ; je n'ai pas entendu dire qu'une campagne ait été faite contre l'application aux colonies françaises du système de l'assimilation qui est, comme dit le vœu, dans notre tradition nationale. Par conséquent nous n'aurons fait qu'une manifestation sans utilité pratique, si nous nous arrêtons là. Des questions étaient posées ; elles se rapportaient à des situations diverses ; il faut au moins que le Congrès indique comment il entend que ces questions soient résolues.

Je vous présente donc d'une manière ferme maintenant le projet de vœu dont j'ai eu l'honneur de vous donner lecture il y a un instant, et je vous demande de le voter, parce qu'il est absolument conforme au principe que vous venez d'adopter.

M. LE PRÉSIDENT. — Je vais vous donner lecture du vœu de M. ISAAC, et je proposerai chacun de ses paragraphes au vote du Congrès.

« Le Congrès émet le vœu :

« Que l'organisation des deux colonies de la Guade-

« loupe et de la Martinique, qui sollicitent leur assimi-
« lation aux départements français et qui sont d'ailleurs
« exclusivement habitées par des citoyens français, soit
« achevée dans le sens de cette assimilation, sans préju-
« dice de toutes les mesures nécessaires de décentralisa-
« tion ».

Je mets aux voix ce premier paragraphe.

Le vote a lieu.

M. LE PRÉSIDENT. — Le premier paragraphe est adopté.

Second paragraphe : « Que le principe de l'assimila-
« tion, en tant qu'il implique la participation à l'usage des
« grandes institutions nationales et à l'exercice des droits
« garantis par la constitution, soit également étendu de
« plus en plus, suivant les besoins et les aptitudes de
« chaque établissement, à toutes les colonies, et particu-
« lièrement à celles qui sont représentées au Parlement
« français ».

Je mets ce paragraphe aux voix.

Le vote a lieu.

M. LE PRÉSIDENT. — Ce paragraphe est adopté.

Troisième paragraphe : « Que, pour garantir dans la
« métropole une équitable représentation des intérêts des
« possessions qui n'ont pas encore de mandataires dans
« les Chambres, autant que pour fournir au gouverne-
« ment un moyen utile d'élaboration des principales
« mesures se rapportant aux colonies, il soit institué à
« Paris un conseil supérieur composé, d'une part, de
« mandataires élus par les populations coloniales, d'au-
« tre part, de représentants des intérêts métropolitains,
« et qui serait appelé à formuler son avis sur tous les

« actes d'un caractère législatif que le gouvernement
« aurait à accomplir par voie de décrets. »

Je mets ce paragraphe aux voix.

Le vote a lieu.

M. LE PRÉSIDENT. — Le troisième paragraphe est adopté.

Dernier paragraphe : « Que les conditions essentielles
« du fonctionnement des pouvoirs publics en Indo-Chine,
« soient, eu égard à l'importance et à la spécialité des
« intérêts en cause dans ces pays, le plus tôt possible
« fixées par une loi ».

Je mets aux voix ce dernier paragraphe.

Le vote a lieu.

M. LE PRÉSIDENT. — Le vœu de M. Isaac est adopté dans son intégralité.

Avant de clore la séance, il y avait à l'ordre du jour une autre question ; mais l'heure est trop avancée. Il est même si tard que nous ne pourrons voter sur le vœu émis au commencement de cette séance relativement à la création d'un Institut géographique, qu'au début de la séance de cet après-midi.

La séance est levée.

## Séance du vendredi soir, 24 août 1888.

*Président :* M. CHARLES FAURE.

*Assesseurs :* MM. VIBERT ET ROGEMONT.

La séance est ouverte à deux heures.

M. LE PRÉSIDENT. — Messieurs, permettez-moi de remercier, de tout mon cœur, de la part de la Société de géographie, de Genève et des Sociétés Suisses de géographie, les membres du Congrès de l'honneur auquel ils ont bien voulu m'appeler en me demandant de présider la séance de cet après-midi ; mais permettez-moi aussi de solliciter instamment votre indulgence pour un Président qui préside pour la première fois et qui, vu son inexpérience, vous demande de lui pardonner les inexactitudes dont il pourrait se rendre coupable dans cette partie administrative du Congrès.

Ceci dit, je vais vous donner lecture du vœu qui devait être énoncé dans la séance de ce matin à propos de la question de la création d'un institut géographique ; voici quel est ce vœu :

« Le Congrès national des Sociétés françaises de géographie, sur la question de la création d'un institut géographique central, à l'initiative des Sociétés françaises de géographie du Havre et de l'Est, donne mission à M. Barbier, secrétaire général de la Société de géographie de l'Est, d'étudier cette question en s'entourant de tous renseignements utiles aussi bien en France qu'à l'étranger, en recherchant pourquoi jusqu'ici en France, un pareil résultat n'a pas été atteint, en se préoccupant de toutes les combinaisons possibles pour l'obtenir, en lui assurant pour l'accomplissement de sa mission le concours de toutes les Sociétés françaises de géographie ».

Je mets ce vœu aux voix.

Le vote a lieu.

M. LE PRÉSIDENT. — Le vœu est adopté à l'unanimité.

M. Barbier est donc prié de vouloir bien s'acquitter du mandat qui lui est confié par le Congrès des Sociétés françaises de géographie.

M. BARBIER. — Je suis, je ne puis dire, écrasé sous le poids d'une telle confiance, parce qu'un homme, qui a de la bonne volonté, ne se laisse pas si facilement écraser. Je ferai tout ce que je pourrai, mais je compte aussi sur une collaboration effective, sur les bons avis et conseils de mes collègues des Sociétés de géographie, surtout de ceux qu'on a appelés les *chevilles ouvrières*, puisque le mot est de tradition aujourd'hui. Il en est un surtout que je tiens à désigner au Congrès, parce que sa Société a pris sa bonne part d'initiative dans la proposition sur laquelle vous venez de voter. J'ai nommé M. Paul Loiseau qui m'a promis tout son concours et celui de son expérience. (Applaudissements.)

M. LE PRÉSIDENT. — La première question à l'ordre du jour est la suivante :

« *De l'équilibre à établir entre l'écoulement artificiel*
« *des eaux pluviales et les ressources que présentent*
« *les collecteurs naturels pour l'écoulement de ces eaux.* »
(Question proposée par la Société de géographie de Tours.)
La parole est à M. Trochon, pour l'exposition de cette question.

M. TROCHON. — Messieurs, la question que je vais avoir l'honneur de traiter devant vous est une question absolument spéciale et technique ; c'est une question de géographie pure, une question d'ingénieur. A la Société de géographie de Tours, nous l'avions confiée aux bons soins et à l'étude particulièrement intelligente et profonde de M. le lieutenant-colonel Blanchot qui, depuis le Congrès de Toulouse, n'a pas cessé de suivre avec assiduité et activité les Congrès nationaux des Sociétés françaises de géographie.

M. le lieutenant-colonel Blanchot, après avoir étudié la question toute cette année, nous avait fait un rapport que nous avions adopté à l'unanimité et que nous l'avions chargé de soutenir devant le Congrès national de Bourg.

Les exigences du service militaire ont empêché M. Blanchot de venir représenter la Société de Tours, son rapport à la main, et c'est pourquoi je suis aujourd'hui son suppléant.

A ce propos, avant de vous lire le rapport de M. le lieutenant-colonel Blanchot sur cette question spéciale des eaux qu'il a étudiée d'une façon très remarquable, je tiens à exprimer au Congrès, en son nom, tous ses regrets bien vifs et bien profonds de ne pouvoir se trouver au milieu de vous, et je suis convaincu que le Congrès s'associera à mes regrets personnels de ne pas le voir siéger parmi nous pendant cette session. (Applaudissements.)

A ce propos, je vous dirai que la discussion sur la colonisation ayant eu lieu avant mon arrivée à Bourg, retardée par des circonstances imprévues, le rapport que nous avions préparé à la Société de Tours, et qui était rédigé par M. Blanchot, n'a pas pu être lu. Par conséquent, vous n'avez eu, à la réunion de mardi dernier, que l'expression des idées d'un de nos confrères, idées qui ne pouvaient en rien nous engager et qui lui restent *absolument personnelles*. Le Congrès sera assez bienveillant pour entendre demain matin la lecture du rapport officiel que M. le colonel Blanchot m'a chargé de déposer et dont les conclusions, si je suis bien informé, sont conformes à celles qui semblent avoir été, implicitement au moins, adoptées par le Congrès, avec cette différence que le Congrès a simplement et d'une manière encore indirecte, admis le principe, et que notre rapport a indiqué non seulement le principe, mais encore les voies et moyens d'action. Par conséquent, demain, après la lecture du rapport de M. Blanchot, le Congrès, qui a pu goûter le principe, pourra, s'il le juge convenable, adopter également, et ce *dès maintenant*, les voies et moyens pour l'application du dit principe.

Voici ce que dit le rapport, dont j'ai annoncé la lecture, sur notre question actuelle :

### Rapport sur la question soumise au Congrès

« *De l'équilibre qu'il convient d'établir entre l'écoulement des eaux de pluie et la capacité des collecteurs naturels.* »

Les eaux de pluie tombant sur le sol sont, aussitôt après leur arrêt à la surface, soumises à trois actions :

L'évaporation ;

L'infiltration ;

L'écoulement.

La nature, livrée à elle-même, la nature vierge donne à ces trois phénomènes des importances relatives qui ne sont pas livrées au hasard, mais calculées, réglées de manière à établir entre chacun d'eux un rapport qui varie avec chaque contrée et qui est nécessaire à la bonne régularité des phénomènes météorologiques d'une part, à l'entretien convenable de la croûte terrestre de l'autre, et enfin à la bonne conservation des collecteurs des eaux en excédent.

Si l'industrie humaine s'attache à rompre ou à modifier cette harmonie naturelle, si elle change les proportions qui doivent exister entre les trois phénomènes auxquelles les eaux sont soumises, le résultat de ce travail ne peut être qu'au détriment du bon fonctionnement des choses de la nature. Il y a un équilibre détruit, et conséquemment des effets mauvais sont produits.

Or, l'homme, depuis nombre d'années surtout, a une tendance presque constante à faciliter, à accélérer l'écoulement des eaux. J'ajouterai qu'il a augmenté dans des proportions considérables la quantité qui doit s'écouler, au détriment des quantités qui sont destinées à alimenter les deux autres phénomènes nécessaires, l'évaporation et l'infiltration.

Il a détruit en grande partie les forêts, les landes, les broussailles, et a par ce fait diminué considérablement la quantité d'eau destinée à l'évaporation. En effet, l'eau qui serait restée adhérente à l'immense surface que présentaient les rameaux et les feuilles, restait ainsi en contact avec l'atmosphère jusqu'à évaporation complète ; si bien qu'une chute d'eau d'importance moyenne était tout entière évaporée et qu'une infime partie arrivait jusqu'au sol, il n'y avait donc qu'une infiltration très minime et pas le moindre écoulement.

Par la suppression des obstacles qui recouvraient la

surface du sol et, sur les terrains inclinés, ralentissaient l'écoulement, on a diminué l'infiltration, augmenté en conséquence l'écoulement et accéléré son mouvement.

Non content d'avoir détruit les forêts et les maquis pour se donner des terres de labour et des pâturages et avoir, d'autre part, augmenté la masse d'eau qui envahit à certains moments ces terres conquises inconsidérément, on recherche tous les moyens possibles pour se débarrasser, le plus rapidement possible et avec certaine apparence de logique, de ces eaux encombrantes. On diminue encore davantage l'évaporation et l'infiltration.

La seule pensée du cultivateur, aussi bien même de l'industriel, consiste à rejeter au loin les eaux qu'il trouve gênantes sur le moment, autour de lui.

Quelles sont les conséquences de cette action ?

Par la suppression, ou tout au moins la diminution considérable de l'évaporation, on a transformé la météorologie locale. Les terres sont desséchées et l'atmosphère ambiante l'est conséquemment encore davantage. Il en résulte un défaut d'équilibre dont le rétablissement momentané, par le passage de masses atmosphériques chargées de l'évaporation fournie par les mers, produit des chutes d'eau qui sont souvent des catastrophes, et en tous cas, ont modifié profondément nos saisons. Non content d'avoir ainsi augmenté la masse des eaux qui doivent s'écouler, ce que nous appelons, avec un ridicule orgueil, le génie humain s'attache, d'autre part, à modifier de la façon la plus déplorable les conditions d'après lesquelles peut s'effectuer cet écoulement.

Ce que, dans notre suffisance, nous sommes convenus d'appeler le génie humain, s'attache en outre à détruire les lacs, les mares, les étangs, les marais, ces grands réservoirs mis fort à propos par l'Architecte de notre édifice terrestre, sur tous les paliers de sa surface, afin de servir de modérateur à la vitesse des eaux et diminuer la capacité et la vitesse de leur écoulement.

La tendance constante est donc de se débarrasser, le plus rapidement possible, des eaux de pluie et de les faire gagner les collecteurs qui ont mission de les verser dans la mer.

Il eût été, tout au moins, logique d'approprier ces collecteurs à ce surcroît de travail, d'agrandir, si c'était possible, leur capacité. On a fait et on fait chaque jour le contraire. On comble leur lit en y portant tous les débris que l'homme produit, tous les matériaux qui l'encombrent ; et cette œuvre s'accomplit pour tous les cours d'eau, ruisseaux, rivières, fleuves. Non content d'encombrer leur lit, on le rétrécit en l'enfermant dans des digues ; ce qui accélère encore leur encombrement, car dans leurs crues, les cours d'eau ne peuvent plus déposer lentement et régulièrement sur les plaines qu'ils parcourent les matières que portent leurs eaux.

L'homme détruit donc méthodiquement les conditions matériélles naturelles qui doivent assurer l'équilibre nécessaire à la bonne conservation du sol qu'il exploite, et même garantir son existence et sa propriété.

C'est contre cette œuvre qu'on a déjà cherché à lutter, et c'est sur cette lutte que nous avons songé à appeler l'attention du Congrès de géographie ; car les considérations sociales et économiques, avec lesquelles il faut compter, sont solidaires de la géographie et doivent dépendre d'elle.

Nous n'avons fait, dans ce court rapport, qu'esquisser à grands traits cette importante question dont la solution ne peut être obtenue que par un travail lent et méthodique.

Aussi, nous proposons au Congrès le projet suivant qui n'est qu'à l'état d'ébauche, et nous demandons que nos collègues veuillent bien le formuler d'une façon précise, s'il adopte la pensée générale qui l'anime. Ce projet a, du reste, et doit avoir dans notre esprit le même caractère que celui que nous avons proposé pour la colonisation en France :

« Créer dans chaque département des Commissions de composition appropriée au but à atteindre, aux études et aux recherches à faire, qui fonctionneront dans les cantons, les chefs-lieux d'arrondissement et de département, sous l'inspiration, le patronage, ou tout au moins avec le concours des sociétés de géographie et de géologie.

« Ces Commissions rechercheront tous les actes, les entreprises, les travaux qui auraient pour effet de détruire l'équilibre nécessaire et raisonné entre les chutes d'eau et leur écoulement, s'efforceront, par tous les moyens de persuasion ou d'enseignement de les empêcher ou de les diriger, et au besoin les signaleront aux pouvoirs publics compétents. Elles s'efforceront surtout de rechercher les remèdes locaux à apporter aux situations mauvaises et dangereuses, et d'en obtenir l'application ».

L'action constante et persévérante de ces Commissions, étendue sur toute la France, ne détruira certainement pas le mal accompli, mais tout au moins l'atténuera dans de grandes proportions et l'empêchera de se développer.

Nous considérons encore que cette œuvre est nationale, patriotique et qu'elle ne pourra qu'honorer nos sociétés et le Congrès qui l'aura créée.

M. LE PRÉSIDENT. — Après la lecture du rapport que vous venez d'entendre, j'ouvre la discussion sur la question qui vient d'être traitée...

M. DELESTRAC, *ingénieur des Ponts et Chaussées*. — Je n'ai qu'un mot à dire, ou plutôt qu'une question à adresser au sujet du vœu qui vient d'être indiqué. Je désirerais que l'on précisât un peu plus le vœu que l'on vous propose d'adopter. Il existe des lois et règlements spéciaux en ce qui concerne la matière qui vient d'être traitée, et d'une façon générale, ces lois et règlements sont soumis à la surveillance de l'autorité publique. Il peut y avoir des infractions qui échappent à tout contrôle, mais quand elles sont signalées on y remédie. La commission, que l'on demande de créer, a-t-elle pour but d'augmenter cette police et de signaler mieux qu'auparavant les cas dans lesquels il faut que l'autorité intervienne ? Je ne comprends pas très bien le but dans lequel ces commissions seraient instituées. Sont-ce des études techniques qu'elles auront à faire ? Ou bien les institue-t-on pour qu'elles se suppléent à l'action de police qui appartient à l'administration publique ?

M. Trochon. — La réponse que l'on me convie à faire est extrêmement simple. Il est bien certain que, dans la plupart des cas, toutes les mesures sont prises, ou doivent être prises par l'administration des ponts et chaussées, et je vois que mon honorable solliciteur d'explications parle ici en ingénieur. Mais nous sommes dans un Congrès de géographie et nous n'entrons pas dans une discussion relative à l'effet plus ou moins considérable des règlements apportés par l'administration des ponts et chaussées en ce qui concerne les eaux. Je dois donc dire ma pensée. Nous vivons, dans le département d'Indre-et-Loire, exposés à des crues périodiques qui ont entraîné chez nous des désastres considérables. Nous avons effectué des travaux immenses pour établir des digues et le Conseil général et le Service des ponts et chaussées ont fait, je dois le dire, tout ce qu'il a paru, en l'état, possible de faire dans l'intérêt général pour empêcher le retour de ces inondations et de ces crues, dont vous avez conservé tous le souvenir. Mais, qu'il me soit permis de le dire, il ne me paraît pas que ces assemblée et administration, quelle que soit leur bonne volonté et quelles que soient les mesures qu'elles prennent — et elles les prennent, je le reconnais, au mieux des intérêts généraux, — soient arrivées à un résultat absolument pratique. Nous avons dans le département d'Indre-et-Loire beaucoup d'inondations : eh bien, pour ne nous occuper ici, que d'un seul côté de la question, celui de la survenance des crues et de ses suites, à quels résultats sommes-nous arrivés avec toutes les lois, toutes les ordonnances et tous les règlements administratifs ? C'est que nous n'étions jamais informés de ces crues que quand elles s'étaient produites. Il y a un système parfaitement organisé sur le papier. On doit s'envoyer de place en place des signaux indiqués d'une façon particulière ; les personnes compétentes doivent s'adresser des dépêches télégraphiques, etc. Tout cela demande du temps et aussi une certaine préoccupation de la part de ceux auxquels incombe la responsabilité et qui ne savent pas si la crue est assez considérable, ou si elle ne l'est pas assez pour être obligés de prévenir les pouvoirs qui ont mission de s'opposer, dans la mesure possible, à l'effet de la crue. En 1866, une crue formidable de la Loire, moins forte cependant que celle de 1856, s'est produite ; et les riverains n'en ont été informés que quand il n'était plus temps d'y porter remède.

En 1885, nous avons, nous, Société de géographie, mis au concours cette question des inondations et des crues et nous avons soulevé le problème de la prévention par certains travaux contre ces fléaux, et aussi celui des moyens à employer pour prévenir les riverains de l'arrivée des crues et pour en empêcher l'action sur les propriétés de ces riverains. Nous ne sommes pas parvenus à des résultats satisfaisants, parce que les règlements administratifs sont toujours les mêmes et parce qu'il faut bien le dire, dans beaucoup d'administrations, dans celle des ponts et chaussées, tout ce qui n'a pas été élaboré par l'administration elle-même ne doit pas être mis en application. Nous avons eu un mémoire qui nous a révélé d'excellentes choses et nous sommes arrivés à cette conclusion que le système devait être changé parce qu'il n'était pas satisfaisant.

Nous voyons qu'il y aurait moyen d'arriver à une réglementation, à un ensemble de mesures tout autres, et nous estimons que les commissions, auxquelles le Congrès donnerait mission de chercher cette réglementation, ces mesures, pourraient les découvrir... Nous disons qu'il y aurait peut-être possibilité d'empêcher le mal en empêchant la cause du mal, c'est-à-dire notamment, de faire en sorte que les eaux de pluie ne viennent pas en aussi grande abondance, poussées par certains propriétaires riverains ou des amis de certains systèmes particuliers, dans le lit naturel de la rivière. Si les eaux des pluies venaient en moins grande quantité dans les rivières, les inondations seraient certainement moins considérables.

Ces questions sont à étudier avec le concours des administrations publiques, et, en ce qui me concerne, je connais assez les ingénieurs des ponts et chaussées de la Touraine pour être absolument assuré de leur concours.

Ce qu'ils ont fait jusqu'ici, ils l'ont fait pour le mieux ; ils n'ont pas d'intérêt à faire le contraire ; ils sont là pour le bien de l'Etat et des particuliers, et ils ont adopté la manière d'opérer qu'ils ont cru la meilleure. Eh bien, elle n'est même pas la meilleure. C'est pour cela que, sans chercher un système que nous ne pouvons pas prévoir à l'avance, nous pensons que l'organisation de commissions comme celles que nous proposons, et dans lesquelles les ingénieurs des ponts et chaussées ont la part la plus grande, nous permettra de satisfaire, en pareille matière, les populations et d'arriver à un autre moyen d'action que les décrets et ordonnances que nous ne croyons pas suffisants. Nous demandons donc que le Congrès de géographie adopte l'organisation des commissions que nous avons signalées dans notre rapport, afin que du travail de ces commissions, réparties sur toute l'étendue du territoire national, ressorte un résultat appréciable, utilisable dans l'intérêt général de la nation. Je suis convaincu que, si cette grande enquête organisée par les Sociétés de géographie en suite du vœu du présent Congrès, aboutit, les pouvoirs publics et l'administration des ponts et chaussées seront les plus enchantés des résultats que nous aurons obtenus. (Applaudissements.)

M. Delestrac, *ingénieur des ponts et chaussées*. — Je n'avais pas l'intention de poser la question sur le terrain administratif ; je demandais un simple éclaircissement. D'après ce que vient de dire M. Trochon, les points, qui prêteraient surtout à la critique, seraient le mode d'avertissement des crues, et la réglementation qui les concerne. Je ne fais aucune objection à ce que l'on étudie partout les moyens les meilleurs d'améliorer les modes d'avertissements.

Je connais peu, du reste, leur organisation en ce qui concerne la Loire. Quant à la réglementation, elle nous est imposée par des lois dont l'application nous gêne bien souvent, surtout par rapport à la répression ; mais ce n'est pas nous qui les avons faites, je ne fais donc pas d'objection non plus à ce que tout le monde concoure à les rendre meilleures pour améliorer le régime des eaux et assurer la prévision des inondations. Mais il m'a semblé que le vœu formulé était bien vague, et je me demande s'il ne vaudrait pas mieux préciser davantage ce que chaque commission aurait à rechercher. S'il s'agit d'une question aussi ardue que celle de la répression, je me demande si des commissions, établies dans chaque canton, seraient plus aptes à la discuter qu'une commission générale. Ce que je voudrais, c'était un peu plus de précision dans la formule du vœu qui ne me paraissait pas bien claire.

M. BARBIER. — Je dois d'abord féliciter la société de géographie de Tours d'avoir, pour la première fois, introduit dans nos programmes un ordre d'idées qui touche de près à la géographie physique. — J'ai des tendresses pour la géographie physique — ; et voici en quoi je trouve que cela tient à la géographie physique :

Il y a là, comme l'ont dit M. Trochon et M. l'ingénieur des ponts et chaussées, deux ordres de questions : question de réglementation et question de remède ou plutôt de suppression de la cause. Est-ce que, parmi ces causes, n'entrent pas, pour beaucoup, le changement des lits des rivières, l'ensablement de ces lits ? N'est-ce pas à cela qu'il faut s'attaquer, si l'on veut s'attaquer à la cause ? Ne supprimerait-on pas ainsi les conséquences ? et dès lors les réglementations s'arrangeraient toutes seules. L'homme technique qui est ici ne croit-il pas que de ce côté il n'y aurait rien à faire ? Je crois me rappeler que, dans bien des endroits, il y a des obstructions, des ensablements qui, au lieu de diminuer, ne font que croître et embellir ; n'est-ce pas à cela qu'il y aurait lieu de s'attaquer ? Si vous fournissez un écoulement suffisant à la masse d'eau qui se présente l'inondation en sera d'autant amoindrie. C'est à ce point de vue peut-être qu'il conviendrait de préciser un desideratum. N'est-ce pas de ce côté, parmi les causes qui entrent pour beaucoup dans les désastres des inondations, que le congrès devrait porter son attention ?

M. LE COMMANDANT QUÉVILLON. — Le vœu, que vient de proposer la société de géographie de Tours, a pour sanction l'établissement d'une commission. Je demanderais à la société de géographie de Tours de vouloir bien nous indiquer, en quelques mots, la composition et le fonctionnement de cette commission ; l'une et l'autre ne paraissent pas également faciles.

De plus, quelle sera la part d'influence des sociétés de géographie dans l'enquête faite par ces commissions ? La société de géographie de Tours entend-elle donner à un congrès de géographie le soin de se prononcer sur les résultats de cette enquête ? Les commissions devront-elles comprendre des membres des sociétés de géographie ? C'est un simple éclaircissement que je demande. Comme c'est là la sanction du vœu, il me paraît nécessaire qu'il soit explicite.

M. TROCHON. — Il est absolument certain que la société de géographie de Tours n'a pas l'intention de proposer au congrès la mission de nommer des commissaires qui imposeraient leurs solutions à personne ; elle a voulu seulement appeler l'attention du congrès sur une question des plus importantes, et comme l'a fort bien dit M. le secrétaire général de la Société de géographie de l'Est, sur une question de géographie physique, comme il s'en est présenté peu d'aussi spéciales depuis le commencement du congrès. La société de géographie de Tours demande que, pour parer à des inconvénients qui ne sont contestés par personne, les pouvoirs publics nomment des commissions chargées d'étudier les meilleurs moyens d'empêcher le retour des désastres produits par les inondations. Je suis absolument certain que, dans le département d'Indre-et-Loire, l'administration des ponts-et-chaussées s'empressera de faire entrer dans ces commissions des membres de la société de géographie de Tours. Nous demandons donc que les pouvoirs publics, renseignés par l'administration des ponts-et-chaussées, instituent des commissions composées des personnes qu'ils jugeront convenable ; que ces commissions étudient à fond ces questions qui ne me semblent pas avoir encore été suffisamment élucidées ; puis, qu'après l'élection des commissaires et la réception de leurs rapports, les mêmes pouvoirs, sous leur responsabilité, prennent les mesures qu'ils croiront utiles. Une fois le travail fait, il me paraît difficile qu'on trouve que les règlements dont parlait M. l'Ingénieur en chef ne sont pas suffisants, qu'on ne les modifie pas, et que, à chacun des points de vue du rapport de M. le colonel Blanchot, si elle trouve qu'il y a quelque chose à faire, elle ne le fasse pas.

Notre œuvre est une œuvre de prudence. Nous savons, par expérience, ce qu'il en coûte de ne pas parer à des inconvénients tant de fois signalés ; nous demandons qu'un obstacle soit placé devant ces inconvénients et qu'à côté du mal il y ait le remède ; nous ne nous opposons pas à ce que ce travail se fasse avec le concours de personnes qui, sous ces rapports, ont une mission spéciale, avec les ingénieurs des ponts-et-chaussées, et nous désirons que le tout se termine au mieux des malheureux intéressés.

M. LE COMMANDANT QUÉVILLON. — Nous sommes en parfait accord avec M. Trochon. Je le remercie de ses explications.

En résumé, ce sont les ponts-et-chaussées qui sont appelés à faire les travaux que les pouvoirs publics reconnaissent comme nécessaires. On peut donc leur laisser l'initiative des moyens à employer, et alors, il me semble qu'il serait plus correct de réclamer simplement des pouvoirs publics de s'intéresser à la question sans spécifier dans le vœu qu'il soit formé des commissions de canton ou d'arrondissement pour faire une enquête. Les pouvoirs publics feront faire cette enquête comme ils l'entendront. Si je vois un peu plus de correction en supprimant cette dernière partie du vœu, c'est que des commissions, qui auraient été nommées dans le sens qu'indique la société de Tours, auraient à donner une solution qu'elles n'auraient pas ensuite à exécuter. Comme ce sont les ponts-et-chaussées qui doivent exécuter la solution de l'enquête, il me semble que ce sont eux qui doivent la faire, d'autant qu'ils ont entre les mains tous les éléments pour la mener à bonne fin. Il me paraît donc préférable de conclure le vœu comme suit : « en laissant aux pouvoirs publics le soin de prendre telle ou telle mesure qu'il leur conviendra ».

M. Trochon. — C'est justement parce que les pouvoirs publics n'ont pas pris toutes les mesures nécessaires, ou n'ont pas cru devoir les prendre, que nous demandons que ces questions soient tranchées dans notre sens par un vote du Congrès ; je parle de la Touraine...

M. Quévillon. — Si vous parliez des Pyrénées, vous auriez encore plus raison...

M. Trochon. — Je parle de la Touraine principalement, et M. le colonel Blanchot s'est occupé de la question à tous les points de vue parce qu'il a vu quelle était son importance dans ce pays. Lors des dernières inondations, nous n'avons pas trouvé, dans les mesures préventives de la réglementation administrative, les moyens d'empêcher de tels fléaux de se renouveler. Les travaux de précaution et la réglementation administrative ont été reconnus impuissants sous ce rapport. Il est vrai qu'il est fort difficile d'empêcher l'invasion du lit des fleuves ou rivières, tels que la Loire ou la Garonne ; par les torrents qui s'y précipitent, et les pluies venant grossir leur courant, l'eau monte toujours et finit par déborder. On ne peut admettre, d'autre part, que les règlements, faits par l'administration des ponts et chaussées pour prévenir les crues, soient suffisants ; ils ne le sont pas, car, encore une fois, je me souviens que des crues très importantes n'ont été signalées en vertu des modes d'avertissement spéciaux des ponts-et-chaussées, que le lendemain du jour où elles s'étaient produites. Il ne s'agit pas seulement d'annoncer les inondations quand elles sont venues, mais de les annoncer à temps pour permettre de les éviter ; il s'agit aussi et plus rigoureusement peut-être encore, de les prévenir.

M. Quévillon disait : Cela regarde l'administration des ponts-et-chaussées, elle est compétente pour cela. C'est possible ; mais, en Touraine, l'expérience nous a appris qu'elle n'était pas suffisamment ornée. Je serais fâché que l'administration pût voir dans le vœu quoi que ce soit qui lui fût hostile, et je déclare que nous serons très heureux de travailler d'accord avec elle. Ce que nous demandons, je le répète, c'est non seulement que l'on s'occupe de prévenir des inondations quand elles sont venues, mais encore qu'on recherche les moyens de les prévenir avant qu'elles ne se soient produites, au moyen d'un meilleur aménagement des eaux ou par des travaux techniques. Si les ponts et chaussées agissent seuls, ils n'agiront peut-être pas bien, parce qu'ils ont leurs règlements ; ils sont une administration constituée qui s'incline devant ces règlements qui viennent des pouvoirs publics, et qu'ils croient être les meilleurs. Que donc on renvoie notre vœu à l'administration, et il est possible qu'il reste dans ses cartons, et qu'il n'en sorte pas plus qu'une foule d'autres déjà émis par nous. Pour qu'il n'en soit pas ainsi et pour que nos congrès puissent rappeler de temps en temps cette résolution au Gouvernement avec plus de poids, il faut qu'ils puissent lui dire : Ce ne sont pas seulement les ingénieurs et l'administration des ponts et chaussées que nous avons conviés à étudier la question, ce sont encore tous les membres des sociétés de géographie. — Comme c'est une question vitale pour certains pays, nous faisons entrer dans les commissions cantonales ou départementales tous les ingénieurs ou membres de l'administration des ponts-et-chaussées qui demanderont à y être, pour faire profiter ces commissions de leur expérience ; mais nous voulons nous aussi nous y voir représentés, et nous entendons lorsque l'administration étudiera les procédés par lesquels jusqu'ici elle a cru empêcher les inondations, être là, apprécier comment les règlements sont discutés, pouvoir indiquer les bases mauvaises sur lesquelles on s'est appuyé jusqu'ici, et, comme sociétés de géographie, dans une question de géographie, faire acte de géographie.

J'espère que le congrès voudra bien ratifier ce que nous demandons ainsi.

M. Vibert. — A propos de cette question, qui est extrêmement grave et vieille comme le monde, je me permets de signaler, dans le rapport de M. le colonel Blanchot, un mot qui m'a paru exagéré, lorsqu'il attaque le progrès moderne qui fait peut-être du mal, mais qui fait beaucoup plus de bien. On peut le voir par les fleuves de l'Amérique du Sud qui sont sujets à de grandes inondations périodiques, qui sont l'œuvre de la nature et non pas de l'homme. Quoiqu'on prétende qu'il faille nous délivrer des Grecs et des Romains, il est souvent nécessaire de recourir à leur vieille expérience. Actuellement en Algérie, ce que l'on a de mieux à faire pour bien employer les eaux, c'est de suivre pas à pas les travaux des Romains et de les remettre en état. Cette importante question de l'aménagement des eaux demande à être étudiée non seulement dans le temps présent, mais encore dans le passé où nous retrouvons des exemples utiles. Ceci dit, j'ajouterai que, lorsqu'on veut résoudre une question, il faut la connaître à fond. Or, l'homme qui la connaît le mieux est le colonel Blanchot. Je crois que s'il nous présentait un travail d'ensemble complet, bien étudié, imprimé, les sociétés auraient là une base, un point de départ sérieux qui leur permettrait, à leur tour, de bien connaître la question, et de la discuter en toute connaissance de cause. Je serais donc d'avis que le congrès priât M. Blanchot de rédiger ce grand travail qui servirait de base aux travaux ultérieurs des congrès sur cette question.

M. Trochon. — Je n'ai aucune objection à faire à l'honneur que l'on propose de conférer à la société de géographie de Tours en la personne de M. le colonel Blanchot ; mais les sociétés de géographie pourraient aussi faire autre chose, ce serait de lui faciliter sa tâche, en étudiant également la question. En ce qui le concerne, M. Blanchot étudierait le bassin de la Loire et de la région qu'il habite et les autres sociétés de géographie se livreraient à la même étude, chacune dans sa région respective.

Par conséquent, je ne vois pas là qu'il y ait d'objection à faire à la nomination de futures commissions. Vous comprenez bien que nous n'en dictons, en aucune façon, la composition ; il suffira que le Congrès renvoie préalablement s'il le veut cette question à l'examen des Sociétés de géographie, afin qu'au prochain congrès un rapport soit présenté par les personnes compétentes.

Si le congrès préfère simplement à la nomination des commissions que nous avons cru devoir indiquer, une enquête faite par les diverses sociétés de géographie de France qui, au prochain congrès, viendront faire leur rapport, je n'y contredis pas. J'ai cependant une remarque à faire : l'année dernière, au congrès du Hâvre, on avait mis notamment à l'ordre du jour deux questions : la question de la colonisation dans la France continentale, et celle des voies et moyens à employer par les sociétés françaises de géographie pour étendre leur influence et rendre leur action plus efficace. C'est la société de géographie de Tours qui avait proposé l'étude de ces questions. Il devait être fait une vaste enquête sur tout le territoire et chaque société devait arriver avec un rapport. Or, de toutes les sociétés qui devaient venir avec un rapport sur la question de la colonisation intérieure, il n'y en a que deux qui en aient préparé : la société de Tours, rapport de M. le colonel Blanchot que je lirai demain, et la société de Toulouse, rapport de M. le commandant Quévillon : les autres sociétés n'ont pas cru devoir se préoccuper d'une façon particulière de cette question, et faire un rapport. Je crois qu'il en sera de même à propos de celle relative à l'extension de l'influence des sociétés de géographie, et, si nous mettons de nouveau à l'ordre du jour de toutes les sociétés la question si grave que je viens de traiter tout à l'heure, je me demande si, l'année prochaine, ou à toute autre date à laquelle le congrès se réunira, nous aurons plus de rapports que nous n'en avons eu cette année sur la question de la colonisation intérieure et sur celle de l'influence des sociétés de géographie. Somme toute, nous reculons toujours ; est-ce pour mieux sauter ? pourquoi renvoyer toujours à des dates ultérieures des discussions vitales qui ne permettent pas d'attendre ?

Et, en ce qui concerne les inondations qui pourront se produire, dès l'année prochaine, ne serait-il pas intéressant, pour la science géographique, et pour ceux qui en font leur étude, que le gouvernement dise : J'ai prescrit telle ordonnance ; j'ai modifié des conclusions précédemment prises, des décisions rendues, parce que le congrès de géographie a dit que ces questions devaient être étudiées et que du travail des commissions instituées par moi sur son initiative, nous sommes déjà arrivés à un ensemble de mesures qui rend moins préjudiciables les inondations qui se sont produites.

Pour la question de la colonisation, de l'assimilation ou de l'autonomie des colonies ? M. Isaac vous disait : Mais on ne peut pas attendre. Si vous attendez à l'année prochaine, il se peut que le Gouvernement ait pris une décision, auparavant et alors votre vœu serait bien mal venu.

Je vous dirai la même chose en ce qui concerne la question de l'aménagement des eaux. Statuons dès maintenant. Quel inconvénient y voyez-vous ? Pour calmer les scrupules de MM. les Ingénieurs des ponts-et-chaussées, je dirai que le Gouvernement, qui nommera ces commissions, sait que nous ne voulons pas imposer des décisions, mais que nous désirons simplement émettre un vœu pour appeler son attention sur ce point. Dans ces commissions en question, il fera entrer le plus d'ingénieurs possible. Quel inconvénient encore une fois y voyez-vous ? ces questions seront étudiées par les hommes les plus compétents et par les sociétés de géographie. Du choc des idées jaillira la lumière ; et, l'année prochaine, s'il se produit des inondations, si, avant ces inondations, les rapports ont pu être faits, si le Gouvernement a pris des décisions, si les crues sont déjà moins intenses, c'est à vous, au congrès de géographie qu'en reviendra tout l'honneur. (Applaudissements.)

M. Vibert. — Je me suis mal expliqué ou vous vous êtes mépris sur ce que je disais. Les formes de procédure importent peu dans l'espèce. Je ne m'oppose pas le moins du monde à ce que les sociétés de géographie s'occupent immédiatement de la question. Je disais simplement : Emettez ce desideratum que, M. le colonel Blanchot, connaissant à fond la question, ait la bonté de présenter plus qu'un vœu, mais un travail, fait avec toute sa compétence, et qu'il ait la bonté d'envoyer ce travail imprimé à toutes les sociétés de géographie qui auront ainsi une première base d'études. Ce travail peut être fait dans un mois ou deux, et cela n'empêchera pas le congrès de voter aujourd'hui le vœu relatif à la création des commissions dont il s'agit, qui, une fois qu'elles seraient instituées, si elles le sont, pourraient commencer leurs études en se basant sur le travail de M. le colonel Blanchot.

M. Trochon. — Si le congrès émet ce vœu, le colonel Blanchot enverra un rapport; mais, en même temps, les commissions seront nommées et fonctionneront ; les ingénieurs seront saisis de la question, d'accord avec des membres des sociétés de géographie et tous se hâteront de faire connaître leur opinion. Je ne vois pas ce qui peut empêcher la solution, dans le sens qu'indique la Société de Tours, d'une question aussi importante. Si j'insiste autant, c'est à cause de l'intérêt particulier que nous avons à combattre le fléau des inondations en Touraine. Nous avons proposé une solution, nous la croyons bonne ; ce qu'a dit M. Vibert n'est pas une réfutation topique de nos conclusions ; nous pouvons marcher d'accord avec lui. Il demande en plus un rapport de M. le colonel Blanchot ; c'est un honneur pour le colonel ; ce rapport sera fait, mais cela, je le répète, ne saurait empêcher que, dès maintenant, suivant les formes que j'ai dites, on se préoccupe de la question, d'accord avec l'administration des ponts et chaussées et les plus autorisés de nos confrères. Ce que nous demandons, c'est que, en outre de M. le colonel Blanchot, dont le nom vient d'être mis en avant, les sociétés de géographie et l'administration s'occupent également de la question immédiatement, parce que c'est une question pratique, une question de géographie, une question qui nous intéresse au dernier point, parce que nous avons jusqu'ici trop souffert. (Applaudissements.)

M. G. Loiseau. — Avant de répondre à notre collègue, M. Trochon, je voudrais vous annoncer la bonne fortune qui nous arrive en la personne de M. Gauthier, explorateur de l'Indo-Chine, le premier qui est descendu pendant 2.200 kilomètres le Mék-hong. Il vient de rentrer en France il y a quelques mois et il a bien voulu oublier les fatigues de son voyage pour venir déposer sa carte de visite au congrès de géographie. Au nom de la société de géographie de l'Ain et du congrès, je voudrais l'inviter à venir siéger au bureau pendant la séance de ce soir, et le prier de vouloir bien se rappeler quelques pages de son voyage pour nous les communiquer, soit aujourd'hui, soit à la séance de demain. Marques unanimes d'approbation.)

M. Vibert. — Le congrès n'a plus à disposer que de deux soirées. Ayant la bonne fortune de posséder M. Gauthier au milieu de nous, je voudrais lui céder mon tour de parole ce soir, et lui demander s'il voudrait bien faire une conférence ce soir vendredi, en mon lieu et place.

M. Gauthier. — Je préférerais vous faire cette petite communication demain, attendu que je ne suis nullement préparé à parler aujourd'hui même...

M. G. Loiseau. — C'est entendu. N'ayant pas assisté à la lecture du rapport de M. le colonel Blanchot sur la question proposée par la société de Tours, concernant l'équilibre à établir entre l'écoulement artificiel des eaux pluviales et les ressources que présentent les collecteurs naturels pour l'écoulement de ces eaux, je n'ai pas pu saisir entièrement l'importance de la question et je ne suis pas bien préparé à répondre.

Cependant, je crois qu'il s'agit là d'une de ces questions complexes comme il en a déjà été étudié à ce congrès, et notre société l'a envisagée d'une certaine façon. Nous nous sommes demandé quelle était exactement l'importance de cette question ; si elle se rattachait à un ordre d'idées générales ou à un ordre d'idées locales, ayant rapport soit aux conditions climatériques et physiques de la Touraine, ou de toute autre région particulière de la France, soit aux mêmes conditions climatériques et physiques de la France entière.

S'il s'agit d'un ordre d'idées locales, la société de géographie de l'Ain peut être admise à faire valoir les idées qu'elle préconise. Notre département se compose de deux parties très distinctes et très remarquables : d'un côté, la Dombes, la Bresse, ou partie plate, de l'autre les montagnes du Bugey.

Appliquant à la Dombes la question posée par la société de Tours, nous nous sommes demandé si cette société, par une amabilité de plus en notre faveur, n'avait pas en vue, en posant cette question, le desséchement des marais, des étangs des Dombes, et nous disions que, s'il en était ainsi, il était bien facile de rassurer nos collègues à cet égard.

Il court en France une petite légende sur les Dombes que je ne voudrais pas réhabiliter ici ; je n'en ai pas l'autorité ; mais si j'avais eu le temps de réunir les documents nécessaires, j'aurais pu vous prouver, la statistique à la main, que les Dombes ne comprennent pas autant de mètres carrés d'étangs qu'on le croit, et qu'elles ne constituent pas un pays aussi pernicieux qu'on se l'imagine. La longévité humaine y est aussi longue que dans toute autre contrée réputée par son climat salubre.

La question ne s'appliquant pas aux Dombes, elle se posait peut-être pour la montagne : ici, je crois que nous sommes intéressés à la question, dans l'ensemble complexe de laquelle la société de géographie de Tours a sans doute voulu envisager le reboisement des montagnes...

M. Trochon. — Parfaitement.

M. G. Loiseau. — Le déboisement étant la cause première des inondations qui ont sévi, là encore, je ne serai pas de l'avis de M. Trochon qui demande qu'il soit fait quelque chose, car je puis bien dire qu'il a été fait beaucoup, et qu'au lieu d'un vœu à formuler, nous n'aurions que des encouragements à donner...

M. Trochon. — Chez vous.

M. G. Loiseau. — Chez nous, et je crois pouvoir dire partout. Je m'explique : ceux de nos collègues, qui ont été à Toulouse, se rappellent qu'à l'issue du congrès, une excursion, dans le genre de celle qui doit avoir lieu dans quelques jours, fut organisée dans les Pyrénées, sous la direction de M. Blanchot. M. Blanchot nous fit voir sur place tous les effets néfastes du déboisement des montagnes ; mais, en même temps qu'il nous montrait le mal, il nous montrait le bien ; des efforts gigantesques, proportionnés aux ressources, faits, et par l'administration des pont et chaussées, et par le service vicinal des agents-voyers, et par l'administration forestière, et, à l'heure actuelle, ceux qui ont été à Bagnères-de-Luchon, se rappellent le splendide et merveilleux barrage de Laon-des-Bas construit avec le minimun de frais par les ponts et chaussées et par l'administration forestière.

Les grands travaux exécutés dans les Pyrénées sont une indication des visées du gouvernement en ce qui concerne le reboisement des montagnes, et de l'intention qu'il a, ainsi que l'administration supérieure, de prévenir les sinistres effets des inondations de la Garonne, qui sont d'autant plus à craindre qu'elles se produisent brusquement, sans s'annoncer.

Dans les Alpes, il a été fait beaucoup. Nous avons la bonne fortune d'avoir pour présider notre congrès M. de Mahy, qui, lorsqu'il était ministre de l'agriculture, a fait un voyage tout spécial pour encourager le reboisement des Alpes. Il les a longées du sud au nord, depuis Nice jusqu'à la Grave dans les Hautes-Alpes et depuis la Grave en descendant, jusqu'à Grenoble, prêchant partout le reboisement des montagnes.

Le voyage de M. de Mahy et son exemple ont porté leurs fruits, et les membres des sociétés de géographie, qui assisteront à l'excursion finale du Congrès, pourront voir, dans une vallée de l'Ain, dans la vallée de la Valserine, les travaux déjà faits pour empêcher les irruptions soudaines des torrents qui enlèvent les terres, arrachent les rochers, et finissent par transformer une vallée fertile en un lieu aride et dévasté.

C'est pourquoi je voudrais qu'au lieu d'inviter le gouvernement à faire quelque chose, le vœu fût plutôt une formule de félicitations pour ce qui a déjà été fait.

L'administration supérieure a beaucoup d'affaires sur les bras, et nous aurions tort de sembler la critiquer de ce qu'elle a déjà essayé de faire ; il vaudrait mieux rédiger le vœu, de telle sorte qu'il fût un encouragement à continuer, en même temps qu'une formule de félicitation, comme je viens de le dire, pour ce qui a été fait. Ceci dit, je me rallierai à la demande de M. Trochon concernant les travaux à faire en Touraine. Cependant il a été fait beaucoup aussi pour la Loire. Ceux qui ont assisté au Congrès de Nantes il y a deux ans, et qui ont descendu la Loire de Nantes à Saint-Nazaire avec M. Bouquet de la Grye, chef du service hydraulique au ministère de la marine, celui de tous les Français qui connaît le mieux la Loire, peuvent se rappeler les renseignements donnés par M. de Mahy à bord du navire qui nous transportait à Saint-Nazaire. M. de Mahy est compétent en ces matières, puisque c'est lui qui a le plus réclamé pour le reboisement. Et il estimait que l'enlisement périodique de chaque année de la Loire, diminuait progressivement d'environ cinq centimètres par an. Ce fait est extrêmement important, il ne s'agit pas là de barrages à faire comme pour l'entrée du Havre ; il s'agit de travaux préservateurs, de mesures d'ordre, des travaux de reboisement et de défrichement de montagnes à préconiser et c'est peut-être le meilleur moyen d'assurer le service de la navigation intérieure de la France.

Je ne sais si ces travaux ont été continués pour la Touraine, mais ce que je puis affirmer, pour l'avoir vu, soit dans les Alpes, soit dans le Jura, soit dans le bassin de la Garonne, soit dans celui de la Loire inférieure, c'est qu'il a été fait beaucoup. C'est pourquoi je réitère ma demande que le vœu à émettre ne soit pas un vœu de critique ou un vœu d'initiative — à cet égard l'initiative appartient au gouvernement — mais qu'il soit un vœu formulant des félicitations et portant un encouragement à continuer pour obtenir l'état des choses que nous désirons tous. (Applaudissements.)

M. Trochon. — J'étonnerai peut-être beaucoup M. Loiseau en lui disant que nous ne sommes pas loin d'être d'accord. Supposez-vous que le vœu, que nous avons proposé, soit une critique contre les travaux qui ont été faits ? Loin de moi une telle pensée : au contraire, partout où les travaux ont été faits, remerciements profonds ; et, notamment en ce qui concerne, je ne dirai pas les résultats obtenus, mais les efforts qui ont été tentés sur la Loire, remerciements encore : le gouvernement a bien compris qu'il lui importait d'assurer la sécurité des populations rurales qui habitent les bords de fleuves qui sont plutôt des torrents que des fleuves, et il a cherché à prendre toutes les mesures qu'il pensait pouvoir prendre. Pas de critique non plus en ce qui concerne le reboisement des montagnes : non ; et justement dans les commissions dont nous demandons que fassent partie des hommes compétents, cette question de reboisement sera particulièrement étudiée pour les régions qui n'ont pas encore bénéficié de ce reboisement.

On nous disait tout à l'heure qu'il y avait certaines parties de la France, notamment l'Ain, où le reboisement a produit ses effets ; d'accord : et l'on nous a cité le nom de M. de Mahy. Ici, je ne suis pas fâché de l'occasion que vous venez de nous offrir, pour rendre en mon nom et au nom de mes collègues, un éclatant témoignage à la valeur scientifique et au patriotisme éclairé dont notre honorable président a fait preuve, soit dans ses fonctions de ministre de l'agriculture, soit dans ses fonctions plus délicates peut-être et que malheureusement il a conservées trop peu de temps, de ministre de la marine et des colonies. (Applaudissements.) Mais, malheureusement aussi, M. de Mahy n'est pas resté assez longtemps au ministère de l'agriculture, et il n'a pas pu faire tout le bien qu'il voulait et que ses attributions, la nature, lui imposaient chaque jour le devoir de faire. Si, dans l'Ain, des reboisements ont été faits, il n'en est pas de même partout.

Voilà pourquoi nous appelons l'attention des pouvoirs publics sur ces questions que vous appelez complexes. Elles sont fort simples. La critique est aisée et l'art est peut-être difficile, et je vous défie d'indiquer quelle est la partie de notre vœu qui peut se scinder, et comment il pourrait se faire, qu'étudiant une partie, on ne devrait pas étudier l'autre ; l'une et l'autre se tiennent, se touchent, se collent, permettez-moi l'expression, l'une à l'autre ; si M. Loiseau veut bien me passer une expression de nos communes études juridiques, elles adhèrent *sicut os cuti*. Il est impossible de séparer des questions qui se groupent l'une près l'autre. Ce sera l'expression dernière de ma pensée, je n'y reviendrai pas.

En résumé, ce que demande avec instance la Société de géographie de Tours, c'est que des commissions soient nommées, composées même de qui vous voudrez, peu importe la façon dont le vœu pour le détail soit rédigé ; en définitive c'est le principe que nous voulons sauvegarder. Ce que nous réclamons, c'est que, dans les pays où il n'y a plus rien à faire, on adresse des remerciments à tous ceux qui ont fait quelque chose, mais que, dans les pays où il reste beaucoup à faire, on demande qu'il soit fait quelque chose ; et l'on agira d'autant mieux, il nous semble, que l'on sera assisté par les hommes distingués qui appartiennent aux corps des ponts et chaussées, mais qui n'auront pas seuls voix délibérative, parce qu'il arrive aux ingénieurs des ponts et chaussées de se tromper quelquefois. (Rires.)

Les membres des sociétés de géographie seront là, qui opéreront chacun dans leur région, dans l'étendue pour ainsi dire de leurs possessions... (Nous allons voir, en discutant la question, qu'il y a peut-être des possessions pour les sociétés françaises de géographie) et ces membres diront : Voici ce qui a été fait et voici ce qu'il y aurait encore à faire. Tout le monde discutera ensemble et du choc de tous les rapports, de toutes les idées, de toutes ces pensées d'hommes compétents, sortiront des conclusions qui seront soumises respectueusement au gouvernement. Je suis convaincu que d'une enquête ainsi faite sans délai par les sociétés de géographie, par les ingénieurs des ponts et chaussées, par les agents du service vicinal, par les agents forestiers qui ont été d'un si grand secours pour combattre le fléau dans les régions montagneuses, etc., il sortira des résultats qui seront appréciés et appréciables pour tous. (Applaudissements.)

M. Loiseau. — Je voudrais demander à M. Trochon, mon apparent contradicteur, à quoi il servira de nommer une commission, alors que cette commission est toute nommée ? Cette commission se compose de tous les agents des ponts et chaussées, du service vicinal, et de l'administration forestière.

M. Trochon. — C'est justement contre une pareille composition que nous protestons; nous protestons! nous voulons des personnes indépendantes; je ne veux pas dire que les agents des administrations que vous me citez ne soient pas indépendants ; mais ils ont leurs instructions. Lorsqu'on leur parlera d'une réglementation, ils diront: La voilà. C'est l'administration parfaite.

Tout à l'heure je vous ai parlé d'un concours ouvert, en 1885, par la société de géographie de Tours, sur la question des inondations. Ce concours comportait des encouragements importants susceptibles de provoquer des travaux utiles ; malgré cela nous n'avons obtenu que leur seul travail. Pourquoi ? Je vais vous le dire en famille : M. l'ingénieur en chef des ponts et chaussées ici présent n'entendra pas ; du reste, il s'agit de l'Indre-et-Loire et non de l'Ain. Nous nous attendions à recevoir, je vous l'ai dit, des travaux importants, d'autant plus intéressants, que plusieurs des membres de la société de géographie de Tours sont conducteurs des ponts et chaussées, et chargés du régime de la Loire, et que quelques-uns d'entre eux avaient amassé des documents extrêmement importants, susceptibles de faire jaillir, sinon la pleine lumière, du moins une lumière sérieuse pour notre région ; eh bien, les travaux ne sont pas venus, et je dirai tout bas pourquoi : *Ces messieurs n'ont pas osé*, en présence d'une réglementation ferme, définitive, jusqu'à une réglementation postérieure qui pourrait se produire peut-être, mais seulement sur la demande des ingénieurs ; en présence d'un état de choses nettement établi, ces conducteurs des ponts et chaussées ont dit : Nous allons nous trouver en opposition avec nos supérieurs : nous ne donnerons pas de travail. Ce que j'ai l'honneur de vous dire, je le tiens d'un agent qui me l'a répété personnellement.

Voilà pourquoi nous ne voulons pas que les ingénieurs des ponts et chaussées, les agents du service vicinal, les employés de l'administration forestière soient seuls à étudier cette question. Loin de moi la pensée de faire la critique des administrations dont je parle : elles sont dans leur rôle, elles ont des ordonnances à faire observer et évidemment ces ordonnances sont les meilleures possible, et ces administrations ne peuvent pas dire à un inférieur : Vous avez raison de critiquer nos ordonnances : Voilà pourquoi nous ne voulons pas que leurs agents soient seuls : nous espérons que le gouvernement les mettra en grand nombre dans les commissions ; mais, sur certains points, nous voulons qu'une voix indépendante puisse se produire et dire : Décidément, votre réglementation n'est pas la meilleure : voyez-en vous-mêmes les effets ; or, si nous ne sommes pas là, personne ne dira cela. Je ne veux pas dire, j'insiste là-dessus, que les administrations ne soient pas du tout indépendantes ; elles le sont dans la mesure du possible, mais elles ne le sont pas absolument, parce qu'elles ont des règlements qui leur sont imposés. Nous, nous n'en avons pas et nous cherchons simplement la vérité ; nous sommes absolument libres et dominés par l'unique intérêt de la science et du bien-être des populations. Voilà pourquoi je dis au congrès : Veuillez bien ne pas émettre le vœu que le gouvernement nomme des commissions composées de ses agents seuls, mais plutôt des commissions dans lesquelles il entrerait des personnes qui ne sont pas habituées à subir la réglementation officielle. Voilà pourquoi nous demandons qu'en outre des rapports qui seront ou ne seront pas faits par les sociétés de géographie et notamment de celui de M. le colonel Blanchot, si vous le désirez, les discussions de par ailleurs soient amples, nourries, que les commissions travaillent chacune indépendamment l'une de l'autre, et je suis convaincu que, lorsque le gouvernement sera saisi de leurs nombreux rapports, de leurs rapports remplis de faits, nourris d'idées, ceux-ci ne resteront pas dans les cartons, car il s'agit de la fortune et quelquefois même de la vie des populations rurales.

M. LE PRÉSIDENT. — Comme j'appartiens à un pays dans lequel nous avons à lutter contre les inondations permettez-moi de dire un mot : chez nous l'union fait la force, et je crois que dans la lutte contre un tel fléau, il n'y a pas de trop de toutes les forces des météorologistes, des géographes, des ingénieurs, des forestiers, et que ce n'est qu'avec le concours simultané de toutes ces forces que l'on peut espérer voir le bassin de la Loire délivré de ce fléau, dont nous connaissons en Suisse les terribles effets.

En ce qui concerne les météorologistes, ils ont à étudier la question du régime des vents et des pluies, surtout des vents qui viennent de l'Atlantique et de la Manche répandre les nuages, qu'ils ont enlevés à ces mers, sur le centre de la France, en Auvergne, par exemple, ainsi qu'en Touraine. C'est un régime différent de celui auquel appartient le département de l'Ain ; mais il ne faut pas seulement étudier ce régime des vents et des pluies sur cette partie arrosée par la Loire, il faut aussi étendre cette étude sur toute la France entière. Il faut réserver ce travail aux géographes.

Il y a la partie du génie, et à cet égard, je me permets d'appeler l'attention des membres du congrès sur les travaux que le génie fédéral a exécutés dans les vallées de l'Helvétie pour sauver certains de nos territoires de ce terrible désastre. Il y a bien des années, la vallée qui se trouve à l'entrée du lac de Zurich, était rendue complètement insalubre et improductive par suite des inondations de la Limmat, cette rivière torrentueuse. Il fallait régulariser le cours de cette rivière. Les ingénieurs ont détourné cette rivière de son lit naturel et lui en ont creusé un autre qui l'a conduite dans une espèce de réservoir naturel qui se trouve dans le voisinage du lac de Zurich. De cette façon, les eaux de pluie ne viennent plus la faire sortir de son lit et la plaine, comprise entre le lac de Zurich et celui formé par cette rivière, a été assainie et c'est actuellement une région qui, bien cultivée, fournit d'excellents produits.

Une autre vallée était inondée périodiquement ; on a compris que le génie devait passer par là. Les ingénieurs ont creusé un canal destiné à recevoir les eaux d'un torrent qui inondait cette vallée, et ont détourné ce torrent de son lit et toute la plaine adjacente a été rendue à la culture ; c'est même le lieu où nos soldats font leurs manœuvres.

Tout récemment encore les eaux du Jura ont été régularisées et détournées de leur lit ordinaire et amenées dans le lac de Bienne, et la plaine immense, qui se trouve entre le lac de Neuchâtel et le lac de Morat (?), a été assainie et rendue à la culture.

Mais il est arrivé que le niveau des lacs a baissé, surtout celui du lac de Neuchâtel, et l'effet, qui en est résulté, n'est pas des plus pittoresques. Les amis de la nature pourraient regretter l'ancien lit du lac qui offrait une belle plage, tandis qu'à présent, cette plage n'offre qu'un terrain caillouteux d'un kilomètre de largeur. Mais les inondations ont été évitées et c'est l'essentiel. Un autre phénomène en est résulté : les eaux, amenées ainsi dans le lac de Bienne, l'ont grossi tellement qu'elles ont reflué ensuite dans le lac de Neuchâtel et ont rendu la navigation impossible.

J'appelle également votre attention sur ce qui a été fait dans le bassin du lac de Genève pour rétablir l'équilibre des eaux entre le Rhône et ses affluents et son débit à Genève ;

mais sur cette question vous pourrez entendre les personnes qui l'ont étudiée, lorsque vous irez à Genève. Je prierai ces personnes de se mettre à votre disposition pour vous donner tous les renseignements à cet égard et j'espère que leurs explications vous intéresseront beaucoup.

Pardonnez-moi d'avoir pris la parole ; c'était pour vous dire un mot qui a bien sa valeur : *l'Union fait la Force*, ne vous séparez pas, géographes, ingénieurs, forestiers, météorologistes : entrez tous dans la commission que vous voulez former ; et la société de géographie de Tours et tous ceux qui veulent délivrer de ce fléau les pays qui y sont exposés comprendront la vérité et la valeur de cette devise; *l'Union fait la Force* ; c'est notre devise en Suisse. (Applaudissements.)

M. Quévillon. — Je crois qu'il y a adhésion unanime sur le fonds de la question et que ce n'est que la rédaction du vœu qui soulève des difficultés. M. Trochon fait résider le succès des commissions dont il s'agit dans leur indépendance ; il faut alors que son vœu réclame cette indépendance et qu'il indique la part d'influence que les sociétés de géographie devront avoir dans ces commissions, autrement j'en reviens à ce que je disais tout-à-l'heure, et qui a été complété par M. Loiseau : le ministère nommera très probablement, dans ces commissions demandées par M. Trochon, seulement des membres de l'administration des ponts-et-chaussées, du service vicinal et de l'administration forestière...

M. Trochon. — Je suis d'accord avec vous et je vais rédiger mon vœu de façon qu'il puisse concilier les opinions qui viennent d'être exprimées...

M. le Président. — En attendant que M. Trochon ait rédigé son vœu, nous allons reprendre la suite de l'ordre du jour et étudier la question suivante :

*Les voyages de nos jours (Missions de l'Etat ; Explorations dues à l'initiative des particuliers ; Voyages d'étude collectifs ou individuels.) — Question proposée par la Société de Géographie commerciale de Paris.*

La parole est à M. Gauthiot.

M. Gauthiot. — J'avais l'intention de soumettre au congrès un travail court et complet, sur le sujet dont on vient de vous donner lecture ; mais l'heure est tellement avancée que nous devrons bientôt quitter cette salle et renoncer à l'hospitalité charmante qui nous est offerte. Je dois donc abréger et je vais me borner à dire, en deux mots, ce que j'aurais peut-être augmenté de quelques exemples et de quelques réflexions, pour arriver au but que je me suis proposé.

Le mot « missionnaires » ne rappelle généralement, en France, que l'idée des hommes dévoués qui s'en vont porter la bonne parole sur tout le globe. Il faut qu'on sache qu'il est des missionnaires d'un autre ordre, dont la science, dans le plus large sens du mot, est la seule préoccupation et que l'État, qui les envoie et les protège, qualifie de missionnaires scientifiques.

L'objet des missions de l'État doit être très précis, très clair, très net. Cet objet est uniquement l'intérêt public, l'intérêt de l'État.

Comment s'accordent ces missions de l'État ? Règle générale, sur demande adressée à un ministre, et portant ou ne portant pas une demande d'appui financier. Le Ministre examine ou fait examiner cette demande et si, sur son budget spécial, il dispose de somme suffisante pour couvrir les frais de l'homme qui veut aller faire une exploration dans l'intérêt public, il accorde de sa propre initiative la somme qui lui est demandée, ou qu'il juge convenable d'accorder. Le voyageur part, revient, et envoie ou rapporte sur son voyage un rapport que le ministre lit ou ne lit pas, mais qui ne doit pas être communiqué, si ce n'est par extraits ; encore n'est-ce pas toujours permis, et le rapport reste généralement longtemps soustrait à la connaissance du public qui devrait cependant pouvoir l'utiliser, puisque le voyage a été entrepris avec ses fonds et dans son intérêt.

Quant aux explorations dues à l'initiative des particuliers, il y a très peu de chose à dire. Quand un explorateur — et il en est de nos jours qui ont rendu d'excellents services à la science, — dispose d'une fortune personnelle assez considérable pour faire un voyage destiné à enrichir nos connaissances en géographie, archéologie, ou telle ou telle branche des connaissances humaines, il part, revient, publie son ouvrage, n'a à demander de conseils à personne, fait ce qu'il lui plaît. Il travaille lui aussi, mais à ses frais, dans l'intérêt public.

Des voyages d'études collectifs ou individuels sont encore organisés par les soins de sociétés scientifiques ou industrielles, mais ils ont un but essentiellement industriel et commercial. Quelquefois, de ces voyages, il ressort pour l'État et l'intérêt public, mais seulement après qu'il en a été tiré profit par la société qui a fourni les fonds, un certain avantage en raison des renseignements utiles rapportés par les voyageurs.

Ces quelques éclaircissements donnés, je reviens aux missions de l'État. Nous, amis de la géographie, nous ne pouvons naturellement que désirer très vivement que le nombre des explorateurs par goût et des voyageurs, chargés d'études spéciales, se multiplie de plus en plus ; et, véritablement, je manquerais une belle occasion de rendre hommage à l'un de ces hommes si je ne vous signalais le hardi négociant qui vient de nous être présenté, M. Gauthier qui, de sa propre initiative, avec ses fonds, appliquant ses propres idées, a rendu un grand service à son pays, en faisant le voyage qu'il a entrepris, et en parcourant le Mékong du 20$^e$ au 10$^e$ degré. (Applaudissements.) Mais en ce qui concerne les missionnaires de l'État je viens poser cette question ; est-il de l'intérêt public, est-il d'une bonne administration qu'un homme qui conçoit l'idée d'une exploration, n'ait qu'à se présenter à un ministère et à demander qu'on lui confie une mission, et que le ministre, croyant agir dans l'intérêt public et le faisant le plus souvent, puisse accorder cette mission ? Comparons, si vous voulez, ce qui se fait aux ministères de la marine et des colonies, des affaires étrangères, de la guerre, des travaux publics, du commerce, avec ce qui se fait au ministère de l'instruction publique, et nous trouverons une sensible différence.

Je laisse de côté les missions militaires ; celles-là sont en dehors de notre examen, de notre appréciation. C'est au ministre à savoir s'il y a intérêt à envoyer un officier sur tel ou tel point du territoire.

Pour les autres ministères, en ce qui concerne les affaires étrangères par exemple, il est facile de citer des faits qui ne parlent pas en faveur du maintien du système suivi pour donner les missions et en tirer tout le profit voulu, on pourrait citer une mission des plus remarquables, celle du vicomte de Rochechouart, qui aurait dû laisser des traces considérables, et dont le résultat est encore enfoui dans les archives du ministère des affaires étrangères. On peut, il est vrai, aller le consulter, mais tout le monde n'a pas le moyen de le faire. Il faut une permission ; il faut se présenter à certaines heures ; tout le monde n'habite pas Paris, etc. Voilà donc, entre autres, un voyage ordonné par un ministère dont les résultats sont inconnus du public.

En ce qui concerne les missions données par le ministère de la marine les résultats presque toujours, grâce à la tolérance du ministre, ont été connus du public soit par les soins du ministre, soit par ceux des auteurs du voyage, qui ont eu la permission de les communiquer à des sociétés savantes, par exemple. L'objet de ces voyages n'a pas toujours été bien choisi ; mais on sait au moins quels en ont été les résultats.

Ce n'est pas le cas pour les missions des travaux publics. Il en est cependant quelques-unes dont nous avons eu pleine connaissance, parce que leurs auteurs ont obtenu l'autorisation de les publier ; mais pour beaucoup d'entre elles, le public a ignoré non seulement qu'elles avaient été exécutées, mais encore qu'elles avaient été données.

Au ministère du commerce, des missions très intéressantes ont été données pour le Tonkin, l'Annam, la Cochinchine, d'où l'on pouvait rapporter des renseignements utiles à nos commerçants. Mais les résultats de ces commissions manquent presque complètement : ce qui en a été publié l'a été par la complaisance des missionnaires et par telle ou telle Société qui, mettant la main au collet de l'explorateur, a fini par tirer de lui quelques renseignements utiles qu'elle a insérés dans son bulletin.

Le système du ministère de l'instruction publique est tout autre, et nous pouvons nous en féliciter. Dans ce ministère les demandes de mission abondent et portent sur les sujets les plus variés. Tel demande à examiner les ravages de la fièvre jaune au Brésil, tel autre veut étudier le langage des anciens Prussiens sur les bords de la Baltique. Toutes ces demandes de missions payées sont renvoyées à une commission nommée par le ministre de l'instruction publique, et aucune n'est admise qui n'ait été approuvée par cette commission des missions, qui est composée d'hommes appartenant à diverses spécialités de la science et capable, par conséquent, de dire au ministre : telle demande est justifiée, il y aurait, en effet, intérêt pour le public à connaître telle ou telle chose, telle somme pourrait être utilement accordée.

Le ministre décide alors en toute connaissance de cause, après avoir pris l'avis de la Commission des missions scientifiques et littéraires.

C'est à propos de cette Commission que je voudrais vous soumettre quelques observations ; je ne vous ferai pas son historique, cependant très curieux et vous en dirai seulement quelques mots. En 1850, M. de Parieu s'avisa de soustraire à l'Institut un privilège qui lui avait été accordé. Quand on demandait une mission au ministre, le ministre répondait : cette demande relève de telle ou telle classe de l'Institut. Alors il faisait envoyer la demande à la dite classe, qui nommait une commission, laquelle était chargée d'examiner la demande, faisait un rapport, le transmettait à l'Institut qui le transmettait à son tour au Ministère de l'instruction publique. Aussi qu'arrivait-il ? Si l'on demandait à partir par exemple au 1er janvier 1889 pour l'Indo-Chine, on avait quelque chance d'obtenir l'autorisation pour le 1er janvier 1890, ce qui était un peu tard. M. de Parieu fit décider, en principe, et les termes de l'arrêt de 1850 le portent, qu'aucune mission ne serait accordée qui n'aurait pour objet « un avantage public et un intérêt national », mots qui ont été conservés et existent encore dans les ordonnances comme donnant les deux conditions essentielles de l'obtention d'une bourse. Mais les résultats des voyages ainsi accordés étaient publiés un peu quand cela plaisait à l'employé du ministère chargé de ce soin, quand il restait quelques bribes du budget sans emploi, si l'on trouvait, par exemple, dans les caisses sept ou huit cents francs dont on ne savait que faire ! Les Archives des missions scientifiques et littéraires ont paru dans ces conditions jusqu'en 1856. Elles forment six volumes très compacts qui contiennent chacun le résultat de deux ou trois missions, et il en avait été accordé plus de vingt-quatre ! La *Revue des Sociétés savantes* inséra ensuite, jusqu'en 1860, les rapports que les Ministres voulurent bien lui communiquer. En 1860, l'un de ceux-ci, qui a laissé au ministère de l'instruction publique la trace vivante de son passage et auquel l'université sait gré de ce qu'il a fait pour elle, M. Duruy, décida que les missions ne seraient plus demandées au Ministère d'État mais au Ministre de l'instruction publique, lequel se réservait de consulter la Commission des missions et de statuer ensuite sur les demandes. C'est à partir de cette époque que ce service a été organisé sérieusement.

J'ai voulu vous mettre au courant de ces petits détails, qui pouvaient être ignorés, et j'arrive à ma proposition. Le système, suivi par les différents ministères, a certainement porté ses fruits ; certainement, la plupart des missions accordées avec ou sans avis de la Commission des missions, ont donné de bons résultats, et le pays en a plus ou moins profité ; mais il s'est produit aussi des faits regrettables sur lesquel je n'ai pas besoin d'insister. Les ministres sont comme les commissions et les commissions comme les hommes ; ils peuvent être mal informés et telle mission a pu être accordée, dont les titulaires n'ont pas voulu ou n'ont pu faire face aux obligations contractées par eux envers l'État. D'autre part, tel ou tel missionnaire a pu se plaindre de mesures dont il avait été l'objet. Mainte histoire pourrait être contée à ce sujet. N'en parlons pas.

Il s'agit d'éviter que ces faits regrettables se renouvellent. Comment ? Il y a au ministère de l'instruction publique un système qui fonctionne bien, pourquoi ne pas l'appliquer dans les autres ministères? Pourquoi les missions que ceux-ci accordent ne seraient-elles pas soumises à l'examen d'une commission composée de personnes compétentes ? Certes, il y aurait encore une mesure plus radicale à prendre, ce serait de renvoyer à une seule commission, dont les décisions n'auraient besoin que de l'approbation ministérielle, toutes les demandes de missions adressées aux différents ministères. La centralisation du service supprimerait les doubles emplois ; l'importance relative des demandes ressortirait de leur comparaison : leur classement suffirait à signaler les lacunes et entraînerait l'adoption de plans à longue portée. Mais il faut savoir se contenter de peu et s'en tenir à une modeste demande quand elle a quelque chance d'être acceptée, sauf à revenir à la charge.

En conséquence, j'exprime le vœu : 1° que les demandes de missions adressées aux différents Ministères soient soumises à l'examen d'une commission des missions analogue à celle existant au Ministère de l'instruction publique et : 2° que la somme, portée au budget du ministère de l'instruction publique pour frais de missions, somme qui a été diminuée par suite des exigences budgétaires depuis quatre ou cinq ans, soit reportée, en vue de l'utilité générale et pour le bien du pays, à son chiffre antérieur. Il faut que, si la commission spéciale lui demande de le faire, un ministre puisse, sans hésiter, accorder un subside à l'homme de volonté, d'énergie, de science qui lui demande une mission et ne soit pas obligé de lui répondre, comme cela s'est fait trop souvent : Votre idée est bonne ; je voudrais bien vous aider ; mais je ne le peux pas, il n'y a pas d'argent en caisse.

M. Turquan. — Je suis enchanté d'avoir pu profiter de l'excellente allocution de notre secrétaire général et ami M. Gauthiot, et, pour son compte, j'abonde absolument dans son sens, et je crois être l'interprète officiel de M. le Ministre en vous disant que, si les missions — je ne vous parle qu'au nom du département que je représente, le département commercial — si les missions commerciales, dis-je, n'ont pas eu jusqu'à présent tout l'effet qu'on aurait pu attendre d'elles, c'est bien faute d'argent, on n'a pas pu publier tous les travaux qui dorment dans les cartons. Ces cartons sont dans un endroit bien discret d'où il faut tirer tous les documents possibles, mais, pour les en tirer, il faut de l'argent. A cet égard la commission du budget a toujours été très dure, et M. de Mahy qui est ici, peut le savoir.

M. de Mahy. — Je ne peux pas vous contredire.

M. Turquan. — N'est-ce pas ? Et cependant je voudrais avoir tort. Néanmoins, si nous n'avons pas eu les moyens de publier les faits intéressants et tous les documents pratiques qu'ont pu nous fournir les explorateurs, et les missionnaires, je crois que le département du commerce a fait tout son possible pour faire paraître dans le *Bulletin officiel du commerce, dans les annales du commerce extérieur*, tout ce qu'il a pu des excellents renseignements que lui ont donnés les missionnaires, qui ont bien mérité en somme de leur mission et qui, bien souvent, ont découvert des faits et donné d'excellents avis. Les chambres de commerce ont été avisées des passages les plus saillants de ces rapports, mais si le gros public de France n'a pas pu en tirer de bénéfice, c'est bien faute d'argent.

C'est surtout sur ce point que je voulais insister et je suis d'accord avec M. Gauthiot sur tout l'ensemble de ce qu'il a dit, et, principalement, sur ce point, à savoir que c'est faute d'argent que les missions commerciales n'ont pas pu donner tout ce qu'on aurait pu en réclamer.

M. le Président. — Pendant que M. Gauthiot va rédiger le vœu qu'il désire présenter au congrès en ce qui concerne la question qu'il vient de traiter, je donne la parole à M. Trochon pour nous donner lecture du sien, en ce qui concerne l'équilibre à établir entre l'écoulement des eaux pluviales et les ressources que présentent les collecteurs naturels pour l'écoulement de ces eaux.

M. Trochon. — Voici l'énoncé de ce vœu :

« Le congrès, félicitant le gouvernement des travaux
« entrepris déjà en vue du reboisement des montagnes
« et de l'écoulement normal des collecteurs naturels, non
« influencés désormais par l'écoulement artificiel des
« eaux pluviales, émet le vœu :

« Que la sollicitude des pouvoirs publics continue à
« s'étendre sur cette question vitale au point de vue
« de l'intérêt général, soit de la navigation intérieure, soit
« de la fertilité des vallées et des plaines, soit même de
« la sécurité des populations riveraines, et que des com-
« missions départementales, composées d'hommes spé-
« ciaux, et dans lesquelles entreraient largement les
« membres des sociétés de géographie, pour leurs ré-
« gions respectives, soient instituées pour rechercher les
« meilleures solutions en pareille matière, les meilleurs
« travaux à effectuer ;

« Emet en outre le vœu :

« Que les travaux, ainsi reconnus urgents, soient exécu-
« tés le plus rapidement possible. »

M. LE PRÉSIDENT. — Vous avez entendu la lecture du vœu émis par M. le délégué de la Société de géographie de Tours ; je le mets aux voix.

Le vote a lieu.

M. LE PRÉSIDENT. — Le vœu est adopté à l'unanimité.

M. PARANT. — Je demande au congrès la permission de lui faire, au nom de mon excellent ami, le docteur Magnin, une communication qu'il a le regret de ne pas pouvoir vous faire lui-même, pressé qu'il est par son départ.

M. LE D$^r$ MAGNIN annonce la publication par M. BOYER, géologue de Besançon, d'un atlas du Doubs composé de 18 feuilles, tirée en couleur et donnant : 1° la *topographie* exacte d'après *les reliefs* au 1|80000° (?) exécutés par M..... ancien professeur au lycée de Lons-le-Saunier, actuellement professeur à Bourgoin ; 2° la *géologie* de *grandes masses* ; ces planches exécutées par la *photographie* donnent une idée *vraiment admirable* du relief ; on croirait à une certaine distance voir le relief lui-même ; M. Magnin exprime ses vifs regrets de ne pouvoir présenter au congrès la planche *spécimen* qui a déjà paru ; elle aurait certainement excité l'admiration des congressistes ; d'autre part, cet atlas sera livré à un bon marché tel qu'il sera à la portée de toutes les *écoles* ; M. Boyer a actuellement 600 souscripteurs dans le département du Doubs ; l'ouvrage tiré à 800 paraîtra entièrement l'année prochaine ; 12 francs l'exemplaire complet ; et exercera une influence considérable et *initiera* sans peine les élèves, les jeunes gens, aux études topographiques et géologiques. C'est pour cela que M. Magnin a cru devoir au dernier moment appeler l'attention du congrès sur cette belle et utile publication, en faisant des vœux pour qu'on arrive à en faire d'analogues dans chacun des départements de France.

Besançon, 24 août 1888.

D<sup>r</sup> A. Magnin.

M. le Président. — Je donne lecture du vœu présenté par M. Gauthiot sur la question : les voyages de nos jours (missions de l'État ; explorations dues à l'initiative des particuliers ; voyages d'études collectifs ou individuels.)

« Le congrès des sociétés françaises de géographie
« exprime le vœu :

« Que les demandes de missions adressées aux diffé-
« rents ministères soient soumises à l'examen de com-
« missions analogues à celle qui existe sous le nom de
« Commission des missions scientifiques et littéraires au
« ministère de l'instruction publique, et que la somme
« portée pour le service des missions au budget du dit
« ministère soit reportée au chiffre qu'elle atteignait il
« y a six ans. »

Je mets ce vœu aux voix.

Le vote a lieu.

M. LE PRÉSIDENT. — Le vœu de M. Gauthiot est adopté à l'unanimité.

M. LE PRÉSIDENT. — La suite de l'ordre du jour appelle la question suivante :

*Des moyens à employer par les Sociétés françaises de Géographie pour étendre leur influence et rendre leur action plus efficace.* (Question proposée par la Société de géographie de Tours.)

La parole est à M. Trochon.

M. TROCHON. — La question dont il vient d'être donné lecture par M. le Président n'est pas une question nouvelle, elle avait déjà été mise à l'ordre du jour du congrès de géographie du Hâvre, l'année dernière, sur l'initiative de notre société de géographie de Tours, et il avait été convenu qu'il serait fait, sur cette question, comme sur la question de la colonisation dans la France continentale, des rapports par les diverses sociétés de géographie. Aujourd'hui, je viens vous soumettre le rapport de la société de géographie de Tours, et, après moi, pourront se faire entendre les collègues des autres sociétés qui ont des travaux à vous présenter à cet égard.

Pour mettre cette question à l'ordre du jour du congrès du Hâvre de l'année dernière et du congrès de cette année, nous sommes partis du point de vue suivant. Nous nous sommes dit : Les sociétés de géographie ont une influence, qu'elles doivent du reste avoir, une influence considérable sur le mouvement géographique sous ses différents aspects en France ; mais, pour que ce mouvement soit utile, sérieux, et puisse produire des résultats efficaces, il faut que, comme toutes les choses de ce monde, il soit dirigé, qu'il procède par ordre, et qu'il y ait une manière de le conduire. C'est pour cela que nous avons invité les diverses sociétés de géographie à rechercher les meilleurs moyens d'arriver à obtenir, dans chacune d'elles, un résultat utile, et la meilleure ligne de conduite pour parvenir au but, par nous tous désiré.

C'est en 1821 que la société de géographie de Paris s'est fondée ; vous savez quelle extension elle a prise depuis, grâce à ses présidents et à ses secrétaires généraux et aux efforts considérables qu'elle a faits, dans les deux mondes, pour la propagande des œuvres de géographie. Jusqu'en 1870, elle avait eu le privilège, et j'emploierai le mot qui peint le mieux ma pensée, le monopole de l'acclimatement de l'éducation de l'œuvre géographique en France. Nos désastres sont venus. Vous savez, après l'année terrible, quels vœux s'élevèrent, de tous les côtés de la France, pour la recrudescence des études de ce genre. Nous n'étions pas géographes, nous avions été vaincus par des géographes. Les cris qui s'élevèrent à ce point de vue ont été des cris salutaires. En partant de cette considération que l'ignorance en géographie était pour quelque chose dans nos désastres, nous sommes arrivés à faire une œuvre véritablement utile.

En 1873, se fonda la société de géographie de Lyon, la seconde des sociétés de géographie, comme il convenait à la seconde ville de France. Puis vinrent les sociétés de Bordeaux, de Marseille, du Nord de la France, de Nancy, de Bourg, de Tours, en 1884, de St-Nazaire, de Géographie commerciale de Paris, etc.

Ces sociétés de géographie ont toutes le même but général : arriver à l'extension des études géographiques ; arriver à faire connaître les pays lointains ; arriver à discerner pour la France la meilleure politique coloniale, et vous êtes encore sous le charme des joutes oratoires brillantes qui viennent d'avoir lieu entre des hommes éminents au point de vue politique et au point de vue géographique, sur la question de savoir quel est le meilleur système à appliquer à nos colonies.

Toutes ces questions sont dans la sphère des sociétés françaises de géographie, et, en ce qui les concerne, tant au point de vue scientifique qu'au point de vue patriotique, je vous parlais tout à l'heure de 1870, nous ne voulons pas de limitation de notre action. Les premiers arrivés seront les bienvenus et ceux qui les suivront ne seront jamais les derniers, parce qu'il restera toujours quelque chose à faire après eux.

En outre des questions primordiales, il y a les questions spéciales, les questions régionales, les questions locales. Indépendamment des études générales auxquelles elles se livrent, au point de vue de la géographie pure, de la géographie scientifique, comme en témoigne le sujet que nous venons de traiter tout à l'heure, au point de vue de la géographie politique, à celui de la géographie patriotique, chaque société doit se préoccuper de ce qui l'entoure, des milieux dans lesquels elle vit, de la région sur laquelle elle règne.

Nous sommes en France un grand nombre ; nous comptons 27 sociétés de géographie, et je tiens à proclamer ce chiffre, parce que l'Allemagne, qu'on prétend nous être supérieure en une foule de choses et notamment au point de vue géographique, l'Allemagne ne compte que 22 sociétés de géographie, et, j'ajoute, non seulement elle a moins de sociétés de géographie que nous, mais chacune de ses sociétés compte moins de membres que les nôtres et ces associations sont installées dans des centres moins importants que les nôtres.

Nous sommes donc 27 sociétés de géographie ; eh bien, croyez-vous qu'il n'y ait rien à faire pour étendre l'action même locale de ces différentes sociétés? Prenons un exemple. M. Barbier, mon collègue, secrétaire général de la société de géographie de l'Est à Nancy, connaît à merveille sa région ; il l'a étudiée à fond, et il a fait des travaux scientifiques à son égard ; je crois que M. Barbier ne serait pas satisfait si les autres sociétés de géographie venaient empiéter sur son terrain et faire invasion dans la région ou règne sa société, pour lui donner des leçons, lui déclarant qu'elle n'a pas suffisante connaissance des lieux sur lesquels elle plane pour ainsi dire, ou bien pour lui apprendre quelque chose de nouveau à leur égard. Et cependant la société de Nancy ne saurait-elle encore étendre son action ? Son dévoué secrétaire général lui-même ne le prétendrait pas ; seulement il faut rester dans sa région et n'être gêné par personne. Je prends cet exemple entre cent autres parce que je parle d'une société très vivante qui a à sa tête un administrateur de premier ordre.

Les sociétés de géographie doivent avoir un centre d'action parfaitement délimité au point de vue local, et ne doivent pas empiéter les unes sur les autres ; c'est la condition de leur bon travail et la seule qui permette des études sérieuses. Nous avons donc cru en conséquence que, pour permettre aux sociétés de géographie de produire, de conquérir tous les résultats désirables, il fallait d'abord, au point de vue local, les cantonner dans un rayon déterminé, et décider que la société de géographie de l'Est aura, sous le rapport des recherches et des travaux locaux, action sur tel ou tel département sur lequel elle rayonne déjà ; que la société de géographie normande aura action sur telle partie du département de la Seine-Inférieure, et celle du Hâvre sur telle autre partie; celle de Tours sur telle portion du Centre ; celle de Nantes sur telle partie du département de la Loire-Inférieure, de Saint-Nazaire sur telle autre contrée du même département, etc., etc., etc.

Cela est si juste que la délimitation, que je convie le congrès à faire, est presque déjà faite ; c'est ainsi que l'Union géographique du Nord, dont le siège est à Douai, s'est entourée dans différentes villes de son ressort de groupes différents, qui rayonnent jusqu'à certaines limites et qui s'arrêtent là où rayonne à son tour la société de géographie de l'Est avec les agrégations qui lui sont adjointes.

Cela est si juste encore que la société de géographie de Lille a installé, à côté d'elle, en attendant qu'il y en ait d'autres, quatre groupes, qui font partie de sa région. Cela est si vrai que la société de géographie de Bordeaux a pris le titre de Groupe géographique du sud-ouest, parce qu'elle a su enrôler sous sa bannière une foule de petites sections des environs.

Telle nous a paru, à nous, société de géographie de Tours, la solution principale du problème. Nous ne voudrions pas la multiplication à l'infini de petites sociétés de géographie qui n'auraient pas les moyens de vivre, qui ne pourraient publier un bulletin sérieux, qui ne sauraient apporter de communications utiles, et qui viendraient pour ainsi dire disséquer sans profit appréciable la carte de la France.

Nous voudrions que le congrès — et tel paraît avoir été l'avis de celui du Hàvre, puisqu'il a mis la question à l'ordre du jour de cette année — divisât, pour ainsi dire, la France en régions géographiques ; que chaque société de géographie, aujourd'hui constituée, eût son action bien déterminée sur une région, et que, si, dans cette région, il prenait fantaisie à un groupe de géographes ou d'amis de la géographie de s'unir entre eux, de se former en association, cette association dépendît de la société de géographie mère, pour ainsi dire, qui rayonnerait sur la région tout entière.

En Touraine, nous sommes dans une singulière situation : à Tours, nous avons notre société de géographie, et nous n'en avons pas aux environs ; mais, chaque jour, nous sommes menacés d'en avoir. Ainsi, à Poitiers, centre universitaire et intellectuel par excellence, pas de société de géographie ; à Angers, à Bourges, chef-lieu d'une cour d'appel, noyau intellectuel également, au Mans, à Laval, à Blois, à Orléans, pas davantage de sociétés de géographie ; mais il est possible qu'il s'en fonde dans ces différentes villes, et, s'il s'en fonde, il faudra qu'elles se rattachent à une société déjà existante, car elles ne pourraient pas vivre facilement.

Je parle de la Touraine, parce que c'est une région que je connais bien ; mais je pourrais parler également d'autres pays de la France qui se trouvent dans une situation analogue, de l'est, du nord, de Bordeaux, et peut-être aussi de Toulouse, à ce qu'il me semble.

En conséquence, la société de géographie de Tours proposerait une délimitation de la région géographique basée sur l'étendue englobée par les sociétés de géographie déjà organisées, et qui aurait pour résultat, dès qu'il viendrait à se fonder un nouveau groupe géographique, de le rattacher à la société de géographie mère qui serait le centre de son rayon. Voilà ce que nous avons proposé et ce sur quoi le congrès du Hâvre avait demandé que toutes les sociétés de géographie fissent des rapports au congrès de Bourg. J'ai fait le mien, et je verrai ce que diront les rapporteurs des autres sociétés de géographie. C'est là une première manière d'asseoir sur des bases solides, dans une région déterminée, l'influence des sociétés de géographie.

Mais il y a d'autres moyens et vous en avez déjà mis en pratique. Il y a les concours. Chaque année nous ouvrons un concours terminé par une distribution de récompenses. Ces concours sont suivis par des particuliers, et aussi par des instituteurs qui donnent le plus fort appoint. Les sociétés de géographie ne peuvent que singulièrement profiter de ce moyen d'action dans l'intérêt de leur influence.

Il y a ensuite les prix que donnent les sociétés de géographie. Nous en donnons au lycée de Tours, au collège de Chinon, les seuls établissements d'instruction de plein exercice reconnus officiellement pour les garçons dans notre département. Cette année nous avons décerné le prix de géographie commerciale aux cours commerciaux qui viennent d'être organisés en la ville de Tours et qui sont à leur première année d'existence, et nous enverrons, je le crois bientôt, pour que personne ne soit oublié, à l'établissement secondaire de jeunes filles, dirigé d'une façon absolument remarquable par une personne faisant partie du Comité d'initiative de la société de Tours, mademoiselle Flanqué, qui mérite, à tous égards, la distinction que nous accorderons à son établissement.

Il y a un autre moyen de propagande bien légitime, ce sont les conférences auxquelles assiste presque toujours un grand nombre d'auditeurs. Nous avons fait l'année dernière une innovation, et nous avons décidé que, aux conférences de géographie qui ne seraient pas absolument spéciales, nous inviterions les élèves des deux sexes des établissements d'instruction primaire et secondaire de la ville de Tours. Je n'ai pas besoin de vous dire quelle émulation cette mesure a produite dans les écoles, combien les enfants sont heureux ; et, aux résultats obtenus, on peut juger de l'intérêt que ceux-ci portent à la géographie. Ces débuts ont été excellents et l'œuvre sera continuée.

La société de géographie de Tours, sans prétendre imposer aucun moyen de propagande, a cru devoir, suivant l'invitation du congrès du Hâvre, vous indiquer les modes qu'elle pensait les meilleurs pour arriver aux résultats que nous cherchons tous. Elle a étudié cette question, et, aux moyens déjà trouvés, elle a ajouté ce dernier : il lui paraît utile que, dans certains endroits favorisés au point de vue de la garnison, des cours de topographie soient installés : il en existe déjà dans un certain nombre de sociétés de géographie. L'année dernière, nous avions l'intention d'en établir à Tours et nous n'avons pu cette année réaliser notre idée : nous espérons être plus heureux bientôt.

Voilà ce que la société de géographie de Tours avait à vous dire en ce qui concerne les meilleurs moyens à employer pour augmenter l'influence des sociétés de géographie, et, si quelques objections sont faites à nos propositions, je me tiens tout prêt à y répondre.

M. Barbier. — Je commence par protester contre toute espèce de légende au sujet de ma chétive personne, et je voudrais que l'on ne s'exagérât pas l'importance, ni la valeur du personnage ; mais je reconnais aussi que les intentions de mon collègue de Tours sont bonnes. Cependant, je ne crois pas à l'efficacité du moyen qu'il nous propose pour assurer la propagande, moyen consistant dans le sectionnement, ce qui est en quelque sorte la grande nouveauté de son procédé, pour répandre notre influence.

Je ne sais pas jusqu'à quel point il serait aisé à qui que ce soit de s'étendre chez nous ; on ne l'a pas encore tenté. Je crois, quant à moi, que le meilleur moyen de se tailler sa région, c'est de créer autour de soi des sections dans les centres qui n'en ont pas, c'est de chercher soi-même à développer le premier groupe naturel. Nous avons eu la pensée, nous, de nous étendre jusque dans la Haute-Saône ; mais des raisons géographiques nous ont fait voir que ce n'était pas facile. Bien certainement, s'il appartenait à une société de s'étendre dans la Haute-Saône ce serait à une société de géographie qui serait fondée à Besançon, ou bien à la société de Dijon, si elle prenait un peu d'expansion ; ce serait à ces sociétés à se créer à elles-mêmes une région. Nous avons des exemples de groupes qui se disloquent, tandis qu'il y a des sections qui deviennent à ce point importantes qu'elles disent : A mon tour, je suis grande fille, je veux être ma maîtresse...

Un membre. — C'est arrivé pour Lyon.

Un autre membre. — Et pour Saint-Nazaire.

M. Barbier. - Vous le voyez, les exemples abondent. .

M. Bayle. — Et ce sont des exemples très suivis.

M. Barbier. — Si vous ne voulez pas qu'au Mans, à Angers à Poitiers, etc., il se crée des groupes, je ne dirais pas rivaux, le mot est peut-être un peu fort, mais, des groupes dissidents, envoyez une mission dans ces centres ; tâchez d'y trouver trois ou quatre hommes de bonne volonté qui formeront un noyau, et s'ils ne se sentent pas de taille à marcher tout seuls, ils ne demanderont pas mieux que de marcher avec vous, et de devenir une de vos sections.

Pour moi, je n'aimerais pas qu'on vînt chez nous, quoique j'aime bien à aller chez les autres, non par tendance personnelle ; mais quand l'occasion s'en présente, j'en profite. A cet égard, je puis vous citer un fait. Nous avons parmi les membres de notre Société de l'Est une personne que je suis heureux de nommer, c'est M. Basset, professeur de langue arabe à la faculté des lettres à Alger. M. Basset a rempli des missions scientifiques de grande valeur. Eh bien, quoique habitant Alger, il a groupé autour de lui des recrues pour la société de géographie de l'Est, et je suis bien obligé de constater que, grâce à la recommandation que M. Basset fait de notre petit bulletin en Algérie, nous sommes en train d'essaimer dans ce pays, et je l'ai dit à M. Basset lorsqu'il m'a envoyé dernièrement de nouvelles adhésions, quand nous serons à cent, nous ferons une croix ; peut-être même, un beau jour, ferons-nous à Alger une section de la société de géographie de l'Est, et cette section aura plus de succès que la Société mystérieuse de géographie d'Alger qui n'a guère je crois existé que sur le papier !

Voilà ce que j'avais à dire sur les délimitations des sociétés de géographie. Je ne sais pas quel profit elles pourraient en tirer. En tous cas, c'est à elles-mêmes à prendre l'initiative et M. Trochon reconnaîtra qu'il y a des centres qu'on peut grouper, même quand ils sont très loin, et que par suite de certaines convenances particulières, on peut avoir des sections un peu excentriques ; mais quand les distances sont trop grandes, les liens sont peu solides et il y a des chances pour que ces groupes se détachent un jour.

M. BAYLE. — C'est une bonne chose de se tailler un programme, car il peut en résulter des travaux qui sont plus rapidement achevés, si chacun se charge d'une partie déterminée de la besogne. Cela pourrait donc résulter d'une entente entre les divers membres des sociétés de géographie ; mais je ne crois pas que l'on puisse délimiter le domaine en quelque sorte intellectuel de chaque Société. Il peut arriver qu'une société possède, dans une ville éloignée siège même d'une autre société, un de ses membres ou un correspondant, par exemple un explorateur ayant approfondi des questions relatives à tel point du globe qui fait l'objet d'être de la société ; eh bien, il ne faudrait pas que cette société comme il est essentiel à ses travaux que la collaboration se poursuive, dût renoncer à compter parmi ses membres cet explorateur, ce collaborateur, parce qu'il est allé habiter un pays qui est aussi le siège d'une autre société...

M. VIBERT. — Si cela ne se rapporte qu'aux départements français.

M. BAYLE. — Soit : Il pourrait encore arriver qu'un professeur ayant entrepris certains travaux, quand il faisait partie d'une société de géographie, tienne à continuer à travailler avec la dite société, même s'il est forcé d'aller résider dans une autre région de la France. Pour cette raison, j'abonde dans le sens de M. Barbier.

M. BARBIER. — La formation de groupements dépend souvent, en effet, de la nature des travaux publiés dans les bulletins. L'intérêt que prennent certains Algériens aux travaux que nous publions dans nos bulletins les attire dans notre orbite.

Autre exemple : Nous avons comme membre de notre société un capitaine adjudant-major qui n'est pas sorti de Lyon depuis trois ou quatre ans, et depuis quatre ans il collabore à notre bulletin par un travail considérable sur la géologie des Alpes et du Jura. Pourquoi n'est-il pas englobé dans la société de géographie de Lyon ? Je n'en sais rien ! probablement, l'occasion ne s'en est pas présentée ; où ce milieu ne lui a pas paru favorable à la publication de ses travaux ? Peut-être la société de géographie de Lyon n'a-t-elle pas songé à le recruter parmi ses membres ?

Par conséquent, tracer une limite quelconque me paraît difficile. Si vous voulez avoir une limite tracez-la vous-mêmes par les sections que vous créerez et vous empêcherez ainsi toute création dissidente ..

M. Trochon. — Il faudrait bien s'entendre. On vous a parlé de sections qui se sont élevées par leurs travaux et par leur valeur spéciale à la hauteur de sociétés autonomes. C'est vrai. Mais il y en a aussi qui ont disparu parce qu'elles ont trop présumé de leurs forces, et qu'elles n'ont pas été soutenues comme elles auraient pu l'être, si une société régionale, qui les aurait considérées comme ses annexes, leur avait donné les moyens de vivre. L'une des années dernières, c'est ainsi que la Société de Saint-Valéry-en-Caux a disparu. Croyez-vous que, si cette société avait été réunie à la Société normande ou à la Société particulière du Hâvre, elle aurait fait une aussi triste fin ? Évidemment non : elle aurait été encouragée ; elle aurait reçu des moyens d'action qui auraient fait que, comme section, elle aurait pu avoir une existence utile, alors que, comme société de géographie, elle ne pouvait pas vivre.

Mais il faut bien s'entendre. Pourquoi sommes-nous ici ? c'est pour étudier une question qui avait été mise à l'étude des Sociétés de géographie de France et sur laquelle nous attendons vos rapports. Il s'agissait de savoir quels étaient les meilleurs moyens pour étendre l'influence des Sociétés qui nous sont chères. Nous en avons proposé plusieurs ; il faut conclure. Si vous estimez que le premier moyen que nous avons mis en avant n'est pas un moyen absolument efficace, dites-le ; nous n'y tenons pas ; c'est une proposition que nous vous faisons ; mais nous venons vous demander de déclarer formellement quel est, dans votre esprit, le meilleur système d'action que doivent employer les sociétés de géographie pour étendre leur influence. Nous sommes un congrès de délégués réunis pour remplir le mandat de nos sociétés ; nous sommes tout dévoués à l'œuvre géographique; nous avons été requis par le congrès du Hâvre d'avoir à rechercher la meilleure solution à la proposition spéciale ; eh bien, donnez cette solution. J'en ai proposé plusieurs : les sections régionales, les concours, les conférences, les cours de topographie, les récompenses, j'ajoute : la publication de bulletins.... y en a-t-il d'autres? Dites-le. Je demande que vous émettiez un vœu que toutes les sociétés de géographie prendront en considération, en indiquant les résultats qu'elles devront chercher à obtenir dans l'intérêt non seulement des sociétés locales, mais encore dans l'intérêt de l'œuvre géographique toute entière.

C'est pourquoi je vous apporte le vœu de la Société de géographie de Tours, et je me hâte de vous dire que je suis prêt à y consentir toutes les modifications que vous jugerez convenables ; mais, je le répète, il me paraît impossible qu'alors que le congrès de l'année dernière a mis à l'ordre du jour une pareille question, nous nous en allions sans l'avoir résolue ; ce serait reconnaître qu'il n'y a pas de moyen d'entente sur les modes de propagande, alors qu'il est si facile d'en trouver, et que nous ne différons peut-être que sur quelques points insignifiants pour arriver au résultat.

Voici le vœu de la société de géographie de Tours : « Le congrès émet le vœu :

« Que les sociétés de géographie de France, pour étendre
« leur influence et rendre leur action plus efficace, organi-
« sent des concours, décernent des prix, publient des revues,

« multiplient les conférences, organisent des cours de topo-
« graphie, et exercent leur action locale sur une région
« bien déterminée. »

M. G. LOISEAU. — Je demande la parole pour expliquer à M. Trochon pourquoi il n'a pas eu de rapports des sociétés de géographie : c'est tout simplement parce que ces rapports ont été envoyés d'une façon hebdomadaire ou quotidienne à la société de Tours par les bulletins que publient les Sociétés. Nos bulletins sont les meilleurs rapports que nos sociétés de géographie aient pu faire sur cette question.

Les moyens de propagande, que nous propose M. Trochon, ne sont pas nouveaux : toutes les sociétés de géographie font des concours, distribuent des récompenses, font des cours de topographie, des conférences; dans la communication de M. Trochon, je n'ai vu qu'un moyen neuf, celui qui consiste à fédéraliser les sociétés par province ou par section de province. Pour ma part, je crois qu'employer ce moyen ce serait empêcher l'éclosion de sociétés nouvelles. Si l'on décide, par exemple, que toute société qui voudrait se fonder à 45 kilomètres de Bourg, devra se rattacher à la société de géographie de Bourg, cela empêchera certainement cette société de vivre. On ne naît pas facilement à la vie quand on sait que l'on sera esclave toute sa vie. Il vaudrait mieux laisser à toutes les sociétés leur autonomie complète, et les laisser fourmiller sur tous les points du territoire. Le lien fédéral entre toutes ces sociétés, ce sont nos congrès et je crois que le lien fédéral par province ne donnerait pas d'aussi bons résultats que M. Trochon semble l'espérer.

M. TROCHON. — La question du sectionnement des sociétés a été posée par moi l'année dernière au Hâvre, et, à ce congrès du Hâvre, on aurait pu nous faire les objections que l'on nous a présentées tout-à-l'heure. On pouvait notamment nous dire que nous recevions les bulletins périodiques des sociétés et que c'était les meilleurs rapports que l'on pouvait faire. Malgré cela, le congrès du Hâvre, dans la plénitude de son appréciation, après avoir entendu le mien sans contradiction, a décidé que la question serait mise à l'étude et il n'a pas considéré que les bulletins des sociétés fussent des rapports suffisants. Pour nous, quand on a demandé aux sociétés de faire un rapport, nous n'avons pas compris qu'il s'agissait simplement de l'envoi des bulletins des sociétés. Le bulletin est un des moyens d'influence sur lesquels doit porter le rapport, mais il n'est pas le rapport.

Je ne tiens pas au sectionnement, je le propose comme un moyen ; mais on peut l'écarter et, je le répète, en reconnaître d'autres, et, en conséquence, je demande que l'on émette un vœu sur une question qui, de même que la question de la colonisation, nous a été posée au dernier congrès, et demande aujourd'hui à être résolue.

M. QUÉVILLON. — Est-ce avec intention que l'on a écarté l'idée de créer des musées de géographie commerciale ? Quant à moi je demanderais qu'on les ajoutât au vœu à proposer. L'année dernière nous avons pu constater que le musée commercial de Bruxelles rendait de grands services aux négociants. A Anvers, où je me suis rendu, cette idée de créer des musées commerciaux venait d'être émise il y avait une quinzaine de jours, et déjà, la société de géographie d'Anvers avait reçu un nombre considérable d'adhésions nouvelles, et de plus, les commerçants et industriels d'Anvers avaient envoyé une telle quantité d'échantillons qui leur avaient été demandés pour ces musées que l'ancien petit pavillon style Cambodge de l'exposition d'Anvers, qui avait été offert par la France à la ville d'Anvers, et qui était destiné à recevoir l'installation de ces musées, se trouva, en moins de quinze jours, tout-à-fait insuffisant, et que l'on fut obligé de commencer à faire une construction à côté pour ce même objet.

Le même fait s'est produit à Liège et à Namur, et il n'est pas douteux qu'en France la chose ne se produise de la même façon ; il n'y en a guère en France qu'une dizaine en ce moment.

On pourra m'objecter que ces musées sont très coûteux à établir, mais il y a des sociétés de géographie assez prospères et situées dans des régions assez industrielles et commerciales pour tenter cette création, qui rendrait certainement de grands services et qui rentre évidemment au nombre des moyens les plus efficaces pour étendre l'influence des sociétés de géographie.

M. Trochon. — J'avais oublié d'indiquer ce moyen comme l'un de ceux proposés précisément par la Société de Tours, et je l'avais oublié d'autant moins intentionnellement qu'à la rentrée des classes, notre Société de géographie a l'intention d'ouvrir, sous le patronage de la municipalité, un musée commercial.

M. Manès. — Toutes les sociétés de géographie sont d'accord avec la Société de Tours pour rechercher les meilleurs moyens d'augmenter l'influence des sociétés, le tout est de trouver des moyens nouveaux, et je ne crois pas que, parmi ceux proposés par M. Trochon, il y en ait de nouveaux : nous les employons tous à Bordeaux. Et même, en ce qui concerne sa division de la France en circonscriptions, je dois lui dire que la Société de Bordeaux est elle-même divisée en sept sections : Bordeaux, Bergerac, Périgueux, Mont-de-Marsan, etc. La section de Rochefort s'est séparée de nous, mais ce vide a été rempli par la section de la Rochelle.

Quant à la réglementation qui consisterait à dire : une société n'empiétera pas sur les circonscriptions de sa voisine, cela me paraît peu pratique en ce qui concerne la liberté des personnes ; si, dans une localité, quelques personnes veulent se réunir pour s'occuper de géographie, et cependant ne pas faire partie de la Société de géographie du lieu, il n'existe pas de moyen de s'opposer à leur désir ; il me paraît donc très difficile de réglementer cette division en circonscriptions.

Pour les autres moyens, nous les employons. Nous faisons des concours entre les instituteurs ; nous donnons des prix de géographie aux lycées, et nous en distribuons également dans nos sections de géographie. Nous mettons des questions au concours et nous avons offert un prix de 6.000 fr.

pour le meilleur projet d'un canal des deux-mers. Un seul projet nous a été présenté, c'est celui de M. Laurent (?), et nous avons dû retirer cette question du concours que nous avions voulu instituer. Nous avons encore mis au concours une histoire de la province de Bordeaux avec un prix de 10,000 fr., offert par la société de géographie et par la chambre de commerce ; une commission examine les rapports, et il est probable que le prix sera décerné d'ici à la fin de l'année.

En ce qui concerne les conférences, nous en faisons faire le plus que nous pouvons, et quand nous pouvons envoyer des conférenciers dans les sections, nous ne manquons pas de le faire.

Pour les cours de topographie, nous avons eu la bonne fortune d'avoir pour collègue, M. Josse, capitaine de marine (?), qui nous a fait un cours de topographie pendant deux ans ; depuis, nous n'avons pas de professeurs, mais nous reprendrons ce cours dès que nous en aurons un.

Quant aux musées commerciaux, l'école de commerce et l'industrie en possède un, et la Société de géographie a pensé qu'il était inutile d'en créer un autre à côté ; mais quand des voyageurs passent à Bordeaux, nous ne manquons pas de leur demander des échantillons de leur marchandise.

En dehors de tous ces moyens, nous en avons cherché un autre sans réussir. En 1881, la Société de Bordeaux s'était déjà préoccupée, au congrès de Lyon, de présenter une proposition qui aboutissait à un projet d'union entre toutes les sociétés de géographie au point de vue de la création d'un organe de publicité générale qui serait distribué à tous les membres de toutes les sociétés, c'est un peu ce qui se fait au club alpin. Cette proposition a été émise au congrès de Bordeaux.

Tels sont les seuls moyens que nous ayons déjà proposés, ou dont nous usons ; si d'ici l'année prochaine, nous trouvons autre chose, nous nous empresserons de le soumettre au congrès.

M. Barbier. — De ce qu'une enquête est ouverte, cela ne veut pas dire que l'on soit tenu d'y répondre dans une année. Mais il y a un moyen bien simple. On disait, tout-à-l'heure, que les bulletins étaient les organes des sociétés. Il y a une excellente chose que la surcharge de nos ordres du jour nous a empêchés de faire à ce congrès, c'est la lecture des rapports des sociétés. Par cette lecture les membres des sociétés font connaître les améliorations apportées, les moyens qu'ils ont pu employer pour développer le recrutement des sociétaires. Nous avons même annoncé l'année dernière que nous avions une commission chargée d'étudier les moyens de recrutement et de nous étendre davantage parmi les membres de l'enseignement primaire. L'enquête n'est pas finie. J'ai dit l'autre jour que c'était au mois d'octobre prochain que serait fermée l'enquête que nous demandions aux instituteurs de faire pour réunir les matériaux d'une géographie des départements. Eh bien, cette enquête donnera lieu à la distribution de récompenses à ces instituteurs. C'est là un de nos moyens de recrutement. Je n'ai pas l'occasion de rappeler ce que nous faisons parce qu'on n'a pas lu les rapports que nous devrions lire au commencement de nos sessions, attendu que nous avons été trop poussés par le temps ; mais au moins les trouverons-nous dans le compte-rendu général.

Je viens de prouver que ce n'est pas toujours dans le cours d'une année que l'on peut répondre à des questions de l'ordre pratique, parce qu'il faut bien proportionner les moyens aux milieux dans lesquels on veut les produire. On vient de parler d'un musée commercial. Je doute beaucoup du succès d'un musée commercial à Nancy, mais cela ne veut pas dire qu'il ne se fera pas. Une expérience se tente à cet égard à Bar-le-Duc par un de nos collègues d'un très grand zèle ; du reste, Bar-le-Duc est un centre industriel qui a des intérêts commerciaux assez considérables. Si, par aventure, cette expérience obtient le succès que nous lui souhaitons, cela fera peut-être la tache d'huile dans toute la région. Si nous trouvons un bon moyen d'appliquer cette idée chez nous, je puis vous assurer que je n'attendrai pas d'y être invité par une sanction du Congrès...

M. Trochon. — Ce sont des conseils que l'on donne aux sociétés. Il y a des sociétés qui n'ignorent aucun des moyens dont je parle : celles-là n'ont rien à apprendre, soit : mais il en est d'autres qui ne seront pas fâchées de voir de quel côté elles doivent se diriger pour étendre leur influence. L'année dernière, j'eus la bonne fortune d'assister à la première séance du Congrès du Hâvre et je me souviens très bien qu'à la suite des rapports, M. Levasseur, président du Congrès, signala justement, comme moyens d'étendre l'action des sociétés, certains des points spéciaux que j'ai relevés, et il les conseilla aux Sociétés de géographie qui ne les avaient pas encore appliqués. Je ne demande au Congrès actuel que de signaler aux sociétés de géographie les meilleurs modes pour leur influence afin d'obtenir que ces modes soient mis en usage par les Sociétés qui ne les ont pas encore adoptés.

Et encore une fois, mon vœu n'est pas un vœu définitif et ferme ; c'est un vœu susceptible de toutes les modifications utiles que l'on voudra bien y apporter.

M. Gauthiot. — La meilleure réponse à faire à M. Trochon c'est que le rapport, qui doit être lu par chacun de nous, doit contenir très exactement les indications qu'il demande, puisque ce rapport doit constater les progrès faits par la société dont le rapporteur vient exposer les travaux, les faits et gestes. Si M. Trochon veut bien attendre jusqu'à demain la communication de notre rapport, il verra quels sont les moyens que nous avons employés pour développer les sociétés de géographie. Il n'y aurait, je le crains, aucun intérêt à continuer en réunion publique l'examen de la question. Puisque nous avons une réunion des délégués, c'est dans cette réunion que nous pourrons y procéder.

M. Trochon. — Quel inconvénient y a-t-il à signaler aux Sociétés de Géographie qui ne sont pas là ou à celles qui les ignorent ou qui ne les ont pas employés encore les moyens d'obtenir de bons résultats ? Mais, pour faire preuve d'esprit de conciliation et montrer que nous ne recherchons que l'intérêt général, j'accepte que la question soit renvoyée à l'examen du Comité des délégués qui l'étudiera en famille et verra s'il y a lieu d'émettre le vœu que je voulais déposer sur le bureau du Congrès.

M. VIBERT. — Je remercie M. Trochon d'avoir parlé des cours de topographie et de l'intérêt qu'il y avait à faire ces cours dans les villes où il y a des militaires. J'ajouterai qu'il y a un intérêt considérable à les faire partout, puisque partout tout le monde est soldat.

Je voudrais appeler l'attention du Congrès sur la géographie commerciale coloniale qui est malheureusement la moins connue et la moins populaire en France. M. Bayle est le premier qui ait publié des atlas de Géographie coloniale. Mais, dans cet ordre d'idées, il y a tout à faire non seulement au point de vue de la cartographie, mais surtout au point de vue excessivement élémentaire de la production commerciale économique des colonies et au point de vue de la comparaison à faire entre les productions de nos colonies et celle des colonies similaires de l'étranger. Je voudrais que ce travail fût fait pour toutes nos colonies et pour toutes les matières premières. Si j'avais le temps de développer cette idée, vous verriez qu'elle touche aux forces vives de l'industrie nationale et que nous nous trouvons en face d'une science presque toute entière à créer. Je serais donc reconnaissant à mes collègues s'ils voulaient me permettre de leur apporter l'indication des moyens pratiques d'avoir des cartes coloniales qui rendraient dans les ports de France les plus grands services, ainsi qu'aux sociétés de Géographie qui ont leur siège dans ces ports.

M. DOBY. — Vous semblez douter qu'il existe dans l'enseignement secondaire spécial des programmes dans lesquels la géographie coloniale et commerciale tient une grande place ; et dans les examens ces questions entrent pour beaucoup en ce qui concerne la géographie physique, ainsi que dans les manuels écrits à cet effet, où elles sont détaillées d'une manière plus complète que la géographie physique elle-même.

Quant à des cartes coloniales il en existe ; vous avez dit vous-même qu'il y avait l'atlas de M. Bayle. Il est assez complet, peut-être même est-il trop développé. Aussi, a-t-il jugé à propos de faire une petite édition pour les écoles, édition que j'ai employée moi-même avec beaucoup de succès.

M. Vibert. — J'ai fait un cours de géographie commerciale à Paris, et j'ai tâché de m'entourer d'ouvrages spéciaux et j'ai eu beaucoup de mal à en trouver, j'en prends à témoin M. Gauthiot ; il a été tellement frappé du manque de manuels de géographie commerciale que la Société de géographie de Paris a mis au concours un traité de géographie commerciale.

M. Doby. — Oui, un petit manuel, car il en existe de très grands ; en tous cas, il existe un grand et un petit atlas de Bayle, je ne le dis pas pour lui faire de la réclame et le petit rend peut-être plus de services que le grand.

M. le Président.— Devant partir demain pour l'accomplissement d'un devoir impérieux et pour préparer une réception digne d'eux à MM. les membres du Congrès qui doivent venir à Genève, permettez-moi de vous remercier tout particulièrement, de la part des Sociétés Suisses de géographie et de la Société de Genève, de l'obligeance avec laquelle vous m'avez facilité ma tâche de Président de la séance de cette après-midi, et surtout de l'accueil extrêmement bienveillant que vous avez accordé au représentant de ces Sociétés à votre congrès. Je n'ai qu'un regret, c'est d'avoir été seul de tous mes collègues des Sociétés transjuranes — car nous sommes ici dans la cisjurane. — A jouir de la connaissance, non pas des Sociétés de Géographie, elles ne m'étaient pas inconnues, grâce à leurs bulletins et à leurs publications, mais des Sociétés françaises de géographie incarnées dans leurs délégués, et vous savez qu'en géographie, ce qu'il y a de plus intéressant, c'est l'homme. Je connaissais cet être idéal qui s'appelle une Société, mais je ne connaissais pas l'incarnation des Sociétés françaises de géographie, et c'est là ce qui cause et me procure cette jouissance.

J'ai vu en chair et en os le relèvement après lequel nous soupirions pour vous — car on a fait quelquefois allusion aux désastres dont la France a souffert — relèvement vers lequel elle chemine à pas rapides, et nous avons touché comme un objet tangible ce relèvement immense ! On a signalé la création de la première Société de géographie en 1821, mais il faut un grand pas jusqu'en 1870, pour signaler l'apparition de la seconde. Mais depuis quinze à dix-huit ans, il suffit de mesurer le chemin parcouru pour se dire qu'il y a dans la France un ressort puissant, une vie énergique dont nous ne pouvons que désirer de tous nos vœux le développement !

Je vous ai dit quels étaient les vœux des Sociétés de géographie Suisses, je vous les réitère : *Marchez toujours* ! disait celui dont j'ai vu la statue devant la Préfecture, lorsqu'il tomba sur le champ de bataille de Novi ! Vous vous êtes relevés ; *Marchez toujours*, vous dirigeant, vous guidant, et nous marcherons avec vous, parce que nous travaillons tous à la même œuvre avec des moyens différents, peut-être, mais certainement avec la même affection pour la science qui nous unit !

Avec des moyens divers nous tendons au même but : faire connaître cette terre qui nous a été donnée, faire connaître ce qu'elle renferme et faire connaître ses rapports avec le monde dont cette terre n'est qu'une petite parcelle, et monter tous ensemble, d'étage en étage, jusqu'à ce moment suprême où l'on se prosterne devant Celui qui a créé les cieux et la terre !

J'ai un profond regret d'être obligé de quitter ceux qui m'ont si bien reçu, de ne pas pouvoir participer à la fête qui sera donnée demain en l'honneur de votre très vénérable et aimable président d'honneur. Mais j'ai, en même temps, le devoir de dire à tous ceux dont j'ai eu le bonheur de pouvoir faire la connaissance, que si un regret peut être adouci dans une certaine mesure, c'est par l'espoir qu'après avoir serré les mains tendues ici, je les serrerai de nouveau quand j'aurai passé la barrière du Jura ! Plusieurs d'entre vous doivent venir à Genève ; j'espère n'être pas seul à pouvoir jouir de votre affectueuse cordialité, de toutes ces communications si intéressantes, et surtout de ces entretiens, de ces causeries que l'on a dans les moments plus intimes, à table, et dans lesquels revient le même sentiment que nous avons dans le cœur : le progrès de la Géographie !

Je vous dirai : *L'union fait la force* ! J'ajoute : *Notre union fera notre force*, à vous dans la cisjurane, à nous dans la transjurane, et aussi à la Société de Neufchâtel qui vous convie à son prochain Congrès, et qui fait partie, elle aussi, de la cisjurane, de l'ancien royaume de Bourgogne : de ce côté et de l'autre, nous étions déjà unis ! Nous resterons unis pour travailler ensemble au progrès de la science géographique ! Ah ! je vous garantis, pour communiquer la joie que j'ai éprouvée à ceux qui n'ont pas pu la goûter ici, de donner à ma parole une efficacité assez grande pour faire passer en eux ce que j'ai ressenti moi-même ici !

Merci à votre digne Président ! Merci aux autorités de la ville de Bourg ! Merci à tous ceux qui ont assisté aux séances de ce Congrès et qui ont bien voulu me tendre la main et me donner pour la Suisse des témoignages d'affection ! Merci et au revoir pour quelques-uns, à bientôt à Genève, et pour un plus grand nombre, en 1889, au Congrès de Neufchâtel ! (Nombreux applaudissements.)

Messsieurs, la séance est levée.

La séance est levée à cinq heures et demie.

## Séance du samedi matin, 25 août 1889

*Président:* M. BARBIER.
*Assesseurs:* MM. P. LOISEAU ET BAYLE.

La séance est ouverte à neuf heures.

M. LE PRÉSIDENT. — La séance est ouverte.

Il est resté des dernières discussions qui ont eu lieu avant-hier un vœu qui devait être présenté sur le travail pénal aux colonies. Puisqu'il ne s'agit que de voter sur la résolution et que le Congrès était d'accord, je serais très reconnaissant à M. de Mahy de vouloir bien rédiger le vœu en question afin que nous puissions le soumettre à l'approbation du Congrès....

M. DE MAHY. — Il avait été entendu que nous nous consulterions, MM. Quévillon et Moncelon et moi, pour la rédaction de ce vœu. Aussitôt que nous serons d'accord, nous le déposerons sur le bureau du Congrès.

M. LE PRÉSIDENT. — Il est également resté en suspens un vœu que nous allons soumettre à la sanction du Congrès, concernant la facilité à donner à la diffusion des cartes de la marine. Je prie M. Bayle qui en est l'auteur de vouloir bien nous en donner lecture.

M. BAYLE :

« Sur la proposition de la Société de géographie de
« l'Est et de la Société des études coloniales et mariti-
« mes,

« Le Congrès émet le vœu :

« Que le ministère de la marine et des colonies éta-
« blisse des tirages à bas prix de la carte du service
« hydrographique, à l'exemple de ce que le ministère de
« la guerre a effectué de son côté pour la carte de l'état-
« major ;

« Et qu'en attendant au moins l'effet d'une telle me-
« sure, les cartes du service hydrographique puissent être
« délivrées à moitié prix aux membres des Sociétés de

« géographie, sur demande signée par le président ou le
« secrétaire de ces sociétés. »

M. LE PRÉSIDENT. Je mets ce vœu aux voix.

Le vote a lieu.

M. LE PRÉSIDENT. — Le vœu est adopté.

La parole est à M. Manès, délégué de la société de géographie commerciale de Bordeaux, pour présenter au Congrès, au nom de cette société, un travail sur la terminologie et prononciation géographiques.

M. MANÈS. — Messieurs,

Depuis deux ans, la Commission de terminologie et prononciation géographiques de notre Société, n'avait rien présenté au Congrès ; elle n'en a pas moins travaillé, cependant, pour faire avancer l'œuvre que nous poursuivons depuis 1881.

L'enquête que nous avions ouverte concernant la prononciation a obtenu auprès des savants et des géographes, une approbation presque générale. Néanmoins quelques objections ayant été présentées, la Commission les a soigneusement mises à l'étude, puis discutées, désireuse de ramener à elle, s'il était possible, les opinions encore hésitantes. Nous avons reconnu que le principe de la prononciation locale, posé avec une rigueur trop absolue, pouvait, malgré le correctif ajouté au Congrès de Douai, donner prise à certaines critiques ; ces critiques, il est vrai, s'appuyaient sur des cas isolés, mais il était utile de les faire cesser. La Société de géographie de Bordeaux, en demandant la règle de la prononciation locale, les Congrès, en adoptant les vœux par nous présentés, n'ont jamais eu le désir de voir dominer les patois au détriment du français ; mais afin qu'il n'y ait plus doute à cet égard, notre Commission soumet à votre approbation les trois propositions suivantes :

*Si la prononciation locale de certains noms est en contradiction absolue avec les lois qui régissent la prononciation française, cette prononciation locale est presque fatalement destinée à se modifier à bref délai et comme telle doit être abandonnée.*

*Toute décision à prendre concernant la prononciation des noms qui peuvent se trouver dans ce cas doit être réservée jusqu'au moment très prochain où la modification de prononciation se sera effectuée et aura revêtu une forme française* (1).

*Si des exceptions, consacrées par l'usage* (2), *paraissent devoir être faites, elles seront soumises au Congrès qui prononcera à cet égard.*

L'adoption de ces propositions va nous permettre de supprimer de nos listes certains noms ayant une prononciation indigène qui, non seulement n'est pas française, mais encore est destinée à disparaître avant peu. Tels « Carhaix » (pr. loc. *Carahai*), « Compiègne » (pr. loc. *Compiène*), « Contrevoz » (pr. loc. *Contreve*), « Daoulas » (pr. loc. *Dola*), « Lompnas » (pr. loc. *Lone*), etc., etc. Nous reconnaissons, avec M. le général Parmentier qu'il eût été excessif de vouloir imposer ces prononcia-

---

(1) A l'appui de ces propositions, citons entre autres exemples « Lompnas ». Dans sa lettre du 10 juin 1882, M. Jarrin, président de la Société de Géographie de l'Ain, nous écrivait : « Il y a eu Bugey un « Lompnas » qui se prononce *Lone* (o bref.) » Cette prononciation étant en opposition absolue avec les lois de notre phonétique, nous devons l'abandonner, car elle disparaîtra à bref délai (si ce n'est déjà fait) ; mais nous ne pouvons d'ores et déjà prendre de décision au sujet d'une prononciation à recommander. « Lompnas, » peut en effet présenter au moins quatre formes françaises, suivant que les lettres *p* et *s* se feront ou non sentir, *Lon-nas*, *Lon-nâ*, *Lomp'nas*, *Lomp'nâ*. Il faut donc réserver une détermination sur ce point jusqu'au moment où l'usage aura fait prévaloir une forme française ; c'est celle qui devra alors être adoptée.

(2) Par exemple « Enghien » (déjà adopté), qui se prononce *Angain*.

tions vicieuses, en appliquant à la lettre les principes déjà admis.

Ces restrictions approuvées, nous pouvons dire que l'entente est absolument faite parmi les géographes sur ce sujet : l'unification de la prononciation géographique française.

Les listes que nous vous présentons cette année sont établies sur une base différente des précédentes. Dès 1882, M. de Luze nous conseillait, pour former nos listes, de procéder par arrondissement, l'intérêt devant être plus grand dans une telle nomenclature. La question ne nous paraissait pas assez mûre pour pouvoir mettre alors cette idée en pratique, nous eussions craint d'avoir trop de lacunes dans notre travail. Aujourd'hui que l'opinion a adopté le principe général de la prononciation locale, la tâche est un peu plus facile ; aussi, lorsqu'au mois de janvier 1886, M. de Luze nous renouvelait ses précédents avis, nous étions tout disposés à adopter cette méthode, comme nous le disions au Congrès de Nantes. Nous avons donc fait un classement par département ; quelques-uns même sont divisés en arrondissements et en cantons.

C'est un travail de ce genre que nous désirerions voir entrepris par les diverses Sociétés de géographie, pour leurs régions respectives tout au moins. Chacune d'elles doit pouvoir fournir la prononciation des noms géographiques et des communes de cinq ou six départements ; que chacune apporte son contingent de renseignements, et alors, ainsi que le disait naguère l'ancien président de notre Commission, le dévoué M. Labroue dont nous regrettons tous l'éloignement, l'unification de la prononciation géographique sera faite en France avant la fin du siècle.

Mais, malheureusement, nos efforts restent presque isolés. La Société de géographie commerciale de Nantes a publié, il est vrai, à la fin de 1882, une étude de M. Morel sur les noms de la Loire-Inférieure. Depuis, nous avons vu avec plaisir que, sur l'initiative de son savant secrétaire général, M. J.- V. Barbier, la Société de géographie de l'Est avait nommé en 1886 une Commission, semblable à la nôtre, chargée d'étudier la prononciation et la terminologie géographiques dans la région lorraine; des commissions consultatives ont été formées dans les sections vosgiennes et meusiennes, et ont produit des résultats.

Nous sommes heureux de rendre hommage en cette circonstance à la Société de géographie de l'Est, et nous voudrions voir cet exemple suivi par les autres Sociétés. L'enquête, faite ainsi sur tous les points de notre territoire, serait vite terminée.

Un Congrès international des sciences géographiques devant se tenir à Paris, l'an prochain, notre Commission a décidé de refondre à cette occasion toutes ses listes en une seule, afin qu'on puisse bien se rendre compte de l'état d'avancement de la question. Il serait désirable de réunir les nomenclatures dressées par toutes les Sociétés et de présenter au Congrès un travail d'ensemble, homogène, avec les prononciations établies suivant une transcription aussi uniforme que possible; des points de comparaison, des groupements, pourraient alors être faits, et ce travail aurait un très grand intérêt pour les géographes.

Afin d'arriver à ce résultat nous vous demandons *que les Sociétés de Géographie soient engagées par le Congrès à poursuivre notre œuvre, au moins dans leurs régions, et que les résultats de leurs enquêtes soient transmis dans le plus bref délai à la Société de Bordeaux, cette dernière devant présenter au Congrès international de Paris en 1889, un travail d'ensemble sur l'unification de la prononciation géographique française.*

Bien entendu, nous indiquerions la part que chacune des sociétés aurait prise à l'établissement du travail d'ensemble.

Nous croyons que l'adoption et la mise en pratique de ce vœu serait le véritable moyen d'arriver promptement au but que nous poursuivons depuis sept années consécutives.

En ce qui concerne la terminologie, notre enquête n'a guère avancé ; nos correspondants n'ont jamais été nombreux, et les renseignements deviennent plus difficiles à se procurer. Il est vrai aussi d'ajouter que, provisoirement, nous avons un peu sacrifié cette partie, désireux que nous étions de faire avancer davantage la question de prononciation. Au prochain Congrès, nous espérons vous soumettre quelques résultats intéressants.

Qu'il nous soit permis, en terminant, d'adresser des remerciements à nos dévoués collaborateurs, MM. Edouard de Luze, Henri Dupont, Fruitier, Levillain, Chevalier, Louiche, Wendeix, abbé Pluot, pour les importants documents qu'il nous ont communiqués. Grâce à leur zèle, nous avons pu dresser une nomenclature comprenant la prononciation figurée de 600 localités ; *c'est cette nouvelle liste que nous soumettons à votre appréciation.*

M. LE PRÉSIDENT. — L'accueil, qui a été fait, jusqu'à présent, aux travaux antérieurs de la Société de Géographie de Bordeaux, est un symptôme très favorable qui nous fait espérer l'approbation de sa nouvelle proposition. Pour ma part, je m'y rallie au nom de la Société de géographie de l'Est, et, puisque M. Manès a bien voulu signaler les travaux que notre Société fait dans les Vosges et dans la Meuse, je dirai que nous en attendons la solution de l'enquête géographique que nous faisons pour l'établissement de la géographie des départements et de l'indication de l'appellation, de l'orthographe et de la prononciation locale qu'il y aura lieu d'attribuer à chacune des communes des départements.

A ce point de vue et en ce qui concerne la région où rayonne la Société de géographie de l'Est, notre œuvre sera tout à fait complète. Dans ces conditions, je mets aux voix la proposition de la Société de géographie commerciale de Bordeaux, ainsi conçue :

« Si la prononciation locale de certains noms est en
« contradiction absolue avec les lois qui régissent la
« prononciation française, cette prononciation locale est
« presque fatalement destinée à se modifier à bref délai,
« et comme telle doit être abandonnée.

« Toute décision à prendre concernant la prononcia-
« tion des noms qui peuvent se trouver dans ce cas doit
« être réservée jusqu'au moment très prochain où la mo-
« dification de prononciation se sera effectuée et aura
« revêtu une forme française.

« Si des exceptions, consacrées par l'usage, paraissent
« devoir être faites, elles seront soumises au Congrès
« qui prononcera à cet égard ».

Je ne crois pas qu'il soit nécessaire de détacher aucune partie de ce vœu, parce qu'elles paraissent se tenir toutes, et si vous le jugez bon, je vais le mettre aux voix dans son ensemble.

Le vote a lieu.

M. LE PRÉSIDENT. — Le vœu de la Société de géographie commerciale de Bordeaux est adopté.

L'adoption de ce vœu entraîne le vote des conclusions de la Société de géographie de Bordeaux ; ces conclusions sont ainsi formulées :

« Que les Sociétés de Géographie soient engagées par
« le Congrès à poursuivre notre œuvre, au moins dans
« leurs régions, et que les résultats de leurs enquêtes
« soient transmis, dans le plus bref délai, à la Société
« de Bordeaux, cette dernière devant présenter au Con-
« grès international de Paris en 1889, un travail d'en-
« semble sur l'unification de la prononciation géogra-
« phique française ».

Je mets aux voix cette conclusion.

Le vote a lieu.

M. le Président. — Les conclusions du rapport de la Société de géographie de Bordeaux sont adoptées.

Comme suite à ce vote je dépose sur le bureau du Congrès une nouvelle liste dressée par la Société de géographie de Bordeaux, des noms de pays sur lesquels cette Société a appliqué ses règles de terminologie et de prononciation géographiques.

Et je mets aux voix l'adoption de cette liste.

Le vote a lieu.

M. le Président. — La liste présentée par la Société de Bordeaux est adoptée.

M. le Président. — Le vœu qui restait à libeller et à faire sanctionner par MM. de Mahy, Quévillon et Moncelon, va vous être présenté par M. Moncelon et je lui donne la parole.

M. Moncelon. — Mais avant de vous en donner lecture, de ce vœu, je désirerais rappeler, en quelques mots, l'état de la question en ce qui concerne deux de nos colonies, la Guyane et la Nouvelle-Calédonie. J'ai dit que, depuis 24 années pour la Nouvelle-Calédonie et de longues années pour la Guyane, la main-d'œuvre pénale n'avait pas donné les résultats que l'on pouvait en attendre, et que pouvaient faire prévoir les dispositions de la loi du 30 mai 1854 sur la transportation des condamnés aux colonies. Je vous ai montré le colon laborieux, le pionnier de la civilisation, obligé de travailler pour vivre et de travailler durement sous ces climats dangereux pour lui, et, à côté, le condamné aux travaux forcés, l'homme qui a blessé la patrie et qui lui doit une expiation, vivant presque à ne rien faire, nourri, choyé, bien pourvu par l'État qui va jusqu'à lui donner une propriété même pendant qu'il est en cours de peine !

Évidemment, il y a là un grand danger pour la morale et pour la Société en général, et il ne faudrait pas, selon moi, que ce mauvais exemple fût donné parce que, quand un honnête homme est obligé de travailler, il n'est que juste que celui qui a lésé la Patrie soit tenu à un travail expiateur.

Il n'était pas possible qu'un Congrès comme celui-ci, ayant à sa tête un membre illustre du Parlement, ne fût pas saisi de cette question, et n'émit pas un vœu ferme à cet égard. Pour mon compte, je supplie notre honorable Président, M. de Mahy, lorsque l'occasion s'en présentera au Parlement, de vouloir bien lui soumettre cette question et la faire connaître ; il rendra là un immense service à la patrie ; mais en attendant, nous devons émettre ce vœu dont je viens de vous parler. Le voici dans la formule telle qu'elle a été arrêtée entre M. de Mahy, M. Quévillon et moi :

« Le Congrès national de Géographie réuni à Bourg,

« Considérant qu'il importe à la France d'outiller et
« d'aménager dans la mesure du possible son sol colonial
« en vue d'y assurer à l'émigration des moyens suffi-
« sants d'exploitation et de colonisation ;

« Que la loi du 30 mai 1854 sur la transportation des
« condamnés aux travaux forcés aux colonies consacre
« la main-d'œuvre pénale aux travaux de la colonisation
« et à tous autres travaux d'intérêt public ;

« Emet le vœu :

« Que la main-d'œuvre pénale soit exclusivement em-
« ployée, et d'une façon plus effective que par le passé, à
« l'outillage et à l'aménagement du territoire colonial. »

M. LE PRÉSIDENT. — Vous avez entendu la lecture du vœu de MM. de Mahy, Quévillon et Moncelon.; je mets ce vœu aux voix.

Le vote a lieu.

M. LE PRÉSIDENT. — Le vœu est adopté à l'unanimité.

L'ordre du jour appelle à dix heures une communication de M. Gauthier explorateur du Mekong. M. Gauthier n'étant pas encore arrivé, nous allons prendre la suite de l'ordre du jour, sauf à l'interrompre de nouveau, quand M.

Gauthier sera ici et pour que le public devenu plus nombreux puisse lui faire l'accueil qu'il mérite.

La question à étudier est la suivante :

*Examiner le moyen le plus efficace pour lutter contre la concurrence créée au transit français par le percement du Saint-Gothard et les travaux du port de Gênes.* (Communication de la Société de Géographie de l'Est.)

Comme c'est le délégué de la Société de géographie de l'Est qui doit vous parler de cette question. Je cède la présidence à M. Bayle pendant que je vais vous faire la commucation dont je suis chargé.

Ce n'était pas ainsi que la question, dont je viens de vous donner lecture, était annoncée. Cette question émane de la société de géographie de Lorient ; notre Société ne s'est faite inscrire que pour un travail subsidiaire, c'est-à-dire pour un travail ayant trait à une question d'intérêt général relative notamment et particulièrement à l'amélioration, à la réduction et à l'unification des tarifs de chemins de fer. En conséquence, notre comité a confié à un de nos collègues, celui d'entre tous qui avait le plus de qualité pour le faire, un grand industriel de Nancy, M. Weisenthanner, le soin de rédiger d'une façon sommaire les desiderata que notre Comité croyait pouvoir vous présenter. Voici son rapport :

### De la nécessité de modifier le système d'exploitation de nos chemins de fer.

Les chemins de fer ont été le plus grand instrument de progrès, mais ils deviendraient en France une institution ruineuse si leur exploitation devait continuer à être routinière ; les charges assumées par l'Etat pour la garantie des intérêts des obligations, deviennent chaque année plus lourdes ; ces charges sont recouvrées sous forme d'impôts ; il est temps d'amener les compagnies à un mode d'exploitation capable de les atténuer, capable surtout d'aider la production nationale, de la soutenir contre la concurrence qui surgit de toute part et notamment contre celles de l'Allemagne et des Etats-Unis.

L'industrie de ces pays, abritée par des tarifs protecteurs, a pris un essor considérable. Il y a quelques années encore, ces nations étaient tributaires de l'industrie française, aujourd'hui elles nous inondent de leurs produits.

Nous ne sommes cependant qu'au début de la lutte, il faut bien nous persuader qu'elle sera longue et ardue ; le premier mouvement d'opinion favorable à des mesures protectrices, pour nous mettre à l'abri des importations et venir en aide à notre industrie et à notre agriculture semble avoir perdu du terrain. Et il ne faut pas le regretter ; nous ne recueillerions pas dans un régime protecteur à outrance les avantages que les pays cités y ont trouvés ; ce régime est favorable à des pays neufs, tributaires des autres nations, mais il aurait des conséquences déplorables pour nous, à qui chaque relèvement de tarifs occasionne des représailles qui paralysent les avantages que nous espérions en retirer.

Du reste, dans un moment moins éloigné qu'on ne se le figure généralement, ces pays produiront à l'excès et alors ils modifieront leur régime douanier et rechercheront des traités pouvant faciliter l'écoulemrnt de leur production — ils deviendront libre-échangistes eux-mêmes, car on le devient toujours quand on a besoin d'exporter et qu'on n'a plus à redouter l'importation. — C'est cette situation qu'il faut prévoir dès aujourd'hui et c'est ailleurs que dans le régime douanier que nous devons chercher les moyens de soutenir notre industrie et notre agriculture.

Une modification libérale dans les régimes d'exploitation de nos chemins de fer semble pouvoir nous donner ce résultat.

En procurant à notre industrie les transports à bas prix, nous lui assurerons sa place sur tous les marchés du monde, elle se procurera les matières premières à meilleur marché, les produits manufacturés arrivant dans nos ports surchargés de peu de frais, pourront affronter la lutte, mais il faut se hâter de modifier le système d'exploitation actuel qui est déplorable : les prix de transport sont trop élevés, la tarification est si compliquée que les employés spéciaux des compagnies s'y perdent, des tarifs de pénétration et de transit constituent de véritables primes accordées aux produits étrangers ; il faut faire cesser cet état de choses et imposer aux compagnies une tarification simple et uniforme pour tous les réseaux.

Les compagnies disposent de trois sortes de wagons, on pourrait établir pour le prix de transport trois classes, selon que la marchandise transportée nécessite l'un ou l'autre de ces wagons.

La première classe comprendrait les marchandises voyageant en wagon fermé.

La deuxième, les marchandises voyageant en wagon découvert bâché.

La troisième, les marchandises voyageant en wagon découvert non bâché.

Chacune de ces classes pourrait être subdivisée en cinq, six et même huit séries.

Pour la classification des marchandises en séries, on tiendrait compte de leur valeur, de leur volume, des risques du transporteur ; cette classification, simple, à la portée de tout le monde, répondrait à tous les besoins et le recueil des tarifs des chemins de fer français qui contient quinze cents pages pourrait être réduit à une trentaine du même format.

Les tarifs spéciaux de localité à localité seraient supprimés, ces tarifs ne sont jamais profitables à l'intérêt général, ils ne servent que des intérêts particuliers. Il en serait de même des tarifs de pénétration et de transit, les tarifs intérieurs doivent être suffisamment réduits pour que le transit n'échappe pas aux compagnies ; mais on ne peut admettre que nos chemins de fer créent une situation privilégiée aux marchandises importées ou transitées.

Reste à examiner la situation qui serait faite aux compagnies par suite de l'abaissement des tarifs. A cet égard, il suffit de se rappeler ce qui s'est passé lors de l'abaissement de la taxe des lettres et des dépêches télégraphiques, pour n'avoir aucune inquiétude à l'égard des recettes ; les compagnies verront promptement leur trafic augmenter et ce surcroît de trafic au bout de peu de temps suppléera certainement à la diminution des prix de transport, car elles pourront aisément répondre à ce surcroît sans augmenter leur personnel, surtout, si comme dans tous les pays où les transports sont établis à bas prix, on favorise le transport en wagon complet.

L'industrie ne serait pas seule à profiter de ces modifications, l'agriculture y trouvera les mêmes avantages, nos ports de mer, la navigation, les consommateurs, toutes les classes de la société profiteraient des services que nous rendrait une exploitation ainsi comprise et les avances de l'Etat ne seront plus faites en pure perte, car elles rentreront dans ses caisses sous vingt formes différentes.

Sur les considérants qui précèdent le Congrès émet le vœu :

Que le Gouvernement soit invité à provoquer par toutes voies que de droit, la révision des tarifs de chemin de fer, tant en vue de leur abaissement que de leur simplification.

M. CONVERT. — Le travail, que vient de nous présenter M. Barbier, me paraît intéressant, mais il me semble que c'est là une question extrêmement compliquée.

Pour ma part, j'ai été dans un certain nombre de réunions où les mêmes questions étaient agitées, et bien qu'elles fussent réduites à un sujet beaucoup plus limité, nous ne sommes pas parvenus à nous mettre d'accord. Si le résultat que nous poursuivons était suffisamment assuré, nous pourrions ratifier le travail présenté par M. Barbier ; mais je ne crois pas qu'un Congrès de géographie soit autorisé à trancher ces questions si délicates, de libre échange, de protection, de tarifs, etc. Ces questions exigeraient l'étude d'un Congrès spécial qui devrait durer peut-être quelques mois ; je ne crois donc pas que nous puissions émettre un vœu positif à cet égard.

M. BAYLE, *Président intérimaire*. — Si l'on envisageait le labeur immense auquel on devrait se livrer pour arriver à une solution, ce serait sans doute, ici, décourageant. En effet, lorsqu'on s'occupe de questions spéciales, il arrive souvent qu'entre gens de la partie, mais ayant des intérêts opposés. On ne peut arriver à se mettre d'accord ! Mais, dans un Congrès, composé de personnes venues de tous les points de la France, et dont quelques-unes peuvent avoir à fournir des indications utiles, des avis sur le sujet qui nous occupe, sur un sujet qui est à l'ordre du jour du Congrès, nous sommes bien dans notre rôle en enregistrant ce qui sera dit dans l'intérêt public, quitte à ne pas formuler de vœu s'il n'y a pas nécessité d'en formuler un.

M. CONVERT. — Les tarifs de chemins de fer demandent, il est vrai, à être modifiés, mais il faudrait préciser les améliorations, et c'est là alors que commence la grande difficulté.

M. BAYLE, *Président*. — Le délégué de la société de géographie de l'Est vient justement de préciser des améliorations ; il a précisé celles qui consisteraient à remanier les tarifs de chemins de fer, tarifs si compliqués que les employés des chemins de fer eux-mêmes ne s'y reconnaissent pas.

M. CONVERT. — Si nous prenions point par point le travail présenté par M. Barbier, nous verrions qu'il nous serait impossible d'en sortir d'ici à trois semaines ou un mois, et je me demande vraiment comment nous ferions pour trancher, en quelques minutes, un problème aussi long à étudier et à résoudre.

M. Barbier. — La difficulté de présenter des chiffres précis a fait hésiter notre rapporteur. En effet, la confusion des tarifs de chemins de fer est telle, leurs changements sont si fréquents, que les chiffres, qu'il aurait fournis il y a un mois, quand il a fait son rapport, risquaient fort d'être modifiés au moment où ce rapport devait vous être présenté. Si maintenant vous désirez des informations plus détaillées et plus précises, je suis autorisé à laisser la question en suspens, c'est-à-dire à différer l'émission de notre vœu, et notre comité serait appelé à limiter la mesure dans laquelle il doit traiter la question et à entrer dans des détails plus précis, de manière, à défaut de vœu à émettre, à éclairer au moins le public.... Est-ce là ce que demande M. Convert?

M. Convert. — Il y a un point sur lequel nous sommes bien d'accord, c'est que le système actuel est mauvais.

M. Barbier. — C'est pourquoi, sans préciser et sans même qu'il y ait besoin de préciser, — car nous ne disons pas dans notre vœu : Il faut conserver tel tarif et il faut supprimer tel autre — nous demandons simplement que ces tarifs soient révisés, ne fût-ce que pour la facilité même du service, puisque les employés sont souvent fort embarrassés pour savoir quel est le tarif à appliquer à telle marchandise. Nous demandons premièrement : simplification ; et secondement : amélioration dans le sens de réduction....

M. Convert. — Sur ces deux points nous sommes d'accord.

M. Barbier. — Puisque nous sommes d'accord sur ces deux points qui sont l'objet du vœu, acceptez le vœu tel qu'il est rédigé, sous le bénéfice de plus amples informations. Le jour où le vœu étant émis et adopté, on serait en mesure d'aborder un programme plus compliqué, nous pourrions faire encore comme aujourd'hui, éclairer, mais un peu plus, l'opinion publique. Aujourd'hui, nous attachons le grelot. D'autres viendront derrière nous qui préciseront davantage et qui indiqueront peut-être des voies et moyens...

M. CONVERT. — Le grelot est attaché depuis longtemps ; s'il ne s'agit que d'accentuer davantage le désir de réformes, nous ne demandons pas mieux que de voter dans le sens indiqué par M. Barbier.

M. P. LOISEAU. — La Société de géographie du Havre m'a chargé de vous présenter quelques observations à cet égard. Comme à M. Convert, la question lui a paru si vaste et si complexe qu'il lui a semblé difficile qu'un congrès de géographes pût la trancher. Cette question est plutôt du ressort des Chambres de commerce et ne peut être soumise qu'à l'attention d'hommes tout à fait rompus aux affaires, connaissant parfaitement les tarifs de navigation, de transports par terre, en relations avec les compagnies de chemins de fer et les pays étrangers. Où s'arrêterait le Congrès dans cette voie, s'il s'occupait de tous les détails qui intéressent le commerce et l'industrie et dans lesquels seuls des négociants et des industriels peuvent se retrouver ? Il a paru à la Société du Havre que le Congrès de géographie, en posant cette question, tendait à sortir de ses attributions.

Je tiens néanmoins à profiter de l'occasion pour dire un mot de la question soumise à nos délibérations par la Société bretonne de géographie et à vous faire part des conclusions d'un rapport de M. Amédée Marteau, consul, chargé de diverses missions en Italie. Ce rapport présenté en 1882 au Ministre des affaires étrangères est très complet et étudie la question qui nous occupe sous toutes ses faces. Il porte sur les trois points principaux suivants :

1° Transit à travers la France des marchandises qui, entrées par les ports de la Manche ou les frontières de la Belgique, se dirigent vers l'Italie et, au delà, vers l'Orient.

2° Concurrence faite au port de Marseille par le port de Gênes, et influence que peut avoir l'ouverture du chemin de fer du Saint-Gothard sur la situation respective des deux ports.

3° Commerce général d'échanges entre la France et l'Italie et influence que peut exercer la nouvelle voie sur ce commerce au détriment de la France et au profit de l'Allemagne.

Je me hâte de le dire, les conclusions de ce rapport sont très rassurantes, et le seul péril qu'offre l'ouverture du Saint-Gothard, d'après M. Amédée Marteau, est dans l'extension des relations entre l'Allemagne et l'Italie au détriment de notre pays. Cela, nous ne pouvons guère l'empêcher.

Il convient, tout d'abord, de détruire un préjugé qui n'est que trop répandu, c'est que l'ouverture du tunnel du Saint-Gothard a détourné de la France le grand courant international de marchandises et de voyageurs en provenance de l'Angleterre à destination de l'Orient, qui lui était acquis auparavant. Il n'y a pas de plus grande erreur. Ce grand courant, en ce qui concerne le commerce anglais, n'a pas existé et ne saurait d'ailleurs exister. Un simple coup d'œil suffit pour s'en rendre compte. Le fret de Londres, pour l'Inde, Calcutta et Singapore, n'est pas plus élevé que le fret de Marseille pour les mêmes destinations. En outre, le fret de Marseille à Londres est bien inférieur au prix du transport par rails. Si je ne me trompe, il ne doit guère dépasser une vingtaine de francs par tonneau.

En ce qui concerne la concurrence faite à Marseille par le port de Gênes, elle ne nous paraît pas bien redoutable. Les frais de transit à Marseille sont bien inférieurs à ceux de Gênes, et Marseille qui est toujours le véritable marché de la Méditerranée n'est pas près d'être détrôné par le port italien. Tout au plus quelques articles de La Plata et des Indes : laines, café, cotons, transitent-ils par Gênes au détriment de Marseille, mais ce transit n'est pas très important.

Quant aux marchandises qui descendent de la Suisse vers la Méditerranée pour l'Orient, elles se composent presque exclusivement de tissus fins de coton et de soie. La quantité ne dépasse pas 3,000 tonnes qui passent presque toutes par Marseille.

On constate que le transit par le Saint-Gothard, s'il ne diminue pas, reste tout au moins stationnaire, ce qui ne permet guère, étant donnés les frais d'exploitation, de diminuer les tarifs. On se trouve donc en présence d'un dilemme inévitable : ou bien la ligne du Saint-Gothard établira des tarifs à bon marché, et ils ne seront pas rémunérateurs ; ou bien elle maintiendra ses prix élevés et elle perdra toute chance d'obtenir le transit international. C'est ce qui arrive, et il est facile de s'en rendre compte. En effet, actuellement les prix de Marseille à Bâle sont, d'après le rapport présenté à la Société d'économie politique de Lyon par M. J. Cambefort :

Pour les céréales de.........fr. 34 10 la tonne
— vins de............fr. 33 » —

tandis que de Gênes à Bâle par le Saint-Gothard, il sont :

Pour les céréales de.........fr. 36 70 la tonne
— vins de............fr. 51 89 —

J'aurais encore beaucoup à dire sur ce sujet, mais je ne veux pas abuser de votre patience et j'espère que les quelques observations que je viens de vous présenter vous ont paru suffisantes.

M. GAUTHIOT. — J'ai sous les yeux un travail qui a été inséré au Bulletin de la Société de géographie commerciale de Paris, travail qui émane d'une autorité en matière de tarifs de chemins de fer. Quelques lignes de ce travail confirment pleinement ce que vient de dire M. Paul Loiseau, délégué de la Société de géographie du Hâvre. Voici ces quelques lignes:

On se trompe beaucoup en croyant :

« 1. — Que le développement industriel et commercial de l'Italie, de même que le développement du port de Gênes datent de l'ouverture du chemin de fer du Saint-Gothard.

« 2. — Que chacune des tonnes de marchandises dont le mouvement du port de Gênes s'augmente, est en provenance ou destination du chemin de fer du Saint-Gothard.

« 3. — Que ce chemin est la voie par laquelle s'effectuent tous les échanges entre l'Italie, d'une part, la Suisse, l'Allemagne, la Hollande, la Belgique et l'Angleterre, d'autre part.

« 4. — Que tout ce que ces pays reçoivent d'outre-mer ou y envoient passe par ce chemin de fer et par Gênes. »

Autre phrase :

« Les chiffres statistiques des années comprises entre 1862 inclus et 1881 inclus, démontrent qu'à la fin de 1881, c'est-à-dire cinq mois seulement avant l'ouverture de la ligne du Saint-Gothard, l'Italie était en plein développement commercial et industriel ; ils démontrent, jusqu'à l'évidence, que le Saint-Gothard n'a pas été la cause de l'essor pris par le commerce italien, mais qu'il est venu tout simplement à temps pour en profiter dans une certaine mesure. Le mouvement total du port de Gênes n'a pas cessé de croitre de 1881 à 1886 : mais l'augmentation porte surtout sur l'importation et, en particulier, sur les houilles. »

Puis viennent des chiffres démonstratifs à l'appui de ces diverses assertions. Et voici les conclusions :

Les Italiens eux-mêmes constatent que le transit par Gênes diminue et que l'exportation n'augmente pas. « Ce qui est tout-à-fait rassurant pour notre port de Marseille. » Ils attribuent cet état de choses à ce que la capacité du port de Gênes est absorbée par l'importation des matières premières destinées à l'industrie, par l'importation du combustible nécessaire à la transformation de ces matières premières, et enfin par le commerce local de la haute Italie. »

« Ils ajoutent même que le Saint-Gothard, pour la construction duquel ils se sont imposé d'immenses sacrifices, ne leur a valu encore que d'amères déceptions... »

« Si l'importation en Italie des produits manufacturés d'Allemagne a été facilitée, l'exportation de l'Italie sur l'Allemagne n'a pas augmenté d'une manière appréciable et *le transit Gothard et Gênes est nul.* »

Ces mots sont soulignés. Ce qui arrive à Gênes, ce sont des matières premières et des houilles qui sont consommées en Italie, mais quant au transit, il n'y a absolument rien.

Vous avez donc la confirmation de la vérité de ce que vous disait M. Loiseau.

Il est évident que la question intéressante est celle-ci : Est-ce que notre commerce supporte un dommage considérable de l'organisation et de la réglementation actuelle des tarifs des chemins de fer ? En ce qui concerne une des parties les plus importantes de ce commerce le document lu par moi dit que les tarifs sont organisés de telle sorte que, malgré le Saint-Gothard qui a coûté tant à l'Italie et à l'Allemagne, c'est encore la France qui conserve le transit. On peut donc en conclure que les tarifs ne sont pas aussi mal réglementés qu'on veut bien le dire et qu'il n'y a pas tant à les corriger.

Mais, sommes-nous ici en mesure d'apprécier ces questions ? Je me hâte de dire, comme M. Loiseau tout-à-l'heure : Je ne le crois pas. La comparaison des tarifs des diverses compagnies de chemins de fer, le coût auquel peuvent revenir les marchandises venant de l'étranger ou y allant, les frais à payer dans les divers ports, tout cela implique une étude si considérable que, dans le cabinet de l'homme qui a écrit le document que je vous lisais tout-à-l'heure, il n'y avait pas moins d'une vingtaine de cartons pleins, contenant les tarifs applicables aux marchandises venant de l'Extrême-Orient, et il avait fallu d'immenses feuilles de papier pour recevoir le dépouillement de tout ce que contenaient ces cartons. On pouvait y voir la progression et l'augmentation continuelle, après le point de départ, de la somme à payer pour une tonne d'une marchandise de tel point à tel autre. Ce sont des études auxquelles peu d'entre nous se livrent et il est impossible de comparer de tête des chiffres qui exigeraient, pour être comparés sur le papier, plusieurs journées.

Je conclus donc que, tout n'étant pas au pire dans le pire des mondes — je viens d'en donner la preuve et M. Loiseau l'a fournie également d'après des autorités que vous connaissez tous — et, en tout cas, nul péril en la demeure n'existant, on passe à l'ordre du jour.

M. BAYLE, *président*. — Messieurs, pour pouvoir céder au plus tôt la parole à M. Camille Gauthier, le sympathique explorateur du Mékong dont nous attendons tous impatiemment la conférence, et pour suspendre ici par conséquent la discussion en cours, et réserver la décision du Congrès, veuillez me permettre de résumer les questions des trois distingués collègues qui viennent de prendre la parole.

M. Gauthiot a affirmé ce point bien agréable à connaître pour des oreilles françaises : que le Saint-Gothard ne serait pas aussi nuisible au commerce français qu'on paraît le croire.

M. Loiseau nous a dit que cette question des tarifs de chemins de fer est plutôt du domaine des chambres de commerce que des sociétés de géographie. Cette appréciation de la Société du Havre a sa valeur. Mais puisque l'on a mis la question à l'ordre du jour du Congrès, c'est que la Société de Bourg et les délégués des autres sociétés, qui ont ainsi dressé notre programme, ont évidemment jugé que cette question n'était pas en dehors de celles que le Congrès pouvait traiter. Il appartient au Congrès de se prononcer.

Enfin, M. Convert a dit que le travail, qui résulterait de l'étude de cette question, serait tellement considérable, qu'il serait décourageant de nous mettre à la besogne, et que nous y renoncerions bientôt. Il est bien certain que nous ne pouvons pas nous aviser de vouloir refaire des tarifs des chemins de fer, ni prétendre indiquer comment ils doivent être modifiés ; nous disons simplement qu'ils doivent être modifiés ; qu'ils sont trop la bouteille à l'encre, pour tout le monde, et qu'évidemment il y a quelque chose à faire à cet égard. Je crois en outre pouvoir soutenir, comme Président de cette séance, qu'il est parfaitement dans les attributions des sociétés de géographie commerciale et de nos Congrès de formuler ce desideratum ; qu'il y a quelque chose à faire, et qu'il est très désirable pour l'industrie et les transports dont elle a besoin que les tarifs des chemins de fer soient modifiés, puis fixés. — Ceci dit, je serais d'avis à présent que la discussion de la question fût suspendue, et que la parole fût donnée à M. Camille Gauthier.

M. Trochon. — Je ne voudrais dire que deux mots ;

c'est que je crois que nous pouvons être d'accord sur deux questions ici.

Malgré les observations qui viennent d'être faites par M. Bayle, parlant évidemment en son nom personnel et non pas comme président de la réunion, je crois que nous devons remercier M. Gauthiot des renseignements intéressants qu'il vient de nous donner sur une question que nous avons l'habitude d'envisager sous un autre aspect. Nous nous étions habitués à croire, sur la foi d'affirmations pas assez complètes et aussi sérieuses, que celle qu'il nous a apportée, que le percement du Saint-Gothard amènerait tôt ou tard la ruine du transit des marchandises françaises, et que, par conséquent, il y avait lieu de se préoccuper de la question dans le sens où s'en est préoccupé le rapport de M. Barbier. Ces renseignements sont extrêmement utiles et intéressants, et ils viennent combattre des idées généralement reçues, et je crois être l'interprète de tous en remerciant M. Gauthiot des informations qu'il nous a données.

En second lieu, je crois, toujours malgré les observations de M. Bayle, délégué d'Oran, que ce que vient de dire M. Loiseau, de l'incompétence relative du Congrès de géographie pour traiter la question est absolument vrai, et j'ajoute que nous n'avons plus qu'une chose à faire, c'est de voir s'il y a lieu d'émettre une résolution tendant à remercier M. Gauthiot et de passer purement et simplement à la question qui est ensuite inscrite à l'ordre du jour.

M. BARBIER. — M. Gauthiot, empêché, me charge de donner lecture d'un paragraphe qui suit celui qu'il vous a lu lui-même. Voici ce passage :

« Enfin, en ce qui concerne le chemin de fer du Saint-Gothard, si son rendement peut supporter, sans désavantage, la comparaison avec celui des autres chemins de fer suisses et des chemins italiens, il n'en est pas de même quand on le compare au rendement des grandes lignes françaises. En s'en tenant à l'année 1884, la dernière pour laquelle les tableaux de statistique graphique, publiés par notre ministère des travaux publics, fournissent des termes de comparaison, on voit que la recette kilométrique du Gothard — 36,400 fr. — le classe après nos lignes tout à fait secondaires de Périgueux à Brives, et de Brives à Tulle, dont la recette a atteint, la même année, 40,000 fr. par kilomètre. Il en sera de même sans doute en 1886, les recettes du Saint-Gothard, cette année-là, n'étant que de 36.922 fr. par kilomètre. »

Cette communication faite, je crois que la compétence du Congrès, en tant que discussion des tarifs de chemins de fer, est nulle, mais sa compétence, pour émettre un desideratum en faveur d'une réforme, est absolue. Tout récemment on a invoqué les intérêts agricoles ; eh bien, les intérêts agricoles sont en jeu quand on pense que la différence de 50 centimes sur le transport d'un sac de blé peut favoriser les céréales françaises...

M. BAYLE, *président*. — Et les intérêts industriels le sont également quand on pense que, grâce aux tarifs de chemins de fer, tarifs de pénétration, les charbons d'Hazebrouck arrivent à Saint-Etienne dans de meilleures conditions que certains charbons extraits du bassin de Saint-Etienne même !

M. GAUTHIOT. — Il est très difficile de répondre aux objections présentées par un président ; je demande à savoir qui préside, si c'est M. Bayle ou M. Barbier. Il est de règle parlementaire que le président ne doive pas prendre part aux discussions, mais les diriger.

M. BAYLE, *président*. — Je serais désolé d'être sorti involontairement des limites du règlement ; mon intention n'était que j'ajouter un mot qu'un président, me semble-t-il, a toujours le droit d'ajouter dans une discussion à l'appui d'une phrase qu'un orateur quelconque vient de prononcer...

M. BARBIER. — J'ai laissé et je laisse encore la présidence au premier assesseur, parce que j'ai été appelé à discuter sur une question que j'ai présentée au nom de ma Société.

Je dis donc que le Congrès est compétent pour souhaiter

une amélioration qui serait à réaliser alors par des gens compétents parce que cette amélioration est extrêmement désirable, et je ne crois pas que le Congrès puisse se refuser à approuver la proposition que nous avons faite.

M. P. LOISEAU. — Les compagnies reçoivent, tous les jours, de ces vœux tendant à la modification de leurs tarifs, et si vous émettez un vœu général, les compagnies n'en tiendront pas plus de compte que de tous ceux qui lui sont présentés à tout moment. Ne voyez-vous pas, tous les jours, tous les journaux s'élever contre les tarifs de chemin de fer ? obtiennent-ils quelque chose ? A quoi donc arriverez-vous ? Je soutiens donc qu'une chambre de commerce, qui est à même d'étudier les intérêts d'une place ou d'un port, est la seule qui puissent présenter aux compagnies de chemins de fer des observations dont celles-ci puissent tenir compte.

M. BARBIER. — Nous n'insistons pas autrement ; il suffit que la question ait été posée, et qu'elle ait provoqué les éclaircissements donnés par M. Gauthiot, pour que je me rallie parfaitement à l'idée de la remettre à plus ample informé. Peut-être que la communication que je ferai des réponses faites ici, fournira au rapporteur de la Société de l'Est l'occasion de se placer sur un terrain plus technique et de nature à éclairer la question pour le bien de tous. Dans ces conditions, je demande que, retirant ma proposition, le combat finisse faute de combattants.

M. BAYLE, *président*. — Quelqu'un demande-t-il que la question soit reportée à l'ordre du jour du prochain Congrès, de manière à ne pas laisser croire qu'elle n'est pas du ressort du Congrès ?

M. TROCHON. — Il n'y a rien à laisser croire ; l'auteur d'une proposition la retire simplement.

M. BAYLE, *président*. — L'auteur de la proposition n'est pas là ; il paraît que la question a été émise par la Société de Lorient...

M. BARBIER. — J'ai retiré le vœu que j'ai présenté, mais non pas l'idée première qui est dans le questionnaire. Il suffira que nos collègues de Lorient ne demandent pas quelle reparaisse l'année prochaine.

M. BAYLE, *président*. — Pouvons-nous admettre que le combat finisse faute de combattants ainsi que disait M. Barbier, et que, puisque la proposition n'émane pas de la Société de l'Est, nous la laissions tomber à cause de l'absence forcée de ses auteurs, au service à la mer ? Je demande au Congrès s'il veut bien se prononcer pour la remise à l'ordre du jour du prochain Congrès de cette question qui n'a pas été tranchée ?

M. DE MAHY. — Il me semblerait rigoureux qu'un vœu, émanant de la Société bretonne, présenté par la Société de l'Est, soutenu devant vous par son secrétaire général, M. Barbier, fût, en quelque sorte, étouffé : pourquoi ne pas le laisser à l'ordre du jour de l'année prochaine ? Je ne vois pas grande objection à cela : ce sont les Congrès précédents qui nous ont transmis cette question à étudier. Nous ne pouvons pas encore la résoudre cette année ; pourquoi viendrions-nous dire au Congrès prochain : Tu ne pourras pas étudier ce vœu, toi non plus, parce que nous ne l'avons pas pu nous-mêmes ? Je crois donc qu'il serait libéral de laisser cette question à l'ordre du jour de l'année prochaine et c'est la proposition que j'appuie.

M. LOISEAU. — Je ferai remarquer que nous n'exigeons pas que la Société de Lorient ne représente pas son vœu l'année prochaine. Nous ne voulons pas préjuger des intentions d'une Société qui ne s'est pas fait représenter. Mais savez-vous si, dans un an ou deux, elle sera en mesure d'être mieux représentée que cette année, et de pouvoir défendre elle-même son vœu ? Cette Société est composée, en grande partie, de marins qui sont souvent absents : pourra-t-elle, je le répète, dans un an ou deux, nous présenter un rapport ? Je crois donc qu'il faut la laisser libre de représenter sa question, et qu'il ne faut pas que le Congrès actuel l'oblige de la reporter au congrès suivant, auquel elle n'est pas sûre de pouvoir prendre part.

M. BARBIER. — J'ai dit quelles étaient nos intentions.

Nous n'avons présenté qu'une question annexe à celle qui avait été proposée par la Société de Lorient. Ce qui a fait l'erreur commune, c'est qu'une question a été posée par la Société de Lorient et que cette Société n'étant pas ici, pour la traiter, il a été indiqué au questionnaire que la Société de géographie de l'Est pourrait prendre la parole sur une question subsidiaire. Ainsi donc, je ne suis ici que pour la Société de l'Est et non pas pour la Société Bretonne. Les réverves, que j'ai faites, tout en retirant le vœu de la Société de l'Est, indiquent suffisamment que, pour le moment, il nous suffira qu'on ait déjà délibéré sur cette question, qu'on ait recueilli des indications très précieuses, et qui pourront, si la question se représente l'an prochain, permettre à notre rapporteur de modifier et d'éclairer davantage la question, ou de l'accentuer davantage avec des chiffres à l'appui.

M. Trochon. — J'en reviens à la proposition que je faisais tout à l'heure : d'abord, il ne me semble pas que nous soyons compétents pour étudier la question ; mais il paraît résulter de renseignements très précis, apportés à cette tribune, que la situation n'est pas celle contre laquelle on croyait devoir se prémunir.

En conséquence, toutes les réserves de droit étant faites, et toutes les Sociétés, non-seulement celle qui a présenté le vœu, mais encore toutes les autres pouvant reprendre la question l'an prochain, je propose que

Le Congrès, saisi de la question suivante :

*Examiner le moyen le plus efficace pour lutter contre la concurrence créée au transit français par le percement du Saint-Gothard et les travaux du port de Gênes* (Communication de la Société de Géographie de l'Est.),

Remercie M. Gauthiot, délégué de la Société de géographie commerciale de Paris, des renseignements nouveaux et particulièrement intéressants qu'il vient de lui fournir sur la matière et qui ont été confirmés par le délégué de la Société de Géographie commerciale du Havre et par celui de la Société de Géographie de l'Est, et passe à l'ordre du jour,

M. Bayle, *président*. — Je mets ce vœu aux voix.

Le vote a lieu.

M. Bayle, *président*. — Le vœu est adopté à l'unanimité.

M. Barbier reprend la présidence de la séance.

L'ordre du jour annonce une communication de M. Gauthier sur l'exploration qu'il a fait en Indo-Chine.

En invitant M. Gauthier à prendre la parole, j'aurais préféré pour ma part, que ce fût mon collègue, M. Gauthiot, qui le présentât.

En effet, Monsieur Gauthier, vous êtes commerçant, vous avez cherché, dans notre colonie de l'Indo-Chine, le moyen de créer des voies commerciales par des voies absolument inconnues et sur lesquelles, jusqu'à présent, on n'avait que des idées très erronées. Qui connaît la carte de l'Indo-Chine et de la péninsule de Malacca, qui la suit, constate que cette péninsule est flanquée à droite d'une grande voie que l'on espère rendre commerciale, — et l'on y arrivera peut-être, grâce à vos efforts, — et à l'ouest d'une autre voie, la plus rapprochée du Mékhong, c'est celle du Meinam. Eh bien, je tiens à dire que, malgré de tels travaux, malgré les menaces, les craintes, les appréhensions qui attendent les voyageurs dans de semblables entreprises, vous n'avez pas reculé, parce que pour vous, explorateur, plus le péril est grand, plus votre courage grandit ; et le succès a couronné vos efforts. Tandis qu'en compagnie de M. Pavie, vous alliez au Meinam, lui vous quittait pour aller au Tonkin. Vous avez cherché, vous, à gagner la mer de Chine par le Mékhong et vous y êtes arrivé. Je vous félicite, Monsieur et je vous donne la parole. — (Applaudissements.)

M. Gauthier. — Je remercie vivement M. le Président des bienveillantes paroles qu'il vient de prononcer à mon égard. Il a été vraiment bien inspiré en mentionnant le nom d'un homme auquel je tiens à rendre hommage ; c'est en effet, à M. Gauthiot que je dois l'idée de mon voyage : c'est lui, qui le premier, m'a signalé l'importance politique et commerciale de Luang-Prabang.

Si l'on regarde la carte, on verra que ce point commande toute la vallée du Mékhong, et son importance politique et commerciale s'est considérablement accrue depuis que nous sommes installés au Tonkin, et il forme un trait d'union entre cette possession et le Yunnan.

Etant à Hanoï, M. Gauthiot m'avait fait entendre qu'il serait peut-être possible de pousser jusqu'à Luang-Prabang, pour y fonder un comptoir ; mais des bandes de Chinois interceptaient les passages pouvant y conduire à partir d'Hanoï, je pris donc la voie de mer, je descendis de Hanoï jusqu'à Saïgon d'où je remontai jusqu'à Bangkok. Là je rencontrai M. de Kergaradec, notre chargé d'affaires, qui m'engagea à poursuivre mon projet de remonter jusqu'à Luang-Prabang.

Sur ces entrefaites, j'appris une nouvelle bien faite pour me faire reculer : Luang-Prabang venait d'être attaquée et prise par les Hôs, pirates chinois, et il devenait dès lors impossible d'y transporter et d'y consigner des marchandises. Néanmoins, M. de Kergaradec m'encouragea à partir en me faisant observer que M. Pavie était sur ma route ; en conséquence, je partis.

A Bang-Kok on exporte du riz et du bois de teck pour 75 millions par an. Les affaires sont entre les mains de quatre maisons. Les importations consistent en cotonnades. C'est l'influence anglaise qui prédomine.

Pour partir de Bang-Kok, je frêtai fin septembre une chaloupe et je m'éloignai, accompagné d'un interprète et d'un domestique.

Je remontai le Meinam sur un parcours de 500 kilomètres environ, et je remarquai que la population est très dense sur ce fleuve. Au bout de cette route, le Meinam cessa d'être navigable. J'étais arrivé à Pit-Chai. Là je comptais trouver des éléphants, mais les Siamois, que mon exploration inquiétait, me refusèrent tous moyens de transport. Ils étaient obligés, prétextaient-ils, d'aller en expédition contre les Hôs et ne pouvaient se passer de leurs éléphants, qui leur étaient indispensables pour transporter l'armée. Décidé quand même à continuer mon voyage, je renvoyai mes bagages et mes provisions à Bang-Kok et je poursuivis ma route à pied, vivant de riz et de tout ce que je pus trouver.

A Pit-Chai, je trouvai heureusement, M. Pavie qui fut alors mon compagnon de route. Il avait accompagné jusqu'à ce point le roi de Luang. lequel avait été chassé par les Hôs et auquel M. Pavie avait sauvé la vie. Ce roi avait l'intention d'aller rendre compte de ce qui lui était arrivé au roi de Bang-Kok.

M. Pavie et moi remontâmes à pied dans des montagnes boisées et nous marchâmes pendant quinze jours à pied, nous nourrissant de riz et buvant de l'eau.

Nous arrivâmes à Nan, dont le roi, tributaire de celui de Bang-Kok, nous loua quelques éléphants. Mais, à ce moment nous n'avions pas grand'chose à transporter, puisque mes bagages et mes provisions avaient été renvoyés à Bang-Kok, et ces éléphants n'eurent à transporter que nos personnes, mon interprète et mon domestique et dix Combodgiens qui suivaient M. Pavie depuis deux ans.

A partir de Nan, le voyage se fit plus facilement. Nous traversâmes la chaîne de montagnes qui sépare le bassin du Meinam de celui du Mékhong que nous atteignîmes le 22 novembre en un point appelé Pakben ; nous étions à 800 kilomètres de Bang-Kok. J'en étais parti le 25 septembre, ce voyage avait donc duré deux mois, dont un s'était passé à traverser la forêt qui s'étend depuis Pit-Chai où j'avais perdu huit jours à parlementer avec les autorités siamoises, desquelles je n'avais rien obtenu.

Avant de quitter le bassin du Meinam pour entrer dans celui du Mékhong, je voudrais vous dire deux mots de l'importance commerciale de Bang-Kok ; j'ai malheureusement eu à constater qu'à ce point de vue la France était peu représentée : il n'y a à Bang-Kok qu'une maison française, laquelle est maintenant devenue suisse, et c'est fâcheux à dire, suisse-allemande.

A côté de cette maison, il y a deux maisons allemandes et une anglaise. Et cependant le commerce est très important à Bang-Kok. Les exportations se chiffrent par 100 millions par an et se composent de riz et de bois de teck.

La région qui produit le teck confine à la Birmanie, et l'exploitation en est surtout entre les mains des Anglais. Les Français n'y sont pour rien. Tout récemment une compagnie anglaise a lancé sur le Meinam quatre vapeurs destinés à descendre le riz et le bois de teck.

Les importations se font surtout en cotonnades et en pétroles et elles se chiffrent par 20 à 25 millions.

A Pakben, nous prîmes des pirogues pour descendre le Mékhong jusqu'à Luang-Prabang. Le fleuve est très rapide, et les vapeurs ne pourraient y naviguer. On se sert de radeaux composés de deux pirogues creusées dans des troncs d'arbres et qui peuvent avoir 20 mètres de long. On assemble les pirogues au moyen de bambous et on fait une sorte de toiture en paillote de bambous également.

Ces pirogues sont manœuvrées par des Laotiens qui sont très habiles à leur faire passer les endroits rapides. Elles sont munies de deux gouvernails, un à l'avant, l'autre à l'arrière. Si le gouvernail d'arrière vient à manquer, reste celui d'avant qui peut encore servir à diriger le bateau à travers les écueils.

Nous naviguâmes ainsi pendant trois jours avec une vitesse de 12 kilomètres à l'heure, ce qui est beaucoup pour de tels radeaux, et, le 25 novembre, nous arrivâmes à Luang-Prabang.

Là, le fleuve peut avoir 800 mètres de large. Sa largeur varie suivant la crue ; quand les eaux sont hautes elle atteint jusqu'à 1.200 mètres. Les crues varient pour la hauteur de 18 à 20 mètres.

Il y a deux ans, Luang-Prabang était une ville de 40.000 habitants. A la suite de l'invasion chinoise, les habitants ont pris la fuite ; la population a beaucoup diminué, et à mon arrivée, la ville ne comptait guère que 5.000 habitants qui reconstruisaient leurs cases qui avaient été incendiées.

Les Laotiens sont très paisibles, très doux et même timides et que l'on peut visiter sans avoir rien à craindre, ce serait même commettre une méprise que d'y aller avec des armes ; car alors, ils se croiraient attaqués, se défendraient et feraient un mauvais parti au visiteur ainsi armé. J'y ai été les mains dans mes poches ; j'avais bien quelques armes, mais je n'avais pas l'air de vouloir en faire usage.

La race est belle ; les hommes grands et forts ont la peau presque blanche. Ils n'ont pas du tout le type mongolique, ni celui des Annamites ou des Chinois. Ils sont tatoués depuis la ceinture jusqu'aux genoux ; et c'est ce qui leur a valu le nom de *ventres-noirs* ! Ces tatouages représentent des animaux et des objets peu intéressants.

Depuis quelques années, Luang-Prabang paye un tribut à Bang-Kok. On se demande pourquoi, quand la commission, dont faisait partie Francis Garnier en 1867-68, se réunit, Luang-Prabang payait un tribut à Hué. Le gouvernement français ferait bien de rechercher pourquoi le roi de Luang-Prabang qui alors s'était assujetti à payer un tribut triennal à l'empereur de l'Annam, en paie un maintenant au roi de Bang-Kok.

Luang-Prabang a été et reviendra un centre commercial très important. Les exportations consistent en benjoin, gomme-laque, objets d'argenterie, tabac, couteaux.

Les transactions se font en roupies de l'Inde, ce qui s'explique par l'invasion de la Birmanie où les roupies ont été importées par les Anglais.

Tous les produits de Luang-Prabang descendent le Mékhong jusqu'à Okantog et delà vont à Bang-Kok par terre ; de même les produits de l'exportation vont à Okantog, traversent une chaîne de montagnes et remontent le Mékhong jusqu'à Luang-Prabang.

Le commerce du Yunnam se fait du côté de Senoo bien plus haut que le Mékhong.

Maintenant que M. Pavie vient d'ouvrir une nouvelle voie entre Luang-Prabang et Hanoi, il faut espérer que le trafic deviendra actif entre ces deux contrées ; cependant, comme il y a des chaînes de montagnes élevées, cette route sera plutôt une route de voyageurs, mais elle sera peu praticable pour le commerce, à moins que l'on n'arrive à construire un chemin de fer, car la distance entre ces deux points n'est guère que 250 kilomètres.

Je restai à Luang-Prabang avec M. Pavie pendant une quinzaine de jours, puis je continuai mon voyage seul, et sur le même radeau.

Je descendis d'abord de Luang-Prabang à Sieng-Cang. Là on ne pourrait pas établir de service par les bateaux à vapeur, les rapides étant trop violents. Là se trouvent des régions montagneuses, peu habitées. On y rencontre des tribus sauvages, peu dangereuses ; gens craintifs, très doux, qui descendent rarement dans la plaine parce qu'ils craignent d'être entraînés en esclavage.

A partir de Sieng-Cang, le fleuve devient plus large et il est navigable pour des bateaux à vapeur. Les rapides disparaissent, et le Mékhong traverse alors une région très peuplée et très fertile.

Il y a sur tout le parcours du Mékhong, une population totale de 7 à 8 millions d'habitants selon mon estimation. C'est un chiffre assez important. Ces habitants cultivent du riz, du coton, du tabac, de l'indigo ; mais malheusement, tous ces produits se rendent à Bang-Kok par terre. Le voyage est de 45 jours à dos d'éléphants ; il est très coûteux, et j'ai demandé pourquoi ces produits ne suivraient par la voie tout naturellement indiquée du Mékhong pour aller en Cochinchine, ce qui me paraissait plus logique. On me répondit que vers le sud, du côté de Kemmavat, il y avait des rapides dangereux ; j'ai pu me rendre compte que l'on avait beaucoup exagéré les difficultés, et j'ai tout lieu de croire que la cour de Bang-Kok, derrière laquelle il y a les Anglais, exagère à plaisir ces difficultés.

Les Anglais font de grands efforts pour arriver avant nous au Yunnam, et ne pouvant y arriver par le Mekong ils construisent des chemins de fer.

Il serait très important pour nous d'installer, sur le Mékhong, des bateaux à vapeur, d'encourager les commerçants à ouvrir des comptoirs et d'envoyer en Cochinchine les produits du pays, au lieu de les laisssr enlever par les maisons de Bang-Kok qui les attirent vers Siam.

Il y a un bassin navigable à partir de Sieng-Cang de 1.000 kilomètres, et, dans cette partie, le fleuve a une largeur de 1.800 à 2.000 mètres avec des profondeurs de 60 à 75 mètres, par conséquent les plus gros bateaux peuvent y passer. J'ai mis vingt jours à faire cette traversée et arriver à Kemmarat.

A Kemmarat, les rapides recommencent. Il y a un parcours qui est assez difficile, mais non impossible à franchir puisque je l'ai fait en radeau, et je crois que ce passage ne serait pas impraticable à des bateaux à vapeur, parce que, du côté du Cambodge, on est arrivé à franchir des rapides plus difficiles encore. Les travaux de M. Rivière et de M. le lieutenant de vaisseau Fésigny le prouvent. Cette contrée est très fertile.

A Bassac, au sud, point très important, il y avait un roi

qui fut supprimé par les Siamois, lesquels ont sur ce pays des prétentions qui ne sont nullement justifiées. Ils ont remplacé ce roi par un commissaire Siamois qui ne fait rien pour favoriser le commerce entre nos possessions et cette partie du Laos.

Plus au sud, on arrive aux cataractes de Khong. Là il y a une différence de niveau de 18 à 20 mètres, et il ne faudrait pas songer à y passer en bateau. Mais on peut faire ce que j'ai fait ; contourner l'obstacle. Il y a une petite route à faire de 3 kilomètres, très praticable et sur laquelle il serait facile d'installer un petit chemin de fer Decauville qui transborderait les voyageurs et les marchandises.

De l'autre côté de l'obstacle, on retrouve les bateaux des messageries fluviales de Cochinchine qui viennent ou qui viendront jusque-là.

Toute cette partie est très peu peuplée ; on y rencontre de grandes forêts habitées par les tigres et les cerfs, mais où il n'y a pas de population. M. de Lanessan qui est allé jusqu'à Stung-Trenk, ne s'est fait une idée du pays que parce qu'il a vu, et il a prétendu qu'il était inutile de pousser plus loin parce qu'il n'y avait pas d'habitants ; mais s'il avait été à 100 kilomètres au-delà son opinion n'eût pas été la même.

Je crois donc que nous devons appeler sur cette voie de communication toute l'attention du gouvernement et des commerçants et industriels français. La route trouvée par M. Pavie est très importante ; elle pourra amener les produits d'importation du Tonkin au Laos. Mais nous pourrons nous servir de la voie du Mékhong pour l'exportation et surtout pour l'exportation des bois de teck. Il y a des forêts de bois de teck qui ne sont pas exploitées, parce que ces bois ne peuvent sortir. Les Anglais ne sont pas encore venus jusque-là, parce qu'ils ne l'ont pas pu. Ce serait à nous de nous livrer à cette exploitation du teck que les petits princes de ces régions ne demanderaient qu'à vendre. L'un d'eux, un prince Laotien, m'en a offert et je n'ai pu accepter ses propositions à cause des difficultés de transport.

Je vais vous lire les conclusions d'un petit travail que j'ai fait pour la Société de géographie commerciale de Paris et qui résume mon opinion sur ce sujet :

« Il résulte donc de l'expérience que j'ai faite sur une distance de plus de 2.000 kilomètres que le cours du Mékhong peut et doit être utilisé comme voie commerciale entre le Haut-Laos et la Cochinchine.

« C'est pourquoi je me propose d'installer un service de navigation à vapeur sur le haut Mékhong.

« Les avantages qui résulteront de l'ouverture de cette nouvelle voie, sont faciles à comprendre. Les produits du Laos, qui vont actuellement par terre à Bang-Kok, descendront tout naturellement le Mékhong et iront en Cochinchine, parce qu'il y aura économie de temps et d'argent.

« Nous arriverons donc ainsi à détourner, au profit de nos colonies, le courant commercial qui passe aujourd'hui tout entier par Bang-Kok et qui donne de gros bénéfices aux maisons anglaises et allemandes établies à Siam.

« Le commerce du Laos est très important. D'après les statistiques de la douane à Bang-Kok, le chiffre des exportations du Laos seulement serait de 20 à 25 millions de francs par an.

« Les principaux produits sont : le coton, le benjoin, la cannelle, la gomme-laque, la gomme-gutte, la soie, le cardamome, l'ivoire, les cornes, les peaux, le tabac, etc.

« A cela il convient d'ajouter le riz et les bois de teck qui ne figurent pas, en ce qui concerne le Laos, dans les statistiques de Bang-Kok, car, comme ces deux produits se trouvent sur les rives du Mékhong, ils ne peuvent sortir que par la Cochinchine, et ils n'attendent que l'ouverture de ce débouché pour être exploités sur une grande échelle.

« En échange, nos bateaux porteront aux populations du Laos des marchandises de fabrication française. Nous trouverons là une clientèle de dix millions d'habitants, — y compris la partie de Siam ; et il y a peut-être 5 à 6 millions de Siamois — ... disposés à nous acheter nos tissus, notre quincaillerie, cuivrerie, verrerie, etc.

« Je crois pouvoir dire que l'administration supérieure de l'Indo-Chine envisage d'un œil très favorable l'entreprise que je me propose de créer sur le Mékhong et dont la conséquence toute naturelle sera la conquête pacifique du Laos.

C'est par les relations commerciales que nous devons imposer notre influence et la domination française en Indo-Chine. Il y a lieu de se hâter, car les Anglais travaillent de leur côté, et font chaque jour des progrès dans la vallée de Mékhong. Après avoir pris la Birmanie, ils rêvent la conquête du Siam et du Laos ; leur plan consiste, pour le moment, à pénétrer le plus possible dans l'Indo-Chine et à drainer vers la capitale du Siam non-seulement tout le commerce de ce royaume et celui du Cambodge qui aboutissent actuellement en Cochinchine par le bas Mékhong, mais encore celui du Laos... »

— Pour donner une idée de ce que les Anglais sont en train de faire, qu'il me suffise de vous dire qu'ils construisent une ligne de chemin de fer de Chantaboun à Battanbang. Autrefois tout le commerce de cette province de Battanbang, qui se compose de riz et de poissons salés, passait par la Cochinchine et le Mékhong et venait à Saïgon. Nous profitions de ce transit et nos négociants à Saïgon y gagnaient beaucoup. Aujourd'hui, les Siamois construisent une ligne de chemin de fer entre les deux localités que je viens de mentionner et draineront leur commerce à Bang-Kok. C'est environ un échange de 10 millions qui sortira annuellement de la Cochinchine. Je reprends ma citation — « Trois lignes de chemin de fer sont, en ce moment même, à l'étude et en construction. La première qui appartient à une compagnie anglo-siamoise, va du port de Chantabonn à Battanbang et doit amener vers Bang-Kok tout le commerce du bas Mékhong.

« La seconde va de Bang-Kok à Korat, le grand entrepôt du Laos inférieur.

« La troisième, enfin, plus au nord, va de Bang-Kok à Xieng-Maï, ville très importante du haut Laos.

« De Xieng-Maï les Anglais pousseront ensuite jusqu'en Chine, au Yunnam malgré les grandes difficultés que présente le tracé dans les régions montagneuses qui règlent le régime des eaux du fleuve Rouge et du Mékhong.

« Il y a donc pour la France un intérêt de premier ordre et une urgence absolue à prendre commercialement possession du Laos avant que l'Angleterre ne vienne s'y établir.

« Si nous ne prenons pas immédiatement et solidement pied au Laos et si nous n'y imposons pas sans retard notre influence prépondérante, c'en est fait pour nous de ces immenses et si riches régions.

« L'Angleterre les aura accaparées, et, nous prenant à revers, après s'être emparée du haut Mékhong, elle nous repoussera progressivement, mais sûrement à la mer : nous aurons bientôt perdu la Cochinchine ! »

En effet, ce chemin de fer de Korat sera prolongé jusqu'à Sanabomé ou Erkom. Alors les Anglais descendront chez nous, et il est possible que nous perdions un jour la Cochinchine !

Je voudrais donc voir le gouvernement aider l'initiative privée. A la suite de mon exploration, des commerçants sont venus me dire qu'ils étaient disposés à venir au Laos. Malheureusement les gouverneurs changent trop en Indo-Chine, et l'instabilité politique nous fait beaucoup de tort.

Voilà ce que j'avais à vous dire ; j'ai résumé le plus possible : ma communication aurait pu vous prendre deux heures, mais je n'ai pas voulu vous retenir davantage. Je n'étais, d'ailleurs, pas préparé à vous parler, je l'ai fait d'une façon un peu hâtive, et je vous remercie de votre bienveillance et de votre attention. (Nombreux et vifs applaudissements.)

M. LE PRÉSIDENT. — Je crois être votre interprète à tous, en vous disant que les obligés c'est nous, et je crois que vous associerez aux remerciements que je vous propose de voter à M. Gauthier, puisqu'il a bien voulu nous faire ressortir que c'était sous le patronage de la Société de géographie commerciale de Paris qu'il avait pris la parole, je crois, disje, que vous associerez à ces remerciements M. Gauthiot, quoiqu'il me fasse des signes de protestation.

Vous devez comprendre, maintenant, messieurs, de quelle importance sont pour nous les voyages d'exploration du genre de celui que vient de faire M. Gauthier, et combien notre empire colonial doit en profiter, grâce à des hommes comme M. Gauthier. J'ai pu parcourir ses notes de voyage, et je dois dire que je ne me contenterai pas de lui donner seulement le titre d'explorateur commercial, mais aussi celui d'explorateur scientifique, car ses observations sont celles d'un savant et d'un véritable géographe, pour ne parler que des indications précises qu'il nous a encore données sur la nature du sol.

Encore une fois, je remercie M. Gauthier en votre nom. (Applaudissements.)

La suite de l'ordre du jour appelle la question :

*De l'orthographe des noms des pays qui s'écrivent en caractères latins* (Communication de la Société de Géographie de l'Est).

Communication que je dois vous présenter au nom de la Société de géographie de l'Est ; en conséquence, je prie M. Bayle de vouloir bien prendre la présidence.

De l'orthographe du nom des pays qui s'écrivaient en caractères latins, notamment au point de vue de la vulgarisation et de l'enseignement.

On n'a pas laissé, dans telles de nos précédentes sessions, de protester contre la publication en français d'un Atlas allemand, fort bien compris d'ailleurs, contre un emprunt fait à l'étranger, constituant non-seulement la reconnaissance d'une supériorité peu discutable de celui-ci, mais encore un aveu d'impuissance d'autant plus fâcheux qu'il émanait d'une maison dont les publications jouissent d'une légitime notoriété.

Cependant, cette réserve faite, l'Atlas dont il s'agit réalisait de tels progrès, il rompait à ce point, avec les errements dont nos géographes ont grand'peine à sortir, même quand ils en ont pris la plus ferme résolution, qu'on n'a pas assez examiné, étudié de près cet ouvrage, remarquable en plus d'un point. Pour la première fois pourtant on avait en France un véritable Atlas manuel, assez complet, assez exact surtout pour pouvoir à la rigueur se passer, même dans l'enseignement supérieur, du dispendieux Atlas de Stieler, et d'un prix assez peu élevé pour ne pas effrayer les bourses modestes.

Aux avantages d'une publication cartographique d'une valeur réelle, tant au point de vue de la topographie que de la typographie, cet Atlas en réunissait un troisième non moins précieux. L'auteur allemand et les transcripteurs français eux-mêmes, y ont conservé, sans en changer une lettre, ni un signe, l'orthographe nationale de tous les noms des pays qui s'écrivent à l'aide de l'alphabet latin : scandinaves ou slaves, germains ou ibères, tels on les écrit dans le pays, tels on les a écrits dans l'Atlas.

Aussi est-il exempt de ces transcriptions par à peu près qu'on a pratiquées dans l'Atlas de Stieler même, de ces orthographes baroques qui foisonnent dans les meilleures œuvres géographiques françaises, et, la plupart du temps, copiées aveuglément des Allemands. On y peut faire encore cette remarque, qu'à l'exemple de l'Institut géographique militaire de Vienne, suivant la logique la plus élémentaire, on s'est servi, pour transcrire le serbe, le bulgare et, en général, les noms de la presqu'île balkanique qui s'écrivent avec l'alphabet cyrillique dont le russe est un dérivé, on s'est servi, dis-je, de l'alphabet des slaves catholiques romains du Sud-Ouest. Celui-ci, comme chacun sait, n'est autre que l'alphabet latin dont quelques lettres ont une prononciation différente de celle du français, et certaines d'entre elles sont affectées de signes particuliers appelés signes diacritiques.

Ces signes sont, on ne sait trop pourquoi, le cauchemar de nos auteurs, et sous le prétexte que le Français ne les connaît pas, qu'il n'y est pas habitué, on affirme qu'il y est absolument rebelle, et on les écarte ou on y supplée à l'aide d'une variété de transcription qui fait de notre nomenclature géographique l'idéal de la cacophonie, sinon du burlesque. Et comme on suit cet admirable système dans les publications géographiques savantes, a fortiori fleurit-il dans nos ouvrages d'enseignement. De sorte qu'à continuer ainsi, on ferme pour toujours la porte à l'un des progrès les plus élémentaires et des plus impérieux de l'enseignement géographique.

Oh! nous savons bien, nous entendons dire tous les jours autour de nous, des auteurs écrivent d'autant plus sérieusement qu'ils sont en réalité convaincus, qu'il n'y a qu'à écrire en lettres françaises les noms tels qu'on les prononce dans les pays étrangers. J'ai partagé moi-même, c'est dire que j'en ai été la dupe, cette douce illusion; mais il y a loin de la coupe aux lèvres et ceux qui ont pensé, dit, ou écrit cela, n'ont jamais tenté de mettre la chose en pratique, ou, s'ils l'ont essayé, ils n'ont pas tardé à s'apercevoir qu'ils couraient à la confusion. J'ai traité, en d'autres circonstances cette question de la prononciation et de l'orthographe, et, à l'exemple des linguistes de profession, j'ai reconnu qu'il était infiniment plus pratique, plus rationnel d'apprendre d'abord comment on écrit les noms géographiques, avant d'apprendre comme on les prononce.

Notez bien qu'il n'est pas plus besoin d'être grand clerc pour apprendre ces choses-là que pour les enseigner. Que faisons-nous, qu'avons-nous toujours fait nous autres Français pour les noms des pays qui nous entourent ? Si l'on en excepte quelques dizaines de noms acquis à l'histoire des terminaisons comme *burg* que nous écrivons *bourg*, nous sommes-nous jamais avisés de transcrire le *ch* allemand ou italien par *kh*, le *ch* anglais et le *ch* italien devant *i* par *tch*? Au risque de prononcer *j* allemand et le *j* anglais comme notre *j* français, nous nous gardons bien de transcrire l'un par *y* et l'autre par *dj*. Et les voyelles de l'anglais, les changeons-nous jamais ? Et cependant rien, aucun signe diacritique n'indique que ces lettres ne se prononcent pas comme en français.

Aussi arrive-t-il que, faute d'une culture élémentaire des plus faciles à donner comme à recevoir, on n'a pas la moindre notion, je ne dirai pas de la prononciation locale souvent fort variable, irrégulière et impossible à apprendre ailleurs que dans le pays même, mais de la prononciation alphabétique. Cela ne veut pas dire qu'eût-on cette notion on prononcerait absolument comme les gens du pays ; on s'en approcherait cependant et l'on se garderait surtout de cette prononciation soi-disant française, dont le ridicule est la révélation flagrante d'une impardonnable ignorance.

En admettant même que cette notion offre quelque

difficultés à acquérir quand aucun signe n'indique qu'une lettre d'un alphabet étranger se prononce différemment de sa similaire française, elle en présente moins certainement quand cette lettre est affectée d'un accent, d'un signe diacritique quelconque qui en révèle la valeur phonétique particulière.

Eh bien, c'est ce qui arrive pour les caractères latino-slaves, si l'on sait, une fois pour toutes : 1° Que toutes ses lettres non diacritisées ont la même valeur qu'en allemand, avec plus de régularité que dans cette dernière langue, car le *c* notamment se prononce toujours *ts* même devant *a, o, u* ; 2° que le signe du chuintement (ˇ) qui affecte dans certains cas le *c* (*ts*) l's et le *z* (č, š et ž) en fait les articulations que nous voudrions en français par *tch, ch* (doux) et *j* ; 3° que l'accent sur le *c* (ć) en fait une articulation plus douce et plus mouillée que celle du č, — laquelle nous pouvons d'autant moins rendre en français qu'elle est presque toujours finale ; 4° qu'enfin les lettres *l* et *r* jouent souvent le rôle de voyelles comme dans les mots Plč, Črnagora ; — si l'on sait cela, dis-je, une fois pour toutes, on n'éprouvera nulle difficulté à prononcer à peu près convenablement un nom slave : on aura toujours au moins l'avantage que si les gens du pays ne comprennent pas le mot mal parlé, ils liront toujours le mot bien écrit. Je ne connais pas d'argument plus topique (1) pour justifier le maintien de l'orthographe nationale de chaque pays où les mots s'écrivent à l'aide de l'alphabet latin.

Remarquez surtout, que je viens de prendre comme exemple l'alphabet européen, le plus complexe, affecté des signes les plus rébarbatifs, avec lesquels le Français, — né malin, dit-on, — ait à compter. Si vous ajoutez à ces notions que, chez les Slaves du Nord, le petit crochet,

---

(1) Il a été donné par M. F. du Paty de Clam à propos de mon *Essai d'un lexique géographique.*

signe du chuintement, est parfois remplacé par *la barbe* ou accent allongé; que quand il affecte l'*e* (ĕ) il en fait une voyelle mouillée, *yé* ; que dans les langues scandinaves, il y a un *o* barré (ø) qui équivaut à l'*ö* allemand, en suédois un *å* qui tient à la fois de l'*a* et de l'*o* très grave; qu'en roumain la cédille placée sous le *t* en fait un *ts*, sous le *d* un *dz*, et sous l'*s* notre *ch* ; qu'en espagnol et en portugais, enfin, il y a le *tilde*, qui, dans l'un, mouille la lettre *n* (ñ) pour en faire le *gn* français de *magnanime*, et, dans l'autre, nasalise les voyelles (ã, ẽ, õ), — vous aurez réuni les données essentielles concernant l'orthographe, voire même la prononciation grammaticale des noms géographiques de tous les pays d'Europe (1).

Bien plus, c'est en anglais que sont écrits ou transcrits les noms géographiques de l'Amérique du Nord, des Indes et de l'Australie, en espagnol et en portugais que sont écrits ou transcrits ceux du Mexique, de l'Amérique centrale et de l'Amérique du Sud, en espagnol et en hollandais que sont écrits ou transcrits ceux des grandes îles formant les Indes orientales.

Les données élémentaires que je viens d'exposer fournissent donc la clef des deux tiers des appellations officielles des noms géographiques du monde entier et dispensent de recourir à des transcriptions où la fantaisie le dispute à l'incorrection.

C'est la simplicité de ces données, le peu de connaissances spéciales qu'elles exigent, la nécessité de sortir à bref délai de l'ornière dans laquelle nous sommes embourbés, la confiance inébranlable que nous avons dans le vieux bon sens français et dans l'initiative des vulgarisateurs géographes, qui en recommandent l'adoption à tous les degrés de l'enseignement de la géographie.

---

(1) Il y a lieu également de tenir compte de certains accents qui expriment les voyelles longues ou les brèves; mais ils appartiennent pour la plupart aux signes de la prosodie.

Ainsi, dans les livres élémentaires, sans entrer dans l'étude des alphabets comparés, on devrait toujours, à côté du nom écrit dans la langue du pays, donner l'indication approximative de la prononciation alphabétique ; dans les livres d'enseignement primaire supérieur et dans ceux de l'enseignement secondaire seulement, un tableau comparatif de la valeur des lettres de l'alphabet latin dans les diverses langues auxquelles il sert de trucheman, suivi de l'indication de la valeur particulière des lettres affectées de signes diacritiques ; à l'enseignement supérieur alors seraient exclusivement réservées les indications concernant la transcription des noms de pays s'écrivant en caractères autres que ceux de l'alphabet latin, thème que nous ne voulons pas aborder aujourd'hui, nous contentant, pour l'heure, de réaliser un premier progrès que nous traduisons par le vœu suivant :

*Pénétré de l'utilité du maintien intégral, dans les publications géographiques françaises, de l'orthographe des noms s'écrivant par l'alphabet latin, affectés ou non de signes diacritiques ; de l'utilité plus grande encore à l'adopter dans l'enseignement de la géographie à tous les degrés ;*

*Sur la proposition du Comité de la Société de géographie de l'Est,*

*Le Congrès émet le vœu :*

*1° Que dans les ouvrages destinés à l'enseignement primaire, on imprime toujours les noms tels qu'on les écrit dans les pays d'origine, quand surtout ils ont reçu la sanction des publications officielles ou des plus autorisées de ces pays ;*

*2° Que, dans les dits ouvrages, on les fasse suivre autant que de besoin d'une indication approximative de la prononciation, sous réserves des explications que comportera inévitablement le système employé par l'auteur, et des indications qu'il donnera sur la valeur de certaines lettres, comme le* th *anglais, qu'on ne peut rendre même approximativement en lettres françaises ;*

3º *Que, les ouvrages d'enseignement primaire supérieur — notamment et d'urgence ceux destinés aux écoles normales primaires, — comme les ouvrages destinés à l'enseignement secondaire, soient précédés d'un tableau comparatif des lettres de tous les alphabets empruntant les caractères latins, complété par les indications concernant les lettres affectées de signes diacritiques.*

Tel est, Messieurs, la formule de nos desiderata. Et afin de donner à qui s'y intéressera, un moyen d'apprécier la praticabilité du moyen que nous proposons, nous faisons suivre notre exposé d'un tableau que nous soumettons à la critique des membres les plus compétents de toutes les Sociétés de géographie. A chacun selon ses œuvres et nous rendrons cet hommage et cette justice au général Parmentier qu'il a, le premier en France, posé la première base de la lexicographie géographique.

| | |
|---|---|
| a | — a sensiblement le son de l'*a* français dans toute les langues sauf en anglais où il a le son *è* quand il est long. |
| â | — a le son *e* sourd ou *e* mi-muet en roumain ; remplacé le plus souvent par *à*. |
| ä | — vaut *é* ou *è* en allemand, et *è* en suédois. |
| å | — *a* ou *o* très grave, très ouvert dans la langue scandinave. |
| aa | — en portugais vaut *an* français. |
| ae | — id. *in* id. |
| ao | — id. *an-o* id. fait diphtongue. |
| au, aw | — en anglais fait diphtongue c'est-à-dire *a-ou* prononcé en liant les deux sons. |
| b | — est le même dans toutes les langues, sauf en espagnol où il se prononce *v*. Final, en anglais, il est quelque fois muet comme en français dans le mot *plomb*. |

| | |
|---|---|
| c | — est dur comme *k* dans toutes les langues latines et teutoniques devant *a*, *o*, *u*; dans les langues slaves ils vaut toujours *ts*. Devant les autres voyelles il vaut *tch* en italien et en roumain, *th* (anglais dur) en espagnol, ç en portugais, en danois et en suédois; ç aussi en anglais sauf devant *ca*, *ia* et *io* où il se prononce *ch*. |
| ch | — dur en allemand, en hollandais et en slave, *tch* en espagnol et en anglais, *ch* doux français, en portugais. |
| ck | — en slave vaut *tsk* (citer l'exemple de Plock). |
| cs | — en magyare vaut *tch*. |
| cz | — id. *ts*, et en polonais *tch*. |
| d | — à quelques exceptions particulières, est le même que le *d* français dans toutes les langues. |
| e | — a les variantes de prononciation de notre *e* diversement accentué; vaut *i* en anglais quand il est long. |
| ea | — en anglais vaut *i* ou *é*. |
| em, en | *final*, vaut en français *ain* dans *pain*. |
| ew | — en anglais vaut *you*. |
| f | — partout l'articulation française. |
| g | — toujours dur dans les langues slaves; seulement devant *a*, *o*, *u* dans les autre sauf en hollandais où il a le son de *ch* allemand très adouci. |
| gl | — italien, c'est notre *ll* mouillé. |
| gn | — est notre *gn* mouillé en italien, et *n* en anglais. |
| gy | — en magyare vaut *d* mouillé (comme *di* dans *diable*.) |
| h | — toujours aspiré plus ou moins fortement et ayant en roumain la valeur de *kh*. |

|   |   |
|---|---|
| i | — le même partout, sauf en anglais où il vaut *aï*. |
| **ieu, iew** | — en anglais comme *you* français. |
| j | — vaut *j* français en portugais et en roumain, *kh* en espagnol, et partout ailleurs vaut *y* consonne. |
| **k** | — le même partout. |
| l | — id. ; parfois muet en anglais. |
| ł | — (*l* barré), *l* dur du polonais. |
| **lh** | — portugais vaut *ll* mouillé. |
| **ll** | — espagnol id. |
| **ly** | — magyare id. |
| **m** | — le même partout. |
| **n** | — id. |
| ñ | — espagnol, vaut *gn* mouillé. |
| **nh** | — portugais, id. |
| **nj** | — serbe, id. |
| **ny** | — magyare, id. |
| o | — le même partout sauf variante d'intonation. |
| ó/ö/ő/õ | — danois, — allemand et magyare, — magyare, — portugais, vaut *on*. { valent *eu* français sauf variante d'intonation. |
| **oe** | — hollandais se prononce *ou* français. |
| **ow** | — anglais, se prononce *a-ou* ou *ó*. |
| p | — le même partout, parfois muet en anglais. |
| q | — exceptionnel dans les langues autres que le français. |
| r | — le même partout. |
| ř ou **rj** | — tchèque, } valent *rj* français légèrement |
| **rz** | — polonais, } mouillé et adouci. |
| s | — c'est l's français avec des variantes allant du *ç* au *z*. Parfois le son de *ch* (doux français) en allemand quand il est initial et suivi de *p* ou de *t*. |

**s, ss** — en roumain équivalent à notre *ch* doux.
**sz** — polonais équivaut à notre *ch* doux.
**szcz** — id. *chtch* doux ou *stch*.
**t** — le même partout.
**ti** — en allemand vaut *tsi* dans la terminaison *tion*; le même en suédois se prononce *tchone*.
**th** — anglais n'a d'équivalent que le *thèta* ou le *delta* grecs suivant qu'il est dur ou doux. C'est un *t* ou un *d* prononcé avec la langue entre les dents.
**u** — vaut partout (le hollandais excepté) le son *ou* français.
**ü** — allemand et magyare valent *u* français.
**ü̈** — magyare vaut *u* français long.
**uo** — prononciation très variable en anglais.
**v** — le même partout qu'en français, sauf en allemand où il vaut notre *f* et en espagnol où il se prononce *b*.
**w** — en allemand équivaut au *v* français et en anglais à *u* (ou) consonne.
**x** — comme en français, hors en Espagne où il équivaut à *kh* et en portugais où il se prononce parfois *ch* français ou *s* dur.
**y** — entre dans la composition des diphtongues pour jouer le rôle de consonne ou d'une sorte d'*i* légèrement aspiré.
**ẏ** — tchèque, vaut *u* français long.
**z** — vaut *ds* en italien, *thèta* grec en espagnol, *ts* en allemand.
**zs** — magyare vaut *j* français.

A ces indications, il faut joindre les suivantes : 1° Le signe ˇ indique le chuintement des consonnes et la mouillure des voyelles dans les langues slaves : š = *ch*, č = *tch*, čc = *chtch*, ě = *yé*.

2° La barbe (´) ou accent aigu très allongé indique simultanément la mouillure et le chuintement des consonnes dans les mots polonais et tchèques : $d'$ ou $\check{d}$ — $dy$ (d mouillé), $l' = ll$ (mouillé), $m' = m$ (mouillé comme dans *mien*), $d\acute{z} = dzy$, etc., $b' = b$ (mouillé comme dans *bien*).

3° le signe ˘ affecte les voyelles muettes du roumain.

Il serait aussi fort utile de donner la clef de l'alphabet annamite qui, sous le nom de *quoc ngu̓* emprunte l'alphabet latin avec des variantes très bizarres de prononciation et des signes tout à fait étrangers aux alphabets européens. Même pour l'enseignement secondaire, nous croyons qu'il convient de s'en tenir au maintin de l'orthographe *quoc-ugu̓* en se contentant d'indiquer la prononciation approximative des mots cités, et de réserver pour les ouvrages destinés à l'enseignement supérieur, une étude plus complète de la phonétique de cette langue. Nous en dirons tout autant de l'alphabet malgache, quoiqu'il diffère beaucoup moins des alphabets européens et qu'il n'ait que deux signes diacritiques dont l'un, le tilde, est emprunté à l'espagnol. Les langues auxquelles tous ces noms appartiennent relèvent trop directement des langues orientales pour n'en pas rattacher la lexicographie géographique à celle de ces dernières.

Que le premier pas que nous proposons soit fait et nous arriverons à faire le second. Il nous suffit, pour le moment, de mettre n'importe quel Français à même de lire un indicateur de chemin de fer dans tous les pays de l'Europe centrale et occidentale ; d'écrire correctement l'adresse d'une lettre à destination de ces pays, de pouvoir enfin consulter une carte géographique imprimée à Stockholm, à Berlin, à Londres, Vienne ou à Rome, à Madrid ou à Lisbonne, avec cet autre avantage d'amener à courte échéance nos publications géographiques au niveau sinon au-dessus de celles de l'étranger.

M. Bayle, *président*. — Voici le vœu de la Société de l'Est :

Sur les conclusions du rapport présenté par la Société de géographie de l'Est le Congrès émet le vœu :

1. — « Que les Sociétés de géographie maintiennent le « plus possible, dans leurs publications, l'orthographe natio- « nale des noms de pays s'écrivant en caractères latins, « sauf, lorsque l'usage a consacré certaines orthographes « françaises, à indiquer, entre parenthèses, l'orthographe « nationale.

2. — « Qu'à l'exemple de la Société de géographie de l'Est, « elles prennent telles dispositions qu'il convient avec leurs « imprimeurs pour que ceux-ci complètent leur matériel « typographique par les caractères diversement accentués « ou diacritisés qui leur manquent. »

M. Gauthiot. — Je voudrais faire quelques observations sur la première partie de ce vœu. M. Barbier demande au Congrès de voter ceci : que les Sociétés de géographie maintiennent le plus possible dans leurs publications l'orthographe nationale des noms de pays s'écrivant en caractères latins, sauf lorsque l'usage a consacré certaines orthographes françaises, à indiquer entre parenthèse l'orthographe nationale.

Si j'ai bien saisi ce premier paragraphe, voici ce qu'il signifie : quand vous citerez une ville dont le nom s'écrit en caractères latins, vous citerez ce nom sans lui faire subir les modifications qu'un usage déplorable et que je regrette à introduites souvent dans l'écriture des noms géographiques qui appartiennent aux pays étrangers. Exemple : Il est difficile à un élève des écoles primaires, secondaires et même supérieures de trouver le nom de ville *Ratisbonne* sous le nom de *Regensburg* qui est la véritable orthographe du nom. C'est comme cela qu'il faudra écrire *Regensburg*, dans nos livres de géographie, parce que si vous allez à *Regensburg* et que vous parliez de *Ratisbonne*, personne ne vous comprendra. C'est donc donner un enseignement faux que d'enseigner *Ratisbonne*.

Ainsi donc, si je comprends bien ce premier paragraphe

du vœu de M. Barbier, cela veut dire que toutes les fois que vous aurez un exemple du mot que je viens de citer, il faudra employer *Regensburg* au lieu de *Ratisbonne*, sauf lorsque l'usage a consacré certaines orthographes françaises, à garder ces orthographes françaises et à indiquer entre parenthèses l'orthographe nationale, sauf, par exemple à écrire *Florence* et à mettre entre parenthèses *Firense*. Est-ce bien cela qu'à voulu dire M. Barbier ?

M. Barbier. — Oui.

M. Gauthiot. — Alors je lui demande la permission de lui suggérer de supprimer ce premier paragraphe, parce que c'est ce qu'on fait déjà ; j'en appelle à M. Manès, à mon collègue de Tours, à M. Doby, bref à tous ceux d'entre nous qui ont des articles de géographie à publier ; j'en appelle à M. Bayle qui, dans le bulletin de la Société des études maritimes et coloniales, ne manque jamais de faire ce que demande M. Barbier. Donc, si chacun de nous le fait, je ne vois pas la nécessité de demander qu'on le fasse. Il faut éviter de poser une demande alors que, comme on le disait hier, cette demande peut ne pas avoir d'effet, parce que ce n'est pas marcher en avant, j'appelle cela, moi, piétiner sur place. J'aime mieux laisser les choses marcher toutes seules ; elles ne marchent pas trop mal, quoiqu'elles ne marchent pas aussi vite que nous le voudrions. Pour moi, je voudrais voir arriver le moment où l'on apprendrait tous les noms géographiques, tels qu'ils s'écrivent dans leurs pays d'origine. Demander à l'enseignement primaire de faire davantage, c'est un peu se substituer à l'instituteur, au professeur et au professeur de langues étrangères dans ses droits et devoirs d'enseigner. Nos professeurs, qui enseignent la géographie aux élèves qui se préparent à Saint-Cyr ou à polytechnique, n'emploient jamais, quand ils se servent de noms étrangers, que l'orthographe ainsi que la prononciation étrangères. Je désire que nous marchions plus vite, mais une telle modification dans l'orthographe des noms géographiques ne peut pas se faire plus vite.

M. Barbier dit ensuite :

« Qu'à l'exemple de la Société de géographie de l'Est, elles

« prennent telles dispositions qu'il convient avec leurs im-
« primeurs pour que ceux-ci complètent leur matériel
« typographique par les caractères diversement accentués ou
« diacritisés qui leur manquent...

Sur ce point, j'appuie de toutes mes forces le vœu de M. Barbier ; il est sensé, logique, normal et il peut nous être très utile...

M. Vibert. — Vos signes diacritiques pourront rendre de grands services ; je demanderais seulement que l'on veuille bien ne pas en abuser. Que vous en mettiez quelques-uns, cela ira bien, mais si vous en mettez autant qu'en comportent toutes les langues, et surtout les langues orientales, personne n'y comprendra plus rien...

M. Barbier. — Je ne saisis pas bien l'observation qui vient d'être faite.....

M. Vibert. — L'observation que je fais est une observation de linguistique. L'hébreu, pour donner un exemple, se sert de caractères diacritiques et en abuse, si bien que nous pouvons pas nous y reconnaître, si vous avez l'intention de marcher dans cette voie, je serais opposé à l'adoption de votre vœu. Je désire savoir combien de signes diacritiques vous comptez employer.

M. Barbier. — Il ne s'agit pas d'emprunter, ni de fabriquer des signes diacritiques. Mon vœu ne porte que sur les termes géographiques européens, employant l'alphabet latin ; il n'y a pas de méprise possible. Maintenant si vous attaquez la question des langues orientales, il y en aurait bien long à dire ; j'ai la prétention d'être au courant de la question.

Mais je reviens au signe ˅ qui figure sur le tableau noir. c'est un signe que vous trouverez en Croatie, en Bohême, en Allemagne.....

M. Vibert. — C'est un signe conventionnel, et rien ne vous empêche d'en ajouter un second et ainsi de suite ; et c'est ce que je voudrais que l'on évitât....

M. Barbier. — Je n'ai pas à en ajouter ; je respecte orthographe ; je laisse ce qui est, tout comme je demande que l'on respecte ailleurs ce qui est chez nous ; qu'on ne mette pas, par exemple, un accent aigu à la place d'un circonflexe ou d'une cédille, etc... Respectons ainsi l'orthographe des autres pays. La question est précisément de savoir si nous devons conserver l'orthographe nationale des pays de langue européenne employant l'alphabet latin, que cet alphabet renferme, suivant les nations, certaines lettres affectées de signes ou non.

Revenant sur le terrain où s'est placé M. Gauthiot, et reprenant son exemple, je dirai qu'il a cherché la petite difficulté, en nous citant *Regensburg* pour Ratisbonne. On aurait pu ajouter que les noms qui ont acquis, pour ainsi dire, un droit historique peuvent être conservés comme *Ratisbonne* ; je considère que *Ratisbonne* doit avoir la priorité sur *Regensburg* ; pour les autres, comme pour *Firensc* au lieu de *Florence*, l'observation de M. Gauthiot est fondée et nous sommes d'accord. Mais quand il s'agit de noms comme pLč que vous trouverez en Herzégovine, je demande que l'on maintienne cette orthographe quand on la rencontrera. En effet, retirez le signe diacritique ˇ et vous verrez aussitôt à quelle difficulté vous vous heurterez pour prononcer le mot ; en effet, c'est un mot composé de trois consonnes, et vous savez qu'en employant ce signe vous donnez à certaines consonnes, *L* et *R*, par exemple, la valeur de voyelles. Ainsi dans kRč la lettre *R* représentent une consonnance dont vous n'avez pas d'idée, il faut donc que, lorsque ces noms se trouvent ainsi, les laisser, par ·exemple, dans les indicateurs de chemins de fer. Je sais bien que je pourrai vous mettre au défi de les prononcer ; mais aussi quand vous les écrirez, ainsi sur une enveloppe de lettre vous serez sûrs que cette lettre parviendra à son adresse ; de même si je revois ces noms avec leur orthographe sur une station de chemin de fer, je saurai tout de suite où je me trouverai. Maintenant, si vous voulez avoir une transcription française de kRč, je vous assure que vous n'en aurez pas qu'une, car il faudra écrire *Kertch*, aussi bien que *Kretch* ; l'un sera aussi faux que l'autre ; mais si vous cherchez l'un ou l'autre dans la table de l'indicateur de chemins de fer, je me demande où sera la vérité ; incontestablement elle serait là où vous trouverez le vrai mot écrit dans son orthographe, ᴋʀᴄ̌.

M. Vibert. — Là nous nous trouvons en présence d'un nom slave ; et quand nous nous trouverons en présence d'un nom espagnol, affecté d'un signe diacritique, le mettrez-vous encore ? Ferez-vous de même en ce qui concerne les autres langues étrangères ? Alors vous introduirez dans notre alphabet des signes extrêmement nombreux et qui prêteront à la confusion.

M. Barbier. — Vous déplacez constamment la question : quand j'aurai un nom espagnol, je n'aurai pas besoin d'un signe de ce genre...

M. Vibert. — Mais en espagnol, vous avez des signes espagnols ; ces signes les supprimerez-vous, ou les garderez-vous ?.....

M. Bayle, *président*. — La Société de l'Est demande que l'on écrive sur les cartes françaises les noms de pays tels que les étrangers les écrivent dans leurs livres ; elle ne parle pas de leur prononciation ; voilà pourquoi elle demande que l'on se munisse du matériel typographique nécessaire...

M. Vibert. — Alors, nous allons être obligés d'apprendre le maniement d'un certain nombre de signes diacritiques.

M. Barbier. — Je répondrai en citant un exemple. Tout le monde connaît l'atlas Hachette ; eh bien, vous trouvez dans cet atlas les noms espagnols écrits comme ils s'écrivent en espagnol, et de même en ce qui concerne les noms anglais, allemands et slaves. Ce n'est pas autre chose que je demande que l'on fasse pour tous les atlas et toutes les géographies. Puisque cela a déjà été fait, vous voyez que le problème n'est pas insoluble.

En conséquence, je demande le maintien intégral de mon vœu.

M. Gauthiot. — Je demande que l'on ne vote pas ce vœu qui n'est pas un vœu mauvais, puisque je suis de l'avis de M. Barbier ; mais ce dont j'ai horreur, ce que je crains, c'est que le Congrès se laisse entraîner à adopter des quantités de vœux qui ne valent pas la peine que l'on prend à les discuter, puisque les idées, que ces vœux sont destinés à soutenir, sont déjà des idées acceptées ; alors, à quoi bon surcharger notre programme et notre ordre du jour ? Moins vous en aurez, plus vous serez sûrs qu'ils seront appuyés surtout sur des questions d'une application secondaire. S'il s'agissait d'idées considérables, je ne ferais pas d'objection. Mais pour un détail de ce genre, qu'importe que la première partie du vœu de M. Barbier soit insérée ou non parmi les vœux qui figureront au Congrès, pourvu que la seconde partie, qui confirme la première, soit votée ; dans ce dernier cas, M. Barbier a satisfaction sur les deux parties ; qu'il supprime donc ce qu'il y a de trop.

M. Barbier. — Par l'exemple unique que j'ai pu citer d'un atlas employant les noms avec leur orthographe nationale, je prouve la nécessité du maintien de mon vœu. Il se produit d'autres grands atlas qui malheureusement n'entrent pas dans cette voie, qui sont très bien faits, mais qui restent dans les anciens errements. Dans ce que je demande, je maintiens la question sur le terrain général, à savoir que l'adoption de ce vœu serait une prise d'acte de ce qui s'est déjà fait et du progrès réalisé, et, en même temps, une exhortation à continuer. Je ne chicanerai pas sur le maintien de la première partie du vœu, mais il est bien entendu que l'exemple, donné jusqu'à présent, est absolument insuffisant et que nous souhaitons fermement qu'il trouve des imitateurs.

M. Bayle, *président*. — Si M. Barbier ne retire pas de la manière la plus formelle la première partie de son vœu, je demanderai à M. Gauthiot de vouloir bien rédiger un amendement...

M. Trochon. — Faites voter par paragraphe, cela sera plus simple...

M. Gauthiot. — Je suis satisfait de ce que vient de dire M. Barbier, et je constate qu'à la suite de cet échange d'observations, nous pouvons voter sur la seconde partie de son vœu sans nous préoccuper de la première...

M. Barbier. — Je vais vous mettre à l'aise. Je ne serais nullement humilié de voir repousser la première partie de mon vœu ; je demande donc que l'on vote dessus...

M. Bayle, *président*. — En conséquence, je mets aux voix le premier paragraphe du vœu de M. Barbier, qui est ainsi libellé :

« Sur les conclusions du rapport présenté par la Société de géographie de l'Est, le congrès émet le vœu :

« 1. — Que les Sociétés de géographie maintiennent, « le plus possible, dans leurs publications, l'orthogra- « phe nationale des noms de pays s'écrivant en caractères « latins, sauf, lorsque l'usage a consacré certaines ortho- « graphes françaises, à indiquer, entre parenthèses, l'or- « thographe nationale. »

Le vote a lieu.

M. Bayle, *président*. — Cette première partie est adoptée.

Seconde partie :

« 2. — Qu'à l'exemple de la Société de géographie de « l'Est, elles prennent telles dispositions qu'il convient « avec leurs imprimeurs pour que ceux-ci complètent « leur matériel typographique par les caractères diverse- « ment accentués ou diacritisés qui leur manquent. »

Le vote a lieu.

M. Bayle, *président*. — La seconde partie du vœu de la Société de géographie de l'Est est adoptée.

M. Trochon. — J'ai l'honneur de déposer sur le bureau du Congrès le rapport sur la question de la colonisation dans la France continentale, rapport qui a été rédigé par M. le colonel Blanchot, rapporteur nommé par la Société de géographie de Tours, et que mon absence aux premiers jours du Congrès m'a empêché de déposer lors de la discussion qui en a été faite. La question est jugée par le Congrès.

Du reste la solution proposée par la Société de géographie de Tours n'était pas en désaccord avec celle du Congrès. Par conséquent je me borne tout simplement à déposer le rapport sur le bureau du Congrès.

M. BAYLE, *président*. — Nous prenons acte du dépôt fait par notre collègue de Tours et le prions de transmettre nos remerciements au zélé collaborateur que le Congrès, comme la Société de géographie de Tours, trouvent dans M. le colonel Blanchot.

M. PARANT. — J'ai l'honneur de déposer sur le bureau du Congrès de la part de M. le docteur Aubert, médecin-major du 23e d'infanterie un travail qui vient de paraître dans le 4e fascicule de la revue d'anthropologie et qui a pour titre : *Notes sur le département de l'Ain, Dombes, Bresse et Bugey.*

Le travail de M. Aubert s'occupe 1° du mouvement de la *population* dans les différentes parties du département et dans la Dombes autrefois si insalubre ;

2° de *l'origine des étangs* ;

3° de *la race.*

Ces notes résument parfaitement en quelques pages la GÉOGRAPHIE MÉDICALE du département de l'Ain, que M. Aubert a adressée à notre Société de géographie et qui est actuellement en cours de publication. — Au sujet de cette géographie médicale de l'Ain je ne puis mieux faire que de produire ici le rapport qui en a été fait à l'académie de médecine en février 1888, par M. le docteur Lagneau.

— Ces études sont du plus haut intérêt. Les recherches statistiques entreprises par M. Aubert ayant le canton pour base, on arrive aisément à localiser en quelque sorte les lieux de production des maladies et leur répartition dans les différentes régions du département. Sachons gré, Messieurs, à M. le docteur Aubert qui a déjà étudié ainsi les départements du Calvados, de l'Eure, de la Loire-Inférieure et de la Vendée, d'avoir adressé à notre Société cette nouvelle étude de géographie médicale du département de l'Ain, qui est certainement d'une grande utilité.

## Sur la géographie médicale
## du département de l'Ain, de M. le D^r Aubert,

par M. G. Lagneau, rapporteur.

La géographie médicale du département de l'Ain, adressée à l'Académie par M. le médecin-major Aubert, montre que ce département, formé de la Bresse, de la Dombes, du Bugey et du pays de Gex, se trouve dans de meilleures conditions hygiéniques qu'au siècle dernier. La Dombes, depuis le desséchement de 6.000 hectares de d'étangs, est devenue moins insalubre. Les habitants ne sont plus décimés par la fièvre. La population s'y accroît dans une notable proportion ; il est vrai plus par immigration que par natalité. De 1856 à 1872, de 24 habitants par kilomètre carré, la population spécifique s'est élevée à 32 par kilomètre, proportion encore de moitié moindre que celle de la France en général (de 69.82 habitants par kilomètre carré en 1876) (1).

En 1872, les communes de Birieux, de Joyeux ne comptaient encore que 15 et 17 habitants par kilomètre carré. Quoique les accès pernicieux soient maintenant presque inconnus, les types intermittents et rémittents, les formes larvées, névralgiques sont encore communes dans la Dombes d'étangs.

La population de l'ensemble du département de l'Ain, de 281.913 habitants en 1789, s'est élevée à 364.408 en 1886, en s'accroissant de 62.495 habitants. Elle a toutefois présenté de notables mais passagères diminutions en 1861, et surtout en 1872. Cet accroissement est surtout dû à l'immigration vers certaines villes industrielles. De petites localités ont pris un énorme développement. Oyonnax, dans le Bugey, qui en 1796 ne comptait que

---

(1) Bertillon, France : *Dict. Encycl. des Sc. méd.*, 4° sér., t. V. p. 560. 1888. — n° 7. — 3° série, tome XIX.

800 habitants, en 1886, en compte 4.194. Dans ces derniers temps, le chemin de fer de la Dombes a beaucoup favorisé l'immigration dans ce département.

Contrairement, la natalité y diminue. Sur 1.000 habitants, au lieu de 33 naissances annuelles de 1801 à 1809, on n'en comptait plus que 22.9 de 1861 à 1869. Dans ce département, en 1882, alors qu'on enregistrait 7.795 naissances, plus 260 morts-nés, on comptait 7.944 décès. La mortalité excède donc notablement la natalité. La vie moyenne y ait de trente-sept ans six mois. A Villars, au centre de la Dombes, la vie moyenne, de vingt-quatre ans deux mois et demi il y a vingt ans, est actuellement de trente-six ans neuf mois.

L'application de la loi de M. Théophile Roussel pour la protection de la première enfance donnerait dans le département de l'Ain de très bons résultats. Alors que les enfants inscrits, de un jour à deux ans, y perdraient 8.5 décédés sur 100, ceux non visités en perdraient 12.25 sur 100, tandis que ceux visités n'en perdraient que 6.50 sur 100, moitié moins.

M. Aubert, du territoire actuel du département de l'Ain, attribue aux anciens Ambarres la plaine qui s'étend de la Saône à l'Ain, aux Ségusiaves, un delta peu étendu situé au confluent du Rhône et de la Saône, aux Allobroges transrhodaniens la plaine de la Valbonne et la région voisine, aux Séquanes la partie montagneuse du département, aux Helvètes le pays de Gex ; il rappelle l'occupation des Burgondes, envahisseurs de cette région, voire même l'invasion de Sarrasins, dont quelques habitants de Pont-de-Vaux et de Thoissey, sur les bords de la Saône, auraient encore conservé les traits caractéristiques et certaines coutumes.

L'existence de descendants de Sarrasins a, d'ailleurs, été déjà signalée dans diverses localités, soit des bords de la Saône, par M. Riboud, soit du Bugey, par M. Guillemot (1).

D'une manière générale, notre confrère remarque que dans la Saône et l'Ain, dans la Bresse et la Dombes, « L'homme est blond ou châtain ; ses yeux sont souvent bleus ou gris ; le teint blanc, la tête et la figure ovales, la taille haute, svelte ; le tempérament sanguin ou lymphatique ; il est calme, laborieux, un peu lourd. » De l'Ain au Rhône, dans le Bugey, dans la région montagneuse, la « race est brune d'yeux, de cheveux et de teint ; elle a la tête et la face rondes, les membres vigoureux et un tempérament souvent bilieux » ou névroso-sanguin.

Les jeunes conscrits du département de l'Ain, ainsi que Boudin, Broca et Bertillon père l'avaient déjà reconnu, sont en général de haute taille. Aussi les hommes actuellement classés dans le service auxiliaire pour défaut de taille sont-ils peu nombreux.

Contrairement à ce qui s'observe dans une population homogène, où la répartition des hommes, selon la taille, constitue une série régulière de groupes croissants, comprenant des individus de plus en plus nombreux, depuis la taille inférieure jusqu'à la taille moyenne, qui correspond au groupe maximum, puis de groupes décroissants, comprenant des individus de moins en moins nombreux depuis cette taille moyenne jusqu'à la taille la plus élevée ; contrairement, dans le département de l'Ain, en 1886, comme antérieurement de 1858 à 1867, on constate qu'il y a deux groupes maxima d'individus de $1^m,63$ à $1^m,65$ et de $1^m,68$ à $1^m,70$, avec un groupe intermédiaire moins nombreux d'individus de $1^m,66$ à $1^m,67$. Ainsi que je le faisais remarquer, à propos de deux grou-

---

(1) Thom. Riboud : *Sur l'origine des mœurs et les usages de quelques communes du département de l'Ain*. Mémoire de l'Académie celtique, t. V. p. 5, etc., 1810. — Paul Guillemot : *Monographie du Bugey*, p. 46. Lyon, 1847.

pes maxima analogues signalés par Bertillon père, dans la répartition sériale des conscrits du département du Doubs, ces deux maxima semblent témoigner de la persistance de deux types ethniques coexistant dans cette région, l'un ayant une taille inférieure à 1$^m$,62, l'autre une taille supérieure à 1$^m$,70 (1). En effet, le territoire, qui constitue actuellement le département de l'Ain, faisait anciennement partie de la Celtique, qui s'étendait de l'Océan aux Alpes, de la Seine à la Garonne. Or, les Celtes, d'après les recherches de Broca, étaient de taille peu élevée (2). Contrairement, les Burgundions qui occupèrent au commencement de v$^e$ siècle, le pays qui s'étend des Alpes à la Saône, nous sont dépeints par Sidoine Apollinaire comme ayant 7 pieds romains de haut (2$^m$,07). (*Hic Burgundio septipes...* I. VIII, epist. IX. p. 316 du t. II. Voir aussi p. 202 du t. III, texte et trad. Grégoire et Collombet.)

Ne nous étonnons donc pas de voir que, malgré le croisement incessant de ces deux éléments ethniques, notablement différents par la stature, nous retrouvions encore parmi leurs descendants deux maxima dans la répartition sériale des jeunes hommes suivant la taille.

Etudiée par cantons durant une série d'années, la taille des conscrits permettrait peut-être de reconnaître certaine localités où prédomine encore le sang burgundion au milieu du sang celtique.

Si l'influence ethnique sur la taille est incontestable, l'influence favorable ou défavorable de certaines conditions biologiques sur le développement de la taille propre à chaque race n'est pas moins évidente. Les documents recueillis par de nombreux médecins militaires, en parti-

---

(1) Bertillon, Lagneau : *Bull. de la Société d'anthropologie*, t. IV, p. 237-240 et 346, 1863.

(2) Broca : *Ethnologie de la France : Mém. de la Soc. d'anthrop.*, t. I. p. 1 ; et t. III. p. 147, etc.

culier par MM. Champouillon, Costa, Aubert, dans les départements de la Seine, du Nord, du Calvados, ont mis à même de reconnaître que le développement normal, favorisé par la vie en plein air du marin, de l'agriculteur, du campagnard, est trop souvent arrêté par la vie sédentaire, confinée, de l'ouvrier d'ateliers, de manufactures. Dans le département de l'Ain, c'est ainsi, dans les villes industrielles de Bourg, de Trévoux, de Montrevel, de Saint-Rambert. de Montluel, de Belley, de Nantua, que se trouvent le plus d'hommes classés pour défaut de taille dans le service auxiliaire.

A propos de quatre-vingt-treize goîtreux exemptés de 1872 à 1886 dans les cantons montagneux du département de l'Ain, M. Aubert pense que « la plupart des goîtres, de dix-huit à vingt ans, étant curables, on rendrait aux goîtreux un réel service, on les guérirait en les incorporant dans les rangs de l'armée de certaines régions de la France, et en particulier du littoral ». Selon notre confrère, si les goîtreux légèrement atteints étaient envoyés loin de leurs montagnes, « dans les chantiers de la marine », leur affection ne pourrait que s'en bien trouver.

M. Aubert, parmi les jeunes gens des régions montagneuses des environs d'Ambérieu, de Lagnieu, de Seyssel, a souvent observé une bourse séreuse, un kyste de la grosseur d'une noix, développé sur le cou, par suite du port de lourdes hottes. Il a cru devoir déclarer impropres au service quelques jeunes gens qui présentaient la dépression considérable de la pointe du sternum, désignée en Allemagne sous la dénomination de *richterbrust,* poitrine en entonnoir.

Le département de l'Ain, formé de régions géographiques si différentes, montre combien il serait important de publier par cantons les documents statistiques relatifs au recrutement. Recueillis par périodes décennales, en témoignant de l'état sanitaire des habitants, ils permettraient de reconnaître le degré de salubrité des diverses localités, ce que ne peuvent indiquer les documents statistiques relatifs à tout un département.

Sachons gré aux laborieux médecins de l'armée de faire, pour quelques-uns de nos départements, cette étude par cantons. En particulier, sachons gré à M. le Dr Aubert, qui déjà a étudié ainsi les départements du Calvados, de la Loire-Inférieure et de la Vendée, d'avoir adressé à l'Académie cette nouvelle étude de géographie médicale du département de l'Ain.

M. le Président. — Cette après-midi, réunion des délégués à 2 heures et demie, et à 3 heures séance publique pour la lecture des rapports des Sociétés de géographie, séance finale du Congrès qui sera présidée par M. de Mahy.

La séance est levée à onze heures trois quarts.

## Séance du samedi soir, 25 août 1888

*Président*: M. de MAHY.

*Assesseurs*: MM. Crozier et Turquan

La séance est ouverte à trois heures.

M. de Mahy, *président*. — La séance est ouverte. Je la commencerai par vous transmettre les regrets que M. le colonel Blanchot, qui m'a fait l'honneur de m'écrire, me charge de vous exprimer de sa part, regrets qu'il éprouve de n'avoir pu assister à nos séances ; au nom du Congrès je lui répondrai pour lui exprimer les regrets que nous aussi nous avons eus de ne pas l'avoir compté parmi nous ; ceci dit, je donne la parole à M. le Secrétaire général du Congrès, M. Loiseau.

M. Loiseau. — L'ordre du jour de la dernière séance du Congrès est organisé, suivant nos traditions, de la façon suivante :

Conformément à ce qui a été décidé à la première réunion des délégués qui a eu lieu ici lundi dernier, à l'ouverture du Congrès, il sera d'abord donné lecture des rapports des délégués de chacune des Sociétés représentées au Congrès de Bourg. Ensuite, le secrétaire général du Congrès lira les vœux qui ont été adoptés dans le cours du présent Congrès.

Le temps nous pressant — et il presse toujours dans la dernière réunion d'un Congrès — , je voudrais rappeler que l'excursion finale commencera demain dimanche, à 5 heures et demie du matin, à la gare de Bourg. Je prie les membres du Congrès qui se sont fait inscrire pour cette excursion, de vouloir bien se munir de deux choses indispensables : d'abord d'une bonne dose de courage et de patience pour supporter le mauvais temps, si mauvais temps il y a, et ensuite des petits carnets d'identité qui leur ont été distribués au commencement du Congrès. C'est en effet sur le vu de ces carnets d'identité que la compagnie de Paris-Lyon-Méditerranée accordera la réduction de prix du transport que nous avons sollicitée d'elle.

Ce soir aura lieu le banquet offert par M. le président de la Société de géographie de l'Ain au président de notre Congrès, ainsi qu'aux membres et aux délégués des sociétés de géographie françaises ici présents.

La lecture des rapports des sociétés de géographie aura lieu d'après l'ordre d'ancienneté de ces sociétés. Des excuses verbales seront données de la part des sociétés qui n'ont pas pu se faire représenter ou de la part des délégués qui n'ont pas pu venir ou qui étant venus ont été obligés de partir avant la fin du Congrès pour des raisons majeures.

La première Société inscrite par ordre d'ancienneté est la Société de géographie de Paris, fondée en 1821. Cette Société, dont un certain nombre de membres sont ici, n'a cependant pas pu se faire représenter officiellement ; elle devait l'être par M. Maunoir, son secrétaire général qui, au dernier moment, a dû s'aliter et a été dans l'impossibilité de se rendre à Bourg. Après le regret exprimé par le Congrès de ne pouvoir compter parmi nous le délégué et secrétaire général de la Société de géographie de Paris, il convient de donner la parole à M. Gauthiot, secrétaire général de la Société de géographie commerciale de Paris.

M. Gauthiot. — Je m'acquitte aussi rapidement que possible du devoir qui m'incombe, et j'énumère les faits qui peuvent le mieux caractériser l'action de la société de géographie commerciale de Paris depuis la réunion de notre dernier congrès.

Tout d'abord, par l'effet d'une générosité que je souhaite à beaucoup de nos Sociétés de rencontrer, la Société de géographie commerciale de Paris a été mise en mesure de donner un prix de 2.000 francs, à l'auteur du meilleur manuel de géographie commerciale qui serait présenté au concours ouvert au siège de la Société, lequel sera clos le 31 décembre de cette année.

Le donateur de cette somme de 2.000 francs, homme des plus distingués, a voulu garder l'anonyme. Il fait le bien et désire que le bien qu'il fait ait les résultats qu'il en attend, et il n'a pas besoin de se faire connaître : inutile de dire que la Société de géographie commerciale de Paris inscrira le nom de ce généreux donateur dans ses annales.

La Société possédait déjà l'année dernière, les fonds nécessaires à la distribution de trois médailles : cette année, elle s'est assez enrichie pour pouvoir en distribuer deux autres ; une, nommée Dupleix en souvenir du grand Français qui a vécu dans l'Inde, et une autre appelée Caillet (?) en souvenir du grand Français qui vécut en Afrique.

Ces deux médailles ont été distribuées dès cette année et continueront de l'être par la suite, les fonds pour la première étant fournis par un Russe, M. P..., et pour la seconde par 33 (?) des membres de la Société qui se sont réunis pour faire le capital nécessaire et dont les noms ont été transmis par le bulletin à la connaissance de leurs collègues.

A cette distribution est venue s'ajouter une dernière médaille et elle le sera chaque année, c'est la médaille Pelouze (?). Elle a été décernée à M. L...., pharmacien de la marine, chargé par M. le Ministre de la marine d'une expédition autour du monde à l'effet de populariser, de répandre et de faire croître, dans chacune de nos colonies, les végétaux qui pourraient contribuer à sa prospérité.

La Société de géographie commerciale de Paris, s'occupe naturellement, par suite des correspondances qu'elle reçoit presque chaque jour, de questions plus ou moins palpitantes et en ce moment, elle a eu l'heureuse chance, par suite des communications qui lui ont été envoyées des parties les plus reculées du monde, de faire repousser des mesures qui avaient été prises au grand détriment des populations qui habitent certaines régions de nos possessions et aussi au grand détriment de la morale publique.

Dans une commune de la Nouvelle-Calédonie, il était arrivé que la population libre de cette commune s'était trouvée en minorité vis-à-vis de la population condamnée ou comme récidiviste ou aux travaux forcés. La situation de ces colons libres est d'autant plus difficile qu'ils ont à lutter pour leur existence. Or, dans cette commune, la majorité, composée des éléments que je viens de dire, avait nommé maire un récidiviste. Le fait, porté à notre connaissance par un de nos correspondants, a été transmis au ministre de la marine, qui, par suite de ces changements si fréquents dans l'administration de nos colonies, n'avait pu en être informé à temps. Le résultat de cette communication a été que l'élection a été cassée.

Dans une autre partie de cette colonie l'expulsion d'une tribu de Canaques d'un territoire qu'elle occupait depuis de longues années avait été proposée. Le fait a été transmis par nous au ministère de la marine et une déclaration très formelle du gouverneur de la colonie est venue mettre fin aux bruits qui couraient et les Canaques menacés ont été rassurés.

Un autre fait à l'honneur de notre Société : vous avez entendu parler des propositions qui avaient été faites en ce qui concerne les enfants assistés de la métropole, âgés de 14 ans. Il avait été question de les envoyer en Algérie. Cette proposition a été soutenue par des membres de notre Société, faisant partie soit du Sénat, soit de la Chambre des députés, soit du Conseil municipal de Paris, et, cette année, nous avons obtenu une décision d'après laquelle a été décidée la création d'un établissement en Algérie où seraient appelés les enfants assistés de Paris pour renaître à la vie libre et à l'honnêteté. C'est à l'action de la Société de géographie commerciale de Paris, le président du Conseil général a bien voulu le dire, qu'a été due cette décision ; c'est bien là un fait qui prouve l'activité de la Société sur un terrain où on ne la supposerait pas engagée.

En ce qui concerne l'activité intérieure de la Société, je n'ai que peu de chose à dire : notre Société possède cinq sections qui se réunissent chacune une fois par mois pendant neuf mois. Cinq multiplié par neuf donne quarante-cinq séances de sections dans le courant d'une année. Auxquelles il faut ajouter les neuf séances générales, dans lesquelles les explorateurs, les voyageurs, les économistes, les savants viennent nous faire des communications : total cinquante-quatre séances qui sont suivies — au moins en ce qui concerne les séances générales — par une moyenne de 500 à 600 personnes. C'est dire l'instruction que nous distribuons, et cela peut faire supposer les effets qui peuvent en résulter.

La Société a pris part, l'année dernière, au congrès des chambres syndicales, parce que ce congrès la touchait tout particulièrement. Elle a trouvé là une preuve de l'estime qu'elle a acquise parmi le monde économique et industriel de la capitale, car c'est à deux de ses membres qu'ont été décernées les fonctions de vice-présidents, fonctions des plus importantes dans le Congrès. Ils ont pris part aux discussions, et y prendront encore part au Congrès de l'année prochaine.

Nous avons eu la satisfaction, cette année, de voir se créer un groupe à une grande distance de la capitale et répandre dans ce pays lointain les connaissances que nous cherchons à propager à Paris et dans les départements. Un groupe de géographes a été créé à Cayenne par les soins de M. Coudreau. La présidence en a été dévolue au président du Conseil général de Cayenne. Un autre groupe qui est indépendant, il est vrai, mais qui tient à rester uni avec nous, a été créé cette année et compte 34 membres, ce qui, à Cayenne, est un chiffre fort respectable, c'est un réel succès.

Je finis en vous annonçant que la Société a encore pris part (car elle ne considère comme étrangère à son action aucune œuvre se produisant au dehors sur le terrain qu'elle regarde en quelque sorte comme le sien, le terrain économique, industriel et commercial), à un Congrès de navigation intérieure qui s'est réuni à Francfort-sur-le-Mein ; la Société a été invitée à y prendre part comme à celui de Vienne. Elle y a délégué un de ses membres les plus distingués, un économiste très connu. Notre collègue nous rapportera de ce Congrès des renseignements que nous aurions peut-être vainement cherché dans les rapports qui ont été faits sur ce sujet.

D'autre part, celui qui a l'honneur de vous parler a été désigné comme un des commissaires généraux du Congrès de géographie qui aura lieu à Paris l'année prochaine à l'occasion de l'exposition de 1889 ; il tient et considère comme son devoir d'annoncer au public ici présent qu'il sera convoqué par l'intermédiaire des Sociétés de Géographie, toutes sans exception, qui existent en France, et que toutes les personnes qui s'intéressent à la géographie y seront accueillies à bras ouverts sur leur demande. Les commissaires désignés sont invités à faire tout ce qui sera en leur pouvoir pour donner à cette réunion internationale le plus grand éclat possible, de façon à faire honneur non pas seulement à la science qu'ils cultivent, aiment et honorent, mais à la France que les grandes assises de 1889 doivent révéler au monde comme étant ce qu'elle a toujours été jusqu'à présent : une nation toujours unie quand il s'agit de montrer son amour pour la science. (Vifs applaudissements.)

M. Loiseau. — Dans l'ordre des dates, c'est la Société de géographie de Lyon qui devrait envoyer son délégué à la tribune. Cette Société a été représentée au Congrès de Bourg par plusieurs personnes de son comité et notamment par M. Chambeyron, grand industriel et vice-président de la Société. Malheureusement, les nécessités de son industrie ont forcé M. Chambeyron à regagner Lyon, de même que les nécessités de ses occupations personnelles ont forcé, d'une façon imprévue, M. Breittmayer, un des membres du Congrès très écouté au sujet de la canalisation du Rhône, à regagner les environs de Lyon où il a des intérêts pressants.

Il faut donc remercier ces messieurs d'être venus au Congrès et donner la parole au délégué de la Société de Marseille, réprésentée par M. Barbier, secrétaire général de la Société de géographie de l'Est.

M. BARBIER :

Messieurs,

La Société de géographie de Marseille va avoir treize ans d'existence ; depuis sa fondation, a-t-elle apporté sa pierre à l'œuvre que les Sociétés de géographie poursuivent en commun? C'est à vous, les représentants de nos Sociétés-Sœurs, de répondre à cette question.

Profitant de la situation privilégiée qui fait de Marseille la façade de la France vers les pays lointains, plusieurs de nos collègues sont allés parcourir les contrées peu connues, et ont contribué à déchirer le voile qui les couvrait et à augmenter le domaine de nos connaissances.

En ce moment, deux membres de notre commission administrative explorent des régions marquées en blanc sur nos cartes. M. Olivier de Sanderval, dans un nouveau voyage, cherche au Sénégal à rattacher à travers le Fouta-Djallon nos rivières du sud à ce Niger mystérieux sur lequel la Canonnière du lieutenant Caron faisait flotter naguère notre drapeau. En Amérique, M. Eugène Aubert parcourt les Silvas de l'Amazone à la recherche de nouveaux produits pharmaceutiques et, tout récemment, un de nos collègues, M. le Comte de Pontevès-Sabran, devançant de quelques jours l'inauguration du chemin de fer Trans-Caspien, traversait à franc étrier la distance qui sépare Théhéran de l'Oasis de Merv et allait à Samarcande constater « de visu » les progrès des Russes dans l'Asie centrale.

Pendant que nos collègues vont au loin faire de la géographie militante, nous, modestes géographes en chambre, nous vulgarisons à Marseille, par tous les moyens, la science qui nous est chère.

Notre bulletin trimestriel tient au courant les membres de notre Société des voyages accomplis dans les diverses parties du monde. Nous y enregistrons dans un inventaire méthodique toutes les nouvelles, tous les faits utiles à la géographie, soit envisagée comme science, soit considérée dans ses relations avec les intérêts de la France. Les capitaines de nos paquebots continuent à nous envoyer leurs rapports, dont nous publions de nombreux extraits. Mais c'est surtout l'Afrique qui est l'objet de nos préoccupations, l'Afrique qui entamée de tout côté par les explorateurs cessera bientôt d'être le continent mystérieux.

La plupart des mémoires que renferme notre bulletin se rapportent à cette partie du monde.

Dans des conférences, que nous voudrions voir plus nombreuses, M. de Mahy, M. Maspéro, M. Jean Broussalé, M. Théodore Westmart, M. Franc Sécard, M. de Pontevès-Sabran nous ont fait connaître les pays qu'ils ont visités, M. Clément Routier, M. Ernest Fallot, M. Albert Breittmayer nous ont développé plusieurs questions se rattachant aux intérêts de notre port, tandis que, dans ses leçons hebdomadaires, M. Joseph Marsan étudiait devant un public de plus en plus nombreux nos possessions d'outre-mer.

Notre bibliothèque fidèlement cataloguée est ouverte tous les jours à nos commerçants, à nos industriels, à nos capitaines marins, aux officiers de notre garnison, aux élèves de nos écoles. Chaque année, nous distribuons aux établissements d'enseignement secondaire et primaire, tant de la ville que du département, un millier de francs de prix et nous sommes heureux de constater que ces libéralités ont porté leur fruit.

Les pouvoirs publics, la Chambre de commerce, les grandes Sociétés de navigation nous aident généreusement dans l'œuvre de vulgarisation à laquelle nous nous sommes voués. Ils reconnaissent l'utilité de nos efforts. Nous souhaitons que, vous aussi, messieurs les membres du Congrès, vous nous rendiez le même témoignage.

M. CONVERT, *délégué de la Société de géographie de Montpellier* :

Mesdames et Messieurs,

La Société de géographie de Montpellier s'est efforcée de s'appuyer de toutes les ressources que présente cette ville, qui est un centre universitaire, afin de développer les progrès de la géographie, et elle a tâché d'attirer à elle tous ceux qui pouvaient servir sa cause.

Elle est à la onzième année de son existence. Ses travaux sont nombreux, et je ne vous en citerai que les principaux qui ont été publiés dans son bulletin. Ce sont les suivants :

Intéresser les forces actives d'un centre universitaire au progrès de la géographie et à tout ce qui sert sa cause.

Général BRUNON. — *Recherches sur le champ de bataille de Lasna.* (2e trimestre 87.) — Causes et répression de l'insurrection du Sénégal en 1869, terminé par des « remerciements à ses braves et dévoués collaborateurs qui lui ont prêté leur concours dans la laborieuse mission qui lui, avait été confiée ».

F. SAHUT. — *Les Eucalyptus* : aire géographique de leur indigénat et de leur culture.

L. FERNAND LALO, ancien élève de l'Ecole polytechnique et des mines. — *Les trois Guyanes, française, hollandaise, anglaise.* — Etude de ses richesses agricoles et minières. — Avenir de l'exploitation aurifère.

L. MALAVALLE. - *La question du Maroc.* — Etat lamentable du pays : « plus on réfléchit, plus on trouve des raisons de se convaincre que l'avenir du Maroc est étroitement lié à celui de l'Algérie ; que notre colonie naissante grandisse, qu'elle se développe par la paix, l'instruction et le travail ; qu'elle augmente sa richesse, sa force, sa population ; qu'elle tienne en un mot ses promesses et devienne au nord de l'Afrique une petite France nouvelle : alors elle exercera sur sa sœur, moins fortunée du Maroc, l'attraction irrésistible du fort sur le faible, du riche sur le pauvre, de la civilisation sur la barbarie. Le Maroc, comme un fruit mûr, tombera entre nos mains ».

DUPONCHEL. — *L'Afrique centrale et le Transsaharien.* — Prolongation de P.-L.-M. au-delà de la Méditerranée en traversant l'Algérie et le Sahara ; « le grand central asiatique, partant des bords de la mer Caspienne, a atteint en moins de deux ans l'oasis de Merv, après un parcours de 1.600 kilomètres, qui n'est guère inférieur à la traversée totale du Sahara. . Ce que les Russes ont su faire, ce que les Américains font chaque jour..... ne pouvons-nous pas le faire ? »

Nombreuses analyses et comptes-rendus par MM. Souchet et Malavalle.

*Variétés.* Reproduction d'articles.

L. Malavalle. — *Chroniques géographiques.*

**Nécrologie**. — M. le général Brunon, ancien colonel du 2ᵉ génie retraité à Montpellier. Madagascar (1846), Algérie, Sénégal (gouverneur en 1868), juge de Paris, amputé en 1852 après l'assaut de Laghouat.

Le général Perrier, d'une généreuse bienveillance pour la Société.

J.-E. Plancher.

M. G. Loiseau. — Par suite d'un oubli, la Société de géographie de Bordeaux n'a pas déposé son rapport au rang qu'elle devait occuper, d'après sa date de création. En effet, elle est antérieure à la Société de Marseille. M. Manès son délégué a donc la parole.

M. Manès :

Messieurs,

La Société de géographie commerciale de Bordeaux n'a pas à vous exposer son œuvre, que vous connaissez tous et à laquelle dans tous nos Congrès nationaux vous avez bien voulu accorder les témoignages de votre encourageante sympathie. Je me bornerai donc à vous faire part de ses travaux depuis le dernier Congrès, non sans avoir toutefois remercié, en son nom, notre savant collègue M. Gauthiot de l'avoir si bien représentée au Congrès du Hâvre, et sans avoir exprimé à tous mes collègues tout le plaisir que j'ai éprouvé à me retrouver cette année au milieu d'eux.

La Société de géographie commerciale de Bordeaux compte actuellement près de 1,400 membres appartenant soit à la section centrale de Bordeaux, soit à ses sections extra-muros de Bergerac, Périgueux, Mont-de-Marsan, Agen, La Rochelle, Blaye et Tarbes. Comme les années précédentes, elle s'est occupée, dans les fréquentes réunions de son bureau et dans ses séances mensuelles, de travaux divers présentant tantôt au point de vue régional, tantôt au point de vue général un intérêt géographique. Elle a organisé au moins une fois par mois, en profitant toutes les fois qu'elle l'a pu du concours bienveillant des explorateurs, des conférences publiques suivies avec de plus en plus d'empressement, elle a distribué des prix de géographie, enfin elle a continué la publication de son bulletin s'efforçant d'en faire pour la région du Sud-Ouest un recueil sérieux de renseignements géographiques et commerciaux.

C'est ainsi que dans les séances elle a étudié la question des collisions en mer, celle d'un projet de création d'un service à vapeur mensuel partant alternativement du Hâvre, de Bordeaux et de Marseille avec escales en Sénégambie, sur la côte de Guinée, au Gabon et au Congo, jusque et y compris le Cap de Bonne-Espérance ; qu'elle a mis à l'étude, sur la demande de M. le lieutenant-Colonel Gallieni, l'établissement d'un questionnaire résumant tous les desiderata du commerce Bordelais pour tout ce qui concerne le haut Sénégal et le haut Niger, et la recherche des moyens pratiques pour la constitution dans les principaux ports du haut fleuve, Bafoulabé, Kita et Bammako, d'une sorte d'exposition permanente des produits français les plus recherchés, et qu'enfin elle se préoccupe du concours qu'elle pourrait apporter à la Société d'encouragement pour le commerce français d'exportation, société qui doit à la nôtre l'initiative de sa formation et qui a déjà rendu de précieux services en patronnant à l'étranger plus de 200 de nos jeunes compatriotes.

C'est encore ainsi, Messieurs, qu'elle a dans ses séances publiques appelé des voyageurs et explorateurs tels que M. de Ujfavy, MM. Chaffaujon, le docteur Labonne, Brau de St-Pollias, Marcel Monnier, Denis de Rivoyre, Renou, Daiveaux, etc., dont les conférences ont eu le plus grand succès ; et qu'elle n'a pas manqué, chaque fois qu'elle l'a pu, d'envoyer ces conférenciers dans ses sections.

C'est ainsi qu'elle a distribué des prix de géographie non seulement au lycée de Bordeaux, mais encore qu'elle en a délivré à celles de ses sections qui lui en ont demandé pour leur circonscription :

Enfin c'est ainsi qu'elle est sur le point de statuer au sujet du prix de 10,000 fr., qu'elle a fondé avec la chambre de commerce et la municipalité, pour une histoire du commerce de Bordeaux, un volumineux manuscrit lui ayant été envoyé pour prendre part à ce concours.

Quant à son bulletin, qui n'était d'abord publié qu'une fois par an, il paraît régulièrement chaque quinzaine depuis 1878 et grâce au zèle et aux efforts de ceux de nos collègues qui s'en occupent, il est devenu non seulement dans toute notre région, mais encore au delà, une publication très appréciée. Je puis d'autant mieux le dire que c'est à MM. Foncin, Labrone et Gebelin, qui se sont succédé comme rédacteurs en chef et à nos dévoués correspondants qu'en revient tout l'honneur. Aujourd'hui notre bulletin contient non seulement les actes de notre société, les travaux de nos collègues, des analyses des principaux ouvrages géographiques, des renseignements commerciaux nombreux, mais encore et c'est par là qu'il se signale le plus à l'attention, il est devenu pour tout ce qui concerne notre colonie du Sénégal un centre d'information important. Il suffira de rappeler que nous avons publié cette année de précieux articles sur la campagne de 1877-78 dans le Soudan français, la mission du docteur Tautain et du capitaine Quiquandon dans la Bélédougou et le voyage à Tombouctou de la Canonnière du lieutenant Caron « le Niger ». Je citerai encore, au point de vue commercial, les communications de MM. Sambuc et Vigné sur la culture et le commerce des plantes oléagineuses dans la Sénégambie et les rivières du Sud ; les notes, de notre ancien vice-président M. Hubler, aujourd'hui, chef du service des Postes et télégraphes à Saint-Louis, sur la côte occidentale d'Afrique, et la production des arachides, et enfin les articles de M. Hautreux sur la pêche de la morue au Sénégal.

Je ne terminerai pas, Messieurs, sans ajouter qu'heureuse de témoigner son admiration et sa sympathie aux courageux officiers qui poursuivent dans le Soudan français une campagne de civilisation et de progrès, la société de géographie commerciale de Bordeaux a décerné cette année sa plus haute récompense, une médaille de vermeil à M. le lieutenant-colonel Gallieni, une médaille d'argent à son vaillant compagnon M. le commandant Vallière, et que tout dernièrement elle leur offrait, ainsi qu'aux autres officiers de leur mission, un punch qui réunissait autour d'eux non seulement un grand nombre de ses membres, mais encore la plupart des négociants Sénégalais de notre ville, fêtant ainsi leur heureux retour, comme il convient à sa situation géographique qui l'a placée en avant-garde sur la route du Sénégal et du Niger.

M. BARBIER, *délégué et secrétaire général de la Société de géographie de l'Est* :

Messieurs,

Depuis l'année dernière, la Société de géographie de l'Est n'a fait que préparer l'exécution du programme que j'ai eu l'honneur de vous présenter sommairement à notre session du Hâvre. Poursuivant le double but de recruter un plus grand nombre d'adhérents parmi les instituteurs primaires et, à l'exemple de notre section vosgienne et de notre Société-sœur de l'Ain, de réunir les éléments d'une géographie complète de notre département. Dès la rentrée de 1887 un double questionnaire était préparé, questionnaire à la fois géographique et archéologique. Je me hâte de dire que la géographie seule comportant un ensemble de connaissances très complexe et trop rare chez nos meilleurs maîtres d'école, nous avons dû éliminer la question concernant la géologie, la faune, la flore, la forêt, la météorologie, ayant dans ces ordres d'idées des collaborateurs naturels, techniques, ou des travaux déjà faits, susceptibles tout au plus d'une mise à jour, d'une révision partielle, tel par exemple, que la géologie du département de Meurthe-et-Moselle de l'ingénieur des mines Braconnier. Non seulement notre questionnaire a pour objectif la partie descriptive, historique et statistique de la géographie de la commune, mais surtout les recherches concernant la toponymie des lieux-dits d'après le cadastre, suivant aussi près que possible le programme qu'a si brillamment inauguré M. Maxe-Werly, correspondant du ministère de l'instruction publique, notre collègue de la Meuse, sur les noms de lieux de l'ancien Barrois. Certaines questions aussi sont posées en vue de fournir, si possible, des matériaux à l'enquête votée lors de notre dernière session.

Malgré l'attrait des récompenses, sous formes diverses, offertes aux instituteurs pour provoquer leur concours, notre société eût été sinon sans action, mais sans action d'ensemble sans l'intervention directe et effective de l'inspection académique. Aussi notre comité a-t-il placé sous la présidence de M. Mellier, inspecteur d'Académie, la commission spéciale nommée à cet effet. Et ce dernier, saisissant l'occasion que lui offrait le programme ministériel en vue du centenaire de 1789, a donné à tous les instituteurs, comme cadre, notre double questionnaire géographique et archéologique.

La date du 1$^{er}$ octobre prochain a été fixée à tous les instituteurs pour l'envoi de leurs travaux. C'est à ce moment que la commission de la société de géographie rentrera en scène pour donner à ces travaux la coordination et la sanction nécessaires à la réalisation du but qu'elle poursuit.

Hors de là, Messieurs, notre Société a continué son œuvre habituelle, portant toujours sa sollicitude sur le développement de sa bibliothèque ; tout moyen — honnête s'entend — nous est bon pour y parvenir. Aussi, à la tête de plus de mille volumes et de plusieurs centaines de cartes, trop à l'étroit dans le petit local qu'elle occupe aujourd'hui, attend-elle avec impatience l'installation nouvelle qui lui est assurée par la ville de Nancy dans un bâtiment récemment construit pour salle commune de conférences.

Tandis que nous développons notre bibliothèque, notre section meusienne, grâce à l'énergie et à l'indomptable persévérance de mon collègue meusien, M. Bonnabelle, a constitué un musée ethnographique et commercial à Bar-le-Duc. Elle a rencontré d'ailleurs, dans la municipalité barésienne, un bienveillant concours : celle-ci a mis libéralement à sa disposition, dans les bâtiments de la ville, les locaux qui lui étaient nécessaires.

Quant à notre bulletin, il m'appartient moins qu'à tout autre d'en parler. D'ailleurs il est dans la bibliothèque de vos sociétés ; quelques-unes d'entre vous le reçoivent à titre de correspondant actif et vous êtes plus à même de le bien juger que nous.

Comme annexe utile à notre bulletin nous avons créé un

album qui, cette année, s'est considérablement enrichi de dessins originaux dus à M. Paris, agent des postes et télégraphes, notre correspondant au Ton-King, et à M. H. Vignot, lieutenant de vaisseau, qui fit partie de l'expédition assez retentissante du torpilleur numéro 44 sur le Mé-Kong. Nous vous en avons déposé des spécimens.

Peut-être y trouverez-vous assez d'intérêt pour stimuler la bonne volonté des souscripteurs.

Telle est, Messieurs, simplement et dans ses traits principaux, l'œuvre, de la Société de géographie de l'Est, pendant l'année écoulée, sûre d'ailleurs d'être d'autant mieux accueillie ici qu'elle est, comme sa sœur de l'Ain, une sentinelle avancée à la frontière.

M. G. Loiseau. — Vient ensuite la Société de géographie de Rochefort ; il en est d'elle comme de celles de Lorient et de Toulon ; ces Sociétés dont les sièges sont des ports de mer, sont composées d'officiers de marine, soit habitant hors de France, soit habitant en France, mais étant pris par leur service; cette année, la fatalité a voulu que MM. Merlan et Deloncle, par exemple, l'un de la société de Rochefort, et l'autre de la société de Lorient, fussent retenus l'un à la Réunion, et l'autre à Madagascar, et cela nous prive aujourd'hui du plaisir de les entendre nous faire leurs rapports.

La parole est au délégué de la société de Toulouse, M. le commandant Quévillon.

M. LE COMMANDANT QUÉVILLON.

Messieurs,

Pendant l'année qui vient de s'écouler depuis le 9ᵉ Congrès, la Société de géographie de Toulouse a continué son œuvre de vulgarisation. Elle a eu la bonne fortune de posséder à sa tête un président actif et dévoué, qui lui a conservé cette vigoureuse impulsion, provoquée il y a 4 ans par le VIIᵉ Congrès et l'exposition internationale de géographie tenus à Toulouse.

Sous cette heureuse influence les nouvelles adhésions sont arrivées nombreuses et ont largement comblé les vides causés par la mort ou quelques rares désertions.

Les séances bi-mensuelles ont été tenues très régulièrement et remplies de communications intéressantes publiées dans notre bulletin. Les conférenciers ont su réunir autour d'eux un auditoire toujours nombreux. Fréquemment la salle des séances s'est trouvée trop étroite pour contenir tous ceux qui y affluait.

La société s'efforce autant qu'il dépend d'elle de faire entendre la parole autorisée des explorateurs ou des voyageurs venant développer leurs observations personnelles sur les régions qu'ils ont parcourues.

C'est ainsi que, malgré son éloignement de la capitale et de la mer, et sa situation en dehors de la route naturelle de ces géographes militants, elle a eu la bonne fortune, dans des séances extraordinaires qui attiraient l'élite de la population toulousaine, d'entendre, d'abord notre honorable président d'honneur du Congrès actuel, M. de Mahy, l'apôtre éloquent et chaleureux des droits de la France à Madagascar, cette île délicieuse et riche, un peu plus grande que la France, à 20 jours de Marseille ; — puis M. Broussaly, jeune patriote revendiquant les droits méconnus de l'Arménie, sa patrie ; — M. Westmark, explorateur du Haut-Congo ; — M. Brau de St-Pol Lias, qui a raconté avec charme les incidents fort instructifs de son voyage en extrême-Orient : Sumatra et la presqu'île malaise ; — M. Trutat, qui a fait voir les magnifiques transformations opérées par la France en Algérie et en Tunisie ; — enfin M. Franc Sicard, qui a fait l'historique de Massouah et de son occupation par les Italiens, et qui, en rappelant l'accueil exceptionnellement sympathique que les Français trouvent en Abyssinie, a regretté que nous laissions baisser, au profit d'autres nations, notre influence en Orient.

M. Adher a achevé sa monographie de Castelnau d'Estretefonds, village situé près du confluent de l'Hers et du Girou, et dont la charte de coutume date de 1131. Cette étude approfondie offre une peinture fidèle de la vie de nos aïeux et des institutions qui les régissaient.

M. Rumeau a fait une étude semblable concernant Grenade-sur-Garonne. Elle est pleine de détails inédits sur la vie municipale au XVI° siècle, les guerres de religion, l'état des finances avant Colbert, enfin sur une révolte à Grenade en 1638.

Continuant ses intéressants travaux sur l'extrême-Orient, le capitaine Fouque a fait la lumière sur le cérémonial, les coutumes et lois en usage en Corée, pays moins barbares qu'on le suppose généralement.

Dans le même ordre d'idées, M. Henri Courtois a fait une intéressante communication sur Pékin.

Au cours d'un voyage en Belgique en octobre 1887, le commandant Quévillon s'inspirant des sentiments du Congrès de géographie du Hâvre, étudia spécialement le musée commercial de Bruxelles, et en fit l'objet d'une communication. — La Société, qui déjà s'était préoccupée d'une création similaire, a résolu de reprendre la question de concert avec la Chambre de commerce de Toulouse, et la société franco-hispand portugaise.

M. Pierre Lazerges, qui l'année dernière avait présenté de remarquables travaux météorologiques, poursuit toujours ses études dans ce sens. En outre, il a fait l'exposé d'un intéressant travail de M. Rixens, garde-mine du contrôle du chemin de fer du Midi, sur une modification du « tableau diurne » employé dans les chemins de fer pour assurer la circulation des trains sur la voie unique. Avec la modification proposée par M. Rixens, toute erreur, par conséquent toute rencontre de trains, est rendue à peu près impossible.

Il existe au cœur des montagnes Rocheuses, dans la partie la plus élevée de cette chaîne gigantesque, une des plus étonnantes régions de la terre, où abondent les phénomènes volcaniques ; c'est le « Parc national » qu'une loi des Etats-Unis a érigé au domaine public sous la surveillance de l'État, et destiné à l'instruction et à l'agrément de la nation. Le commandant Boussard a vivement intéressé son auditoire en l'entretenant de ce parc au moyen des notes qu'en avait rapportées, en 1884, M. Jules Leclercq.

M. Rey-Lescure, bien connu déjà par ses travaux géologiques, a fait une savante étude sur la formation géologique de la région du Sud-Ouest et des conséquences agricoles et commerciales qui en résultent.

Il montre d'abord, au début de l'époque primaire, ce qui émergeait des eaux sur le territoire du Sud-Ouest de notre France : c'est-à-dire la grande ile à peu près azoïque du nord Albigeois et du Sud Rouergue ; l'ile étroite et longue de la montagne Noire, que les détroit et golfe de Saint-Afrique Lodève séparent des Cévennes, et que le détroit de Castelnaudary Perpignan sépare du Roussillon et de l'Espagne ; les iles de Foix et du Saint-Gironnais, la Maladetta, les montagnes Luchonnaises, et l'archipel des Pyrénées Centrales. Tout autour de ce Substrat primitif cristallin vont se superposer ou se juxtaposer les produits de leur désagrégation et de leur ravinement. — Il fait ensuite ressortir les conséquences de ces actions géologiques, qui sont à la fois le résultante et la source d'autres forces physico-chimiques.

A la suite de ces dislocations, soulèvements et affaissements, refoulements et plissements, la constitution du Sud-Ouest, nous offrira :

1° A près de 3.000 mètres la crête pyrénéenne cristalline, glaciaire, déserte, l'immense condensateur des vapeurs océaniques en neiges persistantes ;

2° A plus de 2.000 mètres la région moyenne, abrupte de schistes silico-argileux et des calcaires primaires et secondaires, zone des herbages, des sapinières, des sources sulfureuses d'une thermalité pouvant atteindre 80° ;

3° A plus de 600 mètres la basse région des montagnes calcairo-argileuses et siliceuses cultivées ;

4° Enfin la plaine sous-pyrénéenne, le grand comblement de l'ancien golfe et des anciens lacs du Sud-Ouest ; les vallées moyennes et inférieures des cours d'eau.

L'auteur s'étend, en terminant, sur les conséquences agricoles et commerciales de ces formations.

Le lieutenant Boyé a décrit, au point de vue géographique et archéologique, la vallée de la Medjerdah ou Bagrada des Anciens.

Le docteur Maurel a fait une importante communication sur la Guyane française : après en avoir rappelé l'histoire depuis 1808, il a dit la richesse extraordinaire de son sol. Depuis plus d'un siècle on y cultive sur les mêmes terres, sans repos ni engrais, les plantes les plus épuisantes, telles que la canne à sucre, le tabac, le café ; et toujours ces plantes s'y développent avec le même succès. Comment se fait-il donc que la Guyane ne soit pour nous qu'une chose onéreuse, dont le budget se solde en déficit, alors que tout à côté la Hollande et l'Angleterre tirent de leurs Guyanes des profits considérables ?

La question réside toute dans le choix des travailleurs, d'après M. Maurel. — L'exploitation par les déportés politiques ou de droit commun a fait dépenser en vain plus de 100 millions. Au travail intertropical il faut des travailleurs intertropicaux. — L'abolition de l'esclavage n'a été pour l'Angleterre qu'une arme de guerre contre les puissances coloniales rivales, surtout contre la France. Les 243.000 noirs qui travaillaient avant 1848 dans nos colonies, nous ont été ainsi brusquement enlevés. — L'Angleterre avait préalablement pris ses dispositions et déjà substitué partout le travail soit disant libre de l'Hindou à celui de l'Africain ; et la mesure qui ruinait nos colonies, faisait la prospérité des siennes. — Le docteur Maurel conclut en demandant l'emploi des Tonkinois qui remplissent toutes les conditions pour nos cultures intertropicales.

Grâce à M. Regnault, qui est allé prendre part à un Congrès scientifique à Stockolm en 1883, nous avons eu l'illusion d'un voyage aux pays scandinaves, en Norwège, Suède et Danemark.

Il y a quelques mois, le centenaire de Lapérouse a été solennellement célébré à Paris et à Albi. — Au sein de notre Société, M. de Lahondès, son arrière-petit-neveu, a bien voulu retracer sa vie d'après les documents de famille et les lettres de l'illustre explorateur. Dans un récit fort attachant, plein de remarques intéressantes, d'aperçus originaux, de sentiments élevés, il a présenté le héros sous son vrai jour ; il nous a dit son caractère énergique et généreux, sa brillante conduite dans les batailles, sa science et sa prudence dans la direction des escadres, son mariage et enfin sa perte sur les récifs de l'archipel de Santa-Cruz. Si Paris et Albi l'ont fêté avec plus de pompe et d'éclat, elles n'ont pu lui rendre un hommage plus vrai, mieux senti que la Société de géographie de Toulouse.

M. Pellegrin, qui venait de faire un voyage en Alsace-Lorraine, a évoqué le souvenir cher et douloureux des provinces annexées, pour nous dire ce qu'elles deviennent sous la domination tyrannique et vexatoire des Allemands. Les habitants qui ont émigré ont été remplacés par la pire bohème allemande, qui y établit des mœurs dont la civilisation ni le progrès ne peuvent s'enorgueillir.

Le capitaine Mayer a entretenu la Société des Italiens et du Choa ; puis il a fait connaitre les Touaregs Hoggar et Azguer, ces tribus répandues entre l'Algérie et le Niger, dans le plateau central du Sahara. — Il a expliqué leur origine, leurs institutions, leurs mœurs. — Il a montré le cavalier Targui parlant la langue des Numides de Jugurtha et des Gétules, berbère autochtone repoussé par l'invasion arabe, appartenant au type caucasique, parfois avec les cheveux blonds et les yeux bleus, — monogames et respectant beaucoup la femme, enfin soldat avant tout, mais soldat cruel montant des chameaux-coureurs ou « meharis » qui le rendent insaisissable.

M. Gomer Vidal, capitaine de vaisseau en retraite, a fait le récit mouvementé de l'exploration accomplie dans le haut Maroni (Guyane) par la Commission officielle franco-hollandaise, dont il était le président.

M. de Rey-Pailhade a fait un savant travail sur l'histoire de l'heure. Il passe successivement en revue les divisions du temps adoptées par les Indiens Makahs, les Aztèques, les Chinois, les Arcadiens, puis le calendrier uranologique de Rhamsès II à Thèbes, les gnomons, les clapsydres, les cadrans solaires, les horloges et les montres. Il conclut en souhaitant que l'on substitue aux deux périodes de 12 heures, qui divisent le jour, une seule période de 24 heures, ce qui serait une sensible simplification, et que l'on entre dans la voie des réformes proposées par le savant Toudini du Quarenghi, notamment par l'heure universelle.

Le docteur Bézy a fait une instructive communication sur la topographie de la Haute-Garonne au point de vue de la natalité et de la mortalité. De ses considérations il conclut que dans ce département depuis 1885 le nombre des naissances est inférieur à celui des décès : il voit dans l'alcoolisme et la tuberculose, dans les empoisonnements chroniques par les vins falsifiés, dans le défaut de surveillance des enfants, autant de causes de l'augmentation croissante des décès, et préconise surtout, pour y remédier, l'observation de l'hygiène et de la morale.

M. du Paty de Clain a fait une intéressante chronique sur Kairouan.

Enfin M. Guénot, notre dévoué secrétaire général, a publié régulièremsnt à la fin de chaque Bulletin une chronique géographique faite avec autant d'intelligence que de précision et de sobriété, et qui met tous les sociétaires au courant du mouvement géographique universel.

D'après les statuts de la société, la région pyrénéenne doit être un des principaux objets de ses préoccupations. Des communications importantes ayant trait à cette région sont faites chaque année à la société. C'était, l'année dernière, M. Decomble qui faisait une magistrale étude des chemins de fer projetés à travers les Pyrénées Centrales. Cette année, M. Descola, reprenant avec ardeur cette question, examine successivement les quatre projets qui ont particulièrement fixé l'attention : par Luchon, par Mualéon-Roucal, par le port de Salan, et par Casifranca. — Ces deux derniers projets ont été l'objet d'une transaction entre les gouvernements français et espagnol le 15 février 1885. Pourquoi la ratification parlementaire manque-t-elle encore à cette convention et en retarde-t-elle indéfiniment l'exécution ? — M. Descola conclut en demandant à la Société de prendre l'initiative d'un Congrès où seraient appelés à délibérer les représentants des pouvoirs publics et des sociétés économiques du Sud-Ouest, à l'effet de poursuivre par tous les moyens la prompte solution de la question, conformément aux intérêts généraux de la région.

Nous remarquons en passant que les intérêts pyrénéens ne manquent pas de Sociétés vouées à leur défense : société Ramond, de Bagnères-de-Bigorre ; société des études du Comminges, de Saint-Gaudens ; section pyrénéenne du club Alpin, etc. Il vient d'être question d'une nouvelle association pyrénéenne sous de puissants patronages. — Il en est qui se demandent si cette tendance à l'éparpillement des forces géographiques est de nature à servir efficacement les intérêts régionaux ? L'Union seule produit des résultats fructueux et positifs.

L'année dernière, à l'occasion de l'exposition Internationale de la ville de Toulouse, M. Deloume, alors vice-président de notre Société, a pris l'initiative d'une exposition spéciale des Sociétés littéraires et scientifiques de la ville, expositions des travaux intellectuels de la vieille cité Palladéenne, destinée à donner plus d'éclat à la grande exposition industrielle et commerciale. — Approuvé par la Commission de l'exposition et par la municipalité, ce projet, mis à exécution, a parfaitement réussi. — Grâce à cette initiative, Toulouse a pu offrir à ses visiteurs une salle spéciale où se trouvaient réunis les travaux et les richesses de ses 12 sociétés littéraires et scientifiques. A cette exposition d'un caractère absolument nouveau, et qu'un grand centre d'activité intellectuelle séculaire, comme Toulouse, peut seul se permettre, la Société de géographie, représentée par M. Guenot, son secrétaire, délégué à cet effet, a obtenu un dipôme d'honneur hors classe, la plus haute récompense dont put disposer le jury.

Dans une autre salle, M. Charles Decomble, alors notre secrétaire général, avait également exposé un magnifique plan en relief des Pyrénées, occupant une superficie de 50 mètres carrés. Ce relief a obtenu un très grand succès dans le public et a été une des plus grandes attractions de l'Exposition. — Il a valu également à son auteur en diplôme hors classe.

D'autres salles avaient été également aménagées par les membres de la Société. Elles présentaient au public sous une forme sensible les résultats de travaux géographiques se rapportant à la géographie historique, linguistique, etc., à l'hydrologie, à la minéralogie, à l'othographie pyrénéenne, etc.

La Société a tenté de se faire reconnaître d'utilité publique. Bien que cette tentative n'ait pas abouti, la Société a reçu de précieux encouragements, et elle a lieu d'espérer que la décision qu'elle sollitait, n'est qu'ajournée.

En dehors de ses séances, par l'organe de son infatigable

secrétaire général, M. Guénot, notre société a donné des conférences publiques régulières sur la géographie de la France et de l'Espagne, aux cours d'adultes de langues étrangères, subventionnés par la municipalité. Ces conférences ont été très suivies. La Société encourage ces cours leur en accordant chaque année des prix de géographie.

Tels sont succinctement les faits et travaux saillants qui se sont produits depuis le Congrès du Havre. — Il est aisé de se rendre compte de la vitalité de notre Société, et de constater que, soucieuse de sa bonne renommée, elle s'efforce toujours de progresser et qu'elle a, dans ce but, confié ses intérêts à des mains qui ne les laisseront pas péricliter.

M. BAYLE, *délégué de la Société de géographie d'Oran*:

La Société de géographie et d'archéologie de la province d'Oran qui m'a fait l'honneur de me charger de la représenter à ce Congrès, devait m'adresser sur son fonctionnement, sur son développement — par la plume de son savant secrétaire général M. Bouty — diverses notes qui ne me sont pas encore parvenues.

Elle avait trouvé un peu muet le programme du Congrès relativement à l'Algérie, et m'avait recommandé de chercher l'occasion de parler de la province d'Oran et notamment du *chemin de fer transsaharien*.

Après l'éloquente conférence de M. Sabatier, député d'Oran, qui a démontré l'intérêt capital de cette question pour l'avenir de nos départements transméditerranéens, je me bornerai donc à déclarer que le chemin de fer transsaharien est l'objectif le plus ardemment poursuivi par la Société oranaise de géographie.

J'ai l'honneur de déposer sur le bureau du Congrès un exemplaire de l'ouvrage qu'elle a publié à Oran lors du Congrès de l'Association française pour l'avancement des sciences, qui s'y est tenu au mois d'avril dernier, et j'ajouterai que des correspondances particulières me permettent de laisser espérer à nos collègues, comme je l'espère personnellement, que l'un de nos plus prochains Congrès pourra avoir lieu en Algérie, dans cet admirable prolongement de notre France.

M. G. Loiseau. — La parole est au délégué de la Société de Lille.

M. Gauthiot. — M. Eckmann, représentant de la Société de géographie du Nord, ainsi que son président, M. Crépy, ont été retenus au dernier moment et n'ont pu assister au Congrès. Voici la note que me communique M. Crépy, pour que je la transmette au Congrès :

Depuis le dernier exposé, fait au congrès du Havre l'an dernier par son président, la Société de géographie de Lille a poursuivi avec ardeur son œuvre de vulgarisation de la science géographique dans sa région.

Quoique livrée à ses propres ressources et sans autres subsides que la somme de 300 francs allouée par la Chambre de Commerce, elle a pu, par les efforts de son Comité, et malgré la crise industrielle et agricole, maintenir son effectif au chiffre de 1,400 membres environ, répartis à Lille, Roubaix, Tourcoing, Armentières, Valenciennes, etc.

Elle a publié mensuellement un bulletin in-octavo, formant un total de 903 pages, dont 586 en caractère ordinaire et 317 en texte minuscule. Des cartes et gravures y étaient jointes.

Elle a organisé des cours de géographie faits les mardi de chaque semaine par un des membres de son comité, professeur au lycée de Lille ; puis elle a fait, en outre, 35 conférences par les explorateurs en renom, accompagnées de projections lumineuses à l'appareil Molteni, et distribuant des cartes à tous les assistants. Le printemps venu, elle a commencé ses excursions annuelles tant dans le Nord qu'à l'Étranger. Douze ont été ainsi faites depuis le Pas-de-Calais jusqu'aux bouches de l'Escaut et la vallée de la Meuse. Deux cent cinquante-deux sociétaires y ont pris part.

Ces excursions, réalisées à prix très économique sans en exclure le confortable, ont donné à notre Société une grande popularité, et les organisateurs, dont toujours deux membres, accompagnent les excursionnistes, méritent les plus grands éloges pour le dévouement dont ils n'ont cessé de faire preuve à cet effet.

Des conférences sont toujours également faites sur les lieux visités.

Enfin le concours de géographie offert à toutes les écoles et institutions de l'arrondissement de Lille a réuni deux cent soixante élèves des deux sexes.

Soixante-neuf volumes, des médailles d'argent et de bronze, des diplômes ; enfin, le tout formant une valeur de 1,400 francs donnés par les membres du Comité d'études, ont été décernés dans la séance solennelle annuelle, présidée par M. Georges Perrot, de l'Institut.

Si l'on ajoute qu'une œuvre de géographie historique et descriptive toute inédite a été faite et publiée dans le Bulletin de la Société, celle de la forêt de Mormal, la plus antique du Nord et que votre serviteur tenait à faire mettre au jour, comblant ainsi une lacune importante dans la géographie du Nord, vous aurez, Messieurs, l'œuvre de la Société de géographie de Lille pendant l'année 1887.

M. Doby, *délégué de la Société de Nantes* :

Messieurs,

La Société de géographie commerciale, de Nantes, que j'ai l'honneur de représenter à ce Congrès, vient d'entrer, il y a quelques jours, dans sa septième année d'existence.

Depuis sa fondation, elle a toujours poursuivi le même but : vulgariser les connaissances géographiques et appeler l'attention publique sur les grands intérêts de la France au dehors. Si elle n'ose se flatter d'avoir réussi, elle se réjouit du moins de voir que les efforts de toutes nos sociétés joints aux siens ont certainement contribué aux progrès de la science qui est l'objet de nos prédilections.

Le nombre de nos membres actifs, malgré les vides causés par la mort, les changements de résidence ou autres causes, est toujours de plus de 500.

Notre bibliothèque s'est encore enrichie cette année par les nombreuses acquisitions que nous avons faites et par les dons que nous avons reçus de personnes généreuses portant à la géographie le plus vif intérêt. Qu'elles en reçoivent ici nos plus sincères remerciements !

Nous n'avons pas eu cette année une série de conférences aussi nombreuses que celle qui avait marqué la campagne précédente ; cependant nous avons entendu et applaudi M. Broussali qui nous a entretenus de l'Arménie, son pays. Il nous a retracé son passé si glorieux, son présent si déplorable sous la domination turque et a terminé en exposant ses espérances et ses désirs, disant que les Arméniens ne demandaient pas à se détacher complètement de la Turquie, mais à vivre tranquillement sous l'égide de leurs propres lois, avec un régime analogue à celui dont jouissent les Maronites du Liban ou une autonomie administrative comme celle qui reliait la Roumélie orientale à l'Empire Ottoman avant les événements de ces dernières années.

Une autre conférence a eu beaucoup plus de retentissement encore, celle de M. Bonvalot. Elle a eu lieu au Grand Théâtre et a coïncidé avec notre réunion solennelle annuelle. Depuis la conférence faite l'année dernière, au même lieu, par l'éminent président de ce Congrès, jamais la Société de géographie commerciale de Nantes n'avait réuni pareille affluence.

L'Asie Centrale russe, le Pamir, la haute vallée de l'Indus ont successivement défilé sous nos yeux, et, grâce à la verve et à la chaleur communicative déployées par le courageux voyageur qui a su, pendant près de deux heures, nous tenir sous le charme de sa parole, le souvenir de cette soirée reste gravé dans les cœurs de nos concitoyens. Aussi, est-ce avec le plus vif plaisir que nous avons vu le gouvernement reconnaître les services rendus à la science par M. Bonvalot, en lui décernant la croix de la Légion d'honneur. Elle ne pouvait être mieux placée que sur cette poitrine-là.

Plusieurs de nos collègues ont, dans nos séances mensuelles, exposé les résultats de leurs études particulières.

Au premier rang a brillé M. Le Beau, chef des services de la marine, à Nantes, qui, à plusieurs reprises, nous a entretenus de ses remarquables travaux sur une de nos industries locales les plus intéressantes, la pêche maritime à Terre-Neuve.

Après un rapide et lumineux exposé de nos droits de pêche sur les côtes de cette ancienne colonie française, M. Le Beau a montré que le mauvais vouloir des Anglais, maîtres de cette île depuis depuis 1713, aussi bien qu'un appauvrissement sensible des bancs de pêche, en ce qui concerne la morue et le hareng, avaient beaucoup nui aux intérêts de la France dans ces parages ; mais il a ajouté que rien n'était encore perdu et peu d'efforts suffiraient pour faire reprendre à notre patrie le rôle prépondérant qu'elle a joué au siècle dernier à l'embouchure du St-Laurent, alors qu'elle envoyait sur ces côtes plus de deux cents navires par an. Hâtons-nous d'ajouter que l'agitation faite à propos de cette question par M. Le Beau a déjà été suivie d'effet et que des armateurs des ports de Saint-Malo, de Saint-Servan et de Nantes ont de nouveau porté leurs regards de ce côté. Ils espèrent se dédommager, par la pêche en grand du homard et la fabrication des conserves de ce crustacé, des mécomptes que leur a fait éprouver la pêche du hareng et de la morue.

En d'autres circonstances, M. Le Beau nous a parlé de la pêche fluviale et particulièrement de celle du saumon ; il a surtout cherché à détruire ce préjugé fatal chez nos pêcheurs que le saumon ne fraye pas en Loire. Il a démontré le contraire et en a conclu qu'il n'y a pas lieu de rendre la pêche du saumon libre pendant toute l'année, mais qu'il convient seulement d'étudier les modifications qu'on pourrait apporter aux périodes d'interdiction de cette pêche.

Parmi les travaux de nos membres, il y a lieu de signaler tout particulièrement celui de M. Cholet, notre secrétaire général, sur les conditions nouvelles faites à l'immigration indienne dans l'île de la Réunion ; celui de M. Contejean qui a publié dans notre bulletin sur son voyage en Portugal une relation aussi curieuse qu'intéressante, et enfin celui de M. Doby sur les développements de la civilisation européenne à Bornéo, ainsi qu'un plan-relief au $\frac{1}{80.000}$ du massif montagneux de l'Oisans dans les Alpes du Dauphiné.

Le progrès des études géographiques dans les établissements scolaires de notre ville nous intéresse tout particulièrement ; c'est pourquoi, cette année, nous avons augmenté la subvention destinée à récompenser les meilleurs élèves en géographie de nos plus importantes écoles.

Notre musée commercial s'accroît de jour en jour, et tous

nos efforts tendent à le rendre de plus en plus pratique et capable de remplir le but qui a présidé à sa création.

Pour déférer aux désirs et aux besoins des membres de notre Société, notre bulletin donne, chaque trimestre, classées par parties du monde, les nouvelles intéressant plus particulièrement la géographie commerciale et les explorations. C'est un tableau, pays par pays, des efforts faits dans toutes les parties du globe pour étendre la connaissance de notre planète et propager les principes de notre civilisation.

Tel est, Messieurs, le résumé de nos travaux pendant l'année qui vient de se terminer.

Dans la mesure de nos forces, et à l'aide des faibles ressources dont nous disposons, nous avons porté notre pierre à l'édifice élevé avec tant de soin par les Sociétés de géographie et contribué, autant qu'il est en nous, aux progrès de la science à l'étude de laquelle nous nous sommes consacrés.

M. TROCHON, *délégué de la Société de géographie de Tours :*

Messieurs,

« Heureux, dit-on, les peuples qui n'ont pas d'histoire. »

Si cette maxime dont plusieurs, du reste, contestent la justesse peut sembler à d'autres s'appliquer avec quelque apparence de vérité à certaines nationalités, je n'estime pas, pour ma part, qu'il convienne de l'apprécier comme de nature à satisfaire l'idéal des desseins d'une association savante. Une collectivité scientifique, littéraire, disons-le, géographique, ne saurait vivre, progresser, arriver au but vers la conquête duquel doit converger les plus laborieuses de ses tentatives, autrement qu'en ayant garde de se laisser oublier et qu'en prenant souci, tout au contraire, de se rappeler par le bon renom de ses travaux et l'incessante activité d'efforts favorablement signalés à l'attention générale, à l'intérêt de ceux sous l'œil desquels s'exerce son action.

Tels sont les réflexions par lesquelles, messieurs, débutait le rapport que, le 27 février dernier, conformément aux statuts, j'adressais en ma qualité de secrétaire général à l'Assemblée générale annuelle de la Société de géographie de Tours, sur la situation et les progrès de notre association au cours de l'année 1887.

Vous comprenez que je n'ai rien à y changer en la circonstance qui nous réunit : depuis le Congrès du Havre nous avons cherché à donner pour ce qui nous concerne, à l'œuvre qui est la vôtre à tous une vitalité de plus en plus intense à la faire davantage connaître, à y rallier les esprits prévenus, les indifférents, les sceptiques (il en existera longtemps au pays de Rabelais), et tant par une légitime propagande que par d'efficaces travaux, à élargir à la fois et ses moyens et sa sphère d'action.

La lecture de notre *Revue mensuelle*, que reçoivent toutes les Sociétés, dont vous êtes ici, Messieurs, les représentants autorisés, vous édifiera, si ce n'a déjà été fait, sur les actes les plus importants de notre vie sociale pendant le dernier exercice : aussi me garderai-je de vous infliger les fatigues d'une énumération un peu bien fastidieuse à coup sûr.

Je croirais cependant manquer à la mission que j'ai assumée si je ne vous disais un mot de quelques productions intéressantes qui figurent dans les colonnes de ce Bulletin et dont plusieurs ont paru favorablement appréciées. Je signalerai notamment *les limites de l'ancienne province de la Touraine*, par M. Faye, membre de la commission de rédaction, et une autre composition sur le même sujet, de M. Auguste Chauvigné, secrétaire général adjoint, études d'histoire locale qui ont donné lieu dans nos réunions mensuelles de l'an dernier à de vives discussions d'un particulier attrait pour les érudits et les chercheurs ; le très complet *compte-rendu de l'Exposition de géographie commerciale annexée au Congrès national de géographie à Nantes en 1886*, lequel a fait le plus grand honneur à M. l'instituteur Bardet, son auteur ; la *chute de Duplex, ses causes et ses conséquences,* par M. Castamet des Fosses, membre correspondant, un habitué de nos assises annuelles, qui, à son grand regret, nous fait défaut cette fois ; *les veilleurs de nuit en Chine* et deux notes sur *les petits pieds de femmes chinoises, et les cloches chinoises*, par M. l'abbé Larrieu, ancien missionnaire, aussi correspondant ;

37

*des origines de la colonie fançaise du Sénégal (jusqu'à Faidherbe)*, chapitre d'un volume à paraître sur *l'histoire de l'Afrique française occidentale*, émanant de la plume d'un de nos membres d'honneur les plus distingués, M. le professeur Paul Caffareli ; la fin de la *traversée du Caucase par la route militaire du Darial*, de M. l'ingénieur E. Boulangier, correspondant ; *l'agriculture dans l'Ouest algérien*, par un confrère qui a gardé l'anonyme ; des communications *sur la presqu'île Malaise et cette grande muraille de la Chine*, que M. Larrieu soutient, avec une conviction profonde, n'avoir jamais existé, par le capitaine de vaisseau de Marolles, de la commission de rédaction ; d'autres sur *le Japon*, dues à un étranger à notre association et transmise par l'entremise de l'un de nos vice-présidents ; diverses correspondances par l'explorateur H. Coudreau, etc.

Nos réunions mensuelles sont toujours occupées de lectures souvent d'un haut intérêt ; nous aimons à y entendre nos plus jeunes confrères faire part de travaux que parfois même ils publient. Nous avons consacré, cette année, de longues heures à l'examen de cette grave question : *de la colonisation dans la France continentale* que, après une sérieuse discussion, vous venez de renvoyer, pour plus ample instruction, à la décision du prochain Congrès, et qui a donné naissance au sein de la Société de géographie de Tours à d'entraînantes théories, éloquemment exposées, dont l'étude nous a tellement séduits que nous avons fait de ce problème l'objet de notre concours annuel de 1888. Je regrette que notre très compétent rapporteur, M. le lieutenant-colonel Blanchot, n'ai pu venir soutenir en personne les conclusions que nous l'avions chargé de développer devant le Congrès ; nul doute qu'il ne vous eût dès à présent convaincus. Nous nous sommes préoccupés enfin d'une propagande relative en faveur de la *langue universelle*, inventée par le français Jean-Baptiste Sudre et vers laquelle nos regards se sont trouvés dirigés par sa veuve dévouée, notre confrère, « qui en reçut le legs de son mari
« mourant, langue qui, après tout, quand ce ne serait que pour
« le pur patriotisme, vaut bien les rauques et tudesques accents
« qu'on est convenu, dans ces dernières années, d'affubler du

« nom tout au moins grotesque de volapük » (1). La bibliothèque de la Société continue à s'enrichir de dons nombreux, et des échanges répandus dans les limites de nos ressources lui fournissent un intarissable aliment. Malheureusement l'activité de notre excellent achiviste-bibliothécaire se trouve détournée vers des occupations multiples, lesquelles, à son très vif regret, l'empêchent de réserver uniquement, à l'organisation de nos collections, son esprit méthodique bien connu et un zèle en rapport avec sa bonne volonté. Mais notre agent général le supplée dans cette tâche avec dévouement.

Plusieurs conférences ont été par nous offertes à un public de jour en jour plus nombreux et plus choisi. M. le lieutenant-colonel Blanchot, avec la compétence que vous lui connaissez, nous a parlé, souvenir du Congrès de l'an dernier, *des origines géographiques et autres de la ville du Havre et de l'agrandissement de son port*, etc. ; M. Henri Deloncle, causeur surprenant et éloquent, de la *péninsule Malaise*, et M. Castonnet des Fosses est venu, dans une double et intime communication, nous entretenir d'abord des causes *de la chute de Duplex et du voyage en Perse du M. Raphaël du Mans au XVII<sup>e</sup> siècle*, en second lieu du *Commerce du Japon*. Ce mode de propagande par la parole paraît particulièrement goûté de la Société tourangelle.

Cette année encore, notre association s'est fait représenter au Congrès de la Sorbonne, où notre distingué collègue, M. le Secrétaire général honoraire, Rouire, a continué l'exposé de ses recherches sur l'ancienne province de l'Afrique, ainsi qu'à la cérémonie touchante du centenaire de La Pérouse. Nous avons, dans un but d'émulation, fondé aux cours commerciaux organisés à Tours, par la Société philotechnique de Touraine un prix annuel de géographie commerciale, récompense qui est venue s'ajouter à celle du même genre que nous décernions déjà au lycée de Tours et au collège de Chinon, et notre intention bien arrêtée est de créer prochainement un musée commercial, sous le patronage de la municipalité de notre ville, pour le plus grand profit du négoce tourangeau. Vous

---

(1) Voir le rapport cité au début de celui-ci.

voyez, Messieurs, que la Société de géographie de Tours, tient à l'honneur de ne repousser aucun genre d'action, de ne rien négliger qui lui semble susceptible de concourir au succès de l'œuvre dont elle crut, il y aura bientôt cinq années, devoir assumer la patriotique responsabilité.

Qu'il me soit permis d'ajouter que l'autorité publique a plusieurs fois, dans d'importantes circonstances, rendu témoignage de nos travaux, et qu'elle a su, avec ses persévérantes sympathies, nous prodiguer souvent de précieux encouragements.

En résumé, il est permis de dire que, depuis le dernier Congrès du Havre, la Société de géographie de Tours n'a fait que croître et prospérer. Son action s'étend chaque jour, son influence se manifeste de plus en plus, les progrès de la science qu'elle préconise, deviennent sensibles dans notre région. Mais il convient de ne point s'endormir sur les lauriers conquis, ni de s'arrêter dans la marche commencée.

« En regardant devant nous, disions-nous au terme du
« rapport que nous citions en tête du présent, et nous ne
« saurions que le répéter maintenant, le front haut, le visage
« vers le soleil, nous marquerons chaque jour un pas nouveau
« dans la voie des étapes que nous avons à parcourir ; surtout
« pas d'hésitations, de compromissions, ni de dissidences. En
« avant ! toujours en avant ! et toujours en avant ensemble !
« Telle doit être notre immuable devise. C'est qu'il s'étend
« jusqu'au but à atteindre une route longue encore à parcou-
« rir et, pour franchir les obstacles sans entrave, et résister
« peut-être à la tempête, il importe de demeurer unis, atta-
« chés à l'œuvre commune, le cœur près du cœur, la main
« dans la main. Rappelez-vous cette pensée du poète qui
« convient bien à la circonstance, puisqu'elle est aussi une
» image géographique. »

« Ma barque est si petite et la mer est si grande ! »

M. P. LOISEAU, *délégué de la Société de géographie du Havre.*

La Société de géographie commerciale du Havre, que j'ai l'honneur de représenter ici, est entrée, depuis quelques mois, dans la cinquième année de son existence.

Jusqu'ici son développement ne s'est pas un seul moment ralenti. Je ne reviendrai pas sur le programme qu'elle s'est tracé et qui vous déjà été exposé dans les deux congrès précédents. Ce programme se rapproche, sur la plupart des points, de celui des autres sociétés de géographie. Notre objectif est le même que le leur ; c'est la vulgarisation de la géographie dans notre région. Pour y arriver, notre société ne néglige aucun des moyens de propagande mis à sa portée. Déjà, grâce à l'accroissement de ses ressources financières, elle a pu augmenter le tirage et le nombre des feuilles du bulletin alimenté, en grande partie, par les travaux des capitaines au long cours que la Société s'efforce d'intéresser à ses travaux.

Elle consacre des sommes plus importantes à l'achat de livres et de cartes ; sa bibliothèque s'enrichit tous les jours de toutes les publications qui lui parviennent de toutes les parties du monde et le catalogue en est actuellement en préparation.

La Société a entrepris de réunir une collection des vues photographiées des principaux ports du monde, cette collection comprend déjà plusieurs albums des plus intéressants à consulter.

Les conférences nombreuses, que la Société organise chaque année, sont toujours très suivies.

A l'imitation de beaucoup d'autres, notre société décernait, à ses débuts, un certain nombre de prix aux principaux établissements d'instruction de la ville du Hàvre ; mais voulant se rendre un compte plus exact des progrès de l'enseignement géographique et exercer sur cet enseignement une influence plus directe, elle a décidé d'ouvrir annuellement un concours absolument libre auquel elle convoque les jeunes gens des deux sexes depuis 10 ans, jusqu'à vingt ans. Ce concours comprend trois groupes et la valeur des prix décernés est de 300 francs. La Société n'a eu qu'à se féliciter de ce changement, et, cette année, tout particulièrement, le concours a obtenu un très grand succès ; plus de 130 concurrents sont venus prendre part aux épreuves.

Le cours de topographie, professé chaque année, a été très suivi, grâce aux efforts de M. le commandant Quévillon et de

M. le lieutenant-colonel Lanty, du 119e régiment d'infanterie, qui ont bien voulu mettre leur dévouement et leur compétence à la disposition de notre Société. Vous avez tous pu lire dans notre bulletin la magnifique étude dont M. le commandant Quévillon a fait précéder l'ouverture de ce cours de topographie.

Ce petit résumé suffira, sans doute, messieurs et honorables collègues, à vous donner une idée des efforts et de l'activité déployés par notre Société si jeune encore. Je ne puis vous fournir une meilleure preuve de l'influence qu'elle a pu exercer en quelques années que cette constatation faite par le directeur d'un des principaux établissements de librairie de notre ville. Il assure que, depuis la fondation de notre Société, ses affaires n'ont fait que prospérer.

En terminant, je tiens à vous rappeler que notre Société a eu l'honneur de recevoir le congrès l'année dernière, et que cette session dont vous aviez bien voulu lui confier l'organisation, a contribué dans une large mesure à jeter un grand éclat sur notre Société et attirer l'attention sur elle, tout en augmentant la considération dont elle jouit dans notre ville. Je me plais à voir dans ce fait un argument de plus en faveur de l'utilité de ces congrès.

M. G. LOISEAU. — Ce serait le tour de la Société de géographie de l'Ain à prendre la parole ; mais elle n'a pas préparé de rapport. Notre travail de cette année a été la préparation du Congrès qui nous a réunis ici, et c'est à vous, Messieurs, qu'il appartiendra de dire à l'avenir ce qu'a fait la Société de géographie de l'Ain. (Applaudissements.)

La parole est à M. le délégué de la Société des études maritimes et coloniales.

M. BAYLE, *délégué de la Société des études maritimes et coloniales* :

Messieurs,

La Société des études coloniales et maritimes (issue le 11 mai 1876 de la Société de géographie de Paris) poursuit actuellement dans d'excellentes conditions sa treizième année d'existence.

Elle intervient fréquemment auprès des pouvoirs publics, chaque fois que son Conseil estime une démarche utile en faveur de quelque grand intérêt géographique, maritime, colonial, économique.

Ses délégations reçoivent toujours le plus parfait accueil ; souvent ses vues sont favorablement admises, ses efforts couronnés de succès.

Pour mieux étudier toutes les questions géographiques, coloniales et maritimes qui viennent à surgir, et dont on recherche encore les solutions, le Conseil les renvoie pour une élaboration préalable à trois grandes commissions permanentes, ouvertes à tous les membres de la Société : la *Commission de géographie* présidée par M. le général Thory, général d'artillerie de marine — la *Commission coloniale* présidée par M. Cuinier, ancien gouverneur des colonies — la *Commission maritime* présidée par M. Bernard, directeur de la banque maritime, et les discussions qui s'engagent sous la direction de présidents aussi compétents et aussi distingués aboutissent toujours à des conclusions pratiques très importantes.

C'est sous une telle impulsion que la Société des études coloniales et maritimes a pu revendiquer auprès de M. le ministre des finances le droit de la distillerie coloniale, à être représentée dans la grande commission extra-parlementaire des alcools et se voir attribuer l'honneur de la représentation de ces intérêts considérables — qu'elle a demontré la nécessité de la création d'un pont en eau profonde à la Pointe-à-Pitre, etc.

Elle considère comme un devoir patriotique de travailler à la solution de toutes les questions qui se rattachent à la grandeur du pays, et comme on peut avancer, sans être taxé d'exagération, que toutes les grandes questions économiques, maritimes et coloniales se rattachent plus ou moins à la science géographique, la Société des études coloniales et maritimes — dont les travaux et le but ne donnent place à aucune équivoque — est bien, suivant l'expression heureuse de M. le Président du IX° Congrès de Géographie, une véritable *Société de géographie* qui ne s'appelle pas *Société de géographie*.

Elle s'est d'ailleurs toujours réclamée de son origine en venant prendre part aux travaux des Congrès de géographie, et elle attend de la largeur de vues de tous les membres du Congrès de 1888 à Bourg, une modification des statuts permettant au délégué de la Société des études coloniales et maritimes de prendre part aux délibérations du comité du Congrès, sur le pied d'égalité avec ses collègues.

M. G. LOISEAU. — La parole est à M. le délégué de la Société nationale de topographie.

M. VIBERT expose ainsi les travaux de sa Société :

### Planimétrie, Levés à vue.

Le Mesnil le Roi au $\frac{1}{10.000}$.

Chennevières-sur-Marne, la Varenne, $\frac{1}{20.000}$

Saint-Denis au $\frac{1}{10.000}$.

L'Aisne (le département) $\frac{1}{80.000}$; l'élève a tracé toutes les divisions administratives, corrigé certains défauts, et teinté tout les accidents du sol suivant la convention.

Dunes (gravure au $\frac{1}{80.000}$ d'une rigoureuse exactitude, par un élève des sections, M. Paul Géret).

Division du Cadran solaire en 360° et en 24 heures.

16 Etudes de signes conventionnels au $\frac{1}{5.000}$ et au $\frac{1}{10.000}$

1 étude Pont en pierre $\frac{1}{10.000}$ avec élévation.

1 — Pont suspendu pour piétons $\frac{1}{10.000}$ avec élévation.

1 tableau récapitulatif signes conventionnels $\frac{1}{10.000}$.

1 carte environs de Paris réduite par la photographie par Boulnois avec courbes de niveau apparentes.

5 études à la plume par l'élève Payer au $\frac{1}{10.000}$

Pont de pilotis, pont de chevalets, pont sur chaînette et chevalet suspendu, pont de voitures, réparation provisoire d'arches de pont rompu.

Carte de l'Aisne au $\frac{1}{320.000}$ avec les chemins de fer, canaux, divisions administratives, etc., etc.

Montmorency et ses environs au $\frac{1}{20.000}$.

Maisons-sur-Seine et ses environs au $\frac{1}{20.000}$.

Ecouen et ses environs au $\frac{1}{20.000}$

18 études de signes conventionnels de la section de Paris.

Brie-Comte-Robert et ses environs au $\frac{1}{20.000}$.

Eckendorf au $\frac{1}{10.000}$ planimétrie, hachures, travail remarquable.

Loupmont au $\frac{1}{10.000}$.

Batzendorf au $\frac{1}{10.000}$.

1 tableau signes et teintes conventionnels (gravure par Geret).

1 tableau méthode de hachures.

Metz au $\frac{1}{80.000}$

Metz au $\frac{1}{20.000}$

Courbes et teintes fondues par Geret.

Courbes et cotes.

Mézières au $\frac{1}{10.000}$

1 tableau planimétrie.

1 — hachures.

1 — hachures.

1 planche courbes de niveau.

Paris au $\frac{1}{320.000}$ position des forts.

Plan du Père-Lachaise, par Moonen.

1 tableau récapitulatif signes conventionnels.

Rueil au $\frac{1}{20.000}$ comprenant tous ses environs, avec les positions occupées par les Français et les Allemands en 1870-71 avec légende explicative et élévation du monument élevé à la mémoire des défenseurs du 19 janvier.

Verrières-le-Buisson $\frac{1}{20.000}$

Rueil au $\frac{1}{40.000}$

6 études sur les fortifications passagères.

1 méthode de télégraphie militaire, par Doublemart.

### Reliefs

Plan en relief de l'île Nou, par Giraud.

Tranchée-abri.

La Suisse au $\frac{1}{80.000}$, le Mont-Blanc, etc.

5 reliefs études.

Périmètre de reboisement de l'Argentdouble (Aude) au

$\frac{1}{80.000}$ par M. Rousseau, inspecteur des forêts, avec suites des couches géologiques.

Les îles Saint-Pierre et Miquelon.

Relief récapitulatif, par Louis Fossé, et bochu de la section de Saint-Denis. Travail remarquable exécuté par des jeunes gens de 16 ans.

5 reliefs des signes conventionnels ou assemblage de ces signes ; travail bien compris.

Plan en relief de Mézières et Neuilly (Ardennes) au $\frac{1}{10.000}$

BOULNOIS : 1° — Le Canal maritime des deux mers au $\frac{1}{80.000}$ avec courbes de niveau équidistantes de 10 mètres ; procédé Bardin (procédé mathématique).

2° — Relief des environs de Paris au $\frac{1}{8.000}$ avec l'équidistance de 5 mètres au lieu de 20 mètres que donne l'état-major dont la carte seule a servi pour tout ce que l'auteur a fait en topographie. Modèle dont l'exactitude est rigoureuse.

Environs de Paris au $\frac{1}{80.000}$ avec teintes géologiques.

Environs de Paris au $\frac{1}{80.000}$ moule en cuivre.

4 reliefs des environs de Versailles et de Saint-Germain-en-Laye.

3° — Carte d'Etat-major au $\frac{1}{20.000}$ et $\frac{1}{40.000}$ et au $\frac{1}{80.000}$ sur lesquelles l'auteur a recherché et tracé les courbes de niveau à 5 mètres d'équidistance.

4° — Cartes des environs de Paris au $\frac{1}{80.000}$ au Ferro - prussiate.

GÉRET : 1° Un tableau représentant tous les accidents de terrain, les cultures avec leurs teintes conventionnelles, et le signes adoptés par l'état-major.

2° Une étude en courbes et teintes conventionnelles, prises sur une feuille de Commercy au $\frac{1}{40.000}$ avec les villages Huttendorf et Minvershein.

3° La même étude en hachures.

4° Une petite étude en hachures.

5° Planimétrie et courbes de niveau avec teintes conventionnelles au $\frac{1}{40.000}$ ; au centre s'allonge le mont Gratin avec son village au pied de la montagne.

6° La même en hachures au $\frac{1}{40.000}$

7° Brouillon d'une construction de courbes d'après une carte en hachures de distance en distance ; chaque courbe porte son altitude pour permettre de déterminer la courbe maîtresse et pour faciliter le travail et éviter les erreurs (dans la mise au net, on ne doit remettre que les cotes et points trigonométriques indiqués sur le nivellement).

8° Etude indiquant sur la même portion de terrain les quatre principaux modes de représentation de nivellement.

(A) Courbes de niveau adoptées maintenant par l'état major pour les nouvelles cartes en couleur au $\frac{1}{50.000}$ et $\frac{1}{200.000}$

(B) Hachures, adoptées pour le $\frac{1}{80.000}$ ou carte d'état-major, a l'inconvénient de ne pas indiquer l'altitude, à un point donné, mais permet de voir de suite la configuration du terrain.

(C) Courbes et estompes, ou représentation de la montagne par courbes de niveau, avec estompes plus foncées dans les parties plus escarpées, méthode allemande adoptée également par l'état-major français, réunit les deux qualités nécessaires à la lecture de la carte ; reproduction exacte d'un endroit quelconque, par les courbes et configuration du terrain donné par un examen rapide par suite de l'estompage.

(D) Montagnes au pinceau ; se compose de teinte se dégradant vers la vallée et augmentant d'intensité vers le sommet ; a le grand inconvénient d'être absolument inusitable pour les parties montagneuses, car on ne pourrait plus lire ni cotes, ni nom, ni planimétrie.

### Conférences faites dans nos sections

1887 : 4 septembre. — L'Enseignement intégral militaire et topographique par M. Paul Vibert.

Novembre. — Paris port de mer par M. Paul Vibert.

1888 : mars. — Le canal maritime des deux mers par M. Paul Vibert.

Juillet. — Conférence historique et géographique sur Chennevières, Ormesson, Villiers et Champigny par M. Gouppé.

### Excursions

|  |  |  |
|---|---|---|
|  | Août........ | Saint-Germain-en-Laye. |
| 1887 | Septembre.. | Saint-Leu-Taverny. |
| — | Octobre..... | Argenteuil. |
| — | Novembre... | Maisons-Laffite. |
| — | Décembre... | Champigny. |

1888 Janvier..... Rueil.
— Février..... Meudon.
— Mars....... Pierrefitte.
— Avril....... Chevreuse.
— Mai........ Vaux de Cernay.
— Juin........ Montmorency, Domont.
— Juillet...... Chennevières, Ormesson, Villers, Champigny.

### Expositions

1887 : Août. — Exposition au Pavillon de la ville de Paris.

*Récompense obtenue : Diplôme d'honneur*

1888 : Mars. — Exposition des travaux des élèves.

Juin à Juillet. — Exposition au pavillon de la ville de Paris.

Juillet à Novembre. — Palais de l'Industrie : Exposition de sauvetage et d'hygiène salle 7. Emplacement 25 mètres de long et 6 mètres de hauteur.

### Instruments, Inventions
de M. E. Doublemart, secrétaire général

1° La boussole, cadran solaire Doublemart, renfermant 9 instruments pratiques, adoptée par la commission des sciences.

2° La boussole Eclimètre Doublemart, contenant 6 instruments.

3° La boussole Doublemart.

4° La boussole univellatrice Doublemart.

5° La boussole topographique Doublemart.

6° La boussole rapporteur Doublemart.

7° La boussole automatique Doublemart.

8° La canne boussole Doublemart.

9° Le curvimètre à triple cadran Doublemart.

### Cours de topographie

A St-Denis, Beauvais, Paris, Lassay, Monceau-le-Neuf.

Plus de 600 jeunes gens ont suivi les cours dans l'année 1887-88.

M. G. Loiseau. — Conformément à nos usages, je vais vous donner lecture des vœux adoptés par le dixième Congrès des Sociétés françaises de géographie, dans cette session tenue à Bourg.

SÉANCE DU MARDI MATIN, 21 AOUT 1888

Sur la question suivante :

« De l'utilité à introduire dans l'enseignement secondaire et dans les écoles normales des ouvrages de géophysique traitant particulièrement de l'océanographie (*Question proposée par la Société de géographie de l'Est*). »

Il a été adopté le vœu suivant :

« Le Congrès émet le vœu que l'océanographie tienne une plus large place que par le passé dans l'enseignement secondaire et dans le programme des écoles normales primaires. »

Sur la question :

« Concours pour l'obtention des bourses de voyage et de séjour entre les élèves des différentes écoles de commerce et d'industrie (*Question proposée par la Société de géographie commerciale de Bordeaux*). »

Il a été adopté le vœu suivant :

« Le Congrès national des Sociétés françaises de géographie, réuni à Bourg, le 20 août 1888,

« Tout en félicitant M. le ministre du commerce et de l'industrie de la création des bourses de séjour à l'étranger qu'il met chaque année au concours entre les anciens élèves des écoles supérieures de commerce et d'industrie subventionnées ou reconnues par son département,

« Emet le vœu :

« 1. — Que, pour l'attribution de ces bourses, il soit tenu, dans la mesure du possible, compte du desideratum exprimé à Bordeaux en 1886, par le Congrès de l'enseignement technique.

« 2. — Que le ministre de la marine et des colonies veuille bien rétablir, dès qu'il le pourra, les bourses coloniales créées par son département en 1884.

« 3. — Le Congrès renouvelle, en outre, les vœux émis par le Congrès de géographie de Lyon en 1881 et par celui de Bordeaux en 1882, pour que l'école des hautes études commerciales, fondée par la chambre de commerce de Paris, soit transformée ou complétée de manière à rendre aux écoles supérieures de commerce actuellement existantes les mêmes services que les facultés rendent aux lycées. »

### SÉANCE DU MERCREDI MATIN, 22 AOUT 1888.

Sur la question :

« De la colonisation dans la France continentale (*Question proposée par la Société de géographie de Tours*). »

Il a été adopté le vœu suivant :

« M. Gauthiot, pour clore la discussion, et appuyé par M. Péroud, recteur de l'académie de Toulouse et membre de la société de géographie de cette ville, demande à ce que, tout d'abord, et pour bien préciser la question, un travail de statistique, représentant la pauvreté de la France et, par cela même, les pays qui ont besoin d'être colonisés chez nous soit dressé. »

### SÉANCE DU MERCREDI SOIR, 22 AOUT 1888.

Sur la question suivante :

« Des avantages économiques qui résulteraient pour la France de l'établissement d'une voie d'eau sûre et commode entre le réseau de nos canaux et la Méditerranée (*Question proposée par la Société de géographie de l'Ain*). »

Il est adopté le vœu suivant :

« Le Congrès émet le vœu que les travaux entrepris par le gouvernement dans le bassin du Rhône et de la Saône, soient complétés sans porter atteinte aux intérêts de l'agriculture, en vue de relier, par une voie d'eau sûre et commode, le réseau de nos canaux de l'intérieur avec la Méditerranée. »

### SÉANCE DU JEUDI MATIN, 23 AOUT 1888.

Sur la question :

« De l'utilité des Bureaux nautiques dans nos grands ports de commerce (*Question proposée par la Société de géographie commerciale de Bordeaux*). »

Il a été adopté le vœu suivant :

« Le Congrès, soucieux des intérêts de la marine marchande, exprime le vœu qu'il soit créé, dans chacun de nos grands ports de commerce, un bureau nautique où les capitaines au long cours et les marins en général, trouveraient gratuitement tous les renseignements qui leur seraient utiles, tels que les cartes du bureau des plans de la marine, des instructions nautiques, des ouvrages de marine, les levés des ponts-et-chaussées, etc. — Ainsi que les moyens de faire régler facilement leurs compas et leurs chronomètres. »

### SÉANCE DU VENDREDI MATIN, 24 AOUT 1888.

Sur la question :

« Trouver le meilleur système administratif et politique a appliquer à chacun de nos établissements d'outre-mer, suivant le climat, l'état social, politique et religieux des races qui habitent le pays ; il serait tenu compte de la nature de l'établissement d'outre-mer, soit comme station militaire, soit comme colonie d'exploitation (*Question proposée par la Société Bretonne de géographie, siège à Lorient*). »

Il a été adopté le vœu suivant de M. Trochon :

« Le Congrès national des Sociétés françaises de géographie, saisi de la question proposée par la Société bretonne de géographie à Lorient, et qui consiste à : « Trouver le meilleur système administratif et politique à appliquer à chacun de nos établissements d'outre-mer, suivant le climat, l'état social, politique et religieux des races qui habitent le pays ; il serait tenu compte de la nature de l'établissement d'outre-mer, soit comme station militaire, soit comme colonie d'exploitation. »

« Estime qu'il y a lieu, en ce qui concerne le système administratif et politique à appliquer à chacun de nos établissements d'outre-mer, de maintenir, en cette matière, les bases de la politique traditionnelle de la France, qui est l'assimilation progressive des colonies à la métropole, tout en tenant compte des faits, des lieux et des circonstances, et passe à l'ordre du jour. »

Sur la même question, il a été adopté le vœu suivant de M. Isaac :

« Le Congrès émet le vœu :

« Que l'organisation des deux colonies de la Martinique et de la Guadeloupe, qui sollicitent leur assimilation aux départements français, et qui sont, d'ailleurs, exclusivement habitées par des citoyens français, soit achevée dans le sens de cette assimilation, sans préjudice de toutes les mesures nécessaires de décentralisation,

« Que le principe de l'assimilation, en tant qu'il implique la communauté dans l'usage des grandes institutions nationales et dans l'exercice des droits garantis par la constitution, soit également étendu de plus en plus, suivant les besoins et les aptitudes de chaque établissement, à toutes les colonies et particulièrement à celles qui sont représentées au Parlement français.

« Que, pour garantir, dans la métropole, une équitable représentation des intérêts des colonies qui n'ont pas encore de mandataires dans les Chambres, autant que pour fournir au gouvernement un moyen utile d'élaboration des principales mesures se rapportant à l'existence des colonies, il soit institué à Paris un conseil supérieur composé, d'une part, de mandataires élus par la population coloniale, d'autre part, de représentants des intérêts métropolitains, et qui sera appelé à formuler son avis sur tous les actes d'un caractère législatif que le gouvernement aurait à accomplir par voie de décrets.

« Que les conditions essentielles du fonctionnement des pouvoirs publics, en Indo-Chine, soient, eu égard à leur importance et à la spécialité des intérêts en cause dans ces pays, le plus tôt possible fixées par une loi. »

SÉANCE DU VENDREDI SOIR, 24 AOUT 1888

Sur la question :

« De la création d'un Institut géographique *(Question proposée par la Société de Géographie de l'Est).* »

Il a été adopté le vœu suivant :

« Le Congrès national des Sociétés françaises de géographie, sur la question de la création d'un Institut géographique central due à l'initiative des Sociétés françaises de géographie du Havre et de l'Est, donne mission à M. Barbier, secrétaire général de la Société de géographie de l'Est, d'étudier cette question, en s'entourant de tous renseignements utiles, aussi bien en France qu'à l'étranger, en recherchant pourquoi jusqu'ici, en France, un pareil résultat n'a pas été atteint, en se préoccupant de toutes les combinaisons possibles pour l'obtenir ; et lui assure pour l'accomplissement de sa mission, le concours de toutes les Sociétés françaises de géographie. »

Sur la question :

« De l'équilibre à établir entre l'écoulement artificiel des eaux pluviales et les ressources que présentent les collecteurs naturels pour l'écoulement de ces eaux *(Question proposée par la Société de géographie de Tours).* »

Il a été adopté le vœu suivant :

« Le Congrès, félicitant le gouvernement, des travaux entrepris déjà en vue du reboisement des montagnes et de l'écoulement normal des collecteurs naturels non influencés désormais par l'écoulement artificiel des eaux pluviales, émet le vœu :

« Que la sollicitude des pouvoirs publics continue à s'étendre sur cette question vitale au point de vue général soit de la navigation intérieure, soit de la fertilité des vallées et des plaines, soit même de la sécurité des populations riveraines, et que des commissions départementales, composées d'hommes spéciaux et dans lesquelles entreront largement les membres des Sociétés françaises de géographie pour leurs régions respectives, soient instituées pour rechercher les meilleures solutions en pareille matière et les meilleurs travaux à effectuer.

« Émet, en outre, le vœu :

« Que les travaux, ainsi reconnus urgents, soient exécutés le plus rapidement possible. »

Sur la question :

« Les voyages de nos jours, missions de l'Etat, explorations dues à l'initiative des particuliers, voyages d'études collectifs ou individuels (*Question proposée par la Société de Géographie commerciale de Paris*). »

Il a été adopté le vœu suivant :

« Le Congrès des Sociétés françaises de géographie émet le vœu que les demandes de missions, adressées aux différents ministères, soient soumises à l'examen de commissions analogues à celle qui existe déjà sous le nom de commission des missions scientifiques et littéraires au ministère de l'instruction publique et que la somme, portée au service des missions au budget du dit ministère, soit reportée au chiffre qu'elle atteignait il y a six ans. »

---

SÉANCE DU SAMEDI MATIN, 25 AOUT 1888.

Sur la diffusion à donner à la publication des cartes de la marine, il a été adopté le vœu suivant de M. Bayle :

« Sur la proposition de la Société de géographie de l'Est et de la Société des études coloniales et maritimes, le Congrès émet le vœu :

« Que le ministère de la marine et des colonies établisse des tirages à bas prix des cartes du service hydrographique à l'exemple de ce que le ministère de la guerre a effectué de son côté pour la carte de l'état-major ;

« Et, qu'en attendant, au moins, l'effet d'une telle mesure, les cartes du service hydrographique puissent être délivrées à moitié prix aux membres des Sociétés de géographie, sur demande signée par le Président ou le secrétaire de ces sociétés. »

Sur la question :

« Terminologie et prononciation géographiques *(Communication de la Société de géographie commerciale de Bordeaux).* »

Il a été adopté le vœu suivant de M. Manès :

« Si la prononciation locale de certains noms est en contradiction absolue avec les lois qui régissent la prononciation française, cette prononciation locale est presque fatalement destinée à se modifier à bref délai, et comme telle doit être abandonnée.

« Toute décision à prendre concernant la prononciation des noms qui peuvent se trouver dans ce cas, doit être réservée jusqu'au moment très prochain où la modification de prononciation se sera effectuée et aura revêtu une forme française.

« Si des exceptions, consacrées par l'usage, paraissent devoir être faites, elles seront soumises au Congrès qui prononcera à cet égard. »

Sur cette même question ont été également adoptées les conclusions du rapport de M. Manès qui sont les suivantes :

« Que les Sociétés de géographie soient engagées par le Congrès à poursuivre notre œuvre, au moins dans leurs régions, et que les résultats de leurs enquêtes soient transmis, dans le plus bref délai, à la Société de Bordeaux, cette dernière devant présenter au Congrès international de Paris, en 1889, un travail d'ensemble sur l'unification de la prononciation géographique française. »

Sur l'emploi de la main-d'œuvre pénale aux colonies, il a été adopté le vœu suivant de MM. de Mahy, Quévillon et Moncelon :

« Considérant qu'il importe à la France d'outiller et d'aménager, dans la mesure du possible, son sol colonial en vue d'y assurer à l'émigrant des moyens suffisants d'exploitation et de colonisation ;

« Que la loi du 30 mai 1854 sur la transportation des condamnés aux travaux forcés aux colonies consacre la main-d'œuvre pénale aux travaux de la colonisation et à tous autres travaux d'intérêt public, émet le vœu :

« Que la main-d'œuvre pénale soit exclusivement employée, et d'une façon plus effective que par le passé, à l'outillage et à l'aménagement du territoire colonial. »

Sur la question :

« Examiner le moyen le plus efficace pour lutter contre la concurrence créée au transit français par le percement du Saint-Gothard et les travaux du port de Gênes (*Question proposée par la Société Bretonne de géographie, siège à Lorient, et la Société de géographie de l'Est, qui compte également apporter une note sur une question subsidiaire à celle-ci*). »

Il a été adopté le vœu suivant de M. Trochon :

« Le Congrès saisi de la question suivante :

« Examiner le moyen le plus efficace pour lutter contre la concurrence créée au transit français par le percement du Saint-Gothard et le travaux du port de Gênes, remercie M. Gauthiot, délégué de la Société de géographie commerciale de Paris, des renseignements nouveaux et particulièrement intéressants qu'il vient de lui fournir sur la matière, et qui ont été confirmés par le délégué de la Société de géographie commerciale du Havre et par celui de la Société de géographie de l'Est, et passe à l'ordre du jour. »

Sur la question :

« De l'orthographe des noms des pays qui s'écrivent en caractères latins (*Question proposée par la Société de géographie de l'Est*). »

Il a été adopté le vœu suivant :

« 1. — Que les Sociétés de géographie maintiennent, le plus possible, dans leurs publications, l'orthographe naturelle des noms de pays s'écrivant en caractères latins, sauf, lorsque l'usage a consacré certaines orthographes françaises, à indiquer entre parenthèses l'orthographe nationale.

2. — Qu'à l'exemple de la Société de géographie de l'Est, elles prennent telles dispositions qu'il convient avec leurs imprimeurs pour que ceux-ci complètent leur matériel typographique par les caractères souvent accentués ou diacritisés qui leur manquent. »

---

M. DE MAHY, *Président du Congrès*. — Le Congrès a terminé ses travaux. Ce n'est pas à nous, Congrès, d'en juger l'importance. Mais le public qui est ici, qui vient d'entendre la lecture des vœux adoptés, le public qui a suivi nos séances, le public qui, nous l'espérons, en lira le compte-rendu officiel, le public français, en un mot, reconnaîtra que le Congrès s'est constamment inspiré du sentiment de ses devoirs, du sentiment d'un grand dévouement envers le pays.

Le Congrès ne doit pas se séparer sans que son président adresse ses remerciements à la population de cette ville, à sa municipalité qui nous a si bien accueillis, aux ministres qui ont bien voulu accréditer auprès de nous des représentants dont la sympathie nous a été précieuse et nous a constamment soutenus.

Nous devons un remerciement spécial, nous autres membres du Congrès qui n'appartenons pas à la Société de Bourg, à la Société de géographie de l'Ain, à son président, M. Goujon, mon collègue (Applaudissements) ; à son secrétaire général (Nouveaux applaudissements) ; vous savez tout ce que nous lui devons, et vos applaudissements auxquels je m'associe, complètent ma pensée. Merci, Monsieur Georges Loiseau, vous avez été un secrétaire général modèle. Vous n'avez pu être meilleur que vos prédécesseurs, mais je souhaite que vos héritiers fassent ce que vous avez fait : ce serait assurer à tout jamais l'œuvre des Sociétés de géographie.

Avant de nous retirer, je vous demande de vous associer à moi pour adresser nos vœux à nos explorateurs, dont l'un s'est fait entendre aujourd'hui parmi nous. Par ce qu'il vous a dit, et par ce que nous connaissons déjà de tous leurs travaux, nous savons les services qu'ils peuvent rendre, le bien qu'ils peuvent faire au progrès de la science, au progrès de de l'humanité, et vous savez combien ils servent les intérêts de la patrie française ; aux explorateurs tous nos vœux !

Et puis, Mesdames et Messieurs, unissez-vous à moi pour dire : Vive la France ! vive le département de l'Ain ! vive la patrie ! (Applaudissements répétés.)

La séance est levée.

---

Bourg, imprimerie V. Authier

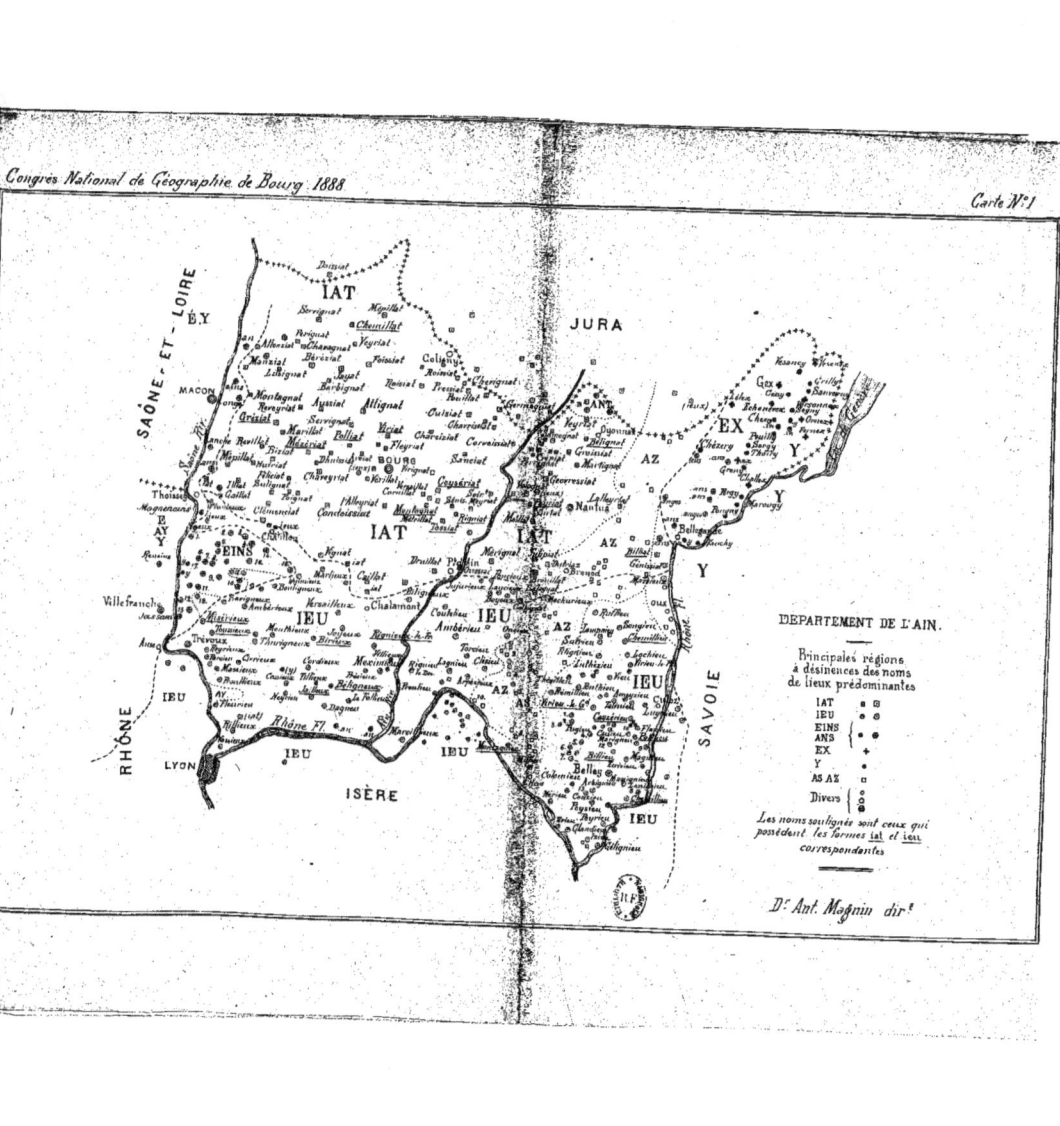

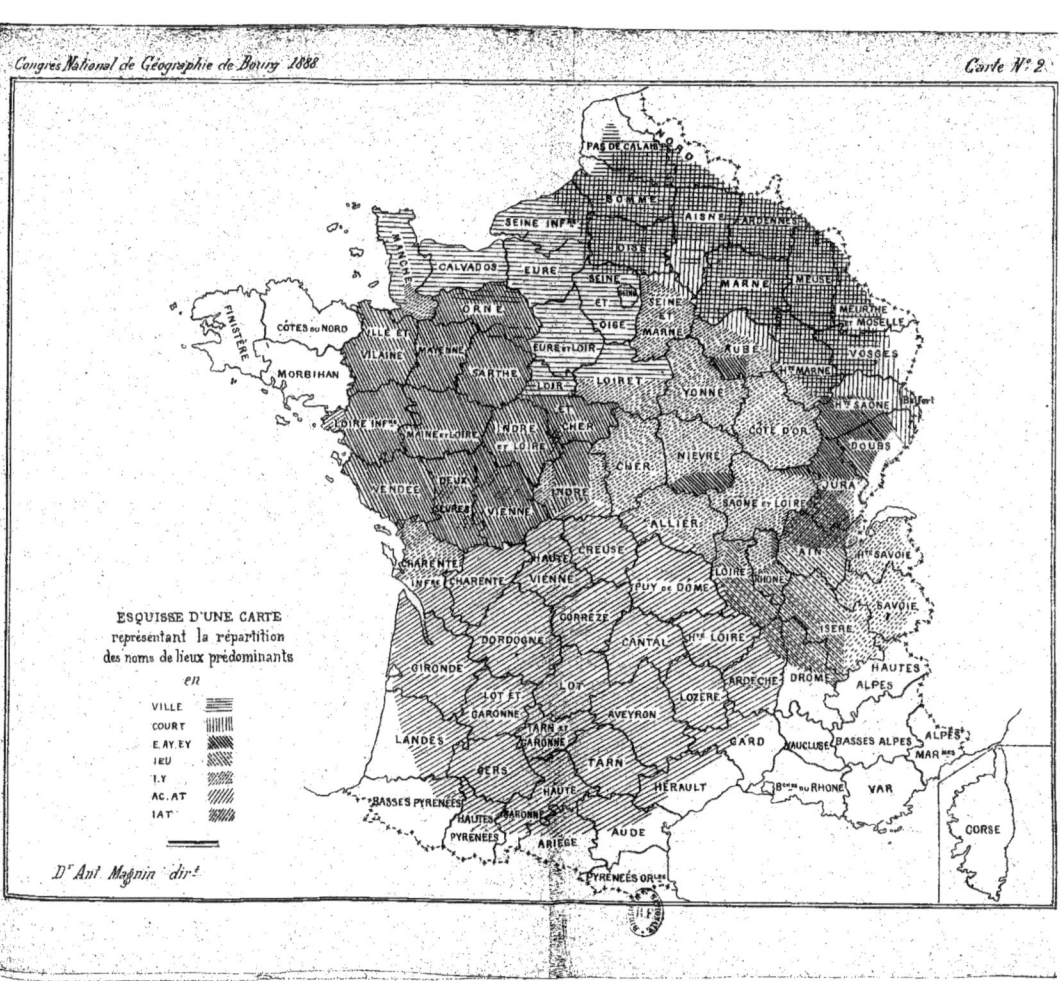

22 juillet 26

www.ingramcontent.com/pod-product-compliance
Lightning Source LLC
Chambersburg PA
CBHW051326230426
43668CB00010B/1159